U0576584

中国近代人物文集丛书

吴 棠 集

（七）

杜宏春　杜　寅　辑校

中 华 书 局

○四三　奉旨交部从优议叙谢恩折

同治十三年四月二十四日（1874年6月8日）

头品顶戴四川总督臣吴棠跪奏，为恭谢天恩，仰祈圣鉴事。

窃臣准贵州提督周达武咨呈：同治十三年三月十九日，内阁奉上谕：曾璧光等奏，贵州军务已平，各省督抚协济饷需不分畛域，据实奏闻等语。四川总督吴棠着交部从优议叙等因。钦此。臣跪聆之下，感悚难名。当即恭设香案，望阙叩头谢恩。伏念臣治兵略短，转饷才疏，方军威大捷之余，正寇焰潜消之日，载橐弓矢，祥珂之烽燧犹惊；乃裹糇粮，巴蜀之脂膏已竭。何幸全滇底定，残贼肃清，凡诸臣疆场之功，本圣主韬钤之授。同经寡效，奚敢有劳。溯苗患之初平，已邀宠眷；迨滇氛之迅扫，更被宸褒。兹复蒙巽命重颁，离明普照，滥叨议叙，恩荣曲逮夫再三；特予从优，图报莫酬示万一。

臣惟有倍勤鞭策，益懔冰渊，休养边氓，冀复薄赋轻徭之制；拊循戍卒，兼储折冲御侮之材，勉答鸿施，弥深鳌戴。所有微臣感激下忱，理合恭折叩谢天恩，伏乞皇上圣鉴。谨奏。四月二十四日。

同治十三年六月初九日，奉朱批：知道了。钦此。①

【案】曾璧光等奏，贵州军务已平……据实奏闻：同治十三年二月二十四日，贵州巡抚曾璧光附片曰：

再，黔省军兴垂二十年，前者之未能奏功，实由兵单饷绌。

---

① 台北故宫博物院藏：军机及宫中档，文献编号：115428；中国第一历史档案馆藏：朱批奏折，档案编号：04-01-12-0517-020。

四川督臣吴棠当黔事紧急之时,始则派道员唐炯等督师援剿,嗣复奏调臣达武来黔接办,应需军用无一不仰给于川。吴棠殚心竭力,前后所拨帑项不下数百万之多,即臣达武所部专饷,亦百万有奇,士饱马腾,人心振奋,使臣等不以匮乏为虑。一切机宜,又复随时函商,和衷筹办,用能战胜攻取,所向有功,扫穴复城,削平黔乱。前者苗务得手,经臣等奏奉谕旨,将吴棠交部优叙,渥荷圣慈,同深钦感。现在上下游一律肃清,全黔底定,阖省官民无不颂其援助之功。当军需孔急,已叼挹注于前,而川军积欠较多,尚待清偿于后。是吴棠尽心黔事,始终无间,畛域不分,洵能共济时艰,力持大局,于黔省实保全不小,从此民安衽席,永庆升平,其功垂久远,较之身在行间,尤为心力交瘁。前任将军崇实之倡议援黔,协师济饷;现任将军臣魁玉之会商军务、饷需,均功不可没。窃思江南大捷,凡各省筹兵筹饷出力大吏,皆蒙沛以恩纶有加无已。在吴棠等公忠体国,自系为所当为,而臣等赖以藏功,何敢安于缄默。谨合词附片据实陈明,伏乞圣鉴训示。谨奏。同治十三年三月十九日,奉朱批:钦此。①

○四四　恭报川省同治十三年三月雨水、粮价折

同治十三年四月二十七日(1874 年 6 月 11 日)

头品顶戴四川总督臣吴棠跪奏,为恭报四川省同治十三年三

---

①　台北故宫博物院藏:军机及宫中档,文献编号:114382。

月份各属具报米粮价值及得雨情形，仰祈圣鉴事。

窃照同治十二年二月份通省米粮价值及得雨情形，前经臣恭折奏报在案。兹查本年三月份成都、重庆、夔州、龙安、绥定、保宁、顺庆、潼川、雅州、嘉定、叙州十一府，资州、绵州、忠州、酉阳州、眉州、邛州、泸州七直隶州，叙永、石砫两直隶厅，各属先后具报得雨自一二次至八九次不等。田水尚足，小春成熟。其通省粮价俱与上月相同，据署布政使英祥查明列单汇报前来。

臣覆核无异。理合分缮清单，恭呈御览，伏乞皇上圣鉴。谨奏。四月二十七日。

同治十三年六月初十日，奉朱批：知道了。钦此。①

○四五　呈川省同治十三年三月粮价清单

同治十三年四月二十七日(1874 年 6 月 11 日)

谨将同治十二年三月份四川省所属地方各项粮价，开具清单，恭呈御览。

成都府属，价贵。中米每仓石价银二两九钱五分至三两九钱三分，与上月同。大麦每仓石价银一两八钱三分至二两，与上月同。小麦每仓石价银二两一钱三分至二两三钱，与上月同。黄豆每仓石价银一两四分至二两四钱四分，与上月同。荞子每仓石价银一两一钱六分至一两七钱，与上月同。

重庆府属，价贵。中米每仓石价银二两七钱五分至三两七钱

---

① 台北故宫博物院藏：军机及宫中档，文献编号：115436；中国第一历史档案馆藏：朱批奏折，档案编号：04-01-24-0157-109。

三分，与上月同。大麦每仓石价银一两六钱二分至一两九钱七分，与上月同。小麦每仓石价银二两六钱八分至二两七钱三分，与上月同。黄豆每仓石价银二两七钱至二两九钱七分，与上月同。

保宁府属，价贵。中米每仓石价银二两五钱七分至三两二钱三分，与上月同。大麦每仓石价银一两八钱九分至二两一钱，与上月同。小麦每仓石价银二两八钱三分至三两五钱七分，与上月同。黄豆每仓石价银一两八钱一分至二两一钱一分，与上月同。

顺庆府属，价贵。中米每仓石价银二两一分至三两四钱，与上月同。大麦每仓石价银一两六钱一分至一两八钱，与上月同。小麦每仓石价银二两九分至二两一钱二分，与上月同。黄豆每仓石价银一两五钱五分至一两六钱五分，与上月同。

叙州府属，价贵。中米每仓石价银三两二分至三两二钱七分，与上月同。大麦每仓石价银一两六钱六分至二两二分，与上月同。小麦每仓石价银二两一钱三分至二两六钱三分，与上月同。黄豆每仓石价银一两一钱一分至一两五钱二分，与上月同。

夔州府属，价贵。中米每仓石价银二两八钱二分至三两一钱三分，与上月同。大麦每仓石价银一两七钱八分至二两四钱六分，与上月同。小麦每仓石价银二两九钱五分至三两三分，与上月同。黄豆每仓石价银二两一钱四分至二两二钱四分，与上月同。

龙安府属，价贵。中米每仓石价银二两五钱一分至三两一钱六分，与上月同。青稞每仓石价银一两五钱，与上月同。小麦每仓石价银一两七钱九分至二两一钱八分，与上月同。黄豆每仓石价银一两八钱五分至一两九钱三分，与上月同。

宁远府属，价贵。中米每仓石价银二两八钱五分至三两一钱三分，与上月同。大麦每仓石价银一两四钱八分至一两六钱，与上月同。小麦每仓石价银一两五钱九分至二两二钱，与上月同。荞子每仓石价银一两四钱五分，与上月同。黄豆每仓石价银一两五钱六分至一两六钱三分，与上月同。

雅州府属，价中。中米每仓石价银二两七钱七分至二两七钱八分，与上月同。小麦每仓石价银二两二钱九分至二两六钱五分，与上月同。黄豆每仓石价银一两六钱五分至二两四分，与上月同。

嘉定府属，价贵。中米每仓石价银二两七钱四分至三两三钱二分，与上月同。小麦每仓石价银二两三钱六分至二两七钱三分，与上月同。黄豆每仓石价银一两四钱七分至二两三分，与上月同。

潼川府属，价贵。中米每仓石价银二两八钱五分至三两八分，与上月同。大麦每仓石价银一两六钱五分至一两九钱三分，与上月同。小麦每仓石价银二两一钱四分至二两四钱九分，与上月同。黄豆每仓石价银一两七钱六分至二两一钱三分，与上月同。

绥定府属，价中。中米每仓石价银二两七钱二分至二两八钱四分，与上月同。大麦每仓石价银一两五钱八分，与上月同。小麦每仓石价银一两六钱二分至一两七钱三分，与上月同。黄豆每仓石价银一两四钱三分，与上月同。

眉州直隶州属，价中。中米每仓石价银二两七钱至二两九钱八分，与上月同。

邛州直隶州并属，价贵。中米每仓石价银二两六钱至三两，较上月减一分。大麦每仓石价银一两九钱，与上月同。小麦每仓石价银二两五钱七分，与上月同。黄豆每仓石价银二两八分至二两二钱二分，与上月同。

泸州直隶州并属，价贵。中米每仓石价银三两二分至三两三分，与上月同。

资州直隶州并属,价中。中米每仓石价银二两五钱二分至二两九钱二分,与上月同。

绵州直隶州并属,价中。中米每仓石价银二两六钱九分至二两九钱七分,与上月同。小麦每仓石价银二两三钱二分至二两四钱六分,与上月同。

茂州直隶州并属,价中。中米每仓石价银二两五钱九分,与上月同。小麦每仓石价银二两六钱八分,与上月同。青稞每仓石价银二两二钱,与上月同。荞子每仓石价银一两二钱三分至一两七钱三分,与上月同。

忠州直隶州并属,价贵。中米每仓石价银二两五钱四分至三两一钱八分,与上月同。大麦每仓石价银一两四钱六分至一两六钱,与上月同。小麦每仓石价银二两三分至二两三钱九分,与上月同。黄豆每仓石价银一两二钱七分至一两五钱七分,与上月同。

酉阳直隶州并属,价贵。中米每仓石价银二两五钱五分至三两三分,与上月同。大麦每仓石价银二两二钱八分至二两六钱,与上月同。小麦每仓石价银二两六钱二分至二两七钱六分,与上月同。黄豆每仓石价银一两三钱九分至一两四钱四分,与上月同。

叙永直隶厅并属,价中。中米每仓石价银二两九钱三分,较上月减二分。小麦每仓石价银一两八钱一分,与上月同。荞子每仓石价银一两三钱二分,与上月同。黄豆每仓石价银一两六钱一分,与上月同。

松潘直隶厅,价中。青稞每仓石价银二两六钱六分,与上月同。荞子每仓石价银一两七钱四分,与上月同。

杂谷直隶厅,价中。青稞每仓石价银二两四钱,与上月同。荞子每仓石价银一两七钱九分,与上月同。

石砫直隶厅,价平。中米每仓石价银一两六钱,与上月同。大麦每仓石价银一两七钱三分,与上月同。小麦每仓石价银二两六分,与上月同。黄豆每仓石价银一两八钱九分,与上月同。

打箭炉厅,价贵。青稞每仓石价银四两八钱八分,与上月同。油麦每仓石价银一两八钱一分,与上月同。

(朱批):览。①

○四六　奏报许光曙年满甄别折

同治十三年四月二十七日(1874 年 6 月 11 日)

头品顶戴四川总督臣吴棠跪奏,为道员试用年满,循例甄别,恭折仰祈圣鉴事。

窃照道府等官试用一年期满,例应察看出考,分别堪胜繁简,专折奏闻。兹查发川试用道许光曙,年五十四岁,湖南拔贡,就职直隶州州判,分管直隶。因公回籍,留办捐输,丁忧服满起复。咸丰十一年,遵例捐离原省,改捐湖北,归原班补用,随营防剿。于克复孝感、德安等处城池案内保举知县,留于湖北补用,委署恩施、钟祥等县知县。嗣捐升道员,复丁内艰,服阕后捐足三班分发,签掣四川。同治十一年五月十一日引见,奉旨:着发往四川,以道员试用。钦此。领照起程,十二年三月初十日到省,扣至十三年三月初十日,试用一年期满,由藩、臬两司详请甄别前来。

臣察看该道员许光曙,年健才优,练习吏治,应请留川以繁缺道员补用。倘或始勤终怠,仍当随时核办,断不敢稍有姑容,致滋

① 台北故宫博物院藏:军机及宫中档,文献编号:115437。

贻误。理合循例恭折具陈,伏乞皇上圣鉴。谨奏。四月二十七日。

同治十三年六月初十日,奉朱批:吏部知道。钦此。[①]

○四七　请准江思山等暂缓引见片

同治十三年四月二十七日(1874年6月11日)

再,督标左营守备江思山、庆宁营守备马元珍,均例应引见。惟江思山前委管操省标十营精兵,认真训练;马元珍派委巡查地方,缉捕要匪,均甚得力,未便遽易生手,合无仰恳天恩,俯准该员等暂缓北上,敕部先给署札,一俟更替得人,再行给咨送部引见。理合附片具陈,伏乞圣鉴训示。谨奏。

同治十三年六月初十日,奉朱批:着照所请,兵部知道。钦此。[②]

○四八　奏报吕烈嘉期满甄别片

同治十三年四月二十七日(1874年6月11日)

再,查吏部奏定章程:州、县、丞、倅,无论何项劳绩保奏归入候补班者,以到省之日起,予限一年,令督抚详加察看,出具切实考语,奏明分别繁简补用等因。遵照在案。兹查有候补班前先补用同知吕烈嘉,到省一年期满,自应甄别,据署布政使英祥、署按察使傅庆贻造具该员履历清册会详前来。臣查该员吕烈嘉,年强才裕,请留川以繁缺同知补用。除履历清册咨部外,理合附片陈明,伏乞

---

①　台北故宫博物院藏:军机及宫中档,文献编号:115439。

②　台北故宫博物院藏:军机及宫中档,文献编号:115440;中国第一历史档案馆藏:朱批奏片,档案编号:04-01-17-0112-081。

3462

圣鉴。谨奏。

同治十三年六月初十日,奉朱批:吏部知道。钦此。①

○四九 请将故抚刘蓉事
迹宣付史馆等由折

同治十三年四月二十七日(1874年6月11日)

头品顶戴四川总督臣吴棠跪奏,为陈明已故疆臣功迹,恳恩宣付史官,并入祠祔祀,以彰忠荩,恭折仰祈圣鉴事。

窃臣前准湖南抚臣王文韶咨称:奏恳开复已故陕西抚臣刘蓉处分一折,同治十二年十二月十六日,内阁奉上谕:前任陕西巡抚刘蓉前因剿贼失利,降旨革职。兹据王文韶奏,刘蓉于本年十月间在籍病故等语。该员前任湖南、湖北、四川、陕西等省,曾著战功,所有前得革职处分,着加恩开复。钦此。钦遵移咨到臣。伏查王文韶原奏所陈已故抚臣刘蓉出处品行及在陕抚任内功绩,已备举大略,而其勘定蜀难事实犹未详尽。

臣博采舆论,川中士民至今乐道不置。溯自咸丰十一年,原任协办大学士四川督臣骆秉章由湖南督师援蜀,邀刘蓉佐理军事。维时滇匪李泳和巨股盘踞青神,而分股窜扰眉州、嘉定、雅、邛、叙、泸等处。蓝潮鼎巨股由潼川窜攻绵州,而分股窜扰江油、彰明、绵竹、安县、梓潼各属。如何兴顺、张国富、何蚂蚁等纷扰川东、川南各州县,每股贼众自数万至数十万不等。又有勇目卢义熊、陈祥兴

---

① 台北故宫博物院藏:军机及宫中档,文献编号:115441;中国第一历史档案馆藏:朱批奏片,档案编号:04-01-13-0325-028。

等各拥众数万或数千，纵横驰突，名为游勇，无异于贼。盖全蜀几无完土。楚军节节进剿，先歼何兴顺股匪于定远县，遂由顺庆进扎潼川。刘蓉以贼股虽多，而强悍无过蓝、李二酋，能除此二酋，则余贼不足平。而用兵次第又宜先解绵州城围，以收聚歼之功，然后鼓行而南，已成破竹之势。

部署既定，遂于是年八月大破蓝潮鼎数十万众于绵州，城围立解。蓝逆率余党奔绵州①。我军乘胜追击，沿途扫荡，军威大振。刘蓉奉旨署理川藩，旋蒙实授，筹画军储，遣散游勇，附省人民袒护安枕。次年春间，绵州围解，蓝逆授首。而粤逆石达开拥众入蜀，川东震惊。诸军分剿石逆，上游诸将兵力较单，李泳和负隅自固。刘蓉乃亲诣军前，激励将士，密授机宜。不数日而有龙窑场之捷，生擒李逆，解省正法。石逆亦被诸军击退。川东群贼张国富、周泽涌、敦刀刀等均以次削平。

又，明年石达开率十余万众由滇入蜀，建南大震。刘蓉会商骆秉章驰往雅州一带，自督诸军遏其前，而密调各土司截其后，屡战俱捷。石逆进退无据，遂即就缚。十余年巨憝，东南各省蹂躏殆遍，而一旦成擒，海内同声称快。计自楚师至蜀，前后不过二年，滇逆、粤逆大小各股次第荡平，不留遗孽。全川肃清，固由骆秉章调度有方，知人善任，而军中机宜多由刘蓉亲自指画，绩殊伟矣。

刘蓉自接四川藩司篆至陛擢秦抚，前后未逾二载，始则力请终制，继则陈请开缺，心淡荣利，而整饬吏治，讲求军实，倡办捐厘，革除时弊，搜访真才，汲汲如不及。当同治元年两浙糜烂时，该省抚臣左宗棠移书告急，刘蓉立即筹饷数万两，详咨湘抚派在籍知县杨

---

① 原文如此，疑有误。

昌濬募勇湖湘，驰援浙省，厥后全浙肃清，其赖此军之力。其规画宏达，不沾沾于一省，而蜀都人士感戴尤深。兹据在籍候补京堂薛焕同各属绅士以该故抚功绩昭著，实堪垂信史而列祀典，合词呈请转奏前来。

合无仰恳天恩，宣付史馆，并准入祀名宦祠，暨祔祀原任协办大学士四川督臣骆秉章成都专祠，以顺舆情而彰茂绩，出自鸿慈。理合会同学政臣张之洞，合词恭折具奏，伏乞皇上圣鉴训示。谨奏。四月二十七日。

同治十三年六月初十日，奉朱批：钦此。[①]

【案】王文韶……开复已故陕西抚臣刘蓉处分一折：同治十二年十一月十四日，湖南巡抚王文韶附片曰：

再，据湘乡县知县齐德五申称：前任陕西巡抚刘蓉于本年十月初一日在籍身故，据该家属呈明转报前来。臣查刘蓉以诸生倡率团练，随同侍郎曾国藩转战湘、鄂，屡著战功。咸丰十一年，奉特旨以知府署理四川布政使，旋蒙实授。同治二年，发逆石达开由黔窜蜀，贼势甚张。刘蓉禀商督臣骆秉章，自请出省督师，刻日驰赴军营，激励兵勇，并以忠义感动土司，分路扼截，生擒石达开，余党悉数解散，功绩最为卓著。旋擢陕西巡抚，维时楚军新败，汉中不守，该故抚督军由宁羌进取，连克汉中城、洋县，擒斩蓝大顺、曹灿章诸巨逆，军威遂振。又越境克复阶州，歼逆目蔡昌荣、梁成富，全陕以次肃清。四年于明白回奏蔡寿祺指参案内供词失当，降级调用。经钦差瑞常、罗惇衍等奏

称,该抚秉性朴实,有胆有识,民情爱戴,倚为长城等因。奉旨留署陕西巡抚。适值陶茂林、谭玉龙各军相机哗溃,劫夺郡县。东则捻匪窜及商南,北则回侵掠泾、陇。该故抚居中调度,不动声色,卒能绥疆弭患,转危为安。嗣因告病开缺,留陕会办军务,灞桥失利,上疏自劾,奉旨革职。此刘蓉生平之大略也。同治五年,刘蓉由陕西回籍,道经湖北。其时,臣适署汉黄道篆,彼此通晤,具言学业未成,重逮官谤,负疚实深,此后便当读书十年,再图报称。情词质朴,臣窃心识其为人。同治八年,臣移宦湘中,刘蓉亦经前抚臣刘崐奏办团防事宜。臣遇事咨询,颇资匡益。虽其所见有时不能无偏,然其品学之诚笃、器识之远大,求之时流,未可多得也。闻其临殁之日,犹以殊恩未报赍恨以终,遗命家人务从薄殓,以赎前愆。其忠实之诚固有没齿不渝者。惟楚有才,如刘蓉者,亦实一时之杰。乃年未六旬,遽以病殁,良可惜焉。合无仰恳天恩,俯念已革陕抚刘蓉前在湘、鄂、川、陕各省著有微劳,准予开复处分,以为宣力效忠、能自效励者劝,出自皇上逾格鸿慈,微臣未敢擅拟,谨附片具陈,伏乞圣鉴训示。谨奏。同治十二年十二月十六日,奉朱批:钦此。①

○五○ 奏报同治十二年九月至十三年二月承袭世职折

同治十三年四月二十七日(1874年6月11日)

头品顶戴四川总督臣吴棠跪奏,为川省承袭世职,照章汇案办

---

① 台北故宫博物院藏:军机及宫中档,文献编号:113007。

理，恭折仰祈圣鉴事。

窃查前准部咨：钦奉上谕：嗣后阵亡、殉难各员子孙承袭世职，均着各该厅州县将应袭职名迅速查明，径行具报督抚，予限半年汇案具奏一次等因。钦此。历经遵办在案。兹查同治十二年九月起至同治十三年二月底止，陆续据成都等各厅州县先后详请承袭世职，并将前经请袭年未及岁、现已及岁之员呈请验看，造具各故员履历事实暨应袭各员三代宗图、年貌、族邻供结前来。经臣先后验看属实，并将册结、宗图汇总，专咨报部查核，其有并无籍贯可稽者，请俟咨查覆到，另行办理。

所有自同治十二年九月起至十三年二月底止川省各属请袭世职，遵照奏定章程，谨缮清单，恭呈御览，伏乞皇上圣鉴，敕部议覆施行。谨奏。四月二十七日。

同治十三年六月初十日，奉朱批：兵部议奏，单并发。钦此。①

○五一 呈同治十二年九月至十三年二月请袭世职清单

同治十三年四月二十七日(1874年6月11日)

谨将同治十二年九月起至十三年二月底止川省请袭世职各案，谨缮清单，恭呈御览。

一、鲁炳智，成都县人，现年二十五岁。伊父鲁松芳由蓝翎尽先千总于咸丰十年三月二十八日，在江苏溧水县城外阵亡，经部议给云骑尉世职，同治十二年六月初一日，奉旨：依议。钦此。请以

---

① 台北故宫博物院藏：军机及宫中档，文献编号：115443。

鲁松芳之嫡长子鲁炳智承袭。

一、邓体忠,成都县人,现年二十三岁。伊胞兄邓体仁由军标左营战兵于咸丰九年十一月初六日,在江浦地方阵亡,经部议给云骑尉世职,同治七年三月十四日,奉旨:依议。钦此。原立官未娶无嗣,亦无应继之人,所遗世职请以邓体仁之胞弟邓体忠承袭。

一、何扬芬,成都县人,现年十九岁。伊嗣祖父何炳南由福建德化县知县于咸丰三年七月二十七日,在德化县御贼被害,经部议给云骑尉世职,伊父何锡章承袭后病故。所遗世职请以何炳南之嗣长孙何扬芬承袭,并将何锡章原领敕书,遵照部咨,粘贴印花,径送吏部核办。

一、马应禄,成都县人,现年十八岁。伊父马培元由抚边营蓝翎尽先外委,于咸丰九年四月内,在天长县属汉涧地方阵亡,经部议给云骑尉世职。前于同治四年请袭时,年未及岁,准食半俸。今年已及岁验看,请食全俸。

一、马元戎,成都县人,现年十八岁。伊父马铃图由督标中营千总于咸丰十年八月十二日,在宁国府阵亡,经部议给云骑尉世职。前于同治九年请袭时,年未及岁,准食半俸。今年已及岁验看,请食全俸。

一、黄志高,华阳县人,现年二十五岁。伊父黄林由尽先守备于咸丰十年三月十五日,在宁国府红林桥地方阵亡,经部议给云骑尉世职。前于同治元年请袭时,年未及岁,准食半俸。今年已及岁验看,请食全俸。

一、刘登高,华阳县人,现年三十三岁。伊父刘先春由督标右营蓝翎战兵于咸丰元年八月二十日,在广西司旺墟地方阵亡,经部议给云骑尉世职,咸丰五年十二月十八日,奉旨:依议。钦此。嫡长子刘升高承袭后阵亡，未娶无嗣，请以刘先春之嫡次子刘登高承袭。

一、刘兆祥，华阳县人，现年十九岁。伊嗣父刘升高由云骑尉世职于咸丰十年九月二十五日，在彭县边家河地方阵亡，经部议给云骑尉世职，同治八年十二月十六日奉旨：依议。钦此。原立官刘升高阵亡无嗣，请以嗣子刘兆祥承袭。

一、干有桢，华阳县人，现年二十六岁。伊父干静廷由提标中营蓝翎战兵于咸丰十年二月二十四日，在安徽石埭县七都地方阵亡，经部议给云骑尉世职，同治十二年六月初一日，奉旨：依议。钦此。请以干静廷之嫡长子干有桢承袭。

一、林尚荣，双流县人，现年二十九岁。伊胞兄林尚珍由蓝翎尽先外委于同治四年十二月初十日，在贵州绥阳县城外阵亡，经部议给云骑尉世职，同治十二年六月初一日，奉旨：依议。钦此。原立官林尚珍未娶无嗣，亦无应继之人。所遗世职请以胞弟林尚荣承袭。

一、王荣龄，双流县人，现年二十二岁。伊胞兄王荣锡由尽先外委于同治四年十一月二十一日，在高县龙盆地方阵亡，经部议给云骑尉世职，同治九年闰十月二十一日，奉旨：依议。钦此。原立官王荣锡未娶无嗣，亦无应继之人。所遗世职请以胞弟王荣龄承袭。

一、李登祥，双流县人，现年二十九岁。伊胞兄李登云由蓝翎外委于同治九年二月十七日，在甘肃张恩堡洪乐堡地方阵亡，经部议给云骑尉世职，同治十一年五月二十一日，奉旨：依议。钦此。原立官李登云未娶无嗣，亦无应继之人。所遗世职请以胞弟李登祥承袭。

一、郑湘,简州人,现年三十一岁。伊胞叔郑宗江由六品军功于咸丰九年十二月十四日,在安徽太湖小池驿地灵港地方阵亡,经部议给云骑尉世职,咸丰十一年五月二十六日,奉旨:依议。钦此。原立官郑宗江阵亡无嗣,请以嫡胞侄郑湘承袭。

一、陈桢海,巴县人,现年二十二岁。伊父陈占魁由军标左营千总于咸丰九年六月十六日,在贵州龙泉县沙堆地方阵亡,经部议给云骑尉世职。嫡长子陈桢海前于同治三年请袭时,年未及岁,准食半俸。今年已及岁验看,请食全俸。

一、何承清,巴县人,现年三十岁。伊胞兄何永清由重庆中营蓝翎战兵于咸丰十年七月二十三日,在浙江嘉兴府城外阵亡,经部议给云骑尉世职,同治十年十月初二日,奉旨:依议。钦此。原立官阵亡无嗣,亦无应继之人。所遗世职请以胞弟何承清承袭。

一、沈国臣,巴县人,现年十四岁。伊父沈万清由蓝翎尽先外委于咸丰十年十月十二日,在永川县城御贼阵亡,经部议给云骑尉世职,同治九年十二月初十日,奉旨:依议。钦此。请以沈万清之嫡长子沈国臣承袭。

一、张遇枚,绥宁县人,现年十九岁。伊父张知迪由文生于咸丰十年十二月十二日,在本县带团剿贼阵亡,经部议给云骑尉世职,同治十一年九月二十九日,奉旨:依议。钦此。请以张知迪之嫡长子张遇枚承袭。

一、刘定一,江油县人,现年三十三岁。伊父刘廷相由文生于咸丰十一年三月二十九日,在本县中坝场地方骂贼不屈,被戕,经部议给云骑尉世职,同治九年八月二十四日,奉旨:依议。钦此。请以刘廷相之嫡长子刘定一承袭。

一、陶永钦,江油县人,现年三十三岁。伊父陶甄由廪生于咸丰十一年四月初一日，在本县督团击贼阵亡，经部议给云骑尉世职，同治六年三月十七日，奉旨：依议。钦此。请以陶甄之嫡长子陶永钦承袭。

一、范维勋，理番厅人，现年二十八岁。伊父范全由蓝翎尽先外委于咸丰九年十月二十八日，在江北浦口地方阵亡，经部议给云骑尉世职，同治十年七月十九日，奉旨：依议。钦此。请以范全之嫡长子范维勋承袭。

一、江起恩，盐亭县人，现年十九岁。伊父江应远由叠溪营外委于咸丰七年八月二十六日，在湖熟龙都地方阵亡，经部议给云骑尉世职。前于同治十年请袭时，年未及岁，准食半俸。今年已及岁验看，请食全俸。

一、王仁炜，盐亭县人，现年三十一岁。伊父王常松由监生于咸丰十一年六月初十日，在本县冯家河地方御贼被害，经部议给云骑尉世职，同治五年十一月二十八日，奉旨：依议。钦此。王常松之嫡长子病故，并无长孙。请以嫡次子王仁炜承袭。

一、祁文光，西昌县人，现年十九岁。伊父祁玉寿由建昌中营恩骑尉于同治元年六月十一日，堵御凹姑河野夷阵亡，经部议给云骑尉世职。前于同治五年请袭时，年未及岁，准食半俸。今年已及岁验看，请食全俸。并将祁玉寿原领敕书遵照部咨，粘贴印花，径送吏部核办。

一、淡以观，广安州人，现年二十一岁。伊祖淡树琪由云南候补知府于咸丰六年六月二十六日，在云南省城外彩凤山地方阵亡，经部议给云骑尉世职。伊父淡殿臣承袭后病故。所遗世职请以淡树琪之嫡长孙淡以观承袭。

一、车荣显，奉节县人，现年十三岁。伊祖车銮由夔州协左营恩骑尉于同治六年正月十五日，在湖北永滃河地方伤亡，经部议给云骑尉世职，同治六年七月初九日，奉旨：依议。钦此。原立官车銮之子车兴贵亦亡，嫡长孙车荣耀另袭恩骑尉。所遗世职请以嫡次孙车荣显承袭。

一、陈甄陶，阆中县人，现年三十六岁。伊高祖陈璋由川北左营把总于乾隆十三年出师金川阵亡，经部议补给恩骑尉，世袭罔替。伊祖及祖父先后承袭病故辞退。所遗世职请以陈璋之嫡长元孙陈甄陶承袭。

一、刘锡杰，荣县人，现年二十六岁。伊父刘存厚由江宁府知府记名道员于咸丰六年四月二十八日，在高资地方阵亡，经部议给骑都尉世职。前于咸丰七年请袭时，年未及岁，准食半俸。今年已及岁验看，请食全俸，俟接准部覆，再行给咨赴部引见。

一、陈国梁，新都县人，现年二十七岁。伊父陈家品由尽先外委于咸丰八年十月二十一日，在湖南东安县地方阵亡，经部议给云骑尉世职，咸丰九年八月十三日，奉旨：依议。钦此。请以陈家品之嫡长子陈国梁承袭。

一、赖洪恩，丹棱县人，现年二十七岁。伊父赖名利由蓝翎军功于咸丰九年十二月二十二日，在潜山县之地灵港地方阵亡，经部议给云骑尉世职。咸丰十年五月二十六日，奉旨：依议。钦此。请以赖名利之嫡长子赖洪恩承袭。

一、罗国栋，三台县人，现年十三岁。伊父罗占鳌由尽先把总于同治元年八月初一日，在宜宾县属八角寨地方阵亡，经部议给云骑尉世职。同治三年五月二十日，奉旨：依议。钦此。请以罗占鳌之嫡长子罗国栋承袭。

一、杨名扬，永宁县人，现年二十一岁。伊父杨清玺由泸州营外委于咸丰九年，在宜宾县属真溪地方阵亡，经部议给云骑尉世职。咸丰十年十二月二十六日，奉旨：依议。钦此。请以杨清玺之嫡长子杨名扬承袭。

一、袁成翰，叙永厅人，现年二十五岁。伊父袁学醇由从九品衔于同治元年五月十八日，在本厅东一屯地方阵亡，经部议给云骑尉世职。同治八年四月二十日，奉旨：依议。钦此。请以袁学醇之嫡长子袁成翰承袭。

一、马训，阆中县人，现年三十七岁。伊父马映祥由潼川营把总于咸丰九年十月十三日，在贵州龙泉县八卦顶地方阵亡，经部议给云骑尉世职，同治十二年四月十六日，奉旨：依议。钦此。请以马映祥之嫡长子马训承袭。

（朱批）：览。①

○五二　汇奖防剿逆回出力员弁绅团折

同治十三年五月十八日(1874年7月1日)

头品顶戴四川总督臣吴棠跪奏，为川军防剿秦、陇逆回，成劳久著，现在肃州克复，关内肃清，恳恩并案核实汇奖在事出力员弁绅团，以昭激劝，恭折仰祈圣鉴事。

窃查秦、陇逆回倡乱十有余年，蹂躏邻疆，荡摇边境。自同治七年正月，前兼署督臣崇实奏派提督李辉武，统带劲旅三千人，迎击渭北窜回，出扎汉南。臣于是年九月调任来川，悉心体察，川北之平武、广元与陕之沔宁，甘之阶、文等州县，唇齿相依，实有防不

---

① 台北故宫博物院藏：军机及宫中档，文献编号：115443-0-A。

胜防之患，用是多方筹画，一意主持，以汉南为老营，见贼即剿，力挫凶锋，而以提督李有恒等所部虎威宝营、达字营分防川北，如遇军情吃紧，即令其越扎于三者接壤之区，往来策应。该提督李辉武等均能勠力同心，克敌致果，不惟川北资其捍卫，抑且秦中赖以保全，盖用兵贵审机宜，非战于境外，断难守于境中也。

同治十一年八月，甘军奇营勇溃，突窜秦州、狄羌一带地方，与河州逸出之回互相勾结，势极披猖，经提督李辉武督率所部勇丁，会同虎威宝营、达字营，迎头截击，迭有斩擒。又，平防地处极边，散练游匪出没靡常，并经提督李有恒等设法稽查，随时搜捕，弥内患以御外侮。积岁累年，厥功颇伟。计自臣莅任至今，北路征兵成卒共拨过月饷银不下三百万两。复陆续筹解过陕、甘两省协饷银一百四十万两有奇，以及转运刍粮、协防要隘，则尤在官绅团练等好义急公，踊跃用命。现在肃州克复，关内肃清，似应综核成劳，同膺懋赏。况为时已阅二年之久，定章亦属相符，可否仰恳天恩，俯准由臣将在事出力员弁绅团会同剿办峨边蛮匪，并案核实请奖，以昭激劝之处，出自逾格鸿慈。

所有川军防剿秦、陇逆回，成劳久著，现在肃州克复，关内肃清，恳恩并案核实汇奖在事出力员弁绅团，以昭激劝缘由，理合恭折具奏，伏乞皇上圣鉴训示。谨奏。五月十八日。

同治十三年六月初六日，奉朱批：准其择尤保奖，毋许冒滥。钦此。①

---

① 台北故宫博物院藏：军机及宫中档，文献编号：115394。又，吴棠等：《游蜀疏稿》，第863—870页。其尾记曰："同治十三年五月十八日，由驲具奏。兹于本年六月二十五日，准兵部火票递回原折，奉朱批：准其择尤保奖，毋许冒滥。钦此。"

【案】崇实奏派提督李辉武……出扎汉南：崇实奏派李辉武出扎汉南，得清廷允准。《清实录》：

又谕：崇实奏，调拨楚军，迎击渭北回匪。刘岳昭奏，苗匪投诚，分别安插，并滇省军务吃紧，难顾贵阳，暨请饬川省协饷各一折。陕省回匪肆扰，股数较多，兵力难于兼顾。前因回逆窜扰宝鸡，谕令崇实派周达武驰赴汧、陇扼剿，该署督现已派令周达武所部之提督李辉武，率劲卒三千人，由襃城取道留坝、凤县，出驻汧阳，仍令周达武统率所部，并增募千人，驻防大安驿一带。着即饬令与李辉武联络声势，并兼扼徽、文两当之冲，以固川北门户。所有该两营粮米，仍由川省设法转运，毋令缺乏。①

【案】甘军奇营勇溃……迭有斩擒：同治十一年八月，甘军奇营勇丁因索饷未遂，随即哗溃，经官军追抵陕疆，由前甘肃提臣曹克忠督军截剿，全数收抚，并将变乱之路钟字等五犯查出斩枭，其王士清等九弁讯由迫胁，经奏参革职。同治十一年九月十九日，陕甘总督左宗棠具奏，查明奇营马队溃走，自请议处缘由：

再，奇营马队之溃，实由惮于西行。若辈多出自降捻，强悍而不耐寒苦，乃其本性。所称欠饷将近一年，虽非虚诬，却较之臣部各营积欠一年零三四个月者，犹为优矣，胡独该溃卒以此借口？至统领降补参将杨世俊，平日待将弁勇丁颇有恩谊，人素廉勤，该溃卒无从肆其谤诣。且杨世俊自带青旗马队一营及步队两营，均已安静抵省。各起溃卒各由驻营之地分

---

① 《穆宗毅皇帝实录(六)》，卷二百二十五，同治七年二月下，第84页。

道赴省,先时不及详悉开导,致有此变。嗣驰赴前途,亦收辑副白旗一营。虽所部溃走,难辞咎责,而情实可原。合无仰恳天恩,免其置议。惟微臣忝领兵符,平时未能晓以大义,偶尔饷缺,遂致纷纷溃逃。又旬日三次檄催,未及详察军情,遽加督责,亦属思虑不周。疏误之咎,实无可辞。应请旨交部议处,以昭军律。伏乞圣鉴。谨奏。①

〇五三　奏报请敕更正左桂棠等姓名片

同治十三年五月十八日(1874年7月1日)

再,克复肃州案内,随折请保免补副将以总兵分省补用左桂棠,原名桂堂,因军务倥偬,误书作棠。又,花翎尽先补用副将施芳桂,早年投效军营,素不识字,以施芳桂洊保今职,近得家书,始悉本姓舒氏。又,花翎守备衔千总戴家荣,亦以早年投效军营,不知祖父名讳,以戴家荣列保,近得家书,始悉家字系祖辈派名。据各统领及各该员先后禀请具奏更正前来。

臣覆查无异,合无仰恳天恩,准将分省补用总兵左桂棠改为左桂堂,花翎补用副将施芳桂改为舒芳桂,花翎守备衔千总戴家荣改为戴庆有,敕部分别更正注册,出自鸿慈。谨附片具陈,伏乞圣鉴施行。谨奏。

(朱批):兵部知道。②

---

①　《左宗棠全集·奏稿五》,第313页,岳麓书社,2014。
②　中国第一历史档案馆藏·朱批奏片,档案编号:04-01-16-0199-092。

○五四　密拿罗安邦等讯明正法片

同治十三年五月十八日（1874年7月1日）

再，前据提督唐友耕呈请赴京陛见，当经附片奏陈，并声明库款支绌，将所部振武军勇丁暂委营官张占鳌代统在案。嗣据唐友耕呈称：散勇难于招勇，必须亲往拊循，庶臻妥善。随即督饬筹饷报销局司道等，于无可设法之中，极力图维，补给欠饷银两，交唐友耕妥为撤遣归农。兹据唐友耕咨呈：抵防后，平情开导，分起填给路票，添派差员，管押回籍，并备文移知昭通府县，各归各团，俾安生业，现已一律遣散完竣，由达字营拨队接防。惟当带饷诣营之际，营官张占鳌、艾尔鸿先期躲避，队长罗安邦、营书胡子谦等造言煽惑，几酿事端，经唐友耕密拿哨长罗安邦，讯明正法，军心始克大定，应请从严参办等情。

臣查营官张占鳌、艾尔鸿，擅离营伍，咎无可辞，未便因其久著勋勤稍存回护，相应请旨将记名提督胡松额巴图鲁张占鳌降为副将，花翎尽先游击艾尔鸿降为守备，以观后效。其在逃之营书胡子谦等，已由臣通饬查拿务获，解省究办，以肃营规。理合附片陈明，伏乞圣鉴训示。谨奏。

同治十三年六月初六日，奉朱批：着照所请，兵部知道。钦此。①

---

① 台北故宫博物院藏：军机及宫中档，文献编号：115398。又，吴棠等《游蜀疏稿》，第857—861页。其尾记曰："同治十三年五月十八日，由驲附片具奏。兹于本年六月二十五日，准兵部火票递回原片，奉朱批：着照所请，兵部知道。钦此。"

○五五　汇报同治十二年武员月
　　课奖赏数目并循旧举行折

同治十三年五月十八日(1874年7月1日)

头品顶戴四川总督臣吴棠跪奏,为汇报上年武员月课用过奖赏数目,并现在认真考校,循旧举行,恭折仰祈圣鉴事。

窃臣前将酌拟武员月课章程专折奏明在案,计自同治十二年三月份起至十二月份止共十一个月,陆续用过奖赏钱一万零四百五十千文。按照定价,以钱一千八百文合市平银一两,申合库平银五千五百八十四两九钱六厘一毫,即在厘金项下支讫。兹于本年开篆后,饬据中军副将造送候补将弁衔名清册,比较上年底册,镇将等官续行收标七员,都、守等官续行收标十八员,千、把等官续行收标四十九员。随于二月十六、七、八、九等日,即在臣署箭道认真考校,计取入月课镇将等四十一员,都、守等五十七员,千、把总等一百十四员。盖收标之人数,既逐渐加增,斯考课之程途,亦量为推广也。

至每员给予奖赏,仍循旧章,自镇将考列超等给钱十六千文,以次递减,至千、把总考列一等给钱四千文而止。计二月份用过奖赏钱一千七百二十二千文,三月份用过奖赏钱一千二百二十四千文,以钱折银,在于厘金项下动支给领。嗣后虽视考课之升降,定奖赏之多寡,大约不出上两月用过之数,统俟年终汇销,据筹饷报销局详报前来。臣伏查该武员等自上年酌拟月课章程,随时考校,弓马愈臻娴熟,人材日见奋兴,即寒苦之家,亦借奖赏以资养赡,稍可支援。每于当场阅毕,必劝勉谆谆,既嘉其向上之忱,复勖以致身之义。该武员等尚能恪守营规，一遵约束。

臣惟有会同署提臣联昌，督率中军副将等，悉心稽察，遇事讲求，以期纪律咸明，始终弗懈。所有上年武员月课用过奖赏数目并现在认真考校、循旧举行缘由，理合恭折具陈，伏乞皇上圣鉴。谨奏。五月十八日。

同治十三年六月初六日，奉朱批：知道了。钦此。①

○五六　查明黔江民教起衅实情并分别惩处折

同治十三年五月十八日（1874年7月1日）

四川成都将军臣魁玉、头品顶戴四川总督臣吴棠跪奏，为查明黔江民教起衅实情，覆验讯供，并请将解犯不慎之委员、印官分别惩处，恭折仰祈圣鉴事。

窃臣等前将教士被殴致毙、凶犯已获缘由，据实奏陈，钦奉寄谕：仍着魁玉、吴棠懔遵前旨，将起衅实情迅速查明具奏，并将现办情形随时咨明总理各国事务衙门，毋稍延缓等因。钦此。臣等遵即恭录，行知藩、臬两司，暨饬催川东道姚觐元，督同印委各员，上紧查讯筹办。嗣据川东道迭次来禀，以黔江民教起衅根由非亲至其境，不能得其实情，委署县事鲍庆系初到之员，无所用其回护，饬令确切查明，迅速禀覆。

---

① 台北故宫博物院藏：军机及宫中档，文献编号：115399；中国第一历史档案馆藏：朱批奏折，档案编号：04-01-16-0199-095。又，吴棠等《游蜀疏稿》，第871—877页。其尾记曰："同治十三年五月十八日，由驲具奏。兹本年六月二十五日，准兵部火速票递回原折，奉朱批：知道了。钦此。"

该署令于莅任后,明查暗访,实系陈宗发、谢家俸等,各将余克林、戴明卿共殴身死,均系死在城外,且访闻陈宗发踏水过河,赶获余克林殴毙,并非绅耆等主谋。惟撤任知县桂衢亨,方事起仓卒,未能立时弹压,咎亦难辞。前委涪州知州濮文升等,会验黔江县民陈宗发等共殴司铎余克林身死伤痕,大致相符。戴明卿因尸身腐化,原告梁乐益等结请免验,并经署酉阳直隶州知州罗亨奎等提犯讯供,陈宗发与蔡从憘认殴司铎余克林致毙,谢家俸与郑双荃认殴司铎戴明卿致毙。惟谢家俸倚老作狂,丑抵教中奸抢其女。迨黔江县将被告绅民宁卜荣等十七名先后解到,提案覆讯,该绅等极口呼冤,委无统凶协谋情事,即犯证亦伪,剖辩甚力。奈原告梁乐益等近在酉阳教堂,延不投质等情。均经随时函致总理衙门各〈在〉案。

臣等查此案经覆验讯供之余,众证确凿,自无遁饰情弊。惟必须该教原告梁乐益等赴质,方足以折服其心。乃主教范若瑟旋说旋翻,固结莫解,其借端要胁之意,已属显然。近复请将陈宗发等犯专提到渝,使两地牵绊,永无完结之期,以遂其刁难之计。而事关中外交涉要件,不得不委曲求全,饬据川东道将全案人证,提至渝城审办,复添委熟谙洋务之补用知府吕烈嘉、典史祝俊菜,前往随同经理。兹据该道转据署酉阳直隶州知州罗亨奎禀报:饬委候补从九品吴辅元,并多派兵役,协同黔江县长解各差,管押犯证前进,于四月十二日,据署黔江县知县鲍庆禀:陈宗发在途误食蜂蜜、生葱,中毒身死。时方夏令,未能久延,已专差移请邻封诣验,由川东道禀请参办前来。

臣等伏念命案久悬,实因该主教抗不派人赴质,尚非地方官有意耽〈延〉,今不得已将全案提渝,勉从所请,该委员、印官等未能小心防护，以至凶犯中途身死，枝节横生，该教更多所借口，筹办愈难，非寻常疏忽可比，相应请旨将管解委员候补从九品吴辅元即行革职，并将签差不慎之署酉阳直隶州知州候补知府罗亨奎、署黔江县知县鲍庆，交部议处。臣等仍当督饬川东道姚觐元暨印委各员，亲提解到犯证，再行研鞫，与主教范若瑟妥商办理。

除将筹办情形随时函致总理衙门外，所有查明黔江民教起衅实情，覆验讯供，并请将解犯不慎之委员、印官分别惩处缘由，合词恭折具陈，伏乞皇上圣鉴训示。谨奏。五月十八日。

同治十三年六月初六日，奉朱批：吴辅元着即行革职，罗亨奎、鲍庆均着交部议处。此案为日已久，尚未讯结，着魁玉、吴棠督饬姚觐元等，亲提解到犯证，详细研鞫，迅速持平妥办，毋再迁延。钦此。[1]

【案】此折抄稿业已咨呈总理衙门。《教务教案档》载曰：

六月初六日，成都将军魁玉等文称，同治十三年五月十八日，由驿具奏，查明黔江教民起衅实情，覆验讯供，请将解犯不慎之委员、印官分别惩处一折。除俟奉到谕旨另行恭录咨呈外，所有折稿相应钞录咨送。为此咨呈贵衙门，谨请查照施行。折稿详见六月初七日军机处交片。[2]

---

[1] 台北故宫博物院藏：军机及宫中档，文献编号：115399；中国第一历史档案馆、福建师范大学历史系编：《清末教案》，第 2 册，第 62—64 页。又，吴棠等：《游蜀疏稿》，第 879—889 页。其尾记曰："同治十三年五月十八日，由驿具奏。于本年六月二十五日，奉朱批：吴辅元着即行革职，罗亨奎、鲍庆均着交部议处。此案为日已久，尚未讯结，着魁玉、吴棠督饬姚觐元等，亲提解到犯证，详细研鞫，迅速持平妥办，毋再迁延。钦此。"

[2] 台北中研院近代史所编：《教务教案档》，第三辑，第二册，第 1025 页。

【案】将筹办情形随时函致总理衙门:关于审理黔江教案情形及要犯陈宗发中途身死缘由,成都将军魁玉已咨呈总理衙门:

五月十三日,成都将军魁玉等函称:前月十九日,曾肃蜀字七号函,亮邀垂登。嗣据署西阳州罗守禀称:被告绅民宁卜荣等十七人,经该署州饬县设法传齐解到。该原告梁〈乐〉益等近在酉阳教堂,屡催不案。因州考为期已迫,恐人心不平,别酿事端,势难悬案久待,当即会同委员同知张超等,提集被告、犯证,详加推鞠。该犯陈宗发供认,与蔡从憘将司铎余克林殴毙。谢家俸即谢裁缝供认,与郑双荃将司铎戴明卿殴毙。所供下手人情形,历历如绘。质之余犯及案证汤毛,各供相符。并按该教所控各情,逐层研究,该被告人等一一分晰,委无统凶协谋情事,即犯证亦为剖辩甚力,矢口不移。即将正案各犯按律定拟,于三月十九日连证解道审勘,并援引原告无故不案之例,注销控案,禀由该道核转等情。维时已据川东道请将全案提渝审办,恐主教范若瑟执拗性成,未能折服,复批行姚道,督同印委各员,再行悉心覆讯去后。兹据姚道转据署西阳州罗守驰报,该署州与委员张丞等将黔江县教案审拟成招,讵知该犯陈宗发等狡狯异常,饬委候补从九吴辅元,并多派兵役,协同黔邑长解各差,管押犯证前进。四月十二日,据黔江县鲍令具禀,陈宗发在途误食蜂蜜、生葱,中毒身死。时方夏令,未敢久延,已照例专差移请彭水县庄令,亲身诣验,请即查照,札委所有谢家俸等犯,已属吴从九押解前进等语。玉等查此案悬搁半年,未能定谳,实由该主教抗不派人赴质,狡赖多端。今将全案人证解渝,该委员、印官等复不克小心防护,以致要犯中途自尽，枝节横生，筹办愈形棘手，刻拟具疏奏请分别惩处，另备公牍抄稿咨呈，并批饬川东道，亲提兵役人等，逐一研讯有无勒逼情事，禀候核办。至江北厅民教交涉案件，据该道转据委员孔倅禀称，业经传质，据供并无掳抢实据。惟蓝宗常等因索讨帐目，私相斗殴，致将蒋洪顺等打伤，而教民中亦不应恃教为符，欺压良善，挟嫌勒书服约。两造均有不合。现经张茂涛等公恳，在外自行理处，俟理处明晰，具结完案，再行转报。合并陈明。肃此布达，恪请弼安。①

○五七　审拟川民龚继皋京控一案折

同治十三年五月十八日（1874 年 7 月 1 日）

头品顶戴四川总督臣吴棠跪奏，为京控案件遵旨提审明确，恭折仰祈圣鉴事。

窃准都察院咨：据四川崇庆州民龚继皋以叠劫祖纵等词赴院呈诉一案，同治十一年六月初八日具奏，初九日奉旨：此案着交吴棠，督同臬司，亲提人证卷宗，秉公研讯确情，按律定拟具奏。原告民人龚继皋，该部照例解往备质。钦此。钦遵将原告龚继皋并原呈咨送到川。臣遵即行提人卷来省，发委成都府等审办去后。兹据审明定拟，解由臬司覆审，转请提勘前来。

臣督同按察使英祥，秉公研讯。缘龚继皋籍隶该州，同治四年十二月初二日夜四更后，龚继皋同居堂伯龚正和家被贼数人毁门进院行劫，拒伤龚正和雇工李仔元，劫去银钱、衣物逃逸。五年正

---

① 台北中研院近代史所编：《教务教案档》，第三辑，第二册，第1025页。

月初八日夜三更后,龚继皋分居二胞叔龚正扬家被贼数人毁门进院行劫,拒伤龚正扬,劫去银钱、衣物逃逸。先后各投邻开单,报经署该州袁树,票差张超、苟俸、王荣等严缉,会营勘验明确,讯供详缉。嗣因赃贼未获,将应议文武各职名按限详经前督臣骆秉章题参。

五年正月二十六日夜四更后,龚正和与同居堂弟龚正祥家被贼数十人毁门进院行劫。龚正和惊觉,喊令伊子龚继明、龚继修出捕,被贼拒伤。龚正祥与胞侄龚继皋、侄媳龚何氏闻声帮捕。贼人拒伤龚继皋、龚何氏,分投入室,劫去银钱、衣物逃逸。开单联名报州。袁树票差程安、王荣等严缉,会营勘明,查验龚继明等伤俱轻微,拨医调治。讯供禀请通缉。旋即交卸,移交石会昌,陆续获犯夏老二即夏笹诚、李老二即李洸明、段小老么、陈登仔、黄潮幅。讯供游移,均无承认行劫、拒捕情事。惟黄潮幅供称,五年正月二十七日,伊撞遇素识之喻铃铃背负包袱,询系二十六日夜听从聂胖子弟兄行劫龚正和等家赃物。喻铃铃吓禁声张,分给伊印花布被一床、钱一千六百文。伊为事发受累,未收各走等语。当将夏老二等及黄潮幅保候,差缉喻铃铃未获。五年七月,缉役程安、王荣等躧访聂胖子等踪迹,前往围拿。聂胖子情急图脱,与弟聂老三将缉役刘伸、姚贵、李青、岑超拒伤。经该役等将聂胖子等登时格杀,禀州验讯详报。

五年九月,龚正和因两次被劫,未获正贼真赃,盗首格毙,疑系差役串劫分肥,致死灭口。龚正扬亦因被劫出捕时,遥见二贼与程安、张超相似,往与龚正和等商议上控。适龚正和于正月初二日失火,自烧草房四间,疑为贼焚,当即应允,遂以张超、苟俸、程安等通匪销赃,致毙聂胖子等灭口掩饰,并以拿获黄潮幅等讯实不办等词，先后由府司控经前督臣崇实批司，檄委候补知县韩道原往讯，夏老二等俱未上盗分赃，聂胖子等实系拒捕，被格身死，张超等并无通匪销赃情事。将王荣等分别严比，另缉禀办。龚正和、龚正祥、龚正扬意图上紧缉贼，复砌列差役贿嘱委员安禀，并前龚何氏被贼拒伤、医治不愈身死等情，叠次由司控经骆秉章暨臣先后批司，檄委即用知县刘铣诣查。

龚正和二次被劫之案，原验龚何氏被贼刀划左手无名指，伤仅皮破，早经平复。嗣于六年二月，患病身死，相隔年余，非死于伤。夏老二业已在保病故，报案验理。提讯黄潮幅、段小老么，病沉难解，将陈登仔、李老二、差役程安、苟俸解省，檄发委审。经前升府黄云鹄督同局员周侪亮叠讯，陈登仔等实非正盗，刑吓无供。程安等委无串劫、分赃、贿嘱等事。质之龚正和等，不能指实，俯首无词。当以程安等缉捕不力，各予重责，发州勒令严缉正盗真赃，务获究办。陈登仔、李老二及患病未解之黄潮幅、段小老么，均属无辜。饬州查明有无另犯不法别案，分别释办，禀覆销案。龚继皋因未提黄潮幅、段小老么质办，赃贼久悬，起意京控。即将龚正和等控结旧案，添叙府书李栋廷舞弊翻供、蒙混捏详等情，自作呈词，进京赴部院衙门投递。讯供具奏，奉旨交审。臣行提人卷来省，发委成都府等审讯。讵该被告黄潮幅、李老二即李洸明，各患寒病，医治不愈，先后在保病故。禀经檄委成都县沈芝林，分别验明属实，保看人等均无凌虐情弊，具文详报，批饬审办。兹据该县覆审，取结详府，核明定拟，由司覆解。臣督同臬司严讯无异，诘非有心诬陷，亦无唆讼之人。众供佥同，案无遁饰。

此案龚继皋因与伊叔伯龚正和等家叠次被盗，强劫拒伤，报州缉拿无获上控。提省讯结后，复赴京呈控。查所告差役程安等串

劫分赃、致毙盗首灭口各情，或事系怀疑，或控出有因，其余捏砌浮
词，均未指实，未便坐诬，且由程安等奉票日久、赃贼无获、窘迫情
急所致，情尚可原，应请从宽免其置议。程安、王荣奉票承缉重案，
日久无获，实属不力，前已比责，免其重科，仍革役。李栋廷讯无舞
弊情事，应与业已病故之黄潮幅、夏老二暨医保户看役人等，均毋
庸议。龚正和二次被劫之案，盗犯虽经格毙，尚未过半，仍饬州捕
详开参，与前龚正和、龚正扬盗案另派妥役，分别照案缉拿。各尸
棺饬埋，标记招属认领，无干省释。除将人卷发回并分咨外，所有
讯据缘由，理合恭折具奏，伏祈皇上圣鉴，敕部核覆施行。谨奏。
五月十八日。

同治十三年六月初六日，奉朱批：刑部议奏。钦此。[①]

【案】同治十一年六月初八日，左都御史皂保等奏报龚继
皋京控折，曰：

都察院左都御史皂保等谨奏，为奏闻请旨事。

据四川民人龚继皋以叠劫祖纵等词，赴臣衙门呈诉。臣
等公同讯问，据龚继皋供：年三十二岁，四川崇庆州人。窃身
祖龚玉成与二伯祖龚玉福同院各炊。同治四年腊月初二日
夜，身三胞叔正祥与伯父正和两家被匪数十，明火毁门，劫去
银四百余两、钱八十余串，并丝斤、衣物等项。正和喊捕，被匪
戳伤两臂、右手，又砍伤工人李子元头颅。当经报州验明，票
差总役程安、张超等缉贼。讵伊等通匪分肥，握票不缉。五年

———————

① 台北故宫博物院藏：军机及宫中档，文献编号：115395；中国第一历史档案馆
藏：朱批奏折，档案编号：04-01-01-0926-056。

正月初二，贼复焚毁正和房屋四间。初八，复劫胞叔正扬家财物，约值五百余金。喊团追捕，瞥见程安弃赃逃去，张超拒捕亦逸。报州未究。至二十六夜，差等串匪百余人，各执枪刀，先入正和卧室，长子继明被匪砍伤头颅，左手成残，劫去钱六十余串。又入身室，刀伤身妻何氏两肋、手指，因伤毙命。砍伤身左手，劫去银四百七十四两、钱二百串。身等复联名报州，仍未改差缉贼。嗣因大邑县捕获另案贼，供出陈登子、喻铃铃在窝主周姓家，起意纠劫。又续获伙匪段小老么、黄潮幅，均置不究。又，另差捕获聂胖子并赃数担，以[？]称系程安等串劫，在途杀毙灭口。身等叠控臬宪、督宪，均批提审，州主仅解程安、张超、苟俸、李老二、陈登子等到省，经谳局审讯，程安、张超供认串劫不讳。旋贿串府书李栋廷，舞弊翻供，寻将程安等释回，悬案不究，为此来京沥诉等语。余与原呈大略相同。

臣等查该民人龚继皋呈词，同治四年，伊家被匪行劫，伊伯父及仆均被刀伤。报州验明，票差程安、张超缉贼，讵程安等反串贼叠至伊家伙劫，得赃逾千两、伤七人，妻因伤死，报州不究。屡控臬、督，提讯获贼未解，仅传程安、张超等到案，讯供不讳。旋贿串府书舞弊，翻供释回等情。案关差、贼伙劫、胥吏弊纵，如果属实，亟应究办。谨抄录原呈，恭呈御览，伏乞圣鉴训示。

再，据该民人结称：在本府控告六次，臬司衙门控告七次，总督衙门控告六次，均未亲提。合并声明。谨奏。同治十一年六月初八日。都察院左都御史臣皂保，左都御史臣李鸿藻，左副都御史臣继格，左副都御史臣兴恩，左副都御史臣刘有铭

（腹泻），左副都御史臣唐壬森。①

【附】同日，左都御史皂保等抄呈川民龚继皋控案呈状，曰：

具告状：四川省成都府崇庆州民龚继皋，年三十二岁，为叠劫袒纵、薨塌冤沉，叩天提究事。

缘身祖龚玉成与二伯祖龚玉福两房子孙，同院各炊。同治四年腊月初二夜，身三胞叔龚正祥与二房伯父龚正和两家，被匪数十，涂面毁门，明火入室，劫去白银四百余两、铜钱八十余串、丝斤四把，并衣物、首饰等项，约值二百余金。龚正和喊捕，被匪戳伤两臂、右手。工人李子元向护，遭贼砍伤头颅。当经开单具报州主，履勘明确，票差总役程安、张超、苟俸、王荣等缉拿。殊蠹通匪分肥，握票不缉，以致贼怨报复。同治五年正月初二夜，将身伯龚正和佃户住房四间焚毁，具报，仍差程安等不耳〔缉〕。由是匪仗差符，肆狂无忌，即是月初八夜，复劫身二胞叔龚正扬家，计劫财物约值五百余金。时天微明，喊团追捕里许，瞥见州差程安丢赃跑逃，张超阻捕同逸。据实呈报州主，均置不究。自此贼胆包天。

同月二十六夜，蠹串匪众百余人，各执刀枪、明火毁门，先入身伯龚正和卧室，长子龚继明向阻，被匪砍伤头颅。次子龚继修救护，遭贼箭伤左乳。工人李子元扰救，右腿受伤畏避。劫去正和卧室银二百两零、钱一百三十串，衣物在外。次入身叔龚正祥内室，砍伤身八旬祖父龚玉成头颅、左手臂成残，劫去室内钱六十余串并衣饰等物。继甫攻入身室，破壁进室，刀

① 中国第一历史档案馆藏：军机录副，档案编号：03-5033-003。

伤身妻何氏两肋、手指，因伤旋毙。比身扰护，被匪砍伤左手跑避。计劫身室银四百七十两、钱二百串，并衣物、首饰各项。当各开具失单，联名呈报，不识州主何故，并不改差缉捕，仍系程安等，执票卧塌，激身同伯叔龚正和、正扬、正祥，于五年二月由府叠次控桌，均沐批提审办。州主一味藐塌。嗣因邻封大邑县捕差拿获夏老二、李老二等，供认行劫身家，州文关回讯，据李老二供称：系陈登子、喻铃铃等在大邑县所属窝户豪恶周三副爷家，起意纠劫身家，赃存窝外。供卷朗查。续获伙匪段小老么、黄潮幅收卡，不解不办，置窝弗究。继又另差捕获首犯聂胖子，并起获身家真赃数担。讵贼称系程安等串令行劫等语。张超等恐到案实供，与伊有碍，将聂胖子中途杀毙灭口，获赃分匪，无从质究。嗣又控奉桌委韩主勘提，讯据程安供认：正月初八夜行劫，有伊在场，惧案破累身，贿委曲宥，捏详抹塌。身叔侄难甘，自六年至八年，以鳄蠹揽纵、弊抗蒙脱、徇弊故纵、锢弊冤沉四词控督，均沐批司委提讯办。殊委员刘主以案系差匪串劫，全提案破有碍印官，是以瞻徇情面，捏以供认讯实，获匪黄潮幅、段小老么病难提解，仅将程安、张超、茍俸、李老二、陈登子提省发审，使蠹等无匪质讯，以便狡供。

嗣经谳局委员周主集审，程安、张超等供认通匪串劫、私开小押、替贼销赃、霸娶贼妻，均实不讳。蠹等畏罪，贿串府书李栋廷，舞弊翻供。不惟不提黄潮幅、段小老么质办，蒙混委主，反将程安等五人释放回州，捏称讯无通匪，保回缉贼，一切谎情详塌。身实不甘，九年九月，以始终藐塌情词五次控督，批府行提全案人证审办。无如州主一味袒抗，逾年不解。去年九月,身又以藐塌难甘词六叩督辕,如前批提抗塌。

今又半载,仍系案悬冤沉。窃身祖孙叔侄同堂五户,未及两月,被劫四次,并且拒伤七人,祖残妻毙。控经七载,案历六任,先后承缉州主均以开参塞责,不但逸匪不拿,即已获劫犯亦不究办,竟至身遭惨冤无从伸究,是以不揣冒昧,上叩天颜,提拔民瘼,以肃法纪,应使良民荷安,群沾雨露。惨切冒叩。[①]

〇五八　委解京饷暨固本饷项起程日期折

同治十三年五月十八日(1874年7月1日)

头品顶戴四川总督臣吴棠跪奏,为川省委解同治十三年份原拨京饷暨固本饷项起程日期,恭折仰祈圣鉴事。

窃臣准兵部火票递到户部咨:奏拨同治十三年京饷一折,同治十二年十一月十七日,奉旨:依议。钦此。单开拨四川盐厘银十五万两、津贴银十五万两等因。业经筹拨银十万两,于本年三月间委解起程。又,固本饷项月解银五千两,以前共解过部库银四十六万两,均先后奏报在案。伏思京饷为部库正供,固本亦京畿要款,亟应勉力筹解,川库虽甚支绌,仍应勉力筹解。兹臣督同藩司凑集按粮津贴银六万两、盐厘银六万两,共十二万两,作为本年原拨京饷。又催集货厘银二万两,作为同治十三年二月二十一日至六月二十一日四个月固本饷项,均饬委华阳县知县陈枝莲承领,定期于本年五月十五日自成都起程。

惟值甘肃军务初平,散勇四出,络绎于道,运路危险。京饷关

系甚重,实难冒险径解。臣于去年四月间复奏请暂准援案汇兑,出于万不得已,所有此次饷项仍发交蔚泰厚等银号汇解,委员至京兑齐,解赴户部交纳,用昭慎重,据署藩司英祥、署臬司傅庆贻等会详前来。理合恭折具奏,伏乞皇上圣鉴。谨奏。五月十八日。

同治十三年六月初六日,奉朱批:户部知道。钦此。①

○五九　请以知县王宫午等调署知县片

同治十三年五月十八日(1874年7月1日)

再,署富顺县知县沈芝林年满调省,遗缺兼管盐厂,巡缉抚绥,均关紧要,查有卸署成都县事三台县知县王宫午,勤干廉明,堪以调署。所遗成都县缺系省会首邑,政务殷繁,查有阆中县知县孙海,明干勤明,堪以调署。又,署盐源县知县毛隆恩年满遗缺,查有因公在省之南溪县知县雷尔卿,堪以委署。又,署巫山县知县韩鉴吾年满遗缺,查有梓潼县知县徐金镛,堪以委署。该员等正、署各任内并无经征钱粮未完展参及承缉盗劫已起四参案件,据藩、臬两司会详前来。除分饬遵照外,理合附片陈明,伏乞圣鉴。谨奏。

同治十三年六月初六日,奉朱批:知道了。钦此。②

---

① 台北故宫博物院藏:军机及宫中档,文献编号:115396;中国第一历史档案馆藏:朱批奏折,档案编号:04-01-35-0977-006。

② 台北故宫博物院藏:军机及宫中档,文献编号:115397;中国第一历史档案馆藏:朱批奏片,档案编号:04-01-12-0515-115。

○六○　恭报川省同治十三年四月雨水、粮价折

同治十三年五月二十八日（1874 年 7 月 11 日）

头品顶戴四川总督臣吴棠跪奏，为恭报四川省同治十三年四月份各属具报米粮价值及得雨情形，仰祈圣鉴事。

窃照同治十三年三月份通省米粮价值及得雨情形，前经臣恭折奏报在案。兹查本年四月份成都、重庆、夔州、龙安、保宁、顺庆、潼川、雅州、嘉定、叙州十府，资州、绵州、忠州、酉阳州、眉州、邛州、泸州七直隶州，叙永、石砫两直隶厅，各属先后具报得雨自一二次至五六次不等。秧苗栽插，灌溉及时。其通省粮价俱与上月相同，据署布政使英祥查明列单汇报前来。

臣覆核无异。理合分缮清单，恭呈御览，伏乞皇上圣鉴。谨奏。五月二十八日。

同治十三年七月初四日，奉朱批：知道了。钦此。[①]

○六一　呈川省同治十三年四月粮价清单

同治十三年五月二十八日（1874 年 7 月 11 日）

谨将同治十二年四月份四川省所属地方各项粮，价开具清单，恭呈御览。

---

① 台北故宫博物院藏：军机及宫中档，文献编号：115799；中国第一历史档案馆藏：朱批奏折，档案编号：04-01-24-0157-105。

成都府属，价贵。中米每仓石价银二两九钱五分至三两九钱三分，与上月同。大麦每仓石价银一两八钱三分至二两，与上月同。小麦每仓石价银二两一钱三分至二两三钱，与上月同。黄豆每仓石价银一两四分至二两四钱四分，与上月同。荞子每仓石价银一两一钱六分至一两七钱，与上月同。

重庆府属，价贵。中米每仓石价银二两七钱五分至三两七钱三分，与上月同。大麦每仓石价银一两六钱二分至一两九钱七分，与上月同。小麦每仓石价银二两六钱八分至二两七钱三分，与上月同。黄豆每仓石价银二两七钱至二两九钱七分，与上月同。

保宁府属，价贵。中米每仓石价银二两五钱七分至三两二钱三分，与上月同。大麦每仓石价银一两八钱九分至二两一钱，与上月同。小麦每仓石价银二两八钱三分至三两五钱七分，与上月同。黄豆每仓石价银一两八钱一分至二两一钱一分，与上月同。

顺庆府属，价贵。中米每仓石价银二两一分至三两四钱，与上月同。大麦每仓石价银一两六钱一分至一两八钱，与上月同。小麦每仓石价银二两九分至二两一钱二分，与上月同。黄豆每仓石价银一两五钱五分至一两六钱五分，与上月同。

叙州府属，价贵。中米每仓石价银三两二分至三两二钱七分，与上月同。大麦每仓石价银一两六钱六分至二两二分，与上月同。小麦每仓石价银二两一钱三分至二两六钱三分，与上月同。黄豆每仓石价银一两一钱一分至一两五钱二分，与上月同。

夔州府属，价贵。中米每仓石价银二两八钱二分至三两一钱三分，与上月同。大麦每仓石价银一两七钱八分至二两四钱六分，与上月同。小麦每仓石价银二两九钱五分至三两三分，与上月同。黄豆每仓石价银二两一钱四分至二两二钱四分，与上月同。

龙安府属,价贵。中米每仓石价银二两五钱一分至三两一钱六分,与上月同。青稞每仓石价银一两五钱,与上月同。小麦每仓石价银一两七钱九分至二两一钱八分,与上月同。黄豆每仓石价银一两八钱五分至一两九钱三分,与上月同。

宁远府属,价贵。中米每仓石价银二两八钱五分至三两一钱三分,与上月同。大麦每仓石价银一两四钱八分至一两六钱,与上月同。小麦每仓石价银一两五钱九分至二两二钱,与上月同。荞子每仓石价银一两四钱五分,与上月同。黄豆每仓石价银一两五钱六分至一两六钱三分,与上月同。

雅州府属,价中。中米每仓石价银二两七钱七分至二两七钱八分,与上月同。小麦每仓石价银二两二钱九分至二两六钱五分,与上月同。黄豆每仓石价银一两六钱五分至二两四分,与上月同。

嘉定府属,价贵。中米每仓石价银二两七钱四分至三两三钱二分,与上月同。小麦每仓石价银二两三钱六分至二两七钱三分,与上月同。黄豆每仓石价银一两四钱七分至二两三分,与上月同。

潼川府属,价贵。中米每仓石价银二两八钱五分至三两八分,与上月同。大麦每仓石价银一两六钱五分至一两九钱三分,与上月同。小麦每仓石价银二两一钱四分至二两四钱九分,与上月同。黄豆每仓石价银一两七钱六分至二两一钱三分,与上月同。

绥定府属,价中。中米每仓石价银二两七钱二分至二两八钱四分,与上月同。大麦每仓石价银一两五钱八分,与上月同。小麦每仓石价银一两六钱二分至一两七钱三分,与上月同。黄豆每仓石价银一两四钱三分,与上月同。

眉州直隶州属,价中。中米每仓石价银二两七钱至二两九钱八分,与上月同。

邛州直隶州并属，价贵。中米每仓石价银二两六钱至三两，较上月减一分。大麦每仓石价银一两九钱，与上月同。小麦每仓石价银二两五钱七分，与上月同。黄豆每仓石价银二两八分至二两二钱二分，与上月同。

泸州直隶州并属，价贵。中米每仓石价银三两二分至三两三分，与上月同。

资州直隶州并属，价中。中米每仓石价银二两五钱二分至二两九钱二分，与上月同。

绵州直隶州并属，价中。中米每仓石价银二两六钱九分至二两九钱七分，与上月同。小麦每仓石价银二两三钱二分至二两四钱六分，与上月同。

茂州直隶州并属，价中。中米每仓石价银二两五钱九分，与上月同。小麦每仓石价银二两六钱八分，与上月同。青稞每仓石价银二两二钱，与上月同。荞子每仓石价银一两二钱三分至一两七钱三分，与上月同。

忠州直隶州并属，价贵。中米每仓石价银二两五钱四分至三两一钱八分，与上月同。大麦每仓石价银一两四钱六分至一两六钱，与上月同。小麦每仓石价银二两三分至二两三钱九分，与上月同。黄豆每仓石价银一两二钱七分至一两五钱七分，与上月同。

酉阳直隶州并属，价贵。中米每仓石价银二两五钱五分至三两三分，与上月同。大麦每仓石价银二两二钱八分至二两六钱，与上月同。小麦每仓石价银二两六钱二分至二两七钱六分，与上月同。黄豆每仓石价银一两三钱九分至一两四钱四分，与上月同。

叙永直隶厅并属，价中。中米每仓石价银二两九钱三分，较上月减二分。小麦每仓石价银一两八钱一分，与上月同。荞子每仓石价银一两三钱二分，与上月同。黄豆每仓石价银一两六钱一分，与上月同。

松潘直隶厅，价中。青稞每仓石价银二两六钱六分，与上月同。荞子每仓石价银一两七钱四分，与上月同。

杂谷直隶厅，价中。青稞每仓石价银二两四钱，与上月同。荞子每仓石价银一两七钱九分，与上月同。

石砫直隶厅，价平。中米每仓石价银一两六钱，与上月同。大麦每仓石价银一两七钱三分，与上月同。小麦每仓石价银二两六分，与上月同。黄豆每仓石价银一两八钱九分，与上月同。

打箭炉厅，价贵。青稞每仓石价银四两八钱八分，与上月同。油麦每仓石价银一两八钱一分，与上月同。

（朱批）：览。[①]

〇六二　呈川省同治十三年四月得雨清单

同治十三年五月二十八日(1874年7月11日)

谨将同治十三年四月份四川省所属地方报到得雨情形，开具清单，恭呈御览。

成都府属：成都、华阳两县得雨五次，栽插秧苗。简州得雨四次，秧苗滋长。崇庆州得雨五次，堰水稍歉。汉州得雨五次，堰水稍歉。温江县得雨二次，小春黄熟。郫县得雨六次，早秧栽插。新都县得雨五次，秧苗栽插。彭县得雨二次，小春成熟。什邡县得雨三次，堰水稍歉。

---

① 台北故宫博物院藏：军机及宫中档，文献编号：115799-0-A.

重庆府属：江北厅得雨三次，早秧茂盛。巴县得雨三次，晚秧栽毕。江津县得雨五次，早秧茂盛。长寿县得雨一次，堰水稍歉。永川县得雨二次，秧苗栽插。綦江县得雨二次，秧苗滋长。荣昌县得雨四次，秧苗栽插。合州得雨三次，小春收毕。南川县得雨三次，秧苗滋长。铜梁县得雨三次，秧苗栽插。璧山县得雨三次，田水稍歉。大足县得雨三次，田水稍歉。定远县得雨二次，秧苗栽插。

夔州府属：万县得雨一次，秧苗未栽。

龙安府属：江油县得雨一次，早秧栽插。彰明县得雨二次，秧苗栽插。

保宁府属：苍溪县得雨二次，秧苗栽插。南部县得雨一次，天水不足。广元县得雨三次，禾苗滋长。巴州得雨一次，田水甚缺。剑州得雨三次，秧苗滋长。

顺庆府属：南充县得雨二次，田水缺歉。西充县得雨三次，田水充足。蓬州得雨二次，田水已涸。营山县得雨一次，田亩缺水。广安州得雨一次，栽插过半。岳池县得雨三次，田水稍足。邻水县得雨二次，秧苗栽插。

潼川府属：三台县得雨三次，田水稍足。盐亭县得雨二次，田水充足。乐至县得雨一次，秧苗滋长。

雅州府属：雅安县得雨二次，秧苗滋长。

嘉定府属：乐山县得雨四次，田水充盈。峨眉县得雨二次，田水充盈。洪雅县得雨二次，秧苗栽插。犍为县得雨三次，田水充足。荣县得雨二次，田水充足。威远县得雨四次，田禾茂盛。峨边厅得雨二次，禾苗栽插。

叙州府属：南溪县得雨六次，田水充足。富顺县得雨四次，田水充足。隆昌县得雨五次，田水充足。

　　资州直隶州属：仁寿县得雨二次，秧苗栽插。资阳县得雨二次，秧苗栽插。井研县得雨四次，秧苗栽插。内江县得雨二次，早秧茂盛。

　　绵州直隶州并属：绵州得雨五次，堰水未充。安县得雨一次，秧苗栽插。梓潼县得雨三次，秧苗栽插。罗江县得雨一次，秧苗栽插。

　　忠州直隶州属：酆都县得雨三次，秧苗栽毕。垫江县得雨二次，秧苗栽插。梁山县得雨一次，秧苗滋长。

　　酉阳州直隶州属：彭水县得雨二次，禾苗栽插。

　　眉州直隶州并属：眉州得雨三次，堰水畅流。彭山县得雨三次，田亩积水。丹棱县得雨五次，田水充盈。

　　邛州直隶州属：大邑县得雨四次，田水充盈。

　　泸州直隶州并属：泸州得雨六次，田水充足。江安县得雨二次，田亩水足。合江县得雨五次，田亩积水。纳溪县得雨四次，田水充足。

　　叙永直隶厅并属：叙永厅得雨三次，田有积水。永宁县得雨二次，禾苗滋长。

　　石砫直隶厅得雨三次，农民插秧。

　　（朱批）：览。①

○六三　奏报同治十二年各军及各路驿马折

同治十三年五月二十八日(1874 年 7 月 11 日)

　　头品顶戴四川总督臣吴棠跪奏，为查明同治十二年份各标、

---

　　①　台北故宫博物院藏：军机及宫中档，文献编号：115802。

镇、协、营及各路驿站额设马匹均各膘壮足额，并无疲乏等弊，恭折具奏，仰祈圣鉴事。

窃查同治元年八月间钦奉上谕：京外各营、各直省驿站额设马匹，支应差操及接递公文均关紧要，着该管大臣确切查核具奏。如查有缺额、疲乏等弊，即着从严参办等因。钦此。当经移行遵照办理在案。查川省各标、镇、协、营额设马三千四百六十七匹，东南西北四路驿站额马七百六十三匹，或支应差操，或接递公文，均关紧要。际此邻省军务甫平，尤宜力为整顿，以昭核实，节经严饬各标、镇、协、营及有驿州县督率兵丁、马夫人等，认真牧养，加意照料。遇有口老疲乏倒毙，随时买补足额，不准悬缺，亦不准暗借民马充数。前于同治十二年年底经委员分路查验，各该镇、标、协、营及有驿州县额设马匹均各膘壮精良，驰骋稳捷，并无缺额及疲惫不堪情事。由委员具禀前来。

臣等覆加密查属实，除仍随时确查，如有缺额疲乏等弊，即从严参办，总期驿递、军务两无贻误，以仰副圣主训饬周详之意。除咨兵部外，谨会同成都将军臣魁玉、署提督臣联昌，合词恭折具奏，伏乞皇上圣鉴训示。谨奏。五月二十八日。

同治十三年七月初四日，奉朱批：兵部知道。钦此。[1]

○六四 委任胡廷柱等接署府县员缺片

同治十三年五月二十八日（1874 年 7 月 11 日）

再，叙州府知府宜成现已因病出缺，臣照例题报外，遗缺毗连

---

[1] 台北故宫博物院藏：军机及宫中档，文献编号：115809；中国第一历史档案馆藏：朱批奏折，档案编号：04-01-01-0928-013。

滇省,兼辖夷疆,亟应委员接署。查有候补知府胡廷柱,守洁才优,长于吏治,堪以委署叙州府知府篆务。又,署西昌县知县承绥年满遗缺,查有因公在省之剑州知州余文焕,廉明稳练,堪以调署。又,署遂宁县知县童沛年满遗缺,查有綦江县知县田秀栗,精明干练,堪以调署。余文焕、田秀栗正、署各任内并无经征钱粮未完展参及承缉盗劫已起四参案件,据藩、臬两司会详前来。除分咨饬委外,理合附片具陈,伏乞圣鉴。谨奏。

同治十三年七月初四日,奉朱批:知道了。钦此。①

○六五　审拟游击杨国彪失陷营地折

同治十三年五月二十八日(1874 年 7 月 11 日)

头品顶戴四川总督臣吴棠跪奏,为营弁失陷营地,审明定拟,恭折仰祈圣鉴事。

窃查前督臣骆秉章奏,署靖远新营游击城守右营守备杨国彪失陷营地,毁弃衙署兵房、军伙、器械一案,同治二年七月二十日,奉旨:杨国彪着即行革职,撤省查办。如有别项情事,从严惩办。钦此。钦遵到部,咨院行司移提杨国彪来省,发委成都府等审办去后。各该前府等均因移查原案未覆,未及详办卸事。兹据审明定拟,解由司道覆解前来。

臣督同布政使王德固、按察使英祥、成绵龙茂道谢膺禧、盐茶道傅庆贻,亲提审讯。缘杨国彪籍隶西昌县,咸丰二年当勇,随同

---

　　① 台北故宫博物院藏:军机及宫中档,文献编号:115810;中国第一历史档案馆藏:朱批奏片,档案编号:04-01-13-0324-048。

大军出师，保升尽先把总，收标拔升守备，复加都司衔，题补城守右营守备，委署靖远新营游击。咸丰九年九月初九日到任。该营周围设有土墙，向辖兵勇四百五十名。

是年十一月，粤逆石达开由滇窜川。二月初一、二等日，该逆前队赖剥皮窜入靖远营与附近冕宁县属泸沽、冕山一带，盘踞滋扰。杨国彪随调外委军功马荣龙，带兵四十名，赶赴冕山，协同楚军堵剿，并飞调署相岭汛把总傅荣魁、署象鼻汛把总马荣武，各带兵数十名，在于各要隘处防堵。初四日，探报贼匪大股绕越冕山，由响河坝上窜，直扑新营。杨国彪闻报，恐各要隘兵力太单，难以守御，当饬存城领哨千总马正芳等，分布兵勇，严守营地，一面亲带弁兵八十五名，夷兵数十名，前赴要隘援应，行至石门坎，正遇逆众纷至。杨国彪率众迎头对敌，先后被贼用枪矛轰戳伤右颔颊、左手、左膝、左腿，身带重伤，奋力抵御，轰毙贼匪二十余名，贼始稍退。不期该逆后队潜由右山沟，绕道越岭围攻。营地兵单民少，力不能堵，以致失守。

杨国彪闻信，时值署冕宁县知县李汝湘率勇救援，随即会同督率兵勇回救。贼见援兵已至，即由北路逃窜，杨国彪当将营地收复。因天色将晚，山路崎岖，兵勇不敢远追。查看衙署、兵房、军伙、器械，已被焚毁。随带关防一颗及劈山抬炮、鸟枪等件，并无遗失。杨国彪督兵救灭火，清查阵亡兵丁王占春等二名，领哨千总马正芳、兵丁宿相卿等九名均无下落。当经前督臣骆秉章奏奉谕旨，将杨国彪革职查办。嗣杨国彪将任内应领垫发各员弁薪水、勇粮、药铅、哨费等项钱文赴宁远府领回，筹添款项，自将被毁衙署、兵房、军伙、器械逐一赔修完固，置备齐全，由后任游击严德高及领哨千总陈源济，各造册结，分别禀报，由司行提杨国彪来省，发委成都府等审办。前升府黄云鹄验明杨国彪阵伤疤痕，禀查失守原案及该革弁有无亏短公项，未获移覆，移交接署府彭毓棻，均未及详办卸事。朱潮到任解交，禀司移覆，饬知该府等核明定拟，解由司道覆解前来。臣督同亲审无异，诘无弃营不守，临阵逃避，亦无亏挪公项情事。研诘不移，案无遁饰。

查例载：失守城池专城武职，实因兵单力竭，身受重伤，而又能督率兵勇于一月内自行收复及随同克复者革职，免其治罪等语。此案城守右营守备杨国彪署靖远新营任内，因发逆直扑该营，亲率兵勇前赴要隘援应，遇贼迎敌，身受重伤，又被该逆后队绕越围攻，以致营地失陷，核其情节，当非临阵逃避，弃营不守，且登时会同文员督率兵勇，即将营地收复，亦属情有可原。查该营原有土墙，与城池无异，自应比例问拟。杨国彪合比依失守城池专城武职实因兵单力竭、身受重伤，而又能督率兵勇于一月内自行收复及随同克复者革职、免其治罪例，业已革职，应免治罪。阵亡兵丁王占春等照例抚恤。领哨千总马正芳及兵丁宿相卿等，查明下落，另行核办。被毁衙署、兵房、军伙、器械，已据该革弁自行赔修完固，置备齐全，由后任游击严德高造册结报，查明并无亏短公项情事，应免置议。

除咨部外，是否有当，谨将审明定拟缘由，恭折具奏，伏乞皇上圣鉴，敕部核覆施行。谨奏。五月二十八日。

同治十三年七月初四日，奉朱批：刑部知道。钦此。①

---

① 台北故宫博物院藏：军机及宫中档，文献编号：115811；中国第一历史档案馆藏：朱批奏折，档案编号：04-01-01-0924-032。

○六六　审明刘廷赐京控一案按律定拟折

同治十三年五月二十八日(1874年7月11日)

头品顶戴四川总督臣吴棠跪奏，为京控失实，审明定拟，恭折仰祈圣鉴事。

窃准步军统领衙门咨：据内江县民刘廷赐以周丕承等挟嫌陷害，将伊父刘潮蛟押卡毙命等词呈控一案。同治十二年二月十七日具奏，奉旨：此案着交吴棠，督同臬司，亲提人证卷宗，秉公研讯确情，按律定拟具奏。原告民人刘廷赐，该部照例解往备质。钦此。将原告刘廷赐并原呈甘结咨送到川。遵即行司委提人卷来省，发委成都府等审办去后。兹据讯明定拟由司解勘前来。

臣督同署按察使傅庆贻亲提严讯，缘刘廷昭籍隶该县，刘潮蛟系刘廷昭之父，刘廷赐系刘廷昭之兄。周丕承系记名提督周显承胞兄，貤封一品封典。同治元年，刘潮蛟买得周文纲田业一股，其田与周丕承界连。周丕承央恳刘潮蛟让伊承买，以成方圆。刘潮蛟不允，周丕承亦即中止。八年三月间，刘潮蛟因附近诸古寺内旧存有善书四本，常至寺中翻阅，讲解劝人为善。经里邻江代勃、夏赓尧、徐洪仕、周文川查知，疑系邪书惑人，控经该署县陈垲饬差卢升、汤槐传唤。刘潮蛟送给饭食钱十千文分用。陈垲集证，讯系刘潮蛟讲书劝善，因书未起获，未便定断，仍饬卢升等将刘潮蛟押候。适周显承在甘肃阵亡，奉旨入祀原籍昭忠祠，应办一切事宜，陈垲时传周丕承入署面商。

四月二十八日，刘潮蛟在押染患寒病。看役卢升禀经陈垲交刘潮蛟之大功堂弟刘清贤、铺户李德兴保店，医治不愈，于五月二十日病故。禀县验明，讯供详报，饬属领埋。刘廷赐抗不遵领，即由川赴省具控。经臣批委资州徐传善提审，并饬委员往查。维时陈垍业已交卸，徐传善随饬接署县张兆兰查明，内江县向未设有卡房，刘潮蛟实系在押患病，保店病故。陈垍并无刑伤卡毙之事，先行禀覆，一面饬差王顺、张俸，传齐人证，并起书本连卷解州。徐传善讯供均与陈垍原审相同。查阅书本，既非刘潮蛟自造，亦无著述、刊板人姓名。虽系劝人为善，尚无违悖字句及妖言惑众情事，惟内多荒诞不经之语，究属不合。将刘潮蛟依违制律，拟杖一百，业已身死，应与讯无凌虐之保户刘清贤等，均毋庸议。县差卢升等各得受刘潮蛟饭食钱五千文，讯系自愿送给。将卢升、杨槐均照不枉法赃折半科罪一两之上杖七十，无禄人减一等律，各拟杖六十，折责发落，仍革役。书板饬县搜获销毁，以免流传。刘潮蛟尸棺，仍饬刘廷赐回县领埋。详经批结。刘廷赐不服，复以伊母刘萧氏之名赴司院呈渎。均经批驳。

　　刘廷赐痛父情切，起意京控，又虑情轻难准，即将伊父自送县差饭食钱，增添数目，指为挜赃，并疑周丕承挟伊父买田不让之嫌，怂县陷害，遂捏挟嫌陷害等情，自作呈词，商允刘廷昭顶伊父之名，进京赴步军统领衙门投递。讯供，奏奉谕旨审办。臣行司委提人卷来省，发委审办。提讯刘廷赐，究出伊弟刘廷昭听从顶名京控。禀经批饬内江县查传刘廷赐在逃，详缉无获。讵该原告刘廷昭在保染患寒病，医治不愈，于十二年八月初四日夜，在保病故。复禀请檄委署华阳县知县国彰验讯详报，批饬核入正案详办。嗣据国彰覆审，保户胡泗仲并无凌虐情弊。取结详司，并经成都府等讯明定拟，由司覆解。臣督同臬司研讯无异，诘无唆讼之人，案无遁饰。

　　此案刘廷昭因伊父刘潮蛟讲书劝善，被江代勃等疑系邪书控县讯明，押候起书，在保病故，于伊兄刘廷赐省控批驳之后，辄即听从顶名，砌词京控。查所控周丕承出入衙门，讯属事出有因。即所谓江代勃、王邦锡等先后诈搕得赃，既未列有过付，亦未指明何人得钱若干，均无凭反坐。惟以详结之案，复听从赴京顶名呈告，实属妄诉。虽系出于遵命，惟伊兄刘廷赐在逃，未便免议，自应按律问拟。刘廷昭合依狱囚已招伏罪，本无冤枉而因之、亲属妄诉者，减囚罪三等，随从者减一等律，于刘潮蛟杖一百罪上通减四等，拟杖六十，业已在保病故，应与究无凌虐情弊之保户胡泗仲及讯无挟嫌陷害之周丕承等，均毋庸议。王春山查无其人，余俱仍照徐传善断案完结。尸棺饬属领埋，刘廷赐缉获另结。

除分咨外，所有审拟缘由，理合恭折具奏，伏乞皇上圣鉴，敕部核覆施行。谨奏。五月二十八日。

同治十三年七月初四日，奉朱批：刑部议奏。钦此。[①]

【案】同治十二年二月十七日，步军统领英元等奏报川民刘廷赐京控一案折，曰：

奴才英元等谨奏，为请旨事。

据四川内江县民刘廷赐以周丕承等挟嫌陷害，将伊父刘朝蛟押卡毙命等词，呈控前来。奴才等督饬司员，详加讯问，据刘廷赐供：我系四川直隶资州内江县人，年五十岁，在县属竹孤寺地方居住，种地度日。有周丕承等挟我父亲刘朝蛟买田之怨，凶辱勒索，商造邪书，赴县禀报，饬差役王邦锡等将我

---

① 台北故宫博物院藏：军机及宫中档，文献编号：115812；中国第一历史档案馆藏：朱批奏折，档案编号：04-01-01-0926-058。

父亲锁押，赴县收卡，百般凌辱，勒索钱文，县主并不追究。我赴本州并臬宪前控告，批州亲提。本县延搁，又令杨槐等捉我胞叔刘朝邦，抄毁房屋，以致我父亲在卡毙命。我母亲看视，杨槐等将我父亲赤身拖出卡外，脚骨屈断。我母亲赴总督前控告，批委相验。县主不候会验，不传尸亲，饬差领埋，捏详病故。随经本州将人证江代勃等提案，供招不讳，与我父亲无干，并不究问，概行释放。奇冤莫伸！屡赴总督前控告，亦未亲提，是以我情急具呈来京赴案呈告的等语。

查刘廷赐所控周丕承等挟嫌陷害，将伊父刘朝蛟押卡毙命，控经总督批委相验，该县捏详病故，迨经该州将人证江代勃等提案，并未究问，概行释放。及历控总督，亦未亲提等情。如果属实，亟应究办。惟该民人刘廷赐所递呈呈内，字句间有错落费解之处，奴才等因慎重民命，不敢壅于上闻，谨照例抄录原呈，恭呈御览，伏候训示遵行。再，遵照奏定章程，取具该原告刘廷赐甘结，内称控经总督，并未亲提。合并声明。为此谨奏请旨。同治十二年二月十七日。奴才英元，奴才荣禄，奴才成林。①

【附】同日，步军统领英元等抄呈川民刘廷赐京控呈文，曰：

具呈人：四川成都府内江县民刘廷赐，年五十岁，为官绅交结，串诬卡毙，势埋冤沉，恳奏饬究事。

缘川省向有不肖官吏，私设卡房，磨搕良善。经前督宪黄访闻禁革，通饬遵行在案，民困稍苏。同治七年间，陈主埪莅

---

① 中国第一历史档案馆藏：军机录副，档案编号：03-5036-006。

任内江，即与已故之记名提督周显承之胞兄周丕承结交，复以其子为丕承义子，以便通家往来；听信耸恿，以卡房为生财之具。

同治元年，丕承因挟身父八品耆民刘朝蛟买田之忿，知身父素为乡里举充团首，曾经斥其爪牙江代勃之叔江世溶，窃团民李哲元麦子被获，出字有隙。江代勃屡向身父凶索，讹去制钱十二串文不餍；复商造邪书，窃文生蒲洪芳名色，呈缴陈主案下，诬为身父所造。丕承使陈主指差书役王邦锡、卢升、杨槐、张俸多人，将身父锁押赴县，先讹去制钱四十串文，不传原呈人对质，即行收卡，非刑磨搕，前后去银五十余两、制钱二十八串文，均为管卡门丁王春山、卡差王顺、卡犯刘东、李三娃等所得。蒲洪芳闻信骇异，两次禀明窃名，陈主并不追究。由川控桌，批资州守提。丕承计使陈主延案不发，日将身父非刑逼讯，晕死数次无供。又令杨槐等带差多人，围捉身叔刘朝邦，擒去雇工傅大，抄毁房屋数间。

至五月二十日，身父以八旬耆老被磨，在卡毙命。身母刘萧氏赴卡送饭，亲见杨槐、张俸将身父赤身拖出，脚骨屈断，浑身衣服剥尽。身母惨赴省控督，沐批委邻封相验，陈主竟不候会，不传尸亲，饬差领埋，捏详病故掩饰。随经州主徐亲提数次，讯问江代勃等供招，所缴邪书系路隔身家数十里杨家场张沛家所得，与身父无干。卢升亦招出磨搕不讳。惟管卡门丁王春山，陈主信丕承主使，匿不交出，案悬未结。讵徐主丁艰交卸，张主兆兰临代州篆。丕承挺身赴州贿托，张主并不堂讯，将徐主讯明确供、挟嫌诬陷致死身父之江代勃、徐洪仕、周文川、夏赓尧等、磨搕得赃致死身父之杨槐、卢升等，概行释放,斥身不应上控,责锁勒悔。

身母叠以大势被纵、捏详掩究、故出埋冤等词,七控督宪。督宪七次严批札饬,均被丕承势塌,州县置若罔闻,以致身父八旬惨死,奇冤莫伸。窃身父惟仅八品者民,莫非朝廷恩赐,而乃暮年惨死,肢体伤残。丕承以无赖小人,借其弟焰收义子,于县衙役鹰犬于官署,上抗督、臬严札,中锢州县聪明,下食乡里良善! 为此叩恳。谨呈。①

○六七 审拟川民何代碧京控一案折

同治十三年五月二十八日(1874 年 7 月 11 日)

头品顶戴四川总督臣吴棠跪奏,为京控失实,审明定拟,恭折仰祈圣鉴事。

窃准步军统领衙门咨:据四川邻水县民人何代碧遣抱何代良,以盐商萧席珍等挟嫌诬陷,将伊子何长贿押毙命等词呈诉一案,同治十二年四月二十九日,奏奉谕旨:此案着交吴棠,督同臬司,亲提人证卷宗,秉公研讯确情,按律定拟具奏。抱告民人何代良,该部照例解往备质。钦此。将何代良并原呈甘结咨送到川。遵即行司委提人卷来省,发委成都府等审办。兹据讯明定拟,由司解勘前来。

臣督同署按察使傅庆贻,亲提严讯,缘何代良籍隶该县,何长系何代良胞兄何代碧之子,素不务正,在外游荡。萧席珍向充该县盐商,在么滩场开设广福盐店,领引配运。郭体仁系萧席珍店伙,杜享系萧席珍所招盐巡。同治十年三月间,刘四闯亡因与革生万名香等大伙贩运，经萧席珍禀县查拿，盐难出售，即于四月初二日上午纠同徐四海等，打毁盐店泄忿，并放火杀人。经县捕拿该犯，禀经批饬解省审办，将万名香等分别拟以军徒，刘四闯亡就地正法，经臣核题在案。当刘四闯亡等纠毁盐店之后，经官勘验，将盐斤点明堆积店内。

是日傍晚，何长瞥见因店毁易偷，起意纠邀冯达述、罗二毛行窃，得赃卖钱分用，冯达述等允从，即于是夜四更时分，何长手携撬刀，冯达述等徒手，一共三人，潜至萧席珍店后，割壁进内，正在偷窃，尚未得赃。郭体仁惊觉起捕，何长等逃逸。次早，郭体仁告知萧席珍，报经该县刘敬业勘明，饬差李银查缉，并令杜享帮捕。

五月十七日，杜享将何长拿获，投同约保刘寿廷、罗更寿、艾文秀，交与李银送县讯明，将何长收禁，饬缉伙贼冯达述等质究。讵何长于六月初一日，在监染患寒病。禁卒甘奇禀经典史详县，提禁取保，无人承认，散禁外监，拨医调治不愈，至六月初三午后，因病身死。刘敬业当传尸属眼同相验，适何代碧出外贸易，何代良匿不到案。刘敬业禀经顺庆府李书宝，檄委广安州恒裕驰诣该县，传同何代良验讯明确。何长身死之处，委系因病所致，并无别故。禁卒亦无凌虐情弊。讯供通详，批饬取结，核入正案详办。

何代碧回家，闻之不服，时值候补知县邓履中到县查办盐务，及胥星炜因公至县。何代碧先后赴该委员等寓所喊控，均经送交刘敬业审理。何代碧坚不输服，赴省具控，经臣批委提省，发委审办。经前署府彭毓棻督同局员汪懋源，集证讯明，何长实因纠同冯达述等行窃萧席珍店内盐斤，尚未得赃，惊觉起捕，跑逃被获。讯认因伙犯未获，监候患病，取保无人，散监该县外监病故。将何长依寻常盗窃纠伙三人以上、但有一人持械者，不计赃数次数、为首之犯杖一百、徒三年，未获财减一等例，拟杖九十，徒二年半。业已身死，应与讯无凌虐之禁卒甘奇，均毋庸议。尸棺饬具给属领埋，逸贼缉获另结。详经批结。何代碧负欠口岸，向李银借银三十两作费。李银不允，何代碧心有不甘，起意京控，因痛子情切，意欲洗去贼名，遂捏挟嫌诬陷等情，并将邓履中委查盐务一并牵入，自作呈词，商允何代良进京赴步军统领衙门，抱告投递。讯供，奏奉谕旨交审，行司委提人卷来省，发委讯办。兹据讯拟，由司覆解。臣督同亲提研鞫，据供前情无异，诘无唆讼之人，案无遁饰。

此案何代良因伊侄何长纠同冯达述等行窃萧席珍店内盐斤，尚未得赃，惊觉跑逃，被获讯认，散禁外监病故，于委员验明并伊兄何代碧上控提省审结之后，辄敢听从砌词京控，殊属刁健。查所控锁搕蒙允、抬价弊蒙、私收受贿各情，概系无据空言。惟以讯结之案，复行赴京呈告，实属妄诉。虽系出遵命，伊兄何代碧在逃，未便免议。众供佥同，自应照例先决从罪。何代良合依狱囚已招伏罪，本无冤枉而囚之，亲属妄诉者罪止杖一百，随从者减一等律，于何代碧杖一百罪上减一等，拟杖九十，折责发落。萧席珍并无挟嫌陷害，郭体仁等亦无串词栽诬，应与讯未锁搕钱文之盐巡杜享等，暨牵控之县差李银，均毋庸议。余俱仍照彭毓菜断案完结。案已讯明，未到人证免提省累。何代碧饬拿，获日另结。

除取具各结备案并分咨外，所有审理缘由理合恭折具奏，伏祈皇上圣鉴，敕部核覆施行。谨奏。五月二十八日。

同治十三年七月初四日，奉朱批：刑部议奏。钦此。①

---

① 台北故宫博物院藏：军机及宫中档，文献编号：115813；中国第一历史档案馆藏：朱批奏折，档案编号：04-01-01-0926-067。

【案】同治十二年四月二十九日，步军统领英元等奏报川民何代璧京控一案折，曰：

奴才英元等谨奏，为请旨事。

据四川邻水县民何代璧遣抱何代良，以盐商萧席珍等挟嫌诬陷，将伊子何长贿押毙命等词，呈诉前来。奴才等督饬司员，详加讯问。据何代良供：我系四川顺庆府邻水县人，年四十二岁，在本县么滩场居住，种田度日。本场广福盐店郭体仁蒙充盐商，任意抬价病民，致阖邑于上年正月禀县，另招妥商。郭体仁挟嫌，以为我胞侄何长勾引，于五月十四日使盐巡罗庚寿等，将何长锁诈钱文，又交县差李银解县。盐商萧席珍执名帖径交刘县主，门丁严二受贿，私行收卡，绝断火食。延至六月初二日，在卡毙命。幸省委来邻，我胞兄何代璧随即喊禀，蒙讯明郭体仁等私行锁诈、萧席珍私交门丁收卡属实，亲具李银供结。严二遂蒙耸县主，将刑书贾茂达杖责，逼改供结，倒填月日。砌成窃案，故陷何长之罪，朦胧禀府，札委广安州验详。冤未得伸，我胞兄赴总督前呈控，批委提审。伊等特财作弊，汪委受贿，辗转护庇不究，只断李银给命价银三十两，勒领未遂，反将我胞兄酷责。我胞兄情急具呈，遣我来京赴案呈告的等语。

查何代良所控盐商店伙郭体仁冒以隔属民籍，萧席珍蒙充额商，任意抬价病民，阖邑禀县另招妥商，而郭体仁疑系何长勾引，遂令盐巡罗庚寿等将何长锁诈钱文，交与县差李银解县。盐商萧席珍持帖，贿串本县门丁严二，蒙蔽县主，私行收卡，越日殒命。该县知觉，翻将刑书贾茂达杖责改供，砌成窃案。伊兄何代璧曾赴总督衙门具控，批委提审，断令给伊等命价息讼未允，反受刑责，沉冤莫伸，是以遣伊来京沥诉等情。如果属实，亟应究办。谨抄录原呈，恭呈御览，伏候训示遵行。

再，遵照奏定章程，取具该抱告何代良结称控经总督，并未亲提。合并声明。谨奏。同治十二年四月二十九日。奴才英元，奴才荣禄（差），奴才成林。①

【附】同日，步军统领英元等抄呈川民何代璧京控一案呈状，曰：

具告状：四川邻水县民何代璧，年六十九岁；抱告胞弟何代良，年四十二岁，于为弊蒙贿纵、勒逼埋冤事情。

民弟兄二人，年幼父故，苦民孀母抚成，务耕为业，毫不染非。民弟代良晚年无嗣，惟民生子何长承两房宗祧，均赖民子力农，供给衣食。衅由去年正月，民子在附近么滩场生理，与广福盐店调换毛钱口角。柜工郭体仁屡称陷害，不期伊店系冒以隔属民籍萧席珍，蒙充额商，任意抬价病民，兼私养盐巡数百名，倚籍拿私，沿乡抄搕，致激阖邑震怒，协同在县禀请另招妥商，而郭体仁挟嫌栽诬，以为民子何长勾引，胆于五月十四支杜享、罗庚寿等，将何长锁搕钱文不饱。

十六日，交县差李银解县，转交盐商萧席珍，并不具禀，便执名帖，径交刘主之门丁严二。维时，刘主染病，严二操权，素受萧席珍厚贿，不令刘主知情，擅敢私写卡牌过朱，将民子私行收卡，探视被旁店生活绰号五瘟神、县豪张瑞屏等进署怂恿，添差守卡，面不准谋，饭不准递。延至六月初二日，在卡凌磨毙命。激民控县，奈何代书等均称：严二刀活阎王，萧席珍

---

① 　中国第一历史档案馆藏：军机录副，档案编号：03-5049-036。

又出入衙署，官商相通，无不畏伊如虎，谁敢书呈盖戳？惨民控告无门，幸邓胥主奉制宪札委来邻，审讯盐案。民喊禀鸣冤，当提刑房，卡册查验无名，并核盐案全卷，民子何长无人控告。查萧席珍亦未禀官，均经邓胥主会审确切，委系郭体仁私形锁揸、萧席珍私交门丁严二、私写朱牌收卡、绝食毙命属实。正值李银亲具供结，刘主适至，亦称并不知情。严二敢作敢为。及至回署，被严二蒙耸，遂倚错就错，以顾考成。突将刑书贾茂达杖责一百、笞二百，逼改供结，兼倒填月日，砌成窃案，故入其罪，陷何长死遭不白之冤，掩严二私行卡毙之罪，朦胧禀府，札委广安州验详。冤未得伸，民已惨不堪言。否狼役阳福等勒索未遂，反听严二指使，将民无端凶辱，迫民呈控制宪，批委成都府提审拟办。无如郭体仁、萧席珍、严二等恃财作弊，力可回天，经谳局汪主审讯数次，并不赴质，仅令差役李银抵塞抹案，业经李银供招严二等私收毙命是实。汪主竟受贿营私，置若罔闻，辗转护庇严二等不究，只断李银给民命价银三十两。

　　民思李银乃听郭体仁指挥，何长之毙实由严二下手，杀人偿命，律有明条。民不甘严二平白置民子于死，复行呈控制宪，沐批集齐人证，确切审讯拟办。批示已极森严，殊郭体仁等仍不到案。汪主劝民领银未遂，反遭任性滥刑，酷责难堪。惨民子私卡毙命，既况冤外之冤；民伸诉无由，偏受屈中之屈。情惨无奈，只得奔叩。谨呈。①

---

① 中国第一历史档案馆藏：呈状，档案编号：03-5049-037。

○六八 奏报知府张辐新期满甄别折

同治十三年六月十八日（1874年7月31日）

头品顶戴四川总督臣吴棠跪奏，为知府试看年满，循例甄别，恭折仰祈圣鉴事。

窃照道府到省一年期满，例应察看才具，分别堪胜繁简，专折奏闻。兹查发川尽先题奏补用知府张辐新，年四十四岁，贵州举人。咸丰四年，在籍捐助军饷，议叙主事。嗣因克复修文县城出力，保准以员外郎用，并戴花翎。同治二年，以剿办安顺、大定等苗、教各匪案内出力，奉旨免补本班，以知府不论双单月，遇缺先选。五年，报捐随带三级。复因克复安平县城案内出力，保加道衔，随报捐分发指省四川试用。十一年十一月二十六日引见，奉旨：着发往四川，以知府试用。钦此。领照起程，同治十二年三月二十二日到省。是年，因力解贵州安顺城围并收复安南、普安等县，剿除安顺大股贼匪、香炉山各路贼巢出力保奏。十一月十六日奉旨：四川试用知府张辐新，遇有该员原省知府缺出，无论应题、应调、应选之缺，按照例章，各以本班尽先题补、奏补，并加盐运使衔。连闰扣至十三年二月二十二日，试看一年期满，由藩、臬两司详请甄别前来。

臣查看该员张辐新，年强才裕，办事实心，堪以表率之任，应留川以繁缺知府补用。倘或始勤终怠，仍当随时核办，断不敢稍事姑容，致滋贻误。理合循例恭折具陈，伏乞圣鉴。谨奏。六月十八日。

同治十三年七月初六日，奉朱批：吏部知道。钦此。[①]

〇六九　请准总兵董应昌复姓更名折

同治十三年六月十八日(1874 年 7 月 31 日)

再，记名总兵都勇巴图鲁董应昌，原籍浙江严州府淳安县，姓方，名成璧。因咸丰四年发逆窜扰严州一带，该总兵父母殉难，孑然一身，毫无倚靠。适值四川提标右营战兵董用威出师严州，悯其孤苦，收为义子，更名董应昌，随同打仗出力，拔补战粮，于咸丰十一年凯撤回川。同治三年，投入武字营，随征阶州、松潘、越巂、贵州等处，洊保今职。十二年，贵州全省肃清，给咨仍留川省补用。该总兵义父、义母已于同治七、八年间先后病故，现有亲子名继昌，早能成立。董姓既有子嗣承祧，而方姓不可无后，呈请复姓更名，以承方氏宗祀等情，由总统川黔各军贵州提督周达武咨呈前来。

臣伏查无异。相应请旨敕部更正，将记名总兵都勇巴图鲁董应昌准其复姓方氏，更名成璧，仍以总兵留川补用。理合附片陈明。伏乞圣鉴训示。谨奏。

同治十三年七月初八日，奉朱批：着照所请，兵部知道。钦此。[②]

---

① 台北故宫博物院藏：军机及宫中档，文献编号：115915；中国第一历史档案馆藏：朱批奏折，档案编号：04-01-12-0518-140。

② 台北故宫博物院藏：军机及宫中档，文献编号：115916；中国第一历史档案馆藏：朱批奏折，档案编号：04-01-16-0200-105。又，吴棠等《游蜀疏稿》，第 891—894 页。其尾记曰："同治十三年六月十八日，由驲附奏。兹于本年七月二十六日，准兵部火票递回原片，奉朱批：着照所请，兵部知道。钦此。"

○七○　委任席树馨等署理知县片

同治十三年六月十八日(1874 年 7 月 31 日)

再,峨眉县知县史宇衡现在因病出缺,除照例题报外,所遗峨眉县缺,查有前调帘差在省之长宁县知县席树馨,朴诚练达,堪以调署。又,署新都县知县岗玉年满遗缺,查有署新繁县知县张文珍,心地朴实,堪以调署。又,綦江县知县田秀栗调署遂宁县,遗缺地处边要,查有昭化县知县敖立榜,老成谙练,堪以调。所遗昭化县缺,以新都县知县焦毓璋接署。该员等正、署各任内并无经征钱粮未完展参及承缉盗劫已起四参案件,据藩、臬两司会详前来。除分咨遵照外,理合附片陈明。伏乞圣鉴。谨奏。

同治十三年七月初八日,奉朱批:知道了。钦此。①

○七一　奏报川省同治十三　　　　年春季借补千、把折

同治十三年六月十八日(1874 年 7 月 31 日)

头品顶戴四川总督臣吴棠跪奏,为借补千、把总弁缺,按照新章,恭折汇奏,仰祈圣鉴事。

窃查前准兵部咨:嗣后借补千、把总各弁缺,积至三月开单汇奏一次,以归简易等因。兹查川省自同治十三年正月起至三月底

---

① 台北故宫博物院藏:军机及宫中档,文献编号:115917;中国第一历史档案馆藏:朱批奏片,档案编号:04-01-12-0518-156。此片具奏日期未确,兹据同批折件校正。

止，各营借补千总一员、把总二员，分造年岁、履历清册，由署提督臣联昌咨请汇奏，暨咨部给札前来。

臣覆加查核，均与定章相符。除册咨部外，理合恭折汇奏，并照缮清单，恭呈御览，伏乞皇上圣鉴训示。谨奏。六月十八日。

同治十三年七月初八日，奉朱批：兵部知道。单并发。钦此。[①]

○七二　呈川省同治十三年
春季借补千、把清单

同治十三年六月十八日（1874 年 7 月 31 日）

谨将川省同治十三年正月起至三月底止借补千、把总应行给札各弁，缮具清单，恭呈御览。

计开：一、建昌镇属保安营左哨千总曾寿昌病故，所遗保安营千总弁缺，考验得会川营右哨头司把总吴全礼，马步箭中六矢，曾经出师著绩，奏保以都司尽先即补，堪以借补保安营千总。

一、会川营右哨头司把总吴全礼借补保安营千总，所遗会川营把总弁缺，考验得保安营左哨头司外委杨万荣，马步箭中六矢，曾经出师著绩，奏保以千总尽先拔补，堪以借补会川营把总。

一、建昌镇标中营左司把总穆德沛因亲丧部驳，所遗建昌中营把总弁缺，考验得该营右哨头司外委刘启林，弓马娴熟，曾经出师著绩，奏保以千总尽先拔补，堪以借补建昌中营把总。

（朱批）：览。[②]

---

① 台北故宫博物院藏：军机及宫中档，文献编号：115918。
② 台北故宫博物院藏：军机及宫中档，文献编号：115918-0-A。

○七三　委解新疆金顺军营月饷起程日期折

同治十三年六月十八日(1874年7月31日)

头品顶戴四川总督臣吴棠跪奏,为委解新疆月饷起程日期,恭折仰祈圣鉴事。

窃臣前准户部咨:以金顺军营饷项,川省每月共拨银三万两,务须源源筹解,以资接济等因。已于本年四月间续拨银二万两,委解起程。伏思川省民力艰难,司库入不敷出,新疆及各邻省协饷过于繁巨,惟有尽力匀拨,势难依限定数,前经沥情具奏,奉旨允准在案。现值金顺整队出关,需饷甚殷,虽川中甫解大批部饷,势难兼筹,仍不得不尽力接济,俾此军迅速前进。

臣复督饬署藩司勉凑各属捐输三万两,发交该营催饷委员李滋森等承领,定于本年六月二十二日自成都起程,解赴金顺行营交收,以应急需。除分咨外,理合恭折具奏,伏乞皇上圣鉴。谨奏。六月十八日。

同治十三年七月初八日,奉朱批:知道了。钦此。①

○七四　奏报川省报销多项军需银两片

同治十三年六月十八日(1874年7月31日)

再,川省历年办理防剿,筹拨经费,均经随时奏报在案。兹据

---

① 台北故宫博物院藏:军机及宫中档,文献编号:115919;中国第一历史档案馆藏:朱批奏折,档案编号:04-01-35-0977-010。

防剿局司道详：前拨银两已陆续支用无存，先后咨准藩司在于续办酌捐项下九次拨银五万二千三百两，备捐项下三十四次拨银七十一万零一百两，厘金项下十三次拨银二十八万七千七百两，酌捐项下六次拨银一万七千二百两，津贴项下十五次拨银二十万零七千四百两，捐助军饷项下十次拨银五万二千四百两，普捐项下二次拨银三千两，盐厘项下三次拨银七十九万二千两，接办备捐项下五次拨银九万八千六百两，共筹拨防剿经费银二百二十二万零七百两，款数均属相符。惟所拨银两较多，系因川、楚、黔各营勇粮历年均有积欠。

现值邻氛初靖，先后酌裁楚、黔各勇，期节縻费，不能不将积年欠饷设法找给，俾早遣散。裁勇愈多，需饷愈巨，新饷、旧欠同时并支，并非专拨本年勇粮，又现值查办各年报销，一切短发、补支及从前漏未划清之项，均应逐款清厘，历时既久，出款亦多，统归各年军需案内造报。其前拨银两均系随拨随支，并无存剩，容另筹拨等情，详请具奏前来。臣覆查无异。除饬将裁留各营起住年月及各项军需、支发银数分年据实报销外，理合附片陈明，伏乞圣鉴。谨奏。

同治十三年七月初八日，奉朱批：知道了。钦此。[1]

○七五 请补峨眉等三县知县员缺片

同治十三年六月十八日(1874 年 7 月 31 日)

再，民生之休戚，视吏治为转移。臣自莅任以来，接见僚属，均

---

① 台北故宫博物院藏：军机及宫中档，文献编号：115920。此片具奏日期未确，兹据同批折件校正。

随时留心察看，殷殷劝戒，就中勤明之吏，自不乏人。其未能称职者，亦必分别撤任，从未敢稍存宽假。但期收其效于临民之后，尤宜正其身于莅任之初。现查川省连出峨眉、江安、铜梁三知县缺，按照部章，均应归新班遇缺先人员序补，名为大人成。此后续有缺出，又应归新班遇缺人员顶补，名为大回成。盖因所捐银数较多，并无试用甄别年限，到省一月后，遇有缺出，即可连补，是以蜀中需次人员固非此不能补缺，必多方设措，相率报捐。

近年以新班遇缺到省者，纷至沓来，为他省所未见。川省知县一班共有一百十二缺，计不及十年所出各缺，惟为两项占补十之七八。知县如此，知州缺份较少，更可类推。查铜局上兑捐数，知县八成实银不过一万余两，四成实银不过数千两。如一年报捐十员，部库进款亦只十万两，而该员等家非素封，其上兑捐项，均由重利借贷而来，其中即有可用之才，私债累累，索逋者日向追呼，欲望其履洁怀清，岂易得乎？一经照例序补，势不能尽留省垣，逮到位后，亏累既重，心有所分，官债虽清，民生必困。得失相较，自在圣明洞鉴之中。

臣非不思举劾之权操之疆吏，第此等骤膺民社之员鲜谙治体，虽例得随时撤换，另委贤员接办，而地方受累已深。故考察人才，必观其进身之始，而讲求吏治，尤当慎于序补之先。合无仰恳天恩，敕下户部，将报捐发川之新班遇缺先、新班遇缺两项州县人员暂行停止，俾试用甄别年满、历练较久人员得有序补之期，实于地方有益。倘部臣虑及格于通例，可否另议变通章程，将新班遇缺两项人员专补对调、遗缺。其病故休所遗之缺，概用各项正班人员，臣谨当秉公遴选，文治亦可渐期整饬。

如蒙俞允，所有峨眉、江安、铜梁三知县缺均系病故所遗，应俟接准部咨之日，再行起限请补。臣为地方民生、吏治起见，是否有当，伏乞圣鉴训示。谨奏。

同治十三年七月初八日，奉朱批：该部议奏。钦此。[①]

○七六　恭报川省同治十三年五月雨水、粮价折

同治十三年六月二十八日(1874 年 8 月 10 日)

头品顶戴四川总督臣吴棠跪奏，为恭报四川省同治十三年五月份各属具报米粮价值及得雨情形，仰祈圣鉴事。

窃照同治十三年四月份通省米粮价值及得雨情形，前经臣恭折奏报在案。兹查本年五月份成都、重庆、龙安、保宁、顺庆、潼川、雅州、嘉定、叙州九府，资州、绵州、忠州、酉阳州、眉州、邛州、泸州七直隶州，叙永、石砫两直隶厅，各属先后具报得雨自二三次至十余次不等。田水充足，早禾茂盛。其通省粮价俱与上月相同，据署布政使英祥查明列单汇报前来。

臣覆核无异。理合分缮清单，恭呈御览，伏乞皇上圣鉴。谨奏。六月二十八日。

同治十三年七月二十六日，奉朱批：知道了。钦此。[②]

---

① 台北故宫博物院藏：军机及宫中档，文献编号：115921。
② 台北故宫博物院藏：军机及宫中档，文献编号：116210；中国第一历史档案馆藏：朱批奏折，档案编号：04-01-24-0157-110。

○七七　呈川省同治十三年五月粮价清单

同治十三年六月二十八日(1874 年 8 月 10 日)

谨将同治十三年五月份四川省所属地方各项粮价,开具清单,恭呈御览。

成都府属,价贵。中米每仓石价银二两九钱五分至三两九钱三分,与上月同。大麦每仓石价银一两八钱三分至二两,与上月同。小麦每仓石价银二两一钱三分至二两三钱,与上月同。黄豆每仓石价银一两四分至二两四钱四分,与上月同。荞子每仓石价银一两一钱六分至一两七钱,与上月同。

重庆府属,价贵。中米每仓石价银二两七钱五分至三两七钱三分,与上月同。大麦每仓石价银一两六钱二分至一两九钱七分,与上月同。小麦每仓石价银二两六钱八分至二两七钱三分,与上月同。黄豆每仓石价银二两七钱至二两九钱七分,与上月同。

保宁府属,价贵。中米每仓石价银二两五钱七分至三两二钱三分,与上月同。大麦每仓石价银一两八钱九分至二两一钱,与上月同。小麦每仓石价银二两八钱三分至三两五钱七分,与上月同。黄豆每仓石价银一两八钱一分至二两一钱一分,与上月同。

顺庆府属,价贵。中米每仓石价银二两一分至三两四钱,与上月同。大麦每仓石价银一两六钱一分至一两八钱,与上月同。小麦每仓石价银二两九分至二两一钱二分,与上月同。黄豆每仓石价银一两五钱五分至一两六钱五分,与上月同。

叙州府属,价贵。中米每仓石价银三两二分至三两二钱七分,与上月同。大麦每仓石价银一两六钱六分至二两二分,与上月同。

小麦每仓石价银二两一钱三分至二两六钱三分，与上月同。黄豆每仓石价银一两一钱一分至一两五钱二分，与上月同。

夔州府属，价贵。中米每仓石价银二两八钱二分至三两一钱三分，与上月同。大麦每仓石价银一两七钱八分至二两四钱六分，与上月同。小麦每仓石价银二两九钱五分至三两三分，与上月同。黄豆每仓石价银二两一钱四分至二两二钱四分，与上月同。

龙安府属，价贵。中米每仓石价银二两五钱一分至三两一钱六分，与上月同。青稞每仓石价银一两五钱，与上月同。小麦每仓石价银一两七钱九分至二两一钱八分，与上月同。黄豆每仓石价银一两八钱五分至一两九钱三分，与上月同。

宁远府属，价贵。中米每仓石价银二两八钱五分至三两一钱三分，与上月同。大麦每仓石价银一两四钱八分至一两六钱，与上月同。小麦每仓石价银一两五钱九分至二两二钱，与上月同。荞子每仓石价银一两四钱五分，与上月同。黄豆每仓石价银一两五钱六分至一两六钱三分，与上月同。

雅州府属，价中。中米每仓石价银二两七钱七分至二两七钱八分，与上月同。小麦每仓石价银二两二钱九分至二两六钱五分，与上月同。黄豆每仓石价银一两六钱五分至二两四分，与上月同。

嘉定府属，价贵。中米每仓石价银二两七钱四分至三两三钱二分，与上月同。小麦每仓石价银二两三钱六分至二两七钱三分，与上月同。黄豆每仓石价银一两四钱七分至二两三分，与上月同。

潼川府属，价贵。中米每仓石价银二两八钱五分至三两八分，与上月同。大麦每仓石价银一两六钱五分至一两九钱三分，与上月同。小麦每仓石价银二两一钱四分至二两四钱九分，与上月同。黄豆每仓石价银一两七钱六分至二两一钱三分，与上月同。

绥定府属，价中。中米每仓石价银二两七钱二分至二两八钱四分，与上月同。大麦每仓石价银一两五钱八分，与上月同。小麦每仓石价银一两六钱二分至一两七钱三分，与上月同。黄豆每仓石价银一两四钱三分，与上月同。

眉州直隶州属，价中。中米每仓石价银二两七钱至二两九钱八分，与上月同。

邛州直隶州并属，价贵。中米每仓石价银二两六钱至三两，较上月减一分。大麦每仓石价银一两九钱，与上月同。小麦每仓石价银二两五钱七分，与上月同。黄豆每仓石价银二两八分至二两二钱二分，与上月同。

泸州直隶州并属，价贵。中米每仓石价银三两二分至三两三分，与上月同。

资州直隶州并属，价中。中米每仓石价银二两五钱二分至二两九钱二分，与上月同。

绵州直隶州并属，价中。中米每仓石价银二两六钱九分至二两九钱七分，与上月同。小麦每仓石价银二两三钱二分至二两四钱六分，与上月同。

茂州直隶州并属，价中。中米每仓石价银二两五钱九分，与上月同。小麦每仓石价银二两六钱八分，与上月同。青稞每仓石价银二两二钱，与上月同。荞子每仓石价银一两二钱三分至一两七钱三分，与上月同。

忠州直隶州并属，价贵。中米每仓石价银二两五钱四分至三两一钱八分，与上月同。大麦每仓石价银一两四钱六分至一两六钱，与上月同。小麦每仓石价银二两三分至二两三钱九分，与上月同。黄豆每仓石价银一两二钱七分至一两五钱七分，与上月同。

西阳直隶州并属，价贵。中米每仓石价银二两五钱五分至三两三分，与上月同。大麦每仓石价银二两二钱八分至二两六钱，与上月同。小麦每仓石价银二两六钱二分至二两七钱六分，与上月同。黄豆每仓石价银一两三钱九分至一两四钱四分，与上月同。

叙永直隶厅并属，价中。中米每仓石价银二两九钱三分，较上月减二分。小麦每仓石价银一两八钱一分，与上月同。荞子每仓石价银一两三钱二分，与上月同。黄豆每仓石价银一两六钱一分，与上月同。

松潘直隶厅，价中。青稞每仓石价银二两六钱六分，与上月同。荞子每仓石价银一两七钱四分，与上月同。

杂谷直隶厅，价中。青稞每仓石价银二两四钱，与上月同。荞子每仓石价银一两七钱九分，与上月同。

石砫直隶厅，价平。中米每仓石价银一两六钱，与上月同。大麦每仓石价银一两七钱三分，与上月同。小麦每仓石价银二两六分，与上月同。黄豆每仓石价银一两八钱九分，与上月同。

打箭炉厅，价贵。青稞每仓石价银四两八钱八分，与上月同。油麦每仓石价银一两八钱一分，与上月同。

（朱批）：览。①

○七八　呈川省同治十三年五月雨水清单

同治十三年六月二十八日(1874 年 8 月 10 日)

谨将同治十三年五月份四川省所属地方报到得雨情形，开具

---

① 台北故宫博物院藏：军机及宫中档，文献编号：116210。

清单,恭呈御览。

　　成都府属:成都、华阳两县得雨七次,禾苗耘耨。简州得雨六次,秧苗茂盛。崇庆州得雨三次,荞子结实。汉州得雨四次,禾苗滋长。温江县得雨六次,秧苗茂盛。郫县得雨四次,晚秧栽毕。新都县得雨十四次,堰水足用。彭县得雨四次,禾苗栽插。什邡县得雨四次,早秧茂盛。

　　重庆府属:江北厅得雨六次,晚秧滋长。巴县得雨五次,早禾耘耨。长寿县得雨六次,秧苗栽插。永川县得雨六次,禾苗青秀。綦江县得雨五次,早禾挺秀。荣昌县得雨六次,禾苗滋长。璧山县得雨五次,秧苗滋长。大足县得雨六次,田水足用。定远县得雨六次,秧苗滋长。

　　龙安府属:江油县得雨二次,早秧茂盛。彰明县得雨三次,荞子登场。广元县得雨二次,杂粮播种。昭化县得雨二次,田水不缺。巴州得雨四次,晚秧补栽。通江县得雨三次,田堰蓄水。南江县得雨二次,地土滋润。剑州得雨三次,禾苗滋长。

　　顺庆府属:南充县得雨四次,田水充盈。西充县得雨三次,黄豆发生。蓬州得雨三次,堰水盈余。营山县得雨四次,早秧含苞。仪陇县得雨三次,田堰水足。广安州得雨三次,禾苗发秀。岳池县得雨四次,沟渠皆盈。邻水县得雨三次,禾苗滋长。

　　潼川府属:三台县得雨四次,田堰积水。射洪县得雨三次,杂粮发秀。盐亭县得雨四次,禾苗茂盛。蓬溪县得雨三次,早禾茂盛。乐至县得雨五次,秧苗滋长。

　　雅州府属:雅安县得雨五次,地土润泽。名山县得雨三次,田水充盈。天全州得雨三次,禾苗荣茂。打箭炉厅得雨二次,杂粮发秀。

嘉定府属：乐山县得雨三次，田水不缺。峨眉县得雨四次，秧苗滋长。洪雅县得雨三次，田水充盈。荣县得雨四次，黄豆滋长。威远县得雨三次，田水畅流。峨边厅得雨三次，稻谷发秀。

叙州府属：南溪县得雨三次，田水充足。富顺县得雨四次，禾苗畅茂。隆昌县得雨三次，堰水充足。长宁县得雨二次，稻谷滋长。兴文县得雨五次，禾苗荣茂。

资州直隶州并属：资州得雨七次，秧苗滋长。仁寿县得雨五次，秧苗茂盛。资阳县得雨四次，田水充足。井研县得雨二次，秧苗滋长。内江县得雨十一次，早禾滋长。

绵州直隶州并属：绵州得雨六次，秧苗畅茂。安县得雨五次，禾苗滋长。梓潼县得雨六次，秧苗立节。罗江县得雨五次，秧苗滋长。

忠州直隶州属：酆都县得雨四次，田水充足。垫江县得雨四次，秧苗滋长。

酉阳直隶州属：黔江县得雨二次，禾苗渐长。

眉州直隶州并属：眉州得雨三次，田中蓄水。彭山县得雨二次，栽插已毕。丹棱县得雨三次，秧苗青秀。青神县得雨二次，田水充盈。

邛州直隶州并属：邛州得雨二次，禾苗畅茂。大邑县得雨四次，堰水畅流。浦江县得雨二次，秧苗栽毕。

泸州直隶州并属：泸州得雨三次，田水充足。江安县得雨四次，禾苗滋长。合江县得雨四次，田水不缺。纳溪县得雨三次，地土滋润。

石砫直隶厅得雨五次，农民耘草。

叙永直隶厅并属：叙永厅得雨三次，晚秧栽毕。永宁县得雨三次，杂粮荣茂。

（朱批）：览。^①

○七九　拿获脱逃绞犯潘有菖审明定拟折

同治十三年六月二十八日(1874 年 8 月 10 日)

头品顶戴四川总督臣吴棠跪奏，为秋审发回绞犯中途逃脱，限内会获，审明定拟，恭折仰祈圣鉴事。

窃臣前因署筠连县知县程熙春等疏脱秋审发回绞犯潘有菖中途脱逃，当将签差不慎原解、护解文武员弁专折奏参，一面勒缉提审。旋据叙州府知府宜成委查，护解兵丁易成魁、差役朱荣，于潘有菖脱逃后，跟捕未回，将长解差役张洪、康泷、护解兵丁饶定国、差役郑高提解到省，并准云南抚臣岑毓英咨：据署恩安县知县唐湛春禀：派差万和协同筠连县缉役张洪等，于同治十二年七月二十一日，在恩安县洒渔河地方，将逃犯潘有菖拿获，移解筠连县收审等因。并据接署筠连县知县禄昂禀同前由，经臣批饬将犯解省，发委审办。嗣于同治十二年十月初五日奉朱批：程熙春等均着交部议处。余依议。钦此。钦遵行司去后。兹据成都府知府许培身等审明定拟，由署按察使傅庆贻解勘到臣。

随亲提研鞫，缘潘有菖籍隶云南恩安县，因在筠连县与曾雷氏通奸，乏助拒绝，嗣向曾雷氏索讨遗留布袜争闹，将其殴砍戳伤身死。审依先经和奸后因别故拒绝、致将被奸之人杀死者，仍照斗杀本律，拟绞监候具题。接准部覆，汇入同治十二年初次秋审。例应

---

① 台北故宫博物院藏：军机及宫中档，文献编号：116222。

解勘之犯张洪、康泷，均籍隶筠连县，向充该县差役。郑高系高县差役，饶定国系高县汛兵。十二年三月间，前署筠连县知县程熙春监提潘有蓍，验明刑具、衣裤，签差张洪、康泷会营拨兵，并移知沿途营县添派兵役护解赴省，审录发回，由华阳县逐程点解。

五月二十二日，行至高县，经前署该县知县邵坤提验，刑衣俱全，添差郑高、朱荣，移会汛弁刘家荣拨兵饶定国、易成魁，将潘有蓍点交，同长解张洪等押解前进。二十五日早，行抵筠连县属营泥坰地方，同进刘万顺腰店食饭。潘有蓍见该处地僻人稀，路旁山坡后系悬岩，下通云南小径，起意乘间脱逃，捏称腹痛，急欲出恭。维时，郑高饭先食毕，押带潘有蓍至坡上蹲地出恭，郑高手执链头在旁等候。讵潘有蓍乘郑高不防，挣扎链头，滚落岩下，扭断锁镣，脱去衣裤逃逸。郑高喊同张洪等绕道下岩追拿，沿途拾获遗弃锁镣、衣裤等物，投同约邻，分路查缉无获。朱荣、易成魁跟追未回，张洪等同赴筠连县，禀经程熙春会勘讯供，禀报通缉。并据该管府道揭由藩、臬两司具详请参，声明叙州府属秋审人犯发回，向由宜宾县会差兵役转解，并无另派委员管解等情前来。

经臣以该犯潘有蓍系奸匪刃毙妇，伤多且重，已入本年秋审情实，当将签差不慎之前署筠连县知县程熙春、前署高县知县邵坤、署高县汛督标中营把总刘家荣，专折参奏，一面批饬勒缉，将押解兵役人等解省。该犯潘有蓍逃后，在过路不知姓名收荒担上买得旧剃头刀一把，剃去头发，将刀丢弃。日行僻路求乞，夜宿古庙岩洞。七月二十一日，甫至原籍恩安县洒渔河地方，尚未抵家，即经该县派差万和，会同程熙春暨接署筠连县知县禄昂所派缉役张洪等，将潘有蓍拿获，移解筠连县收审。并经云南抚臣岑毓英咨川，并据禄昂禀报，经臣批饬解省，发委审办。兹由臬司解勘到臣，讯认前情不讳,诘系依法管解,并无松刑贿纵情弊,逃后亦无行凶为匪与知情容留之人。研诘不移,案无遁饰。

查例载:解审斩绞重犯,中途脱逃原犯斩绞监候之犯,核其情罪秋审应入情实者,即改为立决。又,解审斩绞重犯,果系依法管解,偶致疏脱,审有明据者,将长解二名酌限一年,如能限内拿获,审无贿纵别情,仍将长解依律减二等拟徒,他人捕得,亦不准依律宽免。又律载:押解罪因,中途不觉失因者,听给限一百日追捕内,他人捕得免罪各等语。此案绞犯潘有蕡解省秋审发回,辄敢中途脱逃,实属怙恶不悛。查潘有蕡原犯斗杀拟绞监候,系奸匪刃毙奸妇,伤多且重,已入秋审情实,自应按例问拟。潘有蕡合依解审斩绞重犯,中途脱逃,原犯绞候之犯,核其情罪秋审应入情实者,即改为立决例,拟绞立决,照例刺字。长解张洪等与短解郑高等,押解绞犯潘有蕡秋审发回,并不小心管解,以致中途脱逃。虽讯无松刑贿纵情弊,究属疏忽。潘有蕡于同治十二年五月二十五日脱逃,旋于七月二十一日经邻省会同拿获,连闰扣算,虽在捕限百日之内,惟系他人捕得,亦应按例分别问拟。长解筠连县差役张洪、康泷,均合依解审斩绞重犯果后依法管解,偶致疏脱,审有确据者,将长解二名酌限一年,如能限内拿获,审无贿纵别情,仍将长解减二等拟徒,他人捕得,亦不准依律宽免例,于潘有蕡绞罪上减二等,各拟杖一百、徒三年,仍革役。张洪到配折责充徒,康泷据供亲老丁单,是否属实,应否留养,应饬筠连县传集犯亲族邻人等,讯明取结,另行详办。短解高县差役郑高、汛兵饶定国,例无治罪明文,均应照押解罪因中途不觉失因者,给限一百日追捕,限内他人捕得免罪律,应照律免罪。高县差役朱荣、汛兵易成魁,追捕未回,并免传究。无干省释。

再,签差不慎之原解官前署筠连县知县程熙春前已参奏,经刑部议以降一级留任，奉旨：依议。钦此。应否准其开复，听候部议。短解兵役已照律免罪。所有护解官前署高县知县邵坤、署高县汛督标中营把总刘家荣原参部议降留之案，应请查销。所有首先拿获邻省绞决重犯一名应叙职名，系署云南恩安县知县唐湛春，协获职名系接署筠连县事笔帖式禄昂，相应一并开送。除供招咨部外，所有提省审明缘由，理合恭折具奏，伏乞皇上圣鉴，敕部核覆施行。谨奏。六月二十八日。

同治十三年七月二十六日，奉朱批：刑部议奏。钦此。①

○八○　奏报知县常侗等期满甄别片

同治十三年六月二十八日（1874年8月10日）

再，查吏部奏定章程：州、县、丞、倅，无论何项劳绩保奏归入候补班者，以到省之日起，予限一年，令督抚详加察看，出具切实考语，奏明分别繁简补用等因。遵照在案。兹查候补班前先补用知州常侗、傅廉，均到省一年期满，例应照章甄别：据署布政使英祥、署按察使傅庆贻造具该员等履历清册，会详请奏前来。

臣察看该员常侗年力正强，请留川以简缺知县补用；傅廉年壮才明，请留川以繁缺知县补用。除将该员等履历清册咨部外，理合附片陈明。伏乞圣鉴，谨奏。

同治十三年七月二十六日，奉朱批：吏部知道。钦此。②

---

① 台北故宫博物院藏：军机及宫中档，文献编号：116223；中国第一历史档案馆藏：朱批奏折，档案编号：04-01-28-0021-015。

② 台北故宫博物院藏：军机及宫中档，文献编号：116224；中国第一历史档案馆藏：朱批奏片，档案编号：04-01-12-0518-181。

○八一　请将知县杨锡荣等摘顶勒催折

同治十三年六月二十八日（1874 年 8 月 10 日）

　　头品顶戴四川总督臣吴棠跪奏，为知县欠解地丁、关税银两，延不解清，请旨摘顶勒催，恭折仰祈圣鉴事。

　　窃照州县经征地丁税契银两关系正供，例应按年全完，不容丝毫蒂欠。查同治十二年份各属应解地丁税契等项银两，叠次催提，已据陆续解司完纳。惟有名山、雅安二县欠解同治十二年地丁、关税银两，经臣督饬藩司节次勒催，迄今尚未批解，实属玩泄。若不分别参追，何以儆玩愒而重正赋！据藩、臬两司详请参奏前来。相应请旨将现任名山县知县杨锡荣、雅安县知县韩道原一并摘去顶戴，勒限两月，严催完解。如依限解清，再行奏恳恩施。倘逾限不解，或解不足数，即从严参办。

　　至叙永厅额征盐杂税银七千四十九两零，除亦解过银三千三百七十三两零，计前署该厅李溶短解征银三千六百七十六两零，实因滇、黔道路未靖、商贩稀少所致，与经征不力有间，现在严饬该丞设法赔缴，另案办理。除咨部外，理合恭折具陈，并将各员欠解银数、衔名谨缮清单，恭呈御览，伏乞皇上圣鉴训示。谨奏。六月二十八日。

　　同治十三年七月二十六日，奉朱批：着照所请，该部知道。单并发。钦此。①

----

　　①　台北故宫博物院藏：军机及宫中档，文献编号：116225；中国第一历史档案馆藏：朱批奏折，档案编号：04-01-35-0091-012。

○八二　呈同治十二年未完税银各员清单

同治十三年六月二十八日(1874 年 8 月 10 日)

谨将同治十二年份未完地丁、关税银两各员开具清单，恭呈御览。

名山县未解同治十二年份地丁银八百四两一钱七厘三毫，系现任知县杨锡荣应解之款，屡次催提，延不批解，应请旨将杨锡荣摘去顶戴，勒现两月完解，逾限不完，从严参办。

雅安县未解同治十二年份关税银一千零十五两一钱五分七厘，系现任知县韩道原应解之款，屡次催提，延不批解，应请旨将韩道原摘去顶戴，勒现两月完解，逾限不完，从严参办。

叙永厅同治十二年份额征盐杂税银七千四十九两八钱九分二厘，除已解过银三千三百七十三两五钱五分四厘，计前署厅李溶短征银三千六百七十六两三钱八分八厘，屡次催提，据报实因滇、黔道路不靖、商贩稀少所致，并非经征不力。现已饬令赔缴，另案办理。

朱批：览。[①]

○八三　奏报同治十三年川省夏收折

同治十三年六月二十八日(1874 年 8 月 10 日)

头品顶戴四川总督臣吴棠跪奏，为恭报四川夏熟收成分数，仰

---

① 台北故宫博物院藏：军机及宫中档，文献编号：116225-0-A。

祈圣鉴事。

窃照每年夏熟收成例应约计分数，先行奏报。兹据各府厅州县将大小二麦收成分数先行由藩司汇禀前来。臣覆加查核，计通省各府厅州县内，成都、理番一府一厅，收成七分有余。雅州、泸州、绵州一府二州，收成七分。重庆、叙州、龙安、宁远、嘉定、潼川、眉州、忠州、石砫七府二州一厅，收成六分有余。邛州一州，收成六分。顺庆、绥定、资州二府一州，收成五分有余。叙永、酉阳、汶川一厅一州一县，收成五分。保宁一府，收成四分有余。统计通省夏熟收成实在六分有余。

至茂州一州，松潘、懋功、打箭炉三厅，向不出产夏粮。除照例造册题报外，所有夏熟收成分数，理合恭折具闻，伏乞皇上圣鉴。谨奏。六月二十八日。

同治十三年七月二十六日，奉朱批：知道了。钦此。[①]

○八四　歼除灌县山匪现在地方安静折

同治十三年七月初四（1874 年 8 月 15 日）

头品顶戴四川总督臣吴棠跪奏，为灌县山匪滋事，经兵团并力查拿，立即歼除，现在地方安静，恭折仰祈圣鉴事。

窃查川省承西藏余风，夙崇神道。每遇冬多疾病，必邀请童子道人，设坛打醮，俗名端公，即古所谓巫是也，向无为匪不法情事，禁革殊难。客秋成熟之期，雨伤禾稼。本年入夏后，粮价较昂。曾

---

① 台北故宫博物院藏：军机及宫中档，文献编号：116226；中国第一历史档案馆藏：朱批奏折，档案编号：04-01-22-0062-035。

于省垣开设平粜局，将臣上年创办丰豫仓积谷，减价出售，以济贫民。而外县勘不成灾，未能遍及。灌县与汶川连界，紧接夷疆，深山穷谷之中，以挖药、淘金为业者，日食不敷，借估吃大户为名，与附近素习端公人等，因歉年技术不行，互相勾结，窃案遂多。臣屡经派队梭巡，并严饬该县等，认真缉捕。

六月初九夜，突有前项匪徒百余人，从灌县之熊耳山、赵公山窜出，在于太平场、中兴场一带，乘夜深人静之时，放火行劫。经署灌县知县黄毓奎①率领乡团围捕，格毙山匪六名。该匪势不能敌，败窜入山。臣复添调裕字营楚勇五百名、精兵五百名，以参将范承先、刘顺望等统带，星夜赴灌；并飞檄驻防川北之统领虎威宝军提督李有恒，驰往督剿，暨分饬游击高秉元，管带小队，会同该县绅团知县彭洵、教职陈炳魁、刘辑光、周文谦、吴国桢、武举陈占鳌、兵部差官黄安邦等，各率民团，作为官军向导。瓦寺宣慰司索诺木世蕃齐集土兵，协同搜捕。据报参将范承先、刘顺望等于十二、三日，先后驰抵灌境，探知该匪得信潜逃，会同知县黄毓奎，督率绅团教谕陈炳魁等，趁势急击，阵斩山匪五六十名，生擒三十余名。将依山场镇村庄次第搜查，已无匪徒踪迹。遂定议于十六日，参将范承先督同哨弁谭树勋、郑怀德、土司索诺木世蕃等，由青云营走漩口场，抄袭熊耳山之后。参将刘顺望率同总兵冯翊翔、游击李廷栋、匡元斌、参将费三春等，由太安寺大火地直捣熊耳山之前，会合绅团，节

① 黄毓奎(1835—?)，湖北钟祥人，廪生，道光己酉科拔贡。咸丰丙辰科，中式正红旗官学汉教习，三年期满，以知县用，签掣四川。咸丰十一年(1861)，捐加同知衔。因在防剿局筹拨贵州军饷出力，保准补缺后以直隶州知州用。光绪元年(1875)，补授峨眉县知县。旋因胞弟毓恩补授夔州府知府，遵例回避，开缺，改指山东，归回避即用班补用。六年(1880)，题补嘉祥县知县。七年(1881)，调补单县知县。嗣调署益都、历城等县篆务。八年(1882)，代理滕县知县。

节搜捕，续获要匪二十余名。

十八日，虎威宝军亦即赶到，遍山蹑缉，一律肃清，现在地方安静。迭次所获匪犯均解交灌县，会同委员收审等语。臣饬提首匪余其灉等先行解省，发交署臬司傅庆贻，督同成都府知府许培身等，悉心研讯，供认起意黄夜放火行劫不讳。当即恭请王命，将该匪首余其灉、贾帼溃、傅十、竹三、姚狮子五名，绑赴市曹，明正典刑，并传首犯事地方，以昭炯戒。余匪分别究办，其被匪胁从者，量予省释。

臣伏查此次滋事山匪本属无多，且无火器、长矛等件。惟川西一带山径崎岖，民风强悍，若不及时扑灭，恐致蔓延。该将士绅团等竟能于旬日之间，入山搜捕，立即歼除，办理尚称妥速，应由臣核明，存记汇奖。卸署灌县知县黄毓奎，虽经获匪，究属疏防，相应请旨摘去顶戴，以示薄惩。现在陇患渐平，甘肃提督李辉武已交卸汉中镇篆务，咨令将所部律武营川军移防川北，俾提督李有恒腾出兵力，分布川西，为一劳永逸之计。所有灌县山匪滋事，经官团并力查拿，立即歼除，现在地方安静缘由，理合恭折驰陈，伏乞皇上圣鉴训示。谨奏。七月初四日。

同治十三年七月二十二日，奉朱批：知道了。此次出力各员弁，准其汇案保奖，毋许冒滥。疏防之黄毓奎，着摘去顶戴。该部知道。钦此。①

---

① 台北故宫博物院藏：军机及宫中档，文献编号：116115；中国第一历史档案馆藏：朱批奏折，档案编号：04-01-01-0926-045。又，吴棠等《游蜀疏稿》，第895—905页。其尾记曰："同治十三年七月初四，由驲具奏。兹于本年八月十一日奉到原件：知道了。此次出力各员弁，准其汇案保奖，毋许冒滥。疏防之黄毓奎，着摘去顶戴。该部知道。钦此。"

○八五　拨解滇饷、铜本银两起程日期折

同治十三年七月初四（1874年8月15日）

头品顶戴四川总督臣吴棠跪奏，为提拨滇饷、铜本银两日期，恭折仰祈圣鉴事。

窃川省每月协滇饷银三万两，按照滇省来咨，自同治八年四月二十九日奉旨饬拨之日起至十三年四月止，先后共解过银四十五万七千两，均经奏报在案。兹臣接准部咨：议奏各省关提拨滇省铜本银一百万两，四川欠协滇省兵饷九十五万余两，拟提银十九万两，年内扫数解滇，以应策办铜斤要需等因。伏查川省自军兴后，拨款日增，库储屡竭，以一省之力分供五六省之饷，时觉入不敷出。比年旱潦相继，民力益艰，捐输、厘金征解倍形减色。前月甫解部饷十四万两，现又分拨新疆协饷，暨西征粮台月饷，库款随收随支，几已悉索无遗。惟滇省铜本有关京师钱法，不得不于万难周转之中，设法腾挪。

兹督同藩司勉力筹集协滇兵饷银三万两，饬委候补同知颜佐才、候补知县德安管解，定期于同治十三年七月初二日自成都起程，解赴滇省交纳，以济要需。除分咨外，所有拨解滇饷、铜本银数日期，理合恭折具奏，伏乞皇上圣鉴。谨奏。七月初四日。

同治十三年七月二十二日，奉朱批：知道了。钦此。[①]

---

① 台北故宫博物院藏：军机及宫中档，文献编号：116111；中国第一历史档案馆藏：朱批奏折，档案编号：04-01-35-0977-017。

○八六 拨解甘肃、新疆各饷起程日期折

同治十三年七月初四(1874年8月15日)

再,川省协甘饷银自同治九年改归西征粮台,连闰扣至同治十一年五月上半月止,计共解过银五十九万两,均经先后奏报在案。兹臣接准部咨:上年十一月,议覆办理西征粮台袁保恒奏官军赴援哈密,筹借运费,请拨还归款折内,在于四川积欠甘饷内先提银二万两,年内解交西征粮台,以清借款等因。正值川省甫经拨解大批部饷、续拨滇省铜本银两,库储已罄。

臣复督同署藩司英祥设法腾挪,凑集各属解到新捐银二万两,作为同治十一年五月下半月暨六月上半月份协甘之饷,饬委候补通判余上富承领,定于七月初二日由成都起程,解赴驻陕西征粮台交收。又,景廉军饷,前准部咨已由部库拨给银二十万两,拟在四川欠解新疆月饷内提银六万两,归还部库,自应尽先筹还。惟累接景廉来咨:关外军情紧迫,饷竭兵困,不能不先其所急,复由司凑集津、捐各款银二万两,发交该营催饷委员溥祥承领,于七月初十日起程,解赴景廉行营交收。除分咨外,所有分解甘肃、新疆各饷数目、日期,理合附片陈明,伏乞圣鉴。谨奏。

同治十三年七月二十二日,奉朱批:知道了。钦此。①

---

① 台北故宫博物院藏:军机及宫中档,文献编号:116112。

○八七　审办匪徒并强劫抢夺
等案仍照定章办理折

同治十三年七月初四（1874 年 8 月 15 日）

头品顶戴四川总督臣吴棠跪奏，为川省审办匪徒并强劫抢夺等案，请仍照奏定章程办理，恭折覆奏，仰祈圣鉴事。

窃准刑部咨：议覆御史邓庆麟奏军务肃清省份拿获盗贼土匪，请照旧例办理，抑或稍为变通一折，请旨饬下各省体察情形，能否规复旧制，或酌量变通之处，妥议具奏，再由本部汇核办理等因。同治十二年十一月十二日奏，奉旨：依议。钦此。咨川核议，遵即饬司妥议办理。

查川省幅员辽阔，地处边陲，无业游民到处皆有，是以盗劫之案甲于他省。各州县距省动辄数百里或一二千里不等，兼之杂处五方，人情浮动，非慑以法令之森严，则宵小转易生心，地方或更虞多事，是以咸丰三年前督臣裕瑞奏奉谕旨，准其就地正法，无非因时制宜，为除暴安良之计。同治七年，臣莅任后，复经奏明离省较近之成都、嘉定、潼川三府，并眉州、邛州、资州、绵州及所属盗案，仍照定例解省，遇有大伙重案，随时酌办。其余各属，或距省较远，或地方瘠苦，遇有盗案，该州县获犯禀报，批司委员会审，或批道府提审，果系赃证明确，始行禀候批饬就地正法在案。是川省办理盗案所定章程，业已按照道里远近，分别应否解勘。其边远之区毋须解省者，亦必禀请委员会审，或交该管上司提审，毋虞枉纵，并非据该州县一讯之供即行正法，于惩治盗犯之中，仍寓慎重民命之意。所有川省审办匪徒并盗劫抢夺之案，应请仍照奏定章程办理，据署按察使傅庆贻核议具详前来。

臣悉心体察，自奏定章程以后，各州县遇有盗案，均知认真拿办。所获之犯，复经委员暨该管上司讯明赃证确凿，始行禀请正法，尚无诬枉之事。现在内地虽已肃清，而云、贵、甘、陕边防渐撤，游勇土匪时虞勾结，盗劫之气尚未止息。若遽仍复旧制，诚恐各州县展转因循，致蹈姑息旧辙。而盗犯不在本地正法，亦不足以示惩儆而免浇漓，自应仍照旧章，妥慎办理，庶凶顽知戒，良善获安，仰副圣朝刑期无刑、绥靖边疆之至意。

除咨刑部外，所有川省审办匪徒并强劫抢夺等案请照奏定章程办理缘由，是否有当，理合恭折具陈，伏祈皇上圣鉴训示。谨奏。七月初四日。

同治十三年七月二十二日，奉朱批：刑部知道。钦此。[①]

【案】邓庆麟奏……抑或稍为变通一折：同治十二年十一月初八日，御史邓庆麟片奏曰：

再，立法固贵因时，经权尤宜互用。自军兴以来，盗贼、土匪各处肆扰，欲期攘外安内，固应通权达变，执法从严，于是有拿获匪犯就地正法明文。所谓治乱民用重典，乃一时权宜之计，并非经久良图也。同治八年，御史袁方城奏恳整饬吏治折内，请将肃清省份遇有获案要犯仍照旧章，由该管上司覆核办理，奉上谕饬遵。维时，原任直隶督臣曾国藩因枭捻甫就剿平，伏莽尚多，深虑煽动为患，故奏准将直省拿获枭匪、土匪、

---

① 台北故宫博物院藏：军机及宫中档，文献编号：116113；中国第一历史档案馆藏：朱批奏折，档案编号：04-01-08-0096-004。

降捻、游勇、聚众伙劫等犯，仍照定章就地正法，山东、河南一律照办。此尤因时惩创、暂消隐患之权衡也。计自奉行迄今已逾数载，各省办理正法之案甚属不少。降捻、游勇，次第消除；骑马等匪亦渐敛迹。在当时匪踪散布，人心惶惶，欲消患于未形，诚不得不因地制宜，从严设法。兹遵行日久，风气已有转机，似宜量为变通，以重人命。恭读原奉谕旨：有盗贼衰息，即照旧章办理等因。钦此。仰见圣心仁爱，于严惩之中仍寓矜全之意。且查私罪人犯，每谳一狱，内外问刑衙门几经详慎，然后题奏圣裁。其中情节出入，丝毫不容或失。今就地正法之案，虽皆系盗贼、土匪，但一经获到，大都无证无赃，仅凭州县一讯之词即行处决，未闻府州覆讯平反一案。臣愚以为词讼、斗杀尚虞冤枉，此等不凭赃证一讯即决之犯，岂无诬扳倾陷、负屈枉坐之人？更宜慎之又慎，使死者不冤、生者知戒，庶足以广皇仁而感天和，以臻刑期无刑之盛。应否恪遵前奉谕旨，将肃清省份改照旧例办理，抑或稍为变通解省审决之处，管窥微见，是否可行，理合附片具陈，伏乞圣鉴训示。谨奏。[①]

○八八　请将知县贾鑫敕部议恤片

同治十三年七月初四（1874 年 8 月 15 日）

再，江安县知县贾鑫，上年委办天坛灯杆木植，业将采获砍伐

---

① 中国第一历史档案馆藏：军机录副，档案编号：03-5006-037。此片具奏日期未确，兹据军机处随手登记档（档案编号：03-0210-4-1112-331）校正。

缘由奏明在案。惟因山路奇险,推运极难,该员不辞劳瘁,竭力经营,几及两载,始将木植运抵水次,而沿河节节皆滩,舟楫难施。该员乘坐竹筏,亲自督运,讵于本年五月二十三日,行至雅安县属之白水漩地方,因滩高浪激,将坐筏冲折,贾鑫登时溺水殒命。随行轿夫四人、跟役一人,一并溺毙。报经雅安县知县韩道原捞获贾鑫尸身,查验棺殓,禀由署臬司英祥详请奏恤前来。

臣查该员贾鑫于咸丰十年选授江安县知县,在位十有余载,官民相安。嗣委办木植,业已如数采获起解,著有成效。兹于中途督运,溺水殉身,殊堪悯恻。合无仰恳天恩,敕部照例议恤,以慰忠魂,出自鸿慈。除恭疏具题开缺并由司另委干员驰诣,接运木植,儧程前进,毋稍迟误外,理合附片具陈,伏乞圣鉴。谨奏。

同治十三年七月二十二日,奉朱批:贾鑫着交部照例议恤。钦此。①

〇八九 批解周达武军饷以资凯撤折

同治十三年七月十八日(1874 年 8 月 29 日)

头品顶戴四川总督臣吴棠跪奏,为遵旨勉筹协黔饷银五十万两,分批解交,以资凯撤,恭折仰祈圣鉴事。

窃臣钦奉同治十二年十二月初八日上谕:曾璧光奏,川省欠解楚军的饷过多,请饬迅解,着吴棠饬令藩司于欠解饷内,无论何款先拨银五十万两,交委员领解回黔等因。钦此。当经沥陈川省民

---

① 台北故宫博物院藏:军机及宫中档,文献编号:116114。此片具奏日期未确,兹据同批折件校正。

力愈艰、饷源奇绌情形，奏明圣鉴在案。嗣值贵州提督周达武因清厘饷项，取道入川。臣接晤之余，当告以蜀事艰难，出多入少，今昔情形不同。周达武在川领队有年，亦能洞悉。惟以援师久劳于外、勉筹巨款为请，随饬署藩司英祥等，将解过协黔的饷及协饷已解未解数目，与周达武查算清晰，往返筹商。至六月中旬，据筹饷报销局司道等详称：川省应解协黔的饷，自同治九年闰十月十五到黔之日起至十一年四月止，共解过银一百七万三千两，续派助剿之武字副前营、经武中营月饷不在其内。

迨苗疆戡定之初，奏明改为月协饷银二万两，陆续又解过银二十八万两。至十二年六月底止，仅欠解上年闰六月至本年五月协饷银二十四万两，饬派成都府知府许培身，并由候补道邓友仁会同来川催饷之候补道周振琼，照案转致周达武。而周达武以该军欠饷甚多，待饷过久，非协饷二十余万所能遍及。又深知川省库储支绌，筹款维难，亦非急切所能凑解。勇丁一日不撤，必须一日口粮。经许培身等与周达武面订，拟请于川省欠解协饷二十四万两外，另筹银二十六万两，共凑足五十万两，分批解交，以便随时遣撤，此后毋庸川省再筹黔饷等语。该司道等因念川省现仅欠解协黔饷银二十四万两的饷项下并无蒂欠，若于已经停减之外再议补解，不特无此力量，且与从前奏案不符，转多掣肘。第钦奉谕旨饬拨，不能不量予变通，以符黔省奏请五十万之数。惟是川中津贴、捐输已成强弩之末，盐货、厘金复形减色，急切实难筹措，应请自现在定案之日起至来年底止，陆续分批解清，俾资周转。并据周达武咨呈：此项协饷由成都知府许培身、候补道邓友仁、周振琼等节次恳切会商，应请将五十万之数速为定议。惟此次饬拨之后，毋庸川省再筹黔饷，是以后月饷既无从取给，现议之款，若再旷日持久，该勇丁等悬釜待炊，恐至聚而生变，并望迅饬司局拨解。如库款一时遽难全拨，即请于省库拨银二十万两，再于富荣、夔州各厘局酌量分拨，共凑足五十万之数。至富荣、夔州两局，经此次指拨之后，他处拨款应即暂行停止，先将此项解清，庶免延搁各等情。

臣查署藩司英祥等所陈库款空1虚与提督周达武所述兵情急迫，均有不得已之苦衷，惟大局所关，不得不统筹兼顾。况钦奉寄谕，仍着凛遵前旨，力任其难，设法筹解，以济要需。应即将公同定议遵旨勉筹协黔饷银五十万之数，除周达武到川后咨由藩司详拨协饷银二万两外，在于省库无论何款，凑拨银二十万两，解赴周达武行营，先将所部武字营楚勇裁去五六营。其余银二十八万两，在于富荣厘局盐厘项下，每月由司指拨银三万五千两，计八个月，计可一律解清，所部勇丁即可一律撤竣。如此通融办理，在周达武则凯撤有资，在川省虽竭蹶万分，此后亦免黔省协饷之累。臣惟有督同司道等，如数筹解，力任其难，以仰副圣主廑念边陲之至意。

再，据周达武呈称，该提督曾拨用过贵州司局银十一万余两，拟请据实奏明，由贵州抚臣设法弥补，以竟全功等语。臣伏念贵州苗逆以及兴义踞回，全赖周达武所部武字一军，知兵任战，次第削平，俾黔省官民重有升平之庆。计先后由川筹解黔饷不下二百万，今在贵州司局仅用过银十一万余两，亦系各省协饷所入，即作为犒赏之资，酌理准情，尚称允协，合无仰恳天恩，敕下贵州抚臣曾璧光，设法弥补，以竟全功。

除咨覆贵州提督周达武、咨明贵州抚臣曾璧光，并行筹饷报销局司道等查照办理外，所有遵旨勉筹协黔饷银五十万两分批解交，以资凯撤缘由，理合恭折驰陈，伏乞皇上圣鉴训示。谨奏。同治十三年七月十八日。

同治十三年八月初五日,奉朱批:钦此。[①]

【案】此折于同治十三年八月初五日得允行。《清实录》:

> 乙亥,谕军机大臣等:吴棠奏,遵筹协黔饷银,并川省地方静谧,拿办匪徒情形各一折。周达武到川后,川省奉拨协饷银五十万两,业经吴棠如数筹拨。该提督得此巨款,所有应发该军欠饷足资应用。即着周达武将应行遣撤各营,妥速办理,以节饷需。至该提督从前拨用贵州司局银十一万余两,即着曾璧光设法弥补,以清款项。[②]

○九○　奏报地方静谧并近岁拿办匪徒折

同治十三年七月十八日(1874年8月29日)

头品顶戴四川总督臣吴棠跪奏,为川省地方静谧并近岁巡防边隘、拿办匪徒实在情形,恭折覆陈,仰祈圣鉴事。

窃臣于同治十三年六月初九日,承准军机大臣字寄:五月二十一日,奉上谕:有人奏,近年川省匪徒日众,请饬防患未萌等语。着吴棠派委妥员,会同各该处地方文武,一体实力查拿,严行惩办,以绝根株。原折着抄给阅看。钦此。臣跪诵之下,仰见圣主鉴空衡平、除暴安良之至意,下怀钦佩难名。遵即督饬藩、臬两司,遴委妥

---

① 台北故宫博物院藏:军机及宫中档,文献编号:116394;中国第一历史档案馆藏:朱批奏折,档案编号:04-01-35-0977-022。又,吴棠等《游蜀疏稿》,第907—921页。其尾记曰:"同治十三年七月十八日,由驲具奏。本年八月二十四日,奉朱批:另有旨。钦此。"

② 《穆宗毅皇帝实录(七)》,卷三百七十,同治十三年八月,第894—895页。

员，会同地方文武，密予访拿，严加惩办，勿留萌蘖，务绝根株。并札饬该管知府，查明崇庆州、盐亭县等处有无匪徒啸聚，据实禀覆各在案。谨先将川省地方静谧，并近岁巡防边隘、拿办匪徒实在情形，请为我皇上敬陈之。

查川省幅员辽阔，民气浮嚣，介在滇、黔、秦、陇之间，夙称难治，故治蜀自来尚严。成都省城居全川之西偏，近只百余里，远则数百里，即有羌夷藩猓，错杂其间。同治五年，前督臣骆秉章任内，马边教匪滋事，旋经剿除，其祸根即伏于夷疆，堪为前鉴。省之西为成都府属之崇庆、崇宁、温江、郫、彭、灌等州县，以及邛州属之蒲江、大邑等县，俗悍且强，生长但知傲狠，有帽顶、咽匪诸名目，例禁綦严。不独崇庆州、彭县为然，亦不自近年始。省之南约七八百里及千余里，为叙州府属之高、珙、筠连等县，叙永厅属之永宁县，与滇之大关厅、镇雄州，黔之毕节县，唇齿相依。回、苗构乱以来，遂多不靖。不自近年始，亦不独高县为然。他如省之东南酉阳州属之黔江、秀山等县，与湖北之咸丰县、湖南之永绥厅、贵州之婺川等县接壤。省之西南宁远府属之会理州、盐源县，与云南之永北厅接壤。省之北保宁府属之广元县、龙安府属之平武县，与陕西之徽、两，甘肃之阶、文等州县接壤。间有游匪散练，出没靡常。惟盐亭县在潼川府北，地处腹中。臣上年出省阅兵，曾亲至其境，民贫而朴，与川西风气不同，向无帽顶、咽匪之患。饬据该府查覆，亦大略相符。现在腹地、边隅均尚安辑。此川省地方静谧之实在情形也。

臣莅任之初，正当辖境初平，邻氛方炽，外而出师援剿，内而留队设防。兵饷兼权，不遑朝夕，实有左支右绌之虞。幸能仰仗皇上福威，沿边略定，于是建裁勇之议，计先后撤遣四万人，每年节省饷需二百余万，稍纾民力。同治十年，始旱继潦，饥馑因之，为蜀中罕有之事，人心震动，乱在目前。奏蒙恩准，拨银二十万两，附省贫民足敷赈济，而外县穷黎尤众，无计可施，悉借资于绅富之家急公好义，全活甚多。遇有借端滋事之徒，从严究治，民遂以安。历年邻疆凯撤勇丁多隶川籍，纷纷来归。禁奸诘暴之方，更不容稍涉疏懈。除州县命盗案件照例办理外，其拿获著名要匪决不待时者，或解省行刑，或就地正法，共计不下三百名。本年六月初六日，即有匪犯沈万绶等九名，恭请王命处斩之案。此外，如同治十一年，峨边蛮匪滋事，十二年，川、滇边界散练游匪滋事，以及本年六月灌县山匪滋事，立即歼除，均随时奏报有案。现在高、珙、筠连、永宁等处，有达字营、忠字营、经武中营驻防，黔江、秀山、会理、盐源等处，有武字副前营、安西、定边等营驻防。川西一带向以驻扎省垣之裕字营、精兵、亲兵等营，梭织巡防。近因灌匪滋事，复移北防提督李有恒所部虎威宝营，分布川西，而以甘肃提督李辉武所部律武营川军，替防川北。其越嶲、雷波、马边、峨边等处夷地，各有土练驻防。越嶲、峨边尤为吃紧，并有武安军、达字后营驻防。仍责成府厅州县整饬团丁，力行保甲，以辅官兵之不逮。地方文武有不称职者，分别撤参。此近岁巡防边隘、拿办匪徒之实在情形也。

臣伏念前督臣骆秉章，以楚师定蜀乱，峻法严刑，其勋勤自不容没。臣忝膺艰巨，承兵燹之余，民生疾苦，不得不恩威并济，教养兼施。若必欲于无事之时，矜言苛察，极意搜求，不惟扰累滋多，亦非所以培元气重刑章也。夫以川中户口蕃滋，番夷杂处，臣不敢谓一无盗贼。惟讲求吏治，慎选将才，有犯必惩，期于无枉无纵，断不敢优柔姑息，贻患将来，上负天恩，下干咎戾。

所有川省地方静谧，并近岁巡防边隘、拿办匪徒实在情形，理合恭折覆陈，伏乞皇上圣鉴。谨奏。七月十八日。

同治十三年八月初五日,奉朱批:钦此。①

【案】此折于八月初五日得允行,饬吴棠认真筹办,以期安堵。《清实录》:

川省匪徒,据吴棠奏,分派队伍,拿获著名要匪甚多。惟该省与滇、黔等省接壤,游匪、散练出没无常,仍应实力整顿,毋徒博宽大之名,毋事姑息以长奸慝。着即督饬派出各营将弁,会同地方文武,将缉捕事宜认真筹办,并严檄该府厅州县整饬团丁,力行保甲,以期保卫地方。将此谕知吴棠、曾璧光,并传谕周达武知之。②

【案】军机大臣字寄……以绝根株:此廷寄上谕档载曰:

军机大臣字寄:四川总督吴:同治十三年五月二十一日,奉上谕:有人奏,近年川省匪徒日众,联名结社,有帽顶、会灯、花教诸名目,聚众连盟省垣附近地方,肆行抢劫。崇庆州、高县、彭县、盐亭等处,均有匪徒啸聚,恐酿成巨患,请饬防患未萌等语。匪徒纠众抢劫,实为闾阎之害,且川省与滇、黔各省毗连,尤恐勾结各处匪徒,乘机窃发,亟应认真拿办。着吴棠派委妥员,会同各该处地方文武,一体实力查拿,严行惩办,以绝根株。原折着钞给阅看。将此谕令知之。钦此。遵旨寄信前来。③

---

① 台北故宫博物院藏:军机及宫中档,文献编号:116394;吴棠等:《游蜀疏稿》,第921—934页。

② 《穆宗毅皇帝实录(七)》,卷三百七十,同治十三年八月,第894—895页。

③ 中国第一历史档案馆编:《咸丰同治两朝上谕档》,第24册,第160页;《穆宗毅皇帝实录(七)》,卷三百六十六,同治十三年五月,第852—853页。

○九一　捐建尊经书院并刊刷经史折

同治十三年七月十八日(1874 年 8 月 29 日)

头品顶戴四川总督臣吴棠跪奏，为绅民请捐建尊经书院并刊刷经史，以裨实学，恭折仰祈圣鉴事。

窃臣据在籍候补京堂薛焕、翰林院编修伍肇龄等呈称：书院之设，原为国家培养人才，士子在院读书，必期经明行修。我朝文治独隆，经学之盛，超轶前代。惟川省介在边隅，士子苦鲜师资，且无经史善本，致根柢之学未能实在讲求。绅民等公同集议，请于省城觅购基地，另建尊经书院，远延名师，讲习经学，并镌刻经史诸书，以资研究而育真才。惟建院镌板及预筹束脩、膏火等费，非集有巨款不敷办理，愿由合省绅民公同捐助，通力合作，俾易蒇事等情。当经批行司道妥议去后。

兹据署布政使英祥、署盐茶道黄云鹄禀称：查川省地方，省内向建有锦江书院，省外各府厅州县亦各建书院，均系专课诗文，其经义古学，阙焉未讲，是以各士子能文者多，专经者少。今阖省绅民以经学素乏师承，考订亦鲜依据，议于省城另建尊经书院，讲习经义，并镌刻经史善本，用资考证。所有一切经费，议由阖省绅粮公捐，分属措筹，当属众擎易举。已据该绅等觅得城南基址一处，地尚宽敞，足敷修建，似应如请办理。并声明监修等事均系民捐民办，将来竣工，请免造报等情，详请会奏前来。

臣查经术为政事之根柢，经学实文艺之本源。蜀省虽僻处西陲，向为人文渊薮。近因叠觏兵燹，典籍罕存，师承日鲜，虽有聪明之士，寡闻鲜见，不免贻消空疏。臣于上年刊刻《朱子全书》、四史等书,发交通省各书院,俾资讲习,尚虑不敷传布。该绅等所请系为讲求实学、造就才子起见,有裨作人雅化。

其修院刊书经费,即由民捐民办,不动官帑,应请免其报销。其书院肄业各生,该绅等议请均由学臣按试各郡,随时拔取,咨送住院,尤足以昭慎重。除督率司道详议书院章程,并遴选公正绅董经理外,所有绅民公请捐建书院并镌刻经史各缘由,理合会同学政臣张之洞,合词恭折具奏,伏乞皇上圣鉴训示。谨奏。七月十八日。

同治十三年八月初五日,奉朱批:知道了。钦此。[1]

○九二　请准都司傅照南免其射箭片

同治十三年七月十八日(1874 年 8 月 29 日)

再,留川尽先补用都司傅照南,年三十五岁,松潘厅人。同治元年,由武童随团堵剿粤匪出力,保带〔戴〕六品顶翎,复捐监生,加捐都司职衔,投效果毅营,随同克复阶州,游保今职。五年,调赴綦江,防剿黔匪,进攻桐梓县小寨。该都司督队打仗,被贼礧石打伤左臂,筋骨俱损,医治难愈,不能挽强运重。兹因回川呈请归标,经臣验明属实,合无仰恳天恩,俯念该都司打仗奋勇,筋骨受伤难愈,将来送部引见时免其射箭,以示体恤,出自鸿慈。理合附片具陈,伏乞圣鉴训示。谨奏。

同治十三年八月初五日,奉朱批:着照所请,兵部知道。钦此。[2]

---

[1]　台北故宫博物院藏:军机及宫中档,文献编号:116395;中国第一历史档案馆藏:朱批奏折,档案编号:04-01-38-0186-023。

[2]　台北故宫博物院藏:军机及宫中档,文献编号:117098。此片具奏日期未确,兹据同批折件校正。

○九三　请将都司刘招玉先行革职严追片

同治十三年七月十八日(1874年8月29日)

再,臣准署提督联昌咨:军标尽先都司刘招玉前署维州左营都司任内,亏短该营公项银九百九十四两零,经接任都司王违勋查明,禀经署维州协副将倪天元,屡催未交,解省摘顶勒追。该员仍任意狡赖,实属异常抗玩,应即参办等情前来。

相应请旨将前署维州左营都司尽先都司刘招玉先行革职,勒限严追缴清,不准丝毫蒂欠,倘逾限不交,或交不足数,即照例监追严办,以重公项。理合会同成都将军臣魁玉、署提督臣联昌,合词附片具奏,伏乞圣鉴训示。谨奏。

同治十三年八月初五日,奉朱批:刘招玉着先行革职,勒限追剿。余依议。该部知道。钦此。①

○九四　奏报同治十二年征收地
丁并十三年新赋完欠折

同治十三年七月二十九日(1874年9月9日)

头品顶戴四川总督臣吴棠跪奏,为恭报同治十二年份四川征收地丁并十三年新赋完欠各数,仰祈圣鉴事。

窃照每年钱粮完欠各数目,例应于奏销时查明奏报。兹查办

---

①　台北故宫博物院藏:军机及宫中档,文献编号:116397。此片具奏日期未确,兹据同批折件校正。

理同治十二年奏销，据署布政使英祥详称：十二年额征地丁钱粮、屯租等项正、闰共银六十九万二千一百四十一两零，又随征加一五火耗银一十万三千五百五十五两零，共应征正、闰耗银七十九万五千六百九十七两零，实在上下两忙征完银七十二万七千二百四十四两零，续完银六万八千四百五十二两零。又，一切杂项课税等款共银三十二万六千一百六十三两零，内惟名山、雅安、叙永等厅县短征未完共银五千四百九十五两零，业经另案参办。余俱全完。又，额征米豆一万三千三十石七斗五升零，均于奏销前扫数全完，此外并无丝毫拖欠。至同治十三年份额征地丁钱粮、屯租等项，已据各属册报共征过银三十六万二千五百四十二两零，未完银四十万六千三百七十二两零等情，造册详请具奏前来。

臣查川省钱粮，历系年款年清。同治十三年新赋，现在完将及半，其余未完银两，仍当督饬藩司严催各属，赶紧征解，断不致稍有延欠。除恭疏具题并将清册送部外，理合循例缮折奏闻，伏乞皇上圣鉴。谨奏。七月二十九日。

同治十三年九月二十四日，奉朱批：户部知道。钦此。[1]

○九五　恭报川省同治十三年六月雨水、粮价折

同治十三年七月二十九日(1874 年 9 月 9 日)

头品顶戴四川总督臣吴棠跪奏，为恭报四川省同治十三年六

---

[1]　台北故宫博物院藏：军机及宫中档，文献编号：117045；中国第一历史档案馆藏：朱批奏折，档案编号：04-01-35-0091-018。

月份各属具报米粮价值及得雨情形，仰祈圣鉴事。

窃照同治十三年五月份通省米粮价值及得雨情形，前经臣恭折奏报在案。兹查本年六月份成都、重庆、夔州、龙安、绥定、保宁、顺庆、潼川、雅州、嘉定、叙州等十一府，资州、绵州、忠州、酉阳州、眉州、邛州、泸州七直隶州，叙永一直隶厅，各属先后具报得雨自一二三次至六七次不等。田水充盈，早稻黄熟。其通省粮价俱与上月相同。据署布政使英祥查明列单汇报前来。

臣覆核无异。理合分缮清单，恭呈御览，伏乞皇上圣鉴。谨奏。七月二十九日。

同治十三年九月二十四日，奉朱批：知道了。钦此。①

○九六　呈川省同治十三年六月粮价清单

同治十三年七月二十九日(1874年9月9日)

谨将同治十三年六月份四川省所属地方各项粮价，开具清单，恭呈御览。

成都府属，价贵。中米每仓石价银二两九钱五分至三两九钱三分，与上月同。大麦每仓石价银一两八钱三分至二两，与上月同。小麦每仓石价银二两一钱三分至二两三钱，与上月同。黄豆每仓石价银一两四分至二两四钱四分，与上月同。荞子每仓石价银一两一钱六分至一两七钱，与上月同。

重庆府属，价贵。中米每仓石价银二两七钱五分至三两七钱

---

① 台北故宫博物院藏：军机及宫中档，文献编号：117046；中国第一历史档案馆藏：朱批奏折，档案编号：04-01-25-0514-004。

三分，与上月同。大麦每仓石价银一两六钱二分至一两九钱七分，与上月同。小麦每仓石价银二两六钱八分至二两七钱三分，与上月同。黄豆每仓石价银二两七钱至二两九钱七分，与上月同。

　　保宁府属，价贵。中米每仓石价银二两五钱七分至三两二钱三分，与上月同。大麦每仓石价银一两八钱九分至二两一钱，与上月同。小麦每仓石价银二两八钱三分至三两五钱七分，与上月同。黄豆每仓石价银一两八钱一分至二两一钱一分，与上月同。

　　顺庆府属，价贵。中米每仓石价银二两一钱至三两四钱，与上月同。大麦每仓石价银一两六钱一分至一两八钱，与上月同。小麦每仓石价银二两九分至二两一钱二分，与上月同。黄豆每仓石价银一两五钱五分至一两六钱五分，与上月同。

　　叙州府属，价贵。中米每仓石价银三两二分至三两二钱七分，与上月同。大麦每仓石价银一两六钱六分至二两二分，与上月同。小麦每仓石价银二两一钱三分至二两六钱三分，与上月同。黄豆每仓石价银一两一钱一分至一两五钱二分，与上月同。

　　夔州府属，价贵。中米每仓石价银二两八钱二分至三两一钱三分，与上月同。大麦每仓石价银一两七钱八分至二两四钱六分，与上月同。小麦每仓石价银二两九钱五分至三两三分，与上月同。黄豆每仓石价银二两一钱四分至二两二钱四分，与上月同。

　　龙安府属，价贵。中米每仓石价银二两五钱一分至三两一钱六分，与上月同。青稞每仓石价银一两五钱，与上月同。小麦每仓石价银一两七钱九分至二两一钱八分，与上月同。黄豆每仓石价银一两八钱五分至一两九钱三分，与上月同。

　　宁远府属，价贵。中米每仓石价银二两八钱五分至三两一钱三分，与上月同。大麦每仓石价银一两四钱八分至一两六钱，与上月同。小麦每仓石价银一两五钱九分至二两二钱，与上月同。荞子每仓石价银一两四钱五分，与上月同。黄豆每仓石价银一两五钱六分至一两六钱三分，与上月同。

雅州府属，价中。中米每仓石价银二两七钱七分至二两七钱八分，与上月同。小麦每仓石价银二两二钱九分至二两六钱五分，与上月同。黄豆每仓石价银一两六钱五分至二两四分，与上月同。

嘉定府属，价贵。中米每仓石价银二两七钱四分至三两三钱二分，与上月同。小麦每仓石价银二两三钱六分至二两七钱三分，与上月同。黄豆每仓石价银一两四钱七分至二两三分，与上月同。

潼川府属，价贵。中米每仓石价银二两八钱五分至三两八分，与上月同。大麦每仓石价银一两六钱五分至一两九钱三分，与上月同。小麦每仓石价银二两一钱四分至二两四钱九分，与上月同。黄豆每仓石价银一两七钱六分至二两一钱三分，与上月同。

绥定府属，价中。中米每仓石价银二两七钱二分至二两八钱四分，与上月同。大麦每仓石价银一两五钱八分，与上月同。小麦每仓石价银一两六钱二分至一两七钱三分，与上月同。黄豆每仓石价银一两四钱三分。

眉州直隶州属，价中。中米每仓石价银二两七钱至二两九钱八分，与上月同。

邛州直隶州并属，价贵。中米每仓石价银二两六钱至三两，较上月减一分。大麦每仓石价银一两九钱，与上月同。小麦每仓石价银二两五钱七分，与上月同。黄豆每仓石价银二两八分至二两二钱二分，与上月同。

泸州直隶州并属，价贵。中米每仓石价银三两二分至三两三分，与上月同。

资州直隶州并属,价中。中米每仓石价银二两五钱二分至二两九钱二分,与上月同。

绵州直隶州并属,价中。中米每仓石价银二两六钱九分至二两九钱七分,与上月同。小麦每仓石价银二两三钱二分至二两四钱六分,与上月同。

茂州直隶州并属,价中。中米每仓石价银二两五钱九分,与上月同。小麦每仓石价银二两六钱八分,与上月同。青稞每仓石价银二两二钱,与上月同。荞子每仓石价银一两二钱三分至一两七钱三分,与上月同。

忠州直隶州并属,价贵。中米每仓石价银二两五钱四分至三两一钱八分,与上月同。大麦每仓石价银一两四钱六分至一两六钱,与上月同。小麦每仓石价银二两三分至二两三钱九分,与上月同。黄豆每仓石价银一两二钱七分至一两五钱七分,与上月同。

酉阳直隶州并属,价贵。中米每仓石价银二两五钱五分至三两三分,与上月同。大麦每仓石价银二两二钱八分至二两六钱,与上月同。小麦每仓石价银二两六钱二分至二两七钱六分,与上月同。黄豆每仓石价银一两三钱九分至一两四钱四分,与上月同。

叙永直隶厅并属,价中。中米每仓石价银二两九钱三分,较上月减二分。小麦每仓石价银一两八钱一分,与上月同。荞子每仓石价银一两三钱二分,与上月同。黄豆每仓石价银一两六钱一分,与上月同。

松潘直隶厅,价中。青稞每仓石价银二两六钱六分,与上月同。荞子每仓石价银一两七钱四分,与上月同。

杂谷直隶厅,价中。青稞每仓石价银二两四钱,与上月同。荞子每仓石价银一两七钱九分,与上月同。

石硅直隶厅，价平。中米每仓石价银一两六钱，与上月同。大麦每仓石价银一两七钱三分，与上月同。小麦每仓石价银二两六分，与上月同。黄豆每仓石价银一两八钱九分，与上月同。

打箭炉厅，价贵。青稞每仓石价银四两八钱八分，与上月同。油麦每仓石价银一两八钱一分，与上月同。

（朱批）：览。[①]

○九七　呈川省同治十三年六月雨水清单

同治十三年七月二十九日(1874 年 9 月 9 日)

谨将同治十三年六月份四川省各属地方报到得雨情形，开具清单，恭呈御览。

成都府属：成都、华阳两县得雨五次，禾苗出穗。崇庆州得雨二次，堰水充足。汉州得雨三次，禾苗含苞。温江县得雨一次，早稻扬花。郫县得雨三次，晚秧茂盛。新都县得雨四次，秧苗滋长。彭县得雨三次，禾苗扬花。什邡县得雨四次，早秧吐穗。

重庆府属：江北厅得雨三次，晚禾吐穗。巴县得雨二次，早禾成熟。长寿县得雨二次，早稻吐穗。永川县得雨二次，禾苗含胎。荣昌县得雨三次，五谷结蕊。璧山县得雨二次，禾苗扬花。定远县得雨二次，禾苗含胎。

夔州府属：万县得雨二次，晚禾吐穗。

龙安府属：江油县得雨四次，禾苗含苞。彰明县得雨四次，晚禾菁葱。

---

① 台北故宫博物院藏：军机及宫中档，文献编号：117046-0-A。

绥定府属:新宁县得雨四次,禾苗结实。

保宁府属:阆中县得雨五次,地土滋润。苍溪县得雨四次,早稻畅茂。南部县得雨六次,禾苗含苞。广元县得雨四次,田水充足。昭化县得雨七次,稻谷成熟。巴州得雨三次,稻禾吐穗。通江县得雨三次,早稻扬花。南江县得雨四次,田水充盈。剑州得雨三次,禾苗滋长。

顺庆府属:南充县得雨四次,早禾吐穗。西充县得雨三次,田水不缺。蓬州得雨五次,晚禾含胎。营山县得雨四次,晚秧滋长。仪陇县得雨七次,田堰水足。岳池县得雨五次,早稻吐秀。广安州得雨四次,晚禾滋长。邻水县得雨五次,禾苗茂盛。

潼川府属:三台县得雨三次,秧苗吐穗。射洪县得雨四次,田堰积水。盐亭县得雨二次,稻谷扬花。安岳县得雨四次,晚禾含苞。乐至县得雨四次,早稻扬花。

雅州府属:雅安县得雨三次,田水充足。

嘉定府属:乐山县得雨四次,田水充盈。峨眉县得雨五次,田水充足。夹江县得雨五次,稻谷繁茂。犍为县得雨五次,田水充盈。荣县得雨三次,早稻成熟。威远县得雨四次,晚稻结实。峨边厅得雨三次,稻谷扬花。

叙州府属:南溪县得雨四次,田水充足。富顺县得雨五次,晚禾扬花。隆昌县得雨四次,早禾吐穗。兴文县得雨五次,晚禾含苞。

资州直隶州并属:资州得雨一次,秧苗含胎。仁寿县得雨一次,秧苗含穗。井研县得雨二次,秧苗含胎。内江县得雨二次,晚禾含胎。

绵州直隶州属:安县得雨五次,田水充盈。梓潼县得雨二次,早禾吐穗。罗江县得雨三次,早穗扬花。

忠州直隶州属：酆都县得雨三次,早稻扬花。垫江县得雨二次,早禾吐穗。

西阳直隶州属：彭水县得雨三次,早禾成熟。

眉州直隶州并属：眉州得雨四次,田水充足。彭山县得雨三次,堰水畅流。丹棱县得雨三次,田亩积水。青神县得雨三次,早稻黄熟。

邛州直隶州并属：邛州得雨四次,晚禾含苞。大邑县得雨五次,秧苗茂盛。蒲江县得雨三次,田水不缺。

泸州直隶州并属：泸州得雨三次,晚禾吐穗。江安县得雨三次,早稻扬花。合江县得雨四次,田亩积水。纳溪县得雨二次,晚稻结实。

叙永直隶厅并属：叙永厅得雨三次,早稻扬花。永宁县得雨三次,晚禾吐穗。

(朱批)：览。①

○九八　请以王光耀等借补守备折

同治十三年七月二十九日(1874 年 9 月 9 日)

头品顶戴四川总督臣吴棠跪奏,为拣员请补守备,恭折仰祈圣鉴事。

窃查会川营守备马占魁调补川北左营守备,暨建昌中营守备曹贵病故,各遗缺前经臣以尽先守备黄玉林、补用守备毓秀按班奏补。嗣准部咨：黄玉林尽先名次在后,其在前者尚有王光耀等数

---

① 台北故宫博物院藏：军机及宫中档,文献编号：117052。

员。毓秀并非尽先人员,均与例章不符,仍令另拣合例人员请补等因。查兵部奏定章程:武职题缺轮补班次,先用尽先补用二人,其借补者即在尽先班次之内。又例载:尽先人员遇升补时,如员缺与本员距籍在五百里以内及本府本营例应回避者,仍行升补,令督抚于合例人员内拣员对调各等语。

所有会川营守备系轮补第一缺,查尽先守备提标左营千总王光耀,年六十岁,西昌县人,由行伍出师清溪、涪州等处及剿办云南回匪出力,历拔提标左营千总。咸丰八年,经云贵督臣吴振棫①等奏保,以守备尽先补用,并戴花翎。历署顺庆城守、督、左各营守备,保加都司衔。俸满后二次留任,于同治十三年三月给咨进京引见。该员年健技娴,拟请补授会川营守备。

又,建昌中营守备系轮补第二缺,兹在标尽先守备内逐加遴选,人地均不甚相宜。惟有副将衔尽先前即补游击穆德沛,年二十四岁,松潘厅人,由行伍出师本省,攻剿越嶲、交脚等处夷巢,并截剿回、土各匪,迭次著绩,请拔建昌中营把总,历保都司,加副将衔。

———————

① 吴振棫(1792—1871),字毅甫、仲云、宜甫,号周翁、仲耘、仲耒,浙江钱塘人。嘉庆十八年(1813),中式举人。十九年(1814),中式进士,选庶吉士。二十二年(1817),授翰林院编修。二十四年(1819),充贵州乡试副考官。二十五年(1820),补武英殿纂修。道光元年(1821),授实录馆协修、实录馆纂修。二年(1822),放云南府知府。同年,调云南大理府知府。四年(1824),丁父忧,回籍终制。七年(1827),补山东登州府知府。是年,转山东沂州府知府。八年(1828),授山东济南府知府。十三年(1833),调补安徽凤阳府知府。同年,迁山东登莱青道。十六年(1836),署山东按察使,兼署布政使。十九年(1839),兼署庐凤颍道。二十一年(1841),补安庆府知府。翌年,升贵州粮储道。二十三年(1843),迁贵州按察使。二十八年(1848),补授山西布政使。同年,调补四川布政使。咸丰二年(1852),赏戴花翎。是年,擢云南巡抚。三年(1853),署云贵总督。四年(1854),调补陕西巡抚。六年(1856),授四川总督。七年(1857),补云贵总督。次年,以病休。同治元年(1862),赴陕西会办军务。十年(1871),卒。有《养吉斋丛录》《养吉斋余录》《花宜馆诗钞》等行世。

复以赴剿滇回、克复城池出力保奏，同治十二年十月初五日，内阁奉上谕：着以游击留川，遇有题、推缺出，尽先前即补。钦此。该员年富力强，拟请借补建昌中营守备。

以上两员均无违碍事故，惟王光耀籍隶西昌县，与会川营系属同府，应俟有相当缺出，再行照例更调。穆德沛系隔府别营，由尽先游击借补守备，未逾三级，核与例章相符。合无仰恳天恩，俯准以王光耀补授会川营守备，穆德沛借补建昌中营守备。如蒙俞允，王光耀现已进京引见，穆德沛俟接准部覆，再行给咨北上。是否有当，理合会同成都将军臣魁玉、署提督臣联昌，合词恭折具奏，伏乞皇上圣鉴。训示。谨奏。七月二十九日。

同治十三年九月二十四日，奉朱批：兵部议奏。钦此。[①]

○九九　请将武职名册咨川以备序补片

同治十三年七月二十九日（1874年9月9日）

再，兵部奏定轮补新章：武职题缺分补各项尽先人员，应以名次先后为序，自应遵照办理。惟川省自军兴后，本省兵勇出师外省，洊保副、参、游、都、守尽先人员，未可胜数。在咸丰年间经各路统兵大臣、各省督抚奏保，后有因军务倥偬，并未咨川者；有虽经咨川，因道途梗阻，未能递到者。此等尽先人员，部册名次自必在前，而川省无案可稽，多未注册，是以奉到新章后，每补一缺，臣虽选择尽先名次在前之员拟补，叠经部臣奏驳，指明另有某人尽先名次在

---

① 台北故宫博物院藏：军机及宫中档，文献编号：117053；中国第一历史档案馆藏：朱批奏折，档案编号：04-01-16-0200-091。

前。及查川省官册，或并无其人，或虽有其人，而官阶及保案年月诸多错漏。传询本人，又以先年所奉保举行知业已在营遗失，确系何年月日保有尽先，多未记忆，致难分别先后挨次序补。其省册无名者，尤难查考办理，殊费周章。

合无仰恳天恩，敕下兵部，将川省各项武职尽先名次部册迅予钞录咨川，以便补缺时得以按册而稽，即以部册尽先名次之先后为序补之次第。倘有部册名次在前，而本人未回省及有别项事故，亦由臣声明扣除，免烦查诘。除咨部外，理合附片具陈，伏乞圣鉴训示。谨奏。

同治十三年九月二十四日，奉朱批：着照所请，兵部知道。钦此。①

一〇〇　奏报夔关解交参价银两片

同治十三年七月二十九日(1874年9月9日)

再，查夔关应缴参价银两，经前督臣奏准自咸丰八年起，仍照向章每年二千四百两之数，由该关自行筹解。兹据署藩司英祥详：前署夔州府知府福兆、接署知府鲍康各任内，自同治九年正月初一日起至十二月底止，应摊缴参价银二千四百七十九两零，已如数解存司库，俟有便员赴京，即委解内务府交纳。其自咸丰十年起至十一年八月十二日止，该关未解参价银两，现在严催措解等情前来。除批饬藩司速解暨分咨外，理合附片陈明，伏乞圣鉴。谨奏。

---

①　台北故宫博物院藏：军机及宫中档，文献编号：117054；中国第一历史档案馆藏：朱批奏片，档案编号：04-01-16-0200-084。

同治十三年九月二十四日，奉朱批：该衙门知道。钦此。①

一〇一　奏请借贷发放例支杂款片

同治十三年七月二十九日（1874年9月9日）

再，查川省司库年例应支杂款，为数甚巨，历由盐茶道征收盐茶耗羡银两，陆续解司支放。近年因滇、黔两省久被贼扰，民人骤难复业，盐茶边引口岸尚未疏通，而楚省盐岸自奏定川淮分地以后，川盐销路顿窄，愈形壅滞，以致同治十二年盐茶羡截及带征历年积欠，仅据各属批解银九万五千八百四十三两零，核计司库例支各款，尚不敷银二万九千有奇。而应支之项均系书吏、水手工食及故兵月米等项，断难缺缓，亟应设法筹款接济。兹据署藩司英祥详称：司库正杂各款，已搜索无遗。惟文职养廉、截旷减成两项积有成数，拟请在于同治十二年份文职养廉、截旷项下借拨银四千八百两，再借拨文职养廉减成银二万五千两，共银二万九千八百两，一并入于十二年盐茶奏销案内新收项下照数开支，核实造报等情前来。

臣查该司所详系属通融接济要款、俾免缺乏起见，除饬催盐茶道将各属未完盐茶羡截银两勒限严催，征缴齐全，解交司库，分别归款支发并咨部外，理合附片陈明，伏乞圣鉴。谨奏。

同治十三年九月二十四日，奉朱批：户部知道。钦此。②

---

① 台北故宫博物院藏：军机及宫中档，文献编号：117055；中国第一历史档案馆藏：朱批奏片，档案编号：04-01-35-0392-022。此片具奏日期未确，兹据同批折件校正。

② 台北故宫博物院藏：军机及宫中档，文献编号：117056；中国第一历史档案馆藏：朱批奏片，档案编号：04-01-35-0977-005。此片具奏日期未确，兹据同批折件校正。

一〇二　奏报戴启绅等期满甄别片

同治十三年七月二十九日(1874年9月9日)

再,查吏部奏定章程:嗣后道府州县无论何项劳绩保奏归入候补班者,以到省之日起,予限一年,令督抚详加察看,出具切实考语,奏明分别繁简补用等因。兹有保归候补班前先补用知州戴启绅、候补班前先用知县韩宗斗,均到省一年期满,例应甄别,由藩、臬两司造具该员等履历清册,会详请奏前来。

臣查该员戴启绅,年壮才明,请留川以繁缺知州补用;韩宗斗年强才敏,请留川以简缺知县补用。除履历清册咨部外,理合附片具陈,伏乞圣鉴。谨奏。

同治十三年九月二十四日,奉朱批:吏部知道。钦此。①

一〇三　委解淮军月饷起程日期折

同治十三年八月初一日(1874年9月11日)

头品顶戴四川总督臣吴棠跪奏,为委解淮军月饷起程日期,恭折仰祈圣鉴事。

窃臣承准军机大臣字寄:同治九年十月二十六日,奉上谕:李鸿章奏,淮军月饷,每月加拨四川三万两。此项月饷均系有着的款,岂可稍令短绌。着吴棠照原拨淮军额款,按月如数筹解,无稍缺误

① 台北故宫博物院藏:军机及宫中档,文献编号:117057;中国第一历史档案馆藏:朱批奏片,档案编号:04-01-12-0518-091。此片具奏日期未确,兹据同批折件校正。

等因。钦此。臣查此项淮军月饷银三万两,前已督同藩司二十次共解过银六十九万两,先后奏报在案。伏思川省库藏支绌、民力拮据情形,前已叠次沥陈,久邀圣明洞鉴。刻下捐输、厘金俱成弩末,而云贵、甘肃、新疆各处催提协饷,纷至沓来,殊难兼顾。惟淮军留扎畿辅,并分防数省,大局攸关,现在需饷孔殷,不得不竭力筹济。

兹臣督同藩司设法腾挪,凑集厘金银三万两,饬委候补同知瞿烺、候补知县陈家濬承领,定于八月初五日自成都起程,解赴湖北粮台交收,拨供李鸿章所部淮军征防饷项。除分咨外,理合恭折陈明,伏乞皇上圣鉴。谨奏。八月初一日。

同治十三年八月二十一日,奉朱批:知道了。钦此。①

一○四　委任柳宗芳等署理知县片

同治十三年八月初一日(1874年9月11日)

再,代办长宁县知县李崑山年满遗缺,查有管解京饷之四川灌县知县柳宗芳,办事勤饬,堪以调署。又,署郫县知县祝士菜调署太平县知县遗缺,查有新补峨边厅通判杨铭,老成谙练,堪以委署。该员等正、署各任内并无经征钱粮未完及承缉盗劫已起四参案件,据藩、臬两司会详前来。除批饬遵照外,理合附片陈明,伏乞圣鉴。谨奏。

同治十三年八月二十一日,奉朱批:知道了。钦此。②

---

① 台北故宫博物院藏:军机及宫中档,文献编号:116623;中国第一历史档案馆藏:朱批奏折,档案编号:04-01-01-0924-057。
② 台北故宫博物院藏:军机及宫中档,文献编号:116624;中国第一历史档案馆藏:朱批奏片,档案编号:04-01-13-0325-027。此片具奏日期未确,兹据同批折件校正。

一〇五　代奏提督鲍超暂缓陛见片

同治十三年八月初一日(1874 年 9 月 11 日)

再,臣钦奉寄谕:前浙江提督鲍超,着即行来京陛见。钦此。遵即备文传知该提督鲍超迅速起程去后。兹接鲍超牍称:超以驽骀之材,仰荷圣明殊遇,未报涓埃。连年虽因病家居,时思驰驱奔走,无如久疾未瘳,盖因早岁身受多伤,气血渐衰,变症百出,虽多方医调,仍不时举发。每遇阴雨,筋骨即觉掣痛。近尤心神恍惚,遇事健忘。据医者云:由脑门一伤,当年流髓过多,非仓促所能痊愈等语。现在赶紧调治,第骤难复元,莫名焦灼!谨请据情代奏,容俟病愈,即遵旨进京陛见,断不敢借词耽延等情前来。

臣查鲍超秉性忠诚,勇略素著,惟伤病未愈,系属实情。除属令上紧医治务痊外,理合附片具奏,伏乞圣鉴。谨奏。

同治十三年八月二十一日,奉朱批:知道了。钦此。①

一〇六　请将江苏吴县李氏敕部旌表片

同治十三年八月初一日(1874 年 9 月 11 日)

再,据在川候补直隶州知州赵光燮、署新都县知县张文珍、安岳县知县查文湘等禀称:江苏吴县贞女李氏系已故四川候补知县李棨临之女,随部在川,许字安徽举人候选中书沈宝锟之胞侄沈德

---

① 台北故宫博物院藏:军机及宫中档,文献编号:116625;中国第一历史档案馆藏:朱批奏片,档案编号:04-01-17-0112-082。此片具奏日期未确,兹据同批折件校正。

修为室，尚未迎娶。同治五年，沈德修在川病故，李氏时二十二岁，闻耗恸哭，绝粒不食，誓以身殉。其父母及戚党反复劝导，女不敢重违亲意，始进饮食。惟矢志守贞，百折不回，于是两姓定义，迎女过门，庙见成服，事嫡姑以孝，抚嗣子以慈，现年三十一岁，守贞已阅九年，志节皎然，坚同金石，凡在亲族无不哀其志而钦其贤，洵为闺门矜式，无愧巾帼完人。职等谊关梓桑，见闻既确，不忍听其湮没，公禀吁请旌表等情。并据张文珍造具该氏事实册结，呈送前来。

臣查近年有寄寓湘南、原籍浙江镇海县贺增寿之女贺氏、原任湘北按察使唐梅义之女唐氏、顺天举人李士襄之女李氏、江苏在籍员外郎程贞义之女程氏，均以夫故守贞，经各省督抚臣先后援案，声明不拘常例、年限，奏奉谕旨均准旌表各在案。兹李氏矢志完贞，与贺氏等事同一律，合无仰恳天恩，敕部旌表，以阐幽潜而维风化。除册结咨部外，理合会同学政臣张之洞，合词附陈，伏乞圣鉴训示。谨奏。

同治十三年八月二十一日，奉朱批：着准其旌表，礼部知道。钦此。[①]

一〇七　请准张祖云暂缓引见片

同治十三年八月初一日（1874年9月11日）

再，新补永宁营参将张祖云，例应给咨引见。惟该员先经奏署

---

① 台北故宫博物院藏：军机及宫中档，文献编号：116626。此片具奏日期未确，兹据同批折件校正。

督标中军副将,并委管省标十营精兵,整饬营伍,认真训练,正资得力,未便遽易生手,合无仰恳天恩,俯准暂缓北上,敕部先给署札,一俟经手事竣,再照例给咨送部。是否有当,理合附片具陈,伏乞圣鉴训示。谨奏。

同治十三年八月二十一日,奉朱批:着照所请,该部知道。钦此。①

一〇八 委解同治十三年京饷
暨固本饷项起程日期折

同治十三年八月初十日(1874年9月20日)

头品顶戴四川总督臣吴棠跪奏,为川省委解同治十三年份京饷暨固本饷项起程日期,恭折仰祈圣鉴事。

窃查川省十三年份部拨京饷,四川原拨盐厘银十五万两、按粮津贴银十五万两,续拨盐厘银五万两、按粮津贴银十万两,共应解四十五万两,已于本年三月初二、五月十五等日,两次分解过银二十二万两。又,固本饷项月解银五千两,以前共解过部库银四十八万两,均经先后奏报在案。伏思京饷系部库正供,固本为京畿要款,川库虽甚支绌,仍应勉力筹解。兹督同司道凑集按粮津贴银七万两、盐厘银五万两,共十二万两,作为本年原拨、添拨京饷。又催集捐输银一万两,作为同治十三年六月二十一日起至八月二十一日两个月固本饷项,均饬委成都县知县沈芝林领解,定期于本年八

① 台北故宫博物院藏:军机及宫中档,文献编号:116627。此片具奏日期未确,兹据同批折件校正。

月二十九日自成都起程。

惟值甘肃军务初平，散勇四出，络绎于道，运路危险，京饷关系甚重，实难冒险经解，所有此次饷项仍发交蔚泰厚等银号汇解，委员至京兑齐，解赴户部交纳，用昭慎重，据藩司王德固、臬司英祥等会详前来。理合恭折具奏，伏乞皇上圣鉴。谨奏。八月初十日。

同治十三年八月二十九日，奉朱批：户部知道。钦此。①

一〇九　奏为恳恩赏假调理折

同治十三年八月初十日(1874 年 9 月 20 日)

头品顶戴四川总督臣吴棠跪奏，为微臣旧疾未痊，新增头眩足软诸证，吁恳天恩赏假调理事。

窃臣旧患湿疮，每年举发。上年武闱，深恐精力不支，经臣奏派臬司英祥帮同监射。迨武闱事竣，又奏明旧疾未愈，赶紧调理，不敢陈请假期在案。自去年十月至今年四月，旧疾举发甚于往年，泾疮遍体，昼夜爬搔，气血日渐损亏，精神弥形困惫，多方医治，尚冀日渐就痊。

入夏以来，疮疾稍减，而脾胃衰竭，饮食减少。交秋后，又患阳肝上冲，稍涉筹思，即觉头目眩晕，加以两足无力，步履维艰，每值拜跪，须人扶掖方起，实形衰病日增之象。臣受恩深重，但能勉力支持，何敢稍耽安逸。惟病势日久，根蒂已深，若不赶紧医治，难以望痊，合无仰恳天恩，赏假两月，俾得安心调理，出自逾格鸿慈。臣

---

① 台北故宫博物院藏：军机及宫中档，文献编号：116697；中国第一历史档案馆藏：朱批奏折，档案编号：04-01-35-0977-029。

不胜悚惶待命之至。

至紧要公事,臣仍力疾照章办理,无庸委藩司代拆代行。合并声明。所有微臣旧疾未痊,新添诸症,请假调理缘由,恭折吁陈,伏乞皇上圣鉴训示。谨奏。八月初十日。

同治十三年八月二十九日,奉朱批:吴棠着赏假两个月。钦此。①

一一〇 勉筹协黔饷银委解起程日期折

同治十三年八月初十日（1874 年 9 月 20 日）

头品顶戴四川总督臣吴棠跪奏,为遵旨勉筹协黔饷银委解起程日期,恭折仰祈圣鉴事。

窃臣前将遵旨勉筹协黔饷银五十万两分批解交、以资凯撤缘由,并声明除周达武到川后咨由藩司详拨协饷银二万两外,在于省库无论何款凑拨银二十万两,其余银二十八万两,在于富荣盐厘局按月由司指拨,专折奏陈,暨分别移行查照在案。兹据筹饷报销局司道等详称:查司库津、捐、厘金等款,均已旋收旋支,一无存剩。所有此项协饷系属紧急要需,无论何款均可动支,应请在于库存添扣六分平免搭官票大钱减扣六分平项下,拨银十六万两,内扣提督周达武咨由藩司于本年四月二十一日详报拨交该营派弁承领银二万两,又在富荣厘局拨银六万两,现共解银二十万两,饬委候补知州张寿荣、试用同知成学纯、候补通判陈顺义、补用同知陈昺、补用

---

① 台北故宫博物院藏:军机及宫中档,文献编号:116698;中国第一历史档案馆藏:朱批奏折,档案编号:04-01-12-0518-024。

盐大使王福诚、补用府经历韩桢、补用县丞施蓉、补用知县伍生辉、候补从九品张承栋、试用盐茶大使饶向荣承领，于同治十三年八月初十日起程，解赴周达武行营交收等情。

旋据周达武咨呈，以所部楚军原属臣旧部，奏派援黔，筹兵筹饷全赖主持。今兹援局告成，拔营回川，其应如何裁撤以示体恤之处，应请察核定夺，始终成全等语。臣当以周达武勘定全黔，厥功甚伟，惟川省楚军旧制，遇有裁撤勇丁事宜，向系责成各将领妥为办理。姑念援兵久劳于外，现当凯撤之时，准将司局详拨荣局盐厘银六万两改归省库发给现银，以示体恤。饬据藩司王德固详报：仍在司库添扣减扣六分平项下动支银六万两，发交委员张寿荣、成学纯等一并领解。其富荣局盐厘一款，仍由司按月指拨抵解下余二十八万两之项。

再，据该司等转据委员面称：现拨之银业经与周达武商定，分拨各营，以资遣撤。合并声明。所有遵旨勉筹协黔饷银委解起程缘由，除分咨外，理合恭折驰陈，伏乞皇上圣鉴。谨奏。八月初十日。

同治十三年八月二十九日，奉朱批：知道了。钦此。①

一一一　查销知县杨锡荣原参处分片

同治十三年八月初十日（1874年9月20日）

再，同治十二年地丁银两，前于奏销时，因现任名山县知县杨锡荣欠解地丁银八百四两一钱七厘三毫，经臣奏明请旨将该员摘

---

① 台北故宫博物院藏：军机及宫中档，文献编号：116699；中国第一历史档案馆藏：朱批奏折，档案编号：04-01-01-0924-049。又，吴棠等《游蜀疏稿》，第935—942页。其尾记曰：“同治十三年八月初十日，由驲具奏。于九月十九日，奉朱批：知道了。钦此。”

去顶戴,限两月完解在案。兹据署布政使英祥、署按察使傅庆贻会详:该员杨锡荣欠解前项银两,已于参后如数解缴司库收储,尚知愧奋,详请具奏前来。

合无仰恳天恩,俯准将名山县知县杨锡荣原参摘顶之案敕部查销,出自鸿慈。除咨部外,理合附片陈明,伏乞圣鉴训示。谨奏。

同治十三年八月二十九日,奉朱批:着照所请,该部知道。钦此。①

一一二　奏报贾孝彬等期满甄别片

同治十三年八月初十日(1874年9月20日)

再,查吏部奏定章程:道、府、丞、倅、州、县,无论何项劳绩保奏归入候补班者,以到省之日起,予限一年,令督抚详加查看,出具切实考语,奏明分别繁简补用等因。遵照在案。兹查候补班前先遇缺即补知州贾孝彬、候补班补用知州孙开嘉二员,均到省一年期满,据署布政使英祥、署按察使傅庆贻,造具该员等履历清册,会详甄别前来。

臣察看该员贾孝彬才具明干,孙开嘉留心吏事,均堪以简缺知州留川补用。除将该员等履历清册咨部外,理合附片具陈,伏乞圣鉴。谨奏。

同治十三年八月二十九日,奉朱批:吏部知道。钦此。②

---

① 台北故宫博物院藏:军机及宫中档,文献编号:116700;中国第一历史档案馆藏:朱批奏片,档案编号:04-01-35-0091-020。

② 台北故宫博物院藏:军机及宫中档,文献编号:116701;中国第一历史档案馆藏:朱批奏片,档案编号:04-01-12-0518-005。

一一三　恭报川省同治十三年七月雨水、粮价折

同治十三年八月二十九日（1874年10月9日）

头品顶戴四川总督臣吴棠跪奏，为恭报四川省同治十三年七月份各属具报米粮价值及得雨情形，仰祈圣鉴事。

窃照同治十三年六月份通省米粮价值及得雨情形，前经臣恭折奏报在案。兹查本年七月份成都、重庆、夔州、龙安、绥定、保宁、顺庆、潼川、雅州、嘉定、叙州等十一府，资州、绵州、忠州、酉阳、眉州、邛州、泸州七直隶州，石砫、叙永两直隶厅，各属先后具报得雨自二三次至七八次不等。田水充足，早稻收获。其通省粮价俱与上月相同，据布政使王德固查明列单汇报前来。

臣覆核无异。理合分缮清单，恭呈御览，伏乞皇上圣鉴。谨奏。八月二十九日。

同治十三年十月初一日，奉朱批：知道了。钦此。①

一一四　呈川省同治十三年七月粮价清单

同治十三年八月二十九日（1874年10月9日）

谨将同治十三年七月份四川省所属地方各项粮价，开具清单，恭呈御览。

成都府属，价贵。中米每仓石价银二两九钱五分至三两九钱

---

① 台北故宫博物院藏：军机及宫中档，文献编号：117204。

三分，与上月同。大麦每仓石价银一两八钱三分至二两，与上月同。小麦每仓石价银二两一钱三分至二两三钱，与上月同。黄豆每仓石价银一两四分至二两四钱四分，与上月同。菽子每仓石价银一两一钱六分至一两七钱，与上月同。

重庆府属，价贵。中米每仓石价银二两七钱五分至三两七钱三分，与上月同。大麦每仓石价银一两六钱二分至一两九钱七分，与上月同。小麦每仓石价银二两六钱八分至二两七钱三分，与上月同。黄豆每仓石价银二两七钱至二两九钱七分，与上月同。

保宁府属，价贵。中米每仓石价银二两五钱七分至三两二钱三分，与上月同。大麦每仓石价银一两八钱九分至二两一钱，与上月同。小麦每仓石价银二两八钱三分至三两五钱七分，与上月同。黄豆每仓石价银一两八钱一分至二两一钱一分，与上月同。

顺庆府属，价贵。中米每仓石价银二两一分至三两四钱，与上月同。大麦每仓石价银一两六钱一分至一两八钱，与上月同。小麦每仓石价银二两九分至二两一钱二分，与上月同。黄豆每仓石价银一两五钱五分至一两六钱五分，与上月同。

叙州府属，价贵。中米每仓石价银三两二分至三两二钱七分，与上月同。大麦每仓石价银一两六钱六分至二两二分，与上月同。小麦每仓石价银二两一钱三分至二两六钱三分，与上月同。黄豆每仓石价银一两一钱一分至一两五钱二分，与上月同。

夔州府属，价贵。中米每仓石价银二两八钱二分至三两一钱三分，与上月同。大麦每仓石价银一两七钱八分至二两四钱六分，与上月同。小麦每仓石价银二两九钱五分至三两三钱，与上月同。黄豆每仓石价银二两一钱四分至二两二钱四分，与上月同。

龙安府属，价贵。中米每仓石价银二两五钱一分至三两一钱六分，与上月同。青稞每仓石价银一两五钱，与上月同。小麦每仓石价银一两七钱九分至二两一钱八分，与上月同。黄豆每仓石价银一两八钱五分至一两九钱三分，与上月同。

宁远府属，价贵。中米每仓石价银二两八钱五分至三两一钱三分，与上月同。大麦每仓石价银一两四钱八分至一两六钱，与上月同。小麦每仓石价银一两五钱九分至二两二钱，与上月同。荞子每仓石价银一两四钱五分，与上月同。黄豆每仓石价银一两五钱六分至一两六钱三分，与上月同。

雅州府属，价中。中米每仓石价银二两七钱七分至二两七钱八分，与上月同。小麦每仓石价银二两二钱九分至二两六钱五分，与上月同。黄豆每仓石价银一两六钱五分至二两四分，与上月同。

嘉定府属，价贵。中米每仓石价银二两七钱四分至三两三钱二分，与上月同。小麦每仓石价银二两三钱六分至二两七钱三分，与上月同。黄豆每仓石价银一两四钱七分至二两三分，与上月同。

潼川府属，价贵。中米每仓石价银二两八钱五分至三两八分，与上月同。大麦每仓石价银一两六钱五分至一两九钱三分，与上月同。小麦每仓石价银二两一钱四分至二两四钱九分，与上月同。黄豆每仓石价银一两七钱六分至二两一钱三分，与上月同。

绥定府属，价中。中米每仓石价银二两七钱二分至二两八钱四分，与上月同。大麦每仓石价银一两五钱八分，与上月同。小麦每仓石价银一两六钱二分至一两七钱三分，与上月同。黄豆每仓石价银一两四钱三分，与上月同。

眉州直隶州属，价中。中米每仓石价银二两七钱至二两九钱八分，与上月同。

邛州直隶州并属，价贵。中米每仓石价银二两六钱至三两，与上月同。大麦每仓石价银一两九钱，与上月同。小麦每仓石价银二两五钱七分，与上月同。黄豆每仓石价银二两八分至二两二钱二分，与上月同。

泸州直隶州并属，价贵。中米每仓石价银三两二分至三两三分，与上月同。

资州直隶州并属，价中。中米每仓石价银二两五钱二分至二两九钱二分，与上月同。

绵州直隶州并属，价中。中米每仓石价银二两六钱九分至二两九钱七分，与上月同。小麦每仓石价银二两三钱二分至二两四钱六分，与上月同。

茂州直隶州并属，价中。中米每仓石价银二两五钱九分，与上月同。小麦每仓石价银二两六钱八分，与上月同。青稞每仓石价银二两二钱，与上月同。荞子每仓石价银一两二钱三分至一两七钱三分，与上月同。

忠州直隶州并属，价贵。中米每仓石价银二两五钱四分至三两一钱八分，与上月同。大麦每仓石价银一两四钱六分至一两六钱，与上月同。小麦每仓石价银二两三分至二两三钱九分，与上月同。黄豆每仓石价银一两二钱七分至一两五钱七分，与上月同。

酉阳直隶州并属，价贵。中米每仓石价银二两五钱五分至三两三分，与上月同。大麦每仓石价银二两二钱八分至二两六钱，与上月同。小麦每仓石价银二两六钱二分至二两七钱六分，与上月同。黄豆每仓石价银一两三钱九分至一两四钱四分，与上月同。

叙永直隶厅并属，价中。中米每仓石价银二两九钱三分，较上月减二分。小麦每仓石价银一两八钱一分，与上月同。荞子每仓石价银一两三钱二分，与上月同。黄豆每仓石价银一两六钱一分，与上月同。

松潘直隶厅,价中。青稞每仓石价银二两六钱六分,与上月同。荞子每仓石价银一两七钱四分,与上月同。

杂谷直隶厅,价中。青稞每仓石价银二两四钱,与上月同。荞子每仓石价银一两七钱九分,与上月同。

石砫直隶厅,价平。中米每仓石价银一两六钱,与上月同。大麦每仓石价银一两七钱三分,与上月同。小麦每仓石价银二两六分,与上月同。黄豆每仓石价银一两八钱九分,与上月同。

打箭炉厅,价贵。青稞每仓石价银四两八钱八分,与上月同。油麦每仓石价银一两八钱一分,与上月同。

(朱批):览。①

一一五　呈川省同治十三年七月雨水清单

同治十三年八月二十九日(1874年10月9日)

谨将同治十三年七月份四川省各属地方报到得雨情形,开具清单,恭呈御览。

成都府属:成都、华阳两县得雨五次,稻谷结实。简州得雨四次,黄豆收获。崇庆州得雨五次,早稻结实。汉州得雨三次,堰水充足。温江县得雨五次,稻谷收获。郫县得雨五次,堰水充盈。崇宁县得雨三次,五谷收获。新都县得雨四次,堰水足用。金堂县得雨一次,晚禾结实。新繁县得雨三次,堰水充足。灌县得雨五次,堰水充盈。彭县得雨四次,禾苗结实。新津县得雨二次,五谷结

---

① 台北故宫博物院藏:军机及宫中档,文献编号:117204-0-A.。

实。双流县得雨五次,禾苗成熟。什邡县得雨五次,早稻结实。

重庆府属:江北厅得雨二次,田水充盈。长寿县得雨二次,晚稻收获。永川县得雨三次,稻谷成熟。綦江县得雨一次,晚禾收获。荣昌县得雨四次,五谷收获。南川县得雨三次,田水充盈。璧山县得雨一次,早稻登场。大足县得雨四次,五谷收获。定远县得雨四次,稻谷收获。

夔州府属:云阳县得雨二次,田水充足。万县得雨四次,晚稻收获。

龙安府属:江油县得雨三次,早稻成熟。石泉县得雨四次,禾苗结实。平武县得雨三次,塘堰水盈。彰明县得雨六次,稻谷成熟。

绥定府属:东乡县得雨四次,田水充足。

保宁府属:阆中县得雨四次,稻谷成熟。苍溪县得雨四次,早稻结实。南部县得雨五次,田水充足。广元县得雨五次,黄豆结实。昭化县得雨三次,早稻已收。巴州得雨五次,稻粟结实。通江县得雨五次,田稻成熟。南江县得雨五次,晚稻收获。剑州得雨五次,田水充盈。

顺庆府属:南充县得雨五次,田稻成熟。西充县得雨五次,稻谷成熟。蓬州得雨六次,早稻收获。营山县得雨三次,田水不缺。仪陇县得雨四次,晚稻结实。岳池县得雨六次,田水充足。广安州得雨四次,早稻收毕。邻水县得雨四次,田土翻犁。

潼川府属:三台县得雨六次,稻谷收获。射洪县得雨五次,田水充盈。盐亭县得雨四次,稻谷收获。中江县得雨三次,晚稻黄熟。遂宁县得雨五次,田亩积水。蓬溪县得雨五次,田水充足。安岳县得雨六次,早稻收毕。乐至县得雨六次,田亩积水。

雅州府属:雅安县得雨五次,早稻成熟。

嘉定府属：乐山县得雨七次，早谷收毕。峨眉县得雨三次，早稻收获。洪雅县得雨六次，田堰积水。夹江县得雨四次，晚稻黄熟。犍为县得雨六次，田水充足。荣县得雨六次，田亩翻犁。威远县得雨八次，田塘积水。峨边厅得雨四次，晚稻成熟。

叙州府属：南溪县得雨六次，田亩翻犁。富顺县得雨三次，早禾收获。隆昌县得雨五次，田水充足。长宁县得雨四次，田禾收获。兴文县得雨四次，田谷收毕。

资州直隶州并属：资州得雨四次，稻谷黄熟。仁寿县得雨五次，田水充足。资阳县得雨三次，稻谷收获。井研县得雨四次，稻谷收获。内江县得雨五次，晚稻黄熟。

绵州直隶州并属：绵州得雨三次，早稻黄熟。德阳县得雨二次，田水充足。安县得雨六次，田水充盈。绵竹县得雨四次，禾苗收毕。梓潼县得雨二次，早禾登场。罗江县得雨五次，晚稻成熟。

忠州直隶州属：酆都县得雨四次，晚稻收获。垫江县得雨四次，早稻黄熟。梁山县得雨三次，晚禾结实。

西阳直隶州属：彭水县得雨三次，田禾结实。

眉州直隶州并属：眉州得雨六次，早谷收毕。彭山县得雨六次，田水充足。丹棱县得雨五次，稻谷结实。

邛州直隶州并属：邛州得雨五次，早稻收获。蒲江县得雨四次，田亩翻犁。

泸州直隶州并属：泸州得雨六次，早稻收获。江安县得雨三次，田水不缺。合江县得雨六次，早稻收获。纳溪县得雨二次，田亩翻犁。

石砫直隶厅得雨三次，田有积水。

叙永直隶厅并属：叙永厅得雨四次，田亩积水。永宁县得雨四次，早稻收获。

（朱批）：览。钦此。①

一一六　奏报新疆住持喇嘛期满更换折

同治十三年八月二十九日（1874年10月9日）

头品顶戴四川总督臣吴棠跪奏，为新疆住持喇嘛三年期满，循例更换，恭折奏闻，仰祈圣鉴事。

窃照新疆胜因寺喇嘛住持三年期满，向由广法寺堪布喇嘛拣派更换。兹据署布政使英祥、成绵龙茂道谢膺禧会详：查胜因寺喇嘛格昔降巴曲珠，于同治四年九月初四日到寺，业已二次住持期满，例应更换。据广法寺堪布喇嘛降白凯珠于所管喇嘛内拣选得格昔陆穰却尔丹，现年五十二岁，自幼进藏学习多年，经典谙熟，人品诚实，素为番众悦服，堪以接管胜因寺住持，取具夷结，禀经懋功厅同知黄加焜、崇化屯务沈庆，呈由该司道会详前来。

臣覆查格昔陆穰却尔丹，既据该堪布喇嘛称其熟谙经典，番众悦服，自应准其接管，以便住持期满之格昔降巴曲珠仍回本处。所有新疆住持喇嘛期满、循例更换缘由，理合会同成都将军臣魁玉，合词恭折具奏，伏乞皇上圣鉴训示。谨奏。八月二十九日。

同治十三年十月初一日，奉朱批：知道了。钦此。②

---

① 台北故宫博物院藏：军机及宫中档，文献编号：117205。
② 台北故宫博物院藏：军机及宫中档，文献编号：117209。

一一七 请以周侪亮接署开县知县片

同治十三年八月二十九日（1874 年 10 月 9 日）

再，开县知县郑继昌调省遗缺，查有松潘厅同知周侪亮，精明干练，堪以委令接署。该员正、署各任内并无经征未完钱粮展参及承缉盗劫已起四参案件，据藩、臬两司会详前来。除批饬遵照外，理合附片陈明，伏乞圣鉴。谨奏。

同治十三年十月初一日，奉朱批：知道了。钦此。①

一一八 遵旨续议筹拨协黔饷银折

同治十三年九月十九日（1874 年 10 月 28 日）

头品顶戴四川总督臣吴棠、贵州提督臣周达武跪奏，为遵旨续议筹拨协黔饷银，恭折仰祈圣鉴事。

窃臣等于同治十三年八月二十五日，承准军机大臣字寄：八月初十，内阁奉上谕：周达武奏，川省议筹楚军欠饷缓不济急一折。着吴棠与周达武妥为筹商，设法办理等因。钦此。当即恭录分别咨行钦遵在案。维时臣达武适据前、左、右各营将领禀称：奉札以大军凯撤，川省所定之饷入不敷出，各营积欠权作七成核算，余由将领捐补一成，以示体恤。无如军心涣散，维系为难，一闻此言，即怨谤交集。应请川省酌量加增，以期全数清给等语。咨由臣吴棠设法办理。臣吴棠覆查此项协黔饷银，前据成都府知府许培身、道

---

① 台北故宫博物院藏：军机及宫中档，文献编号：117210。

员邓友仁、周振琼等,再四会商,以勉筹银五十万两定议,当经专折奏明,钦奉谕旨饬令妥速办理。是此项饷银但争迟速,不能再论及多寡。复由臣吴棠行司,妥议详覆去后。

兹据藩司王德固详称:遵查川省勉筹协黔饷银五十万两,先由省库拨银二十二万两,委员解赴臣达武行营交收。其余银二十八万两,在于富荣局盐厘项下,由司按月指拨银三万五千两,以资遣撤。续经该藩司委员试用同知夏世柏、补用州吏目王治于本年八月二十六日自省起程,赴富荣局提银三万五千两,解往交收。计共解过银二十五万五千两,尚余未完银二十四万五千两,经该藩司会同道员邓友仁、周振琼,督饬成都府知府许培身,会商臣达武,议将原奏协黔饷银五十万两,除由省库暨富荣厘局先后拨解过银二十五万五千两外,由富荣局自本年九月起至十二月止,拨银十四万两。余银改由川东道库拨银五万五千两,夔郡厘局拨银五万两,以资周展,而足五十万之数。其应需弥补之饷银三十余万两,拟再由川省弥补银八万两。其余二十余万两,即由臣达武率同各将领,尽数报捐。第现拟弥补银八万两一款,省库既悉索无遗,即省外各局亦断难立筹巨数,应请仍于富荣厘局陆续提解,以来年四月为止。

至各营勇丁停饷待撤,为时过久,并请于富荣厘局另拨银一万两,帮给口食,亦以来年四月为止等情。所有遵旨续议筹拨协黔饷银缘由,谨合词恭折具陈,伏乞皇上圣鉴训示。谨奏。同治十三年九月十九日。

同治十三年十月初七日,奉朱批:知道了。钦此。[1]

---

[1] 台北故宫博物院藏:军机及宫中档,文献编号:117264;中国第一历史档案馆藏:朱批奏折,档案编号:04-01-01-0924-083。又,吴棠等:《游蜀疏稿》,第943—950页。其尾记曰:"同治十三年九月十九日,由驲具奏。于本年十月二十五日,奉朱批:知道了。钦此。"

【案】周达武奏……缓不济急一折：贵州提督周达武于同治十三年七月二十七日具奏曰：

贵州提督博奇巴图鲁奴才周达武跪奏，为川省议筹楚军欠饷，入不敷出，缓不济急，业经拨营回川，应由四川督臣妥为遣撤，恭折奏祈圣鉴事。窃查奴才所部楚军各营，向食川饷，今遵照谕旨核算，自同治十一年五月起，至十二年九月止，每月的饷银五万八千两，共应解银一百四万四千两。又自十二年十月起至十三年七月止，每月饷银二万两，共应解银二十万两。除十一年五月以后至十三年三月，陆续解过银二十八万两，暨奴才到川后移司提过银二万两外，川省共实欠解楚军的协饷银九十四万四千两。奴才自三月二十四日行抵成都省城，节次与督臣暨司道等详述营中困苦情形，势难延缓，不惜唇焦舌敝，以迄于今。前因川省有应先停止月协饷项，始能筹还欠饷之议，函商贵州抚臣曾璧光，酌留楚军，以资镇防。随准曾璧光覆称，黔省筹饷万难，如川省不能照旧协饷，实难更筹巨款兼顾楚军，不如及早裁撤，以免后累等语。奴才体察情形，因先抽调五营，并驻川边之卫队老营两营，拨回綦江、重庆一带，饷到即撤。余俟川饷扫数动拨，尽数拨回川中，一律遣撤。嗣据吴棠饬派成都府知府许培身暨候补道邓友仁等，迭次会议，以楚军欠饷甚巨，川库空虚，仅允筹拨五十万两。并据许培身、邓友仁等面议，川省筹还之外所亏饷银，由吴棠奏明，一面咨会贵州抚臣在于各省协黔项下，指提成数，设法弥补各等语。当各营请饷之禀纷至遝来，情词急切，隐有哗溃之虞。不得已咨商吴棠，即就五十万两之数，急为定议，以免延累。请将迅速拨解，如库款遽难全拨，即于省库拨银二十万两，于富荣局拨银十四万两，于夔关厘局拨银十五万两，于川东道库拨银一万两，共凑成五十万两之数，俾资遣撤。至川省议筹之外尚欠饷银二十余万两，并拨用过贵州司局银十一万余两，应如前议，由吴棠据实奏明，一面咨明贵州抚臣设法弥补，以竟全功，备文咨覆去后。准吴棠抄录奏稿，覆称筹拨五十万两数内，扣除出二万两，省库拨凑二十万两，即可先裁五六营。其余二十八万两，在于富荣局每月指拨银三万五千两，计八个月当可解清，所部勇丁即可撤竣。用过贵州司局银十一万余两，由曾璧光设法弥补等因。大半未照奴才原咨入奏，故于奏明弥补之款，仅提出拨用黔局一项。其实欠饷银三十余万两，作何弥补，未及提出将来从何取给。且筹定之款，仅允省库凑拨二十万两，实难先裁五六营。其余专指富荣局按月拨解，而欲众勇丁停止月饷，火食无资，守候数月，匪特不足以示体恤，且恐无饷之众，聚而生变，谁能当此重咎？吴棠未曾经手，于营饷亏欠之实情，于营勇索饷之急迫，未由深悉。奴才一面之词，未足取信。伏思奴才所部楚军，原属吴棠旧部，奏派援黔，筹兵筹饷，犹属吴棠主持。今兹援局告成，拔营回川，应即仍归部署，始终其事。吴棠素顾大局，必能与防川诸军妥筹而兼顾之也。奴才恭请陛见之折业奉恩俞，未便久于羁滞。除檄饬各营仍驻重庆一带，妥为弹压，并将饷册咨送吴棠以凭核夺外，奴才谨俟奉到谕旨，即由成都起身，恭诣阙廷，跪聆圣训。所有川省议筹楚军欠饷入不敷出、缓不济急，现经拔营回川应由督臣妥为遣撤缘由，理合会同抚臣曾璧光，恭折具奏，伏乞皇上圣鉴训示。再，此折系借用四川提督印信。合并声明。谨奏。七月二十七日。同治十三年八月初十日，奉朱批：钦此。[1]

【案】军机大臣字寄……设法办理等因：此廷寄《清实录》载曰：

又谕：周达武奏，川省议筹楚军欠饷，缓不济急一折。川省欠解周达武所部楚军协饷，昨据吴棠奏称，在于省库凑拨银二十万两解往，先将武字营楚勇裁去五六营。其余银二十八万两，在于富荣局按月拨解。该提督拨用过贵州司局银十一万余两，即由贵州设法弥补。当经谕令吴棠等妥为办理。兹据周达武奏，川省凑拨二十万两，实难先裁五六营，其余专指富荣局按月拨解，而众勇丁停饷守候，亦属为难，请将各营由吴棠遣撤等语。川省库款支绌，势不能立筹巨款，自当设法通融。惟楚军月饷业已停止，势难日久守候，亦属实在情形。但川省业经凑拨二十万两，其余亦有专指款项，则各营自可陆续遣裁，仍着吴棠与周达武妥为筹商，设法办理。该提督所请于富荣局、夔关等处分拨，共凑成五十万之数，是否可行，并该军欠饷，除拨用黔局一项外，其余三十余万两作何弥补之处，统由吴棠通盘筹画。至遣撤勇丁，系该提督专责，岂可以饷项为难，即欲置身事外？万一营勇聚而生变，则吴棠、周达武均不能当此重咎。周达武与吴棠会商筹定后，着一面联衔具奏，一面将各营分别陆续遣撤，统俟撤勇事竣，再行来京陛见。当此经费支绌，该督等宜如何和衷商榷，共济时艰，岂得各存意见，

---

① 台北故宫博物院藏：军机及宫中档，文献编号：116457。

致干咎戾。将此由五百里谕知吴棠,并传谕周达武知之。①

一一九　饬令各营员弁竭力报捐片

同治十三年九月十九日(1874年10月28日)

再,奴才达武原部达字楚军各营,现已次第拔回川中,驻扎重庆綦江一带,专候饷到,酌量裁撤。此次川省续筹弥补饷银八万两,并帮补营勇伙食银一万两,除拨用过贵州司局一款仍由黔省设法弥补外,尚亏银二十余万两。奴才达武现拟九月二十一日由成都动身,亲历重庆申明大义,劝谕各营竭力报捐,以资清款,并妥为弹压,以次分别遣散。理合附片陈明,伏乞皇上圣鉴。谨奏。

同治十三年十月初七日,奉朱批:知道了。钦此。②

一二〇　请以王圻调补平安营都司折

同治十三年九月十九日(1874年10月28日)

头品顶戴四川总督臣吴棠跪奏,为拣员调补都司要缺,以资治理,恭折仰祈圣鉴事。

窃臣接准部咨:平安营都司李鸣仕因案参革,遗缺系题调缺,行令拣选题调等因。查平安营驻扎夷疆,驾驭巡防,均关紧要,必须精明干练、熟悉边情夷务之员,方足以期整顿而资备御。臣于通

① 《穆宗毅皇帝实录(七)》,卷三百七十,同治十三年八月,第896—897页。
② 台北故宫博物院藏:军机及宫中档,文献编号:117266。此为吴棠、周达武会衔奏片。

省应调、应升人员内逐一遴选，非现居要缺，即人地未宜。惟查有叙马营都司王圻，年四十三岁，顺天宛平县人，由勇目出师山东、皖、豫等省著绩，升补四川提标中营守备，保升都司。咸丰十一年十月，在山东观城、郓城一带剿办教匪出力，由营奏保以游击尽先升用。同治二年进京，经王大臣验看，十月十六日奉旨：王圻依议用。钦此。同治九年二月，奏补续马营都司，接准部覆。该员心地朴诚，营务练习，以之调补平安营都司，可期胜任。该员籍隶外省，现无事故，与调补之例相符。惟前借补叙马营都司，尚未引见，与例稍有未合，第人地实在相需，例得声明奏请。

合无仰恳天恩，俯念边疆员缺紧要，准以王圻调补平安营都司，实于边防、营务有裨。如蒙俞允，俟接准部覆，再行给咨送部引见。再，所遗叙马营都司缺系拣缺，川省现有应补人员，并请扣留外补。是否有当，理合会同署提督臣联昌，合词恭折具奏，伏乞皇上圣鉴训示。谨奏。九月十九日。

同治十三年十月初七日，奉朱批：兵部议奏。钦此。[1]

一二一　请将钱泽远留川补用片

同治十三年九月十九日（1874 年 10 月 28 日）

再，查吏部奏定章程：州、县、丞、倅，无论何项劳绩保奏归入候补班者，以到省之日起，予限一年，令督抚详加察看，出具切实考语，奏明分别繁简补用等因。兹有保归候补班前先补用知州钱泽远，到省一年期满，自应照章甄别，据布政使王德固、按察使英祥造

① 台北故宫博物院藏：军机及宫中档，文献编号：117267。

具该员履历清册,会详请奏前来。

臣查该员钱泽远,年力正富,请留川以简缺知州补用。除将该员履历清册咨部外,理合附片陈明,伏乞圣鉴。谨奏。

同治十三年十月初七日,奉朱批:吏部知道。钦此。^①

一二二　奏报饷源不继请准再办备捐折

同治十三年九月十九日(1874年10月28日)

头品顶戴四川总督臣吴棠跪奏,为川省饷源不继,请援案再办备捐,恭折仰祈圣鉴事。

窃查川省额征粮赋、课税,向不敷年例支款。军兴以后,度支日繁,库储悉索无遗,不得已举办厘金、捐输。近来,济楚盐岸大半归淮汉关洋行包运客货,致盐、货两厘俱大减色。又因前年屡值偏灾,捐输、津贴渐成弩末,而本年省库出款除本省例支满、汉、藏、屯兵饷及廉俸、工食、铜本等项共一百五十余万两外,另有奉拨京饷四十五万两、固本兵饷六万两、万年吉地工程十万两、云南铜本十九万两,直隶筹办海防现在催提银二十万两,并奏撤周达武援黔各营预行指拨勇粮五十万两,皆系紧急要需,万难展缓。又,应拨留防各路之达字、忠字、经武、律武、定边、安酉、裕字、武字亲兵、武安、广武、威宝各营勇粮及省标四镇精兵,暨马边、雷波、峨边、越嶲四厅防勇饷项,岁共需银八十余万两。此外,尚有应协滇饷、甘饷、淮饷及新疆各军之饷,均须量力匀拨,前收津捐、厘金俱已随到随

----

① 　台北故宫博物院藏:军机及宫中档,文献编号:117268。此片具奏日期未确,兹据同批折件校正。

支，毫无存积。年内支放，除有款可抵外，所短尚逾百万，而来年应需经费尚不在内。若不通盘筹画算，早为之计，临时设有贻误，关系匪轻。

臣督同在省司道会议，惟有援照成案，劝谕通省绅民再办备捐一次，以资周转。查川省地方，本年春粮、秋稻收成均稔，体察舆情，尚可遵办，应请饬令各厅州县富户粮民，量力捐输，仍照例办章程，计粮数之多寡，定捐输之等差。如有中等之户只能捐银数两或十数两不敷议叙者，亦一律收缴，俾免阻其报效之忱，仍汇计银数，加广学额。至零星小户一概免捐，总期于公有济，于民无扰，据再〔在〕省司道详称〔请〕具奏前来。

臣覆查川省捐输，自军兴以后即经筹议举行，方臣莅任之初，援兵四出，防勇较多，间年必办普捐，视常捐加倍，是以首建裁勇练兵之议，停止普捐，并将常捐逐年递减，原系体恤民艰起见，但能渐次停捐，岂不甚善。无如所入不敷所出，库储支绌情形日甚一日，加以近年协饷愈繁，催欠愈急，殊难做无米之炊，再四思维，仍不得不借资民力。该司道所陈系为筹备要需起见，似应照办，以维大局。第念绅民频年输将，历时已久，诚恐力有未济，所有此次劝办捐项，仍旧饬藩司确查地方情形，分别酌减，并将边瘠州县概予免捐，庶于筹饷之中仍寓恤民之意。

至协济各省之款，为数过巨，惟有查照历次奏案，量入为出，尽力匀拨，以期兼顾。是否有当，理合恭折具奏，伏乞皇上圣鉴训示。谨奏。九月十九日。

同治十三年十月初七日，奉朱批：着照所请，户部知道。钦此。①

---

① 台北故宫博物院藏：军机及宫中档，文献编号：117269。

一二三　请奖四川捐输军需银两人员片

同治十三年九月十九日（1874 年 10 月 28 日）

再，川省前因频年筹办防剿，经费支绌，所需京饷以及协黔、协滇、协甘，欠饷浩繁，前办捐输，支用无存，经臣会同司道筹议，于同治十一年续办酌捐一次，借资接济，先将办理情形于同治十年九月十二日奏报，奉旨允准在案。旋据简州、崇宁、新都等四十州县陆续捐输银四十三万三千五百五十九两零，均已解司兑收，拨充军饷，统归军需项下汇案报销。查明各厅州县捐生足敷议叙并未另请广额者，计银一万零六百一十六两，造具各捐生姓名、履历、银数清册，由捐输厘金总局司道核明会详前来。

臣查册开请叙各项，核与筹饷及现行常例减成银数均属相符，合无仰恳天恩，敕部迅予核议给奖，用昭激劝。除将清册咨送部、监外，理合附片具奏，伏乞圣鉴训示。谨奏。

同治十三年十月初七日，奉朱批：户部议奏。钦此。①

一二四　奏请豁免川省余欠井捐折

同治十三年九月十九日（1874 年 10 月 28 日）

头品顶戴四川总督臣吴棠跪奏，为查明川省井捐未能照案完纳，请旨豁免余欠，恭折覆奏，仰祈圣鉴事。

窃臣承准军机大臣字寄：同治十三年八月初一日，奉上谕：有

---

①　台北故宫博物院藏：军机及宫中档，文献编号：117270。

人奏，四川从前议收井捐，现因井户被灾，逃亡歇业，着吴棠查明应否豁免之处，奏明办理。钦此。仰见我皇上轸恤民瘼，无远弗届，下怀钦佩莫名。伏查川省井厂向止于例定课税之外，加抽盐厘。本年井捐名目自同治七年前兼署督臣崇实任内，因四邻贼氛未靖，内添防剿之师，外增京、协各饷，省库岁入有常，支用不敷，饷源日竭，不得已饬令盐井最多之富顺县一处，按井捐输。维时富厂井户即以频年伙同商灶完纳盐厘，为数已多，力难再捐，相率观望。接署富顺县知县杜受廉再三开导方认，共捐银二十四万两，分作三年完纳。计自同治八年正月起截至九月底止，共缴捐银六万两，解充援黔军饷，当经奏报在案。

至九、十两年，因楚省淮盐上驶，川中盐贱米贵，该厂井户仅共缴银六万三千余两，蒂欠尚多。旋据各井户递词求缓，经臣督同盐茶道先后委员查明，该井户等频年屡被水旱偏灾，去岁兼遭火患，延烧甚重，加以楚岸难销，厂务疲惫，井灶各户相率停煎，系属实情，随即批饬缓征，迄今未能照案完纳。钦奉前因，伏查前项井捐银二十四万两，本在寻常课税、厘金之外由各井户自行认捐，分作三年完纳。如果各井户力能捐足，于军饷不无小补。无如连年百物昂贵，盐贱销滞，井户被灾歇业者多，所欠捐项，体察舆情，实系无力完纳。兹据盐茶道傅庆贻委员查访明确，详请奏免前来。

合无仰恳天恩，俯准将未收井捐银十一万六千九百余两概予豁免，出自圣主鸿慈。此外应完课税、厘金，仍令照常输纳，用济军饷要需。所有遵旨查明川省井户拮据未能照案完捐、拟请豁免余欠缘由，理合恭折覆陈，伏乞皇上圣鉴训示。再，原奏惩办盟匪、禁止捐粮各条，经臣督率司道，通饬各属实力遵办，应另案具奏。合并陈明。谨奏，九月十九日。

同治十三年十月初七日,奉朱批:着照所请,户部知道。钦此。①

【案】有人奏……逃亡歇业:同治十三年八月初十日,吴鸿恩又附片具报川省民情曰:

再,臣籍隶四川,谨将本省现在情形有关民生疾苦者,上达宸聪,伏候训示施行。一、川省五方杂处,最易藏奸。总督吴棠到任以来,拿获著名啯匪,正法数人,盗风稍戢。近年因水旱频仍,米价腾贵,复有匪徒烧香结盟,忽聚忽散,地方官规避处分,率隐匿不报,势渐鸱张。本年灌县、双流县、崇庆州等处均有会匪滋事,幸得登时扑灭。若不及早搜捕,诚恐滋蔓难图,应请寄谕督臣,密札各地方官随时访拿,从严惩办,不得稍存姑息,以扼乱萌。一、川省厘金局之外复有夫马局、保甲局,无一不取资于民。前因协济邻饷,乃有普捐、扩捐、酌捐等项,其捐数之多,以盐厘为最。自楚岸还淮,盐难畅销,商力已形拮据。迨军务既平,协饷虽减,而商捐仍未稍宽。如前议收井捐,该商数年不能完缴。现闻井户惨遭瘟疫、水火之灾,逃亡歇业者甚多,殊堪矜悯。可否仰恳恩施,令督臣查明豁免。一、川省差役抬粮私立逢厘收分、逢分收钱、逢钱收两各名目,任意摊搪,竟有抬垫一分搪索制钱至二千数百文之多,州县习为固然,希图免议;奸民从中渔利,宛转居奇。种种弊端,难以悉数。查外省官垫、私垫等弊,道光七年,久经奉旨严禁,应请饬下督臣密查,永除抬粮之名,仍遵投柜之例,庶差役无所希

冀，而穷民亦获安全矣。①

【案】军机大臣字寄……奏明办理：此廷寄上谕档载曰：

军机大臣字寄：有人奏，四川近年有匪徒烧香结盟，势渐鸱张，该省从前议收井捐，现闻井户被灾，逃亡歇业。又川省差役抬粮，私立逢厘收分各名目等语。匪徒滋扰地方，实为闾阎之害，亟应严密查拿，着吴棠密饬地方各官，随时访拿，从严惩办。其井户困苦情形，即着该督查明应否豁免之处，奏明办理。至差役抬粮，私立名目，并着密查严禁，以杜弊端。原片着钞给阅看。将此谕令知之。钦此。遵旨寄信前来。②

一二五　奏为开复革职留任处分谢恩折

同治十三年九月二十六日（1874 年 11 月 4 日）

头品顶戴四川总督臣吴棠跪奏，为叩谢天恩，恭折仰祈圣鉴事。

窃臣于同治十三年九月二十日接准吏部咨：前奉谕旨：崇实、吴棠于奉旨饬令回籍之员仍复留充幕友，着交部照例分别议处等因。钦此。当经部臣照例议以革职，同治八年十一月十一日，奉旨：吴棠等着加恩改为革职留任。钦此。钦遵在案。扣至同治十二年十一月十一日，业已四年限满，别无降罚案件，照例题请开复，同治十三年七月二十七日，奉旨：吴棠革职留任之案，准其开复。

---

① 台北故宫博物院藏：军机及宫中档，文献编号：116447。

② 中国第一历史档案馆编：《咸丰同治两朝上谕档》，第 24 册，第 261 页；《穆宗毅皇帝实录（七）》，卷三百七十，同治十三年八月，第 891 页。

钦此。钦遵咨行到川。

臣当即恭设香案,望阙叩头谢恩讫。伏念臣承乏蜀疆,自惭鲁质,涓埃未报,陨越方虞;缉盗安民,敢懈随时之整饬;驭军办饷,懔当竭力以维持。刻缘风疾未瘳,上荷圣恩给假,实切臣心之惶悚,难明帝德之宽宏。兹复渥奉温纶,幸邀宥典,沐九天之雨露,滋培遍及于菲葑;懔寸念之冰渊,洗濯倍严于夙夜。惟有勤加砥砺,勉奋驽骀,冀酬高厚鸿慈于万一。

所有微臣感激下忱,谨缮折叩谢天恩,伏乞皇上圣鉴。谨奏。九月二十六日。

同治十三年十一月初四日,奉朱批:知道了。钦此。[1]

一二六 奏报川省同治十三年八月雨水、粮价折

同治十三年九月三十日(1874 年 11 月 8 日)

头品顶戴四川总督臣吴棠跪奏,为恭报四川省同治十三年八月份各属具报米粮价值及得雨情形,仰祈圣鉴事。

窃照同治十二年七月份通省米粮价值及得雨情形,前经臣恭折奏报在案。兹查本年八月份成都、重庆、夔州、龙安、绥定、保宁、顺庆、潼川、雅州、嘉定、叙州十一府,资州、绵州、忠州、西阳州、眉州、邛州、泸州七直隶州,叙永、石砫两直隶厅,各属先后具报得雨自一二三次至十二三次不等。堰水充盈,晚稻收获。其通省粮价惟中米较上月减二分,余俱与上月相同,据布政使王德固查明列单

---

① 台北故宫博物院藏:军机及宫中档,文献编号:117639。

汇报前来。

臣覆核无异。理合分缮清单，恭呈御览，伏乞皇上圣鉴。谨奏。九月三十日。

同治十三年十一月初三日，奉朱批：知道了。钦此。①

一二七　呈川省同治十三年八月粮价清单

同治十三年九月三十日(1874 年 11 月 8 日)

谨将同治十三年八月份四川省所属地方各项粮价，开具清单，恭呈御览。

成都府属，价贵。中米每仓石价银二两九钱三分至三两九钱一分，较上月减二分。大麦每仓石价银一两八钱三分至二两，与上月同。小麦每仓石价银二两一钱三分至二两三钱，与上月同。黄豆每仓石价银一两四分至二两四钱四分，与上月同。荞子每仓石价银一两一钱六分至一两七钱，与上月同。

重庆府属，价贵。中米每仓石价银二两七钱三分至三两七钱一分，较上月减二分。大麦每仓石价银一两六钱二分至一两九钱七分，与上月同。小麦每仓石价银二两六钱八分至二两七钱三分，与上月同。黄豆每仓石价银二两七钱至二两九钱七分，与上月同。

保宁府属，价贵。中米每仓石价银二两五钱五分至三两二钱一分，较上月减二分。大麦每仓石价银一两八钱九分至二两一钱，与上月同。小麦每仓石价银二两八钱三分至三两五钱七分，与上

---

① 台北故宫博物院藏：军机及宫中档，文献编号：117615；中国第一历史档案馆藏：朱批奏折，档案编号：04-01-24-0157-108。

月同。黄豆每仓石价银一两八钱一分至二两一钱一分,与上月同。

顺庆府属,价贵。中米每仓石价银二两九钱九分至三两三钱八分,较上月减二分。大麦每仓石价银一两六钱一分至一两八钱,与上月同。小麦每仓石价银二两九分至二两一钱二分,与上月同。黄豆每仓石价银一两五钱五分至一两六钱五分,与上月同。

叙州府属,价贵。中米每仓石价银三两至三两二钱二分,较上月减二分。大麦每仓石价银一两六钱六分至二两二分,与上月同。小麦每仓石价银二两一钱三分至二两六钱三分,与上月同。黄豆每仓石价银一两一钱一分至一两五钱二分,与上月同。

夔州府属,价贵。中米每仓石价银二两八钱至三两一钱一分,较上月减二分。大麦每仓石价银一两七钱八分至二两四钱六分,与上月同。小麦每仓石价银二两九钱五分至三两三分,与上月同。黄豆每仓石价银二两一钱四分至二两二钱四分,与上月同。

龙安府属,价贵。中米每仓石价银二两四钱九分至三两一钱四分,较上月减二分。青稞每仓石价银一两五钱,与上月同。小麦每仓石价银一两七钱九分至二两一钱八分,与上月同。黄豆每仓石价银一两八钱五分至一两九钱三分,与上月同。

宁远府属,价贵。中米每仓石价银二两八钱三分至三两一钱一分,较上月减二分。大麦每仓石价银一两四钱八分至一两六钱,与上月同。小麦每仓石价银一两五钱九分至二两二钱,与上月同。荞子每仓石价银一两四钱五分,与上月同。黄豆每仓石价银一两五钱六分至一两六钱三分,与上月同。

雅州府属,价中。中米每仓石价银二两七钱五分至二两七钱六分,较上月减二分。小麦每仓石价银二两二钱九分至二两六钱五分,与上月同。黄豆每仓石价银一两六钱五分至二两四分,与上月同。

嘉定府属，价贵。中米每仓石价银二两七钱二分至三两三钱，较上月减二分。小麦每仓石价银二两三钱六分至二两七钱三分，与上月同。黄豆每仓石价银一两四钱七分至二两三分，与上月同。

潼川府属，价贵。中米每仓石价银二两八钱三分至三两六分，较上月减二分。大麦每仓石价银一两六钱五分至一两九钱三分，与上月同。小麦每仓石价银二两一钱四分至二两四钱九分，与上月同。黄豆每仓石价银一两七钱六分至二两一钱三分，与上月同。

绥定府属，价中。中米每仓石价银二两七钱至二两八钱二分，较上月减二分。大麦每仓石价银一两五钱八分，与上月同。小麦每仓石价银一两六钱二分至一两七钱三分，与上月同。黄豆每仓石价银一两四钱三分，与上月同。

眉州直隶州属，价中。中米每仓石价银二两六钱八分至二两九钱六分，较上月减二分。

邛州直隶州并属，价贵。中米每仓石价银二两五钱八分至二两九钱八分，较上月减二分。大麦每仓石价银一两九钱，与上月同。小麦每仓石价银二两五钱七分，与上月同。黄豆每仓石价银二两八分至二两二钱二分，与上月同。

泸州直隶州并属，价贵。中米每仓石价银三两至三两一分，较上月减二分。

资州直隶州并属，价中。中米每仓石价银二两五钱至二两九钱，较上月减二分。

绵州直隶州并属，价中。中米每仓石价银二两六钱七分至二两九钱五分，较上月减二分。小麦每仓石价银二两三钱二分至二两四钱六分，与上月同。

茂州直隶州并属，价中。中米每仓石价银二两五钱七分，较上月减二分。小麦每仓石价银二两六钱八分，与上月同。青稞每仓石价银二两二钱，与上月同。荞子每仓石价银一两二钱三分至一两七钱三分，与上月同。

忠州直隶州并属，价贵。中米每仓石价银二两五钱二分至三两一钱六分，较上月减二分。大麦每仓石价银一两四钱六分至一两六钱，与上月同。小麦每仓石价银二两三分至二两三钱九分，与上月同。黄豆每仓石价银一两二钱七分至一两五钱七分，与上月同。

酉阳直隶州并属，价贵。中米每仓石价银二两五钱三分至三两一分，较上月减二分。大麦每仓石价银二两二钱八分至二两六钱，与上月同。小麦每仓石价银二两六钱二分至二两七钱六分，与上月同。黄豆每仓石价银一两三钱九分至一两四钱四分，与上月同。

叙永直隶厅并属，价中。中米每仓石价银二两九钱二分，较上月减一分。小麦每仓石价银一两八钱一分，与上月同。荞子每仓石价银一两三钱二分，与上月同。黄豆每仓石价银一两六钱一分，与上月同。

松潘直隶厅，价中。青稞每仓石价银二两六钱六分，与上月同。荞子每仓石价银一两七钱四分，与上月同。

杂谷直隶厅，价中。青稞每仓石价银二两四钱，与上月同。荞子每仓石价银一两七钱九分，与上月同。

石砫直隶厅，价平。中米每仓石价银一两六钱，与上月同。大麦每仓石价银一两七钱三分，与上月同。小麦每仓石价银二两六分，与上月同。黄豆每仓石价银一两八钱九分，与上月同。

打箭炉厅，价贵。青稞每仓石价银四两八钱七分，较上月减一分。油麦每仓石价银一两八钱一分，与上月同。

（朱批）：览。①

一二八 呈川省同治十三年八月得雨清单

同治十三年九月三十日(1874 年 11 月 8 日)

谨将同治十三年八月份四川省各属地方报到得雨情形，开具清单，恭呈御览。

成都府属：成都、华阳两县得雨十次，稻谷渐收。简州得雨五次，棉花采摘。崇庆州得雨四次，黄豆成熟。汉州得雨六次，堰水充足。温江县得雨六次，稻谷初收。郫县得雨四次，稻谷收获。新都县得雨十二次，收获已毕。彭县得雨六次，禾苗收获。什邡县得雨七次，收获已毕。

重庆府属：江北厅得雨十次，堰塘水足。巴县得雨九次，板田翻犁。江津县得雨四次，田水充盈。长寿县得雨九次，堰塘积水。永川县得雨九次，稻谷收获。綦江县得雨三次，田水充足。荣昌县得雨六次，秋收告成。南川县得雨四次，田水充盈。璧山县得雨九次，田水充足。大足县得雨八次，收获已毕。定远县得雨九次，稻谷登场。

夔州府属：云阳县得雨二次，田水充足。万县得雨二次，晚禾收毕。

龙安府属：江油县得雨二次，杂粮收毕。

① 台北故宫博物院藏：军机及宫中档，文献编号：117615-0-A。

绥定府属：东乡县得雨四次，塘水充盈。

保宁府属：阆中县得雨二次，地土滋润。南部县得雨二次，田水稍足。广元县得雨二次，稻谷成熟。剑州得雨七次，黄豆结实。

顺庆府属：南充县得雨五次，田水充盈。蓬州得雨四次，稻谷收毕。营山县得雨二次，地土滋润。仪陇县得雨二次，晚稻收获。广安州得雨三次，田亩翻犁。岳池县得雨五次，黄豆成熟。邻水县得雨十二次，田水畅流。

潼川府属：三台县得雨六次，黄豆成熟。射洪县得雨三次，田亩翻犁。盐亭县得雨二次，收获已毕。安岳县得雨六次，堰田积水。乐至县得雨八次，稻谷收获。

雅州府属：雅安县得雨五次，早稻黄熟。

嘉定府属：乐山县得雨四次，堰水充盈。峨眉县得雨五次，黄豆结实。洪雅县得雨八次，田水充盈。夹江县得雨三次，早禾收获。犍为县得雨三次，地土滋润。荣县得雨七次，晚稻收获。威远县得雨十次，田塘积水。峨边厅得雨三次，稻谷收毕。

叙州府属：南溪县得雨五次，田亩翻犁。富顺县得雨六次，田水充足。隆昌县得雨十次，五谷收获。长宁县得雨二次，地土滋润。

资州直隶州并属：资州得雨九次，田堰水足。仁寿县得雨四次，棉花收检。资阳县得雨四次，米价稍减。内江县得雨九次，田水盈满。

绵州直隶州并属：绵州得雨四次，收获已毕。安县得雨七次，田水充盈。梓潼县得雨六次，晚禾收毕。罗江县得雨七次，豆麦播种。

忠州直隶州并属：忠州得雨三次，晚禾收毕。酆都县得雨七次,棉花收检。垫江县得雨三次,收获已毕。

酉阳直隶州属:彭水县得雨四次,杂粮收获。

眉州直隶州并属:眉州得雨六次,田水畅流。彭山县得雨五次,田禾收毕。

邛州直隶州属:大邑县得雨五次,黄豆结实。

泸州直隶州并属:泸州得雨十二次,田土翻犁。江安县得雨七次,黄豆成熟。合江县得雨十三次,农民翻犁。纳溪县得雨十次,小春播种。

石砫直隶厅得雨四次,塘水充足。

叙永直隶厅并属:叙永厅得雨八次,田塘积水。永宁县得雨八次,田塘积水。

(朱批):览。[①]

一二九　奏报川省同治十三年秋禾收成分数折

同治十三年九月三十日(1874年11月8日)

头品顶戴四川总督臣吴棠跪奏,为恭报同治十三年四川秋禾收成分数,仰祈圣鉴事。

窃照每年秋禾收成分数例应奏报,兹查各属俱已次第收获,据藩司王德固查明汇禀前来。臣覆加查核,川省十二府五厅八直隶州,计收成八分有余者,宁远一府。八分者,邛州、理番一州一县。七分有余者,叙州、雅州、泸州二府一州。七分者,嘉定一府。六分有余者,成都、重庆、潼川、资州、绵州三府二州。六分者,酉阳、石

---

① 台北故宫博物院藏:军机及宫中档,文献编号:117621。

砫一府一厅。五分有余者,顺庆、龙安、绥定、眉州、茂州、忠州、松潘三府三州一厅。五分者,夔州、叙永、懋功一府二厅。四分有余者,保宁一府。合计通省秋禾收成六分有余。

现在粮价尚不甚昂,民情亦属安贴,堪以仰慰圣怀。除循例具题外,理合恭折奏闻,伏乞皇上圣鉴。谨奏。九月三十日。

同治十三年十一月初三日,奉朱批:知道了。钦此。①

一三〇　请以张旭升等补授副将等员缺折

同治十三年九月三十日(1874年11月8日)

头品顶戴四川总督臣吴棠跪奏,为拣员请补副将、参将,以资治理,恭折具奏,仰祈圣鉴事。

窃照夔州协副将瑞玺、提标中营参将恩起先后病故,经臣分别恭疏题报开缺,声明扣留外补在案。查夔州滨临大江,水陆交冲,为川东门户。提标驻扎省垣,系各营领袖,巡防操练,最关紧要,亟应拣员请补。查兵部奏定章程:武职题缺轮补班次,先用尽先二人,次用各项一人。所有夔州协副将、提标中军参将,俱系奏定轮缺新章后第一次出缺,应用尽先人员。臣于通省尽先副将内逐一遴选,除未经回川收标及例应回避本省人员不计外,查尽先名次在先之副将邓积寅、刘显良及余得贵、谢春胜、张南廷、胡定清、易得森七员,或告假回籍,或人地未宜,未便请补。

惟有升补总兵尽先副将张旭升,年四十六岁,云南晋宁州人,由勇目出师云南,转战安徽淮、徐等处,打仗著绩,迭保尽先参将并

① 台北故宫博物院藏:军机及宫中档,文献编号:117617。

戴花翎，推补云南景蒙营游击，丁忧起复，以积年在徐、淮防剿西捻出力保奏，同治五年十月二十五日，奉上谕：张旭升着免补参将，以副将尽先补用。钦此。经部臣核驳另奖。复经漕运督臣张之万覆奏请仍照原案奖励，七年正月十四日，奉旨：着照所请奖励。钦此。是年，赖逆就擒，淮、海、徐、扬一律肃清，又经前湖广督臣李鸿章等奏保，三月二十五日奉上谕：游击张旭升着俟补副将后，以总兵升用。钦此。八年五月赴川，奏派随营援滇，肃清昭通回匪，凯撤回川。因前得总兵升阶，例应回避本省，开去云南景蒙营游击底缺，留川补用，委操省标十营精兵，现复委派省垣总巡差事。该员久历戎行，熟谙营务，拟请补授夔州协副将。

又，查川省尽先参将一项，多系籍隶本省，例应回避，或未经收标。其籍隶他省者，虽有名次在前之祥云、喻立诚、方定中三员，亦与提中参将一缺人地不甚相宜。惟有尽先前参将夔州左营都司范承先，年四十岁，安徽定远县人，由军功出师山东、安徽、河南等省，屡著战功，身受多伤，保归漕河标以都司尽先补用，经臣奏带来川。因邻氛未靖，请留川酌补。嗣以带勇防黔，拿获要犯，保准俟补都司后以游击留川尽先补用，奏补夔州协左营都司。查明该员久历征战，筋骨受伤，实难挽强运重，奏准将来引见时，免其射箭。复以防剿秦、陇、贵州股匪出力奏保，经部议覆，俟补本班后，以应升官阶尽先前补用。又以防剿滇省回逆尤为出力保奏，同治十二年十月初五日，内阁奉上谕：升用参将尽先游击范承先，着免补游击，以参将尽先前补用，并赏加副将衔。钦此。现仍管带裕守营楚勇，查缉省外逸匪。该员朴诚稳练，胆略素优，拟请补授提中参将。

以上两员均系久历征战，功绩卓著，籍隶别省，现无违碍事故。范承先保准尽先前参将，较尽先班次尤优。惟前补夔州都司，因带勇在防,尚未请咨引见,与例稍有未符。第人地实在相需,例得声明奏请,合无仰恳天恩,俯准以张旭升补授夔州协副将,范承先补授提标中军参将。如蒙俞允,该员等现有紧要差务,并请敕部先给署札,一俟离营经手事竣,再给咨送部引见。是否有当,理合会同署提督臣联昌,合词恭折具奏,伏祈皇上圣鉴训示。谨奏。九月三十日。

同治十三年十一月初三日,奉朱批:兵部议奏。钦此。①

一三一 续查阵亡绅团等请旨旌恤折

同治十三年九月三十日(1874年11月8日)

头品顶戴四川总督臣吴棠跪奏,为续查川省剿贼阵亡绅团并殉难团民、殉节妇女,恳恩分别旌恤,以彰忠节,恭折仰祈圣鉴事。

窃查川省自军兴以来,所有历年各处防剿阵亡官绅团练及殉难、殉节团民、妇女,诚恐日久湮没不彰,前经奏明在省城设立探访忠节总局,委员会督绅着探访会办,先后二十一次奏请旌恤在案。兹据总局司道查明会理等州县阵亡伤故绅团、练勇及殉难、殉节民人妇女共一千二百七十六名口,分别造具花名清册,详请具奏前来。

臣覆查册开阵亡、伤故绅团、练勇田履中等一千四十七名、殉难民人吴华玉等三十七名、殉节妇女李观凤等一百九十二口,或攻剿逆匪,力战捐躯;或被执不屈,抗贼遇害;或恐受侮辱,拼命全贞。

① 台北故宫博物院藏:军机及宫中档,文献编号:117618;中国第一历史档案馆藏:朱批奏折,档案编号:04-01-16-0200-041。

均属深明大义，忠节懔然。合无仰恳天恩，敕部核议，分别旌恤，以彰忠魂而昭节烈。除将清册咨部外，是否有当，理合恭折具奏，伏乞皇上圣鉴训示。谨奏。九月三十日。

同治十三年十一月初三日，奉朱批：田履中等着交部分别旌恤。钦此。[①]

一三二　请将烈妇赵罗氏等饬部旌表片

同治十三年九月三十日（1874 年 11 月 8 日）

再，据资州学正卢澍桂、训导李希元详称：云南昆明县烈妇赵罗氏，系该县廪生赵光熙之妻，现任资州直隶州知州罗廷权之女，幼随父任，事亲极孝。同治三年，赵光熙因原籍军务未靖，来川结褵。未及二载，光熙绕道回滇应试，至十三年四月赴蜀，意欲携眷回里，不期猝患时症，该氏躬侍汤药，日夜焚香告天，愿以身代，至六月二十日，光熙病故。该氏痛不欲生，水浆俱不入口，惟恐伤父母心，吞声泣血，躬视含殓。事毕后即潜自吞金，跪告父母：勿过悲伤，尚幸夫妾在滇有孕，惟愿早生一子，以续夫祀。遂于是月十九日端坐光熙柩侧而逝，年三十三岁。

又，据在川候补直隶州知州田立慈、署新都县知县张文珍等禀称：同乡安徽怀宁县节妇钱查氏，系监生查鉴涵之女，现任安岳县知县查文瀚之胞妹，适四川候补州吏目钱拱辰为妻。道光二十四年，钱拱辰病故，时氏年十九岁，毁容泣血，几不欲生。只因舅姑年

---

① 台北故宫博物院藏：军机及宫中档，文献编号：117619；中国第一历史档案馆藏：朱批奏折，档案编号：04-01-14-0075-064。

迈,夫弟幼稚,以礼抑情,妇代子职,恭奉甘旨,恪尽孝养,持家抚子,倍极辛勤。至同治八年积劳身故,计守节二十六年。以上节妇二口,俱因原籍相隔太远,未能呈报。该员等见闻既确,不忍听其湮没,先后呈请旌表,并分造该氏等事实册结,赍送前来。

臣查赵罗氏恸夫情切,视死如归;钱查氏节励冰霜,始终如一。均堪矜悯。合无仰恳天恩,敕部旌表,以阐幽潜而维风化。除册结咨部外,理合会同学政张之洞,合词附陈,伏乞圣鉴训示。谨奏。

同治十三年十一月初三日,奉朱批:赵罗氏、钱查氏均着交部,照例旌表。钦此。[①]

一三三 筹拨淮军月饷起程日期折

同治十三年十月十三日(1874 年 11 月 21 日)

头品顶戴四川总督臣吴棠跪奏,为筹拨淮军月饷五万两起程日期,恭折仰祈圣鉴事。

窃臣于同治十三年八月初十日,准兵部火票递到军机大臣字寄:同治十三年七月二十三日,奉上谕:李鸿章奏,办理海防,请饬催川饷一折。日本与生番构兵,沿海防务紧要,畿辅重地,尤须严密筹防。着吴棠查明欠解该军月饷,无论何款,先行提解二十万两,以济眉急。嗣后仍着按月如数解足等因。钦此。并准李鸿章咨送原奏,内开四川居边隅腹地,财力虽非有余,值此时艰,各路协饷实无如海防之急且要者,自应移缓就急,共维大局等语。臣查淮

① 台北故宫博物院藏:军机及宫中档,文献编号:117620;中国第一历史档案馆藏:朱批奏片,档案编号:04-01-15-0067-005。此片具奏日期未确,兹据同批折件校正。

• 3606 •

军月饷,前已二十次筹拨过银六十九万两。又,本年八月间,甫经拨解银三万两,计共解过银七十二万两,均经先后奏报在案。

伏查川省自军兴后,奉拨各省协饷及本省征防饷项,库储屡竭。前数年迭逢偏灾,民间捐输渐成弩末。近因楚北盐岸大半归淮,汉口洋商包运客货,以致盐、货两厘尤大减色。其应解各处协饷,云南、甘肃军务初平,虽经云南抚臣岑毓英劝谕各军统领将同治九年以前欠饷以及垫借军需,尽数报效,请广学额;甘肃雷正绾一军亦将所部欠饷一百余万两,尽数请奖广额。而该两省办理散勇及善后之费所需尤巨,催索川中欠饷奏咨络绎,新疆各营催饷亦急。又,贵州提臣周达武来川坐索欠饷,省库、外局搜索一空,现仍饬司设法陆续筹解,方能将部勇全撤,业经该提臣会奏在案。是川省财力交殚、入不敷出情形,早在圣明洞鉴之中。惟淮军分布海防,拱卫畿辅,诚较云贵、甘肃、新疆各饷尤为急需,臣自应于万难筹措之中,竭力腾挪,移缓就急,以资接济。

兹督饬藩司勉凑京二南平项下银五万两,饬委补用知县胡承义、试用从九品谢焕承领,定于九月二十五日自成都起程,解赴湖北粮台交收,拨供李鸿章沿海防费。余容续筹有项,再行拨解。除分咨外,所有筹拨淮军月饷银数起程日期,理合恭折具陈,伏乞皇上圣鉴。谨奏。十月十三日。

同治十三年十一月初二日,奉朱批:知道了。钦此。[①]

【案】李鸿章奏……请饬催川饷一折:同治十三年七月二

---

① 台北故宫博物院藏:军机及宫中档,文献编号:117594;中国第一历史档案馆藏:朱批奏折,档案编号:04-01-01-0924-071。

十一日，直隶总督李鸿章具折曰：

大学士直隶总督一等伯李鸿章跪奏，为海防紧要，饷需支绌，请旨饬催川饷，俾资接济，恭折仰祈圣鉴事。窃臣前因督师赴陕援剿，于同治九年四月内奏请饬下四川督臣，按月筹拨臣营饷银三万两。嗣因该省未能按期筹解，复于是年十月内奏请饬催，迭蒙圣鉴在案。计自九年五月起截至本年四月止，迭准陆续解过协饷二十批，共银六十九万两，按月核计，所解不及一半。臣军自九年秋间调随赴直，拱卫畿辅，复分防陕西邠、乾，江苏徐、扬，湖北襄阳等处，皆就现有饷力勉强支柱，实已竭蹶不遑。近因日本构兵生番，台防孔亟，遵旨奏派徐州铭军航海赴台，复调陕防铭军拨回徐州、济宁一带，扼要屯扎，以备南北海口策应。军行数千里，在在需费不赀，而津郡新城、海口各炮台修筑甫竣，旧存炮位全不利用，若有台无炮与无台等，计须添购西洋新式大小后膛炮数百尊，估费约二百万两。京畿门户重地，各国之所窥伺，东洋之所觊觎，声势不可不壮，而巨款一无可措，焦急莫名。至臣军分顾数省防务，从前奏定协饷，江苏、湖北尚能照章勉力筹解；浙江续请减拨，每年仅解银六万两。现在东南各省筹解海防、江防，添营置械，用款倍增，只求额饷不再减短，势难另请添拨。惟四川居偏隅腹地，财力虽非有余，值此时艰，各路协饷实无如海防之急且要者，自应移缓就急，共维大局。且臣军奏拨按月三万，本系有着的饷，惟有吁恳天恩，饬下四川督臣，查明欠解臣军月饷，无论何款，先行提解二十万两，以济眉急。嗣后仍令按月如数解足，俾得陆续筹办，庶于畿辅、海防要需稍有裨助。所有请旨饬催川饷缘由，理合恭折由驿具奏，伏乞皇上圣鉴训示。谨奏。同治十三年七月二十一日。同治十三年七月二十三日，奉朱批：另有旨。钦此。①

一三四　委解京饷暨固本饷项起程日期折

同治十三年十月十三日(1874年11月21日)

头品顶戴四川总督臣吴棠跪奏，为川省委解同治十三年份京饷暨固本饷项委员起程日期，恭折仰祈圣鉴事。

窃查川省十三年份部拨京饷，四川原拨盐厘银十五万两，按粮津贴银十五万两，续拨盐厘银五万两，按粮津贴银十万两，共应解银四十五万两，已于本年三月初二、五月十五、八月二十九等日，三次分解过银三十四万两，尚欠解银十一万两。又，固本饷项月解银五千两，以前共解过部库银四十九万两，均经先后奏报在案。伏思京饷系部库正供，固本为京畿专款，较外省协饷尤为紧要，川库虽甚支绌，仍应先其所急，勉力筹解。兹臣督同司道凑集按粮津贴银七万两、盐厘银四万两，共银十一万两，以清本年原拨、续拨京饷。又催集捐输银二万两，作为同治十三年八月二十一日起至十二月二十一日止四个月固本饷项，均饬委合州知州费兆钺领解，定期于本年十月二十九日自成都起程。

惟值甘肃军务初平，秦栈散勇络绎，道路险阻靡常，京饷关系甚重，不敢冒险径解。所有此次饷项仍发交蔚泰厚等银号汇解，委员至京兑齐，解赴户部交纳，用昭慎重，据藩司王德固、臬司英祥、

① 台北故宫博物院藏：军机及宫中档，文献编号：116125；中国第一历史档案馆藏：朱批奏折，档案编号：04-01-01-0925-003。

盐茶道傅庆贻会详前来。臣覆查无异。所有同治十三年份两次奉拨京饷及月拨固本饷项均已扫数起解缘由,理合恭折具奏,伏乞皇上圣鉴。谨奏。十月十三日。

同治十三年十一月初一日,奉朱批:户部知道。钦此。①

一三五 请准开缺回籍调理折

同治十三年十月十三日(1874年11月21日)

头品顶戴四川总督臣吴棠跪奏,为微臣久病未痊,吁恳天恩俯准开缺回籍调理事。

窃臣于八月初十日将患病情形奏明请假,九月十九日奉到朱批:吴棠着赏假两个月。钦此。跪聆之下,感戴莫名。臣仰沐圣慈,方冀赶紧医治,早日就痊。无如近日以来,旧疾举发,又复如前。缘向患旧疾,自咸丰十年,淮徐道任内,正当发、捻交乘,竭力防御,军务焦急,先患疮疡,后成遍体癣疾,至今已十有五年。每岁发动,气血耗损太甚。据医家云,肝脾交困,心气因之日衰,是以新增头眩足软诸症,日见缠绵,难以收效。

伏念臣由县令至府道,渥蒙皇上深恩,畀以封圻重任,向来竭诚办事,从未敢惜力爱身。讵料衰病相寻,药饵鲜效,自揣精神既难周顾,设有贻误,关系非轻。五夜筹思,益增焦灼。川疆任大责重,非微臣病躯所能支柱。

臣受恩深重,曷敢不据实沥陈。惟有吁恳天恩,俯准开缺,回

① 台北故宫博物院藏:军机及宫中档,文献编号:117595;中国第一历史档案馆藏:朱批奏折,档案编号:04-01-35-0977-036。

籍调理。至四川总督印务，即请迅赐简放，以重职守。倘能仰邀福庇，病体稍痊，即当赴诣阙廷，泥首宫门，求赏差使。断不敢稍耽安逸，自外生成。所有微臣患病日久、吁请开缺回籍调理缘由，理合恭折具陈，伏乞皇上圣鉴训示。谨奏。十月十三日。

同治十三年十一月初一日，奉朱批：吴棠着赏假两个月。钦此。①

一三六　奏请指拨京饷等饷仍照旧办理折

同治十三年十月十三日(1874 年 11 月 21 日)

头品顶戴四川总督臣吴棠跪奏，为川省应解京饷及常年兵饷，屡经部议，在于按粮津贴项下指拨，未便议停，应请照旧办理，以资接济，恭折仰祈圣鉴事。

窃臣承准军机大臣字寄：同治十三年八月初十日，奉上谕：御史吴鸿恩奏，四川津贴一项请饬停止一折。前因军需浩繁，不能不借资民力，川省改借征为津贴，按粮加收，实一时权宜之计。现在滇、黔军务业已肃清，协饷渐可裁省，能否将津贴一项停止之处，着吴棠体察情形，据实具奏，将此谕令知之。钦此。钦遵寄信前来。

伏查川省额赋本轻，岁征地丁银六十六万余两，不敷常年旗、绿兵饷，向由部臣指拨邻省银二三十万两协川接济。军兴以来，邻饷不至，不能不自行筹画。而每年加拨京饷、协饷及征防各军勇粮，较承平之时出款多逾五倍。现在云贵、甘肃军务虽已肃清，而散勇找

---

① 台北故宫博物院藏：军机及宫中档，文献编号：117596；中国第一历史档案馆藏：朱批奏折，档案编号：04-01-12-0519-075。

欠及善后之费，所需仍巨。连月叠准办理西征粮台臣袁保恒咨，催提川省欠饷二百七十余万两；署云贵督臣岑毓英奏提川省欠饷一半银六十五万数千两，又奏提铜本银十九万两；贵州提督臣周达武奏提川省欠发勇粮银五十九万两；新疆带兵大臣亦奏准每月提川饷四万两；昨又准直隶督臣李鸿章奏提海防银二十万两，均钦奉谕旨在案。臣惟有督率司道，将通省捐输、厘金欠款及一切库款悉索供应，均匀分解，计岁收捐、厘两项不过二百万两，如欲清厘欠款，尚不敷甘肃一省所催之数。此近来筹拨协饷未能裁省之情形也。

按粮津贴一项，始于咸丰三年，每正粮一两，津贴银一两。其地瘠当冲、接壤夷疆与曾被贼扰、元气未复之广元、昭化、剑州、梓潼、汶川、芦山、青神、松潘、峨边、屏山、马边、雷波、越巂、盐源、石泉、綦江、理番、石砫、天全、筠连、兴文、高县、叙永、永宁、荥经、大宁二十六厅州县，历年议明免征，本年复将茂州、清溪二州县一并议免。此外，腹地州县，凡遇公田、兵田及零星小户，亦分别剔免，计每年只收津贴银五十余万两。历有专拨之款，并非专供协饷。就本年而论，则有京饷下户部原拨川省津贴银十五万两，续拨津贴银十万两。又，本省旗绿、兵饷下部拨津贴银十万两。又，贵州常年兵饷部拨津贴银五万两。合计已及四十万两。其余拨供本省防军口粮，为数无多。此时若将津贴停止，则部拨京饷、兵饷概归无着，不但部库顿减巨款，即本省制兵亦难截饷不发，再四筹酌，实未敢遽议停止，致有贻误。现值年谷顺成，体察舆情，尚可照旧办理等情，由藩司王德固、臬司英祥、盐茶道傅庆贻、成绵龙茂道谢膺禧，会详请奏前来。

臣查川省举办津贴，已逾二十余载。前年叠逢偏灾，经臣奏拨银二十万两，发交各属赈济。绅粮亦多捐资助赈，其急公好义之忱，仍无异往时。惟念军兴以来，筹剿筹防，协济四邻，在在均资民力,但使库款稍可节省,何忍于地丁、捐厘之外重累闾阎？无如津贴一项,并非专供协饷,叠经部臣奏拨作为每年京饷、兵饷之用,势难短缺。而每年奏办捐输及盐货厘金,以之分拨云贵、甘肃、新疆、淮军各处协饷,不敷其巨,无从周转,事出两难。

该司道所请,实为京外大局起见,合无仰恳天恩,俯念正供攸关,准将明年津贴照常办理,借供要需。其历年免征之广元等二十六厅州县,及茂州、清溪二州县,亦照常免征,用示体恤。仍请旨饬下户部查议,此次举办之后,如川省每年京饷能以少拨,兵饷或准另筹,所有津贴一项即可酌核情形,奏请停止,并不永以为例。是否有当,理合恭折据实具奏,伏乞皇上圣鉴训示。谨奏。十月十三日。

同治十三年十一月初一日,奉朱批:着照所请,户部知道。钦此。①

【案】吴鸿恩奏……请饬停止一折:同治十三年八月初十日,御史吴鸿恩奏曰:

山东道监察御史臣吴鸿恩跪奏,为四川邻境军务肃清,所有津贴一项请饬即行停止,以纾民力而广皇仁,恭折仰祈圣鉴事。窃查川省自咸丰三年改借征为津贴,按粮加收,实因军务浩繁,为此万不得已之举。历任督臣均称,一俟军务平靖,即行停止。同治十年八月,臣官编修,时应诏陈言,将本籍实在情形附片具奏,请将津贴停止。嗣闻该督臣遵旨覆奏,以邻省协饷尚多,于州县中分别被灾情重,酌加裁减。复称一俟军务

---

① 台北故宫博物院藏:军机及宫中档,文献编号:117597;中国第一历史档案馆藏:朱批奏折,档案编号:04-01-35-0977-037。

肃清,即行奏请停止,并不永以为例。得旨允行。在川民奉上急公,原不敢稍息其力。惟近年接济邻饷,除厘捐外,又有普捐、扩捐、酌捐,统计所捐之数较津贴已加数倍,均系按粮摊派。民力久属难支,虽赋额本轻,而川省山多田少,人烟稠密,与他省悬殊,一遇旸雨愆期,收成歉薄,中下之户,往往追呼扰累,糊口无资。即如同治十一年,因水旱频仍,米价腾贵,饥民遍野,就食于陕西、贵州两省者,约数十万人。路毙流离,惨难言状。此臣乞假回籍时之所目睹也。现在滇、黔邻省军务已就肃清,协饷渐可裁省。其津贴一项若仍照旧征收,似无以取信于民,况我朝轸念民艰,各省偶有偏灾,正供钱粮犹蒙恩加格外,概予豁免。今川省津贴阅二十年之久,与正供一律征收,为他省所无,而各项捐输名目,又无在不借资于民。臣愚以为省一分之诛求,即以培一分之元气,国用无虑其不足,必民力常使之有余。且川省五方杂处,民鲜盖藏,窃恐竭泽而渔,将来如有急需,设法劝捐,更多窒碍。所有津贴一项应请饬下四川督臣,遵照前议,即行奏请停止,出自鸿慈。臣愚昧之见,是否有当,伏乞皇上圣鉴。谨奏。同治十三年八月初十日。[①]

一三七　另行委员采办天坛木植片

同治十三年十月十三日(1874 年 11 月 21 日)

再,川省采办天坛灯杆正副木植,已于前年三月间据委员贾鑫在沈边土司界内之烟雾沟及青苔坎等处夷地全数采获,当经奏报

---

① 台北故宫博物院藏:军机及宫中档,文献编号:116445。

在案。因得木处所离河甚远，山岭阻隔，该员督率人夫，凿山开道，竭力挽运，时逾两载，始于本年五月运抵大渡河水次。而沿河节节皆滩，乳石嶙峋，水势湍急，只能逐根顺水漂放。讵于五月二十〈三〉日，行至雅安属之白水漩地方，因滩高浪急，贾鑫乘坐小筏被水冲折，溺水身故。所运木植于狂澜石窟之中，沿途磕碰，所损尤多。据接办委员巫山县知县武震驰往，会同嘉定府知府王昆差点验收，仅有六丈以外戗木十一根尚属可用，其余正副木六根、戗木七根，俱被水石冲激，概已折损，不符原取尺寸，必须另行采办；并据武震覆勘，烟雾沟等处已无可采之木，兹另于王冈坪夷地老林内蹰有坚直大木，估量合式，足数采取，业已开工砍伐。

惟查王冈坪地方较烟雾沟等处尤为险僻，距河百余里，中隔悬崖，人力难施之处，不一而足。时届秋深，即大雪封山，路径皆迷，挽运维艰，势难限以时日，由藩司王德固具详前来。除饬司添筹经费飞催委员多雇人夫，开凿道路，一面赶紧砍伐，俾得迅速起运外，所有前采木植水运损折过多，现在另行委员采办各缘由，理合附片具奏，伏乞圣鉴训示。谨奏。

同治十三年十一月初一日，奉朱批：工部知道。钦此。[1]

一三八　奏报同治十三年三月至八月承袭世职折

同治十三年十月十三日（1874年11月21日）

头品顶戴四川总督臣吴棠跪奏，为川省承袭世职，照章汇案办

---

[1]　台北故宫博物院藏：军机及宫中档，文献编号：117598；中国第一历史档案馆藏：朱批奏片，档案编号：04-01-37-0124-020。

理,恭折仰祈圣鉴事。

窃查前准部咨:钦奉上谕:嗣后阵亡、殉难各员子孙承袭世职,均着各该厅州县将应袭职名迅速查明,径行具报督抚,予限半年汇案具奏一次等因。钦此。历经遵办在案。兹查同治十三年三月起至八月底止,陆续据成都等各厅州县先后详请承袭世职,并将前经请袭年未及岁、现已及岁之员呈请验录,造具各故员履历事实及应袭各员三代宗图、年貌、族邻供结前来。经臣先后验看属实,并将册结、宗图汇总,专咨报部查核。其有并无籍贯可稽者,俟咨查覆到,另行办理。

所有自同治十三年三月起至八月底止川省各属请袭世职,遵照奏定章程,谨缮清单,恭呈御览,伏乞皇上圣鉴,敕部议覆施行。谨奏。十月十三日。

同治十三年十一月初一日,奉朱批:兵部议奏,单并发。钦此。①

一三九　呈同治十三年三月
至八月请袭世职清单

同治十三年十月十三日（1874年11月21日）

谨将同治十三年三月起至八月底止川省请袭世职各案,缮具清单,恭呈御览。

一、王朝栋,成都县人,现年十九岁。伊曾祖父王大伦由会盐营千总于嘉庆二年三月十一日在达县金鹅寺地方阵亡,经部议议

---

① 台北故宫博物院藏:军机及宫中档,文献编号:117599;中国第一历史档案馆藏:朱批奏折,档案编号:04-01-16-0200-031。

给云骑尉世职。伊祖父王忠扬、伊父王泽姬均承袭后病故，伊胞兄王朝冠未袭病故无嗣，所遗恩骑尉世职，请以王大伦之嫡次曾孙王朝栋承袭，并将伊王父泽姬原领敕书遵照部咨，黏贴印花，经送吏部核办。

一、马怀芳，成都县人，现年二十一岁。伊父马金梁由阜和左营蓝翎军功于咸丰六年五月内在江南镇江府破岗子地方阵亡，经部议给云骑尉世职。前于咸丰九年，请以马金梁之嫡长子马怀芳承袭，维时年未及岁，准食半俸。今年已及岁验看，请食全俸。

一、陈宝怀，成都县人，现年十八岁。伊伯祖父陈贵由懋功营把总于嘉庆八年十月初二日在本省太平县属兼岔溪地方阵亡，经部议给云骑尉世职。伊祖父陈福、伊父陈文耀均承袭后病故，所遗恩骑尉世职，请以陈贵之嗣孙陈宝怀承袭，并将伊父陈文耀原领敕书遵照部咨，黏贴印花，经送吏部核办。

一、唐光联，成都县人，现年十九岁。伊胞伯祖唐坤由绥定营外委于咸丰二年五月内在江南镇江府高资地方阵亡，经部议给云骑尉世职。伊胞伯父唐怀桢承袭后病故无子，所遗世职，请以唐坤之嗣孙唐光联承袭，并将伊胞伯父唐怀桢原领敕书遵照部咨，黏贴印花，经送吏部核办。

一、李永芬，成都县人，现年十三岁。伊父李守伦由把总于同治九年三月十九日在甘肃峡口地方阵亡，经部议给云骑尉世职。同治十一年五月二十一日奉旨：依议。钦此。请以李守伦之嫡长子李永芬承袭。

一、王大祥，成都县人，现年二十六岁。伊父王金泰由千总于同治八年十二月十八日在甘肃庆阳县东门外地方阵亡，经部议给云骑尉世职。同治十一年五月二十一日奉旨：依议。钦此。请以王金泰之嫡长子王大祥承袭。

一、郑自敦,汉州人,现年二十二岁。伊父郑嘉谟由候选训导于咸丰十年九月二十五日在汉州金轮场地方阵亡,经部议给云骑尉世职。咸丰十年十二月三日奉旨:依议。钦此。前于同治元年请以郑嘉谟之嫡长子郑自敦承袭,维时年未及岁,准食半俸,后于同治十年岁试入学,今年已及岁验看,并请以文生兼袭。

一、吴培恩,奉节县人,现年九岁。伊祖父吴朝清由城守营守备于咸丰十年三月二十二日在江南东坝老鼠村地方阵亡,经部议给云骑尉世职。伊父吴振声承袭后病故,所遗世职,请以吴朝清之嫡长孙吴培恩承袭。至吴振声承袭后未领敕书,无从申缴。

一、张长庆,奉节县人,现年二十一岁。伊父张伯昂由知县于同治三年三月初九日在江苏句容县地方阵亡,经部议给云骑尉世职。同治三年六月十七日奉旨:依议。钦此。请以张伯昂之嫡长子张长庆承袭。

一、梁世清,安县人,现年二十五岁。伊父梁志品由重庆镇标中营千总于咸丰十年二月十五日在安徽庐州府属地方阵亡,经部议给云骑尉世职。同治元年九月二十四日奉旨:依议。钦此。伊胞兄梁世蛟未袭病故无嗣,所遗世职,请以梁志品之嫡次子梁世清承袭。

一、刘永涛,安县人,现年三十岁。伊父刘堃由候选训导于咸丰十一年四月十一日在安县南门外地方阵亡,经部议给云骑尉世职。同治六年三月十七日奉旨:依议。钦此。请以刘堃之嫡长子刘永涛承袭。

一、尹定熊,巴县人,现年三十一岁。伊胞叔尹超由蓝翎马兵于咸丰十年四月十二日在江南无锡县地方阵亡,经部议给云骑尉世职。同治十一年七月初二日奉旨：依议。钦此。伊胞叔尹超阵亡无嗣，请以胞侄尹定熊承袭。

一、雷青云，中江县人，现年二十一岁。伊胞叔父雷天阳由花翎尽先都司于同治六年二月二十在甘肃通渭县关口子地方阵亡，经部议给云骑尉世职。同治九年六月初四日奉旨：依议。钦此。伊伯父雷天阳阵亡无子，以胞弟雷天有之子雷青云为嗣，应请承袭。

一、王天赐，阆中县人，现年十八岁。伊父王国彬由川北左营外委于同治五年八月二十一日在甘肃巩昌府地方阵亡，经部议给云骑尉世职。同治十二年九月十三日奉旨：依议。钦此。请以王国彬之嫡长子王天赐承袭。

一、赵昌瀚，荣昌县人，现年十五岁。伊父赵贵友由从九品于咸丰十一年七月二十五日在本省内江县属之盖市场地方阵亡，经部议给云骑尉世职。同治十年十二月二十七日奉旨：依议。钦此。请以赵贵友之嫡长子捐纳从九品赵昌瀚兼袭。

一、刘祖佑，德阳县人，年二十岁。伊祖父刘俊德由绵州营外委于咸丰十一年四月间在安县城内巷战阵亡，经部议给云骑尉世职。伊嗣父刘高衔承袭后病故无子，亦无同胞弟侄，以同祖堂侄刘祖佑为嗣，所遗世职，请以刘俊德之嗣孙刘祖佑承袭。至刘高衔承袭未领敕书，无从申缴。

一、沙品金，西昌县人，现年十岁。伊父沙锦山由花翎守备于同治八年七月初二日在云南省临安府属簸溪地方阵亡，经部议给云骑尉世职。同治八年十二月二八日奉旨：依议。钦此。请以沙锦山之嫡长子沙品金承袭。

一、赵桥，松潘厅人，现年十岁。伊祖父赵仁由马边右营守备署保安营都司于同治二年二月初七日在保安地方阵亡，经部议给云骑尉世职。同治七年三月十四日奉旨：依议。钦此。伊父赵廷镛承袭后病故，请以赵仁之嫡长孙赵桥承袭。至赵廷镛承袭未领敕书，无从申缴。

一、沙映泰，松潘厅人，现年三十岁。伊胞兄沙映瑞由松潘左营把总于咸丰九年十月二十八日在江北浦口地方阵亡，经部议给云骑尉世职。同治十一年十月十九日奉旨：依议。钦此。伊胞兄沙映瑞阵亡无嗣，请以胞弟沙映泰承袭。

一、韩锜，松潘厅人，现年二十一岁。伊父韩尚彩由漳腊营外委于咸丰十年十二月十六日在松潘属望山关地方阵亡，经部议给云骑尉世职。同治八年四月初七日奉旨：依议。钦此。请以韩尚彩之嫡长子韩锜承袭。

一、陈羽昌，懋功厅绥靖屯人，现年二十三岁。伊父陈长治由庆宁营尽先守备于咸丰九年十月二十八日在江北浦口地方阵亡，经部议给云骑尉世职。咸丰十年四月十二日奉旨：依议。钦此。请以陈长治之嫡长子陈羽昌承袭。

一、马荣廷，松潘厅人，现年二十二岁。伊父马应选由蓝翎马兵于咸丰九年十月二十八日在江北浦口地方阵亡，经部议给云骑尉世职。同治十一年十月十九日奉旨：依议。钦此。请以马应选之嫡长子马荣廷承袭。

一、杨含光，简州人，现年十九岁。伊父杨联芳由尽先把总于同治四年十一月二十一日在本省高县属龙盆场地方阵亡，经部议给云骑尉世职。同治九年闰十月二十一日奉旨：依议。钦此。请以杨联芳之嫡长子杨含光承袭。

一、李新钰，合江县人，现年二十一岁。伊父李华治由候选训导于咸丰十一年正月十五日在本县福城寺地方阵亡，经部议给云骑尉世职。同治三年六月十七日奉旨：准恤。前于同治四年请以李华治之嫡长子李新钰承袭，维时年未及岁，准食半俸。今年已及岁验看，请食全俸。

一、樊占雄，松潘厅人，现年十三岁。伊祖父樊炳由候选训导于咸丰十一年十月初七日在松潘厅东门外地方阵亡，经部议给云骑尉世职。同治九年十二月二十五日奉旨：依议。钦此。伊父樊肇星未袭病故，所遗世职，请以樊炳之嫡长孙樊占雄承袭。

一、杜祥麟，金堂县人，现年二十一岁。伊父杜安邦由尽先把总于同治四年十二月初二日在本省兴文县属建武地方阵亡，经部议给云骑尉世职。同治九年闰十二月二十一日奉旨：依议。钦此。请以杜安邦之嫡长子杜祥麟承袭。

一、张尚泽，大竹县人，现年二十岁。伊父张殿魁由尽先守备于同治七年五月二十五日在山东海丰县地方阵亡，经部议给云骑尉世职。同治十一年六月十五日奉旨：依议。钦此。请以张殿魁之嫡长子张尚泽承袭。

（朱批）：览。①

一四〇　奏报川省同治十三年九月雨水、粮价折

同治十三年十月二十九日(1874年12月7日)

头品顶戴四川总督臣吴棠跪奏，为恭报四川省同治十三年九月份各属具报米粮价值及得雨情形，仰祈圣鉴事。

---

① 台北故宫博物院藏：军机及宫中档，文献编号：117599-0-A。

窃照同治十三年八月份通省米粮价值及得雨情形,前经臣恭折奏报在案。兹查本年九月份成都等十二府,资州、绵州、忠州、酉阳州、眉州、邛州、泸州七直隶州,松潘、理番、石砫、叙永四直隶厅,各属先后具报得雨自一二次至十三四次不等。塘堰积水,小春播种。其通省粮价俱与上月相同。据布政使王德固查明列单汇报前来。

臣覆核无异。理合分缮清单,恭呈御览,伏乞皇上圣鉴。谨奏。十月二十九日。

同治十三年十二月初四日,奉朱批:知道了。钦此。①

一四一　呈川省同治十三年九月粮价清单

同治十三年十月二十九日(1874年12月7日)

谨将四川省同治十三年九月份各属具报米粮价值,开具清单,恭呈御览。

成都府属,价贵。中米每仓石价银二两九钱三分至三两九钱一分,与上月同。大麦每仓石价银一两八钱三分至二两,与上月同。小麦每仓石价银二两一钱三分至二两三钱,与上月同。黄豆每仓石价银一两四分至二两四钱四分,与上月同。荞子每仓石价银一两一钱六分至一两七钱,与上月同。

重庆府属,价贵。中米每仓石价银二两七钱三分至三两七钱一分,与上月同。大麦每仓石价银一两六钱二分至一两九钱七分,与上月同。小麦每仓石价银二两六钱八分至二两七钱三分,与上

①　台北故宫博物院藏:军机及宫中档,文献编号:118129;中国第一历史档案馆藏:朱批奏折,档案编号:04-01-25-0514-003。

月同。黄豆每仓石价银二两七钱至二两九钱七分，与上月同。

保宁府属，价贵。中米每仓石价银二两五钱五分至三两二钱一分，与上月同。大麦每仓石价银一两八钱九分至二两一钱，与上月同。小麦每仓石价银二两八钱三分至三两五钱七分，与上月同。黄豆每仓石价银一两八钱一分至二两一钱一分，与上月同。

顺庆府属，价贵。中米每仓石价银二两九钱九分至三两三钱八分，与上月同。大麦每仓石价银一两六钱一分至一两八钱，与上月同。小麦每仓石价银二两九分至二两一钱二分，与上月同。黄豆每仓石价银一两五钱五分至一两六钱五分，与上月同。

叙州府属，价贵。中米每仓石价银三两至三两二钱二分，与上月同。大麦每仓石价银一两六钱六分至二两二分，与上月同。小麦每仓石价银二两一钱三分至二两六钱三分，与上月同。黄豆每仓石价银一两一钱一分至一两五钱二分，与上月同。

夔州府属，价贵。中米每仓石价银二两八钱至三两一钱一分，与上月同。大麦每仓石价银一两七钱八分至二两四钱六分，与上月同。小麦每仓石价银二两九钱五分至三两三分，与上月同。黄豆每仓石价银二两一钱四分至二两二钱四分，与上月同。

龙安府属，价贵。中米每仓石价银二两四钱九分至三两一钱四分，与上月同。青稞每仓石价银一两五钱，与上月同。小麦每仓石价银一两七钱九分至二两一钱八分，与上月同。黄豆每仓石价银一两八钱五分至一两九钱三分，与上月同。

宁远府属，价贵。中米每仓石价银二两八钱三分至三两一钱一分，与上月同。大麦每仓石价银一两四钱八分至一两六钱，与上月同。小麦每仓石价银一两五钱九分至二两二钱，与上月同。荞子每仓石价银一两四钱五分，与上月同。黄豆每仓石价银一两五钱六分至一两六钱三分，与上月同。

雅州府属，价中。中米每仓石价银二两七钱五分至二两七钱六分，与上月同。小麦每仓石价银二两二钱九分至二两六钱五分，与上月同。黄豆每仓石价银一两六钱五分至二两四分，与上月同。

嘉定府属，价贵。中米每仓石价银二两七钱二分至三两三钱，与上月同。小麦每仓石价银二两三钱六分至二两七钱三分，与上月同。黄豆每仓石价银一两四钱七分至二两三分，与上月同。

潼川府属，价贵。中米每仓石价银二两八钱三分至三两五分，与上月同。大麦每仓石价银一两六钱五分至一两九钱三分，与上月同。小麦每仓石价银二两一钱四分至二两四钱九分，与上月同。黄豆每仓石价银一两七钱六分至二两一钱三分，与上月同。

绥定府属，价中。中米每仓石价银二两七钱至二两八钱二分，与上月同。大麦每仓石价银一两五钱八分，与上月同。小麦每仓石价银一两六钱二分至一两七钱三分，与上月同。黄豆每仓石价银一两四钱三分，与上月同。

眉州直隶州属，价中。中米每仓石价银二两六钱八分至二两九钱六分，与上月同。

邛州直隶州并属，价贵。中米每仓石价银二两五钱八分至二两九钱八分，与上月同。大麦每仓石价银一两九钱，与上月同。小麦每仓石价银二两五钱七分，与上月同。黄豆每仓石价银二两八分至二两二钱二分，与上月同。

泸州直隶州并属，价贵。中米每仓石价银三两至三两一分，与上月同。

资州直隶州并属，价中。中米每仓石价银二两五钱至二两九钱，与上月同。

绵州直隶州并属，价中。中米每仓石价银二两六钱七分至二两九钱五分，与上月同。小麦每仓石价银二两三钱二分至二两四钱六分，与上月同。

茂州直隶州并属，价中。中米每仓石价银二两五钱七分，与上月同。小麦每仓石价银二两六钱八分，与上月同。青稞每仓石价银二两二钱，与上月同。荞子每仓石价银一两二钱三分至一两七钱三分，与上月同。

忠州直隶州并属，价贵。中米每仓石价银二两五钱二分至三两一钱六分，与上月同。大麦每仓石价银一两四钱六分至一两六钱，与上月同。小麦每仓石价银二两三分至二两三钱九分，与上月同。黄豆每仓石价银一两二钱七分至一两五钱七分，与上月同。

酉阳直隶州并属，价贵。中米每仓石价银二两五钱三分至三两一分，与上月同。大麦每仓石价银二两二钱八分至二两六钱，与上月同。小麦每仓石价银二两六钱二分至二两七钱六分，与上月同。黄豆每仓石价银一两三钱九分至一两四钱四分，与上月同。

叙永直隶厅并属，价中。中米每仓石价银二两九钱二分，与上月同。小麦每仓石价银一两八钱一分，与上月同。荞子每仓石价银一两三钱二分，与上月同。黄豆每仓石价银一两六钱一分，与上月同。

松潘直隶厅，价中。青稞每仓石价银二两六钱六分，与上月同。荞子每仓石价银一两七钱四分，与上月同。

杂谷直隶厅，价中。青稞每仓石价银二两四钱，与上月同。荞子每仓石价银一两七钱九分，与上月同。

石砫直隶厅，价平。中米每仓石价银一两六钱，与上月同。大麦每仓石价银一两七钱三分，与上月同。小麦每仓石价银二两六分,与上月同。黄豆每仓石价银一两八钱九分,与上月同。

打箭炉厅,价贵。青稞每仓石价银四两八钱七分,与上月同。油麦每仓石价银一两八钱一分,与上月同。

(朱批):览。①

一四二　呈川省同治十三年九月雨水清单

同治十三年十月二十九日(1874 年 12 月 7 日)

谨将四川省同治十三年九月份各属具报得雨情形,开具清单,恭呈御览。

成都府属:成都、华阳两县得雨七次,播种小春。简州得雨二次,菜子发生。汉州得雨三次,堰水充足。温江县得雨四次,田亩翻犁。郫县得雨二次,小春播种。新都县得雨八次,葫豆播种。彭县得雨二次,禾苗收割。双流县得雨三次,犁田已毕。什邡县得雨二次,葫豆发生。

重庆府属:江北厅得雨十二次,小春萌芽。巴县得雨十二次,田塘积水。江津县得雨五次,田水充足。长寿县得雨十四次,堰塘积水。永川县得雨十二次,小春播种。荣昌县得雨三次,田水充足。南川县得雨四次,山土滋润。铜梁县得雨七次,小春滋生。璧山县得雨六次,田水充盈。大足县得雨十四次,田亩翻犁。定远县得雨十四次,田亩翻犁。

夔州府属:云阳县得雨三次,田水充足。万县得雨八次,棉花收毕。

---

① 台北故宫博物院藏:军机及宫中档,文献编号:118129-0-A。

龙安府属：江油县得雨二次，塘堰积水。平武县得雨二次，豆麦播种。彰明县得雨二次，堰水充盈。

绥定府属：太平县得雨二次，堰塘积水。城口厅得雨二次，小春滋生。

宁远府属：盐源县得雨三次，山土滋润。越嶲厅得雨二次，塘堰积水。

保宁府属：阆中县得雨六次，地土滋润。苍溪县得雨四次，田水充盈。广元县得雨二次，大麦滋长。昭化县得雨一次，二麦播种。剑州得雨五次，黄豆收获。

顺庆府属：南充县得雨十一次，田水充足。西充县得雨五次，小麦发生。蓬州得雨四次，堰水充足。仪陇县得雨三次，小春播种。广安州得雨五次，田水充盈。岳池县得雨九次，田水充足。邻水县得雨十次，田水充盈。

潼川府属：三台县得雨六次，小春播种。射洪县得雨六次，田水充足。盐亭县得雨九次，大麦滋长。乐至县得雨五次，田堰积水。

雅州府属：雅安县得雨五次，小麦渐长。天泉州得雨六次，小春播种。

嘉定府属：乐山县得雨四次，堰水充盈。峨眉县得雨一次，小春耕种。洪雅县得雨一次，黄豆收获。犍为县得雨三次，四乡犁田。荣县得雨五次，小春播种。威远县得雨五次，小春播种。峨边厅得雨三次，小春播种。

叙州府属：南溪县得雨六次，田水充足。

资州直隶州并属：资州得雨六次，田堰水足。仁寿县得雨二次，田水充足。资阳县得雨五次，田水充盈。井研县得雨四次，菜子播种。内江县得雨十三次，小春播种。

绵州直隶州属:安县得雨八次,小春播种。梓潼县得雨二次,田水充足。罗江县得雨二次,豆麦滋长。

忠州直隶州属:酆都县得雨六次,棉花收检。垫江县得雨八次,田土翻犁。梁山县得雨八次,播种小春。

酉阳直隶州属:彭水县得雨二次,田水充足。

眉州直隶州并属:眉州得雨二次,小春播种。彭山县得雨五次,田水充盈。丹棱县得雨四次,小春播种。

邛州直隶州属:大邑县得雨五次,堰水充足。

泸州直隶州并属:泸州得雨十次,小春播种。江安县得雨二次,小春播种。合江县得雨八次,田水充足。纳溪县得雨六次,小春播种。

松潘直隶厅得雨三次,山土滋润。

理番直隶厅得雨四次,播种小春。

石砫直隶厅得雨五次,棉花收检。

叙永直隶厅并属:叙永厅得雨四次,田水充足。永宁县得雨四次,田水充足。

(朱批):览。①

一四三　奏为已故知县蹇闿功德在民恳予建祠折

同治十三年十月二十九日(1874 年 12 月 7 日)

头品顶戴四川总督臣吴棠跪奏,为故员功德在民,舆情追感不置,恳恩准予建祠,以彰忠荩,恭折仰祈圣鉴事。

---

① 台北故宫博物院藏:军机及宫中档,文献编号:118139。

　　窃查已故布政使衔候补道前署茂州知州彭山县知县蹇闿，系贵州遵义府遵义县廪生，以军功保举训导，改捐县丞，分发到川。复由籍保升知县，仍留原省补用，引见到省。前于咸丰十年署理彭山县任内，值滇匪李泳和拥众数万，窜扰叙、泸、资各属，上游震动，土匪蜂起，该县向无城垣，民心惶惶。蹇闿创筑土城，捐廉募勇，防扼要隘，县境肃然。十一年三月，李逆股匪由眉州分窜彭山之回龙场。该员亲率勇丁驰往堵御，督战截击，屡有斩获，而贼愈麇至，蹇闿虑其分股扑城，乃令各团分扎各场，而自入城防守。时城内已一日数惊，纷纷迁徙，佥谓贼将大至。有劝蹇闿暂避者，蹇闿叱之曰：各乡团练星布，贼未必遽来，如力不胜，则城亡亦亡耳！遂登城日夜巡警，而守具亦大备，复议建石城三百八十余丈，亲自规画，且防且筑，六阅月而工竣，民心遂定。贼知有备，退至境外之快活山。

　　该员简练丁勇、民团，以寡击众，直捣巢穴，破其垒。贼仓皇遁，与青神、丹棱、眉州诸股合，相戒勿犯彭山境。眉州之民将彭山界石移入眉州界内以誊贼。该员旋奉委兼办眉州团练，与贼相持累月，剿抚兼施，散其胁从，眉州围亦旋解。时眉属勇目陈祥兴率众数万屯聚郊外，四处骚扰，官不敢制。蹇闿亲至其营，晓以利害，反复开导。祥兴感动流涕，遂散其众，眉、彭之民始获安堵。

　　十一年冬，该员委署茂州直隶州知州。时值接壤之松潘厅城先被逆番攻陷，附近各营汛亦俱失守。溃兵土匪勾结煽乱，州城危在旦夕。蹇闿莅任，率自练勇丁击散土匪，安抚难民，布置城守，号令严肃，番不敢犯。同治元年，越剿匪首方自闻，于绵竹境内平之。

　　五月，川东突被水灾，该员捐资散赈，全活甚众。旋亲督勇练，规复松潘，连克叠溪营城及龙池、梭多、石碉楼诸隘。招抚难民，给粮资遣者以千计。复助大军收复松潘厅城，遂回州筹办善后，平减粮价，储仓麦以备不虞，由是州民无恐。该员历任各处，虽军务倥偬，于民间利病尤悉心讲求。去年，彭山、眉州、新津三州民人控争堰水，累讼不决。该员奉委勘断明晰，厘定章程，民赖其利。事毕后，差委赴渝查办教案，于十二年十二月初六日殁于旅寓。官民同声悼惜。兹据茂州知州张祺暨署彭山县知县朱仁基，各据绅民公禀，追念该故员保卫民生，遗爱不忘，胪列功迹，恳请于茂州、彭山两处建祠展祀，以抒追慕之忱。先后详请具奏前来。

臣查该故员塞闿，历任川省州县，卓著循声，剿匪平番，功绩甚伟。去岁，委办黔江教案，积劳病故，经臣奏请旌恤在案。兹据茂州、彭山士民以该故员守城攘寇，保卫一方，咸愿建祠展祀，情出至诚。合无仰恳天恩，俯准茂州、彭山各绅民就地捐建专祠，以顺舆情而彰茂绩，出自鸿慈。理合恭折具奏，伏乞皇上圣鉴训示。谨奏。十月二十九日。

同治十三年十二月初四日，奉朱批：着照所请，该部知道。钦此。[①]

一四四　续查阵亡团练及殉节妇女请旨旌恤折

同治十三年十月二十九日（1874 年 12 月 7 日）

头品顶戴四川总督臣吴棠跪奏，为续查川省剿贼阵亡绅团、练勇及被难绅士、殉节妇女，恳恩分别旌恤，以彰忠节，恭折具奏，仰祈圣鉴事。

---

① 台北故宫博物院藏：军机及宫中档，文献编号：118132；中国第一历史档案馆藏：朱批奏折，档案编号：04-01-12-0519-094。

窃查川省自军兴以来，所有历来各处防剿阵亡官绅团练并殉难男丁、妇女，诚恐日久湮没不彰，前经奏明在省城设立探访忠节总局，委员会督绅耆探访办理，叠经奏请旌恤在案。兹据总局司道查明松潘等厅州县阵亡绅团、练勇以及殉难死节绅民、妇女共七百三十六名口，分别造具花名清册，详请具奏前来。

臣覆查册开阵亡、伤故绅团、练勇宛象贤等七百二十五名、殉难绅士杜芳华等二名、殉节妇女张赵氏等九口，均系仗义舍身，忠节凛然。合无仰恳天恩，敕部核议，分别优加旌恤，以慰忠魂而昭节烈，出自鸿慈。除清册咨部外，理合恭折具奏，伏乞皇上圣鉴训示。谨奏。十月二十九日。

同治十三年十二月初四日，奉朱批：宛象贤等均着交部分别从优旌恤。钦此。①

一四五　奏报曹贻庆期满甄别折

同治十三年十月二十九日(1874年12月7日)

头品顶戴四川总督臣吴棠跪奏，为知府试看年满，循例甄别，恭折仰祈圣鉴事。

窃查吏部奏定章程：道府等官，毋论何项劳绩保奏归入候补班者，以到省之日起，予限一年，令督抚详加察看，出具考语，奏明分别繁简补用，专折奏闻。兹查发川候补班前先补用知府曹贻庆，年四十三岁，湖北江夏县监生。咸丰六年，遵例捐纳光禄寺署正，嗣

---

① 台北故宫博物院藏：军机及宫中档，文献编号：118133；中国第一历史档案馆藏：朱批奏折，档号：04-01-14-0075-129。

加捐郎中,签分工部虞衡司行走,办理京城团防。复总办军需,于红旗案内保奏,俟学习期满,以本部郎中遇缺即补。恭办大婚典礼告成,同治十一年十月初四日,奉旨以知府分发省份,归候补班前先补用。十二年正月,指捐四川,四月十八日引见,奉旨:照例发往。钦此。领照起程,于是年闰六月初十日到省,扣至十三年六月初十日,试看一年期满,由藩、臬两司详请甄别前来。

臣察看该员曹贻庆,年力正强,办事勤慎,堪膺表率之任,应请留川以简缺知府补用。倘或始勤终怠,仍当随时核办,不敢稍事姑容,致滋贻误。理合循例恭折具陈,伏乞皇上圣鉴。谨奏。十月二十九日。

同治十三年十二月初四日,奉朱批:吏部知道。钦此。①

一四六　奏报同知周箦期满甄别片

同治十三年十月二十九日(1874 年 12 月 7 日)

再,查吏部奏定章程:州、县、丞、倅,无论何项劳绩保奏归入候补班者,以到省之日起,予限一年,令督抚详加察看,出具切实考语,奏明分别繁简补用等因。钦遵在案。兹查有知府衔遇缺前先补用同知周箦,到省一年期满,自应照章甄别,据布政使王德固、按察使英祥造具该员履历清册,会详请奏前来。

臣查补用同知周箦,年强才裕,请留川以繁缺同知补用。除将该员履历清册咨部外,理合附片陈明,伏乞圣鉴训示。谨奏。

---

　　①　台北故宫博物院藏:军机及宫中档,文献编号:118134;中国第一历史档案馆藏:朱批奏折,档案编号:04-01-12-0519-071。

同治十三年十二月初四日，奉朱批：吏部知道。钦此。①

一四七　奏报同治十三年秋季借补把总员缺片

同治十三年十月二十九日(1874年12月7日)

再，查前准兵部咨：嗣后借补千、把总各弁缺，积至三月汇奏一次，以归简易等因。兹查同治十三年秋川省各营仅借补邑梅营左司把总幸联陞一员，造具年岁履历清册，由提督臣胡中和咨请具奏暨咨部给札前来。

臣覆加查核，与定章相符。除册咨部外，理合附片陈奏，伏乞圣鉴训示。谨奏。

同治十三年十二月初四日，奉朱批：知道了。钦此。②

一四八　请免参将黎鸿钧射箭片

同治十三年十月二十九日(1874年12月7日)

再，留川尽先补用参将黎鸿钧，年三十七岁，奉节县人。咸丰五年，由武童投入湖北军营，随同征剿粤匪，屡克坚城出力，给予六品军功顶戴。复随庭军出师安徽，于克复太湖、救援宿松等县案内，历保守备。回川省亲。嗣委带勇丁攻剿滇匪，屡次出力，补授通江营守备，叠保都司、游击。复以克复丹棱县城，保升尽先参将，

①　台北故宫博物院藏：军机及宫中档，文献编号：118135；中国第一历史档案馆藏：朱批奏片，档案编号：04-01-12-0519-070。

②　台北故宫博物院藏：军机及宫中档，文献编号：118136；中国第一历史档案馆藏：朱批奏片，档案编号：04-01-16-0200-027。

旋因事革职。以生擒逆首李泳和、殄灭滇匪著绩,奏准开复原官,留川尽先补用。同治二年,因进攻松潘逆番,在合缝崖要隘督队鏖战,被枪子轰伤左肋膊,斜穿左乳深入伤筋,久治未愈,不能挽强运重,经署提督臣联昌委员查验属实。

合无仰恳天恩,俯念该员打仗奋勇,伤筋难愈,将来送部引见时,免其射箭,以示体恤,出自鸿慈。理合附片具陈,伏乞圣鉴训示。谨奏。

同治十三年十二月初四日,奉朱批:知道了。钦此。①

一四九　核奖剿办蛮匪、逆回出力员弁绅团折

同治十三年十一月初二日(1874年12月10日)

四川成都将军臣魁玉、头品顶戴四川总督臣吴棠跪奏,为遵旨并案核实汇奖剿办峨边蛮匪及防剿秦、陇逆回尤为出力员弁绅团,恭折仰祈圣鉴事。

窃臣等前于同治十二年十一月间,由驻具奏峨边厅境蛮匪滋事,经官军剿抚兼施、次第出降一折。嗣准兵部咨,是年十一月二十九日,奉上谕:其余出力员弁,着魁玉等择尤汇案请奖等因。钦此。又于同治十三年五月间,臣吴棠具奏,川军防剿秦、陇逆回成劳久著,恳恩并案,核实汇奖在事出力员弁绅团,以昭激劝一折。旋于本年六月二十五日,准兵部火票递回原折,奉朱批:准其择尤保奖,毋许冒滥。钦此。

---

① 台北故宫博物院藏:军机及宫中档,文献编号:118138;中国第一历史档案馆藏:朱批奏片,档案编号:04-01-16-0200-032。

伏查川省地处极边，与秦、陇、滇黔接壤，而川西一带又有番夷羌猓，出没靡常，故戍卒防兵必得讲求于平日，始能应变于临时。况当内患既除，疮痍未复，邻氛初息，烽燧犹惊，整军经武之方，尤不可不加之意也。此次峨边蛮匪滋事，臣等会商添募练丁，协同堵御。始则移总兵李忠恕管带之武安军以助守之，继则调总兵田应豪管带之达字后营以雕剿之，最后复益以提督陈希祥所部达字全军，凿险缒幽，长驱深入，计阅一年之久，卒能次第出降，边陲渐定。

维时肃州回逆适值攻剿吃紧之时，臣等虑残贼游兵铤而走险，乘备多力分之际，窥伺边疆，全赖提督李辉武、李有恒等，督同将弁勇丁，知兵任战，历久不渝。其截击逆回也，则援邻志切；其查拿积匪也，则保境功深。以及官绅团练等转运军粮，分防边隘，急公好义，殆亦有年。洎乎蛮匪削平，而肃州之捷音又至，经臣等先后奏请并案汇奖，渥荷恩俞。兹据该将领具禀拟保前来。逐加删减，谨择其尤为出力者，另缮清单，恭呈御览，吁恳鸿施立沛，以作士气，而固民心。

除拟保千总以下循例造册咨部外，所有遵旨并案核实汇奖剿办峨边蛮匪及防剿秦、陇逆回尤为出力员弁绅团缘由，合词恭折具陈，伏乞皇上圣鉴训示。谨奏。十一月初二日。

同治十三年十一月二十日，奉朱批：钦此。[1]

---

[1] 台北故宫博物院藏：军机及宫中档，文献编号：117935。又，吴棠等：《游蜀疏稿》，第969—975页。其尾记曰："同治十三年十一月初二日，由驲具奏。于本年十二月初四日，奉朱批：另有旨。钦此。"

一五〇　呈历次防剿蛮匪、逆回出力文武清单

同治十三年十一月初二日(1874年12月10日)

谨将官军剿办峨边蛮匪,并历次防剿秦、陇逆回所有在事尤为出力文武员弁、兵团,缮列清单,恭呈御览。

计开:剿办峨边蛮匪尤为出力员弁、兵团。提督衔简放总兵李忠楷,提督衔遇缺简放总兵世袭三等轻车都尉定长,记名总兵克勇巴图鲁李忠恕,总兵用四川督标中军副将文升,升用总兵留川尽先副将武勇巴图鲁陈顺理,总兵衔尽先副将达勇巴图鲁张祖云。以上六员,绥边御寇,谋勇兼优。李忠楷请赏给三代一品封典。定长请遇有提督缺出,请旨简放。李忠恕请赏加提督衔。文升等三员,均请以总兵交军机处记名,遇缺开列在前,请旨简放。

花翎副将衔留川补用参将尽先补用游击李锡成,蓝翎尽先都司汪本立,花翎游击衔升用都司尽先补用守备李大英、李忠玉,花翎都司衔留南尽先补用守备张祖纯,蓝翎升用都司留南尽先守备侯连升,花翎都司衔遇缺尽先补用守备李著献、张得亮,蓝翎都司衔遇缺尽先补用守备朱振元、李国玉,蓝翎留川遇缺尽先补用守备杨得霖,建昌左营守备康如陵,蓝翎尽先千总谭文秀,尽先千总陈如锦、戴承恩。以上十五员,连营转战,慑伏凶酋。李锡成请免补游击,以参将仍留四川,尽先前即补。汪本立请免补都司,以游击尽先前即补。李大英等三员,均请免补守备,以都司尽先前即补。侯连升请免补守备,以都司仍留湖南,尽先补用。李著献等五员,均请免补守备,以都司留川尽先,遇缺即补。康如陵请以都司仍留原省,遇缺尽先即补。谭文秀等三员,均请免补千总,以守备尽先

即补。

花翎副将衔留川尽先补用参将何鉴，花翎尽先前补用参将松玉，两江尽先补用游击叶化龙，花翎尽先前补用都司马元珍，蓝翎都司衔留川尽先前补用守备徐兴，蓝翎尽先守备张鹏图，怀远营把总周疊，六品军功熙杰、添泉、邓治丛。以上十员名，披坚执锐，力挫凶锋。何鉴请以副将仍留四川，无论题推缺出，尽先前补用。松玉请赏加副将衔。叶化龙请免补游击，以参将改留四川，尽先前补用。马元珍请以游击，无论题推缺出，尽先前补用。徐兴请以都司仍留四川，尽先前补用，并请赏换花翎。张鹏图请以都司，尽先补用。周疊请赏戴五品蓝翎。熙杰请以骁骑校无论满蒙，遇缺前先补用，并请赏戴蓝翎。添泉请以绿营把总尽先拔补，并请赏戴蓝翎。邓治丛请赏戴蓝翎。

花翎尽先副将峨边左营守备刘绍富，镇远营俸满都司常连，蓝翎都司衔尽先守备峨左千总余殿华，蓝翎守备鲁廷珍，尽先守备张逢源，蓝翎守备衔尽先千总刘启林，蓝翎尽先把总徐春发，五品蓝翎千总杨均青，署峨左千总镇远营蓝翎把总陈大文，蓝翎尽先千总外委马正恺，蓝翎尽先千总岳廷芳，峨左蓝翎外委刘世升。以上十二员名，登陴誓众，力保危城。刘绍富请俟补副将后以总兵升用。常连请以游击尽先前即补，并请赏戴花翎。余殿华请免补守备，以都司尽先前即补，并请赏换花翎。鲁廷珍、张逢源均请免补守备，以都司尽先补用。刘启林、徐春发均请以守备留川，尽先补用，并请赏加都司衔。杨均青请以守备留营补用，并请赏加都司衔。陈大文、马正恺、岳廷芳，均请免补千总，以守备尽先即补。陈大文并请赏换花翎。刘世升请以千总尽先前即补，并请赏换花翎。

副将衔越巂营参将署建昌左营游击德绥，镇远营蓝翎尽先守备云骑尉署千总马成麟,尽先千总丁瑞麟,峨边左营云骑尉宋久珊,左营外委王五鼎,崇化营外委戴占彪,镇远营外委罗正统。以上七员名,带兵集练,苦守待援。德绥请赏戴花翎。马成麟请赏换花翎,并请赏加都司衔。丁瑞麟等五名,均请赏戴蓝翎。

调川差委按察使衔分省补用道魏邦庆,试用道周廷撰,道衔嘉定府知府玉昆,补用知府四川候补同知署峨边厅通判杨荫棠,双月候补知府乐山县知县黎金炬,候选州判田应亨。以上六员,率队先驱,阵擒要匪。魏邦庆请赏给二品顶戴,并请赏给该员祖父母、父母二品封典,将该员本身妻室应得封典貤封曾祖父母。周廷撰请俟四川无论何项道员缺出,尽先题奏。玉昆请以道员在任,尽先补用,并请赏加盐运使衔。杨荫棠请免补同知,以知府仍留四川,归候补班,前先补用。黎金炬请以知府不论双单月,在任候选。田应亨请免选本班,以知县遇缺尽先选用,并请赏加五品衔。

试用班尽先补用知府庆善,蓝翎候选知府杨玉书,本班尽先补用同知刘廷植,蓝翎同知用先换顶戴留川归候补班前先补用知县艾耀廷,蓝翎同知衔候补班前先补用知县周兆庆,蓝翎留川候补班前先补用知县王豫之,候选府经历胡登三,候选县丞联烺、联武、陈鼎新,蓝翎留川补用班前遇缺尽先补用主簿胜昌,试用主簿陈鸿恩。以上十二员,陷阵冲锋,荡平巨寇。庆善请归知府正班补用,并请赏加盐运使衔。杨玉书请以本班不论双单月,分发省份,归候补班补用。刘廷植请归候补班,前先补用,并请赏加知府衔。艾耀廷、周兆庆均请赏换花翎。王豫之请俟补缺后,以同知用,先换顶戴,并请赏换花翎。胡登三请免选本班,以知县不论双单月,遇缺前先选用。联烺等三员,均请免选本班,以知县留于四川,归候补班,前先补用。胜昌请免补本班,以县丞仍留四川,归候补班,遇缺前先补用。陈鸿恩请归候补班,遇缺尽先前补用。

分发省份归军功候补班前先补用知州贺祝尧,补用直隶州知州候补知县潘贻薪,同知衔署越巂厅事候补知县姚光鼎,花翎同知衔四川候补知县李忠烺,同知衔试用知县茅晭熙,分发省份归军功候补班前尽先补用知县胡亨球,双单月选用知县吴匡,留川归候补班前先补用从九品李国骏,候选从九品岳世俊,监生李懋章。以上十员,拔帜先登,斩擒首要。贺祝尧请留于四川,仍归军功候补班,前先补用。潘贻薪请俟补直隶州知州后,以知府用。姚光鼎请归候补班补用,并请赏戴花翎。李忠烺请俟补缺后,以直隶州知州仍留四川,归候补班,前先即补。茅晭熙请归候补班补用。胡亨球请留于四川,仍归军功候补班前,遇缺尽先补用。吴匡请仍以知县不论双单月选用,并请赏加同知衔。李国骏请仍以从九品,归候补班前先补用。岳世俊、李懋章均请以从九品分发省份,归候补班前先补用。

知府衔眉州直隶州知州河清,候选知州裘尔珍,同知衔严寿昌,蓝翎同知衔升用知县即选县丞刘荣宗,试用从九品芮福嵘,附生长发。以上六员名,克敌致果,所向无前。河清等三员,均请赏戴花翎。刘荣宗请赏换花翎。芮福嵘请归候补班,前先补用,并请赏戴蓝翎。长发请以笔帖式不论双单月,遇缺前先选用,并请赏戴蓝翎。

同知衔署盐源县事题补苍溪县知县毛隆恩,候补府经历杨泳修,升用府经历县丞盐源县典史吴廷镶,署峨边沙坪经历分缺先用县丞张秉垣,候选吏目李逢春,从九品杨祖荫、何三乐,拔贡生翟光发,廪生廖镇鼎,附贡生李融,附生廖能光、黎思成,捐贡生杨文仁,俊秀杨长治。以上十四员名,熟悉边情,相机剿抚。毛隆恩请以直隶州知州在任候补。杨泳修请免补本班,以知县仍留四川,归候补班前先补用。吴廷镳请俟补府经历县丞后,以知县用。张秉垣请归候补班前补用。李逢春等三员,均请分发省份,归候补班前补用。翟光发请以知县选用。廖镇鼎请以训导即选。李融等五名,均请以从九品不论双单月,尽先选用。

廪生李煌,附生李诗昌、张时叙、吴凤翔、张锡蕃、朱逢藻,附贡生刘晓溪,俊秀艾承熙、孙懋勋。以上九名,随营剿匪,备极辛勤。李煌请以训导不论双单月,遇缺前先选用。李诗昌请以州吏目留川,归候补班,遇缺前先补用。张时叙等七名,均请以从九品不论双单月,遇缺前先选用。

护理河东长官司安都氏,蓝翎四品衔土千户沈光嵩,五品蓝翎土百户池光华,土目李朝元、李贵发、李朝贵。以上六员名,忠义奋发,率练前驱。安都氏请赏给二品封典,沈光嵩、池光华均请赏换花翎。李朝元请赏给五品翎顶。李贵发、李朝贵均请赏给五品顶戴。

防剿秦、陇逆回尤为出力员弁、绅团。花翎参将衔江西补用游击胡德兴,花翎游击潘定贵,蓝翎都司彭禄源,蓝翎都司用尽先守备李得胜,蓝翎守备王开泰、李凤高、王岐山、李良发,蓝翎守备用尽先千总袁国栋、尹祖良,蓝翎千总胡天兴、李国谟,千总夏斯盛。以上十三员,带队冲锋,阵擒要逆。胡德兴请免补游击,以参将仍留原省,尽先补用。潘定贵请免补游击,以参将尽先补用。彭禄源请免补都司,以游击尽先补用。李得胜等五员,均请免补守备,以都司尽先补用。袁国栋等五员,均请免补千总,以守备尽先补用。

花翎参将用尽先游击吴守本,花翎游击岳定邦,守备石云程,选用卫守备黄国华,汉中镇标宁陕营把总李祥泰,把总王新桂。以上六员名，攻坚夺垒，擒斩最多。吴守本、岳定邦均请以本班留于陕西，尽先补用。石云程请以本班留于陕西，尽先补用。黄国华请仍以本班，遇缺尽先前补用。李祥泰请以千总仍留原标，尽先拔补，并请赏加守备衔。王新桂请以千总尽先拔补，并请赏戴蓝翎。

外委杨谓春、唐佳才，武生赵魁、赵彩凤，军功韩观成、李国辅、许耀湘、萧庆馥、陈衍汉、邱开武、尹恩霖、蒲遇春、黄山青、姜福堂、覃玉林、李文龙、段克谅、易文全、胡家玉、夏南荣。以上二十名，随营打仗，屡挫贼锋。杨谓春等十六名，均请以把总尽先拔补，均请赏戴蓝翎。段克谅等四名，均请以外委尽先拔补，并均请赏戴蓝翎。

选用通判李世琛，光禄寺署正衔即选教谕许陈常，选用府经历旷经锐，监生谭文锵，文童刘鸿遇、许海贞、赵安旭、熊延清、邓钟秀、周余厚。以上十员名，亲冒矢石，屡立奇功。李世琛请赏加同知衔。许陈常、旷经锐均请俟选缺后，以知县尽先补用。谭文锵等五名，均请以从九品，遇缺即选选用。邓钟秀、周余厚均请以州吏目，遇缺尽先选用。

知县用遇缺先选教谕吕锡疆，候选布照磨顾高范，选用巡检萧崇简，县丞衔监生端秀，附生赵作霖、李萃英。以上六员名，率队前驱，斩擒要逆。吕锡疆请俟知县选缺后，以直隶州用。顾高范、萧崇简均请免选本班，以县丞分发省份，归候补班前先补用。端秀请以县丞留川，归候补班前补用。赵作霖、李萃英均请以主簿，尽先补用。

尽先游击胡俊玖，两江督标蓝翎尽先前即补都司储坤，蓝翎尽先前都司李胜，尽先前补用都司杨三级，留川尽先前补用都司黄国顺，蓝翎尽先补用守备李廷弼、嵇百年、王大鹏，尽先前补用守备何建章,尽先守备吴致中,蓝翎尽先千总顾翰臣,尽先补用千总朱成,蓝翎尽先千总李廷标,二等武举尽先前补用千总借补平安营把总刘冠凯,千总张德春,蓝翎尽先把总洪修身。以上十六员,斩擒要逆,奋不顾身。胡俊玖请免补游击,以参将留川,遇缺尽先补用。储坤请以游击仍归本标,尽先前即补,并请赏换花翎。李胜请以游击归两江督标,尽先前即补,并请赏换花翎。杨三级、黄国顺均请以游击无论题推缺出,尽先前即补。李廷弼请以都司归山东抚标,尽先前补用。稽百年请免补守备,以都司留于两江,遇缺尽先前补用。李廷弼、稽百年并均请赏换花翎。王大鹏请以都司,尽先前补用。何建章、吴致中均请以都司,尽先补用。顾翰臣请以守备,尽先前即补。朱成等四员,均请以守备,尽先补用。朱成并请赏戴蓝翎。洪修身请免补千总,以守备尽先补用。

　　花翎尽先游击李成龄,尽先都司维州右营守备高绍兴,花翎尽先都司黄有贵,蓝翎都司衔提标中营守备谢玉,花翎都司衔遇缺前尽先选用卫守备王廷硅,不论双单月遇缺尽先前即选卫守备范品端,花翎留川尽先补用守备蒋国恩,蓝翎尽先前守备余通令,蓝翎补用守备松潘左营千总郑照,尽先补用守备张廷柱、金殿鳌,尽先把总晁顺。以上十二员,冲锋陷阵,骁勇冠军。李成龄请赏加参将衔。高绍兴、黄有贵均请赏加游击衔。谢玉请赏换花翎。王廷硅、范品端均请仍以本班前,遇缺尽先即选。范品端并请赏加都司衔。蒋国恩、余通令均请赏加都司衔。郑照请赏加都司衔,并请赏换花翎。张廷柱请赏戴花翎。金殿鳌请赏戴蓝翎。晁顺请以千总尽先前拔补,并请赏加守备衔。

　　候补道宝森,道员用四川候补知府王之同,道衔候补班前先补用知府王树汉,道衔署保宁府事候补知府宋仕辉,成都府知府许培身，候补知府余灉廷，道衔补用知府打箭炉同知沈宝昌，同知衔分省即补知县周锡銮，同知衔阆中县知县孙海，同知衔候补知县文康，同知衔留川归候补班补用知县蒋燊斋，尽先前选用知县林泽春，即选知县赵长庚，县丞用江津县典史咨补遂宁县县丞江瑞芝，试用从九品商翘霖。以上十五员，运筹决胜，共靖岩疆。宝森请赏加按察司衔。王之同请升道员后，赏加二品顶戴。王树汉、宋仕辉均请俟补缺后，以道员用。王树汉并请赏戴花翎。许培身等三员，均请赏加军功随带二级。周锡銮请赏给该员五品封典，并将该员本身妻室应得封典貤封祖父母。孙海请以同知直隶州在任升用。文康、蒋燊斋均请俟补缺后，以同知直隶州用。林泽春请以知县本班留川，遇缺尽先前补用，并请赏加同知衔。赵长庚请赏加同知衔。江瑞芝请俟补缺后，在任以知县补用。商翘霖请以巡检归候补班，遇缺前先补用，并请赏加六品衔。

记名提督简放提督总兵刘道宗，花翎留川补用总兵雷宏发，花翎尽先补用总兵晏忠发，花翎尽先补用副将袁冠儒，拣发参将前署松潘游击富廉，花翎尽先都司贺元林，蓝翎都司彭玉胜、邹隆源、张绥之，蓝翎守备袁贻燕、刘道祥、刘楚友。以上十二员，治军严肃，谋勇兼优。刘道宗请赏给该员三代一品封典。雷宏发、晏忠发均请赏加提督衔。袁冠儒请赏加总兵衔。富廉请以参将，遇缺尽先即补，并请赏加副将衔。贺元林请仍以都司留于四川，尽先补用，并请赏加游击衔。彭玉胜请赏加游击衔。邹隆源、张绥之均请赏换花翎。袁贻燕等三员，均请赏加都司衔。袁贻燕、刘道祥并请赏换花翎。

花翎总兵衔尽先副将伍三胜，花翎留川尽先副将李凤友，蓝翎参将尽先游击胡亨清，花翎尽先游击陈洪升、邹春祺、刘必胜、彭发祥、李美善，蓝翎尽先游击刘耀元，花翎尽先前补用游击朱殿昌，花翎留川尽先补用游击余腾龙、吴桂林，蓝翎留川补用游击袁玉胜，蓝翎尽先都司游名扬、刘国政，花翎尽先都司李连发。以上十六员，越剿逆回，擒斩无算。伍三胜请免补副将，以总兵记名简放。李凤友请免补副将，以总兵仍留原省，尽先补用。胡亨清等七员，均请免补游击，以参将尽先补用。朱殿昌请免补游击，以参将留川，无论题推缺出，尽先前遇缺即补，并请赏加副将衔。余腾龙等三员，均请免补游击，以参将仍留原省，遇缺前先补用。袁玉胜并请赏换花翎。游名扬等三员，均请免补都司，以游击留川尽先补用。游名扬、刘国政并均请赏换花翎。

花翎尽先都司方荣升、刘洪贵、吕玉发、邓昌吉，蓝翎都司张和裕、王朝清、刘得发、伍坤泰，花翎尽先都司罗大鹏、王庆云，蓝翎守备李多源，蓝翎尽先守备聂秀芝、吕天顺、李新德，守备樊凤冈，蓝翎守备衔尽先千总刘利仁，蓝翎尽先千总王朝英、曾壹举、曹必耀，尽先千总杨占春、张祥和、卿禄芳、徐廷龙，五品蓝翎把总徐长富。以上二十四员名，带队冲锋，歼除要逆。方荣升等四员，均请免补都司，以游击留川尽先前补用。张和裕等六员，均请免补都司，以游击尽先前补用。张和裕并请赏换花翎。李多源等五员，均请免补守备，以都司尽先前补用。李多源并请赏换花翎。刘利仁等七员，均请免补千总，以守备尽先前补用。徐廷龙、徐长富均请免补千总，以守备无论推题缺出，尽先前即补。

补用道后加二品顶戴遇缺题奏知府彭毓菜，花翎留川补用知府李岳恒，候选同知直隶州知州李光岳，花翎补用直隶州知州四川候补知县缪庸，蓝翎同知衔四川候补知县时守忠，知县用分发省份补用按经历姜赞廷，知县用候选府经历县丞龚启明，候选府经历县丞邹良翰，候选府经历李建侯，候选县丞王松，候选府经历县丞王载堃，分发省份候补班前遇缺尽先补用府经历林鼎臣，候选县主簿易震恒、李承渤，府经历县丞用候选从九品李道涵、李纶珏、熊瑞，遇缺前先选用从九品张和秋、刘炳南、李景珩、李春生。以上二十一员，斩擒要逆，卓著战功。彭毓棻、李岳恒均请免补知府，以道员仍留原省，归候补班，遇缺前先补用。李光岳请免选本班，以知府不论双单月，遇缺前先即选。缪庸请俟补直隶州后，以知府用。时守忠请俟补缺后，以直隶州知州归候补班，遇缺前先补用，并请赏换花翎。姜赞廷请免补本班，以知县分发省份，归候补班前补用，俟补缺后，以同知直隶州知州用。龚启明等四员，均请免补本班，以知县遇缺前先选用。王松并请赏戴蓝翎。王载堃请免选本班，以知县遇缺前先选用，并请赏加同知衔。林鼎臣请免补本班，以知县分发省份，归候补班，遇缺前先即补。易震恒请免选本班，以州判前先选用，并请赏加知州衔。李承渤等八员，均请免选本班，以府经历县丞不论双单月，尽先选用。

　　蓝翎龙安府知府王祖源，在任候升道潼川府知府李德良，道员用候补知府绵州直隶州知州文棨，分发省份尽先补用直隶州知州文庚，补用知府同知直隶州知州用平武县知县屠天培，同知衔罗江县知县赵士英，同知衔候选知县缪延祺，同知直隶州知州用候选知县葛树本，蓝翎四川候补知县王德润，候选知县余维岳、刘良洪，举人分发省份候补班即补知县缪荃孙，前署彰明县知县蓝翎提举衔候补通判江锡龄，候补同知照磨缪扬泰，蓝翎分发省份候补班前遇缺尽先选用县丞伍春溁。以上十五员，集团助战，冒险运粮。王祖源请赏换花翎，并请赏加三品衔。李德良、文棨均请赏加盐运使衔。文庚请俟补缺后，以知府用，先换顶戴。屠天培请俟补知府后,以道员用。赵士英请以同知直隶州,在任候补。缪延祺请俟选缺后,以直隶州知州补用,并请赏戴蓝翎。葛树本请仍以知县留川,归候补班前补用。王德润请赏加同知衔,并请赏换花翎。余维岳请赏加同知衔,并请赏给该员祖父母正五品封典。刘良洪请仍以知县留川,尽先前补用,并请赏加同知衔。缪荃孙请赏加同知衔。江锡龄请赏换花翎。缪扬泰请赏戴蓝翎。伍春溁请仍以县丞归候补班,前先补用,俟补缺后,以知县用。

尽先前选用知县毕承恩,提举衔平武县青川县丞贺绍荣,本班尽先选用教谕段家达,候选县丞陈绶,试用盐大使文懋,分发四川试用府经历赵信芳,试用县丞郑言昌,新补峨边厅沙坪经历平武县大印山主簿马晋,石泉县典史金煐,署绵州吏目试用从九品刘维清,试用从九品胡溍,试用未入流喻瀛洲,廪生陈科建,监生吴德善,俊秀锡庚、李恭仁、马承禧、易英华、李班禄、杨绍仪、严先溢、袁树藩、王存义、唐柏腾、李泽滋、章銮、杨春荣。以上二十七员名,分防越巂,艰险备尝。毕承恩请仍以知县分发省份,归候补班,遇缺补用,并请赏加同知衔。贺绍荣请以知县尽先补用。段家达请免选本班,以知县不论双单月,尽先选用。陈绶请免选本班,以知县分发省份,归候补班,前先补用。文懋请归候补班前先补用,并请赏戴蓝翎。赵信芳请免补本班,以知县仍留原省,尽先补用。郑言昌请归候补班补用,补缺后,以知县用。马晋请以知县在任,尽先升用。金煐请以府经历县丞,遇缺在任候升。刘维清、胡溍均请以同知照磨,归候补班前先补用。喻瀛洲请以典史归候补班,前先补用。陈科建请以训导不论双单月,尽先选用。吴德善请以典史分发省份,归候补班前先即补,并请赏戴蓝翎。锡庚请作为监生,以盐茶大使分发省份,归候补班前,尽先补用。李恭仁等十二名,均请以从九品不论双单月，遇缺前先选用。

五品蓝翎尽先千总川北左营马兵刘均安，川北左营外委丁裕富，川北左营马兵六品军功田炳炉，川北右营马兵六品军功岳高轩，川北右营马兵刘应洪。以上五员名，设卡巡边，成劳久著。刘均安请以守备尽先补用。丁裕富请以把总尽先拔补，并请赏戴蓝翎。田炳炉等三名，均请以外委尽先拔补，并均请赏戴蓝翎。

书识遇缺前先选用府经历冯余庆，候选府经历县丞胥端方，双月选用县丞李长芳，遇缺即选从九品杨三锡，升缺升用尽先即选从九品梁步云，遇缺即选从九品何文郁、杜荣升，候选从九品田砚丰、杨仕举、陈宗俊，从九品衔黄凤鸣，典史陈怀川，书识何建璧、岳凤鸣、赵联升、刘天泽。以上十六员名，随办文案，备历辛勤。冯余庆等三员，均请以知县不论双单月，遇缺前先即选。杨三锡请以府经历不论双单月，遇缺尽先即选。梁步云等七员，均请以县丞不论双单月，遇缺尽先选用。陈怀川等五名，均请以从九品不论双单月，尽先前选用。

筹饷报销局司书候选州判彭熙、曾龙章，六品顶翎候选州判万邦典，遇缺尽先即选巡检谭光宗，本班尽先选用从九品舒凤仪，候选从九品董虞琴、周恩溥，即选从九品未入流王秉衡、刘光廷、李含喜，书识帅钊、何安江、刘显志、徐文德、张森荣、彭履谦、李世章。以上十七员名，转饷运粮，勾稽详慎。彭熙请免选本班，以知县用。曾龙章、万邦典均请仍以州判不论双单月，遇缺前先即选。谭光宗等四员，均请免选本班，以县丞不论双单月，遇缺尽先前即选。王秉衡、刘光廷均请以县主簿不论双单月，遇缺前先选用。李含喜请以巡检不论双单月，遇缺前先即选。帅钊等七名，均请以从九品不论双单月，遇缺前先即选。

（朱批）：览。①

【案】以上折及清单于同年十一月二十日得允行。《清实录》载曰：

以四川剿平峨边蛮匪，并防剿逆回出力，赏提督刘道宗、总兵官李忠楷一品封典，提督李有恒黄马褂，知府王树汉、参将德绶等花翎，知县缪延祺等蓝翎。余加衔、升叙有差。②

一五一　委解甘饷起程日期折

同治十三年十一月初二日（1874年12月10日）

头品顶戴四川总督臣吴棠跪奏，为委员分解甘饷起程日期，恭折仰祈圣鉴事。

窃臣承准军机大臣字寄：同治九年八月二十五日，奉上谕：穆图善一军月饷银九万五千两，各省欠解甚多，该营饷需支绌，着严饬藩司实力拨解等因。钦此。并据大学士陕甘总督臣左宗棠咨催前来。伏查川省上年奉拨自同治五年起月协穆图善军营米价二万两，曾经原任督臣骆秉章奏明库储支绌，不能兼顾，请尽力统筹银十万两解陕接济，早经如数完解在案。至应协甘肃军饷每月二万两，计自同治九年改解西征粮台起，先后共解过银六十一万两，连闰合算已解至同治十一年六月上半月止。现在川省奉拨各处协饷较前更繁，滇、黔军务虽平，而善后有费，铜本有费，均待川省接济。

---

① 台北故宫博物院藏：军机及宫中档，文献编号：117935-2。
② 《穆宗毅皇帝实录（七）》，卷三百七十三，同治十三年十一月，第943页。

关外景廉、金顺、明春①各营连月催索饷项，军书络绎。前月奉上谕，日本与生番构兵，海防紧要，先提解二十万两。又，贵州提臣周达武移营至川守催欠饷，奉旨先拨银五十万两。该提臣又请增银九万两，筹解尚属足数。近因本省防边防夷，各营积欠口粮至十六七月及二十余月之久，军士荷戈待食，纷纷乞饷，不能不确核欠数，量予找拨，为逐渐裁撤之计。

以上外省、本省各饷所恃以拨济者，惟捐输、厘金两项。无如小民供亿多年，脂膏枯竭，捐输渐成弩末，加以楚北盐岸大半归淮，汉口洋行包运客货，厘金尤大减色，入少出多，库藏屡空，实有万难兼顾之势。惟甘省大军现在陆续出关，需饷孔殷，凉、庄满营屡次告急，亦不能不尽力协济。

兹督同藩司陆续凑集捐输银四万两，作为两个月协甘之饷，内遵旨划扣凉、庄兵饷二万两，先后发交凉州催饷委员存祥、那尔春布汇解回凉。外银二万两委川省候补知县伍生辉、刘大烈，定期于十月二十九日承领起程，解赴西征粮台交收，以济要需。除分咨外，理合恭折具奏，伏乞皇上圣鉴。谨奏。十一月初二日。

同治十三年十一月二十日，奉朱批：知道了。钦此。②

---

① 明春(？—1887)，巴禹特氏，蒙古正红旗人，博奇巴图鲁。同治三年(1864)，充前锋参领。四年(1865)，委办前敌营务处事宜，兼统健锐提标前营。同年，补副都统。十二年(1873)，授哈密帮办大臣。光绪二年(1876)，升哈密办事大臣。十一年(1885)，署理塔尔巴哈台参赞大臣。十三年(1887)，卒于任。

② 台北故宫博物院藏：军机及宫中档，文献编号：117920；中国第一历史档案馆藏：朱批奏折，档案编号：04-01-01-0920-072。

一五二　奏报候补知县李自新革职审办片

同治十三年十一月初二日（1874 年 12 月 10 日）

再，据布政使王德固、按察使英祥详：据署梁山县知县马德澂具禀，该县文生李自新先年阻捐军饷，经前任县通详革缉，在逃未获。嗣李自新在贵州蒙捐州判，指发湖南。复投效贵州军营，于肃清安南县境、攻克贞丰州城案内奏保免补本班，以知县仍留原省，归候补班前先补用。该绅得保回籍，恃符横行，霸占民田，强砍庙树，争挖炭石曹，诬控人命，乡里侧目。去年夏间，借修庙墙，估提县局民捐军饷银一千七百七十余两、钱七百余串，大半入己，捏造虚帐。迨经局士控追，该绅抗不到案，先由黔省请咨进京，并闻有包揽京控之事，由该司等详请参缉前来。

臣查李自新先年犯事在逃，嗣在外得保知县，辄恃职为符，任意鱼肉乡里，以致众怨沸腾。复敢估提县局捐饷，借公屯用，殊属藐法。现据梁山县绅民王绪、李振寅等来省呈控，核与司详相符，相应请旨将已保湖南候补知县李自新先行革职，由臣分咨顺天府府尹、湖南巡抚，查缉务获，解川审办，勒追公项，以重饷帑而儆贪劣。是否有当，理合附片具陈，伏乞圣鉴训示。谨奏。

同治十三年十一月二十日，奉朱批：着照所请，该部知道。钦此。[①]

---

① 台北故宫博物院藏：军机及宫中档，文献编号：117921；中国第一历史档案馆藏：朱批奏片，档案编号：04-01-12-0515-136。

一五三　请将协饷暂停先尽勇粮片

同治十三年十一月初二日(1874年12月10日)

再，统领达字楚军记名提督陈希祥在营积劳病故，现经臣吴棠会同将军臣魁玉奏请优恤。查达字一军，向系分防叙南高、珙、筠连三县边界并叙州府城附近金江、横江要隘及峨边厅属夷地。先由臣吴棠檄委该营营官总兵郑学德，就近暂行代统。因川库异常支绌，积欠勇粮至十七八个月之多，又值主将新殁，郑学德才略尚短，未能措置裕如，以至该勇丁啧有烦言，惟恐欠饷无着，乘郑学德巡阅金江、横江之际，齐赴叙郡，向其清算饷帐。复经臣吴棠檄委总兵衔留川尽先副将达勇巴图鲁张祖云驰往查办，分别撤留；并饬由筹饷报销局司道等，宽筹饷项，遴委干员领解，会同散放。

该副将到营后，与署叙州知府胡廷柱暨委员等，开诚布公，群情帖服。遣撤者给资还里，酌留者整队回防，筹办均臻妥协，应即令接统其军，以资约束而专责成。惟念川省饷项以捐输、津贴为大宗，频年有减无增，已成强弩之末。其支款之最要者，莫如京饷及本省旗、绿各营额饷。前值滇、黔、秦、陇四邻多事之时，不得不统筹兼顾，用款愈繁。

今岁夏间，贵州提督周达武取道来川，清厘饷项，复经遵旨勉筹巨饷，及拨还在川欠饷，共银六十余万两，以至本省防营月饷亏欠过深。兹幸邻患全平，应将各省协饷分别暂行停减，先尽防勇口粮，酌量补给，冀收饱腾之效而免哗溃之虞。理合附片陈明，伏乞圣鉴。谨奏。

同治十三年十一月二十日,奉朱批:知道了。钦此。^①

【案】此片于同治十三年十二月二十日得允行,清廷饬令兵部尚书广寿,率同兵部侍郎夏同善等,严查究办,据实覆奏。《清实录》:

谕军机大臣等:有人奏,四川叙州府地方有达字营防勇索饷,入城盘踞,统领官郑学德等不能约束,署叙州府知府胡廷柱等漫无防范;宜宾县添设夫马,署知县张邦钧将钱文尽入私橐,并有勒捐等情;署成都县知县王宫午、署巴县知县王鳞飞,均因家产细故,将绅士龙云、黄万骞滥刑毙命,请饬查办等语。似此疏纵勇丁,添设差局,滥刑毙命,实于地方民生大有关系。着广寿、夏同善按照所参各节,查明参办,并将添设之兵差局与路不当冲之夫马局查明,即行裁撤。原片均着钞给阅看。将此各谕令知之。^②

【附】光绪元年二月二十八日,兵部尚书广寿会同兵部右侍郎夏同善奏报审明四川达字营勇丁索饷滋事按律定拟情形,曰:

臣广寿、臣夏同善跪奏,为讯明统带营官不能约束勇丁,并署任知县质押在籍绅士各情,分别定拟,恭折具奏,仰祈圣鉴事。

窃臣等奉命查办事件,于本年正月初九日,行至四川广元

---

① 台北故宫博物院藏:军机及宫中档,文献编号:117933。又,吴棠等:《游蜀疏稿》,第951—956页。其尾记曰:"同治十三年十一月初二日,附片奏。于本年十二月初四,奉朱批:知道了。钦此。"

② 《德宗景皇帝实录(一)》,卷二,同治十三年十二月下,第99—100页。

县途次，接准军机大臣字寄：同治十三年十二月二十三日，奉上谕：有人奏，四川叙州府地方有达字营防勇入城盘踞等因。钦此。遵旨寄信前来。臣等驰抵四川省城后，当即移咨四川总督将案内应讯人证传案，并据覆称：代防筠连之忠字营副将何恒保，于上年十二月裁撤后请假，赴贵州就医。前任成都府知府朱潮，十二年保升道员，即于是年告病，回浙江原籍等因。

臣等督饬随带司员，调齐卷宗，提集案证，逐一详加研讯。如原奏内称达字营勇丁索领欠饷，直入府城盘踞，统领官郑学德、何荣桂不能约束，听其肆放枪炮，搜索民财。署叙州府知府胡廷柱、署宜宾县知县张邦〔那〕钧，漫无防备。且防勇入城之前三日，经营官先驰告警，该署府尚做生演戏一节。传据郑学德供称，伊在前统领达子全军提督陈希祥部下，管带右营勇丁，与带前营之副将何荣桂驻扎筠、高各要隘。副将江忠诂率中营，驻宜宾县属之横江。知州张世康率左营驻珙县。

十三年五月，陈希祥病故，伊奉札暂行代统。六月初，提督学使按临叙州，伊恐游勇乘空混入，驻叙清查。时粮员从九品夏德英在叙清算各营口粮，因欠饷至十八个月之多，各勇来营年久，大半思归，有要夏德英到营面算之说。夏德英以无粮补给，畏惧逃避。各营恐欠饷无着，俱欲赴叙，追伊清算。伊得报后，饬各营官开导，许其年请补发欠饷，酌量给假，并亲往横江，与各营官劝谕，莫肯听从。中营与前、右两营勇丁，于八月二十一及二十四等日，先后至郡。伊商同文武各员弁，晓谕绅民，毋得惊恐搬徙，并令各勇住城外崇报寺及抚州、陕西各会馆，均未占住民房、客店。百姓知各勇只为索饷而来，并无他意，又见公买公卖，毫无滋扰，亦遂各安生业。伊复会同府县,分派团练兵勇巡查,各城门地方安堵。二十六日,叙州府知府胡廷柱之母八十生辰,伊与各营官因勇与民相安,同往祝寿。胡廷柱以地方安静,亦略备彩筵酬客。二十八日,各营队目要伊带至府署,央求帮同请饷。胡廷柱允许,并允于饷未到时,先为就地借垫,各回静候。

先是各勇来叙时,伊以筠连为紧要边隘,移请张世康由珙拨勇两哨往防。九月初,该营闻各营不日得领欠饷,亦相率至叙,住城外南华宫,均听约束,无有滋闹。蒙总督檄委副将张祖云往叙接统,并委候补知府易履泰,协同办理。伊仍管带右营,帮同妥办,分别去留。夏德英逃至省城被获,押解到叙算明,并无侵扣情事。十月,省城解到饷银及胡廷柱筹垫银两,分起散放。遣撤者找足全饷,留营者发给五六月,整队回防,并无烧香结盟、施放枪炮、占住民房、抢劫等事。总督以伊驾驭无方,摘去翎顶,并记大过五次,并将夏德英咨革。伊于去冬因病交卸出营等语。质之易履泰、胡廷柱、张那钧,供俱相符。复调该营、该府先后禀报该督案卷,逐一核查,亦无施放枪炮、搜索民财及烧香结盟情事。臣等查达字营勇入城索饷,虽未别滋事端,惟郑学德以统带大员不能约束阻止,实难辞咎。

又,宜宾县自军兴以后,每年添拨夫马一万二千缗,该署县划入私囊,复向民间勒捐,不出者即行枷责一节。据前署宜宾县事候补知县张那钧供称:宜宾地当冲要,往来差务络绎不绝,先年由绅设局供支,所费甚巨。咸丰八年,阖邑绅粮公议,每年由绅士设局收捐,按月缴钱一千串,交县支应,不敷之数由官捐补,禀由府道转禀总督批准立案,免其报销。伊于十三年三月到任,十二月卸事,通算任内所入之数,实在不敷所出。

再，此项夫马钱文，如有延不完纳之户，局绅禀官差催，亦无拘押枷责之事等语。以新任叙州府知府史崧秀甫经到任，无所用其回护，饬将一切情形查明禀覆。旋据查覆无异。惟调查咸丰八年宜宾县议捐夫马钱文原卷，内有"将每月出入数目开单禀府立案"之语。署县张那钧并未遵照具禀。

又，四川在籍前分发广东知州黄万骞，因家产事，经署巴县知县责押毒毙一节。传据前署巴县即补同知直隶州知州王鳞飞供称：伊于同治十二年间在署巴县任内，据孀妇黄李氏遗抱，具控夫弟黄万骞逆吞逼灭等情。当经卷查黄李氏故夫黄万骧系黄万骞胞兄，分爨各居。黄李氏应分田产契约存在黄万骞之手。黄李氏屡向黄万骞索契管业，黄万骞揸留不给，控经各前县，断令黄万骞缴契，给黄李氏经管，黄万骞不遵未结。伊接词准理牌示，十二月二十四日集讯，黄万骞到案，戴用五品顶戴，据称候选知州。当向剀切开导，谕将黄李氏名下契约当堂交出。黄万骞称，伊父前在广西臬司任内寄银回家，均被伊先花用，黄李氏不应再分。伊诘以前县堂断极为平允，何得固执己见，翻异不从。黄万骞负气顶撞，伊略加训斥，益肆咆哮，伊用戒尺扑责黄万骞手心，用是惩儆，并令押店，呈缴契约。二十九日，据差役禀称：黄万骞在店感冒，有伊戚候补把总张凤书保回医调，伊当经批准保领。十三年正月十三日，据邑绅龚瑛等以公恳了息等情具禀前来，伊查无张凤书保状，遂批"须在押了息"等语。三月初五日，黄万骞之妻江氏具报其夫身死不明，并称今早由差役送归，旋即毙命等情。伊以牵涉书差，例应回避，一面禀经重庆府檄委江北厅验报，一面传张凤书到案，诘问黄万骞既于去腊二十九日保回，因何黄江氏尚称今早由差役送回？据称黄万筹委系在腊领回，并补具切结一纸附卷。厥后，黄江氏遣抱控奏督宪，批饬重庆府审详，案在府署。至正月十三日公恳禀批语有割裁之处，系因查明黄万筹系于十二月二十九日交由张凤书领回，嫌与在押二字不符，故裁割改换，别无他意。张凤书先前未具结状，是否差役私自保出，伊实不知情等语。调到案卷，检阅人证，供词均称黄万筹系张凤书私自保出。质之黄江氏，亦称其夫由店私自回家，后因契纸押在人家未能赎回，又控到官再遭责辱，愁急自行吞服洋药身死。查阅尸格相符。臣等查黄万筹被押后，经人私自保出，服毒身死，故非在押毙命。惟该县王鳞飞明知黄万筹系属在籍职员，因田产细故，遽将其扑责手心，交店管押，实属违例。

又，四川在籍进士前湖北武昌县知县龙云，因与兄争产，经成都府县掌责，锁押班房，致令成废殒命一节。传据三台县知县王官午供称：伊于同治十二年在署成都县任内，奉前任成都府朱潮札饬，令同前署华阳县国璋，传唤崇庆州职员龙廷献上控胞弟革员龙云昧良抗断案内人证，解府审讯，龙云匿不赴案。龙廷献率领妻子至龙云家，与龙云之妻口角抓殴，龙云赴成都县衙门具控，批准传讯。九月初三日，龙云便服，戴空棵帽，乘小轿进署。龙廷献跟至催审。伊因系奉府会同华阳县传解之案，知会国璋过署会审。据龙廷献供称：龙云自幼失怙，靠伊贸易延师课读，娶妻生子，入学中举，会试分部，改捐知县，指省湖北。数十年，用费不赀，均是伊设措供给。嗣因年老，生理亏折，字号关闭，难以谋生。龙云革职回家，置买田产，视胞兄如陌路，全不顾盼分厘。伊始具控，蒙前任成都府断令龙云帮给银两，抗不呈缴，并将龙云数次进京使费及代措外帐开单，呈请严追。伊因县署所控系因口角抓殴情事，当与国璋向龙云委婉开导，谕令毋庸置议，惟龙廷献年老穷苦，劝令仍遵前府审断，听候解府议断，毋失和睦。龙云任意咆哮，指斥伊等偏护。龙廷献伏地痛哭，以龙云忘恩负义，恣意顶撞，请以官法代家法，痛加惩儆。伊等谕令礼书用戒尺，将龙云手心扑责，以平龙廷献之气。龙云称：原案在府，情愿赴府听审。其兄廷献谓其下案即匿，案无了日，叩求锁押。伊等亦虑其抗匿，饬差锁押送府。成都府朱潮反复开导，饬令龙云帮给银钱。龙云高声抗辩，谓朱潮一味偏袒。朱潮因龙廷献历诉龙云以前目无兄长之事，谓龙云不应如此横抗，喝令掌责。龙云益肆咆哮，朱潮始喝令掌嘴，标明于案。当堂锁押，交伊带回严守。十月初三日，朱潮提讯，当堂开释等语。质之国璋，供俱符合。尸子龙寿恩到案供称：伊父龙云早已开复原官，奉委回川查探军情，府县不应责打。并称成都府审讯伊父时，委员张豫桐在旁怂恿责打锁押。伊父在押患病保释，至十三年三月，因病身死等语。当查据四川总督覆称：龙云开复原官公文，系于十三年二月十三日接到等语。是朱潮审责时并未奉到龙云开复部文，已无疑义。传据署雅安县候补知县张豫桐供称：伊前在成都府发审局承审案件，同治十二年九月间，前任成都府知府朱潮到局，审讯龙廷献具控胞弟龙云之案，朱守与伊谈及龙廷献抚养龙云成人做官，今贸苦老病，龙云不管，诸多可恶，并喝令官人掌责。伊回言诚然可恶。后来龙云疑伊怂恿，不为无因。禀称此案系朱潮审办，伊并未随同审讯等语。质之龙寿恩,亦不能指实。尸妻龙姜氏①供称:龙云被押后,伊托张子鲁携银三十两,交与官役岳彪,作为龙云盘费。传讯岳彪,坚不承认。迨传到张子鲁面质,始行供吐实情。臣等查龙云虽系革职人员,惟始则暂留署任,继则奉文侦探军情,与罢职回乡者有间,朱潮等其责打锁押,亦属过当。

以上各案,臣等恐有不实不尽,复亲提人证,严切推求,委无遁情,应即拟结。此案前代统达字营已摘顶翎记名总兵彰勇巴图鲁郑学德,于勇丁入城索饷之时尚无疏纵情事,惟以统兵大员未能镇压,实属约束不严,应请旨交部议处。至总督吴棠于郑学德驾驭无方,仅止摘顶记过,并未参处,亦属不合,并请交部议处。候补直隶州知州王鳞飞于署巴县任内,审讯黄李氏控告黄万骞匿契不交,明知黄万骞系在籍职官,辄因其咆哮,用戒尺扑责手心,交店看押,黄万骞经人保出,情急服毒自尽,固非该署县意料所及。至其裁改禀件系因前后语气不符,亦无关弊窦。惟以家产细故擅将职官责押,实属有违定制。保升道员现已告病回籍前任成都府知府朱潮,因龙云不恤其兄,复与抗质,略加训责,辄肆咆哮,喝令将其掌嘴锁押。查龙云虽经革职,仍复暂留署任,卸事后,奉委四川查探军情,视革职回家者不同。朱潮将其责押,三台县知县王官午、梁山县知县国璋,于署理成都、华阳任内,因龙云不听开导,当堂顶撞,辄听从其兄龙廷献之请,扑责手心,锁押送府,均属不合。署雅安县事候补知县张豫桐,前在成都府发审局充当委员,于成都府朱潮承审龙云案件之时,于己毫无干涉,不知引嫌,辄从

---

① 龙姜氏,应为"龙江氏"。

旁答话，殊属多事。候补知县张那钧于前署宜宾县任内，讯无将夫马钱文入己情事，惟不按月具出入数目单禀府立案，应与王鳞飞等五员均请交部分别议处。营官何荣桂未能阻止勇丁向统领索饷，本有不合，惟查该营官于众勇欲行赴叙之先，业已再三婉劝，只因人多口杂，以致难于拦阻。抵叙后，复派哨官，严行约束，地方安静，并未发生事端，且营官非止该员一人，应一并从宽免议。署叙州府知府胡廷柱于勇丁入城之时，分派练勇，巡查各城门，并允先行筹垫饷需，地方得以安静。其母八十生辰，略备彩筵谢客，当无不合，应毋庸议。差役岳彪于龙云被押之后，经龙江氏交银三十两，供给龙云盘费，含混支用，虽非赃银，究属不应。岳彪应革去差役，照不应重律杖八十，事犯在恩赦以前，所得杖罪应予援免，仍革役。未到人证免传省累。龙云、黄万骞尸棺饬埋。调到案卷发还，供招送部备核。

所有遵旨查明参办缘由，理合恭折具奏，伏乞皇太后、皇上圣鉴。再，臣等拜折后，即率同随带司员回京。合并声明。谨奏。二月二十八日。光绪元年三月十六日，军机大臣奉旨：钦此。①

【附】广寿、夏同善之折，旋于光绪元年三月十六日，得清廷允准，并以总兵郑学德统兵不力、川督吴棠查处不当，饬令交部议处。《清实录》：

甲寅，谕内阁：前因都察院奏，四川监生张事周等呈控永川县兵差局绅士张竹轩等吞公病民一案；内阁侍读学士广安奏，川省积弊，请严禁苛敛，裁撤厘卡各节；及御史吴鸿恩奏，

---

① 中国第一历史档案馆藏：军机录副，档案编号：03-7229-031。

叙州地方营勇索饷滋事,并署任知县责押绅士等情。当派广
寿、夏同善前往查办,并谕令将添设之兵差局与路不当冲之大
马局查明裁撤。……至川省钱粮,既经查明并无巧立名目及
耗外加耗等弊,着四川总督随时访查,如有过额浮收、借端加
派等情,即行严参惩办,并严饬各属,嗣后遇有绅士禀请随粮
摊派,毋得瞻徇、率行照准。如系万不得已之举,仍着禀明各
该管上司,核准办理。该省厘卡太繁,剥削过甚,所有绵竹、冕
山两处厘局及盘验厘票之松林卡,即着照广寿等所拟,一律裁
撤。其余局卡仍着该督随时体察情形,酌量裁并,将来防务少
松,再将各勇裁撤,以节糜费。至买补仓谷、约束门丁、严防命
案拖累、不准勒买田亩以及清流品、禁会匪各条,统着该督体
察情形,认真筹办。营勇索饷滋事一案,总兵郑学德虽无疏纵
情事,惟以统领大员未能镇压,实属约束不严。郑学德着交部
议处。吴棠于郑学德带兵不力,仅止摘顶记过,并不即行参
处,亦属不合。吴棠着交部议处。候补同知直隶州知州王麟
飞,于署巴县任内审讯黄李氏控告黄万骞匿契一案,明知黄万
骞身属职官,辄将其扑责,交店看押,以致黄万骞于经人保出
后情急自尽。前任成都府知府朱潮、三台县知县王宫午、梁山
县知县国璋,均于已革后奉差回籍之职官龙云被其兄龙廷献
控告一案,辄将龙云擅行责押,均有不合。署雅安县事候补知
县张豫桐,于龙云一案,与己无干,不知引嫌,辄从旁答诘,殊
属多事。候补知县张邦钧于前署宜宾县任内,虽无将夫马钱
文入己情事,惟不将出入数目按月禀明立案,亦属疏忽。王麟
飞、朱潮、王宫午、国璋、张豫桐、张邦钧,均交部议处。川省夫
马局现经该督查明,除路不当冲之温江等七十六厅州县兵差

夫马局业经并裁,其余成都等六十五厅州县各局先后裁撤兵差,酌留夫马,仍着该督通饬各属,即按照单开,将裁撤之兵差局大张晓谕,不准私行苛派。其酌留之夫马局,务当恪守定章,毋稍冒滥,尤不得借归并兵差为词任意加增,以纾民困。①

一五四　请将已故提督陈希祥等从优赐恤片

同治十三年十一月初二日(1874年12月10日)

再,统领达字楚军记名提督达春巴图鲁陈希祥,因提督唐友耕所部振武军全行裁撤,调赴叙南一带替防,师次中途,病势沉重,即在附省延医调治。嗣据该家属禀报,该提督陈希祥因积劳过重,伤病并发,医药罔效,于本年五月初五日在营病故等情。臣等伏查提督陈希祥,由军功投效前安徽抚臣江忠源②军营,随同援剿江西、安徽发逆。当庐州被困之时,三突贼围,屡受炮伤入骨。复奉调援江、援浙,以功洊保总兵。同治三年,前督臣骆秉章檄调入川,剿办甘肃阶州蔡、启二逆,克复州城,奉旨以提督记名简放。七年,檄调援黔,招降大股苗众,并擒获革镇林自清正法,奉旨赏穿黄马褂,并赏给达春巴图鲁勇号。十一年,剿抚峨边厅属支夷,竭虑殚思,身受瘴疠,伤病缠绵。至今春移师叙南,力疾起行,中途身故,悼惜殊

---

① 《德宗景皇帝实录(一)》,卷六,光绪元年三月下,第149—152页。

② 江忠源(1812—1854),字常孺,号岷樵,湖南新宁人。道光十七年(1837),中式举人。二十七年(1847),组织团练,镇压瑶民雷再浩起义。二十九年(1849),升署浙江秀水县知县。咸丰元年(1851),赴钦差大臣赛尚阿广西军营。三年(1853),调任湖北按察使,旋加二品顶戴,调补安徽巡抚兼提督。四年(1854),因战事失利,投古潭自杀。追授总督,谥忠烈。有《江忠烈公遗集》传世。

深。合无吁恳天恩,俯准将陈希祥照提督立功后在营积劳病故例,从优赐恤。

又,查有副将衔署峨边营参将尽先参将广元营游击勃勇巴图鲁霍名升,由行伍奉调出师广西、湖北、江西、安徽、江南等省,屡立战功,洊升今职。同治十一年八月间,峨边蛮匪滋事,经臣等调署峨边营参将,饬令添募练勇,随同官军进剿,出扎夷疆,染受烟瘴。客秋,猓民就抚,仍令带练设防。因积劳过重,致新病牵动旧伤,医调未愈,于本年八月十七日在营病故。应请旨将霍名升照副将立功后在营积劳病故例,一并从优议恤,以慰忠魂。谨合词附片陈明,伏乞圣鉴训示。谨奏。

同治十三年十一月二十日,奉朱批:陈希祥、霍名升均着照所请,交部从优议恤。钦此。①

一五五 请将提督李有恒赏穿黄马褂片

同治十三年十一月初二日(1874年12月10日)

再,川省防勇频年有减无增,已裁汰十之七八,将材渐少,兵力较单,必一将而兼诸将之长,一兵而得数兵之用,方足以绥边御寇,弥患未形。兹查有记名提督奇车博巴图鲁李有恒,自同治三年经前督臣骆秉章奏留,防堵川边,历次攻克滇、黔交界之茨藜坳号匪及滇界之沙家岩、五显坝、和尚寺等处土、扛各匪贼巢,并擒斩贼首

---

① 中国第一历史档案馆藏:朱批奏折,档案编号:04-01-16-0200-039;台北故宫博物院藏:军机及宫中档,文献编号:117931。又,吴棠等《游蜀疏稿,第957—962页。其尾记曰:"同治十三年十一月初二日,附片具奏。于本年十二月初四日,奉朱批:陈希祥、霍名升均着照所请,交部从优议恤。钦此。"

张三、大卓、洪堑等多名。又越剿云南镇雄州滇匪，生擒伪元帅卿廷配、贾济春等多名。又奉调会办越嶲夷务，攻克普雄石城，恢复旧制，生擒首逆，有战必克，无役不从。近岁以来，移防川北，截击窜回，查拿积匪。地方赖以无虞。

本年夏间，灌县山匪滋事，令率所部楚勇，分布川西，为一劳永逸之计。李有恒以二千劲旅终岁奔驰，毫无倦色。凡旌旗所到之处，士民争依附之。边疆风气浮嚣，每遇有民教忿争之案，饬令督队，驰往弹压，亦复能排难解纷，顾全大局。其威望既堪服众，其志谋更可通权，洵为勇略超群、勋勤卓著、将材中不可多得之员。合无仰恳皇上逾格恩施，赏穿黄马褂，以示优异。臣等为边地用人起见，谨合词附片陈明，伏乞圣鉴训示。谨奏。

同治十三年十一月二十日，奉朱批：钦此。①

一五六　汇奖歼除灌县山
匪出力员弁绅团折

同治十三年十一月二十日（1874年12月28日）

头品顶戴四川总督臣吴棠跪奏，为遵旨汇奖歼除灌县山匪出力员弁绅团，恭折仰祈圣鉴事。

窃臣前将灌县山匪滋事，经兵团并力查拿、立即歼除缘由，专折奏报。旋于本年八月十一日，奉朱批：知道了。此次出力各员

---

① 中国第一历史档案馆藏：朱批奏折，档案编号：04-01-30-0184-033；台北故宫博物院藏：军机及宫中档，文献编号：117932。又，吴棠等：《游蜀疏稿》，第963—967页。其尾记曰："同治十三年十一月初二日，附片具奏。于本年十二月初四日奉朱批：另有旨。钦此。"

弁，准其汇案保奖，毋许冒滥等因。钦此。荷恩纶之特贲，增钦感以难名。当经恭录传谕，将弁绅团无不欢欣鼓舞，争效驰驱。臣伏查川省民多强悍，界接蛮夷。自军兴以来，游手好闲之辈，半趋贼党，半附勇营，边围地方风气转因之稍变。今邻疆全定，散练残氛意存窥伺，苟防闲之未备，斯祸乱以相寻。

臣督蜀六年，时虞陨越，以团丁保甲责之有司，以禁暴诘奸责之将领，初未敢因边陲无事苟且偷安也。此次灌县山匪滋事，变起须臾，臣不惜以重兵剿之，盖恐遐陬僻壤，伏莽尚多，蔓引株连，其势遂难复制。幸赖圣主威福，将士一心，不旬日间而扫穴擒渠，歼除净尽。该员弁绅团等，触暑遄征，入山搜捕，备尝艰险，迅致廓清。

臣仰体朝廷录及微劳之至意，谨择其尤为出力者，缮具清单，恭呈御览。吁恳鸿施立沛，以励戎行，而孚众志。除拟保千总以下照例另册咨部外，所有遵旨汇奖歼除灌县山匪出力员弁绅团缘由，理合恭折具陈，伏乞皇上圣鉴训示。谨奏。十一月二十日。

同治十三年十二月初八日，奉朱批：钦此。[①]

一五七　呈歼除灌县山匪尤
为出力员弁绅团清单

同治十三年十一月二十日(1874年12月28日)

谨将官兵歼除灌县山匪尤为出力员弁绅团，缮列清单，恭呈

---

①　台北故宫博物院藏：军机及宫中档，文献编号：118216。又，吴棠等：《游蜀疏稿》，第981—986页。其尾记曰："同治十三年十一月二十日，由驲附奏。于本年十二月二十六，准兵部火票递回原折，内开军机大臣奉旨：另有旨。钦此。"

御览。

计开：发往四川差遣补用总兵勤勇巴图鲁冯羽翔，副将衔尽先参将范承先，副将衔升用参将留川尽先游击刘顺望，江南淮扬镇标花翎尽先题补游击胡锦荣，花翎尽先补用游击李廷栋、王端恭、乔献廷、匡元斌。以上八员，督队冲锋，阵擒首要。冯羽翔请赏加提督衔。范承先请以副将仍留四川遇缺尽先前补用，并请赏加总兵衔。刘顺望请免补参将，以副将仍留四川，无论题推缺出，尽先前补用。胡锦荣以参将仍留原省，无论题推缺出，尽先前补用。李廷栋、王端恭均请以参将尽先前补用。乔献廷、匡元斌均请免补游击，以参将留于四川遇缺尽先补用。

留川尽先前补用副将谢思友，尽先副将黄廷旈，两江督标尽先补用游击张忠祥，花翎尽先游击督标左营千总冯治，花翎尽先都司提标左营把总彭占国，督标中营蓝翎尽先守备喇应魁，蓝翎尽先前补用守备提标左营把总刘炳坤，尽先守备城守左营千总李文魁，尽先守备城守右营千总张世杰，留川尽先守备马中麒，尽先千总李文龙。以上十一员，所向克捷，英勇异常。谢思友请赏加总兵衔。黄廷旈请仍以副将留于四川，遇缺尽先前补用。张忠祥请赏给该员祖父母、父母二品封典，并将该员本身妻室应得封典赀封曾祖父母。冯治请赏加参将衔。彭占国请赏加游击衔。喇应魁等四员，均请赏加都司衔。马中麒请赏给四品蓝翎。李文龙请赏戴蓝翎，并请赏加守备衔。

游击用尽先都司高秉元，花翎游击衔尽先都司郑怀德、谢树勋，花翎尽先都司滕成明、朱学海，蓝翎尽先守备龚开明，四品衔蓝翎尽先守备阜和右营千总王瑞麟，绥宁右营守备张连升，蓝领尽先守备漳腊营千总马升泰，蓝翎尽先守备建昌中营千总杨鸣皋，蓝翎守备衔淮扬镇标尽先千总张保清,云骑尉署灌县汛把总吴从周,云骑尉刘联升,花翎守备衔尽先千总杨治臧,蓝翎尽先千总胡玉林、薛东方,尽先千总刘贤珍、马凝祥、程广德、冯振标,督标中营尽先千总武举廖昌奎,兵部差官蓝翎千总黄安邦。以上二十二员,攻坚夺垒,迭有斩擒。高秉元请免补都司,以游击仍留漕河两标尽先前遇缺即补,并请赏加参将衔。郑怀德请以游击尽先补用。谢树勋请免补都司,以游击留于湖南尽先补用。滕成明、朱学海均请以游击留于四川尽先前补用。龚开明请以都司留于四川尽先补用。王瑞麟等四员均请以都司尽先补用。张保清请以守备仍留原标尽先补用。吴从周等十一员均请以守备尽先补用,吴从周、刘联升并请赏戴蓝翎。

武举陈占鳌,尽先千总曾佐贤,六品军功苏万成,武生李三超,武童饶铭章。以上五员,集团助战,奋不顾身。陈占鳌请以把总发标拔补,并请赏戴六品蓝翎。曾佐贤、苏万成均请赏戴蓝翎。李三超请赏戴六品蓝翎。饶铭章请以外委尽先拔补,并请赏戴六品蓝翎。

瓦寺宣慰司索诺木世蕃,上目刘福新。以上二员,率同土练,奋勇先驱。索诺木世蕃请赏给二品顶戴。刘福新请赏给五品花翎。

盐运使衔尽先补用道劳文翙,候补知府于宗绥,署崇庆州知州事蓝翎候补知州缪嘉誉,运同衔花翎补用直隶州遇缺即补知州署灌县知县胡圻,补用同知直隶州知州大邑县知县林嘉澍,知府用补用直隶州知州大挑前先知县李吉寿,知州用候补知县李连生,同知衔试用知县耿士伟、孙尚锦,候选知县署灌县教谕朱汝霖,署怀远镇州同候补州判沙宗万,署灌县学训导陈世昌,灌县典史王兆熊。以上十三员,克敌致果,力保岩疆。劳文翙请赏加布政使衔。于宗绥请俟补缺后，以道员用，并请赏加盐运使衔。缪嘉誉请赏加运同衔，并请赏换花翎。胡圻请俟补直隶州后，以知府留川，归候补班前先补用。林嘉澍请俟补同知直隶州后，以知府用。李吉寿、李连生均请赏加军功二级。耿士伟请俟补缺后，以同知直隶州用。孙尚锦请归候补班补用。朱汝霖请俟选缺后，以直隶州知州归候补班前先补用。沙宗万请仍以本班尽先补用。陈世昌请赏加国子监典簿衔。王兆熊请赏加理问衔。

同知衔分省补用知县彭洵，候选主簿刘秉琛，同知衔军功班前先选用知县饶克勤，拣选知县候选教谕陈炳魁，分发省份候补班前先补用府经历县丞范万选，统选教谕训导刘辑光，候选训导周文谦、李芳，候选训导岁贡生刘慎。以上九员，擒斩要匪，捍卫乡闾。彭洵请俟补缺后，以直隶州知州用，并请赏戴花翎。刘秉琛请免补本班，以知州不论双单月遇缺前先选用。饶克勤请赏戴蓝翎。陈炳魁请免选教谕，以知县不论双单月归本班前先即选。范万选请仍以县丞留于四川，归候补班前先补用。刘辑光请赏加国子监典簿衔。周文谦请免选本班，归军功班前先选用，并请赏加国子监典簿衔。李芳请仍以本班，归军功班，遇缺前先选用，并赏加国子监典簿衔。刘慎请仍以本班尽先前遇缺即选。

新班选用巡检缪昂，候选从九品吴国桢，廪生傅林，增生杨澍，文生杨秉钧、高鹏元、邹灏、王邦昌、李登瀛、王恩照，监生王玉池。以上十一员，督率练丁，毙匪甚夥。缪昂请俟选缺后，以县丞用。吴国桢请免选本班，以县丞不论双单月前先选用。傅林请以训导不论双单月前先即选。杨澍等八名，均请以从九品不论双单月前先选用。

军机大臣奉旨:览。钦此。①

【案】以上折及褒奖清单,得邀清廷允准:

同治十三年十二月初八日,内阁奉上谕:吴棠奏,遵保歼除山匪出力员弁,开单请奖一折。四川灌县山匪滋事,经吴棠派出兵团,并力查拿,歼除尽净。在事出力文武员弁,均属著有微劳,自应量予奖励。所有单开之总兵冯羽翔着赏加提督衔。参将范承先,着以副将仍留四川,遇缺尽先前补用,并赏加总兵衔。游击刘顺望,着免补参将,以副将仍留四川,无论题推缺出,尽先前补用。胡锦荣着以参将仍留原省,无论题推缺出,尽先前补用。李廷栋等,均着以参将尽先前补用。乔献廷等,均着免补游击,以参将留于四川,遇缺尽先补用。副将谢思友,着赏加总兵衔。黄廷旆着仍以副将,留于四川,遇缺尽先前补用。游击张忠祥,着赏给该员祖父母、父母二品封典,并将该员本身妻室应得封典貤封曾祖父母。千总冯治,着赏加参将衔。把总彭占国,着赏加游击衔。守备喇应魁等,均着赏加都司衔。马中麒着赏给四品蓝翎。千总李文龙,着赏戴蓝翎,并着赏加守备衔。都司高秉元,着免补都司,以游击仍留漕河两标,尽先前遇缺即补,并着赏加参将衔。郑怀德着以游击,尽先补用。谢树勋着免补都司,以游击留于湖南,尽先补用。滕成明等,均着以游击,留于四川,尽先前补用。龚开明着以都司,留于四川,尽先补用。千总王瑞麟等,均着以都司,尽先补用。

① 台北故宫博物院藏:军机及宫中档,文献编号:118219-2。

张保清着以守备，仍留原标，尽先补用。把总吴从周等，均着以守备，尽先补用，吴从周等二员，并赏戴蓝翎。武举陈占鳌，着以把总发标拔补，并赏戴六品蓝翎。曾佐贤等，均着赏戴蓝翎。武生李三超，着赏戴六品蓝翎。武童饶铭章，着以外委尽先拔补，并赏戴六品蓝翎。蓝翎宣慰司索诺木世蕃，着赏给二品顶戴。土目刘福新，着赏戴五品花翎。道员劳文翱，着赏加布政使衔。知府于宗绶，着俟补缺后，以道员用，并着赏加盐运使衔。知州缪嘉誉，着赏加运同衔，并赏换花翎。胡圻着俟补直隶州知州后，以知府留于四川，归候补班，前先补用。林嘉澍着俟补同知直隶州知州后，以知府用。李吉寿等，均着赏加军功二级。耿士伟着俟补缺后，以同知直隶州知州用。孙尚锦着归候补班补用。朱汝霖着俟选缺后，以直隶州知州归候补班，前先补用。州判沙宗万，着仍以本班，尽先补用。教职陈世昌，着赏加国子监典簿衔。典史王兆熊，着赏加理问衔。知县彭洵，着俟补缺后，以直隶州知州用，并赏戴花翎。主事刘秉琛，着免补本班，以知州不论双单月，遇缺前先选用。知县饶克勤，着赏戴蓝翎。教谕陈炳魁，着免选教谕，以知县不论双单月，归本班前先即选。补用府经历县丞范万选，着仍以县丞，留于四川，归候补班，前先补用。教职刘辑光，着赏加国子监典簿衔。周文谦着免选本班，以教谕不论双单月，归军功班，前先选用。李芳着仍以本班，归军功班，遇缺前先选用，并赏加国子监典簿衔。刘慎着仍以本班尽先前遇缺即选。巡检缪昂，着俟选缺后，以县丞用。从九品吴国桢，着免选本班，以县丞不论双单月，前先选用。傅林着以训导不论双单月，前先即选。杨澍等均着以从九品不论双单月,前先选用。余着照所议办理。该部知道。单并发。钦此。①

一五八　请将灌县知县黄毓奎赏还顶戴片

同治十三年十一月二十日(1874 年 12 月 28 日)

再,前署灌县知县黄毓奎,经臣据实奏参,钦奉朱批:疏防之黄毓奎,着摘去顶戴等因。钦此。当经恭录行知在案。该员黄毓奎被参后,即留于该县地方,协缉余匪,迭据该将领印官禀报:续获匪犯孙抱鸡婆、杨夏、侯登等多名,当即批令分别正法惩办。

查该匪犯等均系黄毓奎协同弋获,尚知愧奋。现在附省川西一带民情,均属安恬,合无吁恳天恩,俯准将知县黄毓奎赏还顶戴,以观后效。理合附片陈明,伏乞圣鉴训示。谨奏。

同治十三年十二月初八日,军机大臣奉旨:黄毓奎着赏还顶戴。钦此。②

一五九　奏报川省来春毋庸接济折

同治十三年十一月二十日(1874 年 12 月 28 日)

头品顶戴四川总督臣吴棠跪奏,为川省本年被水各州县俱未

---

①　中国第一历史档案馆编:《咸丰同治两朝上谕档》,第 24 册,第 415—416 页。

②　台北故宫博物院藏:军机及宫中档,文献编号:118219。又,吴棠等:《游蜀疏稿》,第 977—979 页。其尾记曰:"同治十三年十一月二十日,由驲片奏。于本年十二月二十六日,准军机大臣奉旨:黄毓奎着赏还顶戴。钦此。"

成灾,来春毋庸接济,恭折覆陈,仰祈圣鉴事。

窃臣钦奉寄谕:以各省被灾地方来春如有应行接济之处,查明覆奏,候旨施恩等因。仰见圣主轸念民瘼有加无已至意,遵即分饬查办去后。兹据藩、臬两司会详:查川省本年秋夏之交,川东之云阳、万县、巫山,川北之巴州、南江、蓬州、大足等州县,雨泽愆期,春粮稍歉,旋得透雨,禾稻一律播种。迨后夏雨稍多,江水旋涨旋消,江油、彰明、合江、江津、万县、云阳、巫山等属近河低田,虽间有被淹,随即涸复,谷粮受伤无几,俱未成灾。综计通省秋收实在六分有余,堪称中稔。现在旸雨应时,小春滋长,民情安帖有粮,体察舆情,来春似可毋庸接济等情前来。

臣覆加详查无异。理合恭折覆陈,伏乞皇上圣鉴训示。谨奏。十一月二十日。

同治十三年十二月初八日,军机大臣奉旨:知道了。钦此。[①]

一六〇　请以李德迪升补越嶲厅同知折

同治十三年十一月二十日(1874年12月28日)

头品顶戴四川总督臣吴棠跪奏,为拣员升补要缺同知,以资治理,恭折仰祈圣鉴事。

窃照宁远府越嶲厅同知周岐源已保升知府,所遗越嶲厅同知缺系边疆要缺,例应在外拣员升调,接准部咨,于同治十三年六月初五日行文,扣至七月十五日作为开缺日期,已报缺咨部在案。查越嶲厅同知地居边要,汉夷杂处。值此番猓初平,弹压抚

---

①　台北故宫博物院藏:军机及宫中档,文献编号:118217。

绥,均关紧要,非精明干练之员,不足以资治理。臣督同藩司于通省现任同知内逐加遴选,非员缺紧要,即人地未宜。各项保补同知及现任通判、知县劳绩应升各员,亦均与此缺不甚相宜,实无堪以调补之员。

惟查有现任蓬州知州李德迪,年五十岁,安徽太湖县人,由优贡在川捐输,议叙分缺先选用训导。咸丰三年,选授安徽六安县训导,旋赴湖北大营投效,出力保奏,以知县双月选用。六年,在捐铜局捐足三班,指发四川分缺先用。七年正月初九日引见,奉旨:着照例用。钦此。是年四月初六日到省,丁忧起复,题补今职,同治十年四月初三日到任。七年,大计卓异。八年,请咨赴部引见,奉旨:准其卓异加一级,仍注册回任。该员精明历练,才堪治剧,历俸早满三年,又经卓异保荐引见,回任候升,例得尽先升用,以之升补越嶲厅同知,实堪胜任;任内并无词讼积案五十起以上、承缉盗案五起以上、经征钱粮不及七分已起降调、革职、参限。因公处分,例免核计。罚俸银两,饬催完缴。同知系知州应升之阶,与例相符,据藩司王德固、臬司英祥会详前来。

合无仰恳天恩,俯念员缺紧要,准以蓬州知州李德迪升补越嶲厅同知,洵于边地有裨。该员系甫经引见回任候升之员,今请升越嶲厅同知,毋庸再行送部。所遗蓬州知州缺系选缺,川省现有应补人员,容俟接准部覆,另行拣员请补。是否有当,理合会同成都将军臣魁玉,合词恭折具陈,伏乞皇上圣鉴训示。再,此案应以同治十三年八月二十九日截缺之日起限,扣至十一月初十日限满,合并陈明。谨奏。十一月二十日。

同治十三年十二月初八日，军机大臣奉旨：吏部议奏。钦此。^①

一六一　奏请采办藏香毋庸再由川省拨价折

同治十三年十一月二十日（1874年12月28日）

头品顶戴四川总督臣吴棠跪奏，为内务府奏准采办头、二批藏香已由藏中垫银制造，川省不能不速筹归款，请旨敕下户部准其拨给，并请嗣后每年应用藏香仍由内务府就近采办，毋庸由川拨价，以资撙节，恭折仰祈圣鉴事。

窃照同治十二年十一月初六日准内务府咨：以传用藏香采办不敷供用，奏请由川先行采办头号红、黄藏香三千枝，二号红、黄藏香二千五百枝，铁杆藏香二百八十束，迅速解京交进，至每年内廷供用香枝，亦由川照今年所传头号红、黄藏香五千枝，二号红、黄藏香五千枝、铁杆藏香五百束之数，于每年春间照数购齐解京。所需银两俱由该省藩库动用，作正开销等因。于同治十二年九月初九日奉旨：依议。钦此。钦遵知照前来。经臣檄饬藩司查明前项藏香川省市肆无从购办，亦不知用何香料制造，咨明内务府，请由藏中照数采办，解川转进。所需香价仍照原咨由川开支。嗣准内务府颁到各式藏香式样来川，转咨驻藏大臣照办去后。

近据该大臣先后咨覆：藏香一项，藏中市肆亦不敢私造，惟唐古忒商工设有造香仔仲、工匠乌拉人等，所需香料大半采自外国，名色既殊，品类莫能辨认，其价甚昂。迭经译咨达赖喇嘛，传集造

香番官、仔仲、工匠,照式样制造。该仔仲等开呈香料、工价甚贵。屡次饬减,而仔仲人等有意居奇,辩论不已,且必须先发银两方允照办。不得已由藏库陆续垫给银两,加工制造,兹已将头批藏香造竣,定期于十三年秋杪起运。据仔仲开单,头号红藏香二千二百枝,每枝工料银二两六钱七分。头号黄藏香八百枝,每枝工料银二两五钱六分。二号红藏香二千枝,每枝工料银二两一钱八分。二号黄藏香五百枝,每枝工料银二两零九分。铁杆红藏香二百二十束,每束工料银十一两零四分。黄藏香六十束,每束工料银十两九钱三分。又,木箱、包皮、缝工等项需银五百三十四两。以上头批藏香统共实支银一万六千九百四十五两六钱,均已由藏库垫给,不能减少。其二批藏香亦饬接续制造,以免迟误。惟仔仲人等因藏中香料缺乏,坚请先发银二万两,以便觅料制办。该大臣以藏库无银可垫,饬令粮员周溱向番商挪凑银一万九千两,发给制造,一面委千总马胜富等星驰来川,催领两批藏香工价银三万六千九百四十五两零,解藏归款。若有不敷,再行咨川拨发等因。

臣查川省现因撤减周达武援黔各营及本省防边楚勇,找发积年欠饷,省库、外局已搜罗一空,各省协饷尚难筹画。此项藏香工价为数亦巨,既经藏中挪借库款,并向番商借凑,先行垫发,又不能不及早归款。惟本年九月二十六日接准户部咨:议奏海防经费紧要,请饬宽筹一折,内开:嗣后各直省丁、漕、税、厘等款,查无户部奏准发给之案,不得任意挪用。倘奉到别衙门奏拨案而户部尚未核覆之件,亦不得遽行拨给等语。所有前项藏香价银三万六千九百余两,虽内务府奏准拨给在先、户部奏定章程在后,惟事关动拨钱粮,应请旨饬下户部准其拨给作正开销,以期藏饷无缺,而免失信番商。

至川省岁征正项钱粮，本系入不敷出。近年举办津捐、厘金、拨供京外各饷，所短甚巨。此次藏香工价因藏中垫发在先，不得已勉力筹拨，尚未截数，而军饷愈形短绌，以后实难再筹。且西藏距京一万数千里，番商既甚居奇，远运亦滋繁费，合无仰恳天恩，俯念川省库款支绌，准将此后每年应用藏香仍由内务府查照旧章，就近在京采购，毋庸由川、藏办运，以资撙节而归简易，出自圣主逾格鸿慈。所有采办头、二批藏香由川筹拨价值银两情形，理合恭折具陈，伏乞皇上圣鉴训示。再，前项藏香工价，藏中俱垫发实银，咨川照数拨还，请免扣平搭票。合并声明。谨奏。十一月二十日。

同治十三年十二月初八日，军机大臣奉旨：着照所请，该衙门知道。钦此。[①]

一六二　奏报川省同治十三年十月雨水、粮价折

同治十三年十一月二十一日（1874 年 12 月 29 日）

头品顶戴四川总督臣吴棠跪奏，为恭报四川省同治十三年十月份各属具报米粮价值及得雨情形，仰祈圣鉴事。

窃照同治十三年九月份各属具报米粮价值及得雨情形，前经臣恭折奏报在案。兹查本年十月份成都等十二府，资州、绵州、忠州、酉阳州、眉州、邛州、泸州七直隶州，理番、石砫、叙永三直隶厅，先后具报得雨自一二次至五六次不等。堰水充足，二麦播种。其通省粮价俱与上月相同，据布政使王德固查明列单汇报前来。

---

① 台北故宫博物院藏：军机及宫中档，文献编号：118220。

臣覆核无异。理合分缮清单,恭呈御览,伏乞皇上圣鉴。谨奏。十一月二十一日。

同治十三年十二月二十日,军机大臣奉旨:知道了。钦此。[①]

一六三　呈川省同治十三年十月粮价清单

同治十三年十一月二十一日(1874 年 12 月 29 日)

谨将四川省同治十三年十月份各属具报米粮价值,开具清单,恭呈御览。

成都府属,价贵。中米每仓石价银二两九钱三分至三两九钱一分,与上月同。大麦每仓石价银一两八钱三分至二两,与上月同。小麦每仓石价银二两一钱三分至二两三钱,与上月同。黄豆每仓石价银一两四分至二两四钱四分,与上月同。荞子每仓石价银一两一钱六分至一两七钱,与上月同。

重庆府属,价贵。中米每仓石价银二两七钱三分至三两七钱一分,与上月同。大麦每仓石价银一两六钱二分至一两九钱七分,与上月同。小麦每仓石价银二两六钱八分至二两七钱三分,与上月同。黄豆每仓石价银二两七钱至二两九钱七分,与上月同。

保宁府属,价贵。中米每仓石价银二两五钱五分至三两二钱一分,与上月同。大麦每仓石价银一两八钱九分至二两一钱,与上月同。小麦每仓石价银二两八钱三分至三两五钱七分,与上月同。黄豆每仓石价银一两八钱一分至二两一钱一分,与上月同。

顺庆府属,价贵。中米每仓石价银二两九钱九分至三两三钱

---

① 台北故宫博物院藏:军机及宫中档,文献编号:118527。

八分，与上月同。大麦每仓石价银一两六钱一分至一两八钱，与上月同。小麦每仓石价银二两九分至二两一钱二分，与上月同。黄豆每仓石价银一两五钱五分至一两六钱五分，与上月同。

叙州府属，价贵。中米每仓石价银三两至三两二钱二分，与上月同。大麦每仓石价银一两六钱六分至二两二分，与上月同。小麦每仓石价银二两一钱三分至二两六钱三分，与上月同。黄豆每仓石价银一两一钱一分至一两五钱二分，与上月同。

夔州府属，价贵。中米每仓石价银二两八钱至三两一钱一分，与上月同。大麦每仓石价银一两七钱八分至二两四钱六分，与上月同。小麦每仓石价银二两九钱五分至三两三分，与上月同。黄豆每仓石价银二两一钱四分至二两二钱四分，与上月同。

龙安府属，价贵。中米每仓石价银二两四钱九分至三两一钱四分，与上月同。青稞每仓石价银一两五钱，与上月同。小麦每仓石价银一两七钱九分至二两一钱八分，与上月同。黄豆每仓石价银一两八钱五分至一两九钱三分，与上月同。

宁远府属，价贵。中米每仓石价银二两八钱三分至三两一钱一分，与上月同。大麦每仓石价银一两四钱八分至一两六钱，与上月同。小麦每仓石价银一两五钱九分至二两二钱，与上月同。荞子每仓石价银一两四钱五分，与上月同。黄豆每仓石价银一两五钱六分至一两六钱三分，与上月同。

雅州府属，价中。中米每仓石价银二两七钱五分至二两七钱六分，与上月同。小麦每仓石价银二两二钱九分至二两六钱五分，与上月同。黄豆每仓石价银一两六钱五分至二两四分，与上月同。

嘉定府属，价贵。中米每仓石价银二两七钱二分至三两三钱，与上月同。小麦每仓石价银二两三钱六分至二两七钱三分，与上月同。黄豆每仓石价银一两四钱七分至二两三分，与上月同。

潼川府属，价贵。中米每仓石价银二两八钱三分至三两五分，与上月同。大麦每仓石价银一两六钱五分至一两九钱三分，与上月同。小麦每仓石价银二两一钱四分至二两四钱九分，与上月同。黄豆每仓石价银一两七钱六分至二两一钱三分，与上月同。

绥定府属，价中。中米每仓石价银二两七钱至二两八钱二分，与上月同。大麦每仓石价银一两五钱八分，与上月同。小麦每仓石价银一两六钱二分至一两七钱三分，与上月同。黄豆每仓石价银一两四钱三分，与上月同。

眉州直隶州属，价中。中米每仓石价银二两六钱八分至二两九钱六分，与上月同。

邛州直隶州并属，价贵。中米每仓石价银二两五钱八分至二两九钱八分，与上月同。大麦每仓石价银一两九钱，与上月同。小麦每仓石价银二两五钱七分，与上月同。黄豆每仓石价银二两八分至二两二钱二分，与上月同。

泸州直隶州并属，价贵。中米每仓石价银三两至三两一分，与上月同。

资州直隶州并属，价中。中米每仓石价银二两五钱至二两九钱，与上月同。

绵州直隶州并属，价中。中米每仓石价银二两六钱七分至二两九钱五分，与上月同。小麦每仓石价银二两三钱二分至二两四钱六分，与上月同。

茂州直隶州并属，价中。中米每仓石价银二两五钱七分，与上月同。小麦每仓石价银二两六钱八分，与上月同。青稞每仓石价银二两二钱，与上月同。荞子每仓石价银一两二钱三分至一两七钱三分，与上月同。

忠州直隶州并属，价贵。中米每仓石价银二两五钱二分至三两一钱六分，与上月同。大麦每仓石价银一两四钱六分至一两六钱，与上月同。小麦每仓石价银二两三分至二两三钱九分，与上月同。黄豆每仓石价银一两二钱七分至一两五钱七分，与上月同。

酉阳直隶州并属，价贵。中米每仓石价银二两五钱三分至三两一分，与上月同。大麦每仓石价银二两二钱八分至二两六钱，与上月同。小麦每仓石价银二两六钱二分至二两七钱六分，与上月同。黄豆每仓石价银一两三钱九分至一两四钱四分，与上月同。

叙永直隶厅并属，价中。中米每仓石价银二两九钱二分，与上月同。小麦每仓石价银一两八钱一分，与上月同。荞子每仓石价银一两三钱二分，与上月同。黄豆每仓石价银一两六钱一分，与上月同。

松潘直隶厅，价中。青稞每仓石价银二两六钱六分，与上月同。荞子每仓石价银一两七钱四分，与上月同。

杂谷直隶厅，价中。青稞每仓石价银二两四钱，与上月同。荞子每仓石价银一两七钱九分，与上月同。

石砫直隶厅，价平。中米每仓石价银一两六钱，与上月同。大麦每仓石价银一两七钱三分，与上月同。小麦每仓石价银二两六分，与上月同。黄豆每仓石价银一两八钱九分，与上月同。

打箭炉厅，价贵。青稞每仓石价银四两八钱七分，与上月同。油麦每仓石价银一两八钱一分，与上月同。

军机大臣奉旨：览。钦此。[1]

---

[1] 台北故宫博物院藏：军机及宫中档，文献编号：118527-0-A。

一六四　呈川省同治十三年十月得雨清单

同治十三年十一月二十一日(1874 年 12 月 29 日)

谨将四川省同治十三年十月份各属具报得雨情形,开具清单,恭呈御览。

成都府属:成都、华阳两县得雨四次,小春播种。简州得雨三次,小春茂盛。崇庆州得雨二次,菜子滋长。汉州得雨三次,堰水充足。郫县得雨二次,小春播种。新都县得雨三次,小春滋长。金堂县得雨三次,小春茂盛。新繁县得雨二次,小春播种。彭县得雨二次,小春播种。新津县得雨三次,小春滋生。什邡县得雨四次,小春栽毕。

重庆府属:江北厅得雨四次,小春滋长。巴县得雨二次,田堰积水。江津县得雨三次,田水充足。长寿县得雨五次,堰塘积水。永川县得雨五次,小春发生。綦江县得雨三次,田水充足。合州得雨二次,冬粮滋长。南川县得雨二次,山土滋润。涪州得雨三次,田塘积水。大足县得雨六次,田水充足。定远县得雨二次,葫豆滋长。

夔州府属:巫山县得雨二次,豆麦播种。云阳县得雨四次,小春播种。开县得雨二次,田水足用。

龙安府属:石泉县得雨三次,黄豆收获。彰明县得雨五次,豆麦滋长。

绥定府属:新宁县得雨二次,小春茂盛。渠县得雨三次,小春发生。

宁远府属:盐源县得雨二次,豆麦滋长。会理州得雨三次,田塘积水。

保宁府属：阆中县得雨二次，地土滋润。苍溪县得雨二次，杂粮渐长。广元县得雨一次，二麦播种。巴州得雨一次，田间蓄水。剑州得雨一次，豆麦滋长。

顺庆府属：南充县得雨四次，田水充足。蓬州得雨三次，冬粮播种。营山县得雨四次，豆麦播种。广安州得雨一次，豆麦滋长。岳池县得雨四次，田水充盈。邻水县得雨三次，地土滋润。

潼川府属：三台县得雨三次，小春发生。射洪县得雨二次，二麦滋长。盐亭县得雨二次，地土滋润。蓬溪县得雨一次，二麦播种。乐至县得雨二次，田水不缺。

雅州府属：雅安县得雨二次，田水充足。

嘉定府属：乐山县得雨二次，小春播种。峨眉县得雨一次，堰水充足。洪雅县得雨四次，田水畅流。荣县得雨二次，豆麦滋长。峨边厅得雨二次，田水不缺。

叙州府属：南溪县得雨三次，播种已毕。富顺县得雨三次，田水充盈。

资州直隶州并属：资州得雨三次，田堰水足。资阳县得雨二次，小春发生。井研县得雨六次，小春滋长。

绵州直隶州并属：绵州得雨三次，小春播种。安县得雨三次，田水充盈。梓潼县得雨二次，田水足用。罗江县得雨三次，豆麦滋长。

忠州直隶州属：酆都县得雨四次，小春已种。垫江县得雨一次，小春出土。梁山县得雨二次，播种小春。

酉阳直隶州属：黔江县得雨三次，田水充足。秀山县得雨三次，小春滋长。

眉州直隶州并属：眉州得雨三次，堰水充足。彭山县得雨二次，地土滋润。

邛州直隶州属：大邑县得雨四次，田堰积水。

泸州直隶州并属：泸州得雨五次，堰水畅流。江安县得雨二次，二麦渐长。合江县得雨五次，小春滋长。纳溪县得雨四次，田水尚足。

理番直隶厅得雨五次，山土滋润。

石砫直隶厅得雨三次，小春滋长。

叙永直隶厅并属：叙永厅得雨二次，地土滋润。永宁县得雨二次，地土滋润。

军机大臣奉旨：览。钦此。[1]

一六五　请以陈泽久等借补游击折

同治十三年十一月二十一日(1874 年 12 月 29 日)

头品顶戴四川总督臣吴棠跪奏，为拣员请补游击，以资治理，恭折仰祈圣鉴事。

窃照会盐营游击钟淮告病遗缺，前经臣以尽先游击刘顺望奏补，嗣准部咨，尚有尽先名次在前之员，应毋庸议，仍令另拣合例人员请补等因。又，广元营游击霍明升因病出缺，现经臣恭疏题报，声明遗缺扣留外补在案。兹于通省尽先游击名次在前各员内逐加遴选，或出师外省，久未回川；或人地未宜，难期整顿。在部臣按册而稽，固应论资格之浅深为选补之次序，而川省介乎滇、黔、秦、陇

---

① 台北故宫博物院藏：军机及宫中档，文献编号：118540。

之交，蛮猓环列，刻下防军减撤，不能不以选择人材、整饬边备为当务之急。广元壤接陕南，会盐悬处夷地，必须熟悉边情夷务之员，方足以资治理。查有尽先补用总兵陈泽久，年四十岁，云南恩安县人，由行伍出师两湖、安徽、江南、江西、山东等省，于擒获捻首苗沛霖及克复丹阳县城各案出力，历保都司、游击，补授云南普洱镇右营游击。复以战功迭著，保升副将。同治七年，山东军务肃清，由漕臣咨送赴川，派随大军援滇，以擒获昭、鲁逆首李本忠在事出力，奏保以总兵尽先补用，同治九年四月二十一日，奉旨允准在案。旋奏开普洱营游击底缺，留川补用。又以历年打仗筋骨受伤，不能挽强运重，于十一年冬间，奏免骑射。奉旨：着照所请，兵部知道。钦此。现署会盐营游击，番夷慑服。该员久历戎行，兼有胆识，拟请借补会盐营游击。

又，查有副将衔留川尽先补用参将督标中营都司何鉴，年三十四岁，四川松潘厅人，由行伍攻剿瞻对、堵御滇匪先后出力，奏保蓝翎守备，请补峨边右营守备，历升冕山营都司，调补督标中营都司。以克复盐源县井地著绩，保准以游击留川尽先补用。同治十年，请咨进京。八月初一日，兵部带赴内阁，经王大臣验放请旨：何鉴着准其补授。初二日，覆奏奉旨：依议。钦此。嗣于防剿秦、陇案内，保加副将衔。又以防剿滇省逆回、历次剿匪出力，奏保以参将仍留四川尽先前补用，于同治十二年十月初五日奉旨允准在案。该员年力富强，营务熟练，拟请借补广元营游击。

以上各员均系久历戎行，熟谙边务、夷情，以之借补各缺，实堪胜任，亦与借补章程相符，距籍各在五百里以外，现无违碍事故，人地实在相需，合无仰恳俯准以尽先补用总兵陈泽久借补会盐营游击，副将衔尽先前留川补用参将督标中军都司何鉴借补广元营游击,实于边地有裨。如蒙俞允,陈泽久俟接准部覆,再行给咨北上。何鉴已经引见回川,毋庸送部。臣为边备营伍起见,是否有当,理合会同成都将军臣魁玉、署提督臣胡中和,合词恭折具奏,伏乞皇上圣鉴训示。

再,陈泽久履历清册,前于同治十二年二月十四日咨送兵部。何鉴所遗督标中军都司,川省现有应补人员,并请扣留外补,合并陈明。谨奏。十一月二十一日。

同治十三年十二月二十日,军机大臣奉旨:兵部知道。钦此。①

一六六　委任刘钟璟等署理知府等缺片

同治十三年十一月二十一日(1874 年 12 月 29 日)

再,保宁府知府宋仕辉年满,遗缺壤接陕南,幅员辽阔。查有因公在省之泸州直隶州知州刘钟璟,老成稳练,堪以调署。又,署庐州直隶州知州彭毓棻年满遗缺,查有候补知府余瀂廷,明干有为,堪以委署。又,署越嶲厅同知姚光鼐年满遗缺,查有酉阳州知州白映庚,谙练机务,堪以调署。该员等正、署各任内并无经征钱粮未完及〈承〉缉盗劫已起四参案件,据藩、臬两司会详前来。除批饬遵照外,理合附片陈明,伏乞圣鉴。谨奏。

同治十三年十二月二十日,军机大臣奉旨:知道了。钦此。②

---

　　①　台北故宫博物院藏:军机及宫中档,文献编号:118541。
　　②　台北故宫博物院藏:军机及宫中档,文献编号:118542。此片具奏日期未确,兹据同批折件校正。

一六七　奏报方德堃等期满甄别片

同治十三年十一月二十一日(1874 年 12 月 29 日)

再，查吏部奏定章程：道、府、丞、倅、州、县，无论何项劳绩保奏归入候补班者，以到省之日起，予限一年，令督抚详加察看，出具切实考语，分别繁简补用等因。遵照在案。兹查候补班补用知州方德堃、候补班前先补用知县彭运、遇缺前先即补知县王金诏三员，均到省一年期满，据布政使王德固、按察使英祥造具该员等履历清册，详请甄别前来。

臣查该员方德堃，谙练吏事，堪以繁缺知州留川补用；彭运才具明敏，堪以简缺知县留川补用；王金诏年壮才明，堪以繁缺知县留川补用。除将该员等履历清册咨部外，理合附片具陈，伏乞圣鉴。谨奏。

同治十三年十二月二十日，军机大臣奉旨：吏部知道。钦此。①

一六八　奏请开复知县韩道原处分片

同治十三年十一月二十一日(1874 年 12 月 29 日)

再，同治十二年份杂税银两前于奏销时，因现任雅安县知县韩道原欠解关税银一千零十五两一钱五分七厘，经臣奏明请旨将该员摘去顶戴、限两个月完解在案。兹据布政使王德固、按察使英祥

---

① 台北故宫博物院藏：军机及宫中档，文献编号：118543。此片具奏日期未确，兹据同批折件校正。

会详:该员韩道原欠解前项银两,已于参后如数解缴司库收储,尚知愧奋。详请具奏前来。合无仰恳天恩,俯准将雅安县知县韩道原原参摘顶之案敕部查销,出自鸿慈。除咨部外,理合附片陈明,伏乞圣鉴训示。谨奏。

同治十三年十二月二十日,军机大臣奉旨:着照所请,吏部知道。钦此。①

一六九 奏报道员朱在勤期满甄别折

同治十三年十一月二十一日(1874年12月29日)

头品顶戴四川总督臣吴棠跪奏,为道员试看年满,循例甄别,恭折仰祈圣鉴事。

窃照吏部奏定章程,道府等官,无论何项劳绩保奏归入候补班者,以到省之日起,予限一年,令督抚详加察看,出具切实考语,奏明分别繁简补用等因。兹查发川候补班前先用道朱在勤,年四十七岁,云南廪贡,中式咸丰辛亥恩科举人。二年五月,以三品荫生引见,奉旨外用。丁忧回籍,服满起复,在籍办理团防,遵例报捐知府,归部候选。同治八年十二月,因力解省围、节次克复城地出力保奏,九年正月初七日,奉上谕:着免选本班,以道员签掣省份,归候补班前先用。钦此。奉委赴川催解军饷。是年三月,在陕甘捐局捐指四川。因克复澄江府城等处出力,保加按察使衔。十年十二月,回滇销差,请咨赴部。十二年闰六月十七日引见,奉旨:着照例发往。钦

---

① 台北故宫博物院藏:军机及宫中档,文献编号:118544。此片具奏日期未确,兹据同批折件校正。

此。领照起程，十月初十日到川。复因坐催川饷出力，奏给二品顶戴，由部核准，覆奏奉旨：依议。钦此。计自到省之日起，扣至十三年十月初十日，试看一年期满，由藩、臬两司详请甄别前来。

臣查该员朱在勤，才识优长，通晓政体，应请留川如遇道员缺出，无论应晋、应调、应选之员，尽先补用。倘或始勤终怠，仍将随时核办，断不敢稍事姑容，致滋贻误。理合循例恭折具陈。伏乞皇上圣鉴。谨奏。十一月二十一日。

同治十三年十二月二十日，军机大臣奉旨：吏部知道。钦此。①

一七〇　奏报委员吴增辉等署理知县片

同治十三年十一月二十一日(1874 年 12 月 29 日)

再，署邻水县知县李忠清期满调省，遗缺民教杂处，治理匪易。查有威远县知县吴增辉，朴实稳练，堪以调署。所遗威远县缺，查有新补邻水县知县邓履中，办事认真，堪以委署。该员等正、署各任内并无经征钱粮未完及承缉盗劫已起四参案件，据藩、臬两司会详前来。除分饬遵照外，理合附片陈明，伏乞圣鉴。谨奏。

同治十三年十二月二十日，军机大臣奉旨：知道了。钦此。②

一七一　奏报本年甄别千总不及分数折

同治十三年十二月二十三日(1875 年 1 月 30 日)

头品顶戴四川总督臣吴棠跪奏，为甄别千总不及分数，循例恭

①　台北故宫博物院藏：军机及宫中档，文献编号：118545。
②　台北故宫博物院藏：军机及宫中档，文献编号：118546。

折奏祈圣鉴事。窃照定例：千总等官年底甄别，汇咨报部。其甄别不及百之二三者，如该省果无衰庸恋缺、应行甄别之处，该督抚等即将无可参劾缘由声明具奏等因。历经遵照办理在案。查四川省各标营额设千总一百十四员，每年例应参劾三员。同治十三年份，查有夔州右营千总黄凤高，违误差使，降补把总。川北中营千总李汝冀不守营规，咨部斥革。计劾参千总二员。此外各标营千总，除现留军营未经回省不计外，其在营各弁，经提臣胡中和与臣陆续调省考验，实无衰庸恋缺之员，自未便拘于定额，率行充数，致有屈抑。

仍随时留心查察，如有才庸技劣之员，即行分别勒休、参革，以肃营伍，断不敢拘泥甄别年限，稍有姑容。除咨明兵部外，所有同治十二年甄别千总不及分数缘由，理合循例具奏，伏乞皇上圣鉴。谨奏，同治十三年十二月二十三日。

光绪元年二月初二日，军机大臣奉旨：知道了。钦此。①

一七二　奏为川、楚、陕三省会哨交界地方片

同治十三年十二月二十三日（1875 年 1 月 30 日）

再，查川、陕、楚三省交界地方，向定章程于每年十月间，提、镇分年巡哨。本年又值四川、甘肃两省会哨之期，经臣饬委川北、松潘二镇循例办理去后。兹据川北镇总兵杨复东禀报：于十月初一日行抵川、陕交界之渔渡坝，与陕西汉中营总兵杨长春见面会哨。又于十月二十五日行至川、楚交界之火峰界岭，适湖北宜昌镇总兵

---

① 中国第一历史档案馆藏：朱批奏折，档案编号：04-01-16-0198-029。

崔福泰亦抵界所会哨。并据松潘镇总兵李得太禀报：十月二十日，在川、甘交界之马尾墩，与河州镇属之文县营都司魏世禄见面会哨。该镇等查看三省交界处所及往返经过地方，均属静谧，民情亦甚安堵，并无外来匪徒滋扰等情前来。

臣查三省交界边隘，现在虽均安静，而甘肃回逆初平，难保无逸匪散勇越境窥伺，防范未可稍懈，仍严饬各镇、协、营会同地方文员，随时侦探巡查，实力防守，务期有匪必获，以仰副圣主绥靖边圉之至意。所有三省会哨情形，理合附片具陈，伏乞圣鉴。谨奏。

光绪元年二月初二日，军机大臣奉旨：知道了。钦此。①

一七三 奏报川省同治十三年
应征新赋完欠数目折

同治十三年十二月二十三日(1875年1月30日)

头品顶戴四川总督臣吴棠跪奏，为查明同治十三年份川省应征新赋完欠数目，恭折奏闻，仰祈圣鉴事。

窃照新赋完欠实数，例应按年奏报。兹据藩司王德固详：同治十三年份川省额征地丁、条粮、屯租、折色等项，共银六十六万八千八百五十两零，上忙征过银三十一万八千五百九十四两零，业经分别留支批解，造册呈报在案。今下忙完银三十万一千九百七十八两零，内除留支各项外，实在解到司库银二十二万五千二百一十三两零，尚未完银四万八千二百七十七两零。又，应征火耗银一十万六十四两零，上忙征过银四万三千九百四十八两零，已经分别留支

---

① 中国第一历史档案馆藏：军机录副，档案编号：03-6006-014。

批解册报。今下忙完银四万八千五百一十九两零,内除扣支各官养廉外,实在解到司库银一万一千六百八十一两零,尚未完银七千五百九十五两零等情,具详请奏前来。臣查同治十三年份川省应征额赋已完九分有余,比较同治十二年底,收数不相上下。

现在督饬该司王德固将未完银两实力催提,务在奏销以前扫数全完,以期年清年款。除咨户部查照外,理合循例恭折具陈,伏乞皇上圣鉴。谨奏。同治十三年年十二月二十三日。

光绪元年二月初二日,军机大臣奉旨:户部知道。钦此。①

一七四　奏报川省同治十三年征收地丁比较上三年完欠折

同治十三年十二月二十三日(1875 年 1 月 30 日)

头品顶戴四川总督臣吴棠跪奏,为查明同治十三年四川省征收地丁钱粮比较上三年完欠数目,恭折具奏,仰祈圣鉴事。

窃照前准部咨:嗣后各省征收钱粮,统于年底截数,次年二月造报春拨之时,即将新旧赋项下各额征若干,蠲缓若干,已完未完若干,比较上三年或多或少,另行开单奏报等因。历经遵办在案。兹届造报春拨之时,据藩司王德固查明开单,详细具报前来。

臣查四川省征收地丁钱粮向系年清年款,所有同治十三年份新赋上下两忙,共完过银六十二万零五百七十二两零,尚未完银四万八千二百七十七两零,计欠数不及一分。比较上三年征收尾欠数目,不相上下。

---

①　中国第一历史档案馆藏:军机录副,档案编号:03-6192-013。

除严饬藩司分催各属将未完银两务于奏销前催征全完另行题报外，谨缮三年比较清单，恭呈御览，伏乞皇上圣鉴。谨奏。同治十三年年十二月二十三日。

光绪元年二月初二日，军机大臣奉旨：户部知道。单并发。钦此。[①]

一七五　呈川省同治十三年征收地丁比较上三年完欠数目清单

同治十三年十二月二十三日(1875年1月30日)

谨将同治十三年四川省征收地丁银两比较上三年完欠数目，缮具清单，恭呈御览。

一、同治十年份额征旧管地丁钱粮、屯租、折色、秋粮、黄蜡折价、草籽折征，共银六十六万八千八百五十两五钱一分二厘。上忙征完银三十四万二千四十五两一钱四厘一毫，下忙征完银二十八万五千二百一十五两八钱一分一厘三毫，奏销前征完银四万一千五百八十九两五钱九分六厘六毫，入于同治十一年秋拨册内报拨在案。统计全完。

一、同治十一年份额征旧管地丁钱粮、屯租、折色、秋粮、黄蜡折价、草籽折征，共银六十六万八千八百五十两五钱一分二厘。上忙征完银二十七万七千一百七十六两五钱三分一厘九毫，下忙征完银三十四万一千四百八十三两六厘八毫，奏销前征完银四万六千二百四两四钱七分七厘三毫。其名山、青神等县未完银三千九

百八十六两四钱九分六厘,已据批解到司,入于同治十三年春拨册内报拨在案。统计全完。

一、同治十二年份额征旧管地丁钱粮、屯租、折色、秋粮、黄蜡折价、草籽折征,正闰共银六十九万二千一百四十一两七钱九分四厘六毫。上忙征完银三十二万一千六百七十九两四钱三厘四毫一丝三忽二微,下忙征完银三十一万四千九十七两三分三厘九毫八丝六忽八微,奏销前征完银五万五千五百六十一两二钱四分九厘九毫。其名山县未完银八百四两一钱七厘三毫,已据批解到司,入于同治十四年春拨册内报拨在案。统计全完。

一、同治十三年份额征旧管地丁钱粮、屯租、折色、秋粮、黄蜡折价、草籽折征,共银六十六万八千八百五十两五钱一分二厘。上忙征完银三十一万八千五百九十四两一钱三分七厘四毫,下忙征完银三十万一千九百七十八两八钱一分六厘七毫。尚未完银四万八千二百七十七两五钱五分七厘九毫,定于奏销前催收全完。

军机大臣奉旨:览。钦此。①

一七六　奏报川省同治十三年十一月雨水、粮价折

同治十三年十二月二十三日(1875年1月30日)

头品顶戴四川总督臣吴棠跪奏,为恭报四川省同治十三年十一月份各属具报米粮价值及得雪情形,仰祈圣鉴事。

窃照同治十三年十月份通省米粮价值及得雨情形,前经臣恭

---

①　中国第一历史档案馆藏:清单,档案编号:03-6192-015。

折奏报在案。兹查本年十一月份成都、重庆、绥定、龙安、雅州、叙州、顺庆、潼川八府，绵州、忠州、泸州三直隶州，理番一直隶厅，各属先后具报得雪自一二次，积厚至四五寸不等，高山、平原一律均沾，小春畅茂。其通省粮价俱与上月相同，据布政使王德固查明列单汇报前来。

臣覆核无异。理合分缮清单，恭呈御览，伏乞皇上圣鉴。谨奏。同治十三年十二月二十三日。

光绪元年二月初二日，军机大臣奉旨：知道了。钦此。[1]

一七七　呈川省同治十三年十一月粮价清单

同治十三年十二月二十三日（1875年1月30日）

谨将四川省同治十三年十一月份各属具报米粮价值，开具清单，恭呈御览。

成都府属，价贵。中米每仓石价银二两九钱三分至三两九钱一分，与上月同。大麦每仓石价银一两八钱三分至二两，与上月同。小麦每仓石价银二两一钱三分至二两三钱，与上月同。黄豆每仓石价银一两四分至二两四钱四分，与上月同。荞子每仓石价银一两一钱六分至一两七钱，与上月同。

重庆府属，价贵。中米每仓石价银二两七钱三分至三两七钱一分，与上月同。大麦每仓石价银一两六钱二分至一两九钱七分，与上月同。小麦每仓石价银二两六钱八分至二两七钱三分，与上月同。黄豆每仓石价银二两七钱至二两九钱七分，与上月同。

---

[1]　中国第一历史档案馆藏：军机录副，档案编号：03-4764-003。

　　保宁府属,价贵。中米每仓石价银二两五钱五分至三两二钱一分,与上月同。大麦每仓石价银一两八钱九分至二两一钱,与上月同。小麦每仓石价银二两八钱三分至三两五钱七分,与上月同。黄豆每仓石价银一两八钱一分至二两一钱一分,与上月同。

　　顺庆府属,价贵。中米每仓石价银二两九钱九分至三两三钱八分,与上月同。大麦每仓石价银一两六钱一分至一两八钱,与上月同。小麦每仓石价银二两九分至二两一钱二分,与上月同。黄豆每仓石价银一两五钱五分至一两六钱五分,与上月同。

　　叙州府属,价贵。中米每仓石价银三两至三两二钱二分,与上月同。大麦每仓石价银一两六钱六分至二两二分,与上月同。小麦每仓石价银二两一钱三分至二两六钱三分,与上月同。黄豆每仓石价银一两一钱一分至一两五钱二分,与上月同。

　　夔州府属,价贵。中米每仓石价银二两八钱至三两一钱一分,与上月同。大麦每仓石价银一两七钱八分至二两四钱六分,与上月同。小麦每仓石价银二两九钱五分至三两三分,与上月同。黄豆每仓石价银二两一钱四分至二两二钱四分,与上月同。

　　龙安府属,价贵。中米每仓石价银二两四钱九分至三两一钱四分,与上月同。青稞每仓石价银一两五钱,与上月同。小麦每仓石价银一两七钱九分至二两一钱八分,与上月同。黄豆每仓石价银一两八钱五分至一两九钱三分,与上月同。

　　宁远府属,价贵。中米每仓石价银二两八钱三分至三两一钱一分,与上月同。大麦每仓石价银一两四钱八分至一两六钱,与上月同。小麦每仓石价银一两五钱九分至二两二钱,与上月同。荞子每仓石价银一两四钱五分,与上月同。黄豆每仓石价银一两五钱六分至一两六钱三分,与上月同。

雅州府属，价中。中米每仓石价银二两七钱五分至二两七钱六分，与上月同。小麦每仓石价银二两二钱九分至二两六钱五分，与上月同。黄豆每仓石价银一两六钱五分至二两四分，与上月同。

嘉定府属，价贵。中米每仓石价银二两七钱二分至三两三钱，与上月同。小麦每仓石价银二两三钱六分至二两七钱三分，与上月同。黄豆每仓石价银一两四钱七分至二两三分，与上月同。

潼川府属，价贵。中米每仓石价银二两八钱三分至三两五分，与上月同。大麦每仓石价银一两六钱五分至一两九钱三分，与上月同。小麦每仓石价银二两一钱四分至二两四钱九分，与上月同。黄豆每仓石价银一两七钱六分至二两一钱三分，与上月同。

绥定府属，价中。中米每仓石价银二两七钱至二两八钱二分，与上月同。大麦每仓石价银一两五钱八分，与上月同。小麦每仓石价银一两六钱二分至一两七钱三分，与上月同。黄豆每仓石价银一两四钱三分，与上月同。

眉州直隶州属，价中。中米每仓石价银二两六钱八分至二两九钱六分，与上月同。

邛州直隶州并属，价贵。中米每仓石价银二两五钱八分至二两九钱八分，与上月同。大麦每仓石价银一两九钱，与上月同。小麦每仓石价银二两五钱七分，与上月同。黄豆每仓石价银二两八分至二两二钱二分，与上月同。

泸州直隶州并属，价贵。中米每仓石价银三两至三两一分，与上月同。

资州直隶州并属，价中。中米每仓石价银二两五钱至二两九钱，与上月同。

绵州直隶州并属，价中。中米每仓石价银二两六钱七分至二两九钱五分，与上月同。小麦每仓石价银二两三钱二分至二两四钱六分，与上月同。

茂州直隶州并属，价中。中米每仓石价银二两五钱七分，与上月同。小麦每仓石价银二两六钱八分，与上月同。青稞每仓石价银二两二钱，与上月同。荞子每仓石价银一两二钱三分至一两七钱三分，与上月同。

忠州直隶州并属，价贵。中米每仓石价银二两五钱二分至三两一钱六分，与上月同。大麦每仓石价银一两四钱六分至一两六钱，与上月同。小麦每仓石价银二两三分至二两三钱九分，与上月同。黄豆每仓石价银一两二钱七分至一两五钱七分，与上月同。

酉阳直隶州并属，价贵。中米每仓石价银二两五钱三分至三两一分，与上月同。大麦每仓石价银二两二钱八分至二两六钱，与上月同。小麦每仓石价银二两六钱二分至二两七钱六分，与上月同。黄豆每仓石价银一两三钱九分至一两四钱四分，与上月同。

叙永直隶厅并属，价中。中米每仓石价银二两九钱二分，与上月同。小麦每仓石价银一两八钱一分，与上月同。荞子每仓石价银一两三钱二分，与上月同。黄豆每仓石价银一两六钱一分，与上月同。

松潘直隶厅，价中。青稞每仓石价银二两六钱六分，与上月同。荞子每仓石价银一两七钱四分，与上月同。

杂谷直隶厅，价中。青稞每仓石价银二两四钱，与上月同。荞子每仓石价银一两七钱九分，与上月同。

石砫直隶厅，价平。中米每仓石价银一两六钱，与上月同。大麦每仓石价银一两七钱三分，与上月同。小麦每仓石价银二两六分，与上月同。黄豆每仓石价银一两八钱九分，与上月同。

打箭炉厅,价贵。青稞每仓石价银四两八钱七分,与上月同。油麦每仓石价银一两八钱一分,与上月同。

军机大臣奉旨:览。钦此。①

一七八　呈川省同治十三年十一月得雪清单

同治十三年十二月二十三日(1875 年 1 月 30 日)

谨将四川省同治十三年十一月份各属具报得雪情形,开具清单,恭呈御览。

成都府属:郫县得雪一次,积厚寸余。金堂县得雪一次,积厚寸余。

重庆府属:綦江县得雪一次,积厚二三寸不等。

绥定府属:太平县得雪二次,积厚二三寸不等。

龙安府属:彰明县得雪一次,积厚寸余。江油县得雪一次,积厚一二寸不等。

雅州府属:清溪县得雪一次,积厚四五寸不等。

叙州府属:庆符县得雪一次,积厚四五寸不等。

顺庆府属:邻水县得雪一次,积厚一二寸不等。

潼川府属:射洪县得雪一次,积厚寸余。

绵州直隶州并属:绵州得雪一次,旋落旋消。绵竹县得雪一次,积厚寸余。安县得雪一次,积厚三四寸不等。

忠州直隶州属:酆都县得雪一次,积厚二三寸不等。

---

① 中国第一历史档案馆藏:清单,档案编号:03-4764-005。

泸州直隶州属:合江县得雪一次,积厚寸余。

理番直隶厅得雪三次,积厚三四寸不等。

军机大臣奉旨:览。钦此。①

一七九　审拟城口厅民余
纲富京控一案折

同治十三年十二月二十三日(1875 年 1 月 30 日)

头品顶戴四川总督臣吴棠跪奏,为审明京控,分别定拟,恭折仰祈圣鉴事。

〈窃臣〉准步军统领衙门咨:据四川城口厅民余纲富以袁贞聘等将伊父余潮憘殴伤毙命等词来京呈控一案,奏奉谕旨:此案着交吴棠,督同臬司,亲提人证卷宗,秉公研讯确情,按律定拟具奏。原告民人余纲富照例解往备质。钦此。钦遵钞录原奏,并将原呈移咨到臣。当经札饬臬司,委员提集人证卷宗,交成都府等审讯去后。兹据按察使英祥转据成都府知府许培身、候补知府于宗绶审明定拟,解请提勘具奏到臣。

即经督同臬司,亲提审讯,缘胡三汰即胡太,籍隶太平县。余潮憘系余纲富之父,胡三汰早年迁至城口厅居住,常在厅差袁贞聘家帮做短工,与余潮憘素不认识。同治八年,余潮憘凭中罗国成约借刘熊氏故夫刘永练钱三十千文,屡索无偿。十一年二月,刘熊氏复向余潮憘索欠,口角抓扭,经人劝散。嗣刘熊氏告知罗国成,央令代为催讨,罗国成不允。刘熊氏气忿,遂将罗国成、余潮憘一并

---

① 中国第一历史档案馆藏:清单,档案编号:03-4764-004。

控经前署厅吴学曾准理，票差袁贞聘、陈兴、罗云传唤。适余潮憘与其子余纲富、余纲林均各出外贸易，袁贞聘因有差缉别案，先令陈兴等往唤余潮憘，未获各归。

三月初四日，胡三汰至袁贞聘家工作，探悉前情，因贫苦难度，起意假充差役，冒袁贞聘之名，向余潮憘吓诈钱文使用。初六日下午，在张家湾地方寻获余潮憘，捏称伊名袁贞聘，向充厅差、刘熊氏因其骗钱不还在厅控准，差伊传唤。如肯给钱数串，可免到案。余潮憘索看差票，胡三汰用言掩饰。余潮憘窥破假冒情形，即与互詈，拾石向殴。胡三汰乘势夺石过手，殴伤其眉丛右。余潮憘抓襟拼命，胡三汰挣不脱身，情急复向吓殴，适伤其右额角，松手倒地。谢尧寅趋劝无及，查问余潮憘，指称被胡三汰冒原差袁贞聘之名，向其吓诈钱文，争角起衅。谢尧寅复向胡三汰盘出真名。移时，余潮憘因伤殒命。胡三汰虑恐到官问罪，起意弃尸灭迹，向谢尧寅吓称，如敢声张破案，定行报害。谢尧寅畏累允回。胡三汰将尸身负弃附近岩洞，致搕擦伤右膝，并被野兽残食左脚第四趾、右脚小趾。胡三汰逃往各处躲避，后经巡役张明达访闻，向谢尧寅问知实情禀案。尸母余王氏与堂侄余潮度投同约邻卢德广等，前往看明，赴厅具报。维时，吴学曾因邻封陕西砖砰厅约期会哨，并至交界之蒙化场查拿匪徒，先期公出。署中日行事件委照磨明熙代行。明熙查明，蒙化场距城四百余里，往返需时，太平县相距较近。当经禀报本厅，一面照例申请太平县杨维藩就近代验。

六月初四日，余纲富等归家，同知前情，误听谣言，疑余潮憘系袁贞聘等诈赃殴毙。因吴学曾未回，杨维藩未至，虑恐正凶漏网，控经绥定府，批饬杨维藩勘验讯明，委系胡三汰假差冒名吓诈，将余潮憘殴伤身死。袁贞聘等均属无干。录供详报。因胡三汰未

获,余纲富等不到,牒知吴学曾覆拿,传同余纲富等究办。吴学曾
旋即回署,具文详缉,并勒限袁贞聘同拣派干役袁贞富、丁山太、袁
贞照、刘明、王升即王老二分路查拿,暨谕卢德广等帮同躧捕。复
飞移邻封东乡县签差余世香、郭春官、太平县签差刘再乾一体协
缉。余纲富见府控未提,心怀不甘,随带银十五两并钱及衣物等
件,用布袱包好,令余纲林背负,同行赴省上控。

七月二十九日,行抵东乡南坝场地方,适袁贞聘与袁贞富等协
同余世香等缉获胡三汰走至瞥见,令余纲富等回厅候审。余纲富
等恐审虚受责,即行跑走。袁贞聘等追喊不及,押解胡三汰赴厅。
余纲富等行至井明渡河边,因迈渡匆忙,致将包袱落入河内,打捞
无获,余纲林即自归家,余纲富痛父情切,终疑袁贞聘等致毙,张明
达与卢德广等徇私祖凛,并因被追、包袱落河,一时悲忿交集,起意
京控,遂添砌情节,自作呈词,沿途为人挑负佣工得资,耽延到京,
赴步军统领衙门投递,讯供奏奉谕旨交审,咨解回川。当余纲富进
京之后,吴学曾提犯,集证讯详,未及拟解卸卸,本任厅耿茂桢回任
接交,奉批饬审,将该犯胡三汰依例拟以斩候,由府解司,核恐案情
未确,檄前升府督同谳委讯明,仍照原招解司审转。正在核题间,
准咨前因,经臣行据臬司委提人证来省,发委成都府等讯明定拟,
解请提勘具奏前来。臣督同臬司逐加亲审,据供前情不讳。研诘
胡三汰,并无捏造签票及起衅别故,逃后亦无行凶不法与知情容留
之人。余纲富亦未听人教唆。众供佥同,案无遁饰。

查例载:诈充各衙门差使,假以差遣为由未捏有签票,吓诈忿
争,殴杀被诈之人者,照罪人杀所捕人律,拟斩监候等语。此案胡
三汰因余潮憘被刘熊氏控追欠钱,起意假充差役,冒原差袁贞聘之
名,向余潮憘吓诈钱文争角,将其殴伤致死,自应按律问拟。胡三

汰即胡太除弃尸不失轻罪不议外，合依诈充各衙门差使，假以差遣为由未捏有签票，吓诈忿争，殴杀被诈之人者照罪人杀所捕之人律，拟斩监候，照例刺字。余纲富因伊父余潮憘被胡三汰假差冒名吓诈致毙，误听谣言，辄行捏词赴京越渎。查所控舞弊酷害各情，概系无据空言。其指袁贞聘为正凶，袁贞富为朋凶，系由误听谣言怀疑所致。即称袁贞聘等纠抢银钱、衣物，亦属事出有因，均无凭反坐。惟未在本省院司呈告，率行京控，实属越诉。余纲富合依越诉律，拟笞五十，杖责发落。袁贞聘等讯无凶殴、纠抢情事，第系在官人役奉票传案，并不赶紧送审，致被雇工胡三汰冒名吓诈酿命，虽非肇衅，疏忽难辞。袁贞聘、陈兴、罗云均请照不应重律，各拟杖八十，酌加枷号一个月，满日折责革役。袁贞富等并无听纠凶抢，应与讯未借案诈钱之卢德广等及牵控之邻县差役余世香等，暨救阻不及，始虽畏累隐匿，旋向巡役告知破案之谢尧寅，均免置议。余潮憘欠钱，身死勿征。刘熊氏控案，行厅注销。无干省释。尸棺饬埋。凶器石块供弃免追。

此案假差吓诈系该厅自行访闻，获犯审办，例得免议。案已讯明，未到人证免提省累。除取供招咨部查核外，理合将审明定拟缘由恭折具奏，伏乞皇上圣鉴，敕部核覆施行。谨奏。同治十三年十二月二十三日。

光绪元年二月初二日，军机大臣奉旨：刑部议奏。钦此。①

【案】同治十二年七月十八日，步军统领英元等奏报川民余纲富京控一案折，曰：

---

① 中国第一历史档案馆藏：军机录副，档案编号：03-7229-010。

奴才英元等谨奏,为请旨事。

据四川城口厅民余纲富以袁贞聘等将伊父余朝喜殴伤毙命等词,呈控前来。奴才等督饬司员,详加讯问,据余纲富供:我系四川绥定府城口厅人,年十九岁,在本厅鸡鸣寺居住,种地度日。上年三月,因刘熊氏与罗国成分争,被罗国成打伤后堕胎。刘熊氏在本厅呈控,供说我父亲余朝喜见证。有厅役袁贞聘、卢德广、陈兴,率领差役八人,借案向我父亲要诈钱一百余串,否则锁拿。我父亲逃跑,伊等尾追。至山梁,我父亲回脸转望,被袁贞聘用石块将右眉角打伤殒命。伊等将尸身移掷岩下,有谢尧寅向我告知。我赴本厅报明,厅主不肯诣验。我又控府批厅。我祖母王氏令我堂叔余朝度赴厅,呈请示期。袁贞聘等贿串厅主,将余朝度收卡凌磨。我又控府,蒙批太平县验明尸伤。因余朝度在卡患病释放,县主将袁贞聘等八人提讯,伊等供认打伤我父亲毙命属实,并供出绰号"桂花老王"、袁贞富朋殴。县主屡次备文关提,厅主移文云称袁贞富外贸。太平县将袁贞聘等八人解回本厅,不料厅主将伊等全行释放。本年三月二十六日,我同我胞弟余纲林欲上省呈控,走至半路,袁贞聘等要将我弟兄捉拿,抢去银钱、衣物。我逃跑,我胞弟不知存亡何处。我情急具呈,来京赴案控告的等语。

查余纲富所控袁贞聘等因借案向伊父余朝喜索诈,被袁贞聘用石块,将伊父余朝喜殴伤毙命,报厅不肯诣验,控府批县,验明尸伤,将袁贞聘等提讯,供认属实;供出袁贞富朋殴,该县关提未到,将袁贞聘等解厅,复被该厅将伊等全行释放等情。如果属实,亟应究办,以儆凶顽而重民命。谨抄录原呈,恭呈御览,伏候训示。遵行。

再，遵照奏定章程，取具该原告余纲富甘结，内称并未在本省总督前控告。合并声明。为此谨奏请旨。同治十二年七月十八日。奴才英元，奴才荣禄，奴才成林。①

【附】同治十二年七月十八日，步军统领英元等呈川民余纲富京控呈状，曰：

具状：四川绥定府城口厅鸡鸣寺民人余纲富，十九岁，为权蠹借案索诈，赶殴毙命，受贿埋冤，无法无天，泣恳奏明，钦差大臣亲提严审律办事。

缘蚁父余朝喜勤俭外贸，毫不外干，冤于去岁刘熊氏控罗国成堕胎一案，注蚁父余朝喜词证，遭城口厅蠹役袁贞聘、卢德广、陈兴等率差役八人，借案逗诈，要蚁父出钱一百余串方休，否则锁拿赴县。蚁父骇然，从后奔跑，贞等尾追山梁，蚁父掉脸转望，被贞聘执石打伤蚁父右眉角，皮破血流，骨损殒命。恶等当即移掷岩下，砸破右膝盖，露骨无血。谢尧寅报说。蚁闻即投地主、邻人，至地看明，至城口厅报请诣验，批验不验，激蚁三叩，不知舞何弊，区厅主着仵刑仵同该地团首武生席廷相看明，况人命重件岂有团首看明之理？蚁思君父之仇不共戴天，是以奔叩府宪，沐批：差役借案图搕，殴毙人命，法所不宥，城口厅因何与验，理实不可解候即据呈移厅，赶紧验讯详办。该具呈遵批回厅，候审发办发还。蚁遵示回。祖母王氏着蚁堂叔朝度赴厅，呈请示期，遭贞聘、贞富贿串厅主，将蚁叔收卡凌磨，仍不相验。

蚁以三叩府宪，批委太平县前往移提人证，验明尸身，分

---

① 台北故宫博物院藏：军机及宫中档，文献编号：110796。

别虚实,照例详办,黏单附。杨主诣地验明生伤死痕各异不虚。蚁随呈明叔受磨害,顺恳验明,俾不测有着,谨邀抚慰,伤善调理叔病。岂杨主当将贞聘、卢德广八人讯供,贞聘等供认执石打伤蚁父毙命掷岩属实。并有绰号桂花老王、袁贞富朋殴,彼此推贞富为正凶。杨主屡次备文关提质讯,以便详办。吴主一味支吾,移文云称贞富外贸。试问差役借案殴毙人命,岂有外贸之理? 委员见厅主狡展,获府不解,将袁贞聘八人解往城口厅,就近候拘袁贞富等,质讯详办。厅主不知是何居心,视人命如草芥,藐王章为儿戏。但于八月,将贞聘等八人尽行释放。蚁闻忿激,同胞弟余纲林今三月往省上控。

　　二十九日,路至东乡县南罢场地方,复遭袁贞聘、余世耀纠领东乡县差余世珍、余世香,将兄弟捉拿,抢去银钱、衣物,另单黏电。蚁以黑夜奔逃,蚁弟不知存亡何处。蚁痛父死而在,再死而三。城口厅差约踊跃,兄没绝弟,弟没绝子。蚁父含冤,挺抗暴露,复加两次谋灭。蚁痛门衰祚薄,难逭奉养之任;情急父仇不共,持忿枕戈之心。且蠹恃府厅县以为符,恶滋谋害而莫已,不肯亲提,父冤终沉。是蚁生无颜立于人世,死何辞以对父亲! 惨蚁沿路乞食奔逃京都叩恳。谨呈。[1]

一八〇　奏为民女温氏夫故守贞请旨旌表片

同治十三年十二月二十三日(1875年1月30日)

　　再,据布政使王德固详:据巴县知县李玉宣转准儒学教授左福

荣、训导薛启材牒:据在籍进士龚瑛等呈称:邑贞女温氏系县民温嘉福之女。咸丰元年,许字巫山营外委张应禄为继室,时年十九岁,尚未迎娶,张应禄即奉派出师广西,转战两湖、江南、浙江等省著绩,迭保至总兵衔遇缺即补副将、彦勇巴图鲁。克复杭州省城后,委署杭州协副将,于咸丰十年七月二十三日在嘉兴府打仗阵亡,奏准照提督例议恤,给予世袭骑都尉兼云骑尉,入祀昭忠祠,查取事迹送翰林院立传,并赐谥壮滑,遣官读文致祭。贞女在川闻讣,毁容泣血,绝粒不食,亲族互相劝慰,告知应禄下有幼子弱女,上有衰病之翁,并无弟兄,乏人侍奉。女乃进食,矢志守贞,肩事亲抚孤之任,百折不回,于是两姓定议,迎女进门,庙见成服。躬奉堂上甘旨,克尽孝养;持家抚子,倍极辛勤。今子女俱已长成,贞女现年四十二岁,计守贞一十四载,志励冰霜,心坚金石。职等谊关桑梓,不忍听其湮没,备具事实册结,由县府司层次核明,详请旌表前来。

臣查近年有寄寓湖南原籍浙江镇海县贺增寿之女贺氏、原任湖北按察使司唐树义之女唐氏、江苏在籍员外郎程梅义之女程氏、四川候补知县李棨临之女李氏,均以夫故守贞经各省督抚及臣先后援案声明,不拘常例、年限,奏奉谕旨,均准旌表各在案。兹温氏矢志完贞,与贺氏等事同一律,且精忠苦节萃于一门,尤为难得,合无仰恳天恩,准予旌表,以阐幽潜而维风化。除册结咨部外,理合会同学政臣张之洞,合词附陈,伏乞圣鉴训示。谨奏。

光绪元年二月初二日,军机大臣奉旨:温氏着准其旌表,礼部知道。钦此。①

---

① 中国第一历史档案馆藏:军机录副,档案编号:03-5096-087。此片具奏日期未确,兹据同批折件校正。

一八一　奏报滕代伦等调补副将等缺折

同治十三年十二月二十四日（1875 年 1 月 31 日）

头品顶戴四川总督臣吴棠跪奏，为拣员调补副将，以资治理，恭折仰祈圣鉴事。

窃照督标中军副将文升因病出缺，业经臣恭疏题报，声明遗缺扣留外补。查督标中军副将系题缺，驻扎省垣，为各营表率，操练巡防，最关紧要，非熟悉营伍、才具优长之员，不克胜任。臣于通省尽先副将内逐加遴选，人地均不甚相宜。惟查有懋功协副将滕代伦，年四十三岁，湖南凤凰厅人，由行伍出师广西、湖南、江南、安徽各省，攻剿发逆，迭克城池，由镇篁镇前营外委历升四川懋功协副将，加总兵衔，同治四年到川，历署黎雅营游击、建昌镇总兵。七年进京，八月初四日引见，奉旨准其补授，是年十二月回任。该员年力富强，才具稳练，拟请调补督标中军副将。

所遗懋功协副将员缺系题调之缺，有操练屯兵、约束土司之责。现查新补夔州协副将尚未来川，阜和协副将况文榜出师黔省未回，马边协副将奎林甫经到任，此外实缺副将三员均现居要地，一时别无可调之员。其应升实缺参将及拣发来川副将，亦均与是缺不甚相宜。惟有遇缺开列在先总兵李忠楷，年四十九岁，湖南长沙县人，由行伍出师广西，剿办发逆，转战湖南、湖北、江西等省，迭克坚城，力解重围出力，历保参将。咸丰十年，经前湖南抚臣骆秉章奏调入川，招募亲兵，随营攻剿著绩，保准以副将留川尽先补用。同治七年，以生擒黔省首逆出力，续保免补副将，以总兵用。嗣于攻克云南永北厅城案内出力保奏，同治十年三月二十日，内阁奉上谕：副将李忠楷着遇有总兵缺出，开列在先，请旨简放，并赏加提督衔。钦此。复以剿办峨边夷匪并防剿秦、陇回逆出力，奏请赏给三代一品封典。该员心地朴诚，营务熟悉，拟请借补懋功协副将。

以上两员均籍隶别省，并无违碍事故。滕代伦系对品调补，李忠楷系开列在先总兵借补副将，核与例章相符。合无仰恳天恩，俯准以滕代伦调补督标中军副将，李忠楷借补懋功协副将，实于营伍有裨。如蒙俞允，俟接准部覆，再行分别给咨北上。是否有当，理合会同成都将军臣魁玉、署提督臣胡中和，合词恭折具奏，伏乞皇上圣鉴训示。谨奏。同治十三年十二月二十四日。

光绪元年二月初三日，军机大臣奉旨：兵部议奏。钦此。[1]

一八二 奏报豫鼎期满甄别折

同治十三年十二月二十四日（1875 年 1 月 31 日）

头品顶戴四川总督臣吴棠跪奏，为知府试看年满，循例甄别，恭折仰祈圣鉴事。

窃照吏部奏定章程：道府等官，无论何项劳绩保奏归入候补班者，以到省之日起，予限一年，令督抚详加察看，出具切实考语，奏明分别繁简补用等因。兹查候补班补用知府豫鼎，年五十六岁，镶黄旗内务府汉军德恩佐领下监生。道光十九年，考取笔帖式，调赴内务府堂档房行走。二十七年，补授内务府堂笔帖式，两次保奏，以通判不入班次，遇缺即选。引见后奉旨：江西南昌府通判员缺，着豫鼎补授。钦此。领凭起程，三十年十月到任，在捐铜局捐升同

---

[1] 中国第一历史档案馆藏：军机录副，档案编号：03-5767-044。

知,以双月选用。复在江西米捐局捐离任,指省山西。咸丰七年六月,赴部引见,奉旨:着照例发往。钦此。领照起程,九月初七日到山西省。八年,赴川措资,在铜局改捐发川,九年正月初四日到四川省,甄别留川补用。因公赴黔,委办军务,以迭克各城下游一律肃清汇案奏保,同治十二年九月奉旨:候补同知豫鼎,着免补本班,以知府仍留原省,归候补班补用。钦此。兹已试看年满,由藩、臬两司详请甄别前来。

臣察看该员豫鼎,年健才优,堪膺表率之任,应请留川以繁缺知府补用。倘或始勤终怠,仍当随时核办,断不敢稍事姑容,致滋贻误。除咨吏部外,理合循例恭折具陈,伏乞皇上圣鉴。谨奏。同治十三年十二月二十四日。

光绪元年二月初三日,军机大臣奉旨:吏部知道。钦此。①

一八三　奏为密陈司、道、府考语折

同治十三年十二月二十四日(1875年1月31日)

头品顶戴四川总督臣吴棠跪奏,为察看司、道、各府,密陈考语,恭折仰祈圣鉴事。

窃照向例,藩、臬、道、府各员,每届年底应由各督抚出考,开单密陈。伏思朝廷设官分职,首重得人,川省边夷甫靖,筹办一切事宜,必须为守兼优之员,方足以资整饬。臣渥荷天恩,畀以边疆重寄,惟以整躬率属、勤求吏治为怀。所有在省司道并省外府道各员品行识略,或于因公接见时面加咨询,或于详禀事件中觇其才器,

---

① 中国第一历史档案馆藏:军机录副,档案编号:03-5096-092。

复博采舆论,密访官常,均已得其梗概。

兹届年底,谨将臣见闻所及,分别出具切实考语,另缮清单,密陈御览。臣仍当随时认真察看,如有改行易辙之员,即据实分别参劾,不敢稍有徇隐,以仰副圣主整肃官方之至意。理合恭折具奏,伏乞皇上圣鉴。谨奏。同治十三年十二月二十四日。

光绪元年二月初三日,军机大臣奉旨:知道了。单、片留中。钦此。①

一八四 呈川省同治十三年司、道、府考语清单

同治十三年十二月二十四日(1875年1月31日)

谨将川省司、道、府各员出具切实考语,缮列清单,恭呈御览。

布政使王德固,年六十一岁,河南进士,同治十三年八月初一日回任。率属持平,理财有节。

按察使英祥,年五十二岁,满洲正蓝旗翻译生员,同治十三年八月初一日回任。执法严明,存心恺恻;才识益练,僚属翕然。

盐茶道傅庆贻,年五十一岁,直隶进士,同治十三年八月初一日回任。擘画周详,历久不懈;清操自矢,表率无惭。

成绵龙茂道谢膺禧,年五十九岁,顺天进士,同治十二年四月十八日到任。心地朴诚,吏事稳练。

建昌道黄云鹄,年四十七岁,湖北进士,同治十三年八月初七日回任。治边绥谧,素著循声;才学兼长,允孚舆论。

川北道张兆辰,年六十岁,山东进士,同治八年十一月初六日

---

① 中国第一历史档案馆藏:军机录副,档案编号:03-5096-095。

到任。抚驭尽心,安静不扰。

川东道姚觐元,年四十八岁,浙江举人,同治十一年五月初九日到任。吏治精明,力求整顿。

永宁道延祜,年五十八岁,满洲正红旗笔帖式,同治八年七月十五日到任。通达治体,久洽民心。

成都府知府许培身,年五十三岁,浙江举人,同治十二年十二月初十日到任。识敏才优,克膺繁剧。

龙安府知府王祖源,年四十九岁,山东拔贡,同治十二年三月初六日到任。奉公勤职,恫愊无华。

宁远府知府王福保,年四十岁,湖北进士,同治十三年十月初一日到任,未及三月,例不注考。

雅州府知府徐景轼,年四十六岁,安徽进士,同治九年九月十三日到任。边氓安辑,素著循良。

嘉定府知府玉昆,年三十九岁,汉军镶黄旗监生,同治八年二月十三日到任。勤慎趋公,堪资表率。

保宁府知府庆云,尚未到川。

顺庆府知府李书宝,年六十四岁,直隶拔贡,同治六年十月二十四日到任。勤政爱民,老成谙练。

潼川府知府李德良,年五十五岁,顺天拔贡,同治九年八月二十五日到任。明干有为,不辞劳瘁。

重庆府知府瑞亨,年五十二岁,满洲正白旗官学生,同治八年三月初十日到任。治剧理繁,可完职分。

夔州府知府蒯德模,年五十五岁,安徽附生,同治十一年六月十一日到任。才具开展,办事实心。

绥定府知府易荫芝,年五十五岁,湖北监生,同治十二年十一月初三日到任。讲求吏事，率属有方。

叙州府知府史崧秀，尚未来川。①

一八五　密陈署提督胡中和等员考语片

同治十三年十二月二十四日（1875 年 1 月 31 日）

再，实任提、镇各员每届年底，例应出考密陈。伏思提、镇有专阃之责，川省邻氛甫靖，各营武备仍宜认真讲求。臣随时察看，查署提臣胡中和，统驭有方，军心翕服；建昌镇刘宝国，御寇绥边，才气奋勇；重庆镇联昌，戎机娴熟，兵民相安；松潘镇李得太，练习营务，克靖边氓；川北镇杨复东，年壮才明，渐深历练。均能慎重戎行，弹压要地。臣于该员等仍当留心访察，如有始勤终怠之员，即行据实奏参，断不敢稍涉循隐。理合附片密陈，伏乞圣鉴。谨奏。②

一八六　查明四川学政张之洞考试情形折

同治十三年十二月二十四日（1875 年 1 月 31 日）

头品顶戴四川总督臣吴棠跪奏，为查明学政考试情形，恭折奏闻，仰祈圣鉴事。

---

①　中国第一历史档案馆藏：清单，档案编号：04-01-13-0447-047。此清单未署具呈者，具呈日期亦未确。兹据内容判定其为档案编号 03-5096-095 折之附件。

②　中国第一历史档案馆藏：朱批奏片，档案编号：04-01-17-0185-073。此片未署具奏者，具奏日期署"无朝年"，据片中"署提臣胡中和"判定，此片应为 03-5096-095 号折附片。

窃照各省学政考试有无劣迹,应由督抚于年底陈奏。诚以学政一官培养人才,主持风教,务须严密关防,衡平去取,庶多士观感奋兴,潜修向上,以期仰副国家广罗俊彦之意。兹查四川学政张之洞,历试成都、眉州、嘉定、叙州、泸州、重庆等府厅州属生童。臣密加访察,并于各该属因公来省人员广咨博采。该学政考试各属均能严密关防,去取公允,士心悦服,舆论翕然。现在将次举办酉阳等属岁试。

臣惟有破除情面,留心稽查。如有劣迹,即行据实陈奏,断不敢稍事徇隐。所有查明学政考试情形,理合恭折具奏,伏乞皇太后、皇上圣鉴。谨奏。同治十三年十二月二十四日。①

一八七　请准联昌暂缓陛见片

同治十三年十二月二十四日(1875年1月31日)

再,前奉上谕:军务稍松及无军务各省提、镇人员,均着奏请来京陛见等因。钦此。兹查调补重庆镇总兵联昌,于咸丰九年升补松潘镇总兵。十年正月陛见,是年闰三月到任。同治十一年,调补重庆镇总兵,所辖营汛多与黔、楚接壤。时值邻氛不靖,奏明俟防务稍松,再请陛见,奉旨允准在案。迄今又届三年,本应循例入觐,惟现因贵州提督周达武所部楚勇入川催饷,分扎重庆府城内外,尚未全数裁撤。其已散之勇络绎于道,诸须该镇就近弹压,俾免逗留滋事,未便遽行离任,合无仰恳天恩,俯准该镇暂缓陛见,一俟事

---

① 中国第一历史档案馆藏:朱批奏折,档案编号:04-01-35-0328-048。此折具奏日期脱落,兹据推定。

竣，再照例陈请北上。理合附片具奏，伏乞圣鉴训示。谨奏。

光绪元年二月初三日，军机大臣奉旨：着照所请。钦此。[①]

一八八　知县刘炳滩期满甄别片

同治十三年十二月二十四日（1875年1月31日）

再，查吏部奏定章程：州、县、丞、倅，无论何项劳绩保奏归入候补班者，以到省之日起，予限一年，令督抚详加察看，出具切实考语，奏明分别繁简补用等因。兹查候补班前先补用知县刘炳滩，到省一年期满，自应照章甄别，据布政使王德固、按察使英祥造具该员履历清册，会详请奏前来。

臣查该员刘炳滩，年力正壮，请留川以简缺知县补用。除将该员履历清册咨部外，理合附片陈明，伏乞圣鉴。谨奏。

光绪元年二月初三日，军机大臣奉旨：吏部知道。钦此。[②]

一八九　请以匡元斌等借补都司等缺折

同治十三年十二月二十四日（1875年1月31日）

头品顶戴四川总督臣吴棠跪奏，为拣员调补都司、守备，以资治理，恭折仰祈圣鉴事。

窃照叙马营都司王圻，前经奏请调补平安营都司，声明所遗叙马营都司系推缺，应请扣留外补。又，泸宁营守备韩金甲因病出

---

① 中国第一历史档案馆藏：军机录副，档案编号：03-5096-093。
② 中国第一历史档案馆藏：军机录副，档案编号：03-5096-094。

缺,前准部咨:所遗系部推之缺,行令拣选尽先合例人员请补。又,抚边营守备车重轮升补川北右营都司,所遗抚边营守备系题调要缺,亦应按照部咨,拣员调补。查兵部章程内载:各省推补缺出,专用尽先人员。又,绿营各缺须借补者,副、参、游借至都、守止。又,尽先各官均按奉旨先后,挨次补用,如实在不得其人,或员缺紧要,必须将名次在先各员按名指实何项不宜,方准将名次在后之员声明请补。又,题调缺出,先尽现任人员调补各等语。

今叙马营都司一缺,驻扎叙州府,水陆冲衢,紧接滇境。臣等于通省尽先都司内逐加遴选,人地均不甚相宜。惟查有留川尽先前补用游击匡元斌,年四十一岁,华阳县人,由行伍出师广西、江南、浙江、湖北等省,打仗著绩,在军营升补贵州古州镇右营都司,告假回籍省亲。以随同防剿滇省回逆出力,奏请开缺留川,以游击尽先前补用,于同治十二年十月初五日奉旨允准。现署川北右营都司。该员年力富强,心地朴实,拟请借补叙马营都司。

至泸宁营守备一缺,悬处夷疆,羌猓错杂,非熟悉番情之员,不克胜任。兹于通省尽先守备内逐加遴选,除前经部查名次在前之何成江等省册并无其人、无从序补外,其省册有名之黄玉林、梁占春、张得胜、符照远、杨道靖、张贵文、杨忠、刘福兴、向福元、曹志坚、刘宗佑、张文元、蒋保山、张斯炘十四员,虽尽先名次在前,于夷情均未熟悉,人缺不甚相宜。

惟有尽先守备吉玉贵,年四十五岁,新繁县人,由行伍出师两湖、江西、安徽、河南等省,历保千总,回川收标。以攻克牛腹渡贼巢及解潼川、遂宁城围出力,开单奏保,请以守备尽先补用。咸丰十一年九月十六日,准兵部火票递到军机处赞襄政务王大臣奉上谕:均照所请奖励。钦此。该员才具稳练,拟请补授泸宁营守备。

又，抚边营守备系调缺，查有督标左营守备江思山，年三十八岁，盐亭县人，由行伍出师瞻对、贵州、广西、湖北等省著绩，拔补营千总，保升都司。嗣以历年办理团防出力，奏保尽先游击。同治十一年，借补督标左营守备，准给署札。该员营务练习，拟请调补抚边营守备。

以上各员，均系久历戎行，谙练边务，以之请补各缺，实堪胜任。距籍各在五百里之外，现无违碍事故。匡元斌以尽先游击借补都司，核与定章相符。吉玉贵尽先名次稍后，已将名次在前各员人地不宜之处照例声明。合无仰恳天恩，俯准以匡元斌借补叙马营都司，吉玉贵补授泸宁营守备，江思山调补抚边营守备，实于边地有裨。

如蒙俞允，俟接准部覆，再行分别给咨北上。江思山所遗督标左营守备系推缺，川省现有应补人员，并请扣留外补。理合会同成都将军臣魁玉、署提督臣胡中和，合词恭折具陈，伏乞皇上圣鉴训示。再，川省尽先守备何成江之后黄玉林之前另有若干员，省册并无姓名，前经奏请饬部抄册咨川，尚未接到，无凭照叙，合并陈明。谨奏。同治十三年十二月二十四日。

光绪元年二月初三日，军机大臣奉旨：兵部议奏。钦此。①

一九〇　奏委邹宗灏迎护法国参赞速办教案片

同治十三年十二月二十四日（1875 年 1 月 31 日）

再，臣魁玉等承准总理衙门来咨，转准法国使臣罗淑亚照称：

---

① 中国第一历史档案馆藏：军机录副，档案编号：03-5767-043。

该馆参赞赫捷德,现有川省之游,跟带学习汉话生白藻赉为伴,请发护照,并另备节略,请派委员不是川省官、川省人,法国方能信其公平等语。咨行到川等因。当经臣等会商,查有按察使衔前贵东道多文,精明稳练。上年,经调任将军臣崇实奏派,办理贵州教案,妥速葳功,为该教之所敬服,堪以委令会同川东道,迅筹妥办。并饬据川东道姚觐元禀称:转据委员将提到各犯证,讯取确供,出具甘结,毫无疑似。

惟因该教原告延不投到,未便议结,致使有所借口。现闻法国参赞赫捷德,有十一月二十三日由汉口乘船赴渝之信,已派委熟谙洋务之候补县丞邹宗灏,前往楚境迎护,暨饬沿途经过州县从优接待等情。除随时咨呈总理衙门查照外,谨合词附片陈明,伏乞圣鉴。谨奏。

光绪元年二月初三日,军机大臣奉旨:该衙门知道。钦此。①

【案】此片业已咨呈总理各国事务衙门查照:

正月十一日,四川总督吴棠等文称:窃照本将军、部堂于同治十三年十二月二十四日,专弁附片具奏按察使衔前贵东道多文,精明稳练,堪以委令会同川东道姚觐元迅筹妥办一折。除俟奉到原件另行恭录咨呈外,所有折稿相应钞录咨呈。为此合咨贵衙门,谨请查照施行。照录片奏:再,臣魁玉等承准总理衙门来咨,转准法国使臣罗淑亚照称:该馆参赞赫捷德,现有川省之游,跟带学习汉话生白藻赉为伴,请发护照,并

---

① 台北中研院近代史所编:《教务教案档》,第三辑,第二册,第 1051—1052 页。又,吴棠等:《游蜀疏稿》,第 987—990 页。其尾记曰:"同治十三年十二月二十四日具奏。"

另备节略，请派委员不是川省官、川省人，法国方能信其公平等语。咨行到川等因。当经臣等会商，查有按察使衔前贵东道多文，精明稳练。上年，经调任将军臣崇实奏派，办理贵州教案，妥速藏功，为该教之所敬服，堪以委令会同川东道，迅筹妥办。并饬据川东道姚觐元禀称：转据委员将提到各犯证，讯取确供，出具甘结，毫无疑似。惟因该教原告延不投到，未便议结，致使有所借口。现闻法国参赞赫捷德，有十一月二十三日由汉口乘船赴渝之信，已派委熟谙洋务之候补县丞邹宗灏，前往楚境迎护，暨饬沿途经过州县从优接待等情。除随时咨呈总理衙门查照外，谨合词附片陈明，伏乞圣鉴。谨奏。①

【案】承准总理衙门来咨：同治十三年十月十七日，总理衙门致文川督吴棠、将军魁玉曰：

本年十月初八日，准法国罗公使照称：本馆参赞大臣赫现有川省之游，跟带本国学习汉话生白藻赏为伴，即请饬发护照一纸给领，以便陆程有靠。此一行可保两国和好往来，益加笃厚等因前来。除缮发护照由罗公使转给赫参赞收执外，合再咨行贵总督，札饬川东道转饬所属，一体遵照。俟法国赫参赞到川时，务须按照护照，从优接待，以保平安，而敦睦谊。切切！须至咨者。照录给参赞大臣赫护照底：为给发护照事。同治十三年十月，据大法国署全权大臣罗照称：本馆参赞大臣赫现有川省之游，跟带本国学习汉话生白藻赏为伴，请饬发护照，以便陆路有靠等因。查法国和约第八款所载：凡大法国人欲至内地，皆准前往等情。现在罗大臣特派本馆参赞赫前往

---

① 台北中研院近代史所藏：外交档案，馆藏号：01-12-131-01-002。

四川,相应备具护照,交顺天府钤印,给赫参赞收执。凡有经过地方,务须从优接待,庶得道路之平,而见睦谊之厚。切切!须至护照者。右照给参赞大臣赫收执。①

【案】法国使臣罗淑亚照称……咨行到川:十月初八日,法国翻译官师面递节略,内称:

大法署钦差罗大人特派师翻译赴总理衙门,转达诸位大人,该当请派中国委员前往四川,专办于教士案内凶犯并一切案件。此事除此法,实在不能办理妥当。四川官与范主教不能和衷商办,是各有回护心意。如此光景有碍颜面,故不能办理妥当。欲保护两边颜面,该当请执政另派中国贤员,专办此事。中国办理此事,公平完结。今派去赫大臣专责,是能令范主教悦服。四川离北京路甚远,教案系要紧之事,非往来文函能办,请派文员不是川省官、川省人到川,并无朋友仇恨法国,方能信其公平。如照此办法,法国执政知道,可显中国与法国友谊和好,必定感此厚情,将来必有答谢。若不另换此办法,现今情形,川省官说东,范主教说西,实难分谁是谁非。今不但法国,总理衙门亦要查明好处,以期无枉无纵。②

---

① 台北中研院近代史所编:《教务教案档》,第三辑,第二册,第1039页。
② 台北中研院近代史所编:《教务教案档》,第三辑,第二册,第1038页。

光绪元年(1875—1876)

〇〇一　奏为大行皇帝龙驭上宾吁恳节哀折

光绪元年正月初八日(1875年2月13日)

头品顶戴四川总督臣吴棠、云南提督署四川提督臣胡中和跪奏，为吁陈下悃，恭折仰祈圣鉴事。

窃臣等于正月初三日申刻忽接礼部蓝印公文，惊惧非常，战栗启视，钦奉同治十三年十二月初五日谕旨，痛悉十二月初五日酉刻，大行皇帝龙驭上宾。臣等神魂俱失，号泣弗胜，谨即率同在省僚属，敬诣公廨，齐集成服，恪遵典制，朝夕哭临，伏地同悲，瞻天罔极。伏惟大行皇帝圣神德备，仁孝治隆，鸿谟实贯古今，骏业允垂中外。荡平早建，覆帱无疆。凡有血气之伦，莫不懔深呼抢。

臣等职任边陲，戴均高平，钦奉宸谕，恭绎慕思。伏乞皇上葆卫圣躬，节抑哀戚。念仔肩之至重，仰大烈之丕承。上以慰大行皇帝在天之灵，下以副四海亿兆臣民之望。臣等跂仰之私，尤深虔祷。

所有奉到谕旨哀痛吁恳下悃，谨率同布政使王德固、按察使英祥,合词恭折具奏,伏祈皇上圣鉴。谨奏。正月初八日。

光绪元年二月初四日,军机大臣奉旨:览。钦此。①

○○二　奏报委解甘饷起程日期折

光绪元年正月二十日(1875 年 2 月 25 日)

头品顶戴四川总督臣吴棠跪奏,为委解甘饷起程日期,恭折仰祈圣鉴事。

窃照川省月解甘饷甫于去冬饬司续拨银四万两,分解西征粮台及凉州满营,当将委解起程日期奏报在案。嗣于十二月十七日准办理西征粮台户部侍郎袁保恒咨:户部议覆部拨库款不敷、请筹指拨一折,拟拨四川省地丁银五万两,勒限三个月,扫数全解,作为大军出关粮运及赶办车辆、驼骡之用,委员黄殿铠至川催提,运解赴陕等因。伏查川省连年筹解京外各省协饷,逐月匀拨,委员分途赶运,不绝于道,并未中断。惟去年因找发贵州提臣周达武所部楚军欠饷六十余万两,又因本省份防边夷之达字、忠字等楚营积欠勇粮至十七八月之久,军士枵腹荷戈,纷纷乞饷,不得不算明找拨,分别裁留,较常年匀拨勇粮多至数倍,以致省库、外局搜索一空。

除京饷银四十五万两及万年吉地工程十万两先已勉力解清外,其云贵、甘肃、新疆、淮军、海防各处协饷,合计过巨,实难同时兼筹,奏明暂时减拨,系属万不得已。兹因甘省大军出关,粮运、车骡之需,事关紧要,自应先其所急,饬司尽力筹措,凑集地丁银三万两,饬委候补知县周开甲,会同甘肃催饷委员黄殿铠等管解,定于光绪元

---

　　①　中国第一历史档案馆藏:军机录副,档案编号:03-5522-054。

年正月二十四日自成都起程，解赴西征粮台交收，以备支拨。除分咨外，理合恭折具奏，伏乞皇上圣鉴。谨奏。正月二十日。

光绪元年二月初八日，军机大臣奉旨：知道了。钦此。[①]

○○三　奏报酌裁楚勇选用团丁片

光绪元年正月二十日(1875 年 2 月 25 日)

再，达字营勇丁前赴叙州索饷，经臣派委总兵衔尽先副将张祖云驰往查办，分别撤留，即檄令接统其军，附片奏明在案。嗣据副将张祖云会同署叙州府知府胡廷柱禀报：共裁撤勇丁八百名，仍留存勇丁一千二百名。复将驻防峨边之达字后营勇丁五百名一并裁撤，仅饬令张祖云另募亲兵三百名，借资钤束，并责成随时整饬，加意清厘，以肃军令。旋据督带忠字营总兵何行保禀称：以所部勇丁久役思归，求饷请撤等情。当由筹饷报销局找清欠饷，妥为资遣归农，计又裁楚勇六百名。惟自臣督蜀以来，共陆续裁撤勇丁五万人，仅存楚、黔各勇及防夷、防边川练万余人。川省幅员辽阔，素称用武之邦，与腹地情形有间，加以成都府属居全省之西偏，接壤番夷，时有土匪窃发，此拿彼窜，防范宜严。

现经督同司道等酌议变通，在于崇、灌、温、郫一带，由各该州县率同绅董等挑选质朴团丁一千名，造册保送，以三百人为一营，分督中、左、右三营，札委副将衔尽先参将范承先统带。其余一百名作为亲兵小队，均按照黔勇章程，支给口粮，以之查拿土匪较为得力，且可无五方杂处旧习，将来地方安静，撤遣亦易。所有酌裁

---

① 中国第一历史档案馆藏：军机录副，档案编号：03-6054-057。

楚勇、选用团丁缘由，理合附片陈明，伏乞圣鉴。谨奏。

光绪元年二月初八日，军机大臣奉旨：知道了。钦此。[①]

○○四 奏报程鸿佑期满甄别折

光绪元年正月二十六日(1875年3月3日)

头品顶戴四川总督臣吴棠跪奏，为知府试看年满，循例甄别，恭折仰祈圣鉴事。

窃照吏部章程内载：道府等官，无论何项劳绩保奏归入候补班者，以到省之日起，予限一年，令督抚详加察看，出具切实考语，奏明分别繁简补用等因。兹查候补班前先补用知府程鸿佑，年三十二岁，安徽休宁县监生。咸丰辛酉科顺天乡试，挑取誊录，充补国史馆誊录缮办，臣工列传告成，议叙盐课大使三班后补用。同治三年十二月，经江宁将军奏扬营给发饷票移奖案内，由郎中签分工部虞衡司行走。八年八月，学习期满，奏留以本部郎中补用。十一年，襄办大婚庆典出力，保请以知府分发省份，归候补班前先补用，十月初四日，奉旨：依议。钦此。遵例指省四川。十二年九月十六日引见，奉旨：着照例发往。钦此。领照起程，是年十二月初七日到省，扣至十三年十二月初七日，试看一年期满，由藩、臬两司会详甄别前来。

臣察看该员程鸿佑，年壮才优，留心吏治，堪膺表率之任，应请留川以繁缺知府补用。倘或始勤终怠，仍将随时核办，断不敢稍事

---

① 中国第一历史档案馆藏：军机录副，档案编号：03-5767-051。又，吴棠等《游蜀疏稿》，第993—998页。其尾记曰："光绪元年正月二十日附片具奏。于本年二月二十五日，准兵部火票递回原片，后开军机大臣奉旨：知道了。钦此。"

姑容，致滋贻误。理合循例恭折具奏，伏乞皇太后、皇上圣鉴。谨奏。正月二十六日。

光绪元年二月二十九日，军机大臣奉旨：吏部知道。钦此。[①]

○○五　旌表寄寓江苏娄县贞女姚氏片

光绪元年正月二十六日（1875 年 3 月 3 日）

再，据简州知州翁道均、汉州知州陈元杰禀称：江苏娄县贞女姚氏系候选未入流姚德彰之次女，许字福建武平县人前四川太平县知县钟叶簏之次子钟秉礼为室，尚未迎娶。道光二十三年，钟秉礼病故，姚氏时年十九岁，闻耗痛哭，矢志守贞，亲属劝慰，百折不回。适其翁钟叶簏被劾去官，交代后，侨寓绥定，将赴苏措资，以父老妻病，不能同行，遂请于姚宅迎女过门侍奉，钟叶簏始治装去。女侍祖翁及姑孝养备至。姑病，女亲侍医药，晨夕无间。姑殁后，无以为殓，自鬻钗珥，治丧成礼，卜地权厝。嗣钟叶簏由苏回川，与其父相继病故。适值滇匪窜扰，女率嗣子依兄以居，道途梗阻，女仍典衣胪寄交翁妾厝葬。贼平后，亲往封树拜扫，平日祭祀，必诚必洁。教嗣子极严，初始口授《孝经》，稍长即授《外传》，今已克自成立。该氏现年五十一岁，守贞三十三年，节励冰霜，志坚金石。凡在亲族无不称其孝而亲其贤，洵为闺门矜式，无惭巾帼完人。职等谊关桑梓，其见其闻，不忍听其湮没，公恳吁请旌表等情。

臣查近年有寄寓湖南原籍浙江镇海县贺增寿之女贺氏、原任湖北按察使司唐树义之女唐氏、顺天举人李士袞之女李氏、安徽怀宁

---

①　中国第一历史档案馆藏：军机录副，档案编号：03-5096-162。

县贞女李氏,均以夫故守贞,经各督抚及臣先后援案声明,不拘常例、年限,奏奉谕旨,均准旌表各在案。兹姚氏矢志守贞,与贺氏等事同一律,合无仰恳天恩,敕部旌表,以阐幽潜而维风化。除册结咨部外,理合会同学政臣张之洞,合词附陈,伏乞圣鉴训示。谨奏。

光绪元年二月二十九日,军机大臣奉旨:姚氏着准其旌表,该部知道。钦此。①

○○六　委署峨边厅等处通判等缺片

光绪元年正月二十六日(1875年3月3日)

再,署峨边厅通判杨荫棠年满,调省遗缺。该处番夷甫经就抚,治理匪易,查有涪州知州濮文升,谙练安详,堪以调署。又,署华阳县知县文康另有差委遗缺,查有珙县知县吴羹梅,干练通达,堪以调署。又,署通江县知县周伦年满,调省遗缺,查有西昌县知县成采,老成稳练,堪以调署。该员等正、署各任内并无经征钱粮未完及承缉盗劫已起四参案件,据藩、臬两司会详前来。除分饬遵照外,理合附片陈明,伏乞圣鉴。谨奏。

光绪元年二月二十九日,军机大臣奉旨:知道了。钦此。②

○○七　奏报夔关参价银两如数解司片

光绪元年正月二十六日(1875年3月3日)

再,查夔关应缴参价银两,经前督臣奏准自咸丰八年起仍照向

---

① 中国第一历史档案馆藏:军机录副,档案编号:03-5522-092。
② 中国第一历史档案馆藏:军机录副,档案编号:03-5096-163。

章每年二千四百余两之数,由该关自行筹解。兹据藩司王德固详:前夔州知府鲍康任内,自同治十年正月初一日起至十二月底应摊参价银二千四百七十九两零,已如数解存司库,俟有便员赴京,即委解内务府交纳等情前来。除批饬藩司速解及分咨外,理合附片陈明,伏乞圣鉴。谨奏。

光绪元年二月二十九日,军机大臣奉旨:知道了。钦此。[1]

○○八 奏报知州刘启镛等期满甄别片

光绪元年正月二十六日(1875年3月3日)

再,查吏部奏定章程:丞、倅、州、县,无论何项劳绩保奏归入候补班者,以到省之日起,予限一年,令督抚详加察看,出具切实考语,奏明分别繁简补用等因。兹查候补班前先补用直隶州知州刘启镛、候补班前先补用知县胡承华、毛锐卿,候补班补用知县周瀚、周启勋、史悠达,均到省一年期满,例应甄别,由藩、臬两司造具各该员履历清册,会详请奏前来。

臣查该员刘启镛,年壮才明,请留川以繁缺直隶州知州补用;胡承华年强才敏,毛锐卿吏事留心,周瀚干练有为,均请留川以繁缺知县补用;周启勋年力正壮,史悠达才具明敏,均请留川以简缺知县补用。除册咨部外,理合附片陈明,伏乞圣鉴。谨奏。

光绪元年二月二十九日,军机大臣奉旨:吏部知道。钦此。[2]

---

[1] 中国第一历史档案馆藏:军机录副,档案编号:03-6484-015。
[2] 中国第一历史档案馆藏:军机录副,档案编号:03-5096-164。

○○九　奏报川省同治十三
年十二月雨、水粮价折

光绪元年正月二十六日(1875 年 3 月 3 日)

头品顶戴四川总督臣吴棠跪奏,为恭报四川省同治十三年十二月份各属具报米粮价值及得雨情形,仰祈圣鉴事。

窃照同治十三年十一月份通省粮价及得雨情形,前经臣恭折奏报在案。兹查本年十二月份成都、重庆、夔州、龙安、绥定、保宁、顺庆、潼川、雅州、嘉定、叙州等十一府,资州、绵州、忠州、眉州、邛州、泸州六直隶州,石砫、叙永两直隶厅,各属先后具报得雨自一二次至八、九、十次不等。田水充足,小春滋长。其通省粮价俱与上月相同,据布政使王德固查明列单汇报前来。

臣覆核无异。理合分缮清单,恭呈御览,伏乞皇上圣鉴。谨奏。正月二十六日。

光绪元年二月二十九日,军机大臣奉旨:知道了。钦此。①

○一○　呈川省同治十三
年十二月粮价清单

光绪元年正月二十六日(1875 年 3 月 3 日)

谨将四川省同治十三年十二月份各属具报米粮价值,开具清单,恭呈御览。

---

① 中国第一历史档案馆藏:军机录副,档案编号:03-6741-040。

成都府属，价贵。中米每仓石价银二两九钱三分至三两九钱一分，与上月同。大麦每仓石价银一两八钱三分至二两，与上月同。小麦每仓石价银二两一钱三分至二两三钱，与上月同。黄豆每仓石价银一两四分至二两四钱四分，与上月同。荞子每仓石价银一两一钱六分至一两七钱，与上月同。

重庆府属，价贵。中米每仓石价银二两七钱三分至三两七钱一分，与上月同。大麦每仓石价银一两六钱二分至一两九钱七分，与上月同。小麦每仓石价银二两六钱八分至二两七钱三分，与上月同。黄豆每仓石价银二两七钱至二两九钱七分，与上月同。

保宁府属，价贵。中米每仓石价银二两五钱五分至三两二钱一分，与上月同。大麦每仓石价银一两八钱九分至二两一钱，与上月同。小麦每仓石价银二两八钱三分至三两五钱七分，与上月同。黄豆每仓石价银一两八钱一分至二两一钱一分，与上月同。

顺庆府属，价贵。中米每仓石价银二两九钱九分至三两三钱八分，与上月同。大麦每仓石价银一两六钱一分至一两八钱，与上月同。小麦每仓石价银二两九分至二两一钱二分，与上月同。黄豆每仓石价银一两五钱五分至一两六钱五分，与上月同。

叙州府属，价贵。中米每仓石价银三两至三两二钱二分，与上月同。大麦每仓石价银一两六钱六分至二两二分，与上月同。小麦每仓石价银二两一钱三分至二两六钱三分，与上月同。黄豆每仓石价银一两一钱一分至一两五钱二分，与上月同。

夔州府属，价贵。中米每仓石价银二两八钱至三两一钱一分，与上月同。大麦每仓石价银一两七钱八分至二两四钱六分，与上月同。小麦每仓石价银二两九钱五分至三两三分，与上月同。黄豆每仓石价银二两一钱四分至二两二钱四分，与上月同。

龙安府属，价贵。中米每仓石价银二两四钱九分至三两一钱四分，与上月同。青稞每仓石价银一两五钱，与上月同。小麦每仓石价银一两七钱九分至二两一钱八分，与上月同。黄豆每仓石价银一两八钱五分至一两九钱三分，与上月同。

宁远府属，价贵。中米每仓石价银二两八钱三分至三两一钱一分，与上月同。大麦每仓石价银一两四钱八分至一两六钱，与上月同。小麦每仓石价银一两五钱九分至二两二钱，与上月同。荞子每仓石价银一两四钱五分，与上月同。黄豆每仓石价银一两五钱六分至一两六钱三分，与上月同。

雅州府属，价中。中米每仓石价银二两七钱五分至二两七钱六分，与上月同。小麦每仓石价银二两二钱九分至二两六钱五分，与上月同。黄豆每仓石价银一两六钱五分至二两四分，与上月同。

嘉定府属，价贵。中米每仓石价银二两七钱二分至三两三钱，与上月同。小麦每仓石价银二两三钱六分至二两七钱三分，与上月同。黄豆每仓石价银一两四钱七分至二两三分，与上月同。

潼川府属，价贵。中米每仓石价银二两八钱三分至三两五分，与上月同。大麦每仓石价银一两六钱五分至一两九钱三分，与上月同。小麦每仓石价银二两一钱四分至二两四钱九分，与上月同。黄豆每仓石价银一两七钱六分至二两一钱三分，与上月同。

绥定府属，价中。中米每仓石价银二两七钱至二两八钱二分，与上月同。大麦每仓石价银一两五钱八分，与上月同。小麦每仓石价银一两六钱二分至一两七钱三分，与上月同。黄豆每仓石价银一两四钱三分，与上月同。

眉州直隶州属，价中。中米每仓石价银二两六钱八分至二两九钱六分，与上月同。

邛州直隶州并属，价贵。中米每仓石价银二两五钱八分至二两九钱八分，与上月同。大麦每仓石价银一两九钱，与上月同。小麦每仓石价银二两五钱七分，与上月同。黄豆每仓石价银二两八分至二两二钱二分，与上月同。

泸州直隶州并属，价贵。中米每仓石价银三两至三两一分，与上月同。

资州直隶州并属，价中。中米每仓石价银二两五钱至二两九钱，与上月同。

绵州直隶州并属，价中。中米每仓石价银二两六钱七分至二两九钱五分，与上月同。小麦每仓石价银二两三钱二分至二两四钱六分，与上月同。

茂州直隶州并属，价中。中米每仓石价银二两五钱七分，与上月同。小麦每仓石价银二两六钱八分，与上月同。青稞每仓石价银二两二钱，与上月同。荞子每仓石价银一两二钱三分至一两七钱三分，与上月同。

忠州直隶州并属，价贵。中米每仓石价银二两五钱二分至三两一钱六分，与上月同。大麦每仓石价银一两四钱六分至一两六钱，与上月同。小麦每仓石价银二两三分至二两三钱九分，与上月同。黄豆每仓石价银一两二钱七分至一两五钱七分，与上月同。

酉阳直隶州并属，价贵。中米每仓石价银二两五钱三分至三两一分，与上月同。大麦每仓石价银二两二钱八分至二两六钱，与上月同。小麦每仓石价银二两六钱二分至二两七钱六分，与上月同。黄豆每仓石价银一两三钱九分至一两四钱四分，与上月同。

叙永直隶厅并属，价中。中米每仓石价银二两九钱二分，与上月同。小麦每仓石价银一两八钱一分，与上月同。荞子每仓石价银一两三钱二分，与上月同。黄豆每仓石价银一两六钱一分，与上月同。

松潘直隶厅，价中。青稞每仓石价银二两六钱六分，与上月同。荞子每仓石价银一两七钱四分，与上月同。

杂谷直隶厅，价中。青稞每仓石价银二两四钱，与上月同。荞子每仓石价银一两七钱九分，与上月同。

石砫直隶厅，价平。中米每仓石价银一两六钱，与上月同。大麦每仓石价银一两七钱三分，与上月同。小麦每仓石价银二两六分，与上月同。黄豆每仓石价银一两八钱九分，与上月同。

打箭炉厅，价贵。青稞每仓石价银四两八钱七分，与上月同。油麦每仓石价银一两八钱一分，与上月同。

军机大臣奉旨：览。钦此。①

○一一　呈川省同治十三年十二月得雨清单

光绪元年正月二十六日(1875 年 3 月 3 日)

谨将四川省同治十三年十二月份各属具报得雨情形，开具清单，恭呈御览。

成都府属：成都、华阳两县得雨六次，小春滋长。简州得雨五

---

①　中国第一历史档案馆藏：清单，档案编号：03-6740-031。此清单未署具呈者，具呈日期亦未确。兹据内容判定其为档案编号 03-6741-040 折之附件。

次,红花、麦豆滋长。崇庆州得雨三次,豆麦、菜籽滋长。汉州得雨三次,堰水未足。温江县得雨三次,小春滋长。新都县得雨三次,豆麦滋长。灌县得雨二次,小春滋长。彭县得雨三次,小春茂盛。什邡县得雨二次,豆麦茂盛。

重庆府属:江北厅得雨四次,小春滋长。巴县得雨四次,小春茂盛。江津县得雨三次,堰水未足。长寿县得雨三次,小春滋长。永川县得雨三次,田水充足。荣昌县得雨四次,小麦茂盛。綦江县得雨三次,小春茂盛。合州得雨三次,田水充足。铜梁县得雨三次,小春滋长。大足县得雨三次,小春滋长。定远县得雨二次,豆麦滋长。

夔州府属:云阳县得雨二次,小春茂盛。大宁县得雨三次,田水充足。

龙安府属:平武县得雨二次,田水充足。彰明县得雨三次,小春滋长。

绥定府属:达县得雨三次,豆麦滋长。东乡县得雨三次,田水充足。新宁县得雨三次,小春茂盛。

保宁府属:苍溪县得雨三次,豆麦滋长。剑州得雨二次,小春茂盛。

顺庆府属:南充县得雨七次,二麦滋长。西充县得雨四次,豆麦滋长。蓬州得雨三次,冬粮滋长。营山县得雨二次,豆麦滋长。仪陇县得雨三次,豆麦滋长。广安州得雨三次,冬粮滋长。岳池县得雨八次,小春滋长。邻水县得雨六次,小春滋长。

潼川府属:三台县得雨四次,杂粮茂盛。射洪县得雨三次,豆麦滋长。盐亭县得雨三次,二麦滋长。蓬溪县得雨二次,豆麦滋长。乐至县得雨四次,小春滋长。

雅州府属：雅安县得雨四次，小春滋长。

嘉定府属：乐山县得雨三次，小春茂盛。峨眉县得雨二次，豆麦茂盛。洪雅县得雨七次，豆麦滋长。荣县得雨六次，二麦滋长。

叙州府属：南溪县得雨七次，小春茂盛。富顺县得雨十次，小春茂盛。隆昌县得雨九次，小春茂盛。

资州直隶州并属：资州得雨三次，小春茂盛。资阳县得雨三次，田水充盈。仁寿县得雨三次，豆麦滋长。井研县得雨三次，小春茂盛。内江县得雨四次，小春滋长。

绵州直隶州并属：绵州得雨三次，田水充足。梓潼县得雨四次，田水充足。罗江县得雨二次，小春滋长。

忠州直隶州属：酆都县得雨二次，小春茂盛。垫江县得雨三次，豆麦滋长。

眉州直隶州属：彭山县得雨二次，豆麦滋长。丹棱县得雨六次，小春茂盛。

邛州直隶州属：大邑县得雨五次，小春畅茂。

泸州直隶州并属：泸州得雨十次，田水充足。江安县得雨五次，小春畅茂。合江县得雨八次，小春滋长。纳溪县得雨九次，小春茂盛。

石砫直隶厅得雨三次，小春滋长。

叙永直隶厅并属：叙永厅得雨九次，小春滋长。永宁县得雨九次，小春滋长。

军机大臣奉旨：览。钦此。①

---

① 中国第一历史档案馆藏：清单，档案编号：03-6774-041。

○一二　奏报病痊请旨销假片

光绪元年二月初八日(1875 年 3 月 15 日)

再,臣前以久疾未痊,吁恳开缺,回籍调理,恭折上陈。同治十三年十一月十九日奉到朱批:吴棠着赏假两个月。钦此。跪聆之下,感悚莫名。连月以来,多方医治,湿疮依旧举发,步履似觉艰难,实由染疾多年、气血亏损所致。近日春和渐转,调治得宜,肝阳稍平,饮食亦增,公事尚可照常办理。臣受恩深重,但能勉励支持,何敢自耽安逸。且现在贵州提臣周达武先后遣撤部勇,络绎在途,尚须加意弹压。时值初春,青黄不接,土匪游勇向易潜滋。防范抚绥,均应认真整顿,未可稍涉疏忽。

臣谨当黾勉从公,即于假期满月销假。仍随时从容调理,力效驽骀,以冀仰酬高厚于万一。所有微臣销假缘由,谨附片具奏,伏乞圣鉴。谨奏。

光绪元年二月初八日,军机大臣奉旨:知道了。钦此。[①]

○一三　委解修筑山东石庄户 决口工程银两起程折

光绪元年二月二十四日(1875 年 3 月 31 日)

头品顶戴四川总督臣吴棠跪奏,为川省筹拨山东石庄户决口工程银两起程日期,恭折仰祈圣鉴事。

---

① 　中国第一历史档案馆藏:军机录副,档案编号:03-5096-114。

　　窃臣于同治十三年十二月十三日接准部咨：山东石庄户决口，夺溜南趋，亟应堵筑，奏明指拨川省盐厘银六万两，赶于本年二月以前如数解交东省，以济急需等因。并准山东抚臣丁宝桢①咨提前来。伏查川省去年因裁楚勇，找发欠饷，省库已搜刮一空，而云贵、新疆各处催提协饷军书络绎，几无虚日。本年正月，又因甘肃大军出关，赶办运粮车骡，事尤万紧，已饬司勉凑地丁银三万两，委解西征粮台，甫于正月二十日奏报起程在案。

　　兹值东省堵筑河工决口，关系东南大局，亦不得不竭力兼筹。复饬据司道先凑集盐厘银二万两，定于二月初八日自成都起程；援照苏省成案，发交天成亨银号承领，汇交东省藩库，以期迅速。余俟续筹有项，再行拨解。除分咨外，理合恭折陈明，伏乞皇太后、皇上圣鉴。谨奏。二月二十四日。

　　光绪元年三月十三日。军机大臣奉旨：知道了。钦此。②

○一四　奏报吴寿檌等员期满甄别片

光绪元年二月二十四日（1875 年 3 月 31 日）

　　再，查吏部奏定章程：丞、倅、州、县，无论何项劳绩保奏归入候补班者，以到省之日起，予限一年，令督抚详加察看，出具切实考

---

①　丁宝桢（1820—1885），字稚璜，贵州平远州人。道光二十三年（1843），中式举人。咸丰三年（1853），中式进士，选庶吉士。六年（1856），授翰林院编修。十年（1860），放湖南岳州府知府。同治元年（1862），调补长沙府知府。同年，署陕西按察使。二年（1863），升山东按察使。同年，迁山东布政使。五年（1866），署山东巡抚。次年，实授山东巡抚，兼理盐政。七年（1868），加太子少保。光绪二年（1876），调补四川总督。十一年（1885），卒于官，赠太子太保，谥文诚。有《丁文诚公奏稿》、《四川盐法志》等行世。

②　中国第一历史档案馆藏：军机录副，档案编号：03-7071-011。

语,奏明分别繁简补用等因。遵照在案。兹查有候补班前先遇缺即补知州吴寿榰、候补班前先补用知县余恩鸿、赵鸿畴、候补班遇缺即补知县颜钟运四员,均到省一年期满,自应照章甄别,由布政使王德固、按察使英祥造具该员等履历清册,会详请奏前来。

臣查该员吴寿榰,年强才敏,请留川以繁缺知州补用;余恩鸿才具明练,赵鸿畴年力正壮,颜钟运留心吏事,均请留川以简缺知县补用。除将该员等履历清册咨部外,理合附片陈明,伏乞圣鉴。谨奏。

光绪元年三月十三日,军机大臣奉旨:吏部知道。钦此。①

○一五　奏报张旭升借补提标中军参将折

光绪元年二月二十四日(1875年3月31日)

头品顶戴四川总督臣吴棠跪奏,为拣员借补参将,以资治理,恭折仰祈圣鉴事。

窃照提标中军参将恩起病故遗缺,前经臣以尽先前参将范承先奏补。嗣准部咨:尚有尽先名次在前人员,核与章程不符,仍令另拣合例人员请补等因。臣随于通省尽先参将名次在前各员内逐加遴选,查部册所开张三元、王廷相、李发祥、张占鳌四员,业已保升尽先副将,班次早改,与前经在川收标之陈云翔、王国良、蔺朝举、饶运筠、王有品五员,人地均不甚相宜。其马登富、蒋占标、赵连升、薛占超、杨应刚、林耀龙、王金鼎、定长、麦炽昌、黄允中十员,各推补游、都、守实缺,俱现居要地。此外徐林春等二十员,均未经

---

① 中国第一历史档案馆藏:军机录副,档案编号:03-5097-026。

到省收标,无履历可稽,势难挨次序补。

惟有升用总兵留川补用尽先副将张旭升,年四十七岁,云南晋宁州人,由勇目出师江南,转战安徽、淮、徐等处,打仗著绩,迭保尽先游击。同治元年六月,保准尽先参将,复保戴花翎,推补云南景蒙营游击,丁忧起复。以积年在徐、淮等府防剿西捻,出力保奏,同治五年十月二十五日,奉上谕:张旭升着免补参将,以副将尽先补用。钦此。八年五月赴川,奏派随营援滇,肃清昭通回匪,凯撤回川。因前任总兵升阶,例应回避本省,开去云南景蒙营游击底缺,留川补用,委操省标十营精兵,并派省垣总巡差事。该员久历戎行,熟谙营务,拟请借补提标中军参将。现无违碍事故,且籍隶别省,由已系尽先副将借补参将,亦与例章相符。

合无仰恳天恩,准其借补。该员现有紧要差务,并请敕部先给署札,俟经手事竣,再给咨送部引见。是否有当,理合会同提督臣胡中和,合词恭折具奏,伏乞皇太后、皇上圣鉴训示。谨奏。二月二十四日。

光绪元年三月十三日,军机大臣奉旨:兵部议奏。钦此。[①]

○一六　委解光绪元年京饷暨固本饷项起程日期折

光绪元年二月二十四日(1875 年 3 月 31 日)

头品顶戴四川总督臣吴棠跪奏,为川省委解光绪元年京饷暨固本饷项起程日期,恭折具奏,仰祈圣鉴事。

---

① 中国第一历史档案馆藏:军机录副,档案编号:03-5767-107。

窃照前准户部咨：奏拨光绪元年京饷，拨四川盐厘十五万两、津贴十五万两等因。又，固本饷项月解银五千两，前共解过部库银五十一万两，先后奏报在案。伏思京饷为部库正供，固本为京畿要款，川库虽极支绌，亟应勉力筹解。兹臣督饬司道凑集按粮津贴银五万两、盐厘银五万两，共银十万两，作为本年奉拨京饷。又催集各属捐输二万两，作为同治十三年十二月二十一日起至光绪元年四月二十一日止四个月固本饷项，均饬委巴州知州金凤洲承领管解，定期于本年二月二十八日自成都起程。

惟前因秦、陇交界地方时有散练游勇，驿路通塞靡常，京饷关系甚重，实难冒险径解。臣于十三年四月间奏请援案发商汇兑，奉旨敕部知照在案。所有此次饷项仍照去年奏准成案，发交蔚丰厚等银号汇解，委员至京兑齐，解赴户部交纳，用昭慎重，据藩司王德固、臬司英祥、盐茶道傅庆贻会详前来。臣覆查无异。理合恭折具奏，伏乞皇太后、皇上圣鉴。谨奏。二月二十四日。

光绪元年三月十三日，军机大臣奉旨：户部知道。钦此。①

【案】户部咨：奏拨光绪元年京饷：同治十三年十一月二十日，户部尚书载龄等具奏曰：

经筵讲官户部尚书公臣宗室载龄等谨奏，为豫拨来年京饷，恭折仰祈圣鉴事。窃查历届京饷，均系年前豫拨。上年原拨同治十三年京饷银七百万两，嗣因部库存款无多，用饷甚巨，当于三月间添拨银一百万两，统共拨银八百万两。现届应行豫拨同治十四年京饷，臣等公同商酌，拟照上年原拨数目，

① 中国第一历史档案馆藏：军机录副，档案编号：03-6592-031。

在各省地丁、盐课、关税等款内指拨银七百万两,谨缮清单,恭呈御览。请旨饬下各该督抚、将军、通商大臣、盐政、藩司、运司、盐道、监督等,务于来年开印后,分批起解,限五月前解到一半,十二月初间全数解清,不准截留改拨,借词延误。倘届限不到,即照奏定章程,指名严参。所有酌拨来年京饷缘由,理合恭折具奏,伏乞皇上圣鉴。谨奏。同治十三年十一月二十日。户部尚书公臣宗室载龄,户部尚书臣董恂,头品顶戴户部左侍郎臣荣禄,户部左侍郎臣袁保恒(未到任),署户部左侍郎詹事府詹事臣周寿昌,户部右侍郎臣庆陞(穿孝),署户部右侍郎兵部左侍郎臣崇厚,户部右侍郎臣温葆深。①

【附】同日,户部尚书载龄等呈拟拨京饷清单曰:

谨将拟拨同治十四年份京饷银七百万两缮具清单,恭呈御览。计开:山西地丁银一百万两,山东地丁银三十二万两,浙江地丁银三十万两,湖北地丁银三十万两,湖南地丁银五万两,河南地丁银二十万两,安徽地丁银二十万两,江西地丁银二十万两,长芦盐课银二十五万两,两淮盐课、盐厘银三十五万两,两浙盐课、盐厘银二十二万两,河东加课银十万两、羡余银五万两,广东盐课银二十万两、帑息银五万两,山东盐课银十四万两、加价银七万两,福建盐课银二十万两,湖北盐厘银十万两,湖南盐厘银三万两,四川盐厘银十五万两、按粮津贴银十五万两,福建茶税银二十万两,粤海关税银十万两、新增盈余银二万两,闽海关洋税银四十二万两,九江关洋税银三十五万两,浙海关常规银三万两、洋税银二十万两,江海关洋税

①　台北故宫博物院藏:军机及宫中档,文献编号:117952。

银三十万两,江汉关洋税银三十万两,天津关常税银五万两、洋税银十万两,赣关税银五万两,江西厘金银五万两,江苏厘金银五万两,浙江厘金银五万两,广东厘金银五万两,湖北厘金银五万两。①

○一七　奏报解还部库银数发交汇解片

光绪元年二月二十四日(1875 年 3 月 31 日)

再,臣于同治十三年春间准户部咨:奏拨乌鲁木齐都统景廉军饷折内,拟由部库四成洋税项下拨银二十万两,仍在各省积欠新疆月饷内提还,计四川提银六万两,限是年六月以前解部还款等因。曾将川库支绌、未能赶筹、请俟次年筹解京饷时赶前拨解,咨明户部查照在案。兹臣督同藩司先于捐厘项下凑集银三万两,饬委巴州知州金凤洲承领管解,定于光绪元年二月二十八日自成都起程。

惟秦、陇交界地方时有散勇游匪,驿站通塞靡定,现委金凤洲管解京饷十万两,概交西商蔚丰厚等银号汇兑进京。所有此次解还部库银三万两,并委该员承领,事同一律,亦发交蔚丰厚等银号汇解,由该委员至京兑齐,解赴户部交纳,用昭慎重。其余三万两,一俟续筹有项,即行拨解,据藩司王德固具详前来。臣覆查无异。除分咨外,理合附片陈明,伏乞圣鉴。谨奏。

光绪元年三月十三日,军机大臣奉旨:户部知道。钦此。②

---

① 台北故宫博物院藏:军机及宫中档,文献编号:117953。
② 中国第一历史档案馆藏:军机录副,档案编号:03-6054-094。

○一八　请以何建章升补城守左营守备折

光绪元年二月二十八日(1875年4月4日)

头品顶戴四川总督臣吴棠跪奏，为拣员请补守备，以资治理，恭折仰祈圣鉴事。

窃照城守左营守备陈洪魁因病出缺，业经臣恭疏题报，声明遗缺扣留外补在案。查兵部奏定章程：武职题缺轮补班次，先用尽先二人，次用预保一人。如轮用预保时，无合例应掣之人，以拣发人员题补。如预保、拣发两项俱无，即以应升人员题补各等语。川省自接奉题缺轮补新章以来，出有会川、建中两守备缺，均以尽先人员请补，前已接准部覆。现在城守左营守备题缺系第三缺，轮用各项人员。兹查预保、拣发两项俱无合例可补之员，按照章程，应以应升人员轮补。

臣详加拣选，查有督标中营左哨千总何建章，年四十七岁，松潘厅人，由行伍出师广西、瞻对等处，拔补提标右营把总。同治元年，考拔建武营千总。三年三月间，调补督标中营左哨千总，扣至十年三月，历俸已满六年，经臣考验，咨部留任，换给札付，续保尽先守备。该员熟悉营务，拟请升补城守左营守备；现无违碍事故，籍隶隔府别营，本系六年俸满千总，例得请升。

如蒙天恩准其升补，俟接准部覆，再行给咨送部引见。是否有当，谨会同提督臣胡中和，合词恭折具奏，伏乞皇太后、皇上圣鉴训示。再，何建章虽曾保尽先前守备，现由实缺俸满千总请升守备，系照应升之例办理，请免计尽先名次先后，合并陈明。谨奏。二月二十八日。

光绪元年四月初二日,军机大臣奉旨:兵部议奏。钦此。①

○一九　委令尹国珍署理川北道篆务片

光绪元年二月二十八日(1875年4月4日)

再,据署保宁府知府刘钟璟禀称,川北道张兆辰于光绪元年二月十三日因病出缺,除恭疏题报外,伏查川北道保宁、顺庆、潼川三府,毗连陕西,幅员辽阔,民俗强悍,以北一带多系深山老林,现值甘肃军务初平,游匪散练时虞溷迹。其所属之邻水、遂宁等县,民散杂居,时有控案,必须督属持平审断,内抚外防,在在均关紧要,非廉明平稳、熟悉边情之员,不足以资治理。

查有候补道尹国珍,历练老成,通晓政体,历署成绵、建昌各道篆务,督办委审通省教案总局,措施裕如,堪以委署川北道篆务。所有川北道员缺相应请旨迅赐简放,以重职守。理合附片陈明,伏乞圣鉴。谨奏。

光绪元年四月初二日,军机大臣奉旨:钦此。②

【案】此片于光绪元年四月初二日得批覆。上谕档载曰:

光绪元年四月初二日,内阁奉上谕:四川川北道员缺,着董润补授。钦此。③

---

① 中国第一历史档案馆藏:军机录副,档案编号:03-5768-001。
② 中国第一历史档案馆藏:军机录副,档案编号:03-5097-077。
③ 中国第一历史档案馆编:《光绪宣统两朝上谕档》,第1册,第89页,广西师范大学出版社,1996。

查四川川北道系冲、繁中缺。谨奏。①

○二○ 请将汶川等知县相互对调折

光绪元年二月二十八日(1875年4月4日)

头品顶戴四川总督臣吴棠跪奏,为知县人地各有相宜,请旨对调,以资治理,恭折仰祈圣鉴事。

窃照知县为亲民之官,必须才与缺称,庶期人地相宜,不可稍涉迁就。臣与藩、臬两司随时留心察看,查绥定府属之大竹县,系专繁简缺,实为川北、川东往来冲途,政务日繁,民俗浮嚣,颇称难治。现任知县德存,年三十五岁,正蓝旗汉军福寿佐领下人,由翻译生员考充实录馆翻译官,议叙笔帖式补用。同治四年,报捐县丞双月选用。五年,实录全书告成,保奏免选本班,以知县不论双单月尽先选用,并加六品衔,选授今职,同治十三年八月二十五日到任。该员心地诚朴,人亦耐苦,惟才具拘谨,于冲要之区措施未能裕如。

查有汶川县知县屈秋泰,年四十七岁,陕西大荔县进士,由翰林院庶吉士散馆以知县归部铨选,选授今职,同治八年七月十六日到任。该员才具开展,勇于任事,以之补授大竹县知县,足资整顿。所遗汶川县缺,政务较简,即以德存调补,可期无误。

又,查潼川府属之遂宁县,系繁、难中缺,滨临涪江,商贾辐辏,民情健讼,胥役刁顽,治理非易。现任知县李溶,年六十岁,湖南沅陵县监生,报捐县丞,分发浙江,道光二十二年到省。因办浙西善

---

① 中国第一历史档案馆编:《光绪宣统两朝上谕档》,第1册,第90页。

后议叙知县，留浙补用，题补宁海县知县，调补萧山县知县。丁忧起复，选授今职。因有获盗之案，呈请就近引见，奉旨以应升之缺升用，同治九年四月二十五日到任。该员人极安详，精力尚健，惟才非□应，于是缺不甚相宜。

查有阆中县知县孙海，年三十四岁，甘肃秦安县拔贡，县考一等，以知县用，签分江苏，亲老告近，改分四川，同治四年正月初八日到省。捐新班遇缺补用，题补綦江县知县，未奉部覆丁忧，服满就近在川起复，题补今职，同治十一年七月十八日到任。该员精明干练，办事周妥，以之调补遂宁县知县，实在相宜。其阆中县缺，虽系附郭首邑，政务稍简，为治亦易，即以李溶对调，亦堪胜任。

该员等各任内均无降革留任及承缉盗劫已起四参案件，据藩、臬两司具详前来。合无仰恳天恩，俯准以屈秋泰调补大竹县知县，所遗汶川县知县即以德存对调；遂宁县知县李溶调补阆中县知县，所遗遂宁县缺即以孙海对调。如此一转移间，人地各得其宜，于吏治均有裨益。如蒙俞允，该员等均系中、简选缺互相对调，照例毋庸送部引见。

该员等各任内奉到参罚案件，除同治十三年十月初十日以前准其宽免，此外并无参罚案件。除咨部外，理合恭折具奏，伏乞皇太后、皇上圣鉴训示。谨奏。二月二十八日。①

光绪元年四月初二日，军机大臣奉旨：吏部议奏。钦此。②

_____

① 军机录副具奏日期脱落，兹据推补。
② 中国第一历史档案馆藏：军机录副，档案编号：03-5097-075。

○二一　奏报唐承烈等员期满甄别片

光绪元年二月二十八日（1875年4月4日）

再，查吏部奏定章程：州、县、丞、倅，无论何项劳绩保奏归入候补班者，以到省之日起，予限一年，令督抚详加察看，出具切实考语，奏明分别繁简补用等因。遵照在案。兹查有候补班前尽先即补同知唐承烈、遇缺即补通判孔广业、补用知州商廷僖三员，均到省一年期满，自应照章甄别，由布政使王德固、按察使英祥造具该员等履历清册，会详请奏前来。

臣查该员唐承烈，年富才明，请留川以繁缺同知补用；孔广业才具稳练，请留川以繁缺通判补用；商廷僖办事明敏，请留川以繁缺知州补用。除将该员等履历清册咨部外，理合附片陈明，伏乞圣鉴。谨奏。

光绪元年四月初二日，军机大臣奉旨：吏部知道。钦此。[①]

○二二　奏报川省光绪元年正月雨水、粮价折

光绪元年二月二十八日（1875年4月4日）

头品顶戴四川总督臣吴棠跪奏，为恭报光绪元年正月份各属具报米粮价值及得雨情形，仰祈圣鉴事。

窃照同治十三年十二月份通省粮价及得雨情形，前经臣恭折

---

① 　中国第一历史档案馆藏：军机录副，档案编号：03-5097-076。此片具奏日期未确，兹据同批折件校正。

奏报在案。兹查光绪元年正月份成都、重庆、夔州、龙安、绥定、保宁、顺庆、潼川、嘉定、叙州十府，资州、绵州、忠州、眉州、泸州五直隶州，石砫一直隶厅，各属先后具报得雨自一二次至六七次不等。田水充盈，小春滋长。其通省粮价俱与上月相同，据布政使王德固查明列单汇报前来。

臣覆核无异。理合分缮清单，恭呈御览，伏乞皇太后、皇上圣鉴。谨奏。二月二十八日。

光绪元年四月初二日，军机大臣奉旨：知道了。钦此。[①]

○二三　呈川省光绪元年正月粮价清单

光绪元年二月二十八日(1875年4月4日)

谨将光绪元年正月份四川省所属地方各项粮价，开具清单，恭呈御览。

成都府属，价贵。中米每仓石价银二两九钱三分至三两九钱一分，与上月同。大麦每仓石价银一两八钱三分至二两，与上月同。小麦每仓石价银二两一钱三分至二两三钱，与上月同。黄豆每仓石价银一两四分至二两四钱四分，与上月同。荞子每仓石价银一两一钱六分至一两七钱，与上月同。

重庆府属，价贵。中米每仓石价银二两七钱三分至三两七钱一分，与上月同。大麦每仓石价银一两六钱二分至一两九钱七分，与上月同。小麦每仓石价银二两六钱八分至二两七钱三分，与上月同。黄豆每仓石价银二两七钱至二两九钱七分，与上月同。

---

① 中国第一历史档案馆藏：军机录副，档案编号：03-6743-004。

保宁府属，价贵。中米每仓石价银二两五钱五分至三两二钱一分，与上月同。大麦每仓石价银一两八钱九分至二两一钱，与上月同。小麦每仓石价银二两八钱三分至三两五钱七分，与上月同。黄豆每仓石价银一两八钱一分至二两一钱一分，与上月同。

顺庆府属，价贵。中米每仓石价银二两九钱九分至三两三钱八分，与上月同。大麦每仓石价银一两六钱一分至一两八钱，与上月同。小麦每仓石价银二两九分至二两一钱二分，与上月同。黄豆每仓石价银一两五钱五分至一两六钱五分，与上月同。

叙州府属，价贵。中米每仓石价银三两至三两二钱二分，与上月同。大麦每仓石价银一两六钱六分至二两二分，与上月同。小麦每仓石价银二两一钱三分至二两六钱三分，与上月同。黄豆每仓石价银一两一钱一分至一两五钱二分，与上月同。

夔州府属，价贵。中米每仓石价银二两八钱至三两一钱一分，与上月同。大麦每仓石价银一两七钱八分至二两四钱六分，与上月同。小麦每仓石价银二两九钱五分至三两三分，与上月同。黄豆每仓石价银二两一钱四分至二两二钱四分，与上月同。

龙安府属，价贵。中米每仓石价银二两四钱九分至三两一钱四分，与上月同。青稞每仓石价银一两五钱，与上月同。小麦每仓石价银一两七钱九分至二两一钱八分，与上月同。黄豆每仓石价银一两八钱五分至一两九钱三分，与上月同。

宁远府属，价贵。中米每仓石价银二两八钱三分至三两一钱一分，与上月同。大麦每仓石价银一两四钱八分至一两六钱，与上月同。小麦每仓石价银一两五钱九分至二两二钱，与上月同。荞子每仓石价银一两四钱五分，与上月同。黄豆每仓石价银一两五钱六分至一两六钱三分，与上月同。

雅州府属，价中。中米每仓石价银二两七钱五分至二两七钱六分，与上月同。小麦每仓石价银二两二钱九分至二两六钱五分，与上月同。黄豆每仓石价银一两六钱五分至二两四分，与上月同。

嘉定府属，价贵。中米每仓石价银二两七钱二分至三两三钱，与上月同。小麦每仓石价银二两三钱六分至二两七钱三分，与上月同。黄豆每仓石价银一两四钱七分至二两三分，与上月同。

潼川府属，价贵。中米每仓石价银二两八钱三分至三两五分，与上月同。大麦每仓石价银一两六钱五分至一两九钱三分，与上月同。小麦每仓石价银二两一钱四分至二两四钱九分，与上月同。黄豆每仓石价银一两七钱六分至二两一钱三分，与上月同。

绥定府属，价中。中米每仓石价银二两七钱至二两八钱二分，与上月同。大麦每仓石价银一两五钱八分，与上月同。小麦每仓石价银一两六钱二分至一两七钱三分，与上月同。黄豆每仓石价银一两四钱三分，与上月同。

眉州直隶州属，价中。中米每仓石价银二两六钱八分至二两九钱六分，与上月同。

邛州直隶州并属，价贵。中米每仓石价银二两五钱八分至二两九钱八分，与上月同。大麦每仓石价银一两九钱，与上月同。小麦每仓石价银二两五钱七分，与上月同。黄豆每仓石价银二两八分至二两二钱二分，与上月同。

泸州直隶州并属，价贵。中米每仓石价银三两至三两一分，与上月同。

资州直隶州并属，价中。中米每仓石价银二两五钱至二两九钱，与上月同。

绵州直隶州并属，价中。中米每仓石价银二两六钱七分至二两九钱五分,与上月同。小麦每仓石价银二两三钱二分至二两四钱六分,与上月同。

茂州直隶州并属,价中。中米每仓石价银二两五钱七分,与上月同。小麦每仓石价银二两六钱八分,与上月同。青稞每仓石价银二两二钱,与上月同。荞子每仓石价银一两二钱三分至一两七钱三分,与上月同。

忠州直隶州并属,价贵。中米每仓石价银二两五钱二分至三两一钱六分,与上月同。大麦每仓石价银一两四钱六分至一两六钱,与上月同。小麦每仓石价银二两三分至二两三钱九分,与上月同。黄豆每仓石价银一两二钱七分至一两五钱七分,与上月同。

酉阳直隶州并属,价贵。中米每仓石价银二两五钱三分至三两一分,与上月同。大麦每仓石价银二两二钱八分至二两六钱,与上月同。小麦每仓石价银二两六钱二分至二两七钱六分,与上月同。黄豆每仓石价银一两三钱九分至一两四钱四分,与上月同。

叙永直隶厅并属,价中。中米每仓石价银二两九钱二分,与上月同。小麦每仓石价银一两八钱一分,与上月同。荞子每仓石价银一两三钱二分,与上月同。黄豆每仓石价银一两六钱一分,与上月同。

松潘直隶厅,价中。青稞每仓石价银二两六钱六分,与上月同。荞子每仓石价银一两七钱四分,与上月同。

杂谷直隶厅,价中。青稞每仓石价银二两四钱,与上月同。荞子每仓石价银一两七钱九分,与上月同。

石砫直隶厅,价平。中米每仓石价银一两六钱,与上月同。大麦每仓石价银一两七钱三分,与上月同。小麦每仓石价银二两六分,与上月同。黄豆每仓石价银一两八钱九分,与上月同。

打箭炉厅，价贵。青稞每仓石价银四两八钱七分，与上月同。油麦每仓石价银一两八钱一分，与上月同。

军机大臣奉旨：览。钦此。[①]

○二四　呈川省光绪元年正月得雨清单

光绪元年二月二十八日(1875年4月4日)

谨将光绪元年正月份四川省所属地方报到得雨情形，开具清单，恭呈御览。

成都府属：成都、华阳两县得雨六次，小春滋长。简州得雨二次，小春茂盛。崇庆州得雨二次，豆麦畅茂。汉州得雨四次，小春滋长。温江县得雨四次，小春滋长。新都县得雨十次，豆麦滋长。彭县得雨三次，小春渐长。什邡县得雨四次，豆麦青葱。

重庆府属：江北厅得雨二次，小春滋长。巴县得雨一次，小春茂盛。江津县得雨二次，小春茂盛。长寿县得雨二次，小春滋长。永川县得雨二次，小春滋长。荣昌县得雨三次，小春茂盛。綦江县得雨一次，田水充足。南川县得雨二次，小春滋长。涪州得雨一次，田水充足。铜梁县得雨一次，小春茂盛。璧山县得雨一次，小春茂盛。大足县得雨二次，田水充足。定远县得雨三次，麦子滋长。

夔州府属：万县得雨二次，小春茂盛。

龙安府属：江油县得雨三次，堰水充盈。

绥定府属：达县得雨三次，豆麦滋长。东乡县得雨三次，小春

---

① 中国第一历史档案馆藏：清单，档案编号：03-6743-006。

滋长。新宁县得雨二次,小春茂盛。城口厅得雨四次,小春滋长。

保宁府属:巴县得雨三次,地土滋润。剑州得雨二次,小春滋长。

顺庆府属:南充县得雨三次,豆麦茂盛。蓬州得雨一次,堰水充足。营山县得雨二次,豆麦滋长。广安州得雨二次,田水充盈。岳池县得雨二次,小春滋长。邻水县得雨三次,田水充盈。

潼川府属:三台县得雨五次,二麦畅茂。盐亭县得雨一次,二麦滋长。乐至县得雨一次,葫豆放花。

雅州府属:雅安县得雨二次,小春滋长。

嘉定府属:乐山县得雨五次,小春茂盛。洪雅县得雨三次,豆麦滋长。荣县得雨一次,田水充盈。威远县得雨五次,山地润泽。

叙州府属:南溪县得雨七次,田水充盈。富顺县得雨二次,田水充足。隆昌县得雨二次,小春畅茂。兴文县得雨四次,小春滋长。

资州直隶州并属:资州得雨五次,小春茂盛。资阳县得雨三次,小春滋长。井研县得雨四次,豆麦茂盛。内江县得雨六次,小春滋长。

绵州直隶州并属:绵州得雨一次,堰水充盈。安县得雨三次,小春滋长。梓潼县得雨一次,田水充足。罗江县得雨四次,豆麦茂盛。

忠州直隶州并属:忠州得雨三次,冬粮滋长。酆都县得雨一次,小春茂盛。垫江县得雨三次,小春滋长。

眉州直隶州得雨六次,豆麦滋长。

泸州直隶州并属:泸州得雨四次,小春茂盛。合江县得雨五次,小春茂盛。

石砫直隶厅得雨一次,小春滋长。

军机大臣奉旨：览。钦此。[1]

○二五　奏报川省同治十三
年冬季借补千、把折

光绪元年二月二十八日(1875 年 4 月 4 日)

头品顶戴四川总督臣吴棠跪奏，为借补千、把总弁缺，按照新章恭折汇奏，仰祈圣鉴事。

窃查前准兵部咨：嗣后借补千、把总各弁缺，积至三月开单汇奏一次，以归简易等因。兹查川省自同治十三年十月起至十二月底止各营借补千总一员、把总二员，分造年岁履历清册，由署提督臣胡中和咨请汇奏前来。

臣覆加查核，均与定章相符。除册咨部外，理合恭折汇奏，并照缮清单，恭呈御览，伏乞皇太后、皇上圣鉴训示。谨奏。二月二十八日。

光绪元年四月初二日，军机大臣奉旨：知道了。钦此。[2]

○二六　呈川省同治十三年
冬季借补千、把清单

光绪元年二月二十八日(1875 年 4 月 4 日)

谨将川省同治十三年十月起至十二月底止借补千、把总应行

---

①　中国第一历史档案馆藏：清单，档案编号：03-6743-005。
②　中国第一历史档案馆藏：军机录副，档案编号：03-5768-005。

给札各员,缮具清单,恭呈御览。

一、松潘镇标中营左哨千总甘登寿病故,所遗松潘中营千总弁缺,考验得松潘镇标左营右哨头司把总陈进国,马步箭中六矢,曾经出师著绩,奏保以游击尽先补用,堪以借补松潘中营千总。

一、阜和协属泰宁营右司把总马正品调补阜和左营左哨二司把总,所遗泰宁营把总弁缺,查得甫由泰宁营左哨外委借补阜和左营把总桂扶朝,系左营兵丁借补本营把总,与例不符。惟验得该弁年力富强,弓马合式,曾经出师著绩,奏保以守备尽先补用,堪以改补泰宁营把总。

一、峨边左营前哨把总罗启发病故,所遗峨边左营把总弁缺,查得峨边左营左哨外委姜应雄,进剿夷巢,打仗出力,曾经出师著绩,奏保以千总尽先补用,堪以借补峨边左营把总。

军机大臣奉旨:览。钦此。①

〇二七 设法歼除峨边
游勇地方静谧折

光绪元年三月二十日(1875 年 4 月 25 日)

成都将军臣魁玉、头品顶戴四川总督臣吴棠跪奏,为峨边游勇误伤主将,当经设法歼除,地方静谧,恭折仰祈圣鉴事。

窃查简用总兵田应豪所部驻防峨边一军,本系安吉后营,改隶达字后营,方上年八、九月间,达勇齐集叙郡索饷。该营前派援黔

---

① 中国第一历史档案馆藏:清单,档案编号:03-5989-056。此清单未署具呈者,具呈日期亦未确。兹据内容判定其为档案编号 03-5768-005 折之附件。

剿贼，战苦年深，积欠亦多，本有久役思归之志。十月初旬，有游勇徐彬山即徐树霖，混入峨边防营，勾结在营勇丁等，以索饷为名，意图滋事。初八日向晚，田应豪探悉实情，自领亲兵往捕。时方昏夜，误中枪伤，移时殒命。署峨边厅通判候补知府杨荫棠、提督衔记名总兵峨边营参将倪天元，闻警带队，驰赴防所，一面以好言安抚众勇，各令回营，一面禀请筹拨饷需，查拿凶犯前来。

先是臣等因达勇在叙郡索饷，檄委统领虎威宝军简用提督李有恒，选带得力劲旅千人，暂赴嘉定府地方驻扎，以为控制之谋，与峨边相距三日程，足资弹压。当即札饬筹饷报销局，将达字后营积欠饷项，全行核算找清，饬委妥员解交提督李有恒，会同嘉定府知府玉昆，经收经放，并饬严拿首犯，以肃营规。李有恒等于十一月十二日，派令营官游击李连发，带勇五百名，将饷项转解赴峨，会同署通判杨荫棠、参将倪天元，照数包封，按名散放，责令捆献凶犯，以赎前愆。乃游勇徐彬山等自知恶迹昭彰，难逃法网，以大言恐吓众勇，借口防身，阻令勿缴军械。复经署通判杨荫棠访有不法勇丁翁银山、刘定幗、鄂正富、黄在任、袁长青等，自称新管事，令合营悉听指挥，势殊凶悍。遂飞报提督李有恒等，会商参将倪天元、游击李连发，密派素与该营熟识之花翎都司李飞龙、巡检王廷珍、外委王之臣等，佯为附和。并令所部川练与虎威宝军劲勇及该营亲兵哨弁等，暗中埋伏。徐彬山等果于二十五日夜，纠众结盟，约期举事。杨荫棠等遂传令，于二十六日黎明，率领川练劲勇，一齐攻入营盘。徐彬山、翁银山等犹敢抗拒官兵。都司李飞龙等作为内应，达字后营哨弁等激于义愤，亦争效驰驱，先将尤为凶悍之刘定幗刺杀，并将翁银山、鄂正富、黄在任、袁长青次第歼除，复生擒游勇徐彬山即徐树霖，就地正法，悬首枭示。随即晓谕，胁从罔治，以安众心。该勇丁等环跪哀求，均各呈缴军械，派弁押送回籍，地方一律肃清。由提督李有恒等禀报前来。

臣等伏查总兵田应豪，久经战阵，骁勇冠军。自同治元年，以蓝翎外委随同剿办松潘番务，攻克小关子达溪营城。六年，率队援黔，克复湄潭县城、定南汛城。十一年，剿办峨边蛮匪，异常出力，洊保今职。即留所部一军，驻防峨境，于兹二稔，猓民震慑兵威，相安无事。上年追叙，该总兵督师川北，著有成劳，拟保提督记名，未及具奏，乃因游勇猝尔相乘，竟以身殉，失此健将，悼惜殊深。全赖李有恒等久历戎行，素有胆略，得以先机布置，悉数歼除。使造言扰乱之徒，不至蔓延为害，扰累地方，筹办极为妥速。

简用提督奇车博巴图鲁李有恒、提督衔简用总兵峨边营参将倪天元、署峨边厅通判候补知府杨荫棠，均拟请旨交部，从优议叙。游击李连发，拟请以参将尽先补用。都司李飞龙，拟请以游击尽先补用。巡检王廷珍，拟请仍以本班留川，归候补班前先补用。外委王之臣，拟请以千总尽先拔补。王廷珍、王之臣并均请赏戴蓝翎。简用总兵绷僧额巴图鲁田应豪，迭著战功，因公殒命，与捕匪被戕者，事同一律，视积劳病故者，情更可矜。并恳天恩，俯准照阵亡例，从优议恤，以慰忠魂。

所有峨边游勇误伤主将、当经设法歼除、地方静谧缘由，谨合词恭折驰陈，伏乞皇太后、皇上圣鉴训示。谨奏。三月二十日。

光绪元年四月初七日，军机大臣奉旨：钦此。①

【案】此折于光绪元年四月初七日得批复覆。《清实录》：

---

① 中国第一历史档案馆藏：录副奏折，档号：03-6006-042。

又谕：魁玉、吴棠奏，峨边游勇滋事，现已歼除一折。上年十月间，四川峨边厅有游勇勾结防营勇丁滋事，误伤总兵田应豪殒命。经魁玉等督饬营员，将滋事匪犯一律歼除，地方安谧，办理尚为妥速。所有出力之提督李有恒、参将倪天元、知府杨荫棠，均着交部从优议叙。游击李连发，着以参将尽先补用。都司李飞龙，着以游击尽先补用。巡检王廷珍，着以本班留于四川，归候补班前先补用，并赏戴蓝翎。外委王之臣，着以千总尽先拔补，并赏戴蓝翎。总兵田应豪，着照总兵阵亡例从优议恤。[①]

〇二八　请将吴华灿等仍照原保官阶注册片

光绪元年三月二十日（1875年4月25日）

再，准吏部咨，臣等汇奖拿获纠众滋事匪徒案内，候补府经历吴华灿，并未声叙系何省候补人员，驳令查明覆奏。又，臣等遵保官军防剿滇回案内，署宜宾县事候补知县沈械，查知府、直隶州，均系知县本管上司衔，应将沈械请俟补缺后，以知府归候补班前先补用注册。该员所请先换顶戴，应毋庸议。捐升县丞候补典史陆炘，查官册内该员系试用典史，并无捐升县丞案据，应令详细覆奏各等因。当即饬据司局等先后详称，吴华灿等系同治十一年在捐铜局，报捐府经历选用，并未指发省份。沈械系四川试用同知，委署宜宾县知县。该员本班并非知县，所请先换知府顶戴，核与定章尚属相符。陆炘系于同治十二年四月二十二日，在皖捐局上兑，捐升县

---

① 《德宗景皇帝实录(一)》，卷七，光绪元年四月上，第165—166页。

丞。应请奏咨，仍照各该员等原保，核准注册等情。

臣等覆查无异。谨合词附片陈明，伏乞圣鉴，敕部议覆施行。谨奏。

光绪元年四月初七日，军机大臣奉旨：吏部议奏。钦此。[①]

○二九　委解新疆月饷起程日期折

光绪元年三月二十日(1875 年 4 月 25 日)

头品顶戴四川总督臣吴棠跪奏，为委解新疆月饷起程日期，恭折具奏，仰祈圣鉴事。

窃查前准户部咨：议覆都统金顺请饷一片，内开川、楚月协四万两，仍令解交西征粮台，以一万两拨解金顺军营应用。又，川省月协金顺军营军饷一万两，令臣还解金顺军营等因。于同治十三年六月二十六日具奏，奉旨：依议。钦此。伏查川省应协金顺军营月饷，前因该都统叠次专员至四川守提，先后筹拨过银九万两，分起发交来员径解回营，均经奏报在案。近以川中民力日竭，协款日多，本省援防勇粮积欠过巨。自去岁至今，竭力筹措巨款，分找欠饷，汰弱留强，军心逐定，而欠款尚未弥补完竣。本年正、二两月，复凑集京饷、部饷、甘饷，分别起解，已属竭蹶不遑。兹值金顺业已出关，需饷孔殷，不得不统筹兼顾。

---

① 中国第一历史档案馆藏：军机录副，档案编号：03-5097-096。又，吴棠等：《游蜀疏稿》，第 995—1002 页。其尾记曰："光绪元年三月二十日，由驲部附片具奏。于本年四月二十三日，准兵部火票递回原片，后开军机大臣奉旨：吏部议奏。钦此。"再，关于此奏片具奏时间，中国第一历史档案馆馆目录为"光绪元年四月初七日"，即以奉旨日期为具奏日期，未确。而原稿具奏日期为"光绪元年三月二十日"，确，兹据校正。

臣督同藩司凑集捐输银二万两,内除该营催饷委员王季寅等及西征粮台催饷委员邹克巍在川借支薪水银四百二十两外,余银一万九千五百八十两,发交来员候补知府刘春堂、知县王季寅等承领,定于光绪元年三月二十五日自成都起程,解赴金顺行营交收,以应急需。除分咨外,理合恭折具奏,伏乞皇太后、皇上圣鉴。谨奏。三月二十日。

光绪元年四月初七日,军机大臣奉旨：知道了。钦此。[①]

○三○　委解月协滇饷起程日期片

光绪元年三月二十日(1875 年 4 月 25 日)

再,川省月协滇饷三万两,计自同治八年四月十九日奉旨饬拨之日起,截至十三年岁底止,先后共解过银四十八万七千两,均经奏报在案。现在川省民力日竭、库储匮乏情形,另于报解新疆军饷折内陈明。以一省之财力,分供五六省之用,委员催提不绝于道,而通省商民无日不恳免捐、免厘,艰窘之状,莫可殚述。第川、滇唇齿相依,现值滇省办理善后,需费甚急,委员守提日久,仍不得不于万难筹措之时,设法接济。

复督同藩司凑集捐输银二万两,内除滇省驻川捐局前在川库预借兵饷五千两,又该省催饷委员恒璋借支旅费三百两,又照滇省来咨扣发原任云贵督臣劳崇光未领养廉银二千两外,余银一万二千七百两,发交该省催饷委员候补知府恒璋承领,定于光绪元年三月二十五日自成都起程,解赴云南藩库交收备拨。除分咨外,理合

---

① 中国第一历史档案馆藏：军机录副,档案编号：03-6055-007。

附片陈明,伏乞圣鉴。谨奏。

光绪元年四月初七日,军机大臣奉旨:知道了。钦此。[①]

○三一　奏报赵恩祜期满甄别折

光绪元年三月二十三日(1875年4月28日)

头品顶戴四川总督臣吴棠跪奏,为知府试看年满,循例甄别,恭折仰祈圣鉴事。

窃查吏部奏定章程:道府等官,无论何项劳绩保奏归入候补班者,以到省之日起,予限一年,令督抚详加察看,出具切实考语,奏明分别繁简补用等因。兹查候补知府赵恩祜,年三十岁,江苏监生,遵例报捐同知,指发四川。同治六年五月,经王大臣验放,奉旨:着照例发往。钦此。是年八月十六日到省。因前在黔省堵剿出力,奏准留川归军功班前先补用。又捐助军饷,保戴花翎。复以力解安顺府城围,暨剿平镇宁州属十三旗等处出力汇保,同治十二年九月二十八日,奉上谕:着免补本班,以知府仍留原省,归候补班补用。钦此。扣至十三年十月初三日,试看年满,兹据藩、臬两司详请甄别前来。

臣察看该员赵恩祜,年壮才优,晓习吏事,堪膺表率之任,应请留川以繁缺知府补用。倘或始勤终怠,仍当随时核办,断不敢稍事姑容,致滋贻误。理合循例恭折具陈,伏乞皇太后、皇上圣鉴。谨奏。三月二十三日。

---

① 　中国第一历史档案馆藏:军机录副,档案编号:03-6055-008。

光绪元年四月十六日，军机大臣奉旨：吏部知道。钦此。[①]

○三二 请以马胜泰借补会盐营游击折

光绪元年三月二十三日（1875 年 4 月 28 日）

头品顶戴四川总督臣吴棠跪奏，为拣员借补游击，以资治理，恭折仰祈圣鉴事。

窃照会盐营游击钟淮告病遗缺，前经臣以尽先副将陈泽久奏请借补，而未接准部覆，该员即在会盐营游击署任病故，业经恭疏具题，声明会盐营游击系题缺，仍请扣留外补在案。查兵部奏定章程内开：题缺无论由内由外扣补，统计用二尽先一各项，所借补者即于尽先班次之内。又，副、参将借至都、守止各等语。川省自接到同治十二年七月初三日部议轮补新章后，曾出有建昌中营游击系第一缺，由部以尽先游击薛占超题补。其拟补会盐营游击之陈泽久，于未接部覆之先病故，仍应作为钟淮告病遗缺，为奉到新章后第二缺，应用尽先人员。该营驻扎盐源，控制群番，非精明干练、威望素著之员，不足以资治理。臣复于通省尽先游击内逐加遴选，或出师外省，未来归标；或人地未宜，难资整饬，未便迁就贻误。

惟查有总兵衔尽先副将马胜泰，年四十岁，成都县人，由行伍出师安徽、湖北、江西等省，打仗受伤，叠克城池著绩，历保尽先参将加副将衔。复于克复句容、金坛县城案内出力，经原任两江督臣曾国藩奏保，同治三年六月初四日，内阁奉上谕：着免补参将，以副将仍留四川，遇缺尽先补用，并赏加总兵衔。钦此。四年，因勇丁

---

① 中国第一历史档案馆藏：军机录副，档案编号：03-5097-128。

索饷，奏参革职，留营效力。嗣以克复广东嘉应州城、东南发逆一律歼灭在事出力，经前任闽浙督臣左宗棠等汇折保奏，五年十二月初五日，奉上谕：马胜泰着开复原官，仍留原省尽先补用。钦此。七年，回川收标，委署绥宁协副将、交卸，现在统带省标十营精兵。该员久历戎行，熟悉营务，拟请借补会盐营游击。距籍在五百里以外，现无违碍事故。其由尽先副将借补游击，核与定章相符。惟该员开复留川后，例应送部引见，现因管操省标精兵，甚资得力，尚未给咨送部，与例稍有未合，第人地实在相需，例得声明奏请。

合无仰恳天恩，俯准以尽先副将马胜泰借补会盐营游击，实于地方有裨。如蒙俞允，该员现有管操精兵差务，并请敕部先给署札，一俟离营经手事竣，再行给咨送部引见。是否有当，理合会同成都将军臣魁玉、署提督臣胡中和，合词恭折具陈，伏乞皇太后、皇上圣鉴。谨奏。三月二十三日。

光绪元年四月十六日，军机大臣奉旨：兵部议奏。钦此。[①]

○三三　奏报王荣先等员期满甄别片

光绪元年三月二十三日（1875 年 4 月 28 日）

再，查吏部奏定章程：州、县、丞、倅，无论何项劳绩保奏归入候补班者，以到省之日起，予限一年，令督抚详加察看，出具切实考语，奏明分别繁简补用等因。遵照在案。兹查有补用知州王荣先、尽先前补用知县马锡康、候补班前先即补知县陈世彬、候补知县阮思亮、冉瑞桐、王家斌六员，到省均已年满，自应照章甄别，由布政

---

①　中国第一历史档案馆藏：军机录副，档案编号：03-5768-028。

使王德固、按察使英祥造具该员等履历清册，会详请奏前来。

臣查该员王荣先年壮才明，请留川以繁缺知州补用；马锡康留心吏事，陈世彬才具安详，阮思亮办公勤慎，冉瑞桐任事勤勉，王家斌年力正壮，均请留川以简缺知县补用。除册咨部外，理合附片陈明，伏乞圣鉴。谨奏。

光绪元年四月十六日，军机大臣奉旨：吏部知道。钦此。[1]

○三四　审拟涪州民人游文鹏京控一案折

光绪元年三月二十三日（1875 年 4 月 28 日）

头品顶戴四川总督臣吴棠跪奏，为京控失实，审明定拟，恭折仰祈圣鉴事。

窃准步军统领衙门咨：据四川涪州民游文鹏遣子游成洪抱告，以游炳然等将伊子游沅盛杀毙等词呈控一案，同治十二年十二月二十四日具奏，奉旨：此案着交吴棠，督同臬司，亲提人证卷宗，秉公研讯确情，按律定拟具奏。抱告民人游成洪，该部照例解往备质。钦此。并将抱告游成洪及原呈甘结咨送到川。遵即行司委提人卷，发交成都府等审办去后。兹据成都府知府许培身、候补知府于宗绶等讯明定拟，由司解勘前来。

臣督同按察使英祥亲提研讯，缘游成洪籍隶涪州，系游文鹏长子，已死游沅盛系游成洪三胞弟。同治六年，游文鹏父子用钱二千四百四十千文，凭杨元和、陈仕洪、焦学贡作中，承当陈廷扬田业居

---

①　中国第一历史档案馆藏：军机录副，档案编号：03-5097-129。此片具奏日期未确，兹据同批折件校正。

耕，与陈廷扬自耕田业毗连，只准取水灌溉。九年，陈廷扬乏钱，欲售当业，央游炳然、游文开说合，游文鹏就当找买。游炳然等议卖价钱六千五百二十千文，游文鹏父子嫌贵不允。陈廷扬控经前任州陈枝莲准拟票差杨贵尔传案讯明，游文鹏即不愿买。断令陈廷扬觅主另售，给还游文鹏当价钱文，退业搬迁。未卖之先，仍归游文鹏父子居耕，并究出杨贵尔得受游文鹏饭食钱二千文，将杨贵尔照例责革追赃完案。迨后，业未出售，仍系游文鹏居耕，游成洪旋即出外贸易。

十年四月二十四日，陈廷扬之子陈萸发赴堰放水，灌田栽秧，与游沅盛争放堰水口角。游沅盛持刀向陈萸发追砍，适陈萸发堂弟陈洪巍携带鸟枪赴山打雀，踵至瞥见，虑恐陈萸发受亏，举枪吓放，致砂子发出，轰伤游沅盛右后肋。陈萸发乘势夺刀过手，连戳伤游沅盛咽喉、右血盆骨、左手腕。游沅盛举脚向踢，陈萸发连砍伤其右臁肋、左臂膊倒地。胡元趋救无及，向游沅盛询明情由。移时，游沅盛因伤殒命。陈萸发、陈洪巍分路逃逸，胡元告知游文鹏，投约看明，报经鹤游坪州同张春熙勘验牒州，该署州陈枝莲集证讯明，未及详报卸事。本任州濮文升到任，录供详缉未获交卸。接署州施毓龄到任，照案接缉，陈萸发于十一年七月初六日转回探信，潜至素有奸私之汪陈氏家续旧，被本夫汪茂柯奸所捉获，登时砍毙，报州勘验，并缉获陈洪巍讯明，先后详报，批饬并案审办。嗣据该州濮文升回任覆审议拟，由府审解到司。因核恐案情未确，发委审办。

维时游文鹏误听传言，伊子游沅盛被杀时有陈么喜在旁解劝，并忆及上年买案与陈廷扬涉讼，游炳然等作中似有偏袒，遂疑陈么喜、游炳然有帮凶情事，遣次子游成幅以朋杀冤沅等情随招上控。

批饬委审，游文鹏不〈到〉案，游成幅亦情虚逃匿，叠传不到。经前升府朱潮等提犯讯明，仍照原招将陈颙发依律拟绞，已死免议。陈洪藓依例拟军，解勘核咨覆回该州监禁。其上控之案，照例立案不行。

十二年十月，游成洪外贸归家，闻知伊弟游沅盛被陈廷扬之子轰戳毙命，游成幅曾经上控，陈么喜等均未拟罪，痛弟情切，心怀不甘，又因田业当钱尚未赎取，恐复生事端，起意京控，期图邀准，遂将正凶已死、从犯获办及上年买业断结之案全行隐瞒。查明上控情词，随意添砌，将伊父自称给差饭食钱文加增数目，指为搕赃，冒用伊父游文鹏之名，自作呈词，作抱京控。经步军统领衙门讯供具奏，奉旨交审。臣当行司委提人卷来省，发委审办。兹据成都府等讯明定拟，由司解勘前来。臣督同臬司研讯无异，诘无起衅别故及唆讼之人，案无遁饰。

此案游成洪因伊弟游沅盛被陈颙发等轰戳受伤身死，于审办后辄即砌词，冒名京控。查所控押钱，讯实不还，现在当业系伊耕种。其告游炳然等朋杀，捏添多伤，并未指出部位证佐。即称杨贵尔等磨搕钱一百六十二千文，既无过付，亦未指明何人得赃若干。其余俱系空言，无凭反坐。惟不查虚实，隐瞒先后审办之案，含糊具词京控，虽由痛弟情切，究属不合。游成洪应照不应为事理重者杖八十律，拟杖八十。事犯到官在同治十三年十一月十五日恩旨以前，应予援免。

差役杨贵尔得受饭食钱文，前经讯明责革，免于重科。游炳然、陈么喜、游文开讯无唆播朋凶各情，应与来扯秧禾之陈二和尚、陈七冬瓜及无骗钱勒买行贿之陈廷扬，均毋庸议。陈颙发共轰戳伤游沅盛身死，早经讯明议结，亦毋庸议。陈廷扬田业，断令限日赎回,给还游文鹏等押当钱文,退业搬迁,以断葛萝。除供招分咨外,所有审拟缘由,理合恭折具奏,伏祈皇太后、皇上圣鉴,敕部议覆施行。谨奏。三月二十三日。

光绪元年四月十六日,军机大臣奉旨:刑部议奏。钦此。[①]

【案】同治十二年十二月二十四日,步军统领英元等奏报川民游成洪京控一案折,曰:

奴才英元等谨奏,为请旨事。

据四川涪州民游文鹏遣伊子游成洪抱告,以游炳然等将伊子游元盛杀毙等词,呈控前来。奴才等督饬司员,详加讯问,据游成洪供:我系四川涪州人,年二十六岁,在本州回龙场居住,种田度日。同治六年间,有恶棍陈廷扬托杨元和等作中,将伊田四十二亩典与我父亲游文鹏,典价二千四百四十吊。陈廷扬又欠我父亲钱会钱一百五十吊。后伊叫我父亲认买此地未遂,以在州捏控,贿役冯玉鼎等蒙蔽州主,将我父亲讯押,勒钱释放。伊等又将我家田内秧禾割尽。我胞弟游元盛补种秧苗,被陈廷扬之戚游炳然、陈么喜、陈兴发等手持刀枪,将我胞弟杀毙。我控州,获凶陈么喜等供认不讳,本州并不追陪典钱,正凶释放。我赴府、道、臬司、总督前控告,均批本州,至今案悬莫结。我父亲情急具呈,叫我来京赴案控告的等语。

查游文鹏遣伊子游成洪抱控游炳然等因涉讼地亩之嫌,致将伊子游元盛杀毙,控经该州缉获凶犯,供认属实,并未深

究，翻将正凶释放。控经总督批州，至今案悬莫结等情。如果属实，案关人命，亟应确切根究，以重民命。谨抄录原呈，恭呈御览，伏候训示遵行。再，遵照奏定章程，取具该抱告游成洪甘结，内称控经总督，并未亲提。合并声明。为此谨奏请旨。同治十二年十二月二十四日。奴才英元，奴才荣禄（感冒），奴才成林。①

【附】同治十二年十二月二十四日，步军统领英元等呈川民游成洪京控呈状，曰：

具呈人：游文鹏，年七十六岁；抱告，子游成洪，四川涪州白里回龙场居住，为杀毙不办，取典不还事。

兹因本处有一恶棍陈廷扬，于六年将田典佃，共计四十二亩，凭杨元和、陈仕洪等，三次取民典当铜钱二千四百四十吊，外欠民会钱一百五十吊，典据簿帐有凭。钱无利，田无租，耕种多年，从无异言。后遭革黜有案之书吏游炳然唆拨权主陈廷扬，重加典当钱。民未允。复习唆廷扬借典此田，重抬卖价钱六千五百吊，勒民认买。民亦未允。伊乃控告州辕，行贿于房书班冯玉鼎、杨贵尔等，蒙回陈主讯押民羁卡，磨搕民钱一百六十二吊。陈廷扬得势回家，纵子陈么喜、陈二和尚、陈七冬瓜等，将民典伊田所种秧苗概行扯净。幸有团邻杨元和、陈仕洪、焦学贡三人作证。民脱网回家，目击伤惨，即命子游元盛补种秧苗，惨遭游炳然、陈么喜、陈兴发、游文开等手执刀枪，即将民子游元盛时杀毙命。报州陈主验明，共计戳毙元盛二十七伤，有伤单为凭。正凶陈么喜供认陈主戳毙元盛不讳，

---

① 台北故宫博物院藏：军机及宫中档，文献编号：113227。

并不办赔,取典民钱,讯实又不追还,无奈奔控府、道,三叩臬宪,两叩督辕,均蒙批州讯办究追。孰意游炳然恶小其中,百计行贿,抗不办者有之,旋断旋翻者有之,缉获释放者有之,真是党恶杀人,法纪不守,天理难容。其中焦向举、冯玉鼎、郭光照、席占元等,俱系行贿帮讼,朋比作奸,而游炳然乃为罪魁也。

民念子元盛惨伤毒手,断绝禋祀,诓骗典钱,冤气莫伸,所以不惮数千里之遥,甘受山川风雪之苦,致死匍匐京师,哀叩上呈。①

○三五　奏报川省光绪元年二月雨水、粮价折

光绪元年三月二十三日(1875 年 4 月 28 日)

头品顶戴四川总督臣吴棠跪奏,为恭报光绪元年二月份各属具报米粮价值及得雨情形,仰祈圣鉴事。

窃照光绪元年正月份通省粮价及得雨情形,前经臣恭折奏报在案。兹查光绪元年二月份成都、重庆、夔州、龙安、绥定、保宁、顺庆、潼川、雅州、嘉定、叙州十一府,资州、绵州、忠州、酉阳州、眉州、邛州、泸州七直隶州,叙永、石砫两直隶厅,各属先后具报得雨二三次至七八次不等。堰水充足,小春畅茂。其通省粮价俱与上月相同,据布政使王德固查明列单汇报前来。

臣覆核无异。理合分缮清单,恭呈御览,伏乞皇太后、皇上圣鉴。谨奏。三月二十三日。

---

① 　台北故宫博物院藏:军机及宫中档,文献编号:113227-0-A。

光绪元年四月十六日，军机大臣奉旨：知道了。钦此。[①]

○三六　呈川省光绪元年二月粮价清单

光绪元年三月二十三日(1875年4月28日)

谨将光绪元年二月份四川省所属地方各项粮价，开具清单，恭呈御览。

成都府属，价贵。中米每仓石价银二两九钱三分至三两九钱一分，与上月同。大麦每仓石价银一两八钱三分至二两，与上月同。小麦每仓石价银二两一钱三分至二两三钱，与上月同。黄豆每仓石价银一两四分至二两四钱四分，与上月同。荞子每仓石价银一两一钱六分至一两七钱，与上月同。

重庆府属，价贵。中米每仓石价银二两七钱三分至三两七钱一分，与上月同。大麦每仓石价银一两六钱二分至一两九钱七分，与上月同。小麦每仓石价银二两六钱八分至二两七钱三分，与上月同。黄豆每仓石价银二两七钱至二两九钱七分，与上月同。

保宁府属，价贵。中米每仓石价银二两五钱五分至三两二钱一分，与上月同。大麦每仓石价银一两八钱九分至二两一钱，与上月同。小麦每仓石价银二两八钱三分至三两五钱七分，与上月同。黄豆每仓石价银一两八钱一分至二两一钱一分，与上月同。

顺庆府属，价贵。中米每仓石价银二两九钱九分至三两三钱八分，与上月同。大麦每仓石价银一两六钱一分至一两八钱，与上月同。小麦每仓石价银二两九分至二两一钱二分，与上月同。黄

---

① 中国第一历史档案馆藏：军机录副，档案编号：03-6743-028。

豆每仓石价银一两五钱五分至一两六钱五分,与上月同。

叙州府属,价贵。中米每仓石价银三两至三两二钱二分,与上月同。大麦每仓石价银一两六钱六分至二两二分,与上月同。小麦每仓石价银二两一钱三分至二两六钱三分,与上月同。黄豆每仓石价银一两一钱一分至一两五钱二分,与上月同。

夔州府属,价贵。中米每仓石价银二两八钱至三两一钱一分,与上月同。大麦每仓石价银一两七钱八分至二两四钱六分,与上月同。小麦每仓石价银二两九钱五分至三两三分,与上月同。黄豆每仓石价银二两一钱四分至二两二钱四分,与上月同。

龙安府属,价贵。中米每仓石价银二两四钱九分至三两一钱四分,与上月同。青稞每仓石价银一两五钱,与上月同。小麦每仓石价银一两七钱九分至二两一钱八分,与上月同。黄豆每仓石价银一两八钱五分至一两九钱三分,与上月同。

宁远府属,价贵。中米每仓石价银二两八钱三分至三两一钱一分,与上月同。大麦每仓石价银一两四钱八分至一两六钱,与上月同。小麦每仓石价银一两五钱九分至二两二钱,与上月同。荞子每仓石价银一两四钱五分,与上月同。黄豆每仓石价银一两五钱六分至一两六钱三分,与上月同。

雅州府属,价中。中米每仓石价银二两七钱五分至二两七钱六分,与上月同。小麦每仓石价银二两二钱九分至二两六钱五分,与上月同。黄豆每仓石价银一两六钱五分至二两四分,与上月同。

嘉定府属,价贵。中米每仓石价银二两七钱二分至三两三钱,与上月同。小麦每仓石价银二两三钱六分至二两七钱三分,与上月同。黄豆每仓石价银一两四钱七分至二两三分,与上月同。

潼川府属,价贵。中米每仓石价银二两八钱三分至三两五分,与上月同。大麦每仓石价银一两六钱五分至一两九钱三分，与上月同。小麦每仓石价银二两一钱四分至二两四钱九分，与上月同。黄豆每仓石价银一两七钱六分至二两一钱三分，与上月同。

绥定府属，价中。中米每仓石价银二两七钱至二两八钱二分，与上月同。大麦每仓石价银一两五钱八分，与上月同。小麦每仓石价银一两六钱二分至一两七钱三分，与上月同。黄豆每仓石价银一两四钱三分，与上月同。

眉州直隶州属，价中。中米每仓石价银二两六钱八分至二两九钱六分，与上月同。

邛州直隶州并属，价贵。中米每仓石价银二两五钱八分至二两九钱八分，与上月同。大麦每仓石价银一两九钱，与上月同。小麦每仓石价银二两五钱七分，与上月同。黄豆每仓石价银二两八分至二两二钱二分，与上月同。

泸州直隶州并属，价贵。中米每仓石价银三两至三两一分，与上月同。

资州直隶州并属，价中。中米每仓石价银二两五钱至二两九钱，与上月同。

绵州直隶州并属，价中。中米每仓石价银二两六钱七分至二两九钱五分，与上月同。小麦每仓石价银二两三钱二分至二两四钱六分，与上月同。

茂州直隶州并属，价中。中米每仓石价银二两五钱七分，与上月同。小麦每仓石价银二两六钱八分，与上月同。青稞每仓石价银二两二钱，与上月同。荞子每仓石价银一两二钱三分至一两七钱三分，与上月同。

忠州直隶州并属，价贵。中米每仓石价银二两五钱二分至三两一钱六分,与上月同。大麦每仓石价银一两四钱六分至一两六钱,与上月同。小麦每仓石价银二两三分至二两三钱九分,与上月同。黄豆每仓石价银一两二钱七分至一两五钱七分,与上月同。

酉阳直隶州并属,价贵。中米每仓石价银二两五钱三分至三两一分,与上月同。大麦每仓石价银二两二钱八分至二两六钱,与上月同。小麦每仓石价银二两六钱二分至二两七钱六分,与上月同。黄豆每仓石价银一两三钱九分至一两四钱四分,与上月同。

叙永直隶厅并属,价中。中米每仓石价银二两九钱二分,与上月同。小麦每仓石价银一两八钱一分,与上月同。荞子每仓石价银一两三钱二分,与上月同。黄豆每仓石价银一两六钱一分,与上月同。

松潘直隶厅,价中。青稞每仓石价银二两六钱六分,与上月同。荞子每仓石价银一两七钱四分,与上月同。

杂谷直隶厅,价中。青稞每仓石价银二两四钱,与上月同。荞子每仓石价银一两七钱九分,与上月同。

石砫直隶厅,价平。中米每仓石价银一两六钱,与上月同。大麦每仓石价银一两七钱三分,与上月同。小麦每仓石价银二两六分,与上月同。黄豆每仓石价银一两八钱九分,与上月同。

打箭炉厅,价贵。青稞每仓石价银四两八钱七分,与上月同。油麦每仓石价银一两八钱一分,与上月同。

军机大臣奉旨:览。钦此。①

---

① 中国第一历史档案馆藏:清单,档案编号:03-6743-030。

○三七　呈川省光绪元年二月得雨清单

光绪元年三月二十三日(1875 年 4 月 28 日)

谨将光绪元年二月份四川省所属地方报到得雨情形,开具清单,恭呈御览。

成都府属:成都、华阳两县得雨八次,小春扬花。简州得雨四次,豆麦滋长。崇庆州得雨四次,二麦畅茂。汉州得雨五次,小春茂盛。温江县得雨二次,小春滋长。新都县得雨六次,二麦出穗。彭县得雨三次,小春茂盛。双流县得雨五次,豆麦含花。什邡县得雨六次,豆麦青葱。

重庆府属:江北厅得雨四次,小春滋长。巴县得雨五次,小春滋长。江津县得雨三次,小春茂盛。长寿县得雨四次,小春扬花。永川县得雨五次,小春滋长。荣昌县得雨四次,小春结实。綦江县得雨二次,小春吐穗。南川县得雨三次,小春滋长。涪州得雨一次,田水充盈。铜梁县得雨三次,小春扬花。璧山县得雨二次,田水充足。大足县得雨三次,小春茂盛。定远县得雨三次,小春滋长。

夔州府属:万县得雨四次,二麦含胎。

龙安府属:江油县得雨三次,豆麦茂盛。石泉县得雨三次,小春滋长。

绥定府属:达县得雨六次,豆麦扬花。东乡县得雨三次,小春滋长。新宁县得雨五次,小春芃茂。城口厅得雨二次,小春滋长。

保宁府属:阆中县得雨四次,地土滋润。苍溪县得雨三次,豆麦滋长。南部县得雨二次,小春茂盛。广元县得雨二次,豆麦扬花。巴州得雨二次,小春滋长。剑州得雨四次,豆苗滋长。

顺庆府属:南充县得雨四次,二麦吐穗。西充县得雨三次,田亩积水。蓬州得雨三次,豆麦滋长。营山县得雨三次,小麦含苞。仪陇县得雨二次,地土滋润。广安州得雨四次,田水充盈。

潼川府属:三台县得雨四次,田水充足。射洪县得雨二次,豆麦滋长。盐亭县得雨三次,小麦茂盛。中江县得雨三次,豆麦扬花。蓬溪县得雨二次,小春扬花。乐至县得雨三次,小春茂盛。

雅州府属:雅安县得雨四次,小春荣茂。名山县得雨三次,小麦青葱。

嘉定府属:乐山县得雨四次,小春扬花。峨眉县得雨四次,豆麦茂盛。洪雅县得雨三次,田塘积水。夹江县得雨三次,田水充足。犍为县得雨二次,小麦青葱。荣县得雨五次,田水充盈。威远县得雨四次,豆麦扬花。峨边厅得雨三次,小春扬花。

叙州府属:南溪县得雨四次,小春茂盛。富顺县得雨四次,田水充足。隆昌县得雨五次,田塘积水。兴文县得雨四次,小春畅茂。马边厅得雨三次,二麦青葱。

资州直隶州并属:资州得雨五次,小春茂盛。资阳县得雨三次,小春扬花。仁寿县得雨四次,小春茂盛。井研县得雨四次,豆麦扬花。内江县得雨四次,早秧播种。

绵州直隶州并属:绵州得雨二次,二麦含胎。安县得雨三次,田水充盈。梓潼县得雨四次,二麦吐穗。罗江县得雨三次,豆麦茂盛。

忠州直隶州属:酆都县得雨四次,二麦含苞。垫江县得雨四次,小春茂盛。

酉阳直隶州属:彭水县得雨四次,豆麦茂盛。

眉州直隶州并属：眉州得雨四次，田水充足。彭山县得雨三次，堰水畅流。

邛州直隶州并属：邛州得雨四次，二麦含苞。大邑县得雨五次，田水充盈。蒲江县得雨四次，小春荣茂。

泸州直隶州并属：泸州得雨五次，小麦吐穗。江安县得雨三次，地土滋润。合江县得雨五次，田亩积水。纳溪县得雨四次，小春茂盛。

叙永直隶厅并属：叙永厅得雨四次，小春扬花。永宁县得雨四次，二麦吐穗。

石砫直隶厅得雨三次，豆麦扬花。

军机大臣奉旨：览。钦此。[①]

○三八　请以刘顺望等借补都司等缺折

光绪元年四月十一日(1875 年 5 月 15 日)

头品顶戴四川总督臣吴棠跪奏，为拣员补调都司、守备，恭折具奏，仰祈圣鉴事。

窃照宁越营都司王春发因病出缺，业经恭疏具题。又，督标左营守备江思山经臣奏调抚边营守备。所遗宁越营都司系题缺，督标左营守备系推缺，均请扣留外补在案。查宁越悬处夷地，督标驻扎省城，抚驭操防，均关紧要。川省自接到题缺轮补新章后，曾出有安阜营都司一缺，业已拣员借补，接准部覆。今宁越营都司系第一轮第二缺，与督标左营守备俱应用尽先名次在前之员。兹于通

省尽先都、守内逐加遴选，人地俱不相宜。

惟查有副将衔升用参将尽先游击刘顺望，年四十一岁，湖南溆浦县人，由勇丁出师本省，转战江西、贵州等省，打仗著绩，叠保花翎都司。同治元年，由黔入川，于击败石逆，力解涪州、綦江城围，克复新宁县城出力，经原任督臣骆秉章保奏，二年九月初八日，内阁奉上谕：都司刘顺望着以游击留川尽先补用。钦此。复以历年办理城防团练出力保奏，四年八月二十六日，内阁奉上谕：着以参将升用。钦此。又以助剿越嶲夷匪、肃清建南案内保加副将衔。该员久历戎行，兼有胆识，拟请借补宁越营都司。

又，查有新补会川营守备王光耀，年六十一岁，西昌县人，由行伍出师清溪、涪州等处出力，历拔提标左营千总，奏保尽先守备。同治十三年七月，经臣奏补会川营守备，接准部咨，准其升用。惟王光耀籍隶西昌县，与会川营同在宁远府属，应拣员对调。该员熟悉营务，拟请调补督标左营守备。至江思山甫由督左守备调补抚边守备，未便复与王光耀对调。所遗会川营守备系接到部议题缺轮补新章后第二轮第一缺，应用尽先人员。新章借补者，即在尽先班次之内。

查有尽先前补用都司提标中营守备千总罗焜，年三十二岁，广元县人，原籍陕西宁羌州，由行伍出师本省及甘肃、云南、贵州等省，助剿出力，历保尽先守备，并戴蓝翎，借补提标中营千总。嗣以同治四年攻剿滇边苗、土各匪并克复建武营汛、肃清筠连等县案内出力，奏保以都司尽先前补用，并换花翎，八年八月二十四日，奉旨允准在案。该员差操勤奋，拟请借补会川营守备。

以上三员，现无违碍事故，距籍各在五百里以外。王光耀由实缺守备因回避同府之缺调补守备，刘顺望由尽先游击借补都司，罗焜由尽先前都司借补守备，均与例章相符。合无仰恳天恩，俯准以升用参将尽先游击刘顺望借补宁越营都司，会川营守备王光耀调补督标左营守备，尽先前都司罗焜借补会川营守备，实于营伍、边防有裨。

如蒙俞允，王光耀系对品调补，毋庸送部。刘顺望、罗焜俟接准部覆，再行给咨引见。是否有当，理合会同成都将军臣魁玉、署提督臣胡中和，合词恭折具奏，伏乞皇太后、皇上圣鉴训示。谨奏。四月十一日。

光绪元年四月二十七日，军机大臣奉旨：兵部议奏。钦此。[①]

○三九　委解光绪元年京饷暨固本饷项起程日期折

光绪元年四月十一日（1875年5月15日）

头品顶戴四川总督臣吴棠跪奏，为川省二次委解光绪元年份京饷暨固本饷项起程日期，恭折仰祈圣鉴事。

窃查光绪元年份户部原拨京饷四川厘金十五万两、津贴十五万两，共银三十万两，已于本年二月二十八日解过银十万两，尚欠银二十万两。又固本饷项月解银五千两，前已解过部库五十三万两，先后奏报在案。伏思京饷为部库正供，固本为京畿要款，川库虽极支绌，亟应勉力筹解。兹臣督同司道凑集按粮津贴银七万两、盐厘银六万两，共银十三万两，作为本年原拨京饷。又催各属捐输一万两，作为光绪元年四月二十一日起至六月二十一日止两个月

---

① 中国第一历史档案馆藏：军机录副，档案编号：03-5768-054。

固本饷项，均饬委开县知县郑继昌承领管解，定于本年四月二十一日自成都起程。

惟前因秦、陇交界地方时有散练撤勇，驿路通塞靡常，京饷关系甚重，实难冒险径解。臣于十三年四月奏准援案发商汇兑，奉旨敕部知照在案。所有此次饷项仍照奏准成案，发交蔚泰厚等银号汇解，委员至京兑齐，解赴户部交纳，用昭慎重，据藩司王德固、臬司英祥、盐茶道傅庆贻会详前来。臣覆查无异。理合恭折具奏，伏乞皇太后、皇上圣鉴。谨奏。四月十一日。

光绪元年四月二十七日，军机大臣奉旨：户部知道。钦此。[1]

〇四〇　委解菩陀峪工程银两片

光绪元年四月十一日(1875年5月15日)

再，臣准户部咨：奏明指拨川省盐厘银、津贴银五万两，统限本年六月内，分批径解菩陀峪工程处交纳，毋稍延误等因。遵即转饬司道凑集盐厘银一万两、津贴银一万两，共银二万两，并交现解京饷委员郑继昌领解，定期本年四月二十一日自成都起程，均照历解京饷成案，发交蔚泰厚等银号汇解，委员至京兑齐，解赴菩陀峪工程处交纳，用昭慎重。余俟续筹有项，赶于六月内清解，据藩司、盐茶道会详前来。理合附片陈明，伏乞圣鉴。谨奏。

光绪元年四月二十七日，军机大臣奉旨：知道了。钦此。[2]

---

[1]　中国第一历史档案馆藏：军机录副，档案编号：03-6592-058。
[2]　中国第一历史档案馆藏：军机录副，档案编号：03-6592-059。

○四一　委解惠陵工程银两片

光绪元年四月十一日(1875年5月15日)

再，臣准户部咨：奏明指拨川省盐厘、津贴银五万两，统限本年五月起，分批径解惠陵工程处交纳，并于年内解齐，不得迟误等因。遵即转饬司道，凑集盐厘银一万两、津贴银一万两，共银二万两，饬委现解京饷之开县知县郑继昌承领，定期本年四月二十一日自成都起程，仍照历解京饷成案，发交蔚泰厚等银号汇解，委员至京兑齐，解赴惠陵工程处交纳，用昭慎重。余俟凑有成数，赶紧续解，据藩司、盐茶道会详前来。除分咨外，理合附片陈明，伏乞圣鉴。谨奏。

光绪元年四月二十七日，军机大臣奉旨：知道了。钦此。①

○四二　核销川省采访忠节总局经费片

光绪元年四月十一日(1875年5月15日)

再，臣前准户部咨：川省造报同治五年份军需案内，支过采访忠节总局委员、绅衿薪水、书吏工食等项，共银三千三百五十七两五钱九分九厘九毫，系照何案支给，查明具奏，再行核办等因。遵即转饬筹饷报销局司道查覆。旋据该司道等具详：川省采访忠节总局委员、委绅酌给薪水，系照派往军营文职月支盐粮、夫价银数办理，有减无增。其书吏月支工食、油灯、纸笔银两，亦照军需局

① 中国第一历史档案馆藏：军机录副，档案编号：03-6592-060。此片具奏日期未确，兹据同批折件校正。

书吏月需银数支发。兹造报同治六年份军需案内，支给采访局员绅、书吏薪水、工食、油灯、纸札等项，共请销二千四百一十二两，及前次造销同治五年份支给采访局员绅、书吏薪水等项银三千二百五十七两五钱九分零，均无浮冒，详请覆奏前来。

合无仰恳天恩，敕下户部，照数准销，俾归一律。除分咨外，理合附片陈明，伏乞圣鉴。谨奏。

光绪元年四月二十七日，军机大臣奉旨：户部知道。钦此。①

○四三　查核川省报销军需咨部核销折

光绪元年四月十一日（1875年5月15日）

头品顶戴四川总督臣吴棠跪奏，为造报同治六年份川省办理防剿收支军需细数清册，送部核销，恭折奏闻，仰祈圣鉴事。

窃查川省频年办理防剿，动用一切军需，前已截至同治五年十二月底止，循例造册报销，经部臣核覆在案。其自同治六年正月初一日起至是年十二月底止支发各路兵勇盐折、口粮、制造、军装、器械及一切杂支，现据筹饷报销局司道督同局员，逐款核算，按例勾稽，分造清册，详请奏咨前来。按册覆加查核，计同治六年份旧管、新收共银三百一十万一千六百六十九两零，开除支发军需银二百九十一万四千九百二十七两零，存剩银十六万六千七百四十二两零，应入于七年报销案内，接收造报。其册开动支银两，均系实支实销，并无浮冒。

除将清册咨部外，所有川省第四案报销军需银两缘由，理合恭

① 中国第一历史档案馆藏：军机录副，档案编号：03-6055-030。

折具奏，伏乞皇太后、皇上圣鉴训示。谨奏。四月十一日。

光绪元年四月二十七日，军机大臣奉旨：该部知道。钦此。①

○四四　委解淮军月饷起程日期折

光绪元年四月十一日(1875年5月15日)

头品顶戴四川总督臣吴棠跪奏，为筹拨淮军月饷三万两起程日期，恭折具奏，仰祈圣鉴事。

窃前准军机大臣字寄：同治十三年七月二十三日，奉上谕：李鸿章奏，办理海防，请饬催川饷一折等因。钦此。兹准李鸿章咨送原奏内开：各路协饷无如海防之急且要者，自应移缓就急，共维大局等语。臣查淮军月饷前已二十二次共筹拨过银七十七万两，均经先后奏报在案。兹查川省自军兴以来，库储屡竭，所有奉拨京外各饷并工程、铜本银两，全赖捐输、津贴、厘金源源供济。无如举办年久，民力拮据，收数愈减。去年贵州提臣周达武来川清厘欠饷，本省亦撤减忠字、达字等营，找发积欠，将省库、外局应存、应收各款搜罗一空。本年开征后，始分解京饷、甘饷、滇饷及新疆协饷，又将各属新解之款悉索无遗，实有万难兼顾之势。惟淮军月饷系海防要需，尤为急切，不得不尽力凑济。

兹督同藩司于司库免搭官票大钱减扣六分平项下凑拨银三万两，饬委试用通判王宣绶、试用从九品徐泽霖承领，定于光绪元年三月二十八日自成都起程，解赴湖北粮台交收，拨供李鸿章所部淮军征防之用。除分咨外，所有筹拨淮军月饷银数、起程日期，理合

---

① 中国第一历史档案馆藏：军机录副，档案编号：03-6055-029。

恭折具奏，伏乞皇太后、皇上圣鉴。谨奏。四月十一日。

光绪元年四月二十七日，军机大臣奉旨：知道了。钦此。①

【案】军机大臣字寄……川饷一折等因：此廷寄《清实录》载曰：

又谕：李鸿章奏，办理海防，请饬催川饷一折。日本与生番构兵，沿海防务紧要，畿辅重地，尤须严密筹防。刻下李鸿章添购军火，修筑炮台，需款甚急，四川应解该军月饷，截至本年四月止所解不及一半，着吴棠查明欠解该军月饷，无论何款，先行提解二十万两，以济眉急。嗣后仍着按月如数解足，毋稍延欠。将此由四百里各谕令知之。②

○四五　请以李玉宣补授邛州知州折

光绪元年四月二十八日(1875 年 6 月 1 日)

头品顶戴四川总督臣吴棠跪奏，为拣员请补直隶州知州，以资治理，恭折仰祈圣鉴事。

窃照邛州直隶州知州霍为棻于同治十三年十二月二十三日在任病故，遵例以该员病故本日作为开缺日期，当经恭折具题，声明邛州直隶州知州系冲、繁调中缺，应在外拣员调补在案。查该州民情强悍，政务殷繁，且管辖两县，有表率之责，非精明干练之员，不足以资治理。臣督同两司于通省现任直隶州知州内逐加遴选，非

① 中国第一历史档案馆藏：军机录副，档案编号：03-6055-028。
② 《穆宗毅皇帝实录(七)》，卷三百六十九，同治十三年七月下，第884—885 页。

员缺紧要，即人地未宜，实无堪调之员。其候补同知直隶州知州及各项劳绩应升、应补各员，亦均与是缺不甚相宜。

惟查有补用直隶州知州巴县知县李玉宣，年五十六岁，河南祥符县人，由吏员投效军营，叠次守城剿匪出力，历保以知县不论双单月遇缺即选，并戴蓝翎。又因剿捕捻匪出力保奏，于咸丰十年十月二十七日奉上谕：俟选缺后，以直隶州知州补用。钦此。差竣赴部，投供候选。十一年二月，选授定远县知县，同治元年三月二十三日到任，捐助济甘军饷，请还花翎。七年，调补巴县知县。八年，委署泸州直隶州知州，肃清边境案内保奏，俟补直隶州后，以知府用。复以拿获邻境首伙巨盗，部议加一级、记录十六次，饬回巴县本任。嗣因俸满调取引见，以整饬团练展限。十年，大计保荐卓异。十二年八月，并案赴部引见，奉旨：准其卓异加一级，仍注册候升。钦此。十三年五月十五日回任。该员才具开展，办事安详，曾经卓异保荐引见，回任候升。又系劳绩保举补用直隶州知州，例得请补，以之补授邛州直隶州知州，实堪胜任。正、署各任内并无词讼积案五十起以上、承缉盗案五起以上、经征钱粮不及七分已起降调、革职、参限。其余因公处分，例免核计。历俸早满三年，亦于升补之例相符。惟调缺请补，与例稍有未合，第人地实在相需，例得声明奏请，据藩司王德固、臬司英祥会详前来。

合无仰恳天恩，俯念员缺紧要，准以补用直隶州知州李玉宣补授邛州直隶州知州，洵于地方有裨。如蒙俞允，该员由卓异引见，甫经回任，毋庸送部。所遗巴县知县缺系冲、繁要缺，俟接准部覆，由外拣员请补。是否有当，理合恭折具陈，伏乞皇太后、皇上圣鉴训示。再，此案应以光绪元年正月三十日截缺之日起限，扣至四月十二日限满,合并陈明。谨奏。四月二十八日。

光绪元年六月十九日,军机大臣奉旨:吏部议奏。钦此。[①]

○四六　奏报周澜蕃等调署巴州等缺片

光绪元年四月二十八日(1875年6月1日)

再,巴州知州金凤洲委解京饷遗缺,查有因公在省之筠连县知县周澜蕃,明白练达,堪以调署。又,署富顺县知县王宫午调省遗缺,查有卸署成都县事阆中县知县孙海,勤能干练,堪以调署。该员等正、署各任内无经征钱粮未完及盗劫已起四参案件。据藩、臬两司会详前来。除批饬遵照外,理合附片陈明,伏乞圣鉴。谨奏。

光绪元年六月十九日,军机大臣奉旨:知道了。钦此。[②]

○四七　奏报川省光绪元年三月雨水、粮价折

光绪元年四月二十八日(1875年6月1日)

头品顶戴四川总督臣吴棠跪奏,为恭报四川省光绪元年三月份各属具报米粮价值及得雨情形,仰祈圣鉴事。

窃照光绪元年二月份通省粮价及得雨情形,前经臣恭折奏报在案。兹查本年三月份成都、重庆、夔州、龙安、绥定、保宁、顺庆、潼川、雅州、嘉定、叙州十一府,资州、绵州、忠州、眉州、邛州、泸州六直隶州,叙永、石砫两直隶厅,各属先后具报得雨二三次至七八

---

① 中国第一历史档案馆藏:军机录副,档案编号:03-5098-138。
② 中国第一历史档案馆藏:军机录副,档案编号:03-5098-143。

次不等。田水充足,小春成熟。其通省粮价俱与上月相同,据布政使王德固查明列单汇报前来。

臣覆核无异。理合分缮清单,恭呈御览,伏乞皇太后、皇上圣鉴。谨奏。四月二十八日。

光绪元年六月十九日,军机大臣奉旨:知道了。钦此。[①]

○四八　呈川省光绪元年三月粮价清单

光绪元年四月二十八日(1875年6月1日)

谨将光绪元年三月份四川省所属地方各项粮价,开具清单,恭呈御览。

成都府属,价贵。中米每仓石价银二两九钱三分至三两九钱一分,与上月同。大麦每仓石价银一两八钱三分至二两,与上月同。小麦每仓石价银二两一钱三分至二两三钱,与上月同。黄豆每仓石价银一两四分至二两四钱四分,与上月同。荞子每仓石价银一两一钱六分至一两七钱,与上月同。

重庆府属,价贵。中米每仓石价银二两七钱三分至三两七钱一分,与上月同。大麦每仓石价银一两六钱二分至一两九钱七分,与上月同。小麦每仓石价银二两六钱八分至二两七钱三分,与上月同。黄豆每仓石价银二两七钱至二两九钱七分,与上月同。

保宁府属,价贵。中米每仓石价银二两五钱五分至三两二钱一分,与上月同。大麦每仓石价银一两八钱九分至二两一钱,与上月同。小麦每仓石价银二两八钱三分至三两五钱七分,与上月同。

---

① 中国第一历史档案馆藏:军机录副,档案编号:03-6745-026。

黄豆每仓石价银一两八钱一分至二两一钱一分，与上月同。

顺庆府属，价贵。中米每仓石价银二两九钱九分至三两三钱八分，与上月同。大麦每仓石价银一两六钱一分至一两八钱，与上月同。小麦每仓石价银二两九分至二两一钱二分，与上月同。黄豆每仓石价银一两五钱五分至一两六钱五分，与上月同。

叙州府属，价贵。中米每仓石价银三两至三两二钱二分，与上月同。大麦每仓石价银一两六钱六分至二两二分，与上月同。小麦每仓石价银二两一钱三分至二两六钱三分，与上月同。黄豆每仓石价银一两一钱一分至一两五钱二分，与上月同。

夔州府属，价贵。中米每仓石价银二两八钱至三两一钱一分，与上月同。大麦每仓石价银一两七钱八分至二两四钱六分，与上月同。小麦每仓石价银二两九钱五分至三两三分，与上月同。黄豆每仓石价银二两一钱四分至二两二钱四分，与上月同。

龙安府属，价贵。中米每仓石价银二两四钱九分至三两一钱四分，与上月同。青稞每仓石价银一两五钱，与上月同。小麦每仓石价银一两七钱九分至二两一钱八分，与上月同。黄豆每仓石价银一两八钱五分至一两九钱三分，与上月同。

宁远府属，价贵。中米每仓石价银二两八钱三分至三两一钱一分，与上月同。大麦每仓石价银一两四钱八分至一两六钱，与上月同。小麦每仓石价银一两五钱九分至二两二钱，与上月同。荞子每仓石价银一两四钱五分，与上月同。黄豆每仓石价银一两五钱六分至一两六钱三分，与上月同。

雅州府属，价中。中米每仓石价银二两七钱五分至二两七钱六分，与上月同。小麦每仓石价银二两二钱九分至二两六钱五分，与上月同。黄豆每仓石价银一两六钱五分至二两四分，与上月同。

嘉定府属，价贵。中米每仓石价银二两七钱二分至三两三钱，与上月同。小麦每仓石价银二两三钱六分至二两七钱三分，与上月同。黄豆每仓石价银一两四钱七分至二两三分，与上月同。

潼川府属，价贵。中米每仓石价银二两八钱三分至三两五分，与上月同。大麦每仓石价银一两六钱五分至一两九钱三分，与上月同。小麦每仓石价银二两一钱四分至二两四钱九分，与上月同。黄豆每仓石价银一两七钱六分至二两一钱三分，与上月同。

绥定府属，价中。中米每仓石价银二两七钱至二两八钱二分，与上月同。大麦每仓石价银一两五钱八分，与上月同。小麦每仓石价银一两六钱二分至一两七钱三分，与上月同。黄豆每仓石价银一两四钱三分，与上月同。

眉州直隶州属，价中。中米每仓石价银二两六钱八分至二两九钱六分，与上月同。

邛州直隶州并属，价贵。中米每仓石价银二两五钱八分至二两九钱八分，与上月同。大麦每仓石价银一两九钱，与上月同。小麦每仓石价银二两五钱七分，与上月同。黄豆每仓石价银二两八分至二两二钱二分，与上月同。

泸州直隶州并属，价贵。中米每仓石价银三两至三两一分，与上月同。

资州直隶州并属，价中。中米每仓石价银二两五钱至二两九钱，与上月同。

绵州直隶州并属，价中。中米每仓石价银二两六钱七分至二两九钱五分，与上月同。小麦每仓石价银二两三钱二分至二两四钱六分，与上月同。

茂州直隶州并属，价中。中米每仓石价银二两五钱七分，与上月同。小麦每仓石价银二两六钱八分，与上月同。青稞每仓石价银二两二钱，与上月同。荞子每仓石价银一两二钱三分至一两七钱三分，与上月同。

忠州直隶州并属，价贵。中米每仓石价银二两五钱二分至三两一钱六分，与上月同。大麦每仓石价银一两四钱六分至一两六钱，与上月同。小麦每仓石价银二两三分至二两三钱九分，与上月同。黄豆每仓石价银一两二钱七分至一两五钱七分，与上月同。

酉阳直隶州并属，价贵。中米每仓石价银二两五钱三分至三两一分，与上月同。大麦每仓石价银二两二钱八分至二两六钱，与上月同。小麦每仓石价银二两六钱二分至二两七钱六分，与上月同。黄豆每仓石价银一两三钱九分至一两四钱四分，与上月同。

叙永直隶厅并属，价中。中米每仓石价银二两九钱二分，与上月同。小麦每仓石价银一两八钱一分，与上月同。荞子每仓石价银一两三钱二分，与上月同。黄豆每仓石价银一两六钱一分，与上月同。

松潘直隶厅，价中。青稞每仓石价银二两六钱六分，与上月同。荞子每仓石价银一两七钱四分，与上月同。

杂谷直隶厅，价中。青稞每仓石价银二两四钱，与上月同。荞子每仓石价银一两七钱九分，与上月同。

石砫直隶厅，价平。中米每仓石价银一两六钱，与上月同。大麦每仓石价银一两七钱三分，与上月同。小麦每仓石价银二两六分，与上月同。黄豆每仓石价银一两八钱九分，与上月同。

打箭炉厅，价贵。青稞每仓石价银四两八钱七分，与上月同。油麦每仓石价银一两八钱一分，与上月同。

军机大臣奉旨：览。钦此。[①]

○四九　呈川省光绪元年三月得雨清单

光绪元年四月二十八日(1875 年 6 月 1 日)

谨将光绪元年三月份四川省各属地方报到得雨情形，开具清单，恭呈御览。

成都府属：成都、华阳两县得雨六次，小春成熟。简州得雨五次，小春成熟。崇庆州得雨六次，小春成熟。汉州得雨五次，小春登场。温江县得雨三次，小春结实。灌县得雨五次，秧苗出水。彭县得雨二次，小春扬花。什邡县得雨三次，小春结实。

重庆府属：江北厅得雨五次，小春成熟。巴县得雨四次，小春吐穗。长寿县得雨五次，小春结实。永川县得雨四次，禾苗滋长。荣昌县得雨七次，小春成熟。合州得雨四次，冬粮成熟。涪州得雨二次，田水充足。铜梁县得雨四次，小春成熟。璧山县得雨四次，小春结实。大足县得雨四次，田水充盈。

夔州府属：万县得雨三次，二麦结实。

龙安府属：江油县得雨三次，豆麦成熟。石泉县得雨一次，二麦扬花。彰明县得雨二次，二麦吐穗。

绥定府属：达县得雨五次，豆麦结实。新宁县得雨三次，秧针出水。

保宁府属：阆中县得雨五次，地土滋润。苍溪县得雨五次，小春结实。南部县得雨四次，豆麦结实。广元县得雨五次，地土滋

润。巴州得雨四次，田水充足。通江县得雨五次，葫豆结实。剑州得雨五次，豆麦成熟。

顺庆府属：南充县得雨五次，田水充足。西充县得雨五次，田塘积水。蓬州得雨四次，田水稍足。营山县得雨七次，秧苗发生。仪陇县得雨五次，秧苗滋长。岳池县得雨六次，秧针出水。广安州得雨五次，豆麦成熟。邻水县得雨四次，田水充足。

潼川府属：三台县得雨四次，田堰积水。射洪县得雨五次，豆麦成熟。盐亭县得雨五次，豆麦成熟。蓬溪县得雨五次，早秧栽插。

雅州府属：雅安县得雨四次，小春成熟。

嘉定府属：乐山县得雨五次，豆麦收毕。峨眉县得雨五次，田水充足。洪雅县得雨四次，豆麦成熟。犍为县得雨四次，田水充盈。荣县得雨五次，小春结实。威远县得雨五次，早秧茂盛。

叙州府属：宜宾县得雨五次，晚秧萌芽。南溪县得雨八次，田水充足。兴文县得雨五次，秧针出水。马边厅得雨七次，田水充盈。

资州直隶州并属：资州得雨五次，小春成熟。资阳县得雨五次，秧苗渐长。仁寿县得雨三次，田水充足。井研县得雨四次，豆麦成熟。内江县得雨八次，田水充盈。

绵州直隶州并属：绵州得雨三次，二麦结实。安县得雨四次，小春结实。梓潼县得雨五次，小春结实。罗江县得雨四次，小春成熟。

忠州直隶州并属：忠州得雨四次，小春成熟。垫江县得雨五次，二麦结实。

眉州直隶州并属：眉州得雨六次，堰水畅流。彭山县得雨五次,田水充足。

邛州直隶州并属:邛州得雨五次,豆麦收获。大邑县得雨四次,早秧栽插。蒲江县得雨四次,豆麦成熟。

泸州直隶州并属:泸州得雨六次,早秧滋长。江安县得雨六次,晚秧出针。合江县得雨六次,田堰积水。纳溪县得雨五次,早秧青葱。

叙永直隶厅并属:叙永厅得雨五次,小春结实。永宁县得雨五次,晚秧播种。

石砫直隶厅得雨四次,小春成熟。

军机大臣奉旨:览。钦此。[①]

○五○　奏报匪徒窜踞兴
文业经设法歼除折

光绪元年五月初八日(1875 年 6 月 11 日)

头品顶戴四川总督臣吴棠跪奏,为边界匪徒窜踞兴文县九丝寨,当即调兵集练,设法歼除,恭折驰陈,仰祈圣鉴事。

〈窃〉查川省高、珙、筠连等县地方,与滇、黔接壤,游匪散练,出没靡常。自同治初年蓝逆削平之后,遂以大枝劲旅棋布星罗,而不逞之徒时虞窃发。近岁,因库储奇绌,裁汰勇丁,兵力渐单,然亦未尝一日弛其防也。兹据统领达字营简用总兵张祖云、布政使衔永宁道延祜等禀称:川、滇边界突有大股匪徒,以黄巾、白旗为号,于四月初五日四更后,由滇属萝葡坎窜至威信州城外,抵天蓬寨扎

---

① 中国第一历史档案馆藏:军机录副,档案编号:03-6745-027。

住。初七日清晨，窜至白垇林土门子，抵缘木沟扎住。兴文县知县徐显清移会营汛，督带兵团，扼守城乡各隘口。正在布置间，初八日五鼓，该匪由滇属长官司、一碗水偷渡白垇林小河，乘大雾迷漫之际，窜入兴文县九丝寨地方，势颇猖獗。现已派令副将何荣贵、知州张世康，率领所部前、左两营，驰往堵剿等情。

臣得报之余，以滇境甫经勘定，伏莽尚多，倘鬼蜮生心，闻风啸聚，其势恐难复制，不得不以全力扫除之。当即添调裕字前、右两营，副将刘顺望、谢思友、团勇右营游击夏如斌等，各率所部勇丁，并檄令提督李有恒，抽拨得力楚勇一千人，分起赴援，以资策应。选据总兵张祖云、永宁道延祜等续禀：四月十三日，筠连、高县一带，复有土匪数百人，乘机肆扰。经该总兵等督同驻防达字中营副将江忠诂，会合筠、高两县绅团，并力击退。十四日，兴文县知县徐显清悬立重赏，募奋勇敢战团丁，两路夹攻，直扑九丝寨，毙匪二十余名。已将前寨门踏破，而该匪枪炮雨下，团勇返奔，功败垂成，殊为可惜。幸达字左、前等营，亦即于次日驰抵建武营，与九丝寨仅一溪之隔，声威既壮，攻剿有资。

十六、七等日，达字前营副将何荣贵、知州张世康，会同兴文县知县徐显清等，各率小队，先将寨下守卡零匪节节剪除。并密察地形，确觇贼势。窃意九丝寨，居高临下，专务仰攻，易伤精锐，盖可以智取而难与力争也。十八日辰刻，副将何荣贵率前营从正路以趋寨之前，知州张世康率左营从间道以袭寨之后。兴文县知县徐显清、建武营守备高联升等，分领兵团，互相策应。前营帮带游击邹仁宇，自带劲勇二十人，越岭前驱，以洋枪击伤贼匪四名。副将何荣贵趁势督师，附葛攀藤而上。该匪一面持矢石，据寨门乱击，一面出悍党，与我军交锋。自巳至酉，鏖战四时之久，计伤毙贼匪数十名。官军与团勇带石伤、矛伤者十余人。时天色已晚，该匪纷纷退入寨内。前营勇丁亦结为团阵，扼扎寨前。

先是知州张世康率左营，绕出寨之后门，猛扑数次，均被该匪抛掷火罐、火弹，且却且前。知其守御甚严，遽难得手。因留心查勘，见山之西北角，去寨门里许之烧香坡，概系古藤箭竹，可以攀援。峭壁悬崖，且为人迹罕经之地。乃退至山坡，伏兵露处，伐竹缚梯二十余架，并制绳梯六条。部署甫定，适长、珙、筠、高等县拨团助剿，相距约十余里、数里不等，遂缄催团首邹元标等，来营会商。知县徐显清、守备高联升等，将兵团分作四班，自初更至三更，轮流在山下呐喊，并多燃火绳、麻秸。于山半丛草间，时放冷枪，使该匪彻夜惊扰。四更后，撤去兵团，移扎东南山脚。知州张世康传令右营帮带章世荣等，挑壮勇百人，衔枚疾走，超距先登，伏于寨垛之旁，窃听该匪梆锣声歇，即将从后寨门劈开。知州张世康带同把总田锦德、外委李鸿顺等，勇往直前，士气百倍，火箭齐发，茅舍尽焚。该匪甫入室休息，忽闻嘈杂之声，各持兵器，奔赴后寨门，拼死抗拒。副将何荣贵于前寨枕戈以待，瞥见火光烛天，率领前营斩关而入，连毙守贼十余名，电掣风驰。我军两面抄杀，共计毙匪五六十名，阵斩伪先锋王新大，生擒伪大亡杨贯一、伪大将军李映堂、伪先锋洪二娃。兴文、建武兵团陆续拿获匪目范正荣等二十余名，均讯明，就地正法。落涧坠崖，死者甚众。搜获妖书二本、伪示十张、旗帜、器械不计其数。救出难民六十余名，递解回籍。余匪亦间有由老林曲径夺路狂奔者。当将九丝寨全行拆毁，连日搜捕窜匪。前、右两营勇丁在石牌口获匪八名、郭家坟获匪二名，兴文县团丁获匪十余名，亦即讯明处斩，现在地方安静。此次在事出力原弁绅团，拟请择尤酌保，以奖其劳各等情。

伏查九丝寨背山临水，为富顺县绅粮积谷之区，素称天险。该匪垂涎已久，以防守乏人，致为窃踞。臣有鉴于滇逆蓝潮鼎之乱，蔓延引株连，蹂躏几及通省。前车已覆，后患宜防，权饷视师，正殷悬盼。兹幸仰叨圣主威福，士卒一心，兵团协力，甫经旬日，即将全股设法歼除。该将士绅团等奋勉图功，尚有微劳足录，可否容臣择尤请奖之处，出自逾格鸿慈。所有边界匪徒窜踞兴文县九丝寨，当即调兵集练设法歼除缘由，理合恭折驰陈，伏乞皇太后、皇上圣鉴训示。谨奏。五月初八日。

光绪元年五月二十六日，军机大臣奉旨：钦此。①

【案】此折于是年五月二十六日得批覆：

军机大臣字寄：四川总督吴：光绪元年五月二十六日，奉上谕：吴棠奏，边匪窜扰，设法歼除一折。本年四月间，川、滇边界突有大股匪徒，由滇属萝葡坎窜至威信州城外天蓬寨等处，复窜踞兴文县九丝寨地方，筠连、高县一带，复有土匪肆扰，经副将何荣贵等督带营伍，前往会剿，擒斩多名，余匪由老林曲径奔逃，当将九丝寨克复，地方现已安静。仍着吴棠督饬文武各员，将窜逃余匪悉数歼除，毋留遗孽。此次在事出力员弁绅团，着准其择尤酌保，毋许冒滥。将此由四百里谕令知之。②

---

① 中国第一历史档案馆藏：军机录副，档案编号：03-5507-034；吴棠等：《游蜀疏稿》，第 1027—1044 页。

② 中国第一历史档案馆编：《光绪宣统两朝上谕档》，第 1 册，第 142—143 页；《德宗景皇帝实录（一）》，卷十，光绪元年五月下，第 202 页。

○五一　奏请改拨协黔饷项片

光绪元年五月初八日(1875 年 6 月 11 日)

再，准户部咨：议覆贵州巡抚曾璧光奏请另拨贵州军饷一折。内称黔省肃清后，办理善后事宜，经费太绌，贵州军饷原拨四川之五万八千两，现因提督周达武赴川清厘欠饷，遣撤武字全军，须明年春夏，始能蒇事，拟令四川将原协黔饷五万八千两，减去三万两，仍协二万八千两，照数筹拨等因。于光绪元年二月初七日具奏，奉旨：依议。钦此。咨川行司，遵照办理。兹据藩司王德固详称：查贵州军饷，在同治九年以前，司库原有协款，彼时本省支拨虽繁，而各省协拨无多，是以尚能勉力筹济。迨派拨安定等营大举援黔，月饷、军火由川供支。嗣复奏调武字全军，赴黔援剿，由川按月筹给的饷银五万八千两。其原协黔饷每月银二万两，即经奉文停止。计自同治九年闰十月起至十二年六月止，先后拨解武字营援黔的饷银一百三十五万三千两。去年，周达武来川清厘饷项，又议给银五十九万两，不惟司库悉索无遗，即省外厘局亦搜罗殆尽。所有民艰饷绌情形，节经详细奏陈在案。

贵州抚臣曾璧光深知川库之难，原奏内声明四川协款，不能责以另筹，请由别省改拨，兹户部仍以责之川省，夫川、黔为切近省份，但凡力所能为，无不勉尽恤邻之谊。今黔氛已靖，仅须筹办善后事宜，且有他省协款，不难酌其缓急，次第举行，而川库空虚，所入不敷所出。近年于奉拨京饷、固本饷，及各项工程之外，月协则有淮军、云南与甘肃、新疆，专饷则有乌台之欠款、山东之河工、西征之指筹、指提，淮军江海防之提拨，并应行解还部库拨给景廉军营之饷,解还山东、福建拨给贵州之饷。

以上各项,似皆急于黔省,所需分筹匀济,已极为难,若再增以黔省协拨,实属无从措手。况川省前解的饷系专供武字营援师勇粮、军火等费,今该营业经裁撤,则的饷亦应停止,似未便留此名目。改协黔饷,使川库左支右绌,虚有其名,而黔中盼望徒殷,仍无实济,拟请仍照黔省原奏,更正办理等情。

臣伏查川省饷项,耗于四邻,贵州助饷助兵,尤形吃重,虽统筹兼顾,已将本省防军裁汰十之七八,而酌留楚勇因口粮积欠过多,致有索饷离防之事。今邻疆大定,不能不力固本根,清还积欠口粮,整饬留防弁勇,为绥边御寇之谋,百计图维,实无力再筹黔饷,合无仰恳天恩,俯准敕下户部,仍照贵州抚臣原奏,改拨办理,以纾民力而保岩疆。除分咨外,理合附片陈明,伏乞圣鉴训示。谨奏。

光绪元年五月二十六日,军机大臣奉旨:户部议奏。钦此。[①]

【案】曾璧光奏请另拨贵州军饷一折:同治十三年十二月十八日,贵州巡抚曾璧光奏请饬催协饷曰:

太子少保头品顶戴贵州巡抚臣曾璧光跪奏,为黔省军饷支绌,善后筹款维艰,请旨敕部严催,恭折奏祈圣鉴事。窃臣承准军机大臣字寄:同治十三年八月十三日,奉上谕:前因丁宝桢奏,黔省筹办善后,经费维艰。当经谕令户部酌筹款项等因。钦此。仰见圣主垂念边疆,恩施优渥。臣跪聆之下,与合

---

① 中国第一历史档案馆藏:军机录副,档案编号:03-6055-092。又,吴棠等《游蜀疏稿》,第1017—1025页。其尾记曰:"光绪元年五月初八日,由驲附片具奏。于本年六月十二日,准兵部火票递回原片,内开军机大臣奉旨:户部议奏。钦此。"

省军民无不同深钦感。遵即恭录咨行。兹据布政使黎培敬会同善后局按察使林肇元等详称：黔省肃清后，办理善后事宜，经费太绌，致难克期奏效。该司等统筹全局，以为当今急务，宜立筹巨款者，约有四端。现在军务初平，而上游之兴义、普安、大定，下游之都匀、铜思、黎古等处，余孽潜踪，游勇甚众。搜捕弹压，在在尚须兵力。兼之川、楚各军援局告成，川既陆续撤还，楚亦大半裁撤，必须添募劲旅，调遣填防，是旧部未可遽裁，而新营又增支发之费。此宜急筹者一。自军兴以来，人户离析，田野荒芜。近虽广示招徕，妥为安置，修屯筑堡，保卫多方，而穷民无力耕耘，又须贷以牛只、籽种，俾有开垦之工资，并予平日之食用。今流亡已渐归来，而佽助尚难臆计。此费之宜筹者二。各属地方克复已久，城垣衙署毁败无存。若不赶紧兴修，何以资办公而谨防卫？加之仓廒坛庙，塘汛营房，种种经费，均难稍缓。工程既已重大，支发亦极浩繁。此费之宜急筹者三。全省驿站久毁于兵，今幸驿道已通，一切文报差使例支，宜照旧办理。迭据各属禀请，置买马匹，雇养站夫，修复传舍，以及桥梁道路，俱以资费无出，未能一律进行。此费之宜急筹者四。即以四项所需，月支已不下十余万。此外文武各员之廉俸，绿营、制兵之饷干，各属之驿费、公费、津贴、采买与各路诸局委员之薪工，亦不下七八万。合计每月应支之项，总在十八九万。而清还旧饷，补发赏恤，制办军火、器械及一应不时之需，尚不在此数内。本省丁粮既未能全缴，厘税亦所收无几。各省捐输，势成弩末。非专待外省协济，不能补救艰难。迭据转运各局文报，已收饷银业经解尽，而外省续拨之款未闻报解。筹思无计，大局堪虞。详请具奏添拨前来。

臣维黔省瘠苦,甲于天下。承平尚赖各省协拨八十万金有奇,军兴后,例拨全停,专倚月饷为生。前者〈饷〉项匮乏,以致久无成功。今幸各疆吏力顾大局,协济稍多,臣得以仰仗威福,重率文武,粗定军事。刻值筹办善后,其事虽异,需饷则同。若不及早筹维,微特积欠难以清偿,事废难以具兴,而遗黎无安集之期,防营有饥哗之虑。支左绌右,在在可危。上负国恩,下惭民望,并大负各省始终恤邻之意。为此辗转焦思,寝馈并废。查部臣原议,贵州军饷原拨湖北、山东、福建、江苏、两浙,每月各协拨银二万两。湖南、广东、九江关、东海关,每月各协拨银一万两。四川协拨银五万八千两。使能全解来黔,则月拨银十九万八千两,自堪分布,早图竣事。就中扣四川之五万八千两,现因提臣周达武赴川清厘欠饷,遣撤全军,闻须明年春夏,始能蒇事。湖南防营在黔,均不能责以另筹。此外月饷仅十三万,即如数以期解到,黔用尚形不敷,况解数之多寡及批解之有无,各省皆自行奏报,俱在圣明洞见之中。臣再四思维,惟有沥恳天恩,严催各省督抚臣转饬藩司、关道等,将专协各饷勒限筹解,不准丝毫蒂欠,并请敕下部臣,将四川、湖南两省月饷约六万八千两,另拨别省,赶紧措解,俾得月集巨款,将应办事宜及早完竣,以期一劳永逸,勉〔免〕致另滋他虞。臣无任惶恐迫切待命之至。所有据详催饷缘由,仅恭折由驿驰奏,伏乞皇上圣鉴训示。谨奏。同治十三年十二月十八日。①

【附】曾璧光之奏于光绪元年正月十六日得邀允准。廷

---

① 中国第一历史档案馆藏:军机录副,档案编号:03-6054-015。

寄曰：

谕军机大臣等：曾璧光奏，饷项支绌，请饬催专协各饷一折。贵州办理善后事宜，情形万紧，亟须各省专协各饷源源接济。所有湖北、山东、福建、江苏、两浙每月各协拨银二万两，及广东、九江关、东海关每月各协拨银一万两，自应迅速筹解。着李宗羲、李瀚章、李鹤年、英翰、刘坤一、丁宝桢、吴元炳、王凯泰、杨昌濬、翁同爵、张兆栋、刘秉璋饬令各该藩司、关道，迅将奉拨该省专协各饷勒限筹解，不准稍有蒂欠。其所请将四川、湖南两省月饷共六万八千两，饬部另拨别省措解等语，着户部迅速另拨，俾济急需。[①]

○五二　奏报孙玉补授城口营都司片

光绪元年五月初八日(1875 年 6 月 11 日)

再，城口营都司余清安因久未到任，查无下落，现经臣具题开缺，并请将遗缺扣留外补，系接到题缺轮补新章后第二轮第一缺，应用尽先名次在前之员。惟城口毗连陕西南山一带，地方辽阔，山深箐密，最易藏奸，非勇敢勤奋之员，不足以资防范。臣按照簿册详查：都司尽先名次在前黄云昌、吉绍春、向占魁、李仕贵、田镇武、冶万全、莫之超、李脞贵、吴玉东、李占魁等十员，均未来川收标，并无履历可稽。又，于海晏、万正青、彭万春、董上升、李文贵五员，各俱现任要缺守备。守备苟三超、李文章、殷凤鸣、何天鹏四员，各保升参将、游击，班次已改。此外如邱荣、凌云、袁大顺、贺荣升、王定

---

① 《德宗景皇帝实录(一)》，卷三，光绪元年正月，第 110—111 页。

国、洪占春、彭得胜、何平贵、马良、胡尚濠、钟明远、冯成龙、陈先春、王镛、黄占鳌、白阳春十六员，或营务欠练，或弓马未娴，均与是缺不甚相宜。

惟有名列其次之尽先都司巴州营守备孙玉，年四十七岁，安徽怀远县人，由军营充当勇目，出师镇江、金陵，打仗著绩，于同治二年由军营奏补四川巴州营守备。复以克复丹阳县城、斩擒首逆出力，奏保以都司尽先补用，并加游击衔，三年五月十六日奉旨允准在案。是年凯撤来川，四年领札到任，八年十一月进京引见，九年回任。该员朴诚勇敢，拟请补授城口营都司。现无违碍事故，籍隶别省。虽尽先名列在后，已将在前各员人地不宜之处详细声明，合无仰恳天恩，俯准以尽先都司孙玉补授城口营都司。所遗巴州营守备系题缺，并请扣留外补。

再，孙玉已于巴州守备任内引见回川，应请毋庸送部。是否有当，理合会同署提臣胡中和，合词附片具陈，伏乞圣鉴训示。谨奏。

光绪元年五月二十六日，军机大臣奉旨：兵部议奏。钦此。[1]

○五三　请准王端恭暂缓引见片

光绪元年五月初八日(1875年6月11日)

再，留川新补直隶古北城守营都司王端恭，例应给咨送部引见，前赴新任。惟该员自同治八年在川管带省标精兵，巡缉奸匪，督操技艺，均能不辞劳瘁。去年冬间，又因滇、黔边界时有游匪出没，委令巡防弹压，虽匪徒闻风远扬，难保不乘间窥伺，该员防范得

---

[1]　中国第一历史档案馆藏：军机录副，档案编号：03-5098-089。

力,未便遽易生手;营中经手事件,一时亦未完竣,合无仰恳天恩,俯准王端恭暂缓北上,敕部先给署札,一俟防边经手事竣,再行给咨送部。是否有当,理合附片具陈,伏乞圣鉴训示。谨奏。

光绪元年五月二十六日,军机大臣奉旨:着照所请,该部知道。钦此。①

○五四　奏报潘泽等调补督标中军都司等缺折

光绪元年五月初八日(1875年6月11日)

头品顶戴四川总督臣吴棠跪奏,〈为〉委员调补都司,以资治理,恭折仰祈圣鉴事。

窃照督标中军都司何钦前经臣奏补广元营游击,随折声明遗缺扣留外补,现已接准部覆,自应拣员请补。伏查兵部奏定题缺轮补章程:各项武职缺出,先用尽先人员,次用预保一人。如预保无人,用拣发;拣发无人,用应升、应补。又,副、参、游借至都、守止各等语。川省自接到新章后,曾出安阜、宁越两都司缺,均以尽先人员借补。今出督标中军都司系第三缺,轮用预保人员。臣按册详加遴选,查川省现无预保引见人员。其拣发都司虽有连保、董绍舒、郑雅泰三员,营务均未熟悉,难期整饬。又,降补都司徐璋一员业已告假回籍。此外应升、应补各员,非资格尚浅,即人地不宜。督标为各营领袖,现值裁勇征兵、整饬武备之际,未便草率迁就。

---

① 中国第一历史档案馆藏:军机录副,档案编号:03-6006-067。

惟查有绵州营都司潘泽,年五十一岁,松潘厅人,由行伍出师著绩,补授提标右营守备,于同治三年升补忠州营都司。九年,进京引见回任。十一年,调补绵州营都司,历署城守营游击。该员年力强健,熟悉操防,拟请调补督标中军都司。所遗绵州营都司系推缺,不在轮补之列,应专用尽先人员,仍请扣留外补。惟绵州上通陕南,旁通陇右,巡缉操防,最关紧要。兹于尽先都司内逐加察看,多与是缺不甚相宜。

惟有遇缺前先即补参将祥云,年四十二岁,正黄旗蒙古楼华佐领下人,由已补銮仪卫德仪正于咸丰六年引见,奉旨:着发往四川,以都司差遣委用。嗣以办理省城城防、团练出力,保以游击补用,报捐蓝翎。复以剿办贵州上游股匪、收复城寨出力保奏,同治十一年五月十二日,奉上谕:着免补游击,以参将留川遇缺前先即补,并赏换花翎。钦此。历署提左、叠溪、绥靖等营游击、绵州营都司。该员才具明干,晓悉营务,拟请借补绵州营都司。

以上二员,均无违碍事故,距籍各在五百里以外。潘泽由实缺都司调补都司,祥云由尽先参将借补都司,均与例章相符。合无仰恳天恩,俯准以潘泽调补督标中军都司,祥云借补绵州营都司,实于营伍、地方有裨。

如蒙俞允,该员等均曾经引见,应请毋庸送部。是否有当,理合会同署提督臣胡中和,合词恭折具陈,伏乞皇太后、皇上圣鉴训示。谨奏。五月初八日。

光绪元年五月二十六日,军机大臣奉旨:兵部议奏。钦此。①

---

① 中国第一历史档案馆藏:军机录副,档案编号:03-5768-115。

○五五 委解甘肃、新疆月饷起程日期折

光绪元年五月初八日(1875年6月11日)

头品顶戴四川总督臣吴棠跪奏，为委员分解甘肃、新疆两处月饷起程日期，恭折具奏，仰祈圣鉴事。

窃查川省月协甘饷二万两，前已解至同治十一年八月十五日止，又，去冬另拨地丁银五万两，作为大军出关粮运、车骡之用，亦于本年正月二十四日先解三万两，均经奏明在案。嗣复准户部开单催提甘饷，其新疆各营俱纷纷告急。无如川省拨款纷繁，库储屡匮，叠经缕晰陈明。并准户部咨：去年年终，部库留银甚少，各款不敷支放。京师为根本重地，臣忝膺疆寄，弥觉寝馈不遑，连月督饬司道赶筹京饷两批、固本两批，并代乌鲁木齐都统景廉归还前借部库洋税银三万两，先后委员解京，稍资补苴。其奉提菩陀峪万年吉地工程、惠陵工程、山东河工、直隶海防、滇省月饷各款，均事关紧要，亦陆续分批起解，司、盐两库几于搜索无遗。惟本年甘饷仅解过一批，都统明春一军月饷奉拨已久，尚未分解。

值此催提紧迫，不能不统筹兼顾，臣现督同藩司勉力设措，凑集捐输银三万两，作为同治十一年八月下半月并九月份协甘之项，内遵照上年谕旨，划扣凉、庄兵饷银一万两，另交凉州委员佐领那尔春希汇解回凉。又照甘省来文，扣除前拨已故灵州知州尹泗等恤赏银二百六十三两零，余银一万九千七百三十六两八钱，饬委候补知县颜钟运、试用从九品凯靖承领，于四月十八日自成都起程，解赴西征粮台交收，以资弥补满饷之用。复挪凑津捐各款银二万两，作为明春军营月饷，发交试用通判阿兴阿、候补典史袁延龄领

解,于本年四月十五日起程,亦解赴西征粮台暂存,由明春派员迎提,以济要需。除分咨外,理合恭折具奏,伏乞皇太后、皇上圣鉴。谨奏。五月初八日。

光绪元年五月二十六日,军机大臣奉旨:知道了。钦此。①

○五六　续解甘肃、新疆各饷起程日期片

光绪元年五月初八日(1875 年 6 月 11 日)

再,臣接准部咨:部拨西征粮台四成洋税八十万两,现已全数扣留。所有前拟将四成应协西征月饷解还部库银五万两,令照旧分解西征粮台,毋庸解部。又准乌鲁木齐都统景廉咨:四川月协饷银二万两,现值边情紧迫,需饷孔殷,委员至川守提各等因。伏查川省现拨甘饷三万两及都统明春军饷二万两,已于另折陈明。年来各处协饷所借以接济者,惟恃津捐、厘金。迄因举办年久,民力困竭,各属商民纷纷呈恳免厘免捐,案牍麻起,征收日减。而本年自春徂夏,计分解京外各饷暨工程、海防、河工各经费,已有四十余万两之多,本省找欠散勇诸费尚不在内,司、盐两库随收随拨,并无存剩,实有万难兼顾之势。惟西征粮台兼办关外粮运,待用甚巨,乌台军需缺乏,均事关紧要,不得不设法济急。

臣复督同藩司王德固于司库新收捐输项下,筹拨银二万两,饬委候补同知宋焯,会同催饷委员候选训导谢祖武承领,解赴西征粮台交收,定于本年四月十八日自成都起程。又于捐输项下筹拨景廉协饷银一万两,除扣催饷千总李天秩、魏嘉龄等前在川库借支旅

① 中国第一历史档案馆藏:军机录副,档案编号:03-6055-090。

费二百两外，余银九千八百两，发交来员游击王庭胜、骁骑校倭陵阿、千总李天秩、魏嘉龄，领解景廉军营交收，定于本年五月初八日自成都起程。除分咨外，所有续解甘肃、新疆各饷数目暨起程日期，理合附片具陈，伏乞圣鉴。谨奏。

光绪元年五月二十六日，军机大臣奉旨：知道了。钦此。[①]

○五七　查明同治十三年川省军营及驿站马匹折

光绪元年五月二十六日（1875年6月29日）

头品顶戴四川总督臣吴棠跪奏，为查明同治十三年份各标、镇、协、营及各路驿站额设马匹均各膘壮足额，并无疲乏等弊，恭折具奏，仰祈圣鉴事。

窃查同治元年八月间钦奉上谕：京外各营、各直省驿站额设马匹，支应差操及接递公文，均关紧要，着该管大臣确切查核具奏。如查有缺额、疲乏等弊，即着从严参办等因。钦此。当经移行遵照办理在案。查川省各标、镇、协、营额设马三千四百六十七匹，东南西北四路驿站额马七百六十三匹，或支应差操，或接递公文，均关紧要。际此邻省军务肃平，尤宜力为整顿，以昭核实，节经严饬各标、镇、协、营及有驿州县，督率兵丁、马夫人等，认真牧养，加意照料。遇有口老、疲乏、倒毙，随时买补足额，不准悬缺，亦不准暗借民马充数。前于同治十三年底，经委员分路查验各该镇、标、协、营及有驿

---

① 中国第一历史档案馆藏：军机录副，档案编号：03-6055-091。此片具奏日期未确，兹据内容判定，其为"光绪元年五月初八日"无疑。

州县额设马匹,均各膘壮精良,驰骋稳捷,并无缺额及疲惫不堪情事,由委员具禀前来。

臣等覆加密查属实,除仍随时确查,如有缺额疲乏等弊,即从严参办,总期驿递、军务,两无贻误,以仰副圣主训饬周详之意。除咨兵部外,谨会同成都将军臣魁玉、署提督臣胡中和,合词恭折具奏,伏乞皇上圣鉴训示。谨奏。五月二十六日。

光绪元年七月十三日。军机大臣奉旨:兵部知道。钦此。①

○五八 奏报易履泰期满甄别折

光绪元年五月二十六日(1875年6月29日)

头品顶戴四川总督臣吴棠跪奏,为知府试看年满,循例甄别,恭折仰祈圣鉴事。

窃查吏部奏定章程:道府等官,无论何项劳绩保奏归入候补班者,以到省之日起,予限一年,令督抚详加察看,出具切实考语,奏明分别繁简补用等因。兹查候补知府易履泰,年四十五岁,湖南附生,投效湖北军营,历次克复武昌、汉阳、潜山、太湖、黄州府县城池各案内著绩,由训导选保不论双单月选用知州。咸丰十一年,选授湖南长沙县训导。同治五年,调赴甘肃,带队克复华亭等处案内,保举直隶州知州,并戴蓝翎。又以保守甘肃省城保奏,同治八年七月十九日,奉上谕:着免补本班,以知府分发省份,归候补班尽先补用,并赏换花翎。钦此。签发四川。于十二年十月十四日引见,奉旨:照例发往。钦此。领照起程,因同治八年克复甘肃狄道州城案

① 中国第一历史档案馆藏:军机录副,档案编号:03-6048-021。

内奏保,十年三月二十八日,奉上谕:着俟补缺后,以道员用。钦此。十三年三月二十二日到省,扣至光绪元年三月二十二日,试看一年期满,据藩、臬两司详请奏报前来。

臣察看该员易履泰,年力正强,通悉吏事,堪膺表率之任,请留川以繁缺知府补用。倘或始勤终怠,仍当随时核办,断不敢稍事姑容,致滋贻误。理合循例恭折具陈,伏乞皇太后、皇上圣鉴。谨奏。五月二十六日。

光绪元年七月十三日,军机大臣奉旨:吏部知道。钦此。①

○五九　奏报刘承锡等员期满甄别片

光绪元年五月二十六日(1875 年 6 月 29 日)

再,查吏部奏定章程:州、县、丞、倅,无论何项劳绩保奏归入候补班者,以到省之日起,予限一年,令督抚详加察看,出具切实考语,奏明分别繁简补用等因。遵照在案。兹查候补班前先补用同知刘承锡、候补班补用知州盛樾、候补知县林傅,均到省一年期满,自应照章甄别,据布政司王德固、按察司英祥造具该员等履历清册,会详请奏前来。

臣查该员刘承锡,年强才裕,请留川以繁缺同知补用;盛樾年壮才明,请留川以繁缺知州补用;林傅才具安详,请留川以简缺知县补用。除将该员等履历清册咨部外,理合附片陈明,伏乞圣鉴。谨奏。

光绪元年七月十三日,军机大臣奉旨:吏部知道。钦此。②

---

①　中国第一历史档案馆藏:军机录副,档案编号:03-5099-043。

②　中国第一历史档案馆藏:军机录副,档案编号:03-5099-044。此片具奏日期未确,兹据军机处随手登记档(档案编号:03-0214-3-1201-187)校正。

○六○　　奏报光绪元年春季借补千、把折

光绪元年五月二十六日（1875 年 6 月 29 日）

头品顶戴四川总督臣吴棠跪奏，为借补千、把总弁缺，按照新章，恭折汇奏，仰祈圣鉴事。

窃查前准兵部咨：嗣后借补千、把总各弁缺，积至三月开单汇奏一次，以归简易等因。兹查川省自光绪元年正月起至三月底止，各营仅借补千总一员、把总一员，分造年岁、履历清册，由署提督臣胡中和咨请汇奏暨咨部给札前来。

臣覆加查核，均与定章相符。除册咨部外，理合恭折汇奏，并照缮清单，恭呈御览，伏乞皇太后、皇上圣鉴训示。谨奏。五月二十六日。

光绪元年七月十三日，军机大臣奉旨：知道了。钦此。①

○六一　　呈光绪元年春季借补千、把总清单

光绪元年五月二十六日（1875 年 6 月 29 日）

谨将川省光绪元年正月起至三月底止借补千、把总应行给札各弁，缮具清单，恭呈御览。

计开：一、提标左营左哨千总王光耀升补会川营守备，所遗提标左营千总弁缺，查验得安阜营右司把总杨玉仲，年壮技娴，差操勤慎，曾经出师著绩，奏保以守备尽先补用，堪以调补提标左营千总。

一、夔州协署巫山营右司把总冯源病故，所遗巫山营把总弁

---

① 中国第一历史档案馆藏：军机录副，档案编号：03-5769-083。

缺,查有夔州右营左哨头司外委龙玉书,久历戎行,战功屡著,曾经出师著绩,奏保以都司留川尽先补用,堪以借补巫山营把总。

军机大臣奉旨:览。钦此。[①]

○六二　奏请旌表节妇顾韩氏片

光绪元年五月二十六日(1875 年 6 月 29 日)

再,据汉州知州陈元杰、候补知县吴宝善、庄裕筠等禀称:江苏同乡节妇顾韩氏系国学生韩履贤之女、现任四川雅州府雅安县韩道原之胞妹,适苏州府吴县监生顾淦曾为室。道光十三年,顾淦曾病故,韩氏时年二十一岁,哀毁号痛,不知有生。只念迈姑在堂,夫鲜兄弟,不得已暂延一息,代侍晨昏,承欢则必洁旨甘,饮泣则自茹冰霜。姑殁,哀恸逾恒,丧葬尽礼。该氏于咸丰九年病故,计年四十七岁,戚党宗亲,莫不悯其艰辛,钦其贤淑,洵为闺门衿式,无惭巾帼完人。职等谊关乡闾,见闻甚确,不忍听其湮没,公恳吁请旌表等情。

臣查该节妇顾韩氏节励冰霜,志坚金石,以妇代子,事死如生,洵署节孝两全,厄穷堪悯,与请旌之例相符。合无仰恳天恩,敕部旌表,以慰幽魂而彰风化。除册结咨部外,理合会同学政臣张之洞,合词附陈,伏乞圣鉴训示。谨奏。

光绪元年七月十三日,军机大臣奉旨:顾韩氏着准其旌表,礼部知道。钦此。[②]

---

①　中国第一历史档案馆藏:清单,档案编号:03-5768-006。此清单具呈日期著录错误,兹据内容判定应为"光绪元年五月二十六日"。
②　中国第一历史档案馆藏:军机录副,档案编号:03-5523-076。此片具奏日期未确,兹据军机处随手登记档(档案编号:03-0214-3-1201-187)校正。

○六三　奏请旌表节妇顾于氏片

光绪元年五月二十六日(1875 年 6 月 29 日)

再,据汉州知州陈元杰、雅安县知县韩道原等禀称:同乡节妇顾于氏系江苏长洲县人,翰林院侍讲顾元熙之妾。嘉庆二十五年,顾元熙在广东学政任内病故,于氏时年十九岁,哀毁循礼,矢志靡他,并未育有子女,奉嫡室抚遗孤,均能竭力尽心。虽具冰霜之操,终安妾媵之常,于咸丰四年病殁。计年五十二岁,守节三十余年,宗亲戚党,莫不矜其志而钦其贤。今嫡子光禄寺署正顾复初,游幕川省,开具事实,与职等闻见相符。因江苏原籍无人呈报,不忍听其湮没,公禀吁请旌表等情。

查定例:凡守节之妇,不论妻妾,自三十岁以前守节至五十岁身故,果系孝义兼全,厄穷堪悯,俱准旌表。兹光禄寺署正顾复初之父妾顾于氏守节三十四年,虽曾侍词臣巾栉,非寒苦可比;第分属卑微,既经茹药自甘,始终不渝,其艰贞之操似与寒苦守节者情无二致。且查嘉庆十七年,广西盐法道清柱之父妾王氏、同治十三年署江苏布政使应宝时[①]之庶母刘氏,均因守节终身,经两省抚臣代奏请旌,先后奉旨允准各在案,核与顾于氏事同一律,合无仰恳

---

①　应宝时(1821—1890),浙江永康人,附生。道光二十四年(1844),中式举人。咸丰二年(1852),拣选知县。次年,考取国子监学正。八年(1858),改江苏直隶州州同。九年(1859),加知州衔。十年(1860),保直隶州知州,赏戴花翎。同治二年(1863),保升知府,帮同上海道筹办洋务。三年(1864),代理江苏苏松太道。四年(1865),迁江苏苏松太道。五年(1866),晋按察使衔。七年(1868),升布政使衔。八年(1869),授江苏按察使。同年,署江苏布政使。后主编《上海县志》,著有《直省释奠礼乐记》、《射雕词》等。

天恩，敕部准表，以彰风化。除册结咨部外，理合会同学政臣张之洞，合词附陈，伏乞圣鉴训示。谨奏。

光绪元年七月十三日，军机大臣奉旨：顾于氏着准其旌表，礼部知道。钦此。①

○六四　请准游击何鉴暂缓引见片

光绪元年五月二十六日（1875 年 6 月 29 日）

再，广元营游击何鉴甫由督标中军都司升补斯缺，例应给咨引见。惟查督标中军都司一缺，虽奏请以绵州营都司潘泽调补，尚应听候部覆，未能即赴新任。何鉴在任有年，叠经臣委令管带弁兵，巡缉省城内外奸匪，甚属得力。本年乡团伊迩，士商云集，巡缉弹压，尤关紧要，未便遽令离任，合无仰恳天恩，俯准暂缓北上，敕部先给广元营游击署札，一俟经手事竣，再行照例给咨送部。理合附片具陈，伏乞圣鉴训示。谨奏。

光绪元年七月十三日，军机大臣奉旨：着照所请，兵部知道。钦此。②

---

① 中国第一历史档案馆藏：军机录副，档案编号：03-5523-077。此片具奏日期未确，兹据军机处随手登记档（档案编号：03-0214-3-1201-187）校正。

② 中国第一历史档案馆藏：军机录副，档案编号：03-5769-084。此片具奏日期未确，兹据军机处随手登记档（档案编号：03-0214-3-1201-187）校正。

○六五 奏报同治十三年九月至 光绪元年二月请袭世职折

光绪元年五月二十六日(1875年6月29日)

头品顶戴四川总督臣吴棠跪奏,为川省承袭世职,照章汇案办理,恭折仰祈圣鉴事。

窃查前准部咨:钦奉上谕:嗣后阵亡、殉难各员子孙承袭世职,均着各该厅州县将应袭职名迅速查明,径行具报督抚,予限半年汇案具奏一次等因。钦此。历经遵办在案。兹查同治十三年九月起至光绪元年二月底止,陆续据成都等各厅州县先后详请承袭世职,并将前经请袭年未及岁、现已及岁之员呈请验看,造具各故员履历事实暨应袭各员三代宗图、年貌、族邻供结前来。

臣先后验看属实,并将册结、宗图汇总,专咨报部查核。其有并无籍可稽者,请俟咨查覆到,另行办理。所有同治十三年九月起至光绪元年二月底止川省各属请袭世职,遵照奏定章程,谨缮清单,恭呈御览,伏乞皇太后、皇上圣鉴,敕部议覆施行。谨奏。五月二十六日。

光绪元年七月十三日,军机大臣奉旨:兵部议奏,单并发。钦此。①

---

① 中国第一历史档案馆藏:军机录副,档案编号:03-5099-041。

○六六　呈同治十三年九月至光 绪元年二月请袭世职清单

光绪元年五月二十六日(1875 年 6 月 29 日)

谨将同治十三年九月起至光绪元年二月底止川省请袭世职各案，缮具清单，恭呈御览。

一、李为汉，寄籍成都县，原籍贵州镇远县，现年二十七岁。伊父李渐鸿由四川即用知县委署酉阳直隶州知州，于咸丰八年九月二十九日督率兵团追贼至贵州思南府属胡香坪地方，打仗阵亡，经部议给云骑尉世职。伊大胞兄李为祯由从九品兼袭云骑尉，未及请咨病故，次胞兄为干亦故，均无子嗣，所遗世职请以李渐鸿之嫡三子李为汉承领。

一、倪占超，成都县人，现年三十岁。伊胞兄倪占魁由军标左营蓝翎战兵，于咸丰七年四月十三日奉派出师，在江苏镇江府高资地方打仗阵亡，经部议给云骑尉世职。同治十三年五月三十日奉旨：依议。钦此。因原立官倪占魁未娶无嗣，请以胞弟倪占超承袭。

一、张锡芳，成都县人，现年十岁。伊嗣父张林由提标右营尽先外委，于咸丰二年十一月内在湖南益阳县地方与贼打仗，因伤身故，经部议给云骑尉世职。同治十三年五月三十日奉旨：依议。钦此。因原立官张林未娶无嗣，请以嗣子张锡芳承袭。

一、张太平，成都县人，现年二十三岁。伊父恩骑尉张朝梁由署提标左营把总出师甘肃，同治四年五月初九日在皋兰县属红圈地方打仗阵亡，经部议给云骑尉世职。同治十二年九月十五日奉旨:依议。钦此。请以张朝梁之嫡长子张太平承袭。

一、罗昂,华阳县人,现年二十三岁。伊父罗熙藻由云南镇沅厅经历委署弥渡通判,咸丰九年三月内在九顶山地方打仗阵亡,经部议给云骑尉世职。同治十一年三月初三日奉旨:依议。钦此。请以罗熙藻嫡长子罗昂承袭。

一、郭志忠,华阳县人,现年十五岁。伊祖父郭安邦由蓝翎尽先把总,于咸丰六年在江苏镇江府高资地方打仗阵亡,经部议给云骑尉世职。伊父郭承恩承袭后病故,所遗世职请以郭安邦之嫡长孙郭志忠承袭。至郭承恩未领敕书,无从申缴。

一、赵璋,华阳县人,现年十三岁。伊高祖赵坤由督标中营外委,于乾隆三十二年出师滇省,在缅甸阵亡,蒙恩赏给恩骑尉,世袭罔替。伊曾祖赵国柱及祖赵俊暨伊父绍光,均经承袭后病故,所遗恩骑尉世职,请以赵坤之嫡元孙赵璋承袭。至赵绍光承袭后未领敕书,无从申缴。

一、赵大斌,温江县人,现年二十二岁。伊父赵桂山由尽先千总,于同治二年二月初四日在本省綦江县城外打仗阵亡,经部议给云骑尉世职。同治七年三月十四日奉旨:依议。钦此。请以赵桂山之嫡长子赵大斌承袭。

一、李泉孝,温江县人,现年二十八岁。伊父李正喜由花翎都司,于咸丰十年七月二十三日在浙江嘉兴府三塔寺地方打仗阵亡,经部议给云骑尉世职。同治十一年七月初二日奉旨:依议。钦此。请以李正喜之嫡长子李泉孝承袭。

一、杨文光,温江县人,现年二十四岁。伊父杨宪青由蓝翎六品军功,于同治三年十一月初九日在湖北襄阳县属王家楼地方打仗阵亡,经部议给云骑尉世职。同治十三年五月三十日奉旨:依议。钦此。请以杨宪青之嫡长子杨文光承袭。

一、马廷贵，温江县人，现年二十岁。伊父马文恒由把总于同治二年三月初七日在本省敖家场地方打仗阵亡，经部议给云骑尉世职。同治九年闰十月十三日奉旨：依议。钦此。请以马文恒之嫡长子马廷贵承袭。

一、徐光举，郫县人，现年二十七岁。伊胞兄徐光文由捐纳千总衔于咸丰十年，因蓝逆窜扰县属，带团堵剿，于九月十八日在县属之竹隐寺地方击贼阵亡，经部议给云骑尉世职。同治十二年十二月初九日奏，本日奉旨：依议。钦此。因徐光文无嗣，请以嫡胞弟徐光举承袭。

一、顾天锡，郫县人，现年三十岁。伊胞兄顾昌锡由六品军功投效贵州军营，于同治五年正月二十一日在绥阳县北门外打仗阵亡，经部议给云骑尉世职。同治十二年九月十三日奉旨：依议。钦此。因原立官顾昌锡无嗣，请以嫡胞弟顾天锡承袭。

一、张定国，双流县人，现年二十七岁。伊父张万和由尽先千总于同治元年三月初四日在本省龙窍场地方击贼阵亡，经部议给云骑尉世职。同治九年闰十月十三日奉旨：依议。钦此。请以张万和之嫡长子张定国承袭。

一、陈嘉淦，双流县人，现年二十一岁。伊父陈玉清由六品军功于咸丰十年正月三十日在湖南尹坡地方力战阵亡，经部议给云骑尉世职。前于同治六年请以陈玉清之嫡长子陈嘉淦承袭，维时年未及岁，准食半俸。今年已及岁验看，请食全俸。

一、杨作舟，新繁县人，现年二十九岁。伊父杨大明由千总于同治八年十二月十八日在甘肃庆阳城外打仗阵亡，经部议给云骑尉世职。同治十一年五月二十一日奉旨：依议。钦此。请以杨大明之嫡长子杨作舟承袭。

一、张文炳,崇庆州人,现年二十四岁。伊父张茂林由守备出师,于同治九年闰十月二十八日在陕西定边县属梁团地方打仗阵亡,经部议给云骑尉世职。同治十二年六月十七日奉旨:依议。钦此。请以张茂林之嫡长子张文炳承袭。

一、王成德,崇庆州人,现年二十八岁。伊父王钦明由拔补外委于同治九年二月十七日在甘肃峡口地方打仗阵亡,经部议给云骑尉世职。同治十一年五月二十一日奉旨:依议。钦此。请以王钦明之嫡长子王成德承袭。

一、闵洪义,奉节县人,现年二十岁。伊祖父闵肇烈由督标右营把总于咸丰十年二月十六日在本省荣县属之秀才坡地方血战阵亡,经部议给云骑尉世职。同治十年四月十八日奉旨:依议。钦此。因伊父闵道贤病故,请以闵肇烈之嫡长孙闵洪义承袭。

一、鲍济斌,奉节县人,现年十五岁。伊嗣父鲍昌龄由尽先参将于同治三年三月二十一日在江苏金坛县地方阵亡,经部议给骑都尉世职。同治十三年五月三十日奉旨:依议。钦此。因原立官无子,请以嗣子鲍济斌承袭。年未及岁,俟接准部覆,再行给咨赴部引见。

一、周光藻,奉节县人,现年十三岁。伊胞伯周大全由川北右营外委于咸丰五年六月三十日在镇江宝盖山地方打仗阵亡,经部议给云骑尉世职。伊父周大中承袭后病故,所遗世职请以周大全之胞侄即周大中之嫡长子周光藻承袭。至周大中承袭后未领敕书,无从申缴。

一、王有伦,盐源县人,现年十八岁。伊父王文普由会盐营尽先把总于同治六年十月二十日在县属之盐井地方被炮轰毙,经部议给云骑尉世职。同治十二年十二月十九日奉旨允准。请以王文普之嫡长子王有伦承袭。

一、马天佑，阆中县人，现年二十六岁。伊父马玉春由川北右营蓝翎尽先千总，于咸丰八年二月初六日在江苏江宁县属秣陵关地方打仗阵亡，经部议给云骑尉世职。同治十二年十二月十九日奉旨：依议。钦此。请以马玉春之嫡长子马天佑承袭。

一、鲁长泰，广元县人，现年二十四岁。伊父鲁文成由广元营尽先千总于咸丰九年七月十八日在安徽祁门县属之禾戍岭地方打仗阵亡，经部议给云骑尉世职。咸丰九年十二月二十五日奉旨：依议。钦此。请以鲁文成之嫡长子鲁长泰承袭。

一、邱国恩，罗江县人，现年二十三岁。伊父邱荣耀由监生于咸丰十一年五月十二日在县属河清地方击贼阵亡，经部议给云骑尉世职。同治六年十一月初四日奉旨：依议。钦此。请以邱荣耀之嫡长子邱国恩承袭。

一、喻行玨，荣昌县人，现年十六岁。伊父喻以赞由文生带团堵贼，于咸丰十一年正月十五日在县属峰高场地方打仗阵亡，经部议给云骑尉世职。同治十年十二月二十七日奉旨：依议。钦此。请以喻以赞之嫡长子喻行玨承袭。

一、胡成序，荣昌县人，现年二十一岁。伊父胡翊隆由文生带团守城，于咸丰十年十一月二十九日因城陷骂贼，自刎身死，经部议给云骑尉世职。同治十年十二月二十七日奉旨：依议。钦此。请以胡翊隆之嫡长子胡成序承袭。

一、张青林，巴县人，现年二十七岁。伊嫡堂兄张青云由重庆左营蓝翎外委，于同治四年十一月二十五日在甘肃平番县属连五庄地方打仗阵亡，经部议给云骑尉世职。同治十二年九月十三日奉旨：依议。钦此。因原立官无嗣，亦无胞弟、胞侄，请以张青云之嫡堂弟张青林承袭。

一、吴承恩，茂州人，现年十六岁。伊嗣父吴云忠由蓝翎外委于咸丰六年正月初九日在江宁三岔河地方打仗阵亡，经部议给云骑尉世职。咸丰六年四月初二日奏，本日奉旨：依议。钦此。因原立官无嗣，请以吴云忠之嗣子吴承恩承袭。

一、陈继忠，简州人，现年二十五岁。伊父陈文灿由捐纳千总于咸丰九年十二月十五日在本省犍为县属之箭板场地方打仗阵亡，经部议给云骑尉世职。同治十一年九月二十九日奏，本日奉旨：依议。钦此。请以陈文灿之嫡长子陈继忠承袭。

一、铁鼎，松潘厅人，现年二十一岁。伊曾伯祖铁忠才由松潘中营外委于嘉庆三年五月初二日在陕西洋县阵亡，经部议给云骑尉世职。伊曾祖父铁中林及祖父铁万胜，均承袭后辞退，伊父铁成双目失明，旋即殉难，未经请袭，所遗世职，请以铁忠才之嫡堂曾孙铁鼎承袭。

一、张步云，松潘厅人，现年十九岁。伊祖父张玉珍由漳腊营外委于于咸丰十年十二月十六日在松潘厅望山关地方打仗阵亡，经部议给云骑尉世职。同治八年四月初七日奉旨：依议。钦此。因伊父张浩与伊祖同时阵亡，所遗世职请以张玉珍之嫡长孙张步云承袭。

一、郑元林，懋功厅人，现年三十九岁。伊胞兄郑凤林由从九品于咸丰十年七月十六日在金坛县地方打仗阵亡，经部议给云骑尉世职。于同治五年十二月十三日奏准，因郑凤林无嗣，请以嫡胞弟郑元林承袭。

一、杨朝建，盐亭县人，现年二十四岁。伊父杨炽昌由增生于咸丰十一年六月初四日，因滇匪窜入县境，骂贼不屈被戕，经部议给云骑尉世职。同治五年十一月二十八日奏，本日奉旨：依议。钦此。请以杨炽昌之嫡长子杨朝建承袭。

一、张崇明，懋功厅绥靖屯人，现年二十八岁。伊父张应选由绥靖营尽先都司于同治三年四月内在江南常州府城打仗阵亡，经部议给云骑尉世职。同治十三年九月初十日奏，本日奉旨：依议。钦此。请以张应选之嫡长子张崇明承袭。

一、张永安，理番厅人，现年二十四岁。伊父张占魁由重庆左营守备于咸丰元年在江南浦口地方打仗阵亡，经部议给云骑尉世职。张永安前于同治二年请袭时，年未及岁，准食半俸。今年已及岁验看，请食全俸。

一、姬有为，理番厅人，现年十九岁。伊父格什由维州属乾堡寨额设屯千总调剿滇匪，于咸丰十年四月十四日在本省井研县属之玉皇观打仗阵亡，经部议给云骑尉世职。同治四年六月十五日奏，本日奉旨：依议。钦此。请以格什之嫡子姬有为承袭。

一、沙玉龙，理番厅人，现年十九岁。伊胞叔赖鹰扬由维州下孟董额设屯把总调剿滇匪，于咸丰十年四月十四日在本省井研县属之玉皇观打仗阵亡，经部议给云骑尉世职。同治四年六月十五日奏，本日奉旨：依议。钦此。因赖鹰扬无嗣，请以胞侄沙玉龙承袭。

一、邦大臣，理番厅人，现年二十岁。伊父忠忠由维州属上孟董额设屯外委调剿滇匪，于咸丰十年四月十四日在本省井研县属之玉皇观打仗阵亡，经部议给云骑尉世职。同治四年六月十五日奏，本日奉旨：依议。钦此。请以忠忠之嫡子邦大臣承袭。

一、苍成宝，理番厅人，现年二十一岁。伊父苍望耳吉由维州属上孟董额设屯守备调剿滇匪,于咸丰十年二月二十六日在犍为县属之马踏井打仗阵亡,经部议给云骑尉世职。同治四年六月十五日奏,本日奉旨:依议。钦此。请以苍望耳吉之嫡子苍成宝承袭。

一、宗本,理番厅人,现年二十五岁。伊父得旺章朋由行营千总乾堡寨增设屯外委,于咸丰十年四月十四日在本省井研县属之玉皇观打仗阵亡,经部议给云骑尉世职。同治四年六月十五日奏,本日奉旨:依议。钦此。请以得旺章朋之嫡子宗本承袭。

军机大臣奉旨:览。钦此。[1]

○六七　奏报川省光绪元年四月雨水、粮价折

光绪元年五月二十六日(1875 年 6 月 29 日)

头品顶戴四川总督臣吴棠跪奏,为恭报四川省光绪元年四月份各属具报米粮价值及得雨情形,仰祈圣鉴事。

窃照光绪元年三月份通省粮价及得雨情形,前经臣恭折奏报在案。兹查本年四月份成都、重庆、夔州、龙安、绥定、保宁、顺庆、潼川、雅州、嘉定、叙州等十一府,资州、绵州、忠州、酉阳、眉州、邛州、泸州七直隶州,叙永、石砫两直隶厅,各属先后具报得雨二三次至六七次不等。田水充足,早秧栽毕。其通省粮价俱与上月相同,据布政使王德固查明列单汇报前来。

臣覆核无异。理合分缮清单,恭呈御览,伏乞皇太后、皇上圣鉴。谨奏。五月二十六日。

---

① 中国第一历史档案馆藏:清单,档案编号:03-5099-042。

光绪元年七月十三日，军机大臣奉旨：知道了。钦此。[①]

〇六八　呈川省光绪元年四月粮价清单

光绪元年五月二十六日（1875 年 6 月 29 日）

谨将光绪元年四月份四川省所属地方各项粮价，开具清单，恭呈御览。

成都府属，价贵。中米每仓石价银二两九钱三分至三两九钱一分，与上月同。大麦每仓石价银一两八钱三分至二两，与上月同。小麦每仓石价银二两一钱三分至二两三钱，与上月同。黄豆每仓石价银一两四分至二两四钱四分，与上月同。荞子每仓石价银一两一钱六分至一两七钱，与上月同。

重庆府属，价贵。中米每仓石价银二两七钱三分至三两七钱一分，与上月同。大麦每仓石价银一两六钱二分至一两九钱七分，与上月同。小麦每仓石价银二两六钱八分至二两七钱三分，与上月同。黄豆每仓石价银二两七钱至二两九钱七分，与上月同。

保宁府属，价贵。中米每仓石价银二两五钱五分至三两二钱一分，与上月同。大麦每仓石价银一两八钱九分至二两一钱，与上月同。小麦每仓石价银二两八钱三分至三两五钱七分，与上月同。黄豆每仓石价银一两八钱一分至二两一钱一分，与上月同。

顺庆府属，价贵。中米每仓石价银二两九钱九分至三两三钱八分，与上月同。大麦每仓石价银一两六钱一分至一两八钱，与上月同。小麦每仓石价银二两九分至二两一钱二分，与上月同。黄

---

① 中国第一历史档案馆藏：军机录副，档案编号：03-6746-018。

豆每仓石价银一两五钱五分至一两六钱五分，与上月同。

叙州府属，价贵。中米每仓石价银三两至三两二钱二分，与上月同。大麦每仓石价银一两六钱六分至二两二分，与上月同。小麦每仓石价银二两一钱三分至二两六钱三分，与上月同。黄豆每仓石价银一两一钱一分至一两五钱二分，与上月同。

夔州府属，价贵。中米每仓石价银二两八钱至三两一钱一分，与上月同。大麦每仓石价银一两七钱八分至二两四钱六分，与上月同。小麦每仓石价银二两九钱五分至三两三分，与上月同。黄豆每仓石价银二两一钱四分至二两二钱四分，与上月同。

龙安府属，价贵。中米每仓石价银二两四钱九分至三两一钱四分，与上月同。青稞每仓石价银一两五钱，与上月同。小麦每仓石价银一两七钱九分至二两一钱八分，与上月同。黄豆每仓石价银一两八钱五分至一两九钱三分，与上月同。

宁远府属，价贵。中米每仓石价银二两八钱三分至三两一钱一分，与上月同。大麦每仓石价银一两四钱八分至一两六钱，与上月同。小麦每仓石价银一两五钱九分至二两二钱，与上月同。荞子每仓石价银一两四钱五分，与上月同。黄豆每仓石价银一两五钱六分至一两六钱三分，与上月同。

雅州府属，价中。中米每仓石价银二两七钱五分至二两七钱六分，与上月同。小麦每仓石价银二两二钱九分至二两六钱五分，与上月同。黄豆每仓石价银一两六钱五分至二两四分，与上月同。

嘉定府属，价贵。中米每仓石价银二两七钱二分至三两三钱，与上月同。小麦每仓石价银二两三钱六分至二两七钱三分，与上月同。黄豆每仓石价银一两四钱七分至二两三分，与上月同。

潼川府属，价贵。中米每仓石价银二两八钱三分至三两五分，与上月同。大麦每仓石价银一两六钱五分至一两九钱三分，与上月同。小麦每仓石价银二两一钱四分至二两四钱九分，与上月同。黄豆每仓石价银一两七钱六分至二两一钱三分，与上月同。

绥定府属，价中。中米每仓石价银二两七钱至二两八钱二分，与上月同。大麦每仓石价银一两五钱八分，与上月同。小麦每仓石价银一两六钱二分至一两七钱三分，与上月同。黄豆每仓石价银一两四钱三分，与上月同。

眉州直隶州属，价中。中米每仓石价银二两六钱八分至二两九钱六分，与上月同

邛州直隶州并属，价贵。中米每仓石价银二两五钱八分至二两九钱八分，与上月同。大麦每仓石价银一两九钱，与上月同。小麦每仓石价银二两五钱七分，与上月同。黄豆每仓石价银二两八分至二两二钱二分，与上月同。

泸州直隶州并属，价贵。中米每仓石价银三两至三两一分，与上月同。

资州直隶州并属，价中。中米每仓石价银二两五钱至二两九钱，与上月同。

绵州直隶州并属，价中。中米每仓石价银二两六钱七分至二两九钱五分，与上月同。小麦每仓石价银二两三钱二分至二两四钱六分，与上月同。

茂州直隶州并属，价中。中米每仓石价银二两五钱七分，与上月同。小麦每仓石价银二两六钱八分，与上月同。青稞每仓石价银二两二钱，与上月同。荞子每仓石价银一两二钱三分至一两七钱三分，与上月同。

忠州直隶州并属，价贵。中米每仓石价银二两五钱二分至三

两一钱六分,与上月同。大麦每仓石价银一两四钱六分至一两六钱,与上月同。小麦每仓石价银二两三分至二两三钱九分,与上月同。黄豆每仓石价银一两二钱七分至一两五钱七分,与上月同。

酉阳直隶州并属,价贵。中米每仓石价银二两五钱三分至三两一分,与上月同。大麦每仓石价银二两二钱八分至二两六钱,与上月同。小麦每仓石价银二两六钱二分至二两七钱六分,与上月同。黄豆每仓石价银一两三钱九分至一两四钱四分,与上月同。

叙永直隶厅并属,价中。中米每仓石价银二两九钱二分,与上月同。小麦每仓石价银一两八钱一分,与上月同。荞子每仓石价银一两三钱二分,与上月同。黄豆每仓石价银一两六钱一分,与上月同。

松潘直隶厅,价中。青稞每仓石价银二两六钱六分,与上月同。荞子每仓石价银一两七钱四分,与上月同。

杂谷直隶厅,价中。青稞每仓石价银二两四钱,与上月同。荞子每仓石价银一两七钱九分,与上月同。

石砫直隶厅,价平。中米每仓石价银一两六钱,与上月同。大麦每仓石价银一两七钱三分,与上月同。小麦每仓石价银二两六分,与上月同。黄豆每仓石价银一两八钱九分,与上月同。

打箭炉厅,价贵。青稞每仓石价银四两八钱七分,与上月同。油麦每仓石价银一两八钱一分,与上月同。

军机大臣奉旨:览。钦此。①

---

① 中国第一历史档案馆藏:清单,档案编号:03-6746-020。

○六九　呈川省光绪元年四月得雨清单

光绪元年五月二十六日(1875年6月29日)

谨将光绪元年四月份四川省各属地方报到得雨情形,开具清单,恭呈御览。

成都府属:成都、华阳两县得雨五次,秧苗栽插。简州得雨三次,秧苗畅茂。崇庆州得雨三次,田水充盈。汉州得雨二次,田水不缺。温江县得雨二次,秧苗栽插。新都县得雨二次,禾苗渐长。彭县得雨二次,禾苗渐长。双流县得雨三次,田水充足。什邡县得雨三次,嘉禾茂盛。

重庆府属:江北厅得雨四次,田水充盈。巴县得雨四次,堰田积水。江津县得雨四次,禾苗秀发。长寿县得雨五次,堰塘积水。永川县得雨一次,田水尚缺。荣昌县得雨三次,禾苗稍茂。綦江县得雨四次,田水充足。合州得雨四次,田禾滋长。南川县得雨四次,田水充足。涪州得雨二次,田水稍足。璧山县得雨四次,田水充盈。大足县得雨四次,禾苗秀发。

夔州府属:万县得雨四次,田水充足。

龙安府属:平武县得雨二次,禾苗秀发。江油县得雨二次,田水充足。彰明县得雨一次,秧苗栽插。

绥定府属:达县得雨四次,田水充足。

保宁府属:阆中县得雨五次,秧苗栽插。苍溪县得雨五次,晚秧滋长。南部县得雨六次,田水充足。广元县得雨四次,田亩蓄水。剑州得雨三次,秧苗滋长。

顺庆府属:南充县得雨六次,豆麦登场。西充县得雨六次,早秧栽插。蓬州得雨七次，田水充足。营山县得雨六次，秧苗茂盛。岳池县得雨五次，秧苗栽毕。邻水县得雨六次，小春登场。

潼川府属：三台县得雨七次，二麦收获。射洪县得雨六次，田亩积水。盐亭县得雨五次，秧苗栽插。中江县得雨四次，秧苗滋长。蓬溪县得雨六次，田水充足。安岳县得雨四次，禾苗荣茂。乐至县得雨六次，秧苗滋长。

雅州府属：雅安县得雨五次，秧苗滋长。名山县得雨五次，禾苗栽插。天全州得雨六次，二麦收毕。

嘉定府属：乐山县得雨六次，晚秧茂盛。峨眉县得雨五次，豆麦收获。洪雅县得雨五次，禾苗栽插。夹江县得雨六次，晚谷播种。犍为县得雨六次，早秧滋长。荣县得雨六次，田水充盈。峨边厅得雨五次，小春收毕。

叙州府属：南溪县得雨五次，二麦登场。富顺县得雨六次，禾苗栽毕。隆昌县得雨三次，田水尚足。高县得雨六次，田水渐足。长宁县得雨六次，禾苗滋长。

资州直隶州并属：资州得雨二次，禾苗滋长。资阳县得雨二次，田水充足。仁寿县得雨三次，禾苗畅茂。井研县得雨四次，雨水调匀。内江县得雨三次，百物俱荣。

绵州直隶州并属：绵州得雨一次，堰水稍足。安县得雨三次，百物丛生。梓潼县得雨二次，田水渐充。罗江县得雨二次，秧苗畅茂。

忠州直隶州并属：忠州得雨四次，田水充足。酆都县得雨四次，禾苗俱荣。垫江县得雨四次，田水充盈。

酉阳直隶州属：彭水县得雨五次，禾苗勃兴。

眉州直隶州并属：眉州得雨五次，禾苗栽种。彭山县得雨五次，田亩积水。丹棱县得雨四次，小春获毕。

邛州直隶州属：邛州得雨五次，禾苗栽毕。大邑县得雨五次，小春收获。蒲江县得雨五次，晚秧栽插。

泸州直隶州并属：泸州得雨四次，早秧耘耨。江安县得雨四次，禾苗茂盛。合江县得雨四次，田亩积水。纳溪县得雨五次，早秧茂盛。

叙永直隶厅并属：叙永厅得雨五次，禾苗荣茂。永宁县得雨五次，小春登场。

石砫直隶厅得雨三次，百物俱荣。

军机大臣奉旨：览。钦此。①

〇七〇　奏报协黔的饷勉力全完折

光绪元年六月十五日(1875 年 7 月 17 日)

四川成都将军臣魁玉、头品顶戴四川总督臣吴棠跪奏，为遵旨原议、续议协黔的饷银，现已勉力筹拨，一律全完，恭折驰陈，仰祈圣鉴事。

窃臣前于同治十二年十二月间钦奉上谕：曾璧光奏，川省欠解楚军的饷过多，请饬迅解。着吴棠饬令藩司，于欠解饷内无论何款，先拨银五十万两，交委员领解回黔等因。钦此。当将川省民力愈艰、饷源奇绌情形，据实奏明在案。旋于同治十三年夏间，贵州提督周达武来川，清厘饷项，檄饬司局，会督成都府知府许培身并候补道郑友仁、周振琼等，往返筹商，至六月中旬，甫经定议，请于

---

① 中国第一历史档案馆藏：清单，档案编号：03-6745-019。

川省欠解协饷二十四万两外,另筹银二十六万两,共凑足五十万两。自定案之日起至来年年底止,陆续分批解清,以资周转。随经前署藩司英祥在于库存添扣六分平项下,拨银十万两,免搭官票大钱减扣六分平项下,拨银十二万两,委员解交。余银二十八万两,拟由富荣局盐厘项下,按月拨解。

复由委员候补同知夏世柏等,于同治十三年八月二十六日,自省起程,前赴富荣局,提盐厘银三万五千两,解赴周达武行营交收。嗣因贵州提督周达武具奏,川省议筹楚军欠饷,缓不济急。钦奉上谕:着吴棠与周达武妥为筹商,设法办理等因。又经臣吴棠饬藩司王德固详称:会同道员郑友仁、周振琼,督饬成都府知府许培身,与周达武会商,议将原奏协黔饷银五十万两,除由省库暨富荣厘局先后拨解过银二十五万五千两外,由富荣厘局自本年九月起至十二月止,拨银十四万两,余银改由川东道库拨银五万五千两,夔州厘局拨银五万两,以资周转,而足五十万之数。其应需弥补之饷银三十余万两,拟再由川省弥补银八万两,并帮给勇丁待饷口食银一万两,应请仍于富荣厘局陆续提解,以来年四月为止各缘由,均经臣先后具奏在案。

兹据富荣厘局委员候补道黄沄具报:于抽收盐厘项下,将奏拨原议、续议协黔饷银二十三万两,陆续发交周达武行营委员分发补用知县周仁寿、候补知县旷经钟、知府戴斐章、知州周颂昌,悉数管解,回营交收。并据川东道姚觐元具报:在于货厘项下,拨银一万五千两,盐厘项下拨银四万两,共银五万五千两;又据夔州厘局委员候补道周廷揆具报:在于抽收货厘项下,拨银五万两,各发交周达武行营提饷委弁及委员知县周瑞麟等,如数管解,回营交收,均掣有印领收文备查,共解过银三十三万五千两,连前司库拨解过银二十二万两,富荣厘局拨解过银三万五千两,统共实解过协黔饷银五十九万两。计原议、续议应拨之项一律全完,由藩司王德固详请奏咨前来。

臣覆查无异。所有遵旨原议、续议协黔饷银现已勉力筹拨、一律全完缘由,理合恭折具陈,伏乞皇太后、皇上圣鉴。谨奏。六月十五日。

光绪元年七月初五日,军机大臣奉旨：知道了。钦此。[1]

○七一 奏报同治十三年武员月课奖额并考校折

光绪元年六月十五日(1875年7月17日)

头品顶戴四川总督臣吴棠跪奏,为汇报上年武员月课用过奖赏数目,并现在认真考校,推广举行,恭折仰祈圣鉴事。

窃臣前将酌拟武员月课章程,并同治十二年份用过奖赏数目,及仍请循旧举行各缘由,先后奏明在案。兹计自同治十三年二月份起,按期考校,至十二月份止,共陆续用过奖赏钱一万五千一百六十六千文。按照市价以钱一千八百文合市平银一两,共合市平折库平银八千一百五两三钱七分二厘一毫,即在厘金项下支讫。本年开篆后,饬据中军副将,造送候补将弁衔名清册,比较上年底册,副将等官续行收标十四员,都、守等官续行收标二十四员,千、把总等官续行收标八十六员。随于二月初九、初十、十三等日,在

---

① 中国第一历史档案馆藏：军机录副,档案编号：03-6056-002。又,吴棠等：《游蜀疏稿》,第1049—1059页。其尾记曰："光绪元年六月十五日,由驲具奏。于本年七月十九日,准兵部火票递回原折,后开军机大臣奉旨：知道了。钦此。"

臣署箭道认真考校,计取入月课镇将等四十三员,都、守等九十六员,千、把总等二百五名。每员名仍循旧章,给予奖赏。自镇将考列超等给钱十六千文,以次递减,至千、把总考列一等给钱四千文而止。计二月份用过奖赏钱二千七百三十六千文,三月份用过奖赏钱一千八百四十二千文,以钱易银,在于厘金项下动支给领。嗣后按期校阅,视考课之升降,定奖赏之多寡,大率不出两月用过之数,统俟年终汇销,据筹饷报销局详报前来。

臣伏查自考试月课至今,已逾二稔,该武员等专心骑射,顿觉改观,加以收标人数日增,互相摩厉。方酌拟章程之始,限制綦严。近来,有箭中全红而不获同登超等者,未免向隅,由提臣胡中和议增课额十数名。臣悉心体察,不得不量为推广,酌予变通。计一岁约需奖赏万余金,既克讲求夫弓马,兼资养赡其身家,所费无多,所裨不少。

臣惟有会同提督臣胡中和,督率中军副将等,申明纪律,指授韬钤,以兴其忠义之忱,而辑其浮嚣之气,庶可豫储将略,永靖边疆。所有汇报上年武员月课用过奖赏数目,并现在认真考校、推广举行缘由,理合恭折具陈,伏乞皇太后、皇上圣鉴。谨奏。六月十五日。

光绪元年七月初五日,军机大臣奉旨:知道了。钦此。①

①　中国第一历史档案馆藏:军机录副,档案编号:03-5769-068。又,吴棠等:《游蜀疏稿》,第1061—1068页。其尾记曰:"光绪元年六月十五日,由驲具奏。于本年七月十九日,准兵部火票递回原折,后开军机大臣奉旨:知道了。钦此。"

○七二 蛮匪滋扰调兵击
退仍饬妥筹镇抚折

光绪元年六月十五日（1875年7月17日）

　　成都将军臣魁玉、头品顶戴四川总督臣吴棠跪奏，为雷波蛮匪出巢滋扰，现已调集官兵，乘机击退，仍饬各军妥筹镇抚，以靖边疆，恭折仰祈圣鉴事。

　　窃查雷波厅境，僻处叙州府属西偏，为猓民出没之区，素称难治。历年设有练丁扼守，并额给赏需，以示羁縻之意。仍责令各支酋目，上班当差，遇有蛮匪出巢，借资约束。然安分者输诚慑伏，桀骜者构衅纷争，岁以为常，未敢稍形大意也。

　　同治十一年，有吼普支内猓民格曲，出巢生事，经团民捉获，送厅讯明收押。客冬，因与上班猓酋口角，自缢身死，当给布银，由彼族领回埋葬。而著名剽悍吴奇一支蛮匪，蓄谋已久，遂借口为格曲报仇，互相勾结，嚣然不靖，浸为乱阶。

　　本年三月间，据叙州府知府史崧秀禀报：雷波厅通判徐浩于本年正月杪，探闻蛮匪有大股出巢之信，当即商同署普安营参将马怀珍，调派兵团，严加堵御。旋据土司杨德禄禀称：出巢蛮匪系吴奇一支，纠约巴姑梁逆铁之等支，约有千余众，从三棱岗窜至牛吃水地方，肆行滋扰。复经徐浩会商马怀珍，添调制兵一百名，连旧存防勇，交千总毛廷魁管带，前往策应。讵该蛮匪毫不畏惧，敢于抗拒官兵。幸我军进扼莲花石地方，枪炮齐施，轰毙蛮匪多名，余众退入老林。我军扎营固守，未敢穷追。查点阵亡营兵七名，练丁三名。该蛮匪复分股窜扰白铁坝、中兴场等处。先经派拨兵练，在彼扼防，均各随时击退。惟大股屯扎山梁，屹立不动。该厅仅有防勇五百名，不敷分布。拟请添募劲勇六百名，交游击徐步云统带等情。当即由臣等如禀照准，并檄调总兵邵永龄所部经武中营、提督胡国珍所部武字副前营，先后驰往会办。嗣又札委记名提督王聚兰，接署普安营参将，招募亲兵楚勇一百名、黔勇五百名。王聚兰本系提臣胡中和部将，仍以湘果营为名，存其旧制。迨九丝寨踞匪削平之后，复饬达字左营直隶州知州张世康，添募勇丁，补足五百人为一营，迅赴雷波，相机堵剿。并添委知县国璋，亲临前敌，赞画机宜。

兹查总兵邵永龄，率领所部，于四月初二日从叙郡横江开拔。初八日，驰抵黄螂，乃都司巡检分驻地方，为厅城遮罩。正拟率同行队，扫荡而前，忽于初九日黎明探报：另股蛮匪五六百人，由谷谷乡一路窜来，径扑黄螂营垒。邵永龄亲督队伍，会同都司徐步云、巡检沈彬，各带兵团，迎头截击。该蛮匪遂改向大田坝旁窜，我军跟踪追捕，枪毙蛮匪二十余人，余匪溃退。阵亡军功吴正成、勇丁董贵喜、贺世忠三名。旋即收队。于是，逐日均有蛮匪数百成群，在于唐家山、天门阵一带，昼伏夜出，窜扰无休，愈聚愈多，道路为梗阻。徐浩所部练丁与邵永龄所部楚勇，更番转战，互有伤亡。

臣等体察情形，于批牍中随时指授。窃谓筹边之策，不在勇而在谋。惟深沟高垒以固我藩篱，间谍奇兵以擒其酋目，庶可长操胜算，早定岩疆。总兵邵永龄等翻然变计，募敢死壮士百人，会商安阜营都司徐步云、试用训导徐星汉，选调兵团，各带枪炮，令其分赴隘口，伏于碉寨两旁，乘该蛮匪窜扰之时，出其不意，枪毙多名。又于黑夜密探匪踪，酌派兵勇，以二三十人为一起，潜至唐家山、天门阵等处，齐燃火蛋，大队尾之而进，呐喊以助其声威。该蛮匪不辨虚实，仓促奔逃，为火蛋所伤及坠崖落涧死者，不计其数。匪势因之大却，遁入核桃林箐密山深之地，适提督胡国珍率所领武字副前营，驰抵黄螂，会同经武中营总兵邵永龄，疏通大道，进扎雷波厅城。并据达字左营直隶州知州张世康、湘果营提督王聚兰禀报：各率所部，分起赴援，正值大军齐集之时，筹办易于得手。臣等已批令该将领，以雷波厅城及黄螂三棱岗为老营，而进兵亦分三路，层层扼扎，直逼老巢，使其穷蹙乞降，终归抚局。第念此次蛮匪出巢滋扰，凶悍较胜于前。该士民生长荒陬，屡遭蹂躏，是以联名具控，大率以增兵痛剿为词。

臣等莅蜀有年，于边事尚为晓悉，固不敢含糊塞责，姑息养奸。亦何能冒昧贪功，致祸结兵连，事无了日。惟有督饬将领等，以防为捕，寓勇于谋，加意图维，及时戡定，以仰副圣主安内攘外、一视同仁之至意。雷波厅通判徐浩，职司边地，未能抚驭咸宜，已饬布、按两司将该员调省察看，另委候补同知吴之桐接署。合并声明。

所有雷波蛮匪出巢滋扰、现已调集官兵、乘机击退、仍饬各军妥筹镇抚、以靖边疆缘由，谨合词恭折驰陈。伏乞皇太后、皇上圣鉴训示。谨奏。

元年六月十五日奏。七月十九日奉旨。①

光绪元年七月初五日，军机大臣奉旨：钦此。②

【案】此折于七月五日获允行。《清实录》载曰：

己亥……又谕：魁玉、吴棠奏，击退雷波蛮匪，仍饬各军妥

---

① 吴棠等：《游蜀疏稿》，第 1069—1082 页。
② 此奉旨日期等，据《清实录》校补。

筹镇抚一折。本年正月间，四川雷波厅境突有大股蛮匪吴奇一支，纠约巴姑梁逆铁之等支，从三棱岗窜至牛吃水地方滋扰，复分股窜扰白铁坝、中兴场等处，均经我军先后击退。其大股屯扎山梁，并有另股蛮匪于四月间窜扑黄螂营垒，及在唐家山等处滋扰。总兵邵永龄等督队攻剿，毙匪多名，余匪向核桃林逃窜。魁玉等现已派令各将领分路扼扎，直逼老巢。着督饬各军剿抚兼施，相机妥办，毋任匪踪滋蔓，为患地方。雷波厅通判徐浩职司边地，未能抚驭咸宜，即着调省察看，据实具奏，毋稍徇庇。将此由五百里各谕令知之。[1]

○七三　奏报里塘僧俗借端
聚众分别惩治解散折

光绪元年六月十五日(1875 年 7 月 17 日)

四川成都将军臣魁玉、头品顶戴四川总督臣吴棠跪奏，为里塘僧俗借端聚众，经臣等遴委干员，酌调汉、土弁兵，驰往查办，现已分别惩治解散，恭折驰陈，仰祈圣鉴事。

窃查番官膨饶巴，自西藏派令驻扎瞻对以来，恃其地远兵强，侵渔土户。上年秋间，因向曲登土司乌金晓争索年规银五十万两，辄敢率同番众，将该土司住牧地方立时攻破，并将其子女取回为质，勒罚茶银，以至里塘僧俗不服。复有素不安分喇嘛更登培结、仁青热舟等，借端煽惑，聚众至一万余人，扎营于藏里一带。

臣等深恐久而生变，狡启戎心，酿成边衅，一面咨会驻藏大臣，

---

① 《德宗景皇帝实录(一)》，卷十三，光绪元年七月上，第 234 页。

转行商上力为钤制，或立予撤换，或严加查办；一面檄行藩、臬两司，遴委明干大员道衔候补知府马玉堂，驰往里塘，会筹妥办。嗣因打箭炉厅同知沈宝昌交卸宁远府篆，饬回本任。该员久任边要，素得边氓之心。又查有卸署打箭炉厅事同知鲍焯，于边事亦称熟悉，添委会同知府马玉堂，虚衷商榷，实力维持，以期蛮触销争，遐荒率服。兹迭据知府马玉堂、同知沈宝昌、鲍焯等驰禀，该知府于客冬，驰抵打箭炉厅城，旋派随员驿丞张锦帆、县丞伍什杭阿、都司邵成宗等，各带兵丁二三十名，分往瞻对、里塘等处，密予访查，妥为开导。该番官膨饶巴随即撤去番兵，各安住牧。继又将曲登土司子女易换放回。

惟里塘喇嘛、百姓人等屯聚未散，并牵涉里塘老土妇与土司堪布，讦讼不休。头绪纷繁，办理殊形棘手。迨沈宝昌回任后，鲍焯交卸厅篆，与知府马玉堂订期于本年二月二十日起程，由阜和协副将丁鸣岐拣派右哨千总马文英，管带精壮兵丁六十名。又由明正土司挑选土兵三百六十名，拣派头目管领，随同马玉堂等统带，启行出口。至二十八日，始抵中渡，探得里塘喇嘛、百姓聚于藏里地方，势甚汹汹。以防备番兵攻打为名，实则欲觇委员动静，以遂其要胁之谋。非慑以兵威，难望帖然听命。遂于中渡就近札饬各土户，添调土兵二百四十名，沿途安静行走。惟山高雪厚，暮春犹似严冬，霜宿风餐，辛苦莫可言状。至三月初八日，驰抵里塘。当将汉土官兵星罗棋布，分扎山阿。并多竖旗帜，虚增灶垒，借以张我军声，震兹殊俗。仍一面多缮札谕，四处张贴，解散其众。一面派员密往藏里，查悉该喇嘛更登培结、仁青热舟等，聚众扎营，周围约四十里，背山临水，深堑长濠。营房千有余间，概用土筑，每间可住十余人。

　　该喇嘛建立碉楼，居中调度，勒令三大乡、六小乡、二十一村百姓，按户出丁，聚众至万余人，悉将应纳土司粮石、牲畜，囤积其中。有不从者，辄捆缚投河，受害已数十家。故百姓畏其凶焰，惟命是从。复将距扎营十里之大桥折毁，派人防守，以禁往来，而且道路纷歧，与云南中甸野番连界，意图勾结，抗拒官兵。知府马玉堂等反复筹商，若遽行攻击，恐被挟良民甚众，适以坚其困守之心。因先将所控一百余案，摘传僧俗人证，秉公质讯，当堂发给断牌。谕令各回本村，两造无不悦服。计月余之久，约遣散二千余人。

　　窃以为该喇嘛更登培结等，具有天良，自必翻然改悔。乃委员一再饬传，不惟有心藐抗，抑且任意刁难。马玉堂等体察情形，未可以空言镇抚。适侦知该喇嘛更登培结、勒凹洛朱等潜回里塘，寺内亦集有僧俗二千余人，以之自卫，且将牵制我军。藏里一带，仍留悍党喇嘛仁青热舟、登舟彭错、丹巴达结等，扎营固守，遥为声援。知府马玉堂、同知鲍焯密为部署，遂定分兵并进之谋，飞移巴塘文武暨打箭炉厅同知沈宝昌，会同阜和协将弁，带兵严扼各隘，以防奔窜。

　　四月十一日，马玉堂督同里塘粮员陆法言、都司邵成宗、县丞伍什杭阿等，带队进攻喇嘛寺。甫至寺前，该喇嘛等施放枪炮，轰毙土兵二名。该兵丁等愤激之余，层层筑垒，步步为营，环攻七昼夜之久，绝其水道。该僧俗因马渴渐不能支。马玉堂遂扬言：专拿首恶，罔治胁从。民心本不固结，一闻是言，纷纷溃散来归。该首恶喇嘛更登培结等，知事不可为，火寺自焚。马玉堂见寺中烟焰暴发，即麾兵扑入，擒获喇嘛勒凹洛朱等，将火救灭。灰烬中寻得更登培结尸身，半体焦烂。余众全行解散。

　　先是，同知鲍焯等同时整队，进攻藏里。行至雅咙地方，该喇嘛仁青热舟等率领二千余众，前往里塘策应，途遇官军，即来拒战。鲍焯当饬各军，排立以待，枪轰矛刺，力挫凶锋。该僧俗等溃退反奔，我军尾之，涉涧登山，直至藏里。该僧俗等遁伏垒中，阻卡以拒。我军猛扑十余次，未能得手。鲍焯等以该僧俗等负隅自若，非分道出奇，恐无以扫其巢穴。爰檄令土舍甲木参旺恪，带土兵一百五十名，从更登工小路绕出藏里后山，据上游以击其背。把总桂扶朝及土目甲承祥、包光华，带土兵一百名，从右路猫窝山横截而出，以扼其吭。鲍焯自率千总马文英，带汉兵六十名，由炉城解饷来里塘之照磨萧沛霖等，带土兵一百名，及巴塘粮员赵光燮派来策应之土舍札祥呵忒，带土兵一百名，从中路雄坝进趋，直捣其前。并先派驿丞张锦帆，带同投诚喇嘛，亲至营盘，妥为开导。该僧俗等初犹抗拒，炮石纷如雨下，土兵阵亡五人，受伤十二人。

我军三面合围，士气百倍，攀援而上，迭有斩擒。该僧俗等投戈伏地，悔罪乞降，并捆献悍党喇嘛仁青热舟、登舟彭错等十余名，呈缴枪炮、刀矛，不计其数。复于军前椎牛饮血，誓不再叛。均交土司，遣归各村，安插当差。所筑营垒，一律平毁，牛马粮食，概由土司分散，百姓承领。抚局既成，随于五月初六日，撤师回驻里塘，会同知府马玉堂等，将首恶喇嘛仁青热舟、登舟彭错讯明，就地正法。余党分别拟罪。勒凹洛朱、夺奇格弄充至明正土司所辖孔至地方，安置为奴。丹巴达结充至察木多地方，交仓储巴安置。成勒松隆、克曾江错充至巴塘，交土司堪布，择地发配，充当苦差。又查有正土司管事头人阿格登舟、呷吗念札二名，平日借公营私，鱼肉百姓，应革去头目。将阿格登舟遣发察木多，呷吗念札遣发明正地界，转交该管土目，定地编籍，散放牲畜。至伤亡汉、土官兵，已优加抚恤。现在筹办善后事宜，以冀一劳永逸，共保岩疆各等情。

臣等伏查番官膨饶巴系归藏中管辖，应留应撤，非川省所能越俎代谋。近准驻藏大臣函称：勒限噶布伦等，拣派戴琫、汪青洛布，前往瞻对更换。而该喇嘛更登培结、仁青热舟等借端煽惑，聚众扎营，擅自作威福之权，为包藏祸心之计，以至僧不归寺，俗不务农，日事干戈，嚣然四起。臣等窃谓欲清外患，必先靖边氛。加意筹商，多方指授。该委员知府马玉堂、同知沈宝昌、鲍焯等，熟谙军事，操纵得宜，故能将首恶歼除，胁从解散。惟有督饬委员等，申明禁约，酌定章程，除土司非分之苛求，杜番官越疆之骚扰，庶可潜消外患，永息边氛，以期仰副朝廷廑念西陲、除暴安良之至意。

此次劳绩最著员弁，合无吁恳天恩，量予奖励。道衔候补知府马玉堂，拟请俟补缺后，以道员用。道衔补用知府打箭炉同知沈宝昌，拟请旨交部，从优议叙。知府衔卸署打箭炉厅事试用同知鲍焯，拟请归候补班前先补用。署阜和协副将先补副将丁鸣岐，拟请赏加总兵衔。

里塘粮员候补知州陆法言，拟请赏加运同衔。尽先都司邵成宗、尽先都司署千总马文英，均拟请以游击尽先补用。巴塘粮员候补直隶州知州赵光燮，拟请赏加知府衔。县丞伍什杭阿，拟请俟补缺后，以知县用。打箭炉厅照磨萧沛霖，拟请遇有府经历县丞缺出，在任候升。驿丞张锦帆，拟请俟补缺后，以府经历县丞补用。尽先守备把总桂扶朝，拟请以都司尽先补用。六品衔土舍甲木参旺恪，拟请赏给五品花翎。土舍札祥呵忒、土目甲承祥、包光华，均拟请赏给六品翎顶，以为尽心边事者劝。所有里塘僧俗借端聚众、经臣等遴委干员、酌调汉、土官兵驰往查办、现已分别惩治解散缘由，谨合词恭折驰陈，伏乞皇太后、皇上圣鉴训示。谨奏。

光绪元年六月十五日奏里塘僧俗借端聚众遴委干员酌调汉土

官兵驰往查办分别惩治解散一折，于本年七月十九日奉旨：另有旨。钦此。①

光绪元年七月初五日，军机大臣奉旨：另有旨。②

【案】此折于光绪元年七月初五日获批覆：

军机大臣字寄：成都将军魁、四川总督吴、驻藏大臣松、帮办大臣希：光绪元年七月初五日，奉上谕：魁玉、吴棠奏，里塘僧俗借端聚众，查办完竣一折。本日已明降谕旨，将出力各员弁照所请奖励矣。番官膨饶巴恃其地远兵强，侵渔土户，以致里塘僧俗不服，素不安分之喇嘛更登培结、仁青热舟等，借端煽惑，聚众万余人，扎营于藏里一带，里塘寺内亦集有僧俗二千余人，经魁玉等派知府马玉堂等前往查办，竟敢有心藐抗。该委员等分兵剿办，解散胁从，首恶喇嘛更登培结等先后焚毙、正法，办理尚为迅速。番官膨饶巴现已由驻藏大臣另行更换，即着魁玉、吴棠、松泩、希凯悉心会商，将善后事宜妥为筹办，并督饬该委员等申明禁约，严定章程，除土司非分之苛求，杜番官越疆之骚扰，务令僧俗人等各安本业，毋任滋生事端。将此由五百里各谕令知之。钦此。遵旨寄信前来。③

【附】同日，又谕令奖叙剿办里塘僧俗聚众在事出力各员弁，曰：

---

① 吴棠等：《游蜀疏稿》，第1083—1108页。
② 此奉旨日期与内容，据军机处随手登记档（档案编号：03-0214-3-1201-179）校补。
③ 中国第一历史档案馆编：《光绪宣统两朝上谕档》，第1册，第182页；《德宗景皇帝实录（一）》，卷十三，光绪元年七月上，第233—234页。

光绪元年七月初五日,内阁奉上谕:魁玉、吴棠奏,里塘僧俗借端聚众,查办完竣,请将出力各员弁分别奖励一折。西藏里塘喇嘛更登培结等,因番官膨饶巴侵渔土户,聚众万余人,驻扎藏里一带,狡焉思逞。经魁玉等派委知府马玉堂等前往瞻对、里塘等处,查访开导,里塘喇嘛及百姓人等屯聚未散,势甚汹汹。马玉堂等率领汉、土官兵,驰抵里塘,进攻藏里喇嘛营垒,更登培结被击自焚,拏获首恶仁青热舟等正法,勒凹洛朱等分别惩治,办理尚为妥速,在事出力员弁,自应量予奖叙。知府马玉堂着俟补缺后,以道员用。同知沈宝昌着交部从优议叙。鲍焯着归候补班前先补用。副将丁鸣岐着赏加总兵衔。知州陆法言着赏加运同衔。都司邵成宗等均着以游击尽先补用。直隶州知州赵光燮着赏加知府衔。县丞伍什杭阿着俟补缺后,以知县用。打箭炉厅照磨萧沛霖着遇有府经历县丞缺出,在任候升。驿丞张锦帆着俟补缺后,以府经历县丞补用。把总桂扶朝着以都司尽先补用。六品衔土舍甲木参旺恪,着赏给五品花翎。土舍札祥呵忒、土目甲承祥、包光华,均着赏给六品翎顶,以示鼓励。该衙门知道。钦此。[①]

〇七四　奏报将达字营找欠遣撤片

光绪元年六月十五日(1875 年 7 月 17 日)

再,臣吴棠查达字营楚军,自上年给饷回防之后,仍存中、左、前、右四营勇丁一千二百名,责令将领等加意拊循,终恐军心不固。

---

① 　中国第一历史档案馆编:《光绪宣统两朝上谕档》,第 1 册,第 182—183 页。

该营欠饷尚巨，原拟俟有款可筹，即行陆续撤换。本年，攻克九丝寨之役，左、前两营奋勉图攻，未便再行议撤。经臣吴棠札饬左营管带直隶州知州张世康，添募勇丁，补足五百人为一营，带赴雷波，会同筹办，已于正折内声明。其前营管带副将何荣贵，亦即暂留建武营地方，搜捕余匪。

惟中、右两营勇丁六百人，悉心体察，必得另行撤换，方足以示劝惩，已札饬筹饷局，将积欠饷需核明找发，解交统领达字营总兵张祖云，按名散放，撤遣归农，并由张祖云另募楚勇四百人，又抽拨向驻省垣裕字前营勇丁五百人，交副将刘顺望管带，填扎叙南旧垒，统归张祖云调遣，以固边防。理合附片陈明，伏乞圣鉴。谨奏。

光绪元年七月初五日，军机大臣奉旨：知道了。钦此。[①]

○七五　委解淮军月饷银数起程日期折

光绪元年六月十五日（1875年7月17日）

头品顶戴四川总督臣吴棠跪奏，为筹拨淮军月饷三万两起程日期，恭折具奏，仰祈圣鉴事。

窃前准军机大臣字寄：同治十三年七月二十三日，奉上谕：李鸿章奏，办理海防请饬催川饷一折等因。钦此。兹准李鸿章咨送原奏内开：各路协饷无如海防之急且要者，自应移缓就急，共维大

---

①　中国第一历史档案馆藏：军机录副，档案编号：03-5749-015。又，吴棠等：《游蜀疏稿》，第1045—1048页。其尾记曰："光绪元年六月十五日，附片具奏。于本年七月十九日，准兵部火票递回原片，内开军机大臣奉旨：知道了。钦此。"再，关于此奏片具奏时间，中国第一历史档案馆馆藏目录为"光绪元年七月初五日"，即以奉旨日期为具奏日期，显误。兹据原稿及军机录副，应以"光绪元年六月十五日"为是。

局等语。臣查淮军月饷，前已二十二次共筹拨过银七十七万两。本年四月间，复奏解银三万两，非不竭力接济，无如川省举办津贴、厘金，历年过久，民力不逮。在京在籍绅民纷纷请减，渐成弩末。而奏拨京外各饷及工程、铜本、河工等项协饷，数甚繁巨，均须统筹匀拨，库款屡竭，兼顾为难。第海防为至急之需，不得不陆续筹济。

兹臣督同署藩司英祥竭力腾挪，于司库免搭官票大钱减扣六分平项下凑拨银三万两，委候补通判何焜、候补知县孙申祥领解，定期光绪元年六月二十日自成都起程，赴湖北粮台交收，拨供淮军海防要款。除分咨外，理合恭折具奏，伏乞皇太后、皇上圣鉴。谨奏。六月十五日。

光绪元年七月初五日，军机大臣奉旨：知道了。钦此。[1]

○七六　委令英祥暂署川藩印务片

光绪元年六月十五日（1875 年 7 月 17 日）

再，臣先后准吏部咨：光绪元年四月二十八、二十九等日，奉上谕：四川布政使王德固，着勒令休致，文格[2]着调补四川布政使，英祥着调补广西按察使，沈秉成着调补四川按察使。钦此。遵即转行在案。伏查新任藩司文格、新任臬司沈秉成，来川尚需时日。川

---

① 中国第一历史档案馆藏：军机录副，档案编号：03-6056-003。

② 文格（1821—1893），满洲正黄旗人，道光进士。咸丰四年（1854），授衡永郴桂道，旋补广西按察使。五年（1855），转湖南按察使，升湖南布政使。十一年（1861），署湖南巡抚。同治元年（1862），调广东布政使。十一年（1872），转广西布政使，旋授四川布政使。光绪元年（1875），护理四川总督，授山东巡抚。次年，补云南巡抚。五年（1879），任库伦办事大臣。十二年（1886），任金州副都统。次年，补三姓副都统。十九年（1893），卒于任。

省界连滇、黔、甘肃等省，军务虽平，边防尚未全撤。藩司筹济本省、邻省军饷，经收地丁、津贴、捐输、厘金，考察属吏，清厘交代，事繁责重。又值科场在迩，预备之事亦多，诸须熟手经理，俾免周章。

查臬司英祥前经两次奏署藩篆，熟悉情形，办事明敏，堪以委令暂署藩司印务，以便先令王德固交代回籍。再，英祥现已奏请陛见，可否仰恳天恩，准其暂留川藩署任，一俟新任藩司文格到川再令起程之处，出自圣裁。理合附片陈奏，伏乞圣鉴。谨奏。

光绪元年七月初五日，军机大臣奉旨：英祥着俟交卸藩篆后，即行前赴新任，毋庸来京陛见。钦此。①

○七七　递署按察使等缺缘由片

光绪元年六月十五日(1875 年 7 月 17 日)

再，新调四川按察使沈秉成尚未来川。新调广西按察使英祥，现经臣奏留暂署四川藩司印务。所遗四川按察使缺，查有盐茶道傅庆贻，前经三次委署川臬，办理案牍，心细才长，堪以委令接署臬篆。所遗盐茶道缺，查有成绵龙茂道谢膺禧，操守清廉，办事结实，堪以委署。所遗成绵龙茂道缺，查有候补道宝森，明干有为，通晓治体，堪以委署。除分饬遵照外，理合附片陈明，伏乞圣鉴。谨奏。

光绪元年七月初五日，军机大臣奉旨：知道了。钦此。②

---

① 中国第一历史档案馆藏：军机录副，档案编号：03-5099-020。此片具奏日期未确，兹据军机处随手登记档(档案编号：03-0214-3-1201-179)校正。

② 中国第一历史档案馆藏：军机录副，档案编号：03-5099-021。此片具奏日期未确，兹据军机处随手登记档(档案编号：03-0214-3-1201-179)校正。

○七八　请将上年奏销及本年秋册展限办理片

光绪元年六月十五日(1875年7月17日)

再,现据署藩司英祥详:定例奏销钱粮,四川限次年六月底具题。若因公不能依限,准其奏展。又,直省布政使交代定限两个月,新旧任各分限一个月。又,秋拨册籍限于八月二十日以前到部各等语。该司由臬司委署藩司篆务,兹于光绪元年六月初六日到任,所有前任藩司王德固因任内经管正杂钱粮数目繁多,必须至六月底方能逐款造册移交。而同治十三年兵马钱粮奏销,例限已届。其本年秋拨册籍,尤须奏销定案,方能核计。

今值两官交代,库项攸关,未敢稍涉率忽。清厘尚需时日,奏销既难依限赶办,秋册亦难依限造报,事属因公,并非无故迟延,合无仰恳天恩,敕部将四川省同治十三年奏销及光绪元年秋拨册籍一并展限一个月,俾得详细清厘造报,以昭慎重等情,请奏前来。臣查该署司所请,与例相符。除咨部外,理合附片陈明,伏乞圣鉴。谨奏。

光绪元年七月初五日,军机大臣奉旨:着照所请,该部知道。钦此。①

○七九　委解滇省铜本银两起程日期片

光绪元年六月十五日(1875年7月17日)

再,前准户部咨:滇省铜本川省原提银十九万两,除已解银三

---

① 中国第一历史档案馆藏:军机录副,档案编号:03-6193-003。此片具奏日期未确,兹据军机处随手登记档(档案编号:03-0214-3-1201-179)校正。

万两,尚欠解十六万两,限本年四月内扫数解交等因。伏查川省应解滇省之项,有月饷、铜本两款。本年三月间,因滇省委员至川守提月饷,当即筹银二万两,交委员恒璋驰解回滇。时值京饷、甘饷、淮饷及新疆各军月饷、山东河工银两,催提万紧。新拨菩陀峪万年吉地及惠陵工程银两,尤为要需,连月竭力筹解,库储屡罄,实觉应接不暇,并非有意迟延。

兹督同署藩司英祥,凑集军民捐助军饷二万两,作为滇省铜本,内扣同治八年滇省委员黄宗望在川库借领制办军火及盘费共银二千十九两二钱零,饬委候补知县方德塾,协同滇省催饷委员廖葆棠领解,定于光绪元年六月十五日自成都起程,解赴云南藩库交收应用。余俟续筹分解。除分咨外,理合附片陈明,伏乞圣鉴。谨奏。

光绪元年七月初五日,军机大臣奉旨：知道了。钦此。[①]

○八○　委任屈秋泰等调署知县等缺片

光绪元年六月十五日(1875 年 7 月 17 日)

再,大竹县知县德存因病请假回省遗缺,查有前请调补斯缺之汶川县知县屈秋泰,明白干练,堪以先行调署。又,东乡县知县长庆调省遗缺,查有庆符县知县孙定扬,办事明敏,堪以调署。所遗庆符县知县缺,查有夔州府通判张保龄,为守兼优,堪以调署。又,署什邡县知县湛溥年满遗缺,查有遂宁县知县李溶,老成稳练,堪以调署。该员等正、署各任内并无经征钱粮未完及承缉盗劫已起

---

① 中国第一历史档案馆藏：军机录副,档案编号：03-6683-011。此片具奏日期未确,兹据军机处随手登记档(档案编号：03-0214-3-1201-179)校正。

・3843・

四参案件,据藩、臬两司会详前来。除分饬遵照外,理合附片陈明,伏乞圣鉴。谨奏。

光绪元年七月初五日,军机大臣奉旨:知道了。钦此。①

○八一 奏报吴述亨期满甄别折

光绪元年六月二十二日(1875年7月24日)

头品顶戴四川总督臣吴棠跪奏,为知府试看年满,循例甄别,恭折仰祈圣鉴事。

窃照吏部奏定章程:道府等官,无论何项劳绩保奏归入候补班者,以到省之日起,予限一年,令督抚详加察看,出具切实考语,奏明分别繁简补用等因。兹查候补班前先补用知府吴述亨,年三十六岁,湖北增贡生,遵例报捐同知,分发试用,签掣四川,同治十年四月初十日到省。嗣于克复麻哈州城案内保奏,同治十一年六月二十二日,奉上谕:同知吴述亨着免补本班,以知府仍留原省,归候补班前先补用。钦此。十三年八月十九日,赴部引见,奉旨:着照例用。钦此。领照起程,于光绪元年二月十二日旋省。应以同治十一年六月二十二日奉旨后第五日行文之日起,按照限减半计算,连闰扣至十二年十月初七日,试看一年期满,据藩、臬两司详请甄别前来。

臣察看该员吴述亨,年壮才明,留心吏治,堪膺表率之任,请留川以繁缺知府补用。倘或始勤终怠,仍当随时核办,断不敢稍事姑容,致滋贻误。理合恭折具陈,伏乞皇太后、皇上圣鉴。谨奏。六

---

① 中国第一历史档案馆藏:军机录副,档案编号:03-5099-022。此片具奏日期未确,兹据军机处随手登记档(档案编号:03-0214-3-1201-179)校正。

月二十二日。

光绪元年七月二十八日,军机大臣奉旨:吏部知道。钦此。[①]

○八二　奏报王克镛等期满甄别片

光绪元年六月二十二日(1875 年 7 月 24 日)

再,查吏部奏定章程:州、县、丞、倅,无论何项劳绩保奏归入候补班者,以到省之日起,予限一年,令督抚详加察看,出具切实考语,奏明分别繁简补用等因。遵照在案。兹查候补班前即补同知王克镛、候补班前先补用知县马步瀛、候补知县和兰三员,均到省一年期满,自应照章甄别,据布政使王德固、按察使英祥会详前来。

臣查该员王克镛,年富才明,请留川以繁缺同知补用;马步瀛才具稳练,和兰办事勤慎,均请留川以简缺知县补用。除将该员等履历清册咨部外,理合附片陈明,伏乞圣鉴。谨奏。

光绪元年七月二十八日,军机大臣奉旨:吏部知道。钦此。[②]

○八三　谨遵懿旨慎办地方政务折

光绪元年六月二十二日(1875 年 7 月 24 日)

成都将军臣魁玉、头品顶戴四川总督臣吴棠跪奏,为臣等钦奉懿旨,兹谨会同覆奏,恭折仰祈圣鉴事。

---

① 中国第一历史档案馆藏:军机录副,档案编号:03-5099-090。
② 中国第一历史档案馆藏:军机录副,档案编号:03-5099-097。

窃本年六月二十一日,钦差驻藏大臣臣松溎[1]奉俞来川,行抵省垣。臣魁玉、臣吴棠等率属出郊,齐诣公所,跪请圣安。松溎□□面奉皇太后懿旨:魁玉、吴棠等,着于地方一切事务,〈认〉真整饬,毋许懈弛。钦此。臣等跪聆之下,感悚难名。俯念臣等恭承恩命,简调来川,巨任久庸,常怀警惕。川省幅员既广,生齿日繁,民情之浮动堪虞,属史之查核尤甚。抚绥弹压,均应悉力讲求。兼之连年以来边防、夷务,倍费筹维,亟宜弭患于未萌,曷敢因循以误事。

兹复上廑宸念,训诫周详。臣等惟有益竭驽骀,同心共济,勤思整饬,共懔疏虞,以期仰副圣朝绥境安民、永靖边陲之至意。所有臣等钦奉懿旨敬谨会同覆奏缘由,恭折具陈,伏乞皇太后、皇上圣鉴。谨奏。六月二十二日。

光绪元年七月二十八日,军机大臣奉旨:知道了。钦此。[2]

---

① 松溎(1833—1907),字寿泉,伊尔根觉罗氏,满洲镶蓝旗人。咸丰九年(1859),中式举人。十年(1860),中式翻译进士,选庶吉士。同治元年(1862),授翰林院编修,充侍讲、文渊阁校理。四年(1865),任教习庶吉士。六年(1867),充侍读。同年,升侍读学士、日讲起居注官。十年(1871),补翰书房提调官、少詹事。十二年(1873),选詹事,迁内阁学士,兼礼部侍郎衔。次年,署文渊阁直阁事。十三年(1874),授驻藏办事大臣。光绪五年(1879),补刑部左侍郎。六年(1880),补镶黄旗蒙古副都统。八年(1882),兼署正蓝旗满洲副都统、礼部右侍郎。九年(1883),兼署正白旗满洲副都统。同年,充翻译会试正考官。十年(1884),授吏部右侍郎,兼署刑部左侍郎。是年,任右翼监督、国史馆清文总校、正黄旗满洲副都统、经筵讲官。十一年(1885),授崇文门副监督。同年,充翻译乡试正考官。十六年(1890),署左都御史、刑部尚书。十八年(1892),擢工部尚书,兼署户部左侍郎。次年,补镶红旗蒙古都统,调刑部尚书。二十三年(1897),补工部尚书。二十五年(1899),兼署正黄旗汉军都统。次年,兼署镶蓝旗蒙古都统。二十八年(1902),兼署兵部尚书。三十二年(1906),授西安将军。翌年,补荆州将军。是年,卒于任。

② 中国第一历史档案馆藏:军机录副,档案编号:03-5099-093。

○八四 请以德茂等调补懋功协副将等缺折

光绪元年六月二十二日(1875年7月24日)

头品顶戴四川总督臣吴棠跪奏，为拣员调补副将、守备，以资治理，恭折仰祈圣鉴事。

窃照懋功协副将滕代伦准调督标中军副将，所遗懋功协副将系调缺，前经臣奏明川省实缺副将，或现居要地，或未在本省，或甫抵新任，一时乏员可调，请以遇缺开列在先总兵李忠楷借补，现准部咨，仍另拣实缺人员调补。又，泸宁营守备韩金甲因病出缺，前以尽先守备吉玉贵奏补，部议川省尽先守备名次在该员之先者，尚有赵邦基等数十员，并未照章声叙，应毋庸议各等因。兹复于实缺副将内逐加拣选，查皇和协副将况文榜仍未回川，夔州协副将吉恒抵任未久，维州协副将赓良补缺后未请引见，现在告假回省。军标、马边两副将本系调缺，现任副将贵成、奎林人地相宜，未便再调。

惟查有绥宁协副将德茂，年四十八岁，正黄旗满洲常山佐领下人，由翻译生员考取翻译教习，历升副护军参领，发川以游击差委，题补重庆中营游击，升补漳腊营参将，历署建昌、重庆、川北各镇篆务。同治八年，由部拟补绥宁协副将。十年五月，进京引见，领札回川，是年十月赴任。该员谙练营伍，熟悉边防，拟请调补懋功协副将。所遗绥宁协副将系题缺，界连黔营，地处极边，非干练有为、熟悉形势之员，不克胜任。臣于通省尽先副将内逐加遴选，人地均不甚相宜。惟查有遇缺开列在先总兵李忠楷，年五十岁，湖南长沙县人，由行伍出师广西，转战两湖、江西，叠克坚城，力解重围，历保参将。咸丰十年，经原任督臣骆秉章奏调入川，招募亲兵，随营攻剿著绩,保准以副将留川尽先补用。同治七年,以生擒黔省首逆出力,续保免补副将,以总兵用。嗣于攻克云南永北厅城案内出力保奏,同治十年正月二十日,奉上谕:副将李忠楷着遇有总兵缺出,开列在先,请旨简放,并赏加提督衔。钦此。该员勇敢朴诚,认真营务,拟请借补绥宁协副将。

又,泸宁营守备一缺,羌猓环绕,抚驭匪易。兹于尽先守备内详细遴选,除部臣指明尽先守备名次在前之赵邦基及赵邦基以次之韦鸿烈、谭报国、张得胜、李才富、江有福、马文英、邓兴发、杨玉魁、陈义俸、王洪顺十员,均未回川收标,并无履历可稽。马正品、李正喜二员,业已病故。李汝蕘因案革职。谭成元、楷占春、经开富、苟耀先、曾世荣、何玉春、刘永禄七员,俱保升都司、游击,班次已改。此外如朱福林、边兴贵、达玉元、马经魁、杨道臻、刘肇堂、刘兴发、盛文伦、宋传喜、张廷玉、梁正超、李魁元、何得龙、谢鸿钧、谢三元、李文治、张世炘、徐联皋、李逢春、蒋保山、张文元、金国柱、包金模、王锡恩、杨秘二十五员,及前奏叙明之黄玉林等,或技艺未经,或夷情不熟,均与斯缺不甚相宜。

惟有名列杨秘之次尽先守备吉玉贵,年四十六岁,新繁县人,由行伍出师两湖、江西、安徽、河南等省,历保千总,回川收标。以攻克牛腹渡贼巢及解潼川、遂宁城围出力,开单奏保,请以守备尽先补用。咸丰十一年九月二十六日,准兵部火票递到军机处赞襄政务王大臣奉旨:着照所请奖励。该员差操勤奋,拟请补授泸宁营守备。

该员等现无违碍事故,距籍各在五百里以外。李忠楷由遇缺开列在先总兵借补题缺副将,与定章相符。吉玉贵守备尽先名次在后,已将名次在前各员未能序补及人地不宜之处详细声叙。合无仰恳天恩,俯准以绥宁协副将德茂调补懋功协副将,遇缺开列在先总兵李忠楷借补绥宁协副将,尽先守备吉玉贵补授泸宁营守备,实于边地夷务有裨。

如蒙俞允,德茂系对品调补,业经引见,毋庸送部。李忠楷现在管带楚营亲兵,有经手事件,应请暂缓北上,敕部先给署札。吉玉贵俟接准部覆,饬令请咨引见。是否有当,理合会同成都将军臣魁玉、署提督臣胡中和,合词恭折具奏,伏乞皇太后、皇上圣鉴训示。谨奏。六月二十二日。

光绪元年七月二十八日,军机大臣奉旨:兵部议奏。钦此。①

○八五　奏报川省光绪元年夏熟收成分数折

光绪元年六月二十二日(1875 年 7 月 24 日)

头品顶戴四川总督臣吴棠跪奏,为恭报四川夏熟收成分数,仰祈圣鉴事。

窃照每年夏熟收成,例应约计分数,先行奏报。兹据各府厅州县将大小二麦收成分数,先行由藩司汇禀前来。臣覆加查核,计通省各府厅州县内成都、夔州、雅州、眉州三府一州,收成七分有余。宁远、邛州、泸州一府二州,收成七分。重庆、叙州、龙安、嘉定、潼川、绥定、绵州、理番六府一州一厅,收成六分有余。石砫、资州、忠州、汶川一厅二州一县,收成六分。保宁、顺庆二府,收成五分有余。叙永、西阳一厅一州,收成五分。统计通省夏熟收成实在六分有余。至茂州一州,松潘、懋功、打箭炉三厅,向不出产夏粮。

除照例造册题报外,所有夏熟收成分数,理合恭折奏闻,伏乞

---

①　中国第一历史档案馆藏:军机录副,档案编号:03-5769-122。

皇太后、皇上圣鉴。谨奏。六月二十二日。

　　光绪元年七月二十八日,军机大臣奉旨:知道了。钦此。①

○八六　奏报川省光绪元年五月雨水、粮价折

光绪元年六月二十二日(1875年7月24日)

　　头品顶戴四川总督臣吴棠跪奏,为恭报四川省光绪元年五月份各属具报米粮价值及得雨情形,仰祈圣鉴事。

　　窃照光绪元年四月份通省粮价及得雨情形,前经臣恭折奏报在案。兹查本年五月份成都、重庆、夔州、龙安、绥定、宁远、保宁、顺庆、潼川、嘉定、雅州、叙州等十二府,资州、绵州、忠州、酉阳、眉州、邛州、泸州七直隶州,叙永、石砫两直隶厅,各属先后具报得雨一二次至十余次不等。早禾茂盛,田水充盈。其通省粮价俱与上月相同,据署布政使英祥查明列单汇报前来。

　　臣覆核无异。理合分缮清单,恭呈御览,伏乞皇太后、皇上圣鉴。谨奏。六月二十二日。

　　光绪元年七月二十八日,军机大臣奉旨:知道了。钦此。②

○八七　呈川省光绪元年五月粮价清单

光绪元年六月二十二日(1875年7月24日)

　　谨将光绪元年五月份四川省所属地方各项粮价,开具清单,恭

---

　　①　中国第一历史档案馆藏:军机录副,档案编号:03-6706-037。
　　②　中国第一历史档案馆藏:军机录副,档案编号:03-6746-042。

呈御览。

成都府属，价贵。中米每仓石价银二两九钱三分至三两九钱一分，与上月同。大麦每仓石价银一两八钱三分至二两，与上月同。小麦每仓石价银二两一钱三分至二两三钱，与上月同。黄豆每仓石价银一两四分至二两四钱四分，与上月同。荞子每仓石价银一两一钱六分至一两七钱，与上月同。

重庆府属，价贵。中米每仓石价银二两七钱三分至三两七钱一分，与上月同。大麦每仓石价银一两六钱二分至一两九钱七分，与上月同。小麦每仓石价银二两六钱八分至二两七钱三分，与上月同。黄豆每仓石价银二两七钱至二两九钱七分，与上月同。

保宁府属，价贵。中米每仓石价银二两五钱五分至三两二钱一分，与上月同。大麦每仓石价银一两八钱九分至二两一钱，与上月同。小麦每仓石价银二两八钱三分至三两五钱七分，与上月同。黄豆每仓石价银一两八钱一分至二两一钱一分，与上月同。

顺庆府属，价贵。中米每仓石价银二两九钱九分至三两三钱八分，与上月同。大麦每仓石价银一两六钱一分至一两八钱，与上月同。小麦每仓石价银二两九分至二两一钱二分，与上月同。黄豆每仓石价银一两五钱五分至一两六钱五分，与上月同。

叙州府属，价贵。中米每仓石价银三两至三两二钱二分，与上月同。大麦每仓石价银一两六钱六分至二两二分，与上月同。小麦每仓石价银二两一钱三分至二两六钱三分，与上月同。黄豆每仓石价银一两一钱一分至一两五钱二分，与上月同。

夔州府属，价贵。中米每仓石价银二两八钱至三两一钱一分，与上月同。大麦每仓石价银一两七钱八分至二两四钱六分，与上月同。小麦每仓石价银二两九钱五分至三两三分，与上月同。黄豆每仓石价银二两一钱四分至二两二钱四分，与上月同。

龙安府属，价贵。中米每仓石价银二两四钱九分至三两一钱四分，与上月同。青稞每仓石价银一两五钱，与上月同。小麦每仓石价银一两七钱九分至二两一钱八分，与上月同。黄豆每仓石价银一两八钱五分至一两九钱三分，与上月同。

宁远府属，价贵。中米每仓石价银二两八钱三分至三两一钱一分，与上月同。大麦每仓石价银一两四钱八分至一两六钱，与上月同。小麦每仓石价银一两五钱九分至二两二钱，与上月同。荞子每仓石价银一两四钱五分，与上月同。黄豆每仓石价银一两五钱六分至一两六钱三分，与上月同。

雅州府属，价中。中米每仓石价银二两七钱五分至二两七钱六分，与上月同。小麦每仓石价银二两二钱九分至二两六钱五分，与上月同。黄豆每仓石价银一两六钱五分至二两四分，与上月同。

嘉定府属，价贵。中米每仓石价银二两七钱二分至三两三钱，与上月同。小麦每仓石价银二两三钱六分至二两七钱三分，与上月同。黄豆每仓石价银一两四钱七分至二两三分，与上月同。

潼川府属，价贵。中米每仓石价银二两八钱三分至三两五钱，与上月同。大麦每仓石价银一两六钱五分至一两九钱三分，与上月同。小麦每仓石价银二两一钱四分至二两四钱九分，与上月同。黄豆每仓石价银一两七钱六分至二两一钱三分，与上月同。

绥定府属，价中。中米每仓石价银二两七钱至二两八钱二分，与上月同。大麦每仓石价银一两五钱八分，与上月同。小麦每仓石价银一两六钱二分至一两七钱三分，与上月同。黄豆每仓石价银一两四钱三分，与上月同。

眉州直隶州属，价中。中米每仓石价银二两六钱八分至二两九钱六分，与上月同。

邛州直隶州并属，价贵。中米每仓石价银二两五钱八分至二两九钱八分，与上月同。大麦每仓石价银一两九钱，与上月同。小麦每仓石价银二两五钱七分，与上月同。黄豆每仓石价银二两八分至二两二钱二分，与上月同。

泸州直隶州并属，价贵。中米每仓石价银三两至三两一分，与上月同。

资州直隶州并属，价中。中米每仓石价银二两五钱至二两九钱，与上月同。

绵州直隶州并属，价中。中米每仓石价银二两六钱七分至二两九钱五分，与上月同。小麦每仓石价银二两三钱二分至二两四钱六分，与上月同。

茂州直隶州并属，价中。中米每仓石价银二两五钱七分，与上月同。小麦每仓石价银二两六钱八分，与上月同。青稞每仓石价银二两二钱，与上月同。荞子每仓石价银一两二钱三分至一两七钱三分，与上月同。

忠州直隶州并属，价贵。中米每仓石价银二两五钱二分至三两一钱六分，与上月同。大麦每仓石价银一两四钱六分至一两六钱，与上月同。小麦每仓石价银二两三分至二两三钱九分，与上月同。黄豆每仓石价银一两二钱七分至一两五钱七分，与上月同。

酉阳直隶州并属，价贵。中米每仓石价银二两五钱三分至三两一分，与上月同。大麦每仓石价银二两二钱八分至二两六钱，与上月同。小麦每仓石价银二两六钱二分至二两七钱六分，与上月同。黄豆每仓石价银一两三钱九分至一两四钱四分，与上月同。

叙永直隶厅并属，价中。中米每仓石价银二两九钱二分，与上月同。小麦每仓石价银一两八钱一分,与上月同。荞子每仓石价银一两三钱二分,与上月同。黄豆每仓石价银一两六钱一分,与上月同。

松潘直隶厅,价中。青稞每仓石价银二两六钱六分,与上月同。荞子每仓石价银一两七钱四分,与上月同。

杂谷直隶厅,价中。青稞每仓石价银二两四钱,与上月同。荞子每仓石价银一两七钱九分,与上月同。

石砫直隶厅,价平。中米每仓石价银一两六钱,与上月同。大麦每仓石价银一两七钱三分,与上月同。小麦每仓石价银二两六分,与上月同。黄豆每仓石价银一两八钱九分,与上月同。

打箭炉厅,价贵。青稞每仓石价银四两八钱七分,与上月同。油麦每仓石价银一两八钱一分,与上月同。

军机大臣奉旨:览。钦此。[1]

○八八　呈川省光绪元年五月得雨清单

光绪元年六月二十二日(1875 年 7 月 24 日)

谨将光绪元年五月份四川省各属报到得雨情形,开具清单,恭呈御览。

成都府属:成都、华阳两县得雨八次,秧苗耘耨。简州得雨三次,秧苗滋长。崇庆州得雨三次,早稻耘耨。汉州得雨四次,禾苗滋长。温江县得雨二次,田水充盈。新都县得雨八次,秧苗耘耨。彭县得雨二次,禾苗栽插。什邡县得雨四次,早秧茂盛。

重庆府属:江北厅得雨四次,田水充盈。巴县得雨三次,早禾

---

[1]　中国第一历史档案馆藏:清单,档案编号:03-6746-044。

荣茂。江津县得雨三次，晚秧滋长。长寿县得雨五次，秧苗耘薅。永川县得雨八次，禾苗荣秀。荣昌县得雨四次，田水充足。綦江县得雨四次，禾苗荣秀。合州得雨七次，禾苗畅茂。南川县得雨九次，田水充盈。涪州得雨四次，早秧茂盛。璧山县得雨五次，田水已足。大足县得雨七次，早秧茂盛。定远县得雨五次，田亩蓄水。

夔州府属：万县得雨八次，早禾畅茂。

龙安府属：平武县得雨三次，田水充足。江油县得雨五次，晚禾滋长。彰明县得雨一次，堰水充盈。

绥定府属：达县得雨二次，田水充足。新宁县得雨二次，早禾耘薅。渠县得雨四次，秧苗栽插。

宁远府属：西昌县得雨二次，早禾栽插。

保宁府属：阆中县得雨一次，秧苗茂盛。苍溪县得雨二次，田水充足。广元县得雨一次，秧苗茂盛。巴州得雨一次，秧苗滋长。剑州得雨二次，稻粟滋长。

顺庆府属：南充县得雨二次，秧苗茂盛。西充县得雨三次，田水充足。蓬州得雨三次，晚秧栽毕。营山县得雨二次，秧苗滋长。仪陇县得雨二次，秧苗青秀。岳池县得雨二次，田水充足。广安州得雨二次，秧苗秀发。邻水县得雨四次，秧苗滋长。

潼川府属：三台县得雨五次，积水充盈。射洪县得雨五次，田水充足。盐亭县得雨二次，田水稍足。中江县得雨一次，田水稍足。遂宁县得雨一次，田水充足。蓬溪县得雨二次，禾苗滋长。乐至县得雨四次，秧苗滋长。安岳县得雨一次，田水充足。

雅州府属：雅安县得雨四次，禾苗滋长。

嘉定府属：乐山县得雨十一次，晚秧茂盛。峨眉县得雨三次，田水充足。洪雅县得雨五次，田水充盈。犍为县得雨一次，田水充足。威远县得雨四次,田禾茂盛。峨边厅得雨三次,秧苗滋长。

叙州府属:南溪县得雨十三次,田水充足。富顺县得雨四次,禾苗茂盛。隆昌县得雨二次,田水充足。长宁县得雨一次,禾苗滋长。兴文县得雨十次,田水充足。马边厅得雨二次,秧苗栽插。

资州直隶州属:资阳县得雨四次,田水充足。仁寿县得雨六次,秧苗茂盛。井研县得雨三次,雨水调匀。内江县得雨四次,早禾青葱。

绵州直隶州并属:绵州得雨三次,秧苗栽毕。安县得雨二次,田水稍缺。梓潼县得雨三次,早禾畅茂。罗江县得雨二次,秧苗滋长。

忠州直隶州并属:忠州得雨四次,禾苗耕耨。酆都县得雨六次,杂粮滋长。垫江县得雨四次,农民薅秧。梁山县得雨三次,黄豆茂盛。

酉阳直隶州属:彭水县得雨五次,田水充足。

眉州直隶州并属:眉州得雨二次,堰水畅流。彭山县得雨三次,田禾滋长。丹棱县得雨六次,堰水充盈。

邛州直隶州属:大邑县得雨二次,秧苗栽毕。

泸州直隶州并属:泸州得雨六次,田水充足。江安县得雨三次,禾苗滋长。合江县得雨四次,早禾茂盛。纳溪县得雨六次,早秧薅毕。

石砫直隶厅得雨三次,秧苗茂盛。

叙永直隶厅并属:叙永厅得雨一次,早秧耕耨。永宁县得雨一次,晚秧长发。

军机大臣奉旨:览。钦此。①

---

① 中国第一历史档案馆藏:清单,档案编号:03-6746-043。

○八九　奏报议结黔江教案等情折

光绪元年七月十九日(1875 年 8 月 19 日)

　　四川成都将军臣魁玉、头品顶戴四川总督臣吴棠跪奏，为黔江教案现已筹商定拟，恳恩准予议结，并请旨将办理乖谬、业经摘顶撤任之知县革职，永不叙用，恭折仰祈圣鉴事。

　　窃臣等曾将教士被殴致毙、凶犯已获，并查明黔江民教起衅实情，覆验讯供各缘由，先后奏明在案。嗣准总理衙门来咨，转准法国使臣罗淑亚照称：该馆参赞赫捷德，现有川省之游，跟带学习汉话生白藻赍为伴等语。复经奏派按察使衔前贵东道多文，会同川东道姚觐元，迅筹妥办。该参赞赫捷德于正月二十三日，由委员候补县丞邹宗灏迎护抵渝，与该道多文、姚觐元，再四会商。该参赞仍坚持主教范若瑟原议，必欲定知县桂衢亨发遣罪名，且索银十五万两，继又减为十万两。该道等反复辩论，据约力争，伊终固执如初，迄无成说，至二月二十九日，起身下船。前贵东道多文等先期进省，参赞赫捷德等溯流而上，于四月初旬，甫抵省垣。主教范若瑟为之前导，各处教士亦皆接踵而来。川中民气浮嚣，每于该参赞出门之际，观者如堵，势颇汹汹。

　　臣等一面谕饬成都府县严行禁止，一面派兵弹压巡查，幸获相安无事。而范若瑟暗中主持，以官绅罪名为辞，必餍其欲而后已。又经臣等添委妥员，再三开导，赫捷德置若罔闻，四月二十六日，忽来函道谢辞行，意似怫然而去。次日，范若瑟邀请委员，再行面议，明为昭雪，暗实要求。因权其利害重轻，从中区处。二十九日，赫捷德等登舟后，该委员等与范若瑟同至舟中，甫得公同议定，酌给埋葬银一千五百两。此外，尚有应用款项，拟请在外筹销。三十日，赫捷德等随即解缆开行。当饬委员等与之偕往，令其仍在渝城结案，和好永敦。兹据前贵东道多文、川东道姚觐元禀报：五月初七日，该参赞等舟抵渝城，先遣学习汉语生白藻赏为伴等，前来道谢，声称案已议结。参赞赫捷德亦即互相过从。初十日，遂扬帆东下。主教范若瑟遣教民郭怀仁、麦忠廷等，赴署请领银两，取具洋字图记、收条存案。

兹据委员候补同知吕烈嘉、巴县知县李玉宣等禀称：遵即提集犯证，逐加审讯。缘该县附生杨万象，会遇该县在逃之贡生李渊树，谈及司铎余克林、教士戴明卿、张紫蓝来县置买房屋，建堂传教，心不甘愿。杨万象起意将余克林痛殴一顿，使知畏惧，不敢再来。李渊树允从，纠约陈宗发、谢家俸、蔡从憘、郑双荃，同往帮殴。陈宗发、谢家俸各将余克林、戴明卿殴毙，蔡从憘、郑双荃均在场，各有殴伤。再三研诘，矢口不移。并非预谋致死及起衅别故。将陈宗发照故杀律，拟斩监候，业已畏罪自尽，应无庸议。谢家俸按照下手致命伤重律，拟绞监候。附生杨万象谋同贡生李渊树，纠殴致毙二命，一斗一故，情节较重，应请量加问拟，革去附生，按照原谋满流上量加一等，拟发附近充军。据供亲老丁单，请饬该县查明取结，另文详办。李渊树不候解审，在途潜逃，将来拿获，应照原谋律满流上，加逃罪二等，拟发近边充军。蔡从憘、郑双荃均依余人律，拟仗一百。其余无干人证，应请省释。两造人等均皆悦服，具结完案，禀乞核转等情。该道多文、姚觐元覆核无异，并由川东道覆提招犯谢家俸、杨万象，亲讯咨解臬司审转前来。

臣等当即亲提覆讯，与原供相符，应即照所拟办理。惟黔江县知县桂衢亨，于民教交涉事件，并不细心筹画，以致酿成巨案，实属办理乖谬。相应请旨，将摘顶撤任黔江县知县桂衢亨革职，永不叙用。仍勒令回籍，不准逗留川省，以示惩儆。除将全案供招咨呈总理衙门暨咨刑部外，所有黔江教案现已筹商定拟、恳恩准予议结缘由，谨合词恭折具陈，伏乞皇太后、皇上圣鉴训示。谨奏。

光绪元年七月十九日，由驿具奏。兹于光绪元年八月二十五日，准兵部火票递回原折，后开军机大臣奉旨：依议。该衙门知道。钦此。①

光绪元年八月初七日，军机大臣奉旨：依议。该衙门知道。钦此。②

【案】关于此折之批覆，《清实录》载曰：

四川黔江县民教起衅、殴毙教士案议结。革知县桂衢亨职，永不叙用。③

○九○　奏陈川省吏治民风实在情形折

光绪元年七月十九日(1875 年 8 月 19 日)

头品顶戴四川总督臣吴棠跪奏，为沥陈川省吏治民风实在情形，现仍随时整顿，恭折仰祈圣鉴事。

窃臣前经驻藏大臣松潗传奉皇太后懿旨：着于地方一切事务，

① 吴棠等：《游蜀疏稿》，第 1117—1129 页；中国第一历史档案馆、福建师范大学历史系编：《清末教案》，第 2 册，第 84—86 页。
② 此奉旨日期与内容，据《清末教案》校补。
③ 《德宗景皇帝实录(一)》，卷十五，光绪元年八月上，第 259 页。

认真整顿等因。钦此。当即会同将军臣魁玉合词覆奏在案。惟念疆臣之职,首重察吏安民。所谓察吏者,不外乎举劾之公;所谓安民者,只视乎劝惩之当。臣奉命莅川,今已七年,当军兴以后,用法尚严,苛刻武断之吏,不免残民以逞。经臣屡加参劾,并择其守洁才优者,调拨要地,气习为之一变。第日久生玩,人情之常,全在督同藩、臬两司,随时考察。无如川省仕途混杂,攻讦为能。遇有弹章,辄复造言生事,胪陈多款,以为反噬之谋。虽照例立案不行,而此风业已浸长。

臣渥蒙高厚,由牧令洊历封圻,每虞吏事不修,致滋贻误,断不敢以积习难挽,稍事姑容。至川省民风,有帽顶、喉匪诸名目,为害地方,殆犹东南数省之凶恶棍徒也。然他省大都无赖贫民,相率纠结。而川省土豪粮户,曾列武庠,往往比周为党,或伙同行劫,坐地分赃;或销毁制钱,铸私渔利。一经拿获到案,坚不吐供,而良善疾首痛心,惟恐若辈漏网,致滋巨患。但能遇事访查,秉公听断,情真罪当,立正典刑,群匪即因之敛戢。臣于蜀民,拊循备至,亦必猛以济宽也。以上两端,均于吏治民风大有关系。臣为整顿地方起见,不敢不敬陈于圣主之前。

臣自今春销假后,旧疾仍未遽全。惟有竭力从公,任劳任怨,勤加整饬,借免疏虞,以仰副朝廷澄叙官方、辑绥边圉之至意。所有沥陈川省吏治民风实在情形,现仍随时整顿缘由,理合恭折具陈,伏乞皇太后、皇上圣鉴。谨奏。七月十九日。

光绪元年八月初七日,军机大臣奉旨:览奏,均悉。所陈吏治民风情形,仍着随时认真整顿,毋稍疏懈。钦此。[1]

---

[1] 中国第一历史档案馆藏:军机录副,档案编号:03-5663-012。又,吴棠等:《游蜀疏稿》,第1109—1115页。其尾记曰:"光绪元年七月十九日,由驿具奏。于本年八月二十五日准,奉旨。"

【案】关于此折之批覆，《清实录》载曰：

辛未，四川总督吴棠奏，前经驻藏大臣松滋传奉皇太后懿旨，着于地方一切事务认真整顿等因。钦此。当即会同将军魁玉覆奏在案。查川省仕途混杂，攻讦为能，遇有弹章，辄敢造谣生事，胪陈多款，以为反噬之谋。土豪粮户，曾列武庠，往往比周为党，或伙同行劫，坐地分赃，或销毁制钱，铸私渔利。以上两端，均于吏治民风大有关系。惟有竭力从公，任劳任怨，以免疏虞。得旨：所陈吏治民风情形，仍着随时整顿，毋稍疏懈。①

【案】同治十三年十二月十九日，清廷谕令各督抚必须共矢公忠，各尽厥职，任用贤能，与民休息。《清实录》：

又谕：朕钦奉两宫皇太后懿旨：封疆大吏受国厚恩，当此时事艰难，必须共矢公忠，各尽厥职。现在各省时有偏灾，疮痍未复，民生凋敝，良用恻然。该督抚当仰体朝廷爱民之心，勤求闾阎疾苦，加意抚恤。如清讼狱，勤缉捕，并办赈积谷等事，均宜饬地方官实力奉行，大吏以此考察属员，朝廷即以此考察大吏，慎勿视为具文。各省营伍屡经饬令整顿训练，以备不虞，虽关陇、滇、黔渐臻安靖，而西北各路正烦兵力，即内地莠民土匪，亦未净绝根株，亟应修明武备，将各营积习悉心湔除，庶一兵可得一兵之用，而饷亦不至虚糜。至吏治之清浊，全在大吏之激扬，近来各省督抚，亦时甄别属员，加以举劾。第恐耳目未周，或以好恶为是非，即无以示劝惩而端表率。着

---

① 《德宗景皇帝实录（一）》，卷十五，光绪元年八月上，第259页。

各直省督抚,秉公考核,随时认真整饬,以挽颓风。牧令为亲民之官,得人则治,尤宜留心选择,任用贤能,与民休息,不得以滥竽充数,贻误地方。经此次训谕后,各该督抚益当实心任事,共济时艰,毋得以粉饰塞责,致负委任。[①]

○九一　委解光绪元年京饷暨
固本饷项起程日期折

光绪元年七月十九日(1875 年 8 月 19 日)

头品顶戴四川总督臣吴棠跪奏,为川省三次委解光绪元年份京饷暨固本饷项起程日期,恭折仰祈圣鉴事。

窃查光绪元年份户部原拨京饷四川盐厘十五万两、津贴十五万两,续拨盐厘银五万两、按粮津贴银十万两,已于本年二月二十八日、四月二十一等日二次解过银二十三万两。又,固本饷项月解银五千两,前共解过部库银五十四万两,先后奏报在案。伏思京饷为部库正供,固本为京畿要款,川库虽极支绌,亟应勉力筹解。兹臣督同司道凑集厘金银五万两、津贴银七万两,共银十二万两,作为本年原拨、续拨京饷;又催集各属捐输银一万五千两,作为光绪元年六月二十一日起至九月二十一日止三个月固本饷项,均饬委南川县知县黄际飞承领管解,定期于本年七月二十六日自成都起程。

前因秦、陇交界地方时有散练游勇,驲路通塞靡常,京饷关系甚重,实难冒险径解。臣于十三年四月奏准援案发商汇兑,奉旨敕

①　《德宗景皇帝实录(一)》,卷二,同治十三年十二月下,第 94 页。

部知照在案。所有此次饷项，仍照奏准成案，发交蔚泰厚等银号汇解，委员进京兑齐，解赴户部交纳，用昭慎重，据署藩司英祥、署臬司傅庆贻、署盐茶道谢膺禧会详前来。臣覆查无异。理合恭折具奏，伏乞皇太后、皇上圣鉴。谨奏。七月十九日。

光绪元年八月初七日，军机大臣奉旨：知道了。钦此。[1]

○九二　解还部库银两发交汇解片

光绪元年七月十九日（1875 年 8 月 19 日）

再，臣于同治十三年春间准户部咨：奏拨乌鲁木齐都统景廉军饷折内，拟由部库四成洋税项下拨银二十万两，仍在各省积欠新疆月饷内提还，计四川拨银六万两等因。已于本年二月间筹拨捐厘银三万两，委员领解赴部，奏报起程在案。兹臣督同藩司，复于捐输项下凑集银一万五千两，饬委南川县知县黄际飞承领管解，定于光绪元年七月二十六日自成都起程。

惟因秦、陇交界地方，时有散勇游匪，驲站通塞靡常，现委黄际飞管解京饷、练饷十三万两，概交西商蔚泰厚等号汇兑进京，所有此次解还部库银一万五千两，该员承领，事同一律，发交蔚泰厚等银号汇解，该委员至京兑齐，解赴户部交纳，用昭慎重。其余一万五千两，一俟续筹有项，即行拨解，据署藩司英祥具详前来。臣覆查无异。除分咨外，理合附片陈明，伏乞圣鉴。谨奏。七月十九日。

---

① 中国第一历史档案馆藏：军机录副，档案编号：03-6593-021。

光绪元年八月初七日,军机大臣奉旨:户部知道。钦此。^①

○九三 续解惠陵工程银两片

光绪元年七月十九日(1875年8月19日)

再,臣准户部咨:奏明指拨川省盐厘、津贴银五万两,统限本年五月起,分批径解惠陵工程处交纳,并于年内解齐,不得迟误等因。遵即转饬司道凑集盐厘、津贴共银二万两,于四月二十一日委员郑继昌承领汇京,解赴惠陵工程处交纳,当经奏明在案。

兹复饬据司道催集盐厘银一万两、津贴银五千两,共银一万五千两,饬委现解京饷之南川县知县黄际飞承领,定期本年七月二十六日自成都起程,仍照历解京饷成案,发交蔚泰厚等银号汇解,委员至京兑齐,解赴惠陵工程处交纳,用昭慎重。余俟凑有成数,赶紧续解,据藩司、盐茶道会详前来。除分咨外,理合附片陈明,伏乞圣鉴。谨奏。

光绪元年八月初七日,军机大臣奉旨:知道了。钦此。^②

○九四 奏报历年积欠盐茶羡截片

光绪元年七月十九日(1875年8月19日)

再,查川省司库,年例应支杂款为数甚巨,历由盐茶道征收盐

---

① 中国第一历史档案馆藏:军机录副,档案编号:03-6056-060。
② 中国第一历史档案馆藏:军机录副,档案编号:03-7149-033。此片具奏日期未确,兹据军机处随手登记档(档案编号:03-0214-3-1201-210)校正。

茶耗羡银两,陆续解司支放。近年因滇、黔两省久被贼扰,民人骤南复业,盐茶边引口岸尚未疏畅,而楚省盐岸自奏定川、淮分地以后,川盐销路顿窄,愈形壅滞,以致同治十三年盐茶羡截及带征历年积欠仅据各属批解银九万二千九百一十八两零,核计司库例支各款尚不敷银三万三千有奇。而应支之银均系书吏、水手工食及故兵月米等项,断难缺缓,亟应设法筹款接济。兹据署藩司英祥详称:查司库正杂各款已搜索无遗,惟文职养廉、截旷两项减成积有成数,拟请于同治十三年份文职养廉、截旷项下,借拨银四千九百两,再借拨文职养廉减成银二万九千两,一并入于同治十三年盐茶查销案内新收项下照数开支,核实造报等情前来。

臣查该司所详,系属通融接济要款、俾免缺乏起见。除饬催盐茶道将各属未完盐茶羡截银两勒限严催,征缴齐全,解交司库,分别归款支发并咨部外,理合附片陈明,伏乞圣鉴。谨奏。

光绪元年八月初七日,军机大臣奉旨:户部知道。钦此。[①]

○九五　委解菩陀峪工程银两起程日期片

光绪元年七月十九日(1875 年 8 月 19 日)

再,臣准户部咨:奏明指拨川省盐厘银、津贴银五万两,统限本年六月内,分批径解菩陀峪工程处交纳,毋稍延误等因。遵即转饬司道凑集盐厘、津贴银共二万两,于四月二十一日并交前解京饷委员郑继昌承领汇京,解赴菩陀峪工程处交纳,当经奏明在案。

---

① 中国第一历史档案馆藏:军机录副,档案编号:03-6593-022。此片具奏日期未确,兹据军机处随手登记档(档案编号:03-0214-3-1201-210)校正。

兹复饬据司道凑集津贴银一万两、盐厘银五千两,共银一万五千两,并交现解京饷委员黄际飞承领,定期本年七月二十六日自成都起程,均照历解京饷成案,发交蔚泰厚等银号汇解,委员至京兑齐,解赴菩陀峪工程处交纳,用昭慎重。余俟续筹有项,赶紧批解。据藩司、盐茶道会详前来。理合附片陈明,伏乞圣鉴。谨奏。

光绪元年八月初七日,军机大臣奉旨:知道了。钦此。①

○九六 委解乌里雅苏台协饷起程日期折

光绪元年七月十九日(1875 年 8 月 19 日)

头品顶戴四川总督臣吴棠跪奏,为委员筹解乌城协饷起程日期,恭折仰祈圣鉴事。

窃臣承准军机大臣字寄:光绪元年正月十一日,奉上谕:额勒和布等奏,请饬催各省积欠饷银,开单呈览一折。各省历年奉拨乌里雅苏台协饷,积欠甚巨,现在乌城饷项缺乏,需用甚急。四川欠解银三万两,着即如数筹解,毋稍延迟等因。钦此。钦遵知照前来。伏查川省距乌城过远,向无解饷成案,其运饷道路有无阻碍,无从探询。前准部咨,指拨盐厘银三万两,作为接济乌城四部落专款,经臣咨明驻陕甘粮台,议将此项协饷先解西征粮台交收,转解乌城,以昭妥慎在案。现在川省协饷甚繁,库款虽万分支绌,惟乌城待饷孔殷,不能不先其所急,勉力筹解。

臣督饬藩司在于厘金项下,凑拨银三万两,饬委候补同知庆

---

① 中国第一历史档案馆藏:军机录副,档案编号:03-7149-032。此片具奏日期未确,兹据军机处随手登记档(档案编号:03-0214-3-1201-210)校正。

瑞、候补县丞陈瑞荣承领，定期于本年七月十二日自成都起程，解赴西征粮台交收，转解乌城，以资接济。除分咨外，理合恭折具陈，伏乞皇太后、皇上圣鉴。谨奏。七月十九日。

光绪元年八月初七日，军机大臣奉旨：知道了。钦此。[①]

【案】军机大臣字寄……毋稍延迟等因：此廷寄上谕档载曰：

军机大臣字寄：四川总督吴、署两江总督江西巡抚刘、浙江巡抚杨、山东巡抚丁、山西巡抚鲍、河南巡抚钱，传谕署江西巡抚布政使刘秉璋：光绪元年三月十一日，奉上谕：额勒和布等奏，请饬催各省积欠饷银，开单呈览一折。各省历年奉拨乌里雅苏台协饷积欠甚巨，现在乌城饷项缺乏，历次欠发及借用各款无从筹措，需用甚急，着丁宝桢先行筹拨银八万两，鲍源深先行筹拨银六万两，钱鼎铭先行筹拨银十二万两，解交额勒和布等，以资应用。其余欠解之款，仍着陆续起解，以清款目。至江西欠解乌城饷银三万两，浙江欠解二万两，两淮欠解五万两，四川欠解三万两，着吴棠、刘坤一、杨昌濬、刘秉璋迅即如数筹解，毋再延宕。原单着分别钞给阅看。将此由四百里谕知吴棠、刘坤一、杨昌濬、丁宝桢、鲍源深、钱鼎铭，并传谕刘秉璋知之。钦此。遵旨寄信前来。[②]

---

① 中国第一历史档案馆藏：军机录副，档案编号：03-6593-020。

② 中国第一历史档案馆编：《光绪宣统两朝上谕档》，第1册，第69页；《德宗景皇帝实录（一）》，卷五，光绪元年三月上，第146—147页。

○九七　奏报乡试考官循例选充分发人员片

光绪元年七月十九日(1875 年 8 月 19 日)

再,查道光九年,礼部议覆御史牛鉴条奏各省乡试,如实缺人员不敷考选内帘,准于即用分发人员中择其文理优长者,一体充当等因。历经遵照在案。本年川省举行乙亥恩科文闱乡试,所有堪调内帘实缺人员,或因久历簿书,稍涉荒疏;或因地方紧要,未便更易。合计所调实缺各员,不敷考选十二房之额。随遵照部议,在于分发即用人员中择其文理优长者,与实缺人员一体选充,以重校阅。理合附片具奏,伏乞圣鉴。谨奏。

光绪元年八月初七日,军机大臣奉旨:知道了。钦此。[①]

○九八　审拟曾帼霖等纠众铸钱一案片

光绪元年七月十九日(1875 年 8 月 19 日)

再,川省前因厂铜短绌,宝川局频年停卯,铺钱渐昂,难保无私铸搀和之弊,节饬藩、臬两司通行各属,分别查禁访拿。旋据华阳县、崇庆州先后详报获犯李从金私铸未成、郑大老么等受雇私铸等案,当经提讯,分拟军徒究办,一面筹款开铸,并设局收买小铺销毁,市肆皆用制钱。兹于光绪元年二月二十五日,据署新都县知县张文珍禀称:访闻已革武生曾帼霖,系积年冒顶,凶狡异常,并有纠众开窑、私铸小钱等事。正月二十三日四更,亲率家丁、兵役,假托

---

① 中国第一历史档案馆藏:军机录副,档案编号:03-7176-051。

别事，绕道驰往掩捕。时曾幗霖在家开炉鼓铸，持刀拒捕。经该县督饬兵役，奋勇上前，始行擒获，查起帐簿与铸成私铺钱、钱钳、钱模等器具并抬枪、刀矛等械。汛弁、典史赶至，协同押带，回县研讯，该犯供认前情不讳。惟闻贼党曾黑心代亡在外飞洒片子，纠约弟兄，意图劫狱。禀请会营押犯，解省审办等情。当将该犯与私铸器具、枪械发府审办去后，兹据成都府知府黄云鹄等审明定拟，由司解勘到臣。

提讯犯供无异。缘该犯曾幗霖籍隶新都县，于道光三十年学臣支清彦考取第四名武生，后因旷课斥革。平日结择人等，皆指为大帽顶，兵役亦多交识，约邻不敢阻拦。凡被该犯欺辱扰害之家，皆畏伙党众多，不敢与较。同治十二、三年，该犯起意私铸，收买□□铅斤，伙同在逃之曾昭银等在乡搭盖草房，开炉私铸，因恐兵役查拿，并无一定住址。上年冬间，省城收买私小，开局铸用制钱，不准私铸挽用，碍难搭房私铸。

光绪元年正月初间，该犯邀同曾昭银、曾黑心代亡、曾轻渊、骆汶亭、王老五、钟大黄、郭大肉、赖老六等多人，各出本钱，收买铁铜，挽和制钱。十三日，在该犯家内开炉私铸，日铸成私钱百余千不等，卖与不知姓名人，得将多钱分用。到二十三日四更，时在开炉鼓铸，忽闻院内喊拿，人多声急。曾昭银等跳墙逃逸。该犯拿刀赶出拒捕，经该县迎面喝制，兵役围住夺刀，即将该犯擒获，讯认销毁制钱在家私铸不讳。再三研诘，矢口不移。

查该犯曾幗霖，平日交结匪徒，皆推为大帽顶，恃众凶残，扰害地方，与凶恶棍徒无异，且销毁制钱，开炉私铸，实属目无法纪。川省人情浮动，若不及时惩办，无以整顿国法，自应照例拟以斩决。兹臣访闻著名啯匪郭大肉即郭停柳、何老么即张洸花等，随处抢劫,漏网有年,实为地方大害。经臣分饬留川升用参将刘顺望、高秉元分投密拿。旋据禀称:啯匪郭大肉,新都县人,素与啯匪狼狈为奸,人人切齿。何老么,郫县人,多在郫县、崇宁、灌县等县乡场聚众抢劫,事主畏恶,不敢报案。兹参将等督带亲兵黄元□、蒋元密等,先后将该犯等住处访确。参将刘顺望将何老么拿获,并起赃衣狐皮马褂、银钱等件。游击高秉元督同兵役将郭大肉擒获,并将拿获双刀二把解省,禀请讯办前来。臣即发委审办,该犯等狡供避就。经臣亲提确讯,俱各供认前情不讳。

伏查该犯曾帼霖、郭大肉、何老么,均属经年恶匪,为害闾阎,照例拟处斩决,未便稍事稽诛,当即恭请王命,将该犯曾帼霖、郭大肉即郭停柳、何老么即张洸花一并正法,以儆顽梗而快人心。新都县张文珍与典史、营汛访闻会获,其余新都、崇宁、郫、灌等县兵役随同协获,所有失察处分概请宽免。合并声明。除仍饬严拿逸犯曾昭银等务获究办外,理合附片具陈,伏乞皇太后、皇上圣鉴。谨奏。

光绪元年八月初七日,军机大臣奉旨:该部知道。钦此。[1]

○九九　特参知县李光廷等请旨摘顶勒催折

光绪元年七月二十九日(1875 年 8 月 29 日)

头品顶戴四川总督臣吴棠跪奏,为知县欠解税契、杂税银两延不解清,请旨摘顶勒催,恭折仰祈圣鉴事。

窃照州县经征税契、杂税银两,关系正供,例应按年全完,不容

---

① 中国第一历史档案馆藏:军机录副,档案编号:03-7404-017。

丝毫蒂欠。查同治十三年份各属应解税契、杂税银两，叠次催提，已据陆续解司完纳。惟有温江、雅安、夹江、丹棱四县欠解同治十三年份税契、杂税银两，经臣督饬藩司节次勒催，迄今尚未批解，实属泄玩。若不分别参追，何以儆玩惕而重正赋，据署藩、臬两司详请奏参前来。

相应请旨将卸署温江县事试用知县李光廷、雅安县知县韩道原、夹江县知县惠庆、卸署丹棱县事通江县知县文龙一并摘去顶戴，勒限两月，严催完解。如能依限解清，再行奏恳恩施；倘逾限不解，或解不足数，即从严参办。

至叙永厅额征盐杂税银六千四百七十五两零，除已解过银二千五百四十九两零，计前署该厅李溶及现任厅张焕祚短征银三千九百二十六两零，实因滇、黔道路尚未全靖、商贩稀少所致，与经征不力有间，现在严饬该丞等设法赔缴，另案办理。除咨部外，理合恭折具陈，并将各员欠解银数、衔名谨缮清单，恭呈御览，伏乞皇太后、皇上圣鉴训示。谨奏。七月二十九日。

光绪元年九月十二日，军机大臣奉旨：着照所请，该部知道。单并发。钦此。①

一〇〇　呈同治十三年未完税契等项各员清单

光绪元年七月二十九日(1875 年 8 月 29 日)

谨将同治十三年份未完税契、杂税银两各员，开具清单，恭呈

---

①　中国第一历史档案馆藏：军机录副，档案编号：03-5100-034。

御览。

温江县未解同治十三年份税契银八百四十两七钱九分，系前署县李光廷应解之款，屡次催提，延不批解，应请旨将李光廷摘去顶戴，勒限两月完解，逾限不完，从严参办。

雅安县未解同治十三年份税契银八百四十两九钱七分，未解杂税银四千六十两六钱六分三厘，系现任县韩道原应解之款，屡次催提，延不批解，应请旨将韩道原摘去顶戴，勒限两月完解，逾限不完，从严参办。

夹江县未解同治十三年份税契银二百一十六两五钱九分七厘，系现任县惠庆应解之款，屡次催提，延不批解，应请旨将惠庆摘去顶戴，勒限两月完解，逾限不完，从严参办。

丹棱县未解同治十三年份税契银三百八十三两八钱六分，系卸署县文龙应解之款，屡次催提，延不批解，应请旨将文龙摘去顶戴，勒限两月完解，逾限不完，从严参办。

叙永厅同治十三年份额征盐杂税银六千四百七十五两五钱七分五厘，除已解过银二千五百四十九两四分九厘一毫，计前署厅李溶及现任厅张焕祚共短征银三千九百二十六两五钱二分五厘九毫，屡次催提，据报实因滇、黔道路尚未全靖、商贩稀少所致，并非经征不力，现已饬令赔缴，另案办理。

军机大臣奉旨：览。钦此。①

---

① 中国第一历史档案馆藏：清单，档案编号：03-6193-063。此清单未署具呈者，具呈日期亦未确。兹据内容判定其为档案编号 03-5100-034 折之附件。

一○一　奏报光绪元年四月
至六月借补千、把折

光绪元年七月二十九日（1875 年 8 月 29 日）

头品顶戴四川总督臣吴棠跪奏，为借补千、把总弁缺，按照新章，恭折汇奏，仰祈圣鉴事。

窃查前准兵部咨：嗣后借补千、把总各弁缺，积至三月开单汇奏一次，以归简易等因。兹查川省自光绪元年四月起至六月底止，各营借补把总二员，分造年岁履历清册，由署提督臣胡中和咨请汇奏暨咨部给札前来。

臣覆加查核，均与定章相符。除册咨部外，理合恭折汇奏，并照缮清单，恭呈御览，伏乞皇太后、皇上圣鉴训示。谨奏。七月二十九日。

光绪元年九月十二日，军机大臣奉旨：知道了。钦此。①

一○二　呈光绪元年四月至
六月借补千、把清单

光绪元年七月二十九日（1875 年 8 月 29 日）

谨将川省光绪元年四月起至六月底止借补把总应行给札各弁，缮具清单，恭呈御览。

计开：一、建昌镇属冕山营右司把总黎兆鸿拔补本营千总，所

---

① 中国第一历史档案馆藏：军机录副，档案编号：03-5770-081。

遗冕山营把总弁缺,考验得普安左营右哨头司外委张殿邦,年力精壮,弓马可观,曾经出师著绩,保举以千总尽先补用,堪以借补冕山营把总。

一、阜和协标左营左哨二司把总马正品病故,所遗阜和左营把总弁缺,查有督标中营尽先守备梁永成,年壮差勤,弓马熟习,曾经出师著绩,堪以借补阜和左营把总。

军机大臣奉旨:览。钦此。①

一〇三 奏报知州刘南期满甄别片

光绪元年七月二十九日(1875 年 8 月 29 日)

再,查吏部奏定章程:州、县、丞、倅,无论何项劳绩保奏归入候补班者,以到省之日起,予限一年,令督抚详加察看,出具切实考语,奏明分别繁简补用等因。遵照在案。兹查有候补班前先补用直隶州知州刘南,到省一年期满,自应照章甄别,据署布政使英祥、署按察使傅庆贻造册,详请奏咨前来。

臣查该员刘南,年强才敏,请留川以繁缺直隶州补用。除将该员履历清册咨部外,理合附片陈明,伏乞圣鉴。谨奏。

光绪元年九月十二日,军机大臣奉旨:吏部知道。钦此。②

---

① 中国第一历史档案馆藏:军机录副,档案编号:03-5770-082。
② 中国第一历史档案馆藏:军机录副,档案编号:03-5100-037。

一〇四 奏报夔关应缴参
价银两如数解司片

光绪元年七月二十九日（1875年8月29日）

再，查夔关应缴参价银两，经前督臣奏准自咸丰八年起仍照向章，每年二千四百余两之数，由该关自行筹解。兹据署藩司英祥详：前夔州知府鲍康、徐景轼及现任知府蒯德模三员任内，自同治十一年正月初一日起至十二月底应摊参价银二千四百七十九两零，已如数解存司库，俟有便员赴京，即委解内务府交纳等情前来。除批饬藩司速解及分咨外，理合附片陈明，伏乞圣鉴。谨奏。

光绪元年九月十二日，军机大臣奉旨：知道了。钦此。①

一〇五 委令陈庆熙署理阆中县知县片

光绪元年七月二十九日（1875年8月29日）

再，署阆中县事候补直隶州知州王鳞飞奉旨革职，应即撤任。遗缺查有郫县知县陈庆熙，老成稳练，堪以调署。该员正、署各任内并无经征钱粮未完展参及承缉盗劫已起四参案件，据藩、臬两司会详前来。除批饬遵照外，理合附片陈明，伏乞圣鉴。谨奏。

光绪元年九月十二日，军机大臣奉旨：知道了。钦此。②

---

① 中国第一历史档案馆藏：军机录副，档案编号：03-6329-036。此片具奏日期未确，兹据军机处随手登记档（档案编号：03-0214-3-1201-243）校正。

② 中国第一历史档案馆藏：军机录副，档案编号：03-5100-036。

一〇六　奏报川省光绪元年六月雨水、粮价折

光绪元年七月二十九日(1875 年 8 月 29 日)

头品顶戴四川总督臣吴棠跪奏,为恭报四川省光绪元年六月份各属具报米粮价值及得雨情形,仰祈圣鉴事。

窃照光绪元年五月份通省粮价及得雨情形,前经臣恭折奏报在案。兹查本年六月份成都、重庆、夔州、龙安、绥定、保宁、顺庆、潼川、雅州、嘉定、叙州等十一府,资州、绵州、忠州、眉州、邛州、泸州六直隶州,石砫一直隶厅,各属先后具报得雨一二次至六七次不等。堰水畅流,田禾吐穗。其通省粮价俱与上月相同,据署布政使英祥查明列单汇报前来。

臣覆核无异。理合分缮清单,恭呈御览,伏乞皇太后、皇上圣鉴。谨奏。七月二十九日。

光绪元年九月十二日,军机大臣奉旨:知道了。钦此。①

一〇七　呈川省光绪元年六月粮价清单

光绪元年七月二十九日(1875 年 8 月 29 日)

谨将光绪元年六月份四川省所属地方各项粮价,开具清单,恭呈御览。

成都府属,价贵。中米每仓石价银二两九钱三分至三两九钱一分,与上月同。大麦每仓石价银一两八钱三分至二两,与上月

---

① 中国第一历史档案馆藏:军机录副,档案编号:03-6748-015。

同。小麦每仓石价银二两一钱三分至二两三钱，与上月同。黄豆每仓石价银一两四分至二两四钱四分，与上月同。荞子每仓石价银一两一钱六分至一两七钱，与上月同。

重庆府属，价贵。中米每仓石价银二两七钱三分至三两七钱一分，与上月同。大麦每仓石价银一两六钱二分至一两九钱七分，与上月同。小麦每仓石价银二两六钱八分至二两七钱三分，与上月同。黄豆每仓石价银二两七钱至二两九钱七分，与上月同。

保宁府属，价贵。中米每仓石价银二两五钱五分至三两二钱一分，与上月同。大麦每仓石价银一两八钱九分至二两一钱，与上月同。小麦每仓石价银二两八钱三分至三两五钱七分，与上月同。黄豆每仓石价银一两八钱一分至二两一钱一分，与上月同。

顺庆府属，价贵。中米每仓石价银二两九钱九分至三两三钱八分，与上月同。大麦每仓石价银一两六钱一分至一两八钱，与上月同。小麦每仓石价银二两九分至二两一钱二分，与上月同。黄豆每仓石价银一两五钱五分至一两六钱五分，与上月同。

叙州府属，价贵。中米每仓石价银三两至三两二钱二分，与上月同。大麦每仓石价银一两六钱六分至二两二分，与上月同。小麦每仓石价银二两一钱三分至二两六钱三分，与上月同。黄豆每仓石价银一两一钱一分至一两五钱二分，与上月同。

夔州府属，价贵。中米每仓石价银二两八钱至三两一钱一分，与上月同。大麦每仓石价银一两七钱八分至二两四钱六分，与上月同。小麦每仓石价银二两九钱五分至三两三分，与上月同。黄豆每仓石价银二两一钱四分至二两二钱四分，与上月同。

龙安府属，价贵。中米每仓石价银二两四钱九分至三两一钱四分，与上月同。青稞每仓石价银一两五钱，与上月同。小麦每仓石价银一两七钱九分至二两一钱八分，与上月同。黄豆每仓石价银一两八钱五分至一两九钱三分，与上月同。

宁远府属，价贵。中米每仓石价银二两八钱三分至三两一钱一分，与上月同。大麦每仓石价银一两四钱八分至一两六钱，与上月同。小麦每仓石价银一两五钱九分至二两二钱，与上月同。荞子每仓石价银一两四钱五分，与上月同。黄豆每仓石价银一两五钱六分至一两六钱三分，与上月同。

雅州府属，价中。中米每仓石价银二两七钱五分至二两七钱六分，与上月同。小麦每仓石价银二两二钱九分至二两六钱五分，与上月同。黄豆每仓石价银一两六钱五分至二两四分，与上月同。

嘉定府属，价贵。中米每仓石价银二两七钱二分至三两三钱，与上月同。小麦每仓石价银二两三钱六分至二两七钱三分，与上月同。黄豆每仓石价银一两四钱七分至二两三分，与上月同。

潼川府属，价贵。中米每仓石价银二两八钱三分至三两五分，与上月同。大麦每仓石价银一两六钱五分至一两九钱三分，与上月同。小麦每仓石价银二两一钱四分至二两四钱九分，与上月同。黄豆每仓石价银一两七钱六分至二两一钱三分，与上月同。

绥定府属，价中。中米每仓石价银二两七钱至二两八钱二分，与上月同。大麦每仓石价银一两五钱八分，与上月同。小麦每仓石价银一两六钱二分至一两七钱三分，与上月同。黄豆每仓石价银一两四钱三分，与上月同。

眉州直隶州属，价中。中米每仓石价银二两六钱八分至二两九钱六分，与上月同。

邛州直隶州并属，价贵。中米每仓石价银二两五钱八分至二两九钱八分，与上月同。大麦每仓石价银一两九钱，与上月同。小麦每仓石价银二两五钱七分，与上月同。黄豆每仓石价银二两八分至二两二钱二分，与上月同。

泸州直隶州并属，价贵。中米每仓石价银三两至三两一分，与上月同。

资州直隶州并属，价中。中米每仓石价银二两五钱至二两九钱，与上月同。

绵州直隶州并属，价中。中米每仓石价银二两六钱七分至二两九钱五分，与上月同。小麦每仓石价银二两三钱二分至二两四钱六分，与上月同。

茂州直隶州并属，价中。中米每仓石价银二两五钱七分，与上月同。小麦每仓石价银二两六钱八分，与上月同。青稞每仓石价银二两二钱，与上月同。荞子每仓石价银一两二钱三分至一两七钱三分，与上月同。

忠州直隶州并属，价贵。中米每仓石价银二两五钱二分至三两一钱六分，与上月同。大麦每仓石价银一两四钱六分至一两六钱，与上月同。小麦每仓石价银二两三分至二两三钱九分，与上月同。黄豆每仓石价银一两二钱七分至一两五钱七分，与上月同。

西阳直隶州并属，价贵。中米每仓石价银二两五钱三分至三两一分，与上月同。大麦每仓石价银二两二钱八分至二两六钱，与上月同。小麦每仓石价银二两六钱二分至二两七钱六分，与上月同。黄豆每仓石价银一两三钱九分至一两四钱四分，与上月同。

叙永直隶厅并属，价中。中米每仓石价银二两九钱二分，与上月同。小麦每仓石价银一两八钱一分，与上月同。荞子每仓石价银一两三钱二分，与上月同。黄豆每仓石价银一两六钱一分，与上月同。

松潘直隶厅,价中。青稞每仓石价银二两六钱六分,与上月同。荞子每仓石价银一两七钱四分,与上月同。

杂谷直隶厅,价中。青稞每仓石价银二两四钱,与上月同。荞子每仓石价银一两七钱九分,与上月同。

石砫直隶厅,价平。中米每仓石价银一两六钱,与上月同。大麦每仓石价银一两七钱三分,与上月同。小麦每仓石价银二两六分,与上月同。黄豆每仓石价银一两八钱九分,与上月同。

打箭炉厅,价贵。青稞每仓石价银四两八钱七分,与上月同。油麦每仓石价银一两八钱一分,与上月同。

军机大臣奉旨:览。钦此。①

一〇八　呈川省光绪元年六月得雨清单

光绪元年七月二十九日(1875年8月29日)

谨将光绪元年六月份四川省各属地方报到得雨情形,开具清单,恭呈御览。

成都府属:成都、华阳两县得雨四次,秧苗含苞。简州得雨一次,禾稻结实。汉州得雨三次,堰水充足。新都县得雨三次,秧苗滋长。彭县得雨一次,禾苗将收。双流县得雨二次,晚秧耘耨。什邡县得雨六次,早秧扬花。

重庆府属:江北厅得雨一次,早秧吐穗。江津县得雨四次,禾苗吐秀。荣昌县得雨二次,田水稍欠。大足县得雨二次,田水充足。定远县得雨一次,禾苗含胎。

---

① 中国第一历史档案馆藏:清单,档案编号:03-6748-016。

夔州府属：万县得雨五次，早禾吐穗。龙安府属：江油县得雨四次，油麦青葱。

绥定府属：达县得雨一次，早禾含胎。大竹县得雨一次，早稻结实。

保宁府属：南部县得雨一次，地土尚润。广元县得雨二次，秧苗茂盛。剑州得雨七次，稻粟畅茂。

顺庆府属：南充县得雨一次，田水尚缺。西充县得雨一次，秧苗滋长。蓬州得雨二次，禾苗含苞。营山县得雨三次，早稻扬花。广安州得雨一次，晚禾滋长。岳池县得雨三次，稻粟含苞。邻水县得雨二次，田水充盈。

潼川府属：三台县得雨五次，田有积水。射洪县得雨二次，田水充足。盐亭县得雨二次，稻谷吐穗。蓬溪县得雨三次，禾苗滋长。乐至县得雨二次，田禾吐穗。

雅州府属：雅安县得雨二次，禾苗滋长。清溪县得雨二次，田水充足。天全州得雨二次，田禾吐穗。

嘉定府属：乐山县得雨四次，田禾出穗。峨眉县得雨三次，田水充足。洪雅县得雨二次，秧苗畅茂。荣县得雨五次，早禾初出。威远县得雨二次，山地滋润。峨边厅得雨二次，芋麦畅茂。

叙州府属：南溪县得雨四次，田水充足。富顺县得雨四次，早禾扬花。隆昌县得雨一次，禾苗吐秀。兴文县得雨四次，田水充足。

资州直隶州并属：资州得雨三次，黄豆滋长。资阳县得雨四次，田水充足。仁寿县得雨三次，禾苗茂盛。井研县得雨二次，雨水调匀。内江县得雨五次，早禾吐穗。

绵州直隶州并属：绵州得雨二次，田塍缺水。安县得雨五次，禾苗含胎。梓潼县得雨四次，晚禾含苞。罗江县得雨一次，田堰缺水。

忠州直隶州并属：忠州得雨二次，早秧吐穗。酆都县得雨二次，田水充足。垫江县得雨二次，早稻含苞。

眉州直隶州并属：眉州得雨一次，堰水畅流。彭山县得雨二次，田禾吐穗。

邛州直隶州属：大邑县得雨一次，晚禾耘耨。

泸州直隶州并属：泸州得雨二次，晚禾含胎。合江县得雨三次，早禾吐穗。纳溪县得雨三次，早禾扬花。

石砫直隶厅得雨二次，禾苗畅茂。

军机大臣奉旨：览。钦此。①

一〇九　请饬云贵督抚派
兵会剿叙永匪徒折

光绪元年八月二十四日(1875年9月23日)

头品顶戴四川总督臣吴棠跪奏，②为叙永边界匪徒滋事，现经调队集团，严加堵御，请旨饬下云贵督臣、抚臣派兵会剿，以靖岩疆，恭折驰陈，仰祈圣鉴事。

窃查川南之叙永厅境，与叙州府属之兴文、长宁、筠连、高、珙等县僻处边隅，绵亘数百里，毗连贵州之毕节县、云南之镇雄州、大关厅等处地方。滇、黔大乱初平，余氛未靖，往往有散练游匪，啸聚

① 中国第一历史档案馆藏：清单，档案编号：03-6748-017。
② 此前衔系据《清实录》等推补。

其间。川中游手好闲之徒，亦从而附和。自蓝逆削平之后，叙郡以南均派有重兵扼守，而跳梁小丑无岁无之，以界连三省，旋起旋经扑灭，究未能净绝根株也。

本年七月二十一、二等日，据布政使衔永宁道延祜、统领达字营总兵张祖云禀称：云南镇雄州所属篙枝坝巨、邵二姓有械斗之案，互相杀伤，土匪乘机蜂起，并有逸匪洪钧伯、袁华美等，暗中勾结，意图窥伺川边等语。当即札派驻省之副将谢思友，率领裕字右营，驰往助防，并批令署永宁参将冯诩翔，添募练勇三百名。复饬据总兵张祖云，调拨驻防横江游击夏如斌所部团勇右营，抽拨驻防叙南都司张祖纯所部达字新中营。又饬据署泸州直隶州知府余隆廷，派委九姓土司任光阆，选带土练三百名，团总姚大兴选带得力团丁八百名，分途遄发，就近赴援。兹迭据永宁道延祜、总兵张祖云驰报：该匪巨二卯等窜入黑泥窝，遂将镇雄州所属坟坝易增元堡寨占据。

八月初四、五等日，该匪突出大股，约有二三千人，漫山遍野，蜂拥而来。经叙永厅同知张焕祚、署永宁营参将冯诩翔，分头截击。奈贼众兵单，阵亡练丁三十余人，势难抵敌。该匪夺占落木河、清水河各隘口，相距厅城仅三十余里。正在危急之时，适九姓土团赶到，团勇、裕字、达字等营勇丁亦先后进扎厅城，及扼守大坝门户。

初六日，土司任光阆、团总姚大兴等，会合官军，探悉贼踪所向，猛攻海瀛，毙匪多名。初七日黎明出队，该匪窜近叙永大庙地方，途遇接仗，鏖战多时，又毙匪三十余名，夺获旗帜、枪炮、器械等件，贼势稍却，跟踪追剿三十余里。初八、九等日，该匪突窜清水河，直扑大坝。裕字营副将谢思友、达字营都司张祖纯，各率队伍，趋上山坡，作居高驭下之势。该匪见我军有备，不战而退，改由清水河芭茅湾，窜出云南长官司所辖境内，肆行焚掠，仍折回天蓬寨往宿,有悍贼十余人,手执大旗,将匪众调回坟坝各等情。

伏查此股匪徒以坟坝堡寨为老巢,虽在滇界,实逼川边。臣于未接续报之先,以叙永厅境调集官军、土练,约有二千人,益之厅境民团,言守则有余,言战则不足。而贼情凶狡,非设法剿除,恐无以遏祸荫而绥边圉。即经檄调驻防崇、灌之统领虎威宝营提督李有恒,率同劲旅二千人,以移缓济急之谋,为捣穴擒渠之计。已于八月十四日,取道省垣,径趋叙永,相机督办,迅扫寇氛。并因边境处处戒严,此拿彼窜,后路亦关紧要,不可不密为之防,仍留总兵张祖云驻扎叙南,督饬达字等营将弁勇丁,确探贼情,严加堵御。

相应请旨饬下云贵督臣、云南抚臣、贵州抚臣,派兵会剿,以成夹击之功,而收聚歼之效,洵于三省边防均有裨益。理合恭折驰陈,伏乞皇太后、皇上圣鉴训示。谨奏。

光绪元年八月二十四日,由驲具奏。于本年九月二十三日,准兵部火票递回原折,后开军机大臣奉旨:另有旨。钦此。①

【案】此折于是年九月十一日得允行,清廷饬令云贵督抚派兵会剿。廷寄曰:

军机大臣字寄:四川总督吴、云贵总督刘、兼署云贵总督云南巡抚岑、贵州巡抚曾:光绪元年九月十一日奉上谕:吴棠奏,叙永边界匪徒滋事,调队堵御一折。四川叙永厅境界连云南镇雄州属,时有游匪啸聚。本年七月间,匪徒巨二卯等占据镇雄州属坟坝及落木河等处,迭经近叙永大庙地方,迭经川军分投剿击,该匪由清水河等处窜出云南长官司辖境肆掠,仍踞

① 吴棠等:《游蜀疏稿》,第1131—1142页。

坟坝。虽吴棠添调劲旅前往，分路防剿，惟该处界连滇、黔，路径纷歧，诚恐该匪此拿彼窜，益肆蔓延，亟应合力兜剿，以收夹击之功。着吴棠督饬李有恒等随时侦探，尽珍贼氛，并着刘岳昭、岑毓英、曾璧光一体派兵，会同剿办，务期捣穴擒渠，迅图歼灭，毋任贻患边疆。将此由四百里各谕令知之。钦此。遵旨寄信前来。①

【附】清廷于是年九月二十九日谕令吴棠等务当督饬官兵，迅速扑灭，毋任蔓延为患。廷寄曰：

军机大臣字寄：四川总督吴、云贵总督刘、兼署云贵总督云南巡抚岑、广西巡抚刘、贵州巡抚黎：光绪元年九月二十九日，奉上谕：前据吴棠奏，叙永边界匪徒滋事，当经谕令吴棠等会同剿办，迅速歼除。兹据岑毓英奏，永宁、镇雄等处游勇土匪勾结滋扰，与吴棠前奏情形大略相同。该处系川、滇、黔三省接壤地方，亟应会合兜剿，尽珍贼氛。吴棠、岑毓英已分饬李有恒、吴永安等带兵驰往该处，着黎培敬一体派兵堵剿。各该督抚等务当督饬官兵，将此股匪徒迅速扑灭，毋任蔓延为患。所有失守地方之署威信州判猛戛经历卫道行、署分防威信镇雄营左军外委千总候补守备花占魁，着一并革职提讯，如有闻警先逃等项情弊，即行从严参办。另片奏，粤军攻克河阳，黄逆就擒，余匪窜入滇境，剿除净尽等语。本年五月间，刘长佑奏，进攻河阳黄逆老巢，尚未据奏报攻克情形，着该抚即行详悉具奏。将此由五百里各谕令知之。钦此。遵旨寄信前来。②

---

① 中国第一历史档案馆编：《光绪宣统两朝上谕档》，第1册，第253—254页。
② 中国第一历史档案馆编：《光绪宣统两朝上谕档》，第1册，第266页；《德宗景皇帝实录(一)》，卷十八，光绪元年九月下，第296—297页。

一一〇　请仍以知县李溶与孙海对调折

光绪元年八月二十四日(1875 年 9 月 23 日)

头品顶戴四川总督臣吴棠跪奏,为知县人地各有相宜,仍请以原拣之员对调,恭折仰祈圣鉴事。

窃照州县为亲民之官,责任綦重,必须量才器使,庶几人地相宜,不致迁就贻误。川省幅员辽阔,各郡县风土异宜,政务繁简亦随时更易,前经臣督同两司留心察看,潼川府属之遂宁县滨临涪江,商贾辐辏,民情健讼,胥吏刁顽,治理非易。现任该县知县李溶,年六十岁,湖南监生,虽人极安详,精力尚健,而才非肆应,究于是缺不甚相宜。查有阆中县知县孙海,堪以对调,当即奏奉谕旨,交部议奏。嗣准部咨:以阆中县知县孙海有承缉事主唐李氏被抢一案,业经二参到部,照例降一级留任。事在光绪元年正月二十日钦奉恩昭以前,应行宽免,另起限期,事关展参,所请与遂宁县知县李溶对调之处,与例不符等因。

随饬据署布政使英祥、署按察使傅庆贻会详:查明孙海在阆中县知县任内承缉唐李氏家被抢一案,共计首伙盗犯六名,已于疏防限内拿获首犯庞洪一名、伙犯杨二憨、周歪嘴二名,照例惩办,已于同治十三年九月二十五日具题在案,尚非承缉不力、全无弋获者可比。且查孙海承缉唐李氏家被抢案,扣至同治十三年二月二十七日二参限满应得降留处分,恭逢恩诏宽免。孙海因调署成都县篆,即于同治十三年四月初一日交卸阆中县印务,曾经汇册报部。计三参限内仅承缉一个月零二日,并非将届四参限满,始行离任。计其离任日期距光绪元年正月二十日恭逢恩诏之日,相隔九月有余,距四参起限日期更远。现在未回阆中本任，未便预扣展参起限月日，核与在任人员已起展参期限者不同。此案盗犯六人，失事未及四月，连获首伙三名，缉捕尚属认真。

查孙海年三十四岁，甘肃拔贡，由四川新班遇缺知县补授阆中县知县，同治十一年七月十六日到任。十三年三月，调署成都县知县，系省会首邑，政务殷繁，兼值去秋省城米价昂贵，该员委办平粜，查禁小钱，事事就理，实为明干出色之员。遂宁虽系简缺，今昔情形迥殊，非但讼繁政剧，且教民甚多，时有交涉事件。兹复于通省现任知县内逐加遴选，一时实无堪调之员。惟孙海办事精细，听断勤明，以之调补遂宁县知县，洵堪胜任，人地亦实在相需。所遗阆中县知县缺，政务较简，现任遂宁县知县李溶供职维谨，以之调补阆中县知县，亦堪胜任。

合无仰恳天恩，俯准仍照前奏，以孙海调补遂宁县知县，李溶对调阆中县知县，俾人地各得其宜，于地方大有裨益。如蒙俞允，该员等均系中简选缺互相对调，毋庸送部引见。再，该员等各任内奉到参罚案件，除光绪元年正月二十日恩诏以前准其宽免，此外并无降革、留任、督催、承追、参罚案件。臣为因地择人起见，是否有当，理合恭折具陈，伏乞皇太后、皇上圣鉴训示。谨奏。八月二十四日。

光绪元年九月十一日，军机大臣奉旨：吏部议奏。钦此。[1]

---

[1] 中国第一历史档案馆藏：军机录副，档案编号：03-5100-033。

一一一　委解新疆月饷起程日期折

光绪元年八月二十四日(1875 年 9 月 23 日)

　　头品顶戴四川总督臣吴棠跪奏,为委解新疆月饷起程日期,恭折具奏,仰祈圣鉴事。

　　窃臣承准军机大臣字寄:光绪元年五月十八日,奉上谕:金顺奏,驰抵古城,扼扎济木萨,防护屯种暨粮饷维艰情形一折等因。钦此。遵查川省每年应解金顺饷项,除同治十二年闰六月份先解银三万两外,嗣又四次拨解银八万两,分别发交该营来川催饷委员王季寅等先后领解交收,一面奏咨各在案。现值川省甫经分解大批京饷、工程经费及乌城欠饷之后,省库搜罗一空,本省勇粮积欠又多,补苴乏术。甘肃、云南二省催饷尤急,实有难于兼顾之势。惟金顺全军进扎古城,盼饷甚殷,不得不设法腾挪。

　　兹督同藩司凑集捐输银二万两,饬委候补知县赵鸿畴,会同该营催饷委员记名提督刘定邦、补用知府刘春堂、知县王季寅等承领,定期于光绪元年八月初一日自成都起程,遵旨解赴西征粮台交收,转解金顺行营,以资接济。除分咨外,理合恭折具奏,伏乞皇太后、皇上圣鉴。谨奏。八月二十四日。

　　光绪元年九月十一日,军机大臣奉旨:知道了。钦此。①

　　【案】金顺奏……粮饷维艰情形一折:光绪元年四月十三日,帮办军务大臣金顺具折曰:

---

　　①　中国第一历史档案馆藏:军机录副,档案编号:03-6057-031。

帮办军务大臣正白旗汉军都统奴才金顺跪奏，为督队驰抵古城，并会商扼扎济木萨，防护屯种，暨粮饷艰难大略情形，恭折陈报，仰祈圣鉴事。窃奴才于二月十九日奏报于三月内由巴里坤督队西上，旋因雪消草见，炮车能行，于三月十二日由巴开拨，二十六日，行抵古城。查自巴里坤迤西大路□无□□，荒凉满目。至奇台县属之西集尔，始渐有景廉所部屯粮。奴才曾设分采粮局，因其地近楼南山，路径丛杂，贼匪最易出没，当留步队三营驻扎就食，并派马队两起分扎近山一带，就水草放牧，联络声势。奴才抵古城后，与景廉会晤，和衷商榷，意见相同。细核各局存粮，供支先后已到各队，接新尚短四十余日。从前各局员就地采购之数，极力催缴，未能收齐，焦急万分！连日与景廉晤商挪济，虽经景廉力任其难，而所存无多，须各处设法，能否敷衍接新，尚不敢定。奴才前亦举行屯种，因饷项支绌，牛具、籽种无多，未能多播，秋收亦属无几。通计军屯□种，亦不□全军之食。欲厚集兵力，续调后队，非由关内□□，万难接济。查济木萨地方，从前景廉驻扎无多，现因进扎三台，只有奴才所部礼字等营□□。该处西近三台，东接古城，附近亦有屯粮。奴才□□驻扎彼处，护屯防剿。奴才与景廉前后均可兼顾。至各省关协饷，除陕西、河东按数拨解外，其山西、川省两省每年应协银二十四万两，去岁仅据山西拨解一万五千两，四川省拨解六万两，闽海、江汉、粤海三关每关每年应协饷二十四万两，仅据江海关拨解十万两，江汉关六万两，粤海关三万两。奴才与内地相离遥远，倘各省关仍前玩视，致误事机，其患有非奴才所能言者。惟有仰恳天恩，敕下户部暨各省疆吏、监督、西征粮台，迅速扫数按期拨解,如何采办粮石,速为开□,以便调集后队,早图进征,大局幸甚。除筹商一切应与景廉会衔随时陈奏外,所有奴才驰抵古城,会商扼扎济木萨,防护屯种各缘由,谨恭折由驿五百里具奏,伏乞皇太后、皇上圣鉴训示。谨奏。四月十三日。光绪元年五月十八日,军机大臣奉旨:钦此。①

【案】军机大臣字寄⋯⋯一折等因:此廷寄《清实录》载曰:

又谕:金顺奏,驰抵古城,扼扎济木萨,防护屯种,暨粮饷艰难一折。金顺由巴里坤督队西进,于三月间行抵古城,该都统以奇台县属西集尔地方,近接南山,贼匪最易出没,已派马步各队驻扎,即着饬令联络声势,严密设防。据奏济木萨西近三台,东接古城,该处仅有礼字等营屯扎,兵力尚单,现在督军进扎等语。前已有旨,命左宗棠以钦差大臣督办新疆军务,金顺调补乌鲁木齐都统,仍帮办军务,并接统景廉各营。该都统现已前抵古城,着景廉即将各营兵勇粮饷移交金顺接管。金顺统率全军,所有调度机宜均归区画,究应驻扎何处方为相宜,着左宗棠、金顺通筹全局,毋误戎机。其济木萨地方是否必须该都统进扎,或酌派队伍前往以资防护屯种之处,并着斟酌情形,妥为办理。古城粮石缺乏,亟应妥筹接济,着左宗棠懔遵前旨,源源运解,以期士饱马腾。各省关应协金顺军营饷银,山西、四川两省每年应协银二十四万两,仅据山西拨解一万五千两,四川拨解六万两;江海、江汉、粤海三关每关每年应协饷银二十四万两,仅据江海关拨解十万两,江汉关拨解六万两,粤海关拨解三万两。现在该营盼饷甚殷,着李瀚章、英翰、

---

① 中国第一历史档案馆藏:军机录副,档案编号:03-6592-073。

吴棠、刘坤一、翁同爵、吴元炳、鲍源深、张兆栋、文铦即将各省、关欠解协饷迅速扫数按期拨解，毋稍延缓。并着左宗棠咨照陕西巡抚，俟前项协饷解到时，即由西征粮台迅解金顺军营，俾应急需。将此由六百里谕知左宗棠、金顺、景廉、李瀚章、英翰、吴棠、刘坤一、翁同爵、吴元炳、鲍源深、张兆栋，并传谕文铦知之。[1]

一一二　委解协滇饷银起程日期片

光绪元年八月二十四日(1875 年 9 月 23 日)

再，现准云南抚臣岑毓英咨：川省应补解协滇新饷六十一万一千五百两，仿照黔省章程，由川省司库筹银二十三万二百七十二两，照滇中填发库收，拨给各镇将汇充勇饷等项。其余银三十八万一千余两，由各处厘局指拨有着之款，委员提解回滇等因。并委候补道李应彝、胡允林至川守提前来。伏查川省额征钱粮，本系入不敷出，常年绿营兵饷尚待别省接济。军兴以后，别省协饷不至，本省办理防剿，募勇调军，饷需无出，不得已举办津贴、捐厘，借资拨济。迨内地肃清，兵勇虽逐年撤减，积欠之饷项甚多，致去年贵州提臣周达武武字全军有至川索饷之举，叙防、达字等营亦纷纷索欠，旧饷甫发，新饷又增，加以京师、直隶、甘肃、云南、新疆、淮军、海防各协饷，亦逐年添拨，每处各以数十万计。近年又添各处工程经费，俱属紧急要需。川省筹济邻饷，前后已逾二十载，商民困敝，捐厘有减无增。无如滇省来咨，将川库所入及外局有着之款一并

① 《德宗景皇帝实录(一)》，卷十，光绪元年五月下，第 199 页。

解滇,则各省协饷暨历拨各处工程要需必多贻误。惟有量力分批匀拨,以免顾彼失此。

兹臣督同藩司凑集捐输银三万两,查照滇省前咨,扣除前任云贵督臣劳崇光养廉银二千两发给该故臣家属承领外,余银二万八千两,饬委候补通判王鸿保,协同该省催饷委员知县马晋锜等承领,于光绪元年八月初三日自成都起程,解赴云南藩库交收,以为发给勇饷之用。除分咨外。理合附片陈明,伏乞圣鉴。谨奏。

光绪元年九月十一日,军机大臣奉旨:知道了。钦此。[①]

一一三 奏报黄大川等被劫案审拟片

光绪元年八月二十四日(1875 年 9 月 23 日)

再,匪徒伙众强劫,大为闾阎之害,况省垣附近地方遇有强劫重案,尤应从严惩办。据前署华阳县知县文康、现署县吴羹梅先后禀报:监生黄大川、县民严思潮等家被劫多赃,拒伤事主等情。即经批饬,勒限严缉。嗣据营、县先后禀获盗犯钟二本家、张伄娃、高老么、刘保停、余三排五名,当发委成都府等审讯去后。兹据署按察使傅庆贻督同成都府知府许培身讯据钟二本家供认,听从已获病故之刘老五及现获之张伄娃、高老么、刘保停等,同伙行劫黄大川家,拒伤事主得赃,又与刘老五等同伙行劫彭县事主谢家山家一案。讯据余三排供认,听从在逃之傅大即胡大、文老九等同伙行劫严思潮家,拒伤事主得赃。录供禀报前来。经臣提犯亲讯,佥供伙

---

① 中国第一历史档案馆藏:军机录副,档案编号:03-6057-032。此片具奏日期未确,兹据军机处随手登记档(档案编号:03-0214-3-1201-243)校正。

劫各情不讳。

查该犯钟二本家伙劫两案，张怔娃、高老么、刘保停、余三排各夥劫一案，赃经主领，正盗无疑，按律堪应斩决。现届文武闱场，省会人稠，尤恐匪徒溷迹，别滋事端，经臣于讯明后恭请王命，将钟二本家、张怔娃、高老么、刘保停、余三排五犯，绑缚市曹正法，以儆凶暴。除仍饬各营县严缉逸盗务获并照例具题外，理合附片陈明，伏乞圣鉴。谨奏。

光绪元年九月十一日，军机大臣奉旨：知道了。钦此。①

一一四　奏请副都统恒训帮办武闱片

光绪元年八月二十四日(1875年9月23日)

再，臣监临文闱三场已竣，幸均平静，行将主试武闱，惟旧疾未痊，虽复黾勉支持，时恐精力不逮。且武场考试马步箭及弓刀，而技勇为期较长，尤应详细校阅，以昭慎重。查癸酉科武闱，臣以力疾从公，派令臬司英祥随同监射。现在英祥署理藩司，公务较繁〔委派〕。窃念成都副都统恒训②与臣共事已久，人极干练精详，臣拟移请帮同监射，冀资臂助。所有微臣旧疾未痊拟请大员帮办武

---

① 中国第一历史档案馆藏：军机录副，档案编号：03-7339-046。此片具奏日期未确，兹据军机处随手登记档（档案编号：03-0214-3-1201-243）校正。

② 恒训(1820—1883)，字诂亭，爱新觉罗氏，满洲镶白旗人。道光十年(1830)，赏戴花翎。二十四年(1844)，考封三等辅国将军，选四等侍卫。二十八年(1848)，任三等侍卫。同治四年(1865)，补进散秩大臣班。六年(1867)，升二等侍卫。是年，授侍卫班长。十一年(1872)，迁正白旗蒙古副都统。十二年(1873)，授成都副都统。光绪元年(1875)，监射四川恩科武闱。三年(1877)，补乌里雅苏台将军。同年，调成都将军，兼成都副都统。七年(1881)，授西安将军。九年(1883)，卒于任。

闻情形,谨附片具陈。是否有当,伏乞圣鉴。谨奏。

光绪元年九月十一日,军机大臣奉旨:知道了。钦此。[①]

一一五　请以朱学海改发两江录用片

光绪元年八月二十四日(1875 年 9 月 23 日)

再,查同治六年兵部奏定收标章程:副将以下各官保有省份者,遵奉谕旨留于该省候补,奏请改发,仍行照准。又,例不回避本省之游击以下各员,均准在本省收标录用等语。兹查留川尽先前补用游击朱学海,安徽合肥县人。咸丰十年,在徐州投充勇目,随营剿办发逆,转战江、浙等省,克复江苏省城及太仓、福山、江阴、无锡、金匮、平湖、乍浦、海盐各州县在事出力,经调任两江督臣李鸿章奏保花翎都司,曾咨部注册在案。同治七年,随臣入川,委充裕字左营哨长,于剿办灌县山匪案内著绩,汇保以游击留川尽先前补用。现据该游击以离家年久,双亲衰迈,望切侍间,请改归两江督标差遣委用,俾得就近养亲等情,由该营统带禀请奏明改发前来。

臣查该游击例不回避本省,与章程尚属相符,相应奏明请旨准其改发两江,以游击收标录用。理合附片具奏,伏乞圣鉴训示。谨奏。

光绪元年九月十一日,军机大臣奉旨:兵部知道。钦此。[②]

---

① 中国第一历史档案馆藏:军机录副,档案编号:03-7176-069。此片具奏日期未确,兹据军机处随手登记档(档案编号:03-0214-3-1201-243)校正。

② 中国第一历史档案馆藏:军机录副,档案编号:03-5770-118。此片具奏日期未确,兹据军机处随手登记档(档案编号:03-0214-3-1201-243)校正。

一一六　奏请进京会试举人给马片

光绪元年八月二十四日(1875 年 9 月 23 日)

再,据四川在籍户部主事林生泽、工部主事杨益豫、进士谭能高等禀称:窃查定例:云南、贵州进京会试举人,俱给与火牌,每名马一匹等语。仰见朝廷体恤寒畯,无远勿及。川省僻处西陲,与云、贵两省犬牙相错,山路崎岖,古称天险,离京甚远,与云、贵相等。士人领乡荐后,往往无力北上。虽愿应试礼闱,既惮道里之遥,又苦资斧无措,相率裹足不前,实属有志未逮。如蒙仿照云、贵举人进京会试之例,每名给与火牌,支马一匹,在驿站所费无多,而寒士进身有目,益昭盛朝阙门吁俊之麻,恳请具奏前来。

臣查云、贵举人进京会试,例得给马,川省介在滇、黔之处,同为边省,该举人等以道途险阻,资斧艰难,力不从心,阻其进身之志,洵属实在情形。所有川省进京会试举人,可否仿照云、贵两省一体给马之处,出自圣主逾格鸿慈。除咨兵部外,理合据情附陈,伏乞圣鉴训示。谨奏。

光绪元年九月十一日,军机大臣奉旨:该部知道。钦此。①

一一七　请将知县张文珍与岗玉互调折

光绪元年八月二十六日(1875 年 9 月 25 日)

头品顶戴四川总督臣吴棠跪奏,为知县人地未宜,拣员对调,

---

①　中国第一历史档案馆藏:军机录副,档案编号:03-7176-068。此片具奏日期未确,兹据军机处随手登记档(档案编号:03-0214-3-1201-243)校正。

以资治理,恭折具奏,仰祈圣鉴事。

　　窃照知县身膺民社,责任綦重,必须人地相宜,方足以资整饬。臣与藩、臬两司随时留心察看,有酉阳直隶州属之彭水县一缺,系专繁简缺,地接黔江,俗多强悍,近因民教杂处,政务日繁,且黔中军务初平,散练游勇仍多出没,地方颇称难治。现任彭水县知县岗玉,年六十八岁,镶蓝旗蒙古哲臣佐领下人,由选授四川笔帖式期满奏留,以知县补用。咸丰三年三月初十日引见,奉旨:岗玉着发往原省,照例补用。钦此。六月回川,题补彭水县知县,六年十月二十四日到任。该员精力尚健,办事亦勤。惟边地民教交涉事件非其所长,于是缺不甚相宜。

　　查有新繁县知县张文珍,年四十六岁,安徽寿县人,由监生投效军营,保举典史,加捐分缺先用知县,指发四川。同治五年十二月初十日经王大臣验放奉旨:照例发往。钦此。六年四月到省,续捐新班遇缺补用,补授新繁县知县,八年八月十八日到任。十二年十二月,接吏部咨,准销试俸。该员年力正强,才具开展,以之调补彭水县知县,人地实在相需。所遗新繁县知县缺,政简民朴,即以岗玉调补,可期胜任。

　　该员等各任内均无降革、留任、展参及承缉盗劫已起四参案件,据署藩司英祥、署臬司傅庆贻会详前来。合无仰恳天恩,俯准以新繁县知县张文珍与彭水县知县岗玉互相对调,俾人地各得其宜,于边防、吏治均有裨益。

　　如蒙俞允,该员等各由选缺调补选缺,衔缺相当,毋庸送部引见。再,该员等各任内奉到参罚案件,除同治十三年十月初十日钦奉恩诏以前准其宽免不计外,并其督催、承追参罚案件除咨部外,理合恭折具奏,伏乞皇太后、皇上圣鉴训示。谨奏。八月二十六日。

光绪元年十月初六日，军机大臣奉旨：吏部议奏。钦此。[①]

一一八　奏报锦祥等员期满甄别片

光绪元年八月二十六日（1875 年 9 月 25 日）

再，查吏部奏定章程：州、县、丞、倅，无论何项劳绩保奏归入候补班者，以到省之日起，予限一年，令督抚详加察看，出具切实考语，奏明分别繁简补用等因。遵照在案。兹查有候补班前先补用直隶州知州锦祥、候补班前先补用通判陈顺义、候补班前先补用知县马德澂、邹放，候补知县灵寿，均到省一年期满，自应照章甄别，据署布政使英祥、署按察使傅庆贻造详请奏咨前来。

臣查该员锦祥，身健才明，请留川以繁缺直隶州知州补用；陈顺义年力正壮，请留川以简缺通判补用；马德澂年强才裕，请留川以繁缺知县补用；邹放才具〈安〉详，请留川以简缺知县补用；灵寿办事勤慎，请留川以简缺知县补用。除将该员等履历清册咨部外，理合附片陈明，伏乞圣鉴。谨奏。

光绪元年十月初六日，军机大臣奉旨：吏部知道。钦此。[②]

一一九　奏报川省文闱、
翻译乡试完竣折

光绪元年八月二十六日（1875 年 9 月 25 日）

头品顶戴四川总督臣吴棠跪奏，为文闱三场完后接办翻译乡

---

① 中国第一历史档案馆藏：军机录副，档案编号：03-5100-110。
② 中国第一历史档案馆藏：军机录副，档案编号：03-5100-114。

试,竣事恭缴钦命题目,仰祈圣鉴事。

窃照本年四川省举行乙亥恩科文闱乡试,臣于八月初六日率同提调、监试,入闱监临,将所考各帘官择其文艺优长者,于实缺内派出天全州知州戴希灏、广元县知县刘锐、乐至县知县胡书云、达县知县张瑞麟、江油县知县熊汝梅。复于候选人员内派出试用知县徐树锦、候补知县马德澂、试用知县白楣、试用知县崔廷璋、试用知县钱保塘、先用知县葛起鹏、大挑知县杨朴,共十二员,一并充当内帘。其余各员饬令分司外帘各事宜。十六日,三场完毕,当即接办翻译乡试。查成都驻防翻译乡试士子共三十四名。十七日,点名入场,由主考官交出钦命题目,臣即严密刊刻。十八日,颁发考试,十九日竣事。各士子谨守场规,查无弊窦,誊录朱卷,全数解送内帘。翻译试卷同题纸,遵例专差依限解部办理。臣于二十二日出闱,查照向例,饬令提调、监试各员在闱经理。

除将各日期恭疏题报外,理合缮折具奏,并将钦命成都驻防翻译乡试题一道恭缴,伏乞皇太后、皇上圣鉴。谨奏。八月二十六日。

光绪元年十月初六日,军机大臣奉旨:知道了。钦此。[①]

一二〇　奏报白明玉等补授游击等缺折

光绪元年八月二十六日(1875 年 9 月 25 日)

头品顶戴四川总督臣吴棠跪奏,为拣员请补游击、守备,以资治理,恭折仰祈圣鉴事。

---

① 　中国第一历史档案馆藏:军机录副,档案编号:03-7176-087。

窃照建昌镇属会盐营游击员缺前经臣以尽先副将马胜泰奏请借补，嗣准部咨：马胜泰由留川尽先副将因案奏参革职，剿办发逆，出力奏保，同治五年十二月初六日奉旨：着开复原官，仍留原省补用。钦此。该员并非尽先，核与定章不符，应毋庸议。行令另拣尽先合例人员请补等因。查会盐营驻扎盐源，番夷环绕，控辖土司，治理匪易。臣等于尽先游击内逐加遴选，查明名次在前之李元富、余长春二员，系由河南、安徽等省军营保举，迄今十余年，并未回川收标，均无履历可稽。周占标、徐嵘二员，已补实缺都司、守备，各现居要地，且于夷务不甚熟悉。

惟查标册内名列在前之尽先游击白明玉，年四十四岁，巴州人，由行伍出师江南、安徽、浙江等省，剿办发逆，攻克芜湖、东坝、溧水、句容、扬州等处城池，叠著劳绩，拔补茂州营外委，历保尽先都司。咸丰十一年，于松江解围案内奏保免补都司，以游击尽先补用，是年十二月十四日钦奉上谕在案。嗣以陷阵伤重，给咨回川，调治复痊，收入督标差遣，历署绥靖营游击、漳腊营参将。该员久历戎行，营务熟习，拟请补授会盐营游击。

又，督标左营守备王光耀病故，业经恭疏题报开缺，声称扣留外补，系推缺，照章专用尽先人员。兹于通省尽先守备内挨次遴选，人地均不甚相宜。惟查有尽先前补用都司周天禄，年四十岁，新都县人，寄籍成都县，由请袭骑都尉兼一云骑尉世职给咨进京。同治二年八月初五日，经王大臣验放，初六日奉上谕：准其承袭。钦此。随赴直隶军营，投效剿贼。嗣军务肃清，回籍收标，历署懋功营都司、顺庆营守备。于扑灭理番厅等处匪徒案内出力奏保，同治十一年十二月十六日，内阁奉上谕：着以都司留川尽先前补用，俟补缺后，再行送部引见。钦此。该员年力富强，拟请借补督标左营守备。

以上二员均曾亲列戎行，着有劳绩，现无违碍事故。白明玉保举尽先奉旨日期系在徐嵘之次，已将尽先在前各员未能序补之处照章详细声明。周天禄由尽先前都司借补守备，与部定章程相符。惟原籍、寄籍均隶成都府属，督标系在同府，例应回避，仍准升补后于现任合例人员内拣员对调。

合无仰恳天恩，俯准以白明玉补授会盐营游击，周天禄借补督标左营守备。如蒙俞允，周天禄遇有守备相当缺出，再行更调，以符定制，仍与白明玉分别给咨引见。是否有当，理合会同成都将军臣魁玉、署提督臣胡中和，合词恭折具奏，伏乞皇太后、皇上圣鉴训示。谨奏。八月二十六日。

光绪元年十月初六日，军机大臣奉旨：兵部议奏。钦此。[①]

一二一　奏报同治十三年征收地丁并光绪元年新赋完欠数目折

光绪元年八月二十六日(1875 年 9 月 25 日)

头品顶戴四川总督臣吴棠跪奏，为恭报同治十三年份四川征收地丁并光绪元年新赋完欠各数目，仰祈圣鉴事。

窃照每年钱粮完欠各数目例应于奏销时查明奏报，兹查办理同治十三年奏销，据署布政使英祥详称：十三年额征地丁钱粮、屯租等项共银六十六万八千八百五十两零，又征加一五火耗银一十万六十四两零，共应征正耗银七十六万八千九百一十五两零，实在上下两忙征完银七十一万三千四十一两零，续完银五万五千八百七十三两

---

① 　中国第一历史档案馆藏：军机录副，档案编号：03-5100-115。

零。又，一切杂项课税银三十三万四千六百一十八两零，内惟温江、丹棱、夹江、雅安、叙永等厅县未完银一万二百七十七两零，业经另案参办。余俱全完。又，额征米豆一万三千三十石七斗五升零，均于奏销前扫数全完，此外并无丝毫蒂欠。至光绪元年份额征地丁钱粮、屯租等项，已据各属册报，共征过银三十六万三千二百三十三两零，未完银四十万五千六百八十二两零，造册详请具奏前来。

臣查川省钱粮，历系年清年款。光绪元年新赋，现在完将及半。其未完银两仍当督饬藩司，严催各属赶紧征解，断不敢稍有延欠。除恭疏具题并将清册送部外，理合循例缮折奏闻，伏乞皇太后、皇上圣鉴。谨奏。八月二十六日。

光绪元年十月初六日，军机大臣奉旨：户部知道。钦此。[1]

一二二　奏报川省光绪元年七月雨水、粮价折

光绪元年八月二十六日（1875 年 9 月 25 日）

头品顶戴四川总督臣吴棠跪奏，为恭报四川省光绪元年七月份各属具报米粮价值及得雨情形，仰祈圣鉴事。

窃照光绪元年六月份通省粮价及得雨情形，前经臣恭折奏报在案。兹查本年七月份成都等十二府，资州、绵州、忠州、眉州、邛州、泸州等六直隶州，叙永、石砫两直隶厅，各属先后具报得雨一二次至八九次不等。早稻收获，雨水调匀。其通省粮价俱与上月相同，据署布政使英祥查明列单汇报前来。

---

[1] 　中国第一历史档案馆藏：军机录副，档案编号：03-6193-026。

臣覆核无异。理合分缮清单,恭呈御览,伏乞皇太后、皇上圣鉴。谨奏。八月二十六日。

光绪元年十月初六日,军机大臣奉旨:知道了。钦此。[①]

一二三　呈川省光绪元年七月粮价清单

光绪元年八月二十六日(1875 年 9 月 25 日)

谨将光绪元年七月份四川省所属地方各项粮价,开具清单,恭呈御览。

成都府属,价贵。中米每仓石价银二两九钱三分至三两九钱一分,与上月同。大麦每仓石价银一两八钱三分至二两,与上月同。小麦每仓石价银二两一钱三分至二两三钱,与上月同。黄豆每仓石价银一两四分至二两四钱四分,与上月同。荞子每仓石价银一两一钱六分至一两七钱,与上月同。

重庆府属,价贵。中米每仓石价银二两七钱三分至三两七钱一分,与上月同。大麦每仓石价银一两六钱二分至一两九钱七分,与上月同。小麦每仓石价银二两六钱八分至二两七钱三分,与上月同。黄豆每仓石价银二两七钱至二两九钱七分,与上月同。

保宁府属,价贵。中米每仓石价银二两五钱五分至三两二钱一分,与上月同。大麦每仓石价银一两八钱九分至二两一钱,与上月同。小麦每仓石价银二两八钱三分至三两五钱七分,与上月同。黄豆每仓石价银一两八钱一分至二两一钱一分,与上月同。

顺庆府属,价贵。中米每仓石价银二两九钱九分至三两三钱

---

①　中国第一历史档案馆藏:军机录副,档案编号:03-6749-005。

八分，与上月同。大麦每仓石价银一两六钱一分至一两八钱，与上月同。小麦每仓石价银二两九分至二两一钱二分，与上月同。黄豆每仓石价银一两五钱五分至一两六钱五分，与上月同。

叙州府属，价贵。中米每仓石价银三两至三两二钱二分，与上月同。大麦每仓石价银一两六钱六分至二两二分，与上月同。小麦每仓石价银二两一钱三分至二两六钱三分，与上月同。黄豆每仓石价银一两一钱一分至一两五钱二分，与上月同。

夔州府属，价贵。中米每仓石价银二两八钱至三两一钱一分，与上月同。大麦每仓石价银一两七钱八分至二两四钱六分，与上月同。小麦每仓石价银二两九钱五分至三两三分，与上月同。黄豆每仓石价银二两一钱四分至二两二钱四分，与上月同。

龙安府属，价贵。中米每仓石价银二两四钱九分至三两一钱四分，与上月同。青稞每仓石价银一两五钱，与上月同。小麦每仓石价银一两七钱九分至二两一钱八分，与上月同。黄豆每仓石价银一两八钱五分至一两九钱三分，与上月同。

宁远府属，价贵。中米每仓石价银二两八钱三分至三两一钱一分，与上月同。大麦每仓石价银一两四钱八分至一两六钱，与上月同。小麦每仓石价银一两五钱九分至二两二钱，与上月同。荞子每仓石价银一两四钱五分，与上月同。黄豆每仓石价银一两五钱六分至一两六钱三分，与上月同。

雅州府属，价中。中米每仓石价银二两七钱五分至二两七钱六分，与上月同。小麦每仓石价银二两二钱九分至二两六钱五分，与上月同。黄豆每仓石价银一两六钱五分至二两四分，与上月同。

嘉定府属，价贵。中米每仓石价银二两七钱二分至三两三钱，与上月同。小麦每仓石价银二两三钱六分至二两七钱三分，与上月同。黄豆每仓石价银一两四钱七分至二两三分，与上月同。

潼川府属，价贵。中米每仓石价银二两八钱三分至三两五分，与上月同。大麦每仓石价银一两六钱五分至一两九钱三分，与上月同。小麦每仓石价银二两一钱四分至二两四钱九分，与上月同。黄豆每仓石价银一两七钱六分至二两一钱三分，与上月同。

绥定府属，价中。中米每仓石价银二两七钱至二两八钱二分，与上月同。大麦每仓石价银一两五钱八分，与上月同。小麦每仓石价银一两六钱二分至一两七钱三分，与上月同。黄豆每仓石价银一两四钱三分，与上月同。

眉州直隶州属，价中。中米每仓石价银二两六钱八分至二两九钱六分，与上月同。

邛州直隶州并属，价贵。中米每仓石价银二两五钱八分至二两九钱八分，与上月同。大麦每仓石价银一两九钱，与上月同。小麦每仓石价银二两五钱七分，与上月同。黄豆每仓石价银二两八分至二两二钱二分，与上月同。

泸州直隶州并属，价贵。中米每仓石价银三两至三两一分，与上月同。

资州直隶州并属，价中。中米每仓石价银二两五钱至二两九钱，与上月同。

绵州直隶州并属，价中。中米每仓石价银二两六钱七分至二两九钱五分，与上月同。小麦每仓石价银二两三钱二分至二两四钱六分，与上月同。

茂州直隶州并属，价中。中米每仓石价银二两五钱七分，与上月同。小麦每仓石价银二两六钱八分，与上月同。青稞每仓石价银二两二钱，与上月同。荞子每仓石价银一两二钱三分至一两七钱三分，与上月同。

忠州直隶州并属，价贵。中米每仓石价银二两五钱二分至三两一钱六分，与上月同。大麦每仓石价银一两四钱六分至一两六钱，与上月同。小麦每仓石价银二两三分至二两三钱九分，与上月同。黄豆每仓石价银一两二钱七分至一两五钱七分，与上月同。

酉阳直隶州并属，价贵。中米每仓石价银二两五钱三分至三两一分，与上月同。大麦每仓石价银二两二钱八分至二两六钱，与上月同。小麦每仓石价银二两六钱二分至二两七钱六分，与上月同。黄豆每仓石价银一两三钱九分至一两四钱四分，与上月同。

叙永直隶厅并属，价中。中米每仓石价银二两九钱二分，与上月同。小麦每仓石价银一两八钱一分，与上月同。荞子每仓石价银一两三钱二分，与上月同。黄豆每仓石价银一两六钱一分，与上月同。

松潘直隶厅，价中。青稞每仓石价银二两六钱六分，与上月同。荞子每仓石价银一两七钱四分，与上月同。

杂谷直隶厅，价中。青稞每仓石价银二两四钱，与上月同。荞子每仓石价银一两七钱九分，与上月同。

石砫直隶厅，价平。中米每仓石价银一两六钱，与上月同。大麦每仓石价银一两七钱三分，与上月同。小麦每仓石价银二两六分，与上月同。黄豆每仓石价银一两八钱九分，与上月同。

打箭炉厅，价贵。青稞每仓石价银四两八钱七分，与上月同。油麦每仓石价银一两八钱一分，与上月同。

军机大臣奉旨：览。钦此。①

---

① 中国第一历史档案馆藏：清单，档案编号：03-6749-007。

一二四　呈川省光绪元年七月得雨清单

光绪元年八月二十六日(1875 年 9 月 25 日)

　　谨将光绪元年七月份四川省各属地方报到得雨情形,开具清单,恭呈御览。

　　成都府属:成都、华阳两县得雨六次,禾苗扬花。崇庆州得雨二次,早稻出穗。汉州得雨三次,稻谷出穗。温江县得雨二次,早稻黄熟。新津县得雨五次,早稻结实。什邡县得雨九次,早稻结实。

　　重庆府属:长寿县得雨二次,早稻收获。永川县得雨三次,早稻收获。荣昌县得雨六次,稻谷收获。南川县得雨二次,田水充盈。涪州得雨二次,早稻结实。璧山县得雨二次,田水充足。大足县得雨五次,早稻结实。定远县得雨一次,稚粮收获。

　　夔州府属:万县得雨一次,早稻收获。

　　龙安府属:江油县得雨四次,晚禾含苞。

　　绥定府属:达县得雨二次,早禾收获。

　　宁远府属:西昌县得雨二次,早稻收获。

　　保宁府属:阆中县得雨二次,地土滋润。苍溪县得雨一次,田水充盈。南部县得雨五次,田水充足。广元县得雨二次,禾苗含苞。通江县得雨一次,早稻成熟。南江县得雨一次,田水充足。剑州得雨四次,稻粟含苞。

　　顺庆府属:南充县得雨三次,早稻收获。西充县得雨六次,稻谷成熟。蓬州得雨二次,堰水充足。营山县得雨三次,早稻成熟。仪陇县得雨一次,田水充足。广安州得雨一次,早稻成熟。岳池县得雨四次,晚稻结实。邻水县得雨一次,田水稍缺。

潼川府属：三台县得雨三次，田水充盈。射洪县得雨二次，田水充足。盐亭县得雨一次，稻谷成熟。乐至县得雨一次，早禾黄熟。

雅州府属：雅安县得雨五次，早稻出穗。

嘉定府属：乐山县得雨八次，早稻收获。峨眉县得雨三次，田水充足。洪雅县得雨五次，田水充盈。犍为县得雨四次，田水充足。威远县得雨二次，山地润泽。峨边厅得雨三次，稻谷茂盛。

叙州府属：南溪县得雨一次，稻谷收获。富顺县得雨四次，早禾收获。隆昌县得雨一次，田水充足。兴文县得雨四次，田水充足。

资州直隶州属：资阳县得雨四次，田水充足。仁寿县得雨五次，棉花茂盛。井研县得雨二次，雨水调匀。内江县得雨五次，早稻收获。

绵州直隶州并属：绵州得雨五次，禾苗结实。安县得雨五次，田水充盈，梓潼县得雨三次，稻谷结实。罗江县得雨二次，早稻收获。

忠州直隶州属：酆都县得雨一次，棉花滋长。

眉州直隶州并属：眉州得雨四次，禾苗结实。彭山县得雨五次，早禾收获。丹棱县得雨六次，田水充足。

邛州直隶州属：大邑县得雨三次，稻谷成熟。

泸州直隶州并属：泸州得雨二次，早禾收获。江安县得雨二次，田水充足。合江县得雨四次，早禾收获。纳溪县得雨四次，早禾结实。

叙永直隶厅得雨四次，早稻收获。

石砫直隶厅得雨一次，早稻黄熟。

军机大臣奉旨：览。钦此。①

一二五　委解头批藏香起程日期折

光绪元年九月二十四日(1875 年 10 月 22 日)

头品顶戴四川总督臣吴棠跪奏，为委解头批藏香起程日期，恭折仰祈圣鉴事。

窃臣前准内务府咨：以内廷传用藏香，奏请由川购运，因川省市肆无从购办，亦不知用何香料制造，咨商驻藏大臣，由藏照数办齐，解川传运，已将藏中议垫价值及川库拨还银数奏明在案。兹准该大臣咨：据仔仲等将头批藏香制造齐全，计头号红藏香二千二百支，黄藏香八百支，二号红藏香二千支，黄藏香五百支，铁杆红藏香一百二十束，黄藏香六十束，点验包固，一并派弁解川转运前来。

臣查内务府原单咨取头号红、黄藏香三千支，二号红、黄藏香二千五百支，铁杆藏香二百八十束。今据藏中解到头号、二号、铁杆红、黄藏香，经臣委员点验，其支数、轻重、尺寸俱与原单相符。内中间有折断香支，均已如式修补完好，分别装匣封固，委员督标中营额外谭广熙等管解，定于九月二十四日自川起程，赴京呈进。

除咨明户部及内务府外，所有办运藏香支数及委员起程日期，理合恭折具陈，并缮具清单，恭呈御览，伏乞皇太后、皇上圣鉴。谨奏。九月二十四日。

光绪元年十二月二十九日，军机大臣奉旨：该衙门知道，单并

---

① 中国第一历史档案馆藏：清单，档案编号：03-6749-006。

发。钦此。①

一二六 呈报委解头批藏香数目清单

光绪元年九月二十四日(1875 年 10 月 22 日)

谨将头批藏香数目缮具清单,恭呈御览。头号红藏香二千二百支,二号红藏香二千支,头号黄藏香八百支,二号黄藏香五百支,铁杆红藏香二百二十束,铁杆黄藏香六十束。

军机大臣奉旨:览。钦此。②

一二七 奏报咸丰四年至同治十二年津贴、捐输、厘金收支折

光绪元年九月二十四日(1875 年 10 月 22 日)

头品顶戴四川总督臣吴棠跪奏,为查明川省历年办理津贴、捐输及各项厘金收支数目,分造清册,送部查核,恭折仰祈圣鉴事。

窃查前准户部咨,令将川省按粮津贴一项,自咸丰四年起,按年将实收银数造具简明清册,报部考核。又准部咨:川省征收按粮津贴及各项捐输每年收支总数,赶紧造册送部。至抽收厘金,饬将试办抽厘□□至同治十一年止,某年抽收百货厘金若干,茶厘、盐厘若干,某年因某项动支若干,开具简明清单,报部备查等因。当经臣檄饬在省司道,设立清厘收支专局,添委候补道钟肇立督同局

---

① 中国第一历史档案馆藏:军机录副,档案编号:03-5524-087。
② 中国第一历史档案馆藏:清单,档案编号:03-5524-088。

员,调齐历年收支案卷,详细清厘,先将设局遵办情形于同治十二年十二月十八日附奏在案。兹据清厘收支局司道查明历年收支津贴、捐输及货厘、盐厘、茶厘各确数,分造总散清册,详送到臣。

计册开:津贴一项,自咸丰四年遵办起,截至同治十二年底止,共收借银一千二百五十四万六百七十四两二钱七分零,开除支拨京饷、工程经费、云贵兵饷、各省协饷、本省兵饷、各台经费、防剿经费及拨借盐茶耗羡、防边、生息等项银一千二百五十三万六千九百七十九两一钱三分零。

又,官民绅商捐输,自咸丰二年起至同治二年年底止,共收各案捐银四百七十一万二千八百二十八两九钱零,开除支拨京饷、工程、安徽、两湖、甘肃、贵州、浙江、广西、云南军饷及本省兵饷、防剿经费、西藏、赏需、药铅、工料、拨借防边、生息、盐茶耗羡等项银四百五十六万四千五百六十七两七钱三分零,应存银十四万八千二百六十一两一钱六分零。

又,绅民捐助军饷,自同治元年劝办起至同治十二年年底止,共收银一千四百八十三万九千一百十七两一分零,开除支拨固本兵饷、各省协饷、本省饷需、防剿经费等项,共银一千四百三十二万一千六百十二两二钱六分,应存银五十一万七千五百四两七钱五分零。又,盐货厘金,自咸丰五、六等年试办起,截至同治十二年年底止,共征收银二千一百十万三千九百九十六两三钱六分零,开除支拨京饷、固本兵饷、各省协饷、本省防剿经费、新兵饷折、白事、药铅、教案赔款、办理赈粜、修仓积谷、武职月课奖赏等项银二千八十六万九百六两八钱零。应存银二十四万三千八十九两五钱六分。

又,洋药厘金,自咸丰九年冬季起至十一年冬季止,共收银一百十六万七千八百十四两七钱五分零,开除西藏台费一百十五万五百二十七两五钱一分零,应存银一万七千二百八十七两二钱三分零。又,加收平银三万五千三十四两四钱四分零。以上应存各款均归入同治十三年旧管项下,同该年新收各款收支造报,药厘加平银两另存解部,并将各项积年尾欠已免未免各数逐案分晰开叙,详请奏咨前来。

臣覆加查核无异。除将各项清册咨送户部外,理合恭折具奏,伏乞皇太后、皇上圣鉴。谨奏。九月二十四日。

光绪元年十月二十四日,军机大臣奉旨:户部知道。钦此。①

一二八　奏报川省光绪元年八月雨水、粮价折

光绪元年九月二十四日(1875年10月22日)

头品顶戴四川总督臣吴棠跪奏,为恭报四川省光绪元年八月份各属具报米粮价值及得雨情形一折,仰祈圣鉴事。

窃照光绪元年七月份通省粮价及得雨情形,前经臣恭折奏报在案。兹查本年八月份成都、重庆、龙安、宁远、保宁、顺庆、潼川、雅州、嘉定、叙州等十府,资州、绵州、忠州、眉州、泸州五直隶州,叙永一直隶厅,各属先后具报得雨一二次至五、七次不等。稻谷收获,田水充盈。其通省粮价惟中米及叙州府黄豆较上月减二分,余俱与上月相同,据署布政使英祥查明列单汇报前来。

臣覆核无异。理合分缮清单,恭呈御览,伏乞皇太后、皇上圣鉴。谨奏。九月二十四日。

---

① 中国第一历史档案馆藏:军机录副,档案编号:03-6593-067。

光绪元年十月二十四日，军机大臣奉旨：知道了。钦此。①

一二九　呈川省光绪元年八月粮价清单

光绪元年九月二十四日（1875 年 10 月 22 日）

谨将光绪元年八月份四川省所属地方各项粮价，开具清单，恭呈御览。

成都府属，价贵。中米每仓石价银二两九钱一分至三两八钱九分，较上月减二分。大麦每仓石价银一两八钱三分至二两，与上月同。小麦每仓石价银二两一钱三分至二两三钱，与上月同。黄豆每仓石价银一两四分至二两四钱四分，与上月同。荞子每仓石价银一两一钱六分至一两七钱，与上月同。

重庆府属，价贵。中米每仓石价银二两七钱一分至三两六钱九分，较上月减二分。大麦每仓石价银一两六钱二分至一两九钱七分，与上月同。小麦每仓石价银二两六钱八分至二两七钱三分，与上月同。黄豆每仓石价银二两七钱至二两九钱七分，与上月同。

保宁府属，价贵。中米每仓石价银二两五钱三分至三两一钱九分，较上月减二分。大麦每仓石价银一两八钱九分至二两一钱，与上月同。小麦每仓石价银二两八钱三分至三两五钱七分，与上月同。黄豆每仓石价银一两八钱一分至二两一钱一分，与上月同。

顺庆府属，价贵。中米每仓石价银二两九钱七分至三两三钱六分，较上月减二分。大麦每仓石价银一两六钱一分至一两八钱，与上月同。小麦每仓石价银二两九分至二两一钱二分，与上月同。

---

①　中国第一历史档案馆藏：军机录副，档案编号：03-6749-037。

黄豆每仓石价银一两五钱五分至一两六钱五分，与上月同。

叙州府属，价贵。中米每仓石价银二两九钱八分至三两二钱三分，与上月同。大麦每仓石价银一两六钱六分至二两二分，与上月同。小麦每仓石价银二两一钱三分至二两六钱三分，与上月同。黄豆每仓石价银一两零九分至一两五钱，较上月减二分。

夔州府属，价贵。中米每仓石价银二两七钱八分至三两零九分，较上月减二分。大麦每仓石价银一两七钱八分至二两四钱六分，与上月同。小麦每仓石价银二两九钱五分至三两三分，与上月同。黄豆每仓石价银二两一钱四分至二两二钱四分，与上月同。

龙安府属，价贵。中米每仓石价银二两四钱七分至三两一钱二分，较上月减二分。青稞每仓石价银一两五钱，与上月同。小麦每仓石价银一两七钱九分至二两一钱八分，与上月同。黄豆每仓石价银一两八钱五分至一两九钱三分，与上月同。

宁远府属，价贵。中米每仓石价银二两八钱一分至三两零九分，较上月减二分。大麦每仓石价银一两四钱八分至一两六钱，与上月同。小麦每仓石价银一两五钱九分至二两二钱，与上月同。荞子每仓石价银一两四钱五分，与上月同。黄豆每仓石价银一两五钱六分至一两六钱三分，与上月同。

雅州府属，价中。中米每仓石价银二两七钱三分至二两七钱四分，较上月减二分。小麦每仓石价银二两二钱九分至二两六钱五分，与上月同。黄豆每仓石价银一两六钱五分至二两四分，与上月同。

嘉定府属，价贵。中米每仓石价银二两七钱至三两二钱八分，较上月减二分。小麦每仓石价银二两三钱六分至二两七钱三分，与上月同。黄豆每仓石价银一两四钱七分至二两三分，与上月同。

潼川府属,价贵。中米每仓石价银二两八钱一分至三两四分,较上月减二分。大麦每仓石价银一两六钱五分至一两九钱三分,与上月同。小麦每仓石价银二两一钱四分至二两四钱九分,与上月同。黄豆每仓石价银一两七钱六分至二两一钱三分,与上月同。

绥定府属,价中。中米每仓石价银二两六钱八分至二两八钱,较上月减二分。大麦每仓石价银一两五钱八分,与上月同。小麦每仓石价银一两六钱二分至一两七钱三分,与上月同。黄豆每仓石价银一两四钱三分,与上月同。

眉州直隶州属,价中。中米每仓石价银二两六钱六分至二两九钱四分,较上月减二分。

邛州直隶州并属,价贵。中米每仓石价银二两五钱六分至二两九钱六分,较上月减二分。大麦每仓石价银一两九钱,与上月同。小麦每仓石价银二两五钱七分,与上月同。黄豆每仓石价银二两八分至二两二钱二分,与上月同。

泸州直隶州并属,价贵。中米每仓石价银二两九钱八分至二两九钱九分,较上月减二分。

资州直隶州并属,价中。中米每仓石价银二两四钱八分至二两八钱八分,较上月减二分。

绵州直隶州并属,价中。中米每仓石价银二两六钱五分至二两九钱三分,较上月减二分。小麦每仓石价银二两三钱二分至二两四钱六分,与上月同。

茂州直隶州并属,价中。中米每仓石价银二两五钱五分,较上月减二分。小麦每仓石价银二两六钱八分,与上月同。青稞每仓石价银二两二钱,与上月同。荞子每仓石价银一两二钱三分至一两七钱三分,与上月同。

忠州直隶州并属，价贵。中米每仓石价银二两五钱至三两一钱三分，较上月减二分。大麦每仓石价银一两四钱六分至一两六钱，与上月同。小麦每仓石价银二两三分至二两三钱九分，与上月同。黄豆每仓石价银一两二钱七分至一两五钱七分，与上月同。

酉阳直隶州并属，价贵。中米每仓石价银二两五钱至二两九钱九分，较上月减二分。大麦每仓石价银二两二钱八分至二两六钱，与上月同。小麦每仓石价银二两六钱二分至二两七钱六分，与上月同。黄豆每仓石价银一两三钱九分至一两四钱四分，与上月同。

叙永直隶厅并属，价中。中米每仓石价银二两九钱，较上月减二分。小麦每仓石价银一两八钱一分，与上月同。荞子每仓石价银一两三钱二分，与上月同。黄豆每仓石价银一两六钱一分，与上月同。

松潘直隶厅，价中。青稞每仓石价银二两六钱四分，较上月减二分。荞子每仓石价银一两七钱四分，与上月同。

杂谷直隶厅，价中。青稞每仓石价银二两四钱，与上月同。荞子每仓石价银一两七钱九分，与上月同。

石砫直隶厅，价平。中米每仓石价银一两六钱，与上月同。大麦每仓石价银一两七钱三分，与上月同。小麦每仓石价银二两六分，与上月同。黄豆每仓石价银一两八钱九分，与上月同。

打箭炉厅，价贵。青稞每仓石价银四两八钱五分，较上月减二分。油麦每仓石价银一两八钱一分，与上月同。

军机大臣奉旨：览。钦此。[①]

---

① 中国第一历史档案馆藏：清单，档案编号：03-6749-039。

一三〇 呈川省光绪元年八月得雨清单

光绪元年九月二十四日（1875 年 10 月 22 日）

谨将光绪元年八月份四川省所属地方报到得雨情形，开具清单，恭呈御览。

成都府属：成都、华阳两县得雨七次，稻谷收获。简州得雨二次，稻谷收毕。崇庆州得雨三次，稻谷收毕。汉州得雨四次，稻谷登场。温江县得雨三次，稻谷收毕。新都县得雨四次，晚稻收获。彭县得雨二次，稻谷收毕。

重庆府属：江北厅得雨一次，田堰积水。巴县得雨二次，阪田翻犁。江津县得雨一次，晚稻收毕。永川县得雨一次，晚稻收获。荣昌县得雨五次，秋收告竣。南川县得雨一次，稻谷收毕。璧山县得雨三次，稻谷收毕。大足县得雨四次，田水充足。定远县得雨二次，稻谷收毕。

龙安府属：江油县得雨二次，稻谷收毕。

宁远府属：会理州得雨二次，田水充盈。

保宁府属：阆中县得雨三次，地土滋润。广元县得雨二次，稻谷成熟。剑州得雨一次，黄豆结实。

顺庆府属：南充县得雨三次，田水充盈。西充县得雨五次，田水充盈。营山县得雨二次，土地滋润。仪陇县得雨二次，田水充足。广安州得雨二次，田地滋润。岳池县得雨四次，收获已毕。邻水县得雨二次，田土翻犁。

潼川府属：三台县得雨三次，田堰积水。射洪县得雨一次，收获已毕。盐亭县得雨一次，黄豆成熟。乐至县得雨一次，田堰积水。

雅州府属：清溪县得雨二次，田水充足。

嘉定府属：乐山县得雨二次，堰水充盈。峨眉县得雨二次，田水充足。洪雅县得雨四次，田水充盈。荣县得雨二次，田水充足。威远县得雨三次，田塘水足。峨边厅得雨二次，稻谷结实。

叙州府属：南溪县得雨四次，田亩翻犁。富顺县得雨二次，田水充足。

资州直隶州并属：资州得雨二次，稻谷收毕。资阳县得雨三次，田水充足。仁寿县得雨三次，棉花收捡。井研县得雨二次，雨水调匀。内江县得雨五次，堰水充足。

绵州直隶州并属：绵州得雨二次，稻谷收毕。安县得雨四次，田水充盈。梓潼县得雨二次，豆麦播种。罗江县得雨一次，稻谷收毕。

忠州直隶州属：酆都县得雨一次，雨水调匀。

眉州直隶州并属：眉州得雨四次，田水充足。彭山县得雨二次，堰水畅流。丹棱县得雨三次，堰水充盈。

泸州直隶州并属：泸州得雨四次，农田翻犁。江安县得雨二次，田水充盈。合江县得雨四次，田堰积水。纳溪县得雨二次，农田翻犁。

叙永直隶厅并属：叙永厅得雨二次，晚稻收获。永宁县得雨二次，田有积水。

军机大臣奉旨：览。钦此。[1]

---

[1] 中国第一历史档案馆藏：清单，档案编号：03-6749-038。

一三一 委令李泳平调署郫县知县片

光绪元年九月二十四日（1875 年 10 月 22 日）

再，署郫县知县杨铭年满调省遗缺，查有因公来省之永宁县知县李泳平，端正廉明，堪以调署。该员正、署各任内并无经征钱粮未完展参及承缉盗劫已起四参案件，据署、藩臬两司会详前来。除批饬遵照外，理合附片陈明，伏乞圣鉴。谨奏。

光绪元年十月二十四日，军机大臣奉旨：知道了。钦此。①

一三二 请准总兵杨复东暂缓陛见片

光绪元年九月二十四日（1875 年 10 月 22 日）

再，前奉上谕：军务稍松及无军务各省提、镇人员，均着奏请来京陛见等因。钦此。兹查川北镇总兵杨复东，于同治七年冬间补授斯缺，奏请先令赴任，嗣三年期满，因陕、甘邻氛未靖，该镇督率兵弁巡防边隘，布置得宜，奏明俟陕、甘军务平静、川边安谧，再陈请陛见，奉旨允准在案。迄今又及三年，应循例入觐，惟刻下陕、甘边境仍有游勇散练出没窥伺，边防未能遽撤。

所有驻防川北之律武营勇丁，昨因叙永边境匪徒窜扰，经臣抽调驰往分防，致川北防军颇形单薄，诸须该镇整顿兵备，相机筹布，以补勇力之不足，一时势难远离，合无仰恳天恩，俯准杨复东暂缓

① 中国第一历史档案馆藏：军机录副，档案编号：03-5100-168。此片具奏日期著录错误，兹据军机处随手登记档（档案编号：03-0214-4-1201-286）校正。

陛见，一俟边防事竣，即照例陈请北上。是否有当，理合附片具奏，伏乞圣鉴。谨奏。

光绪元年十月二十四日，军机大臣奉旨：着照所请，兵部知道。钦此。[①]

一三三　奏报董汝涵等期满甄片

光绪元年九月二十四日（1875 年 10 月 22 日）

再，查吏部奏定章程：丞、倅、州、县，无论何项劳绩保奏归入候补班者，以到省之日起，予限一年，令督抚详加察看，出具切实考语，奏明分别繁简补用等因。遵照在案。兹查候补班补用知州董汝涵、候补班尽先补用知县施学煌，均到省一年期满，自应照章甄别，据署布政使英祥、署按察使傅庆贻造具各该员履历清册，会详请奏前来。

臣查该员董汝涵，年强才敏，请留川以繁缺知州补用；施学煌年力正壮，请留川以简缺知县补用。除履历清册咨部外，理合附片陈明，伏乞圣鉴。谨奏。

光绪元年十月二十四日，军机大臣奉旨：吏部知道。钦此。[②]

---

① 中国第一历史档案馆藏：军机录副，档案编号：03-5771-062。此片具奏日期著录错误，兹据军机处随手登记档（档案编号：03-0214-4-1201-286）校正。
② 中国第一历史档案馆藏：军机录副，档案编号：03-5100-166。此片具奏日期著录错误，兹据军机处随手登记档（档案编号：03-0214-4-1201-286）校正。

一三四　奏报彭克俨等期满甄别片

光绪元年九月二十四日（1875 年 10 月 22 日）

再,查吏部奏定章程:丞、倅、州、县,无论何项劳绩保奏归入候补班者,以到省之日起,予限一年,令督抚详加察看,出具切实考语,奏明分别繁简补用等因。遵照在案。兹查有候补班前先补用同知彭克俨、候补班前先用知县吴云粼二员,均到省一年期满,自应照章甄别,据署布政使英祥、署按察使傅庆贻造具该员等履历清册,会详请奏前来。

臣查该员彭克俨,年健才优,请留川以繁缺同知补用;吴云粼年强才敏,请留川以简缺知县补用。除履历清册咨部外,理合附片陈明,伏乞圣鉴。谨奏。

光绪元年十月二十四日,军机大臣奉旨:吏部知道。钦此。①

一三五　酌保攻克九丝寨踞
匪在事员弁绅团折

光绪元年十月初二日（1875 年 10 月 30 日）

头品顶戴四川总督臣吴棠跪奏,为遵旨择尤酌保攻克兴文县九丝寨踞匪在事出力员弁绅团,恭折仰祈圣鉴事。

窃臣承准军机大臣字寄:光绪元年五月二十六日,奉上谕:吴

---

① 中国第一历史档案馆藏:军机录副,档案编号:03-5100-167。此片具奏日期著录错误,兹据军机处随手登记档(档案编号:03-0214-4-1201-286)校正。

棠奏，边匪窜扰，设法歼除一折。<u>此次出力员弁绅团着准其择尤酌保，毋许冒滥</u>①等因。钦此。当经恭录行知该将领道府，钦遵办理在案。伏查九丝寨之为匪所踞也，猝不及防。其时边境不逞之徒，闻风啸聚。幸叙南一带尚有酌留达字楚军，经统领总兵张祖云先派左营知州张世康、前营副将何荣贵等，带同所部勇丁，驰往攻剿，而自率亲兵及中营副将江忠诂等，截击筠连、高县窜匪，断贼外援，以孤其势。永宁道延祜复督饬兴文县知县徐显清，激励团丁，猛扑九丝寨，毙匪甚夥，以挫其锋，俾知州张世康、副将何荣贵等得以专心克敌，并力图功。一攻于寨之前，一攻于寨之后。确觇贼势，密定军谋，方振旅初临，则有乡团为之向导。迨运筹既定，更资众练助以声援。用能超距先登，斩关直入，尽歼悍党，立拔坚巢。该员弁绅团等同心勠力，好义急公，臣未敢没其微劳，据情陈请，仰邀俞允，钦感同深。兹据总兵张祖云、永宁道延祜开单请奖前来。

臣因叙永厅边界地方，现有匪徒窜扰，调兵集练，堵剿兼施，正在用人之际，不得不随时给奖，鼓励将来。谨择其尤为出力员弁绅团，秉公酌拟，减之又减，另缮清单，恭呈御览。吁恳恩施立沛，以作士气而固民心。

除拟保千总以下照案另册咨部外，所有遵旨择尤酌保攻克兴文县九丝寨踞匪在事出力员弁绅团缘由，理合恭折具陈，伏乞皇太后、皇上圣鉴训示。谨奏。十月初二日。

光绪元年十月十七日，军机大臣奉旨：钦此。②

---

① 划线部分军机录副缺，兹据《游蜀疏稿》校补。

② 中国第一历史档案馆藏：军机录副，档案编号：03-5771-035。又，吴棠等：《游蜀疏稿》，第1155—1161页。其尾记曰："光绪元年十月初二日，由驲具奏。于本年十一月初一日，准兵部火票递回原片，后开军机大臣奉旨：另有旨。钦此。"

一三六 呈酌保攻克九丝寨
踞匪出力人员清单

光绪元年十月初二日(1875年10月30日)

谨将酌保官军攻克兴文县九丝寨踞匪尤为出力员弁绅团,缮列清单,恭呈御览。

计开:达字等营尤为出力员弁勇丁。花翎简用总兵留川尽先副将永宁营参将达勇巴图鲁张祖云,花翎尽先总兵前留湖南副将黄汉章,总兵衔尽先副将何荣贵,尽先补用副将利勇巴图鲁江忠诂。以上四员,攻坚夺垒,谋勇兼优。张祖云请免补副将,遇有总兵缺出,开列在先,请旨简放。黄汉章请交军机处记名,遇有总兵缺出,请旨简放。何荣贵请仍以副将留于四川尽先前补用,俟补副将后,以总兵记名,请旨简放。江忠诂请赏给该员三代二品封典。

尽先游击邹仁宇、朱成章,尽先都司张康泰、罗泽树、章世荣、李得胜、邹珍林,蓝翎都司龚开明。以上八员,阵擒首要,骁勇冠军。邹仁宇、朱成章均请以参将遇缺尽先即补。张康泰请免补都司,以游击留于湖南,尽先前补用。罗泽树等四员,均请免补都司,以游击尽先推补。龚开明请赏换花翎。

花翎总兵衔留川补用副将马胜泰,尽先即补游击杨三级、杨洪清,留川尽先前都司督中世袭骑都尉加一云骑尉周天柱,尽先补用守备冯振标,漕河两标尽先千总顾汝柏,尽先千总陈鹤松。以上七员,累战皆捷,扫穴擒渠。马胜泰请仍留原省以副将尽先前即补,并免缴捐复银两,俟补缺后,再行送部引见。杨三级请以参将留川,无论题推缺出,尽先前遇缺即补。杨洪清请仍以游击留川,尽先前即补。周天柱请以游击留川，尽先前补用。冯振标请以守备，归江南徐州镇标补用，并请赏戴蓝翎。顾汝柏请免补千总，以守备仍归原标尽先前补用。陈鹤松请以守备尽先补用，并请赏戴蓝翎。

补用都司遇缺尽先守备李著献，尽先守备张玉铭、蒋玉贵、邱希胜、胡得魁、王朝槐，蓝翎守备珙县汛把总马保受，已革蓝翎都司衔尽先守备熊应举，守备衔淮扬镇标千总王治平。以上九员，身先士卒，攻克坚巢。李著献等三员，均请以都司留川，尽先前补用。邱希胜、胡得魁均请以都司推补。王朝槐请以卫守备分发漕标，不论题推缺出，尽先即补。马保受请赏换花翎。熊应举请开复原官，并免缴捐复银两。王治平请以守备，仍归淮扬镇标补用。

尽先千总曾佐贤、李文光、谭坤、刘仕杰、顾礼宾、胡向荣、陶正明、林文清、张锜、赵洪得，尽先千总永宁营额外外委尹丞绪。以上十一名，率队前驱，斩擒要匪。曾佐贤请免补千总，以守备留川尽先补用。李文光请以卫守备，尽先前即选。谭坤等九名，均请免补千总，以守备尽先补用。

尽先把总吴荣培、贾得贵，尽先外委李鸿顺，六品军功田锦德、胡联芳、骆宗保，外委陈运隆、陈兴裕、陈希爵，六品军功张加胜、沈坤山、华万福、蒋永升、何钟楚，军功谢荣增、李建屏。以上十六名，克复山寨，奋不顾身。吴荣培等六名，均请以千总尽先拔补，并均请赏戴蓝翎。陈运隆等十名，均请以把总尽先拔补，并均请赏戴蓝翎。

知府衔留川补用直隶州知州张世康，同知职衔徐敏吾，举人吴镜沆，双月候选县丞吴豫，候补盐茶大使钟鋆。以上五员，陷阵冲锋，擒斩首要。张世康请免补本班，以知府留川补用。徐敏吾请以同知双月选用。吴镜沆请以知县不论双单月，遇缺选用。吴豫请免选本班，以知县不论双单月，遇缺选用。钟鏊请免补本班，以盐课大使仍留原省补用。

工部郎中叶毓荣，蓝翎直隶州用候补知县陈世彬，同知衔候补知县沈全修，试用知县钱璋、钱保塘，双月选用布经历徐学勤，举人杨恂，知县用候补府经历张毓崧，候选直隶州州判许显钧，国子监典簿衔候选教谕周道鸿。以上十员，披坚执锐，攻克山寨。叶毓荣请以知府即选。陈世彬请赏换五品花翎。沈全修请赏换花翎。钱璋、钱保塘均请以知县归候补班补用。徐学勤请仍以布经历不论双单月，遇缺选用，并请赏戴蓝翎。杨恂请以知县不论双单月选用。张毓崧请免选本班，以知县留川补用。许显钧、周道鸿均请以知县不论双单月，分发省份，归候补班补用。

候补通判赵士贡，举人姚墉，五品衔候选知县田应亨，不论双单月选用县丞叶春荣，候选县丞薛华封，即选府经历县丞寇安平，选用县丞田砚丰，分缺先前选用教谕罗长沄。以上八员，斩擒首要，奋勇争先。赵士贡请免补本班，以同知仍留原省，归候补班补用。姚墉请以知县不论双单月选用，并请赏加同知衔。田应亨请仍以知县留川补用，并请赏戴花翎。叶春荣请免选本班，以知县留川，归候补班补用。薛华封请免选本班，以知县分发省份，归候补班，遇缺尽先补用。寇安平、田砚丰均请免选本班，以知县不论双单月，遇缺尽先前即选。罗长沄请免选本班，以教授不论双单月，遇缺尽先前选用。

候补通判茹汉章，候补知县张龙甲、洪锡彝，试用知县毕献，分发候补班补用知县周德耕。以上五员，随营审案，听断持平。茹汉章请赏加运同衔。张龙甲、洪锡彝均请赏给军功加二级。毕献请俟补缺后，以直隶州升用。周德耕请以知县留川补用。

试用布经历余煦堂，补用盐大使吴震翮，试用府经历凯顺，候选县丞何沅艺、陈秀昌、张星明，候选训导谢炳灵，廪生薛华均，从九品职衔李宗范。以上九员，随队接仗，冒险运粮。余煦堂请俟补缺后，以知州用。吴震翮、凯顺均请俟补缺后，以知县用。何沅艺请仍以县丞分发省份补用，俟补缺后，以知县用。陈秀昌请仍以县丞留川补用。张星明请仍以县丞不论双单月选用。谢炳灵请仍以训导不论双单月，遇缺尽先选用。薛华均请作为贡生，以训导不论双单月选用，并分发试用。李宗范请以巡检分发省份，归候补班前先补用。

府经历县丞用试用未入流陈开第，候补从九品张慎修，候选从九品黄兴第、王士青，蓝翎候选从九品李汝南，六品军功试用典史徐德云，试用未入流张志道，候选未入流胡松年，蓝翎六品军功书识张修伦，监生任树远，六品军功书识张锡恩，文童雷定遴，书识李崇正。以上十三员，随办文案，久著辛勤。陈开第请免补本班，以府经历县丞留川补用。张慎修请俟补缺后，以府经历用，并请赏加六品衔。黄兴第请免补本班，以部照磨分发省份补用。王士青、李汝南均请以从九品留川补用。徐德荣请仍以典史归候补班补用。张志道请仍以未入流归候补班补用。胡松年请仍以未入流留川补用。张修伦请以典史留川补用。任树远请以巡检留川补用。张锡恩、雷定遴均请以从九品，不论双单月选用。李崇正请以未入流留川补用。

已革运同衔候补直隶州直隶天津县知县杨国杞，已革知州衔贵州尽先补用知县张维权。查杨国杞前于同治五年在天津县任内，失察捕役吴英奎诬良为盗案内，部议革职。张维权前于同治九年经贵州抚臣补年终甄别案内，奏参革职。该革员等被参后，先后投效四川军营,随同防剿。此次攻克九丝寨踞匪,阵擒首要,攻克坚巢,实属异常出力。杨国杞请开复原官、原衔,并免缴捐复银两。张维权请开复原官、原衔,留于四川,归候补班尽先补用,并免缴捐复银两。

叙南等厅县尤为出力官弁绅团。花翎二品布政使衔永宁道延祜,三品衔补用道叙州府知府史崧秀。以上二员,靖边御寇,调度有方,均请旨交部,从优议叙。

叙永厅同知张焕祚,同知衔升用知州兴文县知县徐显清,署永宁县事试用知县张思宪,调署长宁县事灌县知县柳宗芳,候补直隶州知州署筠连县知县印启祥,同知衔署珙县事即用知县谢庭钧,同知衔升用知州庆符县知县孙定扬,同知直隶州用高县知县黄锦生。以上八员,督团助剿,共保岩疆。张焕祚请开缺,以知府用。徐显清请以同知直隶州知州在任,遇缺前先补用,并请赏戴花翎。张思宪请仍以知县归候补班补用。柳宗芳请以直隶州知州在任,遇缺补用,并请赏戴花翎。印启祥请俟补缺后,以知府尽先补用。谢庭钧请俟补缺后,以同知直隶州升用。孙定扬请以直隶州知州在任候补。黄锦生请俟补同知直隶州后,以知府用。

委员候补知县吴楚玉,笔帖式勋懋、清泰,试用从九品沈国钧,候选未入流张树森,试用未入流许懋忠。以上六员,带团剿贼,攻克坚巢。吴楚玉俟补缺后,以同知用,先换顶戴。勋懋请赏戴六品蓝翎。清泰请俟补缺后,以知县用。沈国钧请免补本班,以县丞归候补班补用。张树森请仍以未入流分发省份,归候补班前先补用。许懋忠请以典史归候补班,尽先补用。

光禄寺署正衔筠连县教谕遇缺即选教授张绍兰,高县教谕牟晋丰,珙县训导郭肇林,布理问衔升用府经县丞高县典史吴东,兴文县典史刘斯泌，长宁县典史孙璜，筠连县典史赵广善，珙县典史陈庆云。以上八员，带团接仗，迭有斩擒。张绍兰请赏加五品衔。牟晋丰、郭肇林均请赏加国子监助教衔。吴东请俟升用府经县丞后，以知县在任候补。刘斯泌请以府经县丞，尽先前在任升用。孙璜请以县丞升用。赵广善请以府经历县丞，在任候升，并请赏加布理问衔。陈庆云请以府经县丞，在任候升。

尽先都司建武营守备高联升，尽先都司永宁营守备聂正品，尽先守备署筠连汛千总李余龙，守备衔候补千总梁正邦，永宁营尽先千总邓云山、黄国祥，留永差操夔州左营把总杨启祥，武举拣选千总周朝俊。以上八员，率领兵团，擒斩首要。高联升请免补都司，以游击尽先补用。聂正品请俟补都司后，以游击尽先升用。李余龙请赏加都司衔。梁正邦请免补千总，以守备收标补用。邓云山等三名，均请免补千总，以守备尽先补用。周朝俊请以千总遇缺拔补，并请赏戴蓝翎。

同知衔遇缺前先选用知县文尔炘，六品蓝翎候选直隶州州判邓桂林，五品蓝翎尽先候选训导邹元标，六品衔指发云南试用府经历李绍衡，候选按经历黄学厚，前任江西广丰县县丞黄世英，候选县丞孙吉士，国子监学正衔候选州学正易宝林，候选教谕唐钟英，候选训导李应辰、严堃。以上十一员，集练赴援，屡歼要匪。文尔炘请赏戴蓝翎。邓桂林、邹元标均请赏换五品花翎。李绍衡请俟补缺后，以知县补用。黄学厚请俟选缺后，以知县补用。黄世英请仍归原省，俟补缺后，以知县用。孙吉士请免选本班，以知县不论双单月选用。易宝林请以州学正前先选用，并请赏加五品衔。唐钟英请仍以教谕，遇缺即选。李应辰请免选本班，以州判不论双单月，遇缺尽先选用，并请赏加五品衔。严堃请赏加国子监学正衔。

廪贡生周之翰,增生庞大成、杭克绳,附贡生刘兆槐、毛国璋,廪生李世伦、应方汉,附生吴其濬、傅鸿宾、邓永延,监生董文星,从九品衔薛之羲,文童朱英、吴德泳。以上十四名,激励乡团,攻克山寨。周之翰等四名,均请以府经历县丞,不论双单月选用。毛国璋请赏加按经历衔。李世伦、应方汉均请以训导不论双单月选用。吴其濬等三名,均请以从九品,不论双单月选用。董文星请赏戴六品蓝翎。薛之羲请以从九品,分发省份补用。朱英请作为监生,以从九品不论双单月,遇缺尽先补用。吴德泳请作为监生,以典史不论双单月,遇缺尽先选用。

尽先守备陈子贵、朱照成,尽先千总胡应昌、冯国良、刘得玉、杨再雄、潘玉堂、王安邦、王鸿鳌,尽先把总罗占魁、胡学富、薛占鳌、孙廷魁、聂东林。以上十四员名,斩关夺寨,每斩必先。陈子贵、朱照成均请免补守备,以都司用。胡应昌等七名,均请免补千总,以守备用,并均请赏戴花翎。罗占魁等五名,均请免补把总,以千总尽先拔补,并均请赏戴蓝翎。

军机大臣奉旨:览。钦此。①

【案】以上折及褒奖清单得俞允,清廷并予张祖云等从优议叙:

光绪元年十月十七日,内阁奉上谕:吴棠奏,遵保歼除边匪出力员弁绅团,开单请奖一折。本年四月间,川、滇边界突有匪徒窜踞四川兴文县九丝寨地方,经吴棠督饬总兵张祖云等,并力攻克坚巢,尽歼丑类。在事出力员弁等尚属著有微

---

① 中国第一历史档案馆藏:军机录副,档案编号:03-5771-036。

劳，自应量予鼓励。所有单开之副将张祖云，着免补副将，遇有总兵缺出，开列在先，请旨简放。黄汉章着交军机处记名，遇有总兵缺出，请旨简放。何荣贵着仍以副将留于四川，尽先前补用，俟补副将后，以总兵记名，请旨简放。江忠诂着赏给该员三代二品封典。游击邹仁宇等，着以参将，遇缺尽先即补。都司张康泰着免补都司，以游击留于湖南，尽先前补用。罗泽树等均着免补都司，以游击尽先推补。龚开明着赏换花翎。副将马胜泰着仍留原省，以副将尽先前即补，并免缴捐复银两，俟补缺后，再行送部引见。游击杨三级着以参将留于四川，无论题推缺出，尽先前遇缺即补。杨洪清着仍以游击留于四川，尽先前即补。都司周天柱着以游击留于四川，尽先前补用。守备冯振标着以守备归江南徐州镇标补用，并着赏戴蓝翎。千总顾如柏着免补千总，以守备归原标，尽先前补用。陈鹤松着以守备尽先补用，并赏戴蓝翎。守备李著献等，均着以都司留于四川，尽先前补用。邱希胜等均着以都司，尽先推补。王朝槐着以卫守备分发漕标，不论题推缺出，尽先前即补。马保受着赏换花翎。熊应举着开复守备原官，并免缴捐复银两。千总王治平着以守备仍归淮扬镇标补用。曾佐贤着免补千总，以守备留于四川，尽先补用。李文光着以卫守备，尽先前即选。谭坤等，均着免补千总，以守备尽先补用。把总吴荣培等，均着以千总尽先拔补，并赏戴蓝翎。外委陈运隆等，均着以把总尽先拔补，并赏戴蓝翎。

. 直隶州知州张世康，着免补本班，以知府留于四川补用。同知衔徐敏吾，着以同知双月选用。举人吴镜沆，着以知县不论双单月，遇缺选用。县丞吴豫着免选本班，以知县不论双单月,遇缺选用。盐茶大使钟鋆,着免补本班,以盐课大使仍留原省补用。郎中叶毓荣,着以知府即选。知县陈世彬,着赏换五品花翎。沈全修着赏换花翎。钱璋等均着仍以知县,归候补班补用。布政司经历徐学勤,着仍以布经历不论双单月,遇缺选用,并着赏戴蓝翎。举人杨恂,着以知县不论双单月选用。府经历张毓崧,着免选本班,以知县留于四川补用。直隶州州判许显钧等,均着以知县不论双单月,分发省份,归候补班补用。通判赵士贡,着免补本班,以同知仍留原省,归候补班补用。举人姚塲,着以知县不论双单月选用,并赏加同知衔。知县田应亨,着仍以知县,留于四川补用,并赏戴花翎。县丞叶春荣,着免选本班,以知县留于四川,归候补班补用。薛华封着免选本班,以知县分发省份,归候补班,遇缺尽先补用。府经历县丞寇安平等,均着免选本班,以知县不论双单月,遇缺尽先前即选。教谕罗长沄,着免选本班,以教授不论双单月,遇缺尽先前选用。通判茹汉章,着赏加运同衔。知县张龙甲等,均着赏给军功加二级。毕献着俟补缺后,以直隶州知州升用。周德耕着以知县,留于四川补用。

　　布政司经历余煕堂,着俟补缺后,以知州用。盐大使吴震翩等,均着俟补缺后,以知县用。县丞何沅艺,着仍以县丞,分发省份补用,俟补缺后,以知县用。陈秀昌着仍以县丞,留于四川补用。张星明着仍以县丞,不论双单月选用。训导谢炳灵着仍以训导不论双单月遇缺尽先选用。生员薛华均着作为贡生以训导不论双单月选用,并分发试用。从九品职衔李宗范,着以巡检分发省份,归候补班前先补用。未入流陈开第,着免补本班,以府经历县丞留于四川补用。从九品张慎修,着俟补缺后，以府经历用，并着赏加六品衔。黄兴第着免补本班，以部照磨分发省份补用。王士青等均着以从九品，留于四川补用。典史徐德荣，着仍以典史，归候补班补用。未入流张志道，着仍以未入流，归候补班补用。胡松年着仍以未入流，留于四川补用。军功张修伦，着以典史留于四川补用。监生任树远，着以巡检留于四川补用。军功张锡恩等，均着以从九品不论双单月选用。书识李崇正，着以未入流留于四川补用。已革运同衔候补直隶州直隶天津县知县杨国杞，着开复原官、原衔，并免缴捐复银两。已革知州衔贵州尽先补用知县张维权，着开复原官、原衔，留于四川，归候补班尽先补用，并免缴捐复银两。道员延祜等，均着交部从优议叙。叙永厅同知张焕祚，着开缺，以知府用。兴文县知县徐显清，着以同知直隶州知州，在任遇缺前先补用，并赏戴花翎。知县张思宪，着仍以知县，归候补班补用。灌县知县柳宗芳，着以直隶州知州，在任遇缺补用，并赏戴花翎。直隶州知州印启祥，着俟补缺后，以知府尽先补用。知县谢庭钧，着俟补缺后，以同知直隶州知州升用。庆符县知县孙定扬，着以直隶州知州在任候补。同知直隶州知州用黄锦生，着俟补同知直隶州知州后，以知府用。知县吴楚玉，着俟补缺后，以同知用，先换顶戴。笔帖式勋懋，着赏戴六品蓝翎。清泰着俟补缺后，以知县用。从九品沈国钧，着免补本班，以县丞归候补班补用。未入流张树森，着仍以未入流，分发省份，归候补班前先补用。许懋忠着以典史归候补班尽先补用。教授张绍兰着赏加五品衔。教谕牟晋丰等，均着赏加国子监助教衔。升用府经历县丞高县典史吴东，着俟升用府经县丞后，以知县在任候补。兴文县典史刘斯泌,着以府经县丞,尽先前在任升用。典史孙璜,着以县丞升用。筠连县典史赵广善,着以府经历县丞,在任候升,并赏加布政司理问衔。珙县典史陈庆云,着以府经县丞,在任候升。都司高联升,着免补都司,以游击尽先补用。聂正品着俟补都司后,以游击尽先升用。守备李余龙,着赏加都司衔。千总梁正邦,着免补千总,以守备收标补用。邓云山等,均着免补千总,以守备尽先补用。周朝俊着以千总遇缺拔补,并着赏戴蓝翎。

知县文尔炘,着赏戴蓝翎。直隶州州判邓桂林等,均着赏换五品花翎。府经历李绍衡,着俟补缺后,以知县补用。按察司经历黄学厚,着俟选缺后,以知县补用。前任江西广丰县县丞黄世英,着仍归原省,俟补缺后,以知县用。县丞孙吉士,着免选本班,以知县不论双单月选用。州学正易宝林,着仍以州学正前先选用,并着赏加五品衔。教谕唐钟英,着仍以教谕,遇缺即选。训导李应辰,着免选本班,以州判不论双单月遇缺尽先选用,并赏加五品衔。严堃着赏加国子监学正衔。贡生周之翰等,均着以府经历县丞不论双单月选用。毛国璋着赏加按察司经历衔。生员李世伦等,均着以训导,不论双单月选用。吴其濬等均着以从九品,不论双单月选用。监生董文星,着赏戴六品蓝翎。从九品薛之羲着以从九品,分发省份补用。童生朱英,着作为监生,以从九品不论双单月遇缺尽先补用。吴德泳着作为监生,以典史不论双单月遇缺尽先选用。守备陈子贵等,均着免补守备,以都司用。千总胡应昌等,均着免补千总,以守备用,并赏戴花翎。把总罗占魁等,均着免补把总,以千总尽先拔补,并赏戴蓝翎。单内试用典史徐德云名字前后不符，并着查明咨部更正。着照所议办理，该部知道。单并发。钦此。①

【附】此折所保在事出力各员奖叙事，亦略载于《清实录》：

以剿除川、滇边匪出力，予四川副将张祖云以总兵开列在前简放，黄汉章以总兵记名简放，都司龚开明等花翎，守备冯振标等蓝翎。余升叙、加衔有差。②

一三七　奏报川军攻克贼巢跟踪追捕折

光绪元年十月初二日(1875年10月30日)

头品顶戴四川总督臣吴棠跪奏，为川军越境攻克贼巢，剿除股匪，现仍跟踪追捕，务尽根株，恭折驰陈，仰祈圣鉴事。

窃臣前将叙永边界匪徒滋事，调队集团，严加堵御缘由，专折奏明在案。迭据统领虎威宝军提督李有恒、统领达字军总兵张祖云、布政使衔永宁道延祜驰禀：该匪自窜回坟坝老巢后，寨首易增元以滇属边氓素习邪教，造言惑众，招集流亡，遂有狡焉思逞之志。八月十四、五至十八、九等日，不时出匪党一二百人，潜入川境，掳掠焚烧，均被兵团击退，迭有擒斩，未敢鸱张。总兵张祖云因叙永望援甚切，统率防军，驰往助剿。提督李有恒督催所部，漏夜趱行，均于二十一、二十三等日进扎叙永厅城。虎威宝军前营管带提督刘道宗、中营管带总兵李凤友等先于二十日抵永，即于次日五鼓，开拔至两河口，协同团勇营游击夏如斌、泸卫土司任光阀、团总姚

---

① 中国第一历史档案馆编：《光绪宣统两朝上谕档》，第1册，第307—310页。
② 《德宗景皇帝实录(一)》，卷二十，光绪元年十月下，第314页。

大兴、厅境团总张梦梧、李国珍等,于二十二日,移师木厂尖山子地方,距贼巢仅七八里许。是夜,雨声不辍。诘朝,大雾弥漫,该匪忽来七八百人,猛扑大营。我军出队迎剿,枪毙执大旗贼目一人,士气百倍,奋勇争先。鏖战逾时之久,斩首二十余级,受创致命者甚多,贼势不支,纷纷败遁。我军亦即收队回营。

二十四日,提督李有恒与总兵张祖云会筹定议,张祖云饬裕字右营副将谢思友、团勇右营游击夏如斌、达字新中营都司张祖纯,会合署参将冯诩翔、叙永厅团总张树森等,督率兵团,从东、南两路攻入。李有恒饬虎威宝军前营提督刘道宗、中营总兵李凤友,会合任光阀土练、姚大兴乡团,从西、北两路攻入,直捣匪首易增元贼寨。该匪枪炮齐施,由寨之西北突出悍党千余人,异常凶猛。提督刘道宗、总兵李凤友、土司任光阀、团总姚大兴等率队,分途迎战。游击夏如斌复由东南角绕至贼前,随同接仗,纵横荡决,所向无前,毙贼五十余级。勇练受伤三十余人。夺获伪印一颗、枪炮、旗帜多件,生擒匪党易么大一名,供称逸匪洪钧白等闻官军猝至,悉皆望风胆落,镇雄伙匪已于二十二、三两日,连夜窜回,洪钧白等不能阻遏,亦即偕行等语。

该匪智穷力竭,弃寨狂奔,逃入对山三大岩洞,施放劈山炮,拼死抗拒。虎威等军暂驻寨中,逼近对山而垒,并分队追捕逃窜之匪。总兵张祖云亲督达字全军,并裕字右营副将谢思友、前营副将刘顺望、团勇右营游击夏如斌、署永宁营参将冯诩翔、叙永厅同知张焕祚、署永宁县知县张思宪、土司任光阀、团总姚大兴等,各带兵团,径趋岩洞。适虎威宝军前、中两营追贼折回,与护卫军知府李光岳、后营参将李连发,会合各军,更番苦战,昼夜环攻。该匪喘息未定,瞥见大兵,炮石纷如雨下。我军奋不顾身,梯岩而上,当将两道洞口踏破，生擒贼匪多名，讯明正法。惟第三石洞既厚且坚，必得用火攻之法。乘该匪深藏不出，亟饬各营，搬运柴薪木植，堆积于洞口之旁。至二十六日五鼓，抛掷火蛋、火罐，烟焰蔽天。该匪石洞烧枯，破其坚卡，斩首数十级，搜获伪印四颗、妖书三十余本，生擒匪首易增元一名，匪党七名，解交叙永厅，研讯究办。救出胁从难民百余人。该匪家属、党羽昏夜中莫能辨认，坠岩落洞者，不计其数，贼洞一律烧毁。派队搜捕，巢穴全空。现在地方平静。我军阵亡三名，受伤六十余名。提督李有恒等于未经攻克岩洞以前，一面缄询镇雄州审匪情形，一面遴选健丁，前往侦探。据探丁回称：逸匪洪钧白等率党三四百人，由坟坝逃出，窜至镇雄州南，攻破毛姓民寨，盘踞其中。

又有镇雄州属大马圈咽匪王二大耶即王新大，率匪党五六百人，相助为虐。并据镇雄州覆函，以镇属兵团力薄，请饬各营跟踪追剿各等语。李有恒与张祖云悉心商酌，随饬虎威宝军前营提督刘道宗、总兵李凤友、后营参将李连发等，率队驰赴镇雄州境，觇贼所向，会合该处兵团，相机兜剿。李有恒率护卫军及亲兵哨队，扼扎分水岭，互为声援，兼顾川省门户。张祖云督饬所部达字、裕字等营，回驻叙南，严加堵缉各等情。

伏查此次川军越疆剿匪，总兵张祖云因边患方殷，能知缓急，自告奋勇，率队前驱。提督李有恒督同所部勇丁，当羽檄纷驰之际，水陆兼程，于旬日之中，师行千五六百里，与张祖云统筹全局，共济和衷，用能攻克贼巢，剿除股匪，功成迅利，洵足以彰天讨而快人心。而土司任光阀、团总姚大兴于各军未集，力挫凶锋，保护厅城，其功尤不可掩。惟逸匪巨二卯、洪钧白等尚未就擒，日后必为边患，似未便稍分畛域，坐失事机。臣刻又飞咨云贵督臣、抚臣,派兵会剿,共靖岩疆。并檄饬提督李有恒,随方策应,并力扫除,务将窜出匪徒全行殄灭,勿任幸逃法网,贻害地方。

其异常出力人员,合无吁恳天恩,先行鼓励。提督刘道宗,拟请赏给勇号。总兵李凤友,拟请以提督记名简放。参将李连发,请以副将尽先补用。知府李光岳,拟请以道员前先补用。副将谢思友、刘顺望,均拟请以总兵记名简放。游击夏如斌,拟请以参将尽先补用。都司张祖纯,拟请以游击尽先补用。五品军功尽先把总姚大兴,拟请以守备尽先补用,并请赏戴花翎。四品蓝翎土司任光阀,拟请赏戴三品花翎。其余出力将士、绅团,应俟追剿镇雄州境窜匪一律肃清后,再为汇案请奖。可否之处,出自逾格鸿慈。

所有川军攻克贼巢,剿除股匪,现仍跟踪追捕,务尽根株缘由,理合恭折驰陈,伏乞皇太后、皇上圣鉴训示。谨奏。十月初二日。

光绪元年十月十七日,军机大臣奉旨:钦此。①

【案】此折于十月十七日得允行,清廷令吴棠等协力兜剿,以竟全功。《清实录》:

谕军机大臣等:吴棠奏,川军越境剿除股匪一折。本日已明降谕旨,将出力各员弁照所请奖励矣。四川叙永边界匪徒滋事,迭经谕令吴棠等督军会剿,现经提督李有恒等于木厂尖山子地方,会同土司、团总将该匪巢穴攻克,并将石硐匪贼搜

---

① 中国第一历史档案馆藏:军机录副,档案编号:03-5771-034。又,吴棠等《游蜀疏稿》,第1163—1181页。其尾记曰:"光绪元年十月初二日,由驲具奏。于本年十一月初一日,准兵部火票递回原折,后开军机大臣奉旨:另有旨。钦此。"

• 3936 •

捕，生擒匪首易增元及匪党多名，剿办尚为迅速。惟余匪窜逃镇雄州属，盘踞民寨，亟宜殄除净尽，着吴棠、刘岳昭、岑毓英、黎培敬分饬诸军，协力兜剿，务将逸匪巨二卯、洪钧白、咽匪王新大及窜出匪徒尽数擒获，毋使一名漏网，致贻后患。将此由五百里各谕令知之……以剿除叙永厅边匪出力，赏四川提督刘道宗巴图鲁名号，总兵李凤友以提督记名简放，副将谢思友等以总兵记名简放，把总姚大兴等花翎。余升叙有差。①

一三八　请将杨光坦等留川补用片

光绪元年十月初二日（1875 年 10 月 30 日）

再，承袭一等昭勇侯杨光坦，于同治八年二月赴部引见，奉旨以二等侍卫用，准其承袭一等侯爵，在大门上行走，分入正黄旗当差。是年九月，在本旗陈情乞养，告假回籍。承袭三等壮烈伯许成鳌，同治十二年八月赴部引见，奉旨：着准其承袭，仍回本省，投标学习。钦此。臣查杨光坦系原任陕甘总督杨遇春②之曾孙，许成

---

① 《德宗景皇帝实录（一）》，卷二十，光绪元年十月下，第 314—315 页。

② 杨遇春（1760—1837），字时斋，四川崇庆州人。乾隆四十四年（1779），中式武举，投效督标，为福康安所识拔。五十年（1785），充四川龙安营把总。五十三年（1788），补茂州营千总。五十七年（1792），升四川成都城右营守备。六十年（1795），补云南督标中营都司。同年，迁四川松潘镇标中营游击。嘉庆元年（1796），授四川普安营参将。是年，调广东罗定协副将。三年（1798），授甘肃西宁镇总兵官。五年（1800），署甘肃提督。翌年，实授甘肃提督，加云骑尉、骑都尉。七年（1802），调补固原提督，晋二等轻车都尉。十一年（1806），补陕西宁陕镇总兵。十三年（1808），调陕西提督。同年，充乾清门侍卫。十八年（1813），授二等男。次年，晋一等男。二十五年（1820），授太子少保。道光五年（1825），授陕甘总督。次年，任钦差大臣。七年（1827），授太子太保。八年（1828），补陕甘总督。十五年（1835），加一等昭勇侯。后以年老辞官归里。十七年（1837），卒于家，赠太子太傅、兵部尚书，谥忠武。

鳌系原任广西提督许世亨之曾孙。均因家道清贫,无力留京供职,而荩臣之后必应曲予保全,是以札委帮统精兵,遇有边防不靖,派令随同官军堵剿,俾于队伍进止机宜,借资练习,在营日久,著有成劳,照例应以副将、参将用。惟杨光坦等籍隶四川,副、参将等缺例应回避本省。

合无吁恳天恩,俯准将承袭一等昭勇侯杨光坦、承袭三等壮烈伯许成鳌,以副将、参将用,并留于川省,以游击借补。俟补缺后,再行送部引见,仍按副将、参将原衔升转,以示体恤。理合附片陈明,伏乞圣鉴训示。谨奏。

光绪元年十月十七日,军机大臣奉旨:兵部议奏。钦此。[1]

一三九　请将总兵李忠恕从优议恤片

光绪元年十月初二日(1875年10月30日)

再,查提督衔遇缺尽先题奏总兵克勇巴图鲁李忠恕,由行伍出师江西、湖南、贵州等省,屡立战功,洊升副将。同治七年,经前兼署督臣崇实奏留四川,管带武安两营勇丁,防堵会理州、盐源县边境。臣莅任后,剿办建南夷匪,一律肃清,必须得力之师,随时镇抚。檄饬李忠恕,率同所部,移驻越巂。嗣于拿获会理州纠众滋事匪徒案内奏保,奉旨:着遇有总兵缺出,尽先题奏。钦此。又于剿办峨边蛮匪案内保奏,奉旨:赏加提督衔。钦此。该总兵李忠恕自留川以来,已逾六稔。驻师逼近夷疆,钤束羁縻,为猓夷之所敬服,地方赖以无虞。乃因夙受重

---

① 中国第一历史档案馆藏:军机录副,档案编号:03-5771-033。又,吴棠等:《游蜀疏稿》,第1143—1147页。其尾记曰:"光绪元年十月初二日,由驲片奏。于本年十一月初一日,准兵部火票递回原片,后开军机大臣奉旨:兵部议奏。钦此。"

伤,兼染瘴疠,积劳过甚,医治未痊,据报于本年正月十五日,在营病故。当即札委该营营官参将李锡成,接管武安军营务,固守边陲。

合无仰恳天恩,俯准将提督衔总兵李忠恕照提督立功后在营积劳病故例,从优议恤,以慰忠魂。理合附片陈明,伏乞圣鉴。训示。谨奏。

光绪元年十月十七日,军机大臣奉旨:李忠恕着交部照提督立功后在营积劳病故例,从优议恤。钦此。①

【案】此片之得允行,《清实录》载曰:

以积劳病故,予四川提督李忠恕优恤如例。②

一四〇　请准周达武在四川省城 捐建武字楚军昭忠祠片

光绪元年十月初二日(1875年10月30日)

再,准前贵州提督周达武咨呈:达武所部武字楚军,自咸丰九年由湖湘招募成军,转战粤西、楚、蜀、秦、陇之间,始则解围湖南宝庆府城,旋攻克广西富川、贺县,削平发逆石达开巨股,又克复湖南会同县及湖北来凤县各城池,入川殄灭逆匪周绍涌、郭幅溃、宋仕杰各大股悍贼,剿抚松潘番寨、建南猓夷。越境则有甘肃阶州之

---

① 中国第一历史档案馆藏:军机录副,档案编号:03-5771-037。又,吴棠等《游蜀疏稿》,第1149—1153页。其尾记曰:"光绪元年十月初二日,由驲附奏。于本年十一月初一日,准兵部火票递回原片,内开军机大臣奉旨:李忠恕着交部,照提督立功后在营积劳病故例,从优议恤。钦此。"

② 《德宗景皇帝实录(一)》,卷二十,光绪元年十月下,第315页。

捷,并解徽县城围。各将士敌忾同仇,罔不争先周用命,所向克捷,迅告成功。其间毕命疆场,以死勤事,固在在有之。同治九年,奏派援黔,复添募黔军,以资分布。黔地悬崖峭壁,贼悍巢坚。我军每攻一城、破一寨,肉石相薄,死伤尤多,且时值夏秋之交,瘴疠大作,日有死亡。幸赖朝廷威福,自九年至十二年,节节扫荡,元恶授首,余孽剪除。两游以次廓清,黔疆一律底定。

综计统兵以来,凡阵亡、伤亡、病故文武员弁兵勇,不下一万五六千人。或摧坚破锐,临阵捐躯;或受伤积劳,移时殒命;或感受烟瘴,因病身亡。凡兹死事情形,均堪悯恻,节经奏咨请恤,并由各统带营官呈请捐资建祠,会同贵州抚臣,附片奏明在于贵州省城及湖南宁乡县建立忠义祠各在案。兹查四川为各员弁立功死事省份,且其中籍隶川省者,亦不乏人,自应一律建祠,以溥血食,咨请查照,将捐资建祠入祀历年死事员弁兵勇缘由,据情代奏,由地方官春秋致祭等情。

臣伏查近岁用兵省份,各营阵亡将弁勇丁呈请捐资建祠,均邀俞允在案。今提督周达武所请,事同一律。合无吁恳天恩,俯准前统武字楚军提督周达武,在于四川省城捐资建立武军昭忠祠,由地方官春秋致祭,以垂久远,而慰忠魂。理合附片陈明,伏乞圣鉴训示。谨奏。

光绪元年十月十七日,军机大臣奉旨:着照所请,该部知道。钦此。[①]

---

① 中国第一历史档案馆藏:军机录副,档案编号:03-5771-039。又,吴棠等《游蜀疏稿》,第1183—1189页。其尾记曰:"光绪元年十月初二日,由驲附奏。于本年十一月初一日,准兵部火票递回原片,后开军机大臣奉旨:着照所请,该部知道。钦此。"

【案】此片得邀俞允,《清实录》：

又奏,前贵州提督周达武请在川省捐建武军昭忠祠。允之。①

一四一　请将多文开复原官留川补用片

光绪元年十月初二日(1875年10月30日)

再,开复按察使衔花翎已革贵东道多文,前于贵东道任内经原任云贵督臣劳崇光、贵州抚臣张亮基于寻常甄别案内,奏参革职。旋因在署贵阳府任内驾驭天主教,不能折服教中之人,奏参永不叙用。同治四年十一月,经贵州抚臣张亮基片奏,前将该员两次奏参,只为折服远人起见,实则并无昭著劣绩,请仍留原省效力。时因原案初结,未蒙俞允。同治十年正月,经成都将军臣崇实奏派,赴黔办理遵义等处教案事竣,会同贵州抚臣曾璧光奏保,请旨销去永不叙用,开复衔翎原官,并免缴捐复银两。奉上谕:着加恩开复衔翎原官,并免缴捐复银两。钦此。嗣经部议,以销去永不叙用,并未明奉谕旨,仅照永不叙用人员得有劳绩,准其开复衔翎。其开复原官之处,应毋庸议等因。覆奏,奉旨:依议。钦此。同治十二年十月,复经臣等于援滇各军收复大理郡城案内在事出力,保请开复原官,留川补用。奉旨:交部议奏。核以未经销去永不叙用字样,致与章程不符,未蒙议准。

兹因办理黔江县教案,复经臣会同成都将军臣魁玉,奏调来川,派委会办,案经办结,复先后派赴川边一带,督军剿办匪徒,攻

---

① 《德宗景皇帝实录(一)》,卷二十,光绪元年十月下,第314页。

克九丝寨等处。所有出力人员钦奉恩旨,准臣择尤保奏。查该革员承办黔江教案及川边各路军务,擒斩要匪,实属始终奋勉,异常出力。核其原参永不叙用,只为一时折服远人起见,既非大计六法,亦非实犯贪污。前此迭著勤劳,功过已足相抵。今复力图报称,诚为国家有用之才。

合无仰恳圣主逾格鸿施,念其累次积功,明降谕旨,销去永不叙用,开复原官,留川补用,并免缴捐复银两,出自格外天恩。臣为遴选人材、冀助指臂起见,是否有当,伏乞圣鉴训示。谨奏。

光绪元年十月十七日,军机大臣奉旨:所请着不准行。钦此。[①]

一四二　委令徐景轼接署建昌道片

光绪元年十月初二日(1875 年 10 月 30 日)

再,建昌道黄云鹄现据报丁母艰,除照例题请开缺外,伏思建昌道管辖三府两直隶州,兼辖土司部落二百余处,壤接滇、藏,为川省巡道中题调要缺,应即委员接署。查有雅州府知府徐景轼,通晓治体,为守兼优,在任有年,熟悉建南情形。其本任公事甚简,近在同城,堪以委令兼署建昌道篆务。除檄饬遵照,一面照例拣员请补外,理合会同成都将军臣魁玉,附片陈明,伏乞圣鉴。谨奏。

光绪元年十月十七日,军机大臣奉旨:知道了。钦此。[②]

---

　　① 中国第一历史档案馆藏:军机录副,档案编号:03-5771-039。又,吴棠等《游蜀疏稿》第 1191—1197 页。其尾记曰:"光绪元年十月初二日,由驲附奏。于本年十一月初一日,准兵部火票递回原片,后开军机大臣奉旨:所请着不准行。钦此。"

　　② 中国第一历史档案馆藏:军机录副,档案编号:03-5100-141。

一四三　奏请援案展办备捐折

光绪元年十月初二日（1875 年 10 月 30 日）

　　头品顶戴四川总督臣吴棠跪奏，为川省饷源不继，请援案展办备捐一次，恭折仰祈圣鉴事。

　　窃查川省额征粮赋、课税向不敷年例支款。军兴以后，度支日繁，不得已举办捐输、厘金。近来客货、盐货两厘俱大减色，而综计本年应解应支之款，除本省满、汉、藏、屯官兵俸饷、养廉、役食、台费等项共银一百五十余万两外，另有奉拨之京饷、直隶练饷、工程、织造等款共银七十余万两，均系紧急要需，势难展缓。又，奉提拨直隶海防、山东河工各经费、云南之铜本及本省份防边夷之虎威、律武、定边、武字、达字、武安、亲兵、裕字、安酉各营勇丁并省标四镇精兵与马边、越巂、峨边、雷波四厅防勇口粮，共需银八九十万两，此外尚有滇饷、淮饷、甘饷及应还山东省借拨滇饷暨新疆金顺、明春各军月饷与部库垫款，为数尤巨，纷纷催提，急于星火，不得不量力匀拨，以维大局。前收之津捐、厘金均系随到随支，毫无储积。统计年内支放除有款可指外，所短尚在一百万以外，而来年应需经费尚不在内。若不预为筹划，临时设有贻误，关系匪轻。臣督同在省司道公同筹议，惟有按照历办成案，劝谕通省绅民展办备捐一次，以资周转。

　　查川省地方，本年春粮秋稻均稔，虽夏间雨水稍多，无甚损碍，体察舆情，尚可遵办。应请饬令各厅州县富户粮民，量力捐输，仍照例办章程，计粮数之多寡，定捐输之等差。如有中等之户只能捐银数两或十数两不敷议叙者，亦一律收缴，俾免阻其报效之忧，仍汇计银数加广学额。至零星小户，一概免捐，总期于饷有济，于民无扰，据省局司道详请具奏前来。臣复查川省近年裁撤营勇,停止兵差,节省夫马,凡爱惜民力之政,无不认真举行。倘能渐次停捐,岂不甚善。无如本省之用费虽减,各省之协款频增,转输不绝于途,新旧欠饷愈巨,奏催委提,应接鲜暇,不得不仍借民力,以期分济。

该司道所请,系为勉筹要需起见,似应照办,以维全局。第小民黾勉输将,历年过久,深虞不支。臣惟有督同藩司,详察各属情形,分别递减捐数,并将边瘠州县概予免捐,庶于筹饷之中,仍寓恤民之意。至各省协饷纷繁,只能量入为出,尽力匀拨,用期兼顾。是否有当,理合恭折具奏,伏乞皇太后、皇上圣鉴训示,谨奏。四月初二日。

光绪元年十月十七日,军机大臣奉旨:着照所请办理,其零星小户概予免捐。该督当随时稽查,不准借端苛派,以杜纷扰。该部知道。钦此。①

一四四　代奏薛焕赴滇恭报起程日期片

光绪元年十月初二日(1875 年 10 月 30 日)

再,臣于光绪元年八月二十一日钦奉上谕:李鸿章奏,请饬薛焕赴滇帮办等语。着吴棠传知该前侍郎薛焕,迅速赴滇等因。钦此。当经恭录知照。兹准薛焕寄到叩谢天恩、恭报起程奏折一件,函嘱代为恭进。谨附片驰陈,伏乞圣鉴。谨附片具奏。

光绪元年十月十七日,军机大臣奉旨:知道了。钦此。②

---

① 中国第一历史档案馆藏:军机录副,档案编号:03-6057-079。

② 中国第一历史档案馆藏:军机录副,档案编号:03-5771-040。此片具奏日期未确,兹据军机处随手登记档(档案编号:03-0214-4-1201-279)校正。

【案】光绪元年九月十八日，工部右侍郎薛焕奏报赴滇帮办起程日期折，曰：

头品顶戴降调工部右侍郎臣薛焕跪奏，为遵旨赴滇，恭谢天恩，恭报起程日期，仰祈圣鉴事。

窃臣于光绪元年八月二十八日准四川总督咨：承准军机大臣字寄：光绪元年八月初六日，奉上谕：李鸿章奏，请饬薛焕赴滇帮办等语。着吴棠〈传知〉该前侍郎薛焕，迅速赴滇，帮同李瀚章办理一切，以资得力等因。钦此。闻命之下，感悚难名。窃臣同樗散，质本庸愚，叠荷殊恩，外擢封圻，内跻卿贰，因左耳重听，闭户养疴，已逾数载。近年静心调摄，虽稍有微效，而年六十，血气已渐就衰，一时尚难脱体。

今蒙恩命，饬赴滇省，帮办一切，臣受恩深重，曷敢有违？自应力疾从公，以期图报于万一！现在赶理行装，择于九月二十五日由宜宾县起程前进，容俟到滇后帮同李瀚章慎办一切，另行奏报外，谨将起程日期恭折具报，恭谢天恩。伏乞皇太后、皇上圣鉴。谨奏。九月十八日。

光绪元年十月十六日，军机大臣奉旨：知道了。钦此。[1]

【案】钦奉上谕……迅速赴滇等因：此上谕《清实录》载曰：

壬申……谕军机大臣等：李鸿章奏，英国翻译官马嘉理被戕一案，现与英国使臣威妥玛会商情形一折。据称此案现与威妥玛辩论，威妥玛于谕旨发钞一节争之尤力，请将简派使臣及责问岑毓英等办理迟延各节，明降谕旨等语。此次派员出使英国，原不妨明白宣示，本日已照所请明降谕旨。李鸿章、

---

[1] 中国第一历史档案馆藏：军机录副，档案编号：03-5100-135。

丁日昌接奉此旨,应如何照会该使,以释其疑,即着妥为办理。
至岑毓英等办理迟延,前经降旨责问,并令李瀚章迅速赴滇,
会同讯办。李瀚章等自当遵旨讯办,此时暂缓明降谕旨。仍
着李鸿章、丁日昌权衡轻重,察看情形,随时与总理各国事务
王大臣妥为筹议。李鸿章另片奏,请饬薛焕赴滇帮办等语。
着吴棠传知该前侍郎薛焕,迅速赴滇,帮同李瀚章办理一切,
以资得力。将此由五百里各密谕知之。[①]

一四五　委解甘饷起程日期折

光绪元年十月初二日(1875 年 10 月 30 日)

头品顶戴四川总督臣吴棠跪奏,为委解甘饷起程日期,恭折仰
祈圣鉴事。

窃照本年八月十八日准陕西抚臣谭钟麟[②]咨:川省欠解西征
粮台出关粮运协饷地丁银二万两,又解还部库仍旧解台协饷银三
万两,共银五万两。现值大军出关,粮运赶办车辆、驼骡,需用孔

---

①　《德宗景皇帝实录(一)》,卷十五,光绪元年八月上,第 259—260 页。

②　谭钟麟(1822—1905),字文卿、云觐,原名二监,湖南茶陵州人,举人。咸丰六
年(1856),中式进士,改庶吉士。九年(1859),授翰林院编修。十年(1860),充会试同
考官。同治元年(1862),任湖北乡试副考官。二年(1863),补江南道监察御史。五年
(1866),放杭州府知府。翌年,加道衔,旋署杭嘉湖道。七年(1868),升河南按察使。
次年,丁母忧,回籍终制。十年(1871),迁陕西布政使。次年,护理陕西巡抚。光绪元
年(1875),擢陕西巡抚,晋头品顶戴。五年(1879),调补浙江巡抚。七年(1881),授陕
甘总督。十四年(1888),告病辞职。十七年(1891),补吏部左侍郎,兼署户部左侍郎,
管理三库事务。十八年(1892),署工部尚书,补授闽浙总督,兼福建船政大臣。二十年
(1894),加太子少保,兼署福州将军。同年,调补四川总督。二十一年(1895),授两广
总督,兼署广州将军。二十五年(1899),兼署广东巡抚,旋以病归。三十一年(1905),
卒于长沙。谥文勤。有《谭文勤公奏稿》行世。

殷,委员颜煊敏至川守催,运解赴陕等因。伏查川省历年筹解京外各省协饷,逐月匀拨,委员分途赶运,不绝于道,所赖以接济者,惟津捐、厘金等项。无如举办年久,民力已竭,征收日减,待支益繁,实有万难兼顾之势。惟西征大军出关,粮运赶办车骡,事关紧要,不得不先其所急。

兹复饬司尽力筹措,凑集地丁银二万两,饬委候补知县张书瀛,会同催饷委员颜煊敏等承领,定于光绪元年十月初三日自成都起程,驰解西征粮台交收,以备支拨。除分咨外,理合恭折具奏,伏乞皇太后、皇上圣鉴。谨奏。十月初二日。①

光绪元年十月十七日,军机大臣奉旨:知道了。钦此。②

一四六　委解云南铜本银两起程日期片

光绪元年十月初二日(1875年10月30日)

再,前准部咨:滇省铜本川省原提银十九万两,除两次解银五万两,尚欠解银十四万两,迅即扫数解滇等因。伏查川省应解滇省之项,有月协、铜本两款。其铜本一款,前已两次筹解过五万两在案。现值京饷、滇饷、甘饷、淮饷及新疆各军月饷,催提万紧,连月竭力筹解,库储屡罄,宽免应接不暇,并非有意迟延。

兹督同藩司在于津贴、盐厘两项下各凑集银一万两,共二万两,作为滇省铜本,饬委候补通判何其泰、候补县丞黄沛霖领解,定

---

① 此具奏日期军机录副脱落,兹据军机处随手登记档(档案编号:03-0214-4-1201-279)校补。

② 中国第一历史档案馆藏:军机录副,档案编号:03-6593-059。此片具奏日期未确,兹据军机处随手登记档(档案编号:03-0214-4-1201-279)校正。

于光绪元年十月初三日自成都起程,解赴云南藩库,交收应用,余俟续筹分解。除分咨外,理合附片陈明,伏乞圣鉴。谨奏。

光绪元年十月十七日,军机大臣奉旨:知道了。钦此。[①]

一四七 请以孙汝霖补授邛州知州折

光绪元年十月二十六日(1875年11月23日)

头品顶戴四川总督臣吴棠跪奏,为遵照部议拣员请补直隶州知州,以资治理,恭折仰祈圣鉴事。

窃照邛州直隶州知州霍为棻于同治十三年十二月十三日在任病故,前经题报开缺,声明系冲、繁调中缺,应在外拣调。随督同两司查明,现无堪调之员。惟有劳绩保举补用直隶州知州现任巴县知县李玉宣,堪以升补,奏奉谕旨,交部议奏。嗣准部咨:以该员由候选知县劳绩保举俟选缺后,以直隶州知州补用,嗣选授定远县知县,例应归于候补直隶州知州班内补用。今请补授斯缺,并未声明分发人员人地是否相宜,核与定章不符,行令另拣合例人员调补等因。伏查吏部通行内开:嗣后保送记名直隶州,凡系例有选班人员,均一律准其呈请,分发各省,归候补班补用。遇题缺、要缺,酌量以候补人员请补时,应先尽记名分发人员酌量请补等语。

兹查有曾任京职直隶州知州分发来川之孙汝霖,年四十五岁,顺天大兴县举人,咸丰庚申科进士。同治元年,由庶吉士散馆以主事签分吏部行走。十一年二月,补授考功司主事。十二年十二月,

① 中国第一历史档案馆藏:军机录副,档案编号:03-6583-012。此片具奏日期未确,兹据军机处随手登记档(档案编号:03-0214-4-1201-279)校正。

保送直隶州知州，十三年三月十九日奉旨：着以直隶州知州用。钦此。呈请分发，捐指四川，七月十八日引见，奉旨：着照例发往。钦此。是年十月十八日到省，系曾任京职、保举应升官阶，例不甄别。该员明达有为，堪膺表率，以之请补邛州直隶州要缺知州，实堪胜任，向未在川流寓、寄籍、置买田产与本身父子、胞兄弟、胞伯叔侄开设典铺及各项经商贸易暨各衙门襄办刑名、钱谷事件，川省亦无例应回避之人及捐免回避情事，与例相符，人地亦属相宜，据署布政使英祥、署按察使傅庆贻会详前来。

合无仰恳天恩，俯准该员孙汝霖补授邛州直隶州知州，以资治理而重职守。如蒙俞允，该员由实任京职保送直隶州知州分发来川，衔缺相当，毋庸送部引见，亦毋庸另请实授。是否有当，理合恭折具陈，伏乞皇太后、皇上圣鉴训示。再，该员系候补人员，例不开叙参罚。此案系遵照部议另补，请免扣限，合并陈明。谨奏。十月二十六日。

光绪元年十一月十四日，军机大臣奉旨：吏部议奏。钦此。[1]

一四八　奏报光绪元年举行武闱乡试折

光绪元年十月二十六日(1875 年 11 月 23 日)

头品顶戴四川总督臣吴棠跪奏，为考试武闱事竣，恭折具奏，仰祈圣鉴事。

窃照本年川省举行乙亥恩科武闱乡试，臣会同监射官成都副都统臣恒训，率同提调、监试等官，于九月二十五日起，将应试各武

---

[1]　中国第一历史档案馆藏：军机录副，档案编号：03-5101-046。

生马步箭及弓刀石技勇先行逐一考较完毕，于十月二十四日入闱，令各武生默写武经一段，如额取中，于二十五日放榜。

除题名录另题外，理合恭折具奏，伏乞皇太后、皇上圣鉴。谨奏。十月二十六日。

光绪元年十一月十四日，军机大臣奉旨：知道了。钦此。[①]

一四九　请以许培身升补建昌道折

光绪元年十月二十六日(1875 年 11 月 23 日)

头品顶戴四川总督臣吴棠跪奏，为遴员请升边疆要缺道员，以资治理，恭折具奏，仰祈圣鉴事。

窃照建昌道黄云鹄于光绪元年八月二十六日在任丁艰，例应以该道丁艰本日作为开缺日期，经臣恭疏题报，声明所遗员缺系冲、繁、难要缺，应在外拣员升补，并报缺咨部在案。查该道管辖三府二直隶州，兼辖土司部落二百七十余处，南界滇省，西接藏、卫，汉夷杂处，地广政繁，控制巡防，最关紧要，非精明干练、熟谙夷情之员，不足以资治理。臣等督同藩、臬两司，在于通省实缺道员内逐加遴选，非现居紧要，即人地未宜。其候补道员及劳绩应升各员亦均与是缺不甚相宜，实无堪以调补之员。

惟查有成都府知府许培身，年五十四岁，浙江钱塘县人，由道光丙午科举人候选知县，遵例加捐直隶州知州，指省四川试用。咸丰六年五月初七日引见，奉旨：着照例发往。钦此。是年十二月到省，因防剿出力，保举遇缺即补，加知府衔，并戴花翎，补授泸州直

隶州知州,同治元年到任。四年,举行大计,保荐卓异。七年五月,经前署督臣崇实以荐举人材保奏,奉上谕:着送部引见,候旨录用。钦此。并案请咨赴部。卓异之案于八年四月二十八日引见,奉旨:着回任,准其卓异加一级,仍注册候升。钦此。明保之案于八年五月二十五日引见,奉旨:着以知府在任候升。钦此。升补宁远府知府,同治八年十二月到任,因带勇越剿滇匪、克服永北厅城案内保奏,九年十月二十四日奉上谕:着以道员用。钦此。又因剿除会理州逆夷、地方肃清出力,保加盐运使衔,调署成都府知府,十二年十二月初十日到任。旋经臣奏调斯缺,十三年四月接准部覆。是年大计,保荐卓异。光绪元年六月二十五日,准吏部咨:应俟引见后,准其卓异注册。该员才识练达,办事精详,历任地方,政声卓著,于夷务情形尤为熟悉,以之升补建昌道边疆要缺,实堪胜任;人地实在相需,任内并无降革、留任、展参案件;一切因公参罚处分,例免核计;两任接署,历俸已满五年,例得请升,据署藩司英祥、署臬司傅庆赑会详前来。

合无仰恳天恩,俯念要缺需员,准以许培身升补建昌道,实于边疆、吏治均有裨益。如蒙俞允,俟接准部覆,照例给咨,送部引见。所遗成都府知府系省会要缺,应请旨简放。所有拣员请升边疆要缺道员缘由,理合会同成都将军臣魁玉,恭折具奏,伏乞皇太后、皇上圣鉴训示。再,该员参罚案件,除同治十三年四月初十日奉恩旨以前准其宽免,此外并无参罚之案,应扣至光绪元年十二月初十日限满,合并陈明。谨奏。十月二十六日。

光绪元年十一月十四日,军机大臣奉旨:吏部议奏。钦此。[1]

---

[1]　中国第一历史档案馆藏:军机录副,档案编号:03-5101-048。

一五〇　全解光绪元年京饷暨固本饷项折

光绪元年十月二十六日（1875年11月23日）

　　头品顶戴四川总督臣吴棠跪奏，为川省全解光绪元年份京饷暨固本饷项委员起程日期，恭折仰祈圣鉴事。

　　窃查光绪元年份户部原拨京饷四川盐厘银十五万两、津贴银十五万两，续拨盐厘银五万两、按粮津贴银十万两，共四十五万两，已于本年二月十八、四月二十一、七月二十六等日，三次共解过银三十五万两。又，固本饷项月解银五千两，前共解过部库银五十五万五千两，先后奏报在案。伏思京饷为部库正供，固本为京畿要款，值此待用孔殷，亟应勉力筹解。兹臣督同藩司凑集津贴银六万两、盐厘银四万两，共银十万两，作为本年续拨京饷。又凑集盐厘银一万五千两，作为光绪元年九月二十一日起至十二月二十一日止三个月固本饷项，均饬委定远县知县姜由范承领，定于本年十月二十日自成都起程。

　　惟前因秦、陇交界地方时有散练游勇，驿路通塞靡常，京饷关系甚重，不敢冒险径解，臣于十三年四月奏请援案发商汇兑，奉旨敕部知照在案。所有此次协饷，仍照奏准成案，发交蔚泰厚等银号汇解，委员至京兑齐，解赴户部交纳，用昭慎重，据署布政使英祥、署按察使傅庆贻、署盐茶道谢膺禧会详前来。臣覆查无异。所有光绪元年份原拨、续拨京饷及月拨固本饷项均扫数起解缘由，理合恭折具奏，伏乞皇太后、皇上圣鉴训示。谨奏。十月二十六日。

光绪元年十一月十四日，军机大臣奉旨：户部知道。钦此。[1]

一五一　奏报英祥患病请旨赏假调理片

光绪元年十月二十六日（1875年11月23日）

再，现据卸署四川布政使广西按察使英祥具禀：于十月二十二日交卸藩篆，本应即日束装起程，驰赴粤臬新任。惟自入秋以来，两肋为风湿潜侵，时作痛楚，屡投攻克之剂，未见稍瘥，而正气因之耗损，精神、饭食顿减于前。近复两耳雷鸣，夜不能寐，心神恍惚，渐成怔忡之象。据医者云，由于正气过伤，必须静心调摄，庶可望痊，一时骤难就道，万不得已，陈请据情奏恳天恩，赏假二十，借资调理，一俟稍痊，即当销假起程等情前来。臣覆查无异。理合据情附片具奏，伏乞圣鉴。谨奏。

光绪元年十一月十四日，军机大臣奉旨：英祥着赏假二十。钦此。[2]

一五二　续查川省阵亡、受伤弁勇请旨议恤折

光绪元年十月二十九日（1875年11月26日）

头品顶戴四川总督臣吴棠跪奏，为续查川省剿贼阵亡、受伤弁勇，恳恩敕部分别议恤，以彰忠节，恭折仰祈圣鉴事。

窃照川省自军兴以来，剿御滇、黔发、番各匪阵伤、亡故勇丁，

---

① 中国第一历史档案馆藏：军机录副，档案编号：03-6593-077。

② 中国第一历史档案馆藏：军机录副，档案编号：03-5101-047。此片具奏日期未确，兹据军机处随手登记档（档案编号：03-0214-4-1201-305）校正。

先后奏请分别议恤在案。兹续据各军营文武统领查明同治七年份阵亡、受伤弁勇姓名、事迹，分报省局司道核明，汇造总册，详请具奏前来。

臣查册内阵亡、伤亡军功勇丁九百二十一名，受伤勇丁三千四百九十二名，或临阵捐躯，或裹创力战，均属忠勇忘身，深堪悯恻。合无仰恳天恩，敕部给与分别议恤，以慰忠魂而励士气，出自圣主鸿慈。除册咨部外，理合恭折具奏，伏乞皇太后、皇上圣鉴训示。谨奏。十月二十九日。

光绪元年十一月二十七日，军机大臣奉旨：均着交部分别议恤。钦此。①

一五三　委任景昌等署理知州等缺片

光绪元年十月二十九日(1875 年 11 月 26 日)

再，广安州知州姜凤仪调省差委遗缺，查有成都府理事同知景昌，精明干练，堪以调署。又，云阳县知县叶庆枬调省差委遗缺，查有甫经闱差之彰明县知〈县〉何庆恩，年健才优，堪以调署。又，大足县知县王德嘉调省遗缺，查有名山县知县杨锡荣，稳练老成，堪以调署。该员等正、署各任内无经征钱粮未完展参及承缉盗劫已起四参案件，据藩、臬两司会详前来。除批饬遵照外，理合附片陈明，伏乞圣鉴。谨奏。

光绪元年十一月二十七日，军机大臣奉旨：知道了。钦此。②

①　中国第一历史档案馆藏：军机录副，档案编号：03-5524-057。
②　中国第一历史档案馆藏：军机录副，档案编号：03-5101-091。

一五四　委解惠陵工程银两起程日期片

光绪元年十月二十九日(1875 年 11 月 26 日)

再，川省本年奉拨惠陵工程银五万两，前已两次拨银三万五千两，委员郑继昌、黄际飞先后运解起程在案。现复饬据司道凑集津贴银一万两、盐厘银五千两，并交管解京饷委员知县姜由范承领，定于光绪元年十月二十日自成都起程，仍照历解京饷成案，发交蔚泰厚等银号汇解，委员至京兑齐，解赴惠陵工程处交收，以昭慎重。计前后三批共解银五万两。理合附片具陈，伏乞圣鉴。谨奏。

光绪元年十一月十四日，军机大臣奉旨：知道了。钦此。①

一五五　奏报光绪元年七月至九月借补弁缺片

光绪元年十月二十九日(1875 年 11 月 26 日)

再，查前准兵部咨：嗣后借补千、把总弁缺，积至三月汇奏一次，以归简易等因。兹查川省自光绪元年七月起至九月底止，各营仅借补重庆左营右哨二司把总殷春茂一员。造具年岁履历清册，由署提督臣胡中和咨请具奏暨咨部给札前来。

臣覆加查核，与定章相符。除册咨部外，理合附片陈明，伏乞圣鉴训示。谨奏。十月廿九日。

光绪元年十一月十四日，军机大臣奉旨：知道了。钦此。②

---

① 中国第一历史档案馆藏：军机录副，档案编号：03-5524-048。
② 中国第一历史档案馆藏：军机录副，档案编号：03-5771-142。

一五六　奏报袁正贵击贼阵亡请旨议恤片

光绪元年十月二十九日(1875 年 11 月 26 日)

再,前准兵部咨:同治七年十月二十二日,奉上谕:御史袁方城奏,请将阵亡之生员、弁兵予恤,并附祀本籍昭忠祠等语。四川重庆中营外委袁正贵于咸丰五、六年间,先后在江南地方打仗,阵亡,着查明奏请议恤,并附祀本籍昭忠祠。钦此。当经恭录,行知司道查办。兹据省局司道具详:转准重庆镇总兵联昌饬营造具该故弁袁正贵履历清册,申送前来。

臣查册开袁正贵由重庆镇标马兵出师广西,转战两湖、江南等省出力,保奏蓝翎,委署行营外委,于咸丰六年五月在江南朝阳门外击贼阵亡,洵属忠勇忘身,殊堪悯恻。合无仰恳天恩,敕部照例议恤,并附祀本籍昭忠祠,以褒忠节。除册咨部外,理合附片具陈,伏乞圣鉴。谨奏。十月二十九日。

光绪元年十一月二十七日,军机大臣奉旨:着照所请,该部知道。钦此。①

一五七　请准何建章等暂缓引见片

光绪元年十月二十九日(1875 年 11 月 26 日)

再,新补城守左营守备何建章、会川营守备罗焜,均应给咨引见。惟何建章前经委令查缉省城内外奸匪,不辞劳瘁,匪徒闻风敛

---

① 中国第一历史档案馆藏:军机录副,档案编号:03-5771-138。

迹。时值冬令，正资弹压。罗焜现在雷波军营帮办夷务，均甚得力，未便骤易生手，合无仰恳天恩，俯准该员何建章、罗焜暂缓北上，敕部先给署札，一俟经手事竣，再行分别给咨送部。是否有当，理合附片具陈，伏乞圣鉴训示。谨奏。十月二十九日。

光绪元年十一月二十七日，军机大臣奉旨：着照所请，兵部知道。钦此。①

一五八　请准李忠楷暂缓引见片

光绪元年十月二十九日(1875年11月26日)

再，新补绥宁协副将李忠楷，前准部咨饬令照例引见，自应遵照办理。惟该员自咸丰年间随同原任督臣骆秉章由楚入川，委带楚营亲兵，纪律严明，士卒用命，所向有功。臣抵任后，深稔该员干练有为，仍委带原部楚勇。七八年来，训练巡防，夙夜罔懈，一遇地方有警，随调随行，星驰电掣，即时攻扑，均能迅速藏事，洵为得力可靠之员。

现在楚营将领日少，接统乏人，殊难另易生手，合无仰恳天恩，俯准李忠楷暂缓北上，敕部先给署札，一俟经手事竣，或接替有人，再行给咨北上。理合附片具陈，伏乞圣鉴训示。谨奏。十月二十九日。

光绪元年十一月二十七日，军机大臣奉旨：着照所请，兵部知道。钦此。②

---

① 中国第一历史档案馆藏：军机录副，档案编号：03-5771-144。
② 中国第一历史档案馆藏：军机录副，档案编号：03-5771-145。

一五九　请将文龙等原参处分敕部查销片

光绪元年十月二十九日(1875 年 11 月 26 日)

再,查同治十三年份税契银两,前于奏销时,因前署丹棱县知县文龙欠解税契银三百八十三两八钱六分,经臣奏明请旨将该员摘去顶戴,勒限两个月完解在案。兹据署布政使英祥、署按察使傅庆贻会详:该员文龙欠解前项银两,如数解缴司库收储,尚知愧奋。合无仰恳天恩,俯准将前署丹棱县知县文龙原参摘顶之案敕部查销。

又,同治十年奏销案内,参追之合江县已故知县李宗畴欠解九年份税契银一百三十八两四钱八分二厘,兹据合江县知县庆煜如数代缴司库归款,并请敕部查核销案等情前来。除咨部外,理合附片陈明,伏乞圣鉴训示。谨奏。

光绪元年十一月二十七日,军机大臣奉旨:着照所请,该部知道。钦此。①

一六〇　解还户部银两发交汇解片

光绪元年十月二十九日(1875 年 11 月 26 日)

再,臣于同治十三年春间准户部咨:奏拨乌鲁木齐都统景廉军饷折内,拟由部库四成洋税项下拨银二十万两,仍在各省积欠新疆月饷内提还,计四川提银六万两等因。已于本年二月、七月两次共

---

① 中国第一历史档案馆藏:军机录副,档案编号:03-6541-075。

拨过银四万五千两，委员领解赴部，奏报在案。兹督同藩司复于盐厘项下凑集银一万五千两，解赴部库，以清前款，饬委定远县知县姜由范承领，定于光绪元年十月二十日自成都起程。

惟秦、陇交界地方时有散勇游匪，驿站通塞靡定，现委姜由范管解京饷十万两，概交西商蔚泰厚等号汇兑进京。所有此项解还部库银一万五千两，并委该员承领，事同一律，应发交蔚泰厚等银号汇解，该员至京兑齐，解赴户部交纳，用昭慎重，据署藩司英祥具详前来。臣覆查无异。除分咨外，理合附片陈明，伏乞圣鉴。谨奏。

光绪元年十一月十四日，军机大臣奉旨：知道了。钦此。①

一六一　委解菩陀峪工程银两起程日期片

光绪元年十月二十九日（1875年11月26日）

再，川省本年奉拨菩陀峪吉地工程银五万两，前已两次筹拨银三万五千两，委员郑继昌、黄际飞先后运解起程在案。兹复饬据司道凑集盐厘银一万两、津贴银五千两，共银一万五千两，并交现解京饷委员知县姜由范承领，定于光绪元年十月二十日自成都起程，照例解京饷成案，发交蔚泰厚等银号汇解，委员至京兑齐，解赴菩陀峪工程处交纳，用昭慎重。计前后三次共解过银五万两。理合附片陈明，伏乞圣鉴。谨奏。

光绪元年十一月十四日，军机大臣奉旨：知道了。钦此。②

① 中国第一历史档案馆藏：军机录副，档案编号：03-6057-113。
② 中国第一历史档案馆藏：军机录副，档案编号：03-7149-061。

一六二　奏请以马升泰等借补守备折

光绪元年十月二十九日(1875年11月26日)

头品顶戴四川总督臣吴棠跪奏,为拣员借补守备,恭折仰祈圣鉴事。

窃查泸宁营守备一缺系部推之缺,前经臣奏请以尽先守备吉玉贵补授,嗣准部咨:该员尽先名次在后,与定章不符,应毋庸议。仍令另拣尽先合例人员请补等因。臣复于尽先守备名次在先各员内逐加遴选,或出师外省未回,或人地未能相宜,实难挨次序补。惟查有尽先都司漳腊营千总马升泰,年三十九岁,马边厅人,由行伍出师本省筠连、绵州等处,攻剿滇匪著绩,历拔漳腊营千总。嗣于防剿秦、陇回匪并剿办贵州上游股匪出力,保准以守备尽先补用。复以灌县山匪滋事,擒获首匪,出力保奏,同治十三年十二月初八日,内阁奉上谕:着以都司尽先补用。钦此。现在管操省标精兵。该员操防勤奋,拟请借补泸宁营守备。

又,太平营守备傅永定在藏病故,业经题报开缺,声请扣留外补,系题缺,轮补章程第二轮第二缺仍应用尽先人员。查有尽先都司胡尚瀛,年四十岁,马边厅人,由行伍出师云南、陕西、湖北等省,打仗著绩,历拔重庆中营千总,保准以都司留川尽先补用,并戴花翎,因公革职。复出师广东,克复嘉应州城出力保奏,同治五年十二月初五日,奉上谕:着开复原官,免缴捐复银两,并赏假游击衔。钦此。十一年,请咨进京,三月初三日引见,奉旨:胡尚瀛着准其开复原官,照例用。钦此。由部注册,给票回川。该员营伍熟娴,拟请借补太平营守备。

以上二员，均系久历戎行，战功卓著，籍隶隔府别营，现无违碍事故，均与借补章程相符。合无仰恳天恩，俯准以马升泰借补泸宁营守备、胡尚瀛借补太平营守备。如蒙俞允，马升泰俟接准部覆，照例给咨北上。胡尚瀛业经引见，毋庸送部。理合会同成都将军臣魁玉、署提督臣胡中和，合词恭折具奏，伏乞皇太后、皇上圣鉴训示。谨奏。十月二十九日。

光绪元年十一月二十七日，军机大臣奉旨：兵部议奏。钦此。①

一六三　请以孙玉升补城口营都司片

光绪元年十月二十九日（1875 年 11 月 26 日）

再，城口营都司余清安查无下落，遗缺前经臣以尽先都司巴州营守备孙玉奏补，嗣准部咨：城口营都司系奏定题缺轮补章程第三缺，应用预保拣发人员。该省预保无人，应选拣发合例人员请补等因。查城口营毗连陕南，地方辽阔，山深箐密，最易藏奸，必须勇敢勤奋之员，熟悉边地情形，方堪胜任。川省拣发都司现只二员，一系连保，现有控案，一系董绍舒，由捐纳出身，营务甚属生疏。另有降补都司徐璋一员，已因病回籍，均未便请补，致滋贻误。此外并无拣发都司。按照新章，拣发无人，轮用应升应补人员。

臣复详加遴选，人地均不相宜。惟有巴州营守备前经引见回川、历俸已满五年之孙玉，年四十七岁，安徽怀远县人，投效军营，充当勇目，出师镇江、金陵，打仗著绩。同治二年，由军营奏补巴州营守备。复以克复丹阳县城擒斩首逆，奏保以都司尽先补用，并加

---

① 中国第一历史档案馆藏：军机录副，档案编号：03-5771-141。

游击衔。同治三年,凯撤回川。四年,领札赴任。八年,进京,是年十一月二十五日,钦派王大臣验放,请旨准其补授,于二十六日覆奏,奉旨:依议。钦此。九年四月回任,历俸已满五年。该员朴诚勇敢,熟谙边情,以之升补城口营都司,实堪胜任。且查本年二月间,川省有城守左营守备一缺,系轮补第三缺,因预保拣发无人,以尽先守备各督标中营俸满千总何建章请补,已接准部覆。今孙玉系俸满实缺守备请升都司,与何建章事同一律。籍隶别省,并无违碍事故,核与例章相符。

合无仰恳天恩,俯准仍以巴州营守备孙玉升补城口营都司,实于营伍、边地大有裨益。臣为人地相需起见,是否有当,理合会同署提督臣胡中和,合词附片具陈,伏乞圣鉴训示。谨奏。十月二十九日。

光绪元年十一月二十七日,军机大臣奉旨:兵部议奏。钦此。①

一六四　奏报光绪元年川省秋禾收成分数折

光绪元年十月二十九日(1875年11月26日)

头品顶戴四川总督臣吴棠跪奏,为奏报光绪元年四川秋禾收成分数,仰祈圣鉴事。

窃照每年秋禾收成分数例应奏报,兹查各属俱已次第收获,据署藩司英祥查明会禀前来。臣覆加查核,川省十二府五厅八直隶州,计收成八分有余者,宁远一府。八分者,邛州一州。七分有余

---

① 中国第一历史档案馆藏:军机录副,档案编号:03-5771-143。

者,成都、重庆二府。七分者,嘉定、理番一府一厅。六分有余者,顺庆、潼川、雅州、叙州、夔州、绥定、眉州、资州、泸州、松潘六府三州一厅。六分者,忠州、酉阳、石砫二州一厅。五分有余者,保宁、绵州、茂州一府二州。五分者,懋功、叙永二厅。四分有余者,龙安一府。合计通省秋禾收成六分有余。

现在粮价尚不甚昂,民情亦属安贴,堪以仰慰圣怀。除循例具题外,理合恭折奏闻,伏乞皇太后、皇上圣鉴。谨奏。十月二十九日。

光绪元年十一月二十七日,军机大臣奉旨:知道了。钦此。[①]

一六五　奏报川省光绪元年九月雨水、粮价折

光绪元年十月二十九日(1875 年 11 月 26 日)

头品顶戴四川总督臣吴棠跪奏,为恭报四川省光绪元年九月份各属具报米粮价值及得雨情形,恭折仰祈圣鉴事。

窃照光绪元年八月份通省米粮价值及得雨情形,前经臣恭折奏报在案。兹查本年九月份成都、重庆、夔州、龙安、绥定、保宁、顺庆、潼川、嘉定、叙州等十府,资州、绵州、忠州、眉州、邛州、泸州六直隶州,石砫、叙永两直隶厅,各属先后具报得雨自二、三、四次至十余次不等。豆麦播种,田水充足。其通省粮价惟中米及叙州一府黄豆较上月减二分,余俱与上月相同,据署布政使英祥查明列单汇报前来。臣覆核无异。理合分缮清单,恭呈御览,伏乞皇太后、皇上圣鉴。谨奏。十月二十九日。

---

① 中国第一历史档案馆藏:军机录副,档案编号:03-6706-084。

光绪元年十一月二十七日,军机大臣奉旨:知道了。钦此。①

一六六　呈川省光绪元年九月粮价清单

光绪元年十月二十九日(1875年11月26日)

谨将四川省光绪元年九月份各属具报米粮价值,开具清单,恭呈御览。

成都府属,价贵。中米每仓石价银二两九钱一分至三两八钱七分,较上月减二分。大麦每仓石价银一两八钱三分至二两,与上月同。小麦每仓石价银二两一钱三分至二两三钱,与上月同。黄豆每仓石价银一两四分至二两四钱四分,与上月同。荞子每仓石价银一两一钱六分至一两七钱,与上月同。

重庆府属,价贵。中米每仓石价银二两七钱一分至三两六钱七分,较上月减二分。大麦每仓石价银一两六钱二分至一两九钱七分,与上月同。小麦每仓石价银二两六钱八分至二两七钱三分,与上月同。黄豆每仓石价银二两七钱至二两九钱七分,与上月同。

保宁府属,价贵。中米每仓石价银二两五钱三分至三两一钱七分,较上月减二分。大麦每仓石价银一两八钱九分至二两一钱,与上月同。小麦每仓石价银二两八钱三分至三两五钱七分,与上月同。黄豆每仓石价银一两八钱一分至二两一钱一分,与上月同。

顺庆府属,价贵。中米每仓石价银二两九钱七分至三两三钱四分,较上月减二分。大麦每仓石价银一两六钱一分至一两八钱,与上月同。小麦每仓石价银二两九分至二两一钱二分,与上月同。

---

① 　中国第一历史档案馆藏:军机录副,档案编号:03-6750-032。

黄豆每仓石价银一两五钱五分至一两六钱五分，与上月同。

叙州府属，价贵。中米每仓石价银二两九钱八分至三两二钱一分，较上月减二分。大麦每仓石价银一两六钱六分至二两二分，与上月同。小麦每仓石价银二两一钱三分至二两六钱三分，与上月同。黄豆每仓石价银一两零九分至一两三钱，较上月减二分。

夔州府属，价贵。中米每仓石价银二两七钱八分至三两七分，较上月减二分。大麦每仓石价银一两七钱八分至二两四钱六分，与上月同。小麦每仓石价银二两九钱五分至三两三分，与上月同。黄豆每仓石价银二两一钱四分至二两二钱四分，与上月同。

龙安府属，价贵。中米每仓石价银二两四钱七分至三两一钱，较上月减二分。青稞每仓石价银一两五钱，与上月同。小麦每仓石价银一两七钱九分至二两一钱八分，与上月同。黄豆每仓石价银一两八钱五分至一两九钱三分，与上月同。

宁远府属，价贵。中米每仓石价银二两八钱一分至三两零七分，较上月减二分。大麦每仓石价银一两四钱八分至一两六钱，与上月同。小麦每仓石价银一两五钱九分至二两二钱，与上月同。荞子每仓石价银一两四钱五分，与上月同。黄豆每仓石价银一两五钱六分至一两六钱三分，与上月同。

雅州府属，价中。中米每仓石价银二两七钱三分至二两七钱二分，较上月减二分。小麦每仓石价银二两二钱九分至二两六钱五分，与上月同。黄豆每仓石价银一两六钱五分至二两四分，与上月同。

嘉定府属，价贵。中米每仓石价银二两七钱至三两二钱六分，较上月减二分。小麦每仓石价银二两三钱六分至二两七钱三分，与上月同。黄豆每仓石价银一两四钱七分至二两三分，与上月同。

潼川府属,价贵。中米每仓石价银二两八钱一分至三两二分,较上月减二分。大麦每仓石价银一两六钱五分至一两九钱三分,与上月同。小麦每仓石价银二两一钱四分至二两四钱九分,与上月同。黄豆每仓石价银一两七钱六分至二两一钱三分,与上月同。

绥定府属,价中。中米每仓石价银二两六钱八分至二两七钱八分,较上月减二分。大麦每仓石价银一两五钱八分,与上月同。小麦每仓石价银一两六钱二分至一两七钱三分,与上月同。黄豆每仓石价银一两四钱三分,与上月同。

眉州直隶州属,价中。中米每仓石价银二两六钱六分至二两九钱二分,较上月减二分。

邛州直隶州并属,价中。中米每仓石价银二两五钱六分至二两九钱四分,较上月减二分。大麦每仓石价银一两九钱,与上月同。小麦每仓石价银二两五钱七分,与上月同。黄豆每仓石价银二两八分至二两二钱二分,与上月同。

泸州直隶州并属,价中。中米每仓石价银二两九钱八分至二两九钱七分,较上月减二分。

资州直隶州并属,价中。中米每仓石价银二两四钱八分至二两八钱六分,较上月减二分。

绵州直隶州并属,价中。中米每仓石价银二两六钱五分至二两九钱一分,较上月减二分。小麦每仓石价银二两三钱二分至二两四钱六分,与上月同。

茂州直隶州并属,价中。中米每仓石价银二两五钱三分,较上月减二分。小麦每仓石价银二两六钱八分,与上月同。青稞每仓石价银二两二钱,与上月同。荞子每仓石价银一两二钱三分至一两七钱三分,与上月同。

忠州直隶州并属，价贵。中米每仓石价银二两五钱至三两一钱一分，较上月减二分。大麦每仓石价银一两四钱六分至一两六钱，与上月同。小麦每仓石价银二两三分至二两三钱九分，与上月同。黄豆每仓石价银一两二钱七分至一两五钱七分，与上月同。

酉阳直隶州并属，价中。中米每仓石价银二两五钱至二两九钱七分，较上月减二分。大麦每仓石价银二两二钱八分至二两六钱，与上月同。小麦每仓石价银二两六钱二分至二两七钱六分，与上月同。黄豆每仓石价银一两三钱九分至一两四钱四分，与上月同。

叙永直隶厅并属，价中。中米每仓石价银二两八钱八分，较上月减二分。小麦每仓石价银一两八钱一分，与上月同。荞子每仓石价银一两三钱二分，与上月同。黄豆每仓石价银一两六钱一分，与上月同。

松潘直隶厅，价中。青稞每仓石价银二两六钱二分，较上月减二分。荞子每仓石价银一两七钱四分，与上月同。

杂谷直隶厅，价中。青稞每仓石价银二两四钱，与上月同。荞子每仓石价银一两七钱九分，与上月同。

石砫直隶厅，价平。中米每仓石价银一两六钱，与上月同。大麦每仓石价银一两七钱三分，与上月同。小麦每仓石价银二两六分，与上月同。黄豆每仓石价银一两八钱九分，与上月同。

打箭炉厅，价贵。青稞每仓石价银四两八钱三分，较上月减二分。油麦每仓石价银一两八钱一分，与上月同。

军机大臣奉旨：览。钦此。[1]

---

[1] 中国第一历史档案馆藏：清单，档案编号：03-6750-033。

一六七　呈川省光绪元年九月得雨清单

光绪元年十月二十九日(1875 年 11 月 26 日)

谨将四川省光绪元年九月份各属具报雨水情形,开具清单,恭呈御览。

成都府属:成都、华阳两县得雨九次,田亩翻犁。简州得雨四次,麦子播种。崇庆州得雨三次,葫豆播种。汉州得雨四次,堰水充足。温江县得雨三次,田水充足。彭县得雨三次,葫豆播种。什邡县得雨二次,葫豆播种。

重庆府属:江北厅得雨八次,田水充足。巴县得雨八次,小春播种。江津县得雨三次,稻田翻犁。长寿县得雨八次,田亩翻犁。永川县得雨八次,小春播种。荣昌县得雨六次,田水充足。南川县得雨四次,田亩翻犁。涪州得雨二次,田水充足。大足县得雨四次,小春播种。定远县得雨四次,田水充足。

夔州府属:云阳县得雨二次,田水充足。万县得雨三次,小春播种。

龙安府属:江油县得雨四次,葫豆滋长。

绥定府属:达县得雨六次,田水充足。东乡县得雨四次,稻谷收毕。

保宁府属:阆中县得雨三次,地土滋润。广元县得雨二次,豆麦播种。剑州得雨二次,地土滋润。

顺庆府属:南充县得雨五次,田水充盈。西充县得雨六次,田水充足。营山县得雨五次,豆麦播种。仪陇县得雨三次,田堰水足。广安州得雨六次,田水充盈。岳池县得雨六次,田亩积水。邻水县得雨七次，田水充盈。

潼川府属：三台县得雨四次，田有积水。射洪县得雨三次，豆麦播种。盐亭县得雨二次，田水充足。蓬溪县得雨五次，田水充盈。乐至县得雨八次，田堰积水。

嘉定府属：乐山县得雨八次，田水充盈。峨眉县得雨五次，田水充足。洪雅县得雨五次，田有积水。夹江县得雨二次，地土滋润。犍为县得雨五次，田亩积水。荣县得雨七次，田水充足。威远县得雨七次，山地润泽。峨边厅得雨二次，小春播种。

叙州府属：南溪县得雨十一次，田水充足。富顺县得雨八次，田水充足。隆昌县得雨四次，田水充足。马边厅得雨二次，地土滋润。

资州直隶州并属：资州得雨二次，田堰水足。资阳县得雨三次，小春播种。仁寿县得雨四次，棉花收毕。井研县得雨二次，雨水调匀。内江县得雨五次，田水充足。

绵州直隶州并属：绵州得雨三次，堰水充盈。安县得雨四次，田水充足。梓潼县得雨二次，小春播种。罗江县得雨二次，田水充盈。

忠州直隶州并属：忠州得雨七次，小春播种。垫江县得雨七次，阪田翻犁。

眉州直隶州属：彭山县得雨五次，田水充足。丹棱县得雨四次，堰水充盈。

邛州直隶州属：大邑县得雨五次，堰水充盈。

泸州直隶州并属：泸州得雨七次，地土滋润。江安县得雨四次，田水不缺。合江县得雨五次，田有积水。纳溪县得雨六次，田水渐足。

石砫直隶厅得雨七次，小春滋长。

叙永直隶厅并属：叙永厅得雨六次，水田翻犁。永宁县得雨六次,田有积水。

军机大臣奉旨:览。钦此。①

一六八　光绪元年三月至八月
请袭世职汇案办理折

光绪元年十月二十九日(1875 年 11 月 26 日)

头品顶戴四川总督臣吴棠跪奏,为川省承袭世职,照章汇案办理,恭折仰祈圣鉴事。

窃查前准部咨:钦奉上谕:嗣后阵亡、殉难各员子孙承袭世职,均着各该厅州县将应袭职名迅速查明,径行具报督抚,予限半年汇案具奏一次等因。钦此。历经遵办在案。兹查自光绪元年三月起至八月底止,陆续据东乡等各厅州县先后详请承袭世职,并将前经请袭年未及岁、现已及岁之员呈请验看,造具各该故员履历事实暨应袭各员三代宗图、年貌、族邻供结前来。经臣先后验看属实,并将册结、宗图汇总,专咨报部查核。其有并无籍贯可稽者,请俟咨查覆到,另行办理。

所有光绪元年三月起至八月底止川省各属请袭世职,遵照奏定章程,谨缮清单,恭呈御览,伏乞皇太后、皇上圣鉴,敕部议覆施行。谨奏。十月二十九日。

光绪元年十一月二十七日,军机大臣奉旨:兵部议奏,单并发。钦此。②

---

① 中国第一历史档案馆藏:清单,档案编号:03-6750-033。
② 中国第一历史档案馆藏:军机录副,档案编号:03-5771-139。

一六九　呈光绪元年三月至
八月请袭世职清单

光绪元年十月二十九日（1875年11月26日）

谨将光绪元年三月起至八月底止川省请袭世职各案缮具清单，恭呈御览。

一、罗珍材，东乡县人，现年十三岁。伊祖父罗思举由湖北提督于道光二年二月二十九日在任病故，奉谕旨赏给一等轻车都尉世职。伊父罗本镇承袭后病故，所遗世职请以罗本镇之嫡长子罗珍材承袭。至罗本镇承袭时，未领敕书，无从申缴。

一、郑承烈，绵州人，现年二十五岁。伊父郑济美由江南江宁府知府于咸丰十年闰三月二十日在丹阳县地方剿贼阵亡，经部议给骑都尉世职。前于同治四年请袭时，年未及岁，准食半俸。今年已及岁验看，请食全俸，俟接准部覆，再行给咨赴部引见，恭候钦定。

一、陈朝梁，华阳县人，现年二十八岁。伊祖父陈世容由降补把总开复守备，出师贵州，于咸丰七年二月二十一日在镇远府属鸭溪河地方打仗阵亡，经部议给云骑尉世职。咸丰七年七月初九日奉旨：依议。钦此。因原立官陈世容之嫡长子陈治礼未袭病故，请以嫡长孙陈朝梁承袭。

一、王廷祐，华阳县人，现年二十七岁。伊嗣父王步祥由蓝翎战兵，于咸丰十年正月二十六日在安徽泾县属晏公坛地方打仗阵亡，经部议给云骑尉世职。光绪元年三月初一日奉旨：依议。钦此。因原立官王步祥未娶无子，以嫡胞侄王廷祐为嗣，应请承袭。

一、周国栋,华阳县人,现年十八岁。伊胞兄周荣升由川北镇标左营蓝翎尽先把总,于咸丰九年十月二十八日在江南浦口地方打仗阵亡,经部议给云骑尉世职。同治二年八月十八日奉旨:依议。钦此。因原立官周荣升未娶无子,亦无应继之人,请以胞弟周国栋承袭。

一、鲁定成,华阳县人,现年二十五岁。伊父鲁屿由城守右营额外出师湖南,历保尽先都司,于咸丰九年七月初八日在安徽石埭县地方打仗阵亡,经部议给云骑尉世职。同治十一年八月初六日奉旨:依议。钦此。请以鲁屿之嫡长子鲁定成承袭。

一、江源柱,华阳县人,现年二十四岁。伊胞兄江源清由蓝翎尽先外委,于同治六年正月初二日在甘肃太昌地方打仗阵亡,经部议给云骑尉世职。同治十一年五月二十一日奉旨:依议。钦此。因原立官江源清未娶无子,亦无应继之人,请以胞弟江源柱承袭。

一、龙辉廷,华阳县人,现年二十五岁。伊曾祖父龙魁由守备于嘉庆二年三月十三日在本省东乡县属鸡爪岭地方打仗阵亡,经部议给云骑尉世职。伊祖父龙中明承袭后病故,伊父龙应彪承袭云骑尉后,委署松潘右营都司,于咸丰十一年五月十四日在野猪关山梁,与逆番鏖战阵亡,经部议给云骑尉世职。同治八年四月初七日奉旨:依议。钦此。伊胞兄龙光廷业已承袭曾祖父龙魁所遗云骑尉世职,请以嫡次子龙辉廷承袭。至龙应彪所领敕书,已于龙光廷承袭时咨缴。

一、黄光荣,华阳县人,现年三十二岁。伊父黄明升由提标中营六品蓝翎新兵,于咸丰九年四月二十一日在安徽汉涧地方打仗阵亡,经部议给云骑尉世职。光绪元年三月初一日奉旨:依议。钦此。请以黄明升之嫡长子黄光荣承袭。

一、苏万松，华阳县人，现年十八岁。伊祖父苏光赞由保安营千总署督标右营守备，于咸丰九年十月初一日在本省筠连县属赤岩地方打仗阵亡，经部议给云骑尉世职。伊父苏延龄承袭后病故，前于同治十一年请以苏光赞之嫡长孙苏延龄之嫡长子苏万松承袭，维时年未及岁，准食半俸。今年已及岁验看，请食全俸。

一、王裕臣，华阳县人，现年十八岁。伊父王廷耀由建昌中营把总，于同治二年七月二十八日在越巂厅属长老坪地方被害，经部议给恩骑尉世职。同治八年四月初七日奉旨：依议。钦此。请以王廷耀之嫡长子王裕臣承袭。

一、黄泽炳，华阳县人，现年十五岁。伊嗣父黄廷凯由尽先千总于咸丰十年正月二十六日在安徽省泾县地方阵亡，经部议给云骑尉世职。同治十三年六月二十四日奉旨：依议。钦此。请以黄廷凯之嗣子黄泽炳承袭。

一、何廷绶，巴州人，现年三十二岁。伊父何桂馨由尽先都司于咸丰九年十月二十八日在江南江宁府属浦口地方打仗阵亡，经部议给云骑尉世职。咸丰十年四月十二日奉旨：依议。钦此。请以何桂馨之嫡长子何廷绶承袭。

一、鄢炳信，巴县人，现年二十一岁。伊父鄢敬忠由重庆镇标左营蓝翎战兵出师甘肃，于同治五年八月二十一日在巩昌府城打仗阵亡，经部议给云骑尉世职。同治十二年九月十三日奉旨：依议。钦此。请以鄢敬忠之嫡长子鄢炳信承袭。

一、李文芬，巴县人，现年十八岁。伊嗣父李廷用由陕西候补未入流代理汉中府经历，于同治二年八月二十日在汉中府殉难，经部议给云骑尉世职。同治十一年四月十九日奉旨：依议。钦此。请以李廷用之嗣子李文芬承袭。

一、田介儒,秀山县人,现年二十七岁。伊父田兆蓝由俊秀捐纳监生,并加附贡生,于同治三年四月十八日在本省秀山县属气坑坡地方受伤身亡,经部议给云骑尉世职。同治十一年九月二十九日奉旨:依议。钦此。请以田兆蓝之嫡长子田介儒承袭。

一、萧文贵,峨边厅人,现年十三岁。伊父萧逢春由峨边营把总于同治十一年十一月十五日在本汛梯子岩地方打仗阵亡,经部议给云骑尉世职。同治十二年十一月二十九日奉旨:依议。钦此。请以萧逢春之嫡长子萧文贵承袭。

一、杨荣,奉节县人,现年二十八岁。伊胞兄杨华由蓝翎军功于咸丰九年十二月二十二日在安徽潜山县属小池驿地灵港地方打仗阵亡,经部议给云骑尉世职。咸丰十年五月二十六日奉旨:依议。钦此。因原立官杨华阵亡,未娶无嗣,亦无应继之人。请以胞弟杨荣承袭。

一、张天禄,成都县人,寄籍广元县,现年二十四岁。伊祖父张俸由外委出师峨边,于道光十三年二月初三日在顺江场地方打仗阵亡,经部议给云骑尉世职。伊伯父张文元承袭后病故无子,请以胞侄张天禄承袭,并将张文元原领敕书,遵照部咨黏贴印花,径送吏部核办。

一、杨际荣,新津县人,现年二十四岁。伊高祖杨怀玉由提标前营千总候补守备出师金川,于乾隆十三年十二月十三日在卡撒左梁山打仗阵亡,经部议给恩骑尉世职。伊伯祖杨起凤、父杨映炳均承袭后病故,所遗世职请以杨映炳之嫡长子杨际荣承袭。至杨映炳承袭未领敕书,无从申缴。

一、王载璋,崇庆州人,现年二十岁。伊祖父王国英由督标中营马兵委署靖远营守备,出师浙江,于道光二十二年正月内在宁波府地方受伤身亡，经部议给云骑尉世职。伊胞伯王锡文、父王锡培均承袭后亡故。前于同治四年请以王锡文之胞侄王锡培之嫡长子王载璋承袭时，年未及岁，准食半俸。今年已及岁验看，请食全俸。

一、爪撒安本，杂谷屯人，现年十九岁。伊曾祖桑卡由外委出师黔、楚，于乾隆六十年打仗阵亡，经部议给云骑尉世职。伊祖父郎家太承袭后病故，父爪撒蚌蚌承袭后阵亡，经部议给云骑尉世职。同治四年六月十五日奉旨：依议。钦此。请以爪撒蚌蚌之嫡长子爪撒安本承袭。

一、曹永庆，奉节县人，现年二十三岁。伊父曹坤由从九品衔保授知县，调赴江南军营，于同治二年十二月十八日在陵武黄岗岭地方打仗阵亡，经部议给云骑尉世职。前于同治六年请以曹坤之嫡长子曹永庆承袭，维时年未及岁，准食半俸。今年已及岁验看，请食全俸。

一、易绍宣，秀山县人，现年二十一岁。伊父易良图由本省潼川府射洪县教谕，于咸丰十一年正月二十一日因县城失守，打仗阵亡，经部议给云骑尉世职。前于同治四年请以易良图之嫡长子易绍宣承袭，维时年未及岁，准食半俸。今年已及岁验看，请食全俸。

一、高发儒，达县人，现年二十三岁。伊父高成德由拟保千总于同治九年正月二十六日在甘肃宁夏府属金积堡硖口地方打仗阵亡，经部议给云骑尉世职。同治十一年五月二十一日奉旨：依议。钦此。请以高成德之嫡长子高发儒承袭。

一、徐步瀛，松潘厅人，现年二十六岁。伊胞兄徐步升由恩骑尉委署松潘中营把总，于咸丰十一年七月初七日因松城失守，打仗阵亡，经部议给云骑尉世职。同治八年四月初七日奉旨：依议。钦此。因原立官徐步升阵亡无子,亦无应继之人,请以胞弟徐步瀛承袭。

一、李云鹤,崇庆州人,现年二十二岁。伊父李成蹊由补用把总于同治九年五月二十四日在甘肃洪乐堡地方阵亡,经部议给云骑尉世职。同治十一年五月二十一日奉旨:依议。钦此。请以李成蹊之嫡长子李云鹤承袭。

一、苏其昌,温江县人,现年九岁。伊胞叔苏凌云由蓝翎尽先千总,于同治十年九月十六日在贵州绥阳县天台山地方打仗阵亡,经部议给云骑尉世职。光绪元年三月初四日奉旨:依议。钦此。因原立官苏凌云未娶无嗣,请以嫡胞侄苏其昌承袭。

一、萧容和,崇宁县人,现年十八岁。伊父萧庆吉由蓝翎尽先把总,于同治三年三月二十四日在本省龙窝场地方打仗阵亡,经部议给云骑尉世职。同治九年闰十月十三日奉旨:依议。钦此。请以萧庆吉之嫡长子萧容和承袭。

军机大臣奉旨:览。钦此。①

一七〇　会合滇军聚歼坟坝股匪并请汇奖折

光绪元年十一月十五日(1875 年 12 月 12 日)

头品顶戴四川总督臣吴棠跪奏,为川军跟踪追剿,迭有斩擒,会合滇军,将坟坝窜出股匪聚歼于镇雄州大寨地方,恭折驰陈,仰祈圣鉴事。

窃臣前将川军攻克贼巢,剿除股匪,现仍跟踪追捕,务尽根株

---

① 中国第一历史档案馆藏:清单,档案编号:03-5771-140。

缘由，专折奏明在案。先是统领达字营简用总兵张祖云等生擒匪
首易增元一名、匪党魏老六等七名，解交叙永厅，寄禁讯办。即据
呈送供折，内有匪党陈元贵，供称逸匪袁华美面带枪伤，死在洞中
等语。嗣据叙永厅同知张焕祚禀报：兵团协会勇丁，严加搜捕，先
后在老鸦刁、苦胆林等处截获伙匪杨文秀、吴宝成等十一名，当即
提同质讯，据匪首易增元供称，易增元即易照临，镇雄州坟坝人，与
洪钧白、巨二卯等素识，同学神打。七月间，洪钧白等纠党六七百
人，到易增元寨内，约会起事。质之匪党魏老六等，佥称易增元是
其小名，与洪钧白等潜蓄逆谋，已非一日。众供确凿，罪不容诛。
余与原供大略相同等情。经臣批令将易增元即易照临，就地正法，
其余匪党分别惩治、省释。

　　方川军之跟踪追剿也，统领武威宝营简用提督李有恒派令前、
中、后三营，驰赴镇雄州境。后营管带参将李连发，先于九月初六
日从分水岭拔队启行，越三日，至苦胆林，详加侦探，贼悉逃归散
处，并无定踪。初十日，复由苦胆林前进，跬步皆山，尽是羊肠鸟
道。午刻，行至香坝。据该处团总陈洪发面称：坟坝逃回[①]之贼，
分股狂奔。洪钧白带有百余人，窜至四寨，将寨攻破。旋又窜踞大
寨，招集流亡，意图复逞。巨二卯带有二百余人，窜伏黑洞，与香坝
相去甚近。李连发率同所部勇丁，直捣黑洞，锅甑之饭犹温，并有
熬造硝磺之桶，环列洞壁，遍地皆人马足迹。起获枪炮、刀矛多件，
搜获带伤落后伙匪万洪顺四名，探悉巨二卯闻官军紧踞其后，邀同
死党数十人，连夜向大寨合股。李连发贾勇先驱，竭一昼夜之力，
疾行一百八十里，至木著，尚距大寨六十余里。前营提督刘道宗、

---

① "逃回"，军机录副作"跳回"，误，兹据《游蜀疏稿》校正。

中营总兵李凤友于九月初七日,自防所开拔,扫荡而前。

十一日寅刻,三营会合并进,至大寨之落尾坝地方,沿途窜匪或十余人,或数人为一起,纷纷逃散。我军四路截杀,共毙匪三十余名,生擒悍匪张志顺等五名,均于军前正法。夺获红、白贼旗八杆、小令旗四杆、枪炮、刀矛三十余件,旋即驰抵大寨。镇雄营守备杨万才等已于十一日五鼓,督同官练乡团,并力攻克,生擒贼匪四十余名,内有要匪巨二卯等。惟逸匪洪钧白接仗受伤,于大寨未破之先,乘间逃脱,向滥泥沟一带窜去。臣前于削平岩洞之余,即饬统领达字营总兵张祖云,回顾叙南。盖以叙永厅与高、珙、筠连等县绵亘千余里,接壤滇疆,有唇齿相依之势。此拿彼窜,事所必然。总兵张祖云回防后,派令裕字前营副将刘顺望、达字前营副将何荣贵,各率所部,分头巡缉。

九月初九日,刘顺望等探知坟坝逸匪洪钧白等窜踞大寨,离防营不远,各出五成队,偃旗息鼓,分三路袭取之,迭有斩擒。初十日,行至大水井、滥泥沟一带,天色将晚。刘顺望等传令,择隘设伏,步步为营。是夜二更,果有窜匪数人,仓皇疾走。该勇丁等齐出盘查,拿获匪党何长兴、何长顺、陈世春三犯。瞥见洪钧白凶猛异常,先以利刃戳伤勇丁文道贵、徐秉忠及团丁二名。合营愤激向前,立将该匪杀毙,割取首级,同获犯三名,由总兵张祖云派弁押解来省,发交成都府知府许培身,督同谳局委员,确切讯明。供认为洪钧白逼胁同逃,内有何长顺一名,曾犯抢劫,投入匪党,委系甘心从贼。经臣提勘属实,恭请王命,明正典刑。并将洪钧白首级悬竿示众,余匪分别究办。

是役也,提督李有恒、总兵张祖云,当寇焰方张之日,越境遄征,率师深入,一克之于坟坝,再克之于岩洞。逸匪袁华美枪毙于前，首匪易增元生擒于后。贼锋既挫，贼势渐衰。兹复以得胜之军跟踪追剿，使该匪智穷力绌，计无所施。适滇省兵团踵至，协力兜拿，将要匪鞫占能即巨二卯等，悉行弋获。而逸匪洪钧白最称狡健，窜近川疆，又为总兵张祖云督同将弁勇丁，查拿格杀。其王新大一股，据提督李有恒探报，复经兼署云贵总督云南抚臣岑毓英檄派署昭通镇总兵吴永安，督师会剿，设法歼除。计倡首作乱之徒，无一幸逃法网者，洵足以伸天讨而快人心。提督李有恒于大功将蒇之时，经永宁道延祐因泸州境内盐枭滋事，并有另股匪徒踞扰永川县朝阳山寨，移请赴援。虽民练齐心，登时扑灭，而李有恒、延祐兼顾通筹，分兵扼隘，并拿获窜匪多名，办理均臻妥速。

现在贵州抚臣黎培敬[①]檄派提督何雄辉，统领黔军，已抵川、黔交界赤水河地方。李有恒仍折回叙永，与何雄辉、吴永安会筹善后事宜，以冀一劳永逸，共靖边陲。此次越境剿匪尤为出力员弁、兵团，可否容臣查明并案汇奖之处，出自逾格鸿慈。除滇军战胜攻克情形，应由兼署云贵总督云南抚臣岑毓英奏报外，所有川军跟踪追剿，迭有斩擒，会合滇军将坟坝窜出股匪聚歼于镇雄州大寨地方缘由，理合恭折驰陈。伏乞皇太后、皇上圣鉴训示。谨奏。十一月十五日。

---

① 黎培敬（1826—1882），字简堂，一字开周，湖南湘潭人。咸丰二年（1852），充实录馆誊录。三年（1853），考取镶黄旗官学教习。十年（1860），中式进士，选庶吉士。同治元年（1862），授翰林院编修，充国史馆协修、纂修、武英殿协修。二年（1863），充武英殿纂修、实录馆协修。三年（1864），授贵州学政。六年（1867），署贵州布政使。次年，迁贵州布政使。光绪元年（1875），擢贵州巡抚。五年（1879），因奏请解除前云贵总督贺长龄处分，降调四川按察使。六年（1880），授漕运总督。次年，补江苏巡抚。旋因病返湘。八年（1882），卒于乡里。

光绪元年十二月初三日，军机大臣奉旨：钦此。①

【案】此折于十二月初三日得允行，清廷饬令吴棠等将善后事宜悉心妥筹，以期一劳永逸，绥靖边陲。《清实录》：

丙寅……谕军机大臣等：吴棠奏，剿除坟坝窜出股匪一折。匪首鞠占能等窜踞镇雄州属大寨地方，提督李有恒等带队蹀剿，会合滇军将首要各匪殄除殆尽，办理尚为妥速。此次尤为出力各员弁，准其汇案请奖，毋许冒滥。其王新大一股，据称经滇军总兵吴永安督队会剿，设法歼除。此股匪徒是否业经扑灭，着岑毓英查明详细具奏。并着吴棠、岑毓英、黎培敬饬令各将领搜捕余匪，务绝根株。其泸州境内滋事盐枭及踞扰永川朝阳山寨之另股匪徒，虽经扑灭，仍着吴棠将余匪尽数歼除，并将善后事宜悉心妥筹，以期一劳永逸，绥靖边陲。将此由四百里各谕令知之。②

【案】滇军战胜攻克情形，应由兼署云贵总督云南抚臣岑毓英奏报：兼署云贵总督云南巡抚岑毓英于光绪元年十月十五日具折奏报曰：

奏为官军攻克镇雄州属大寨贼营，擒斩首要各匪，边境肃清，恭折仰祈圣鉴事。窃查云南威信地方，前被川、黔游匪窜扰，据署镇雄州知州宋德基、署镇雄营参将朱文德等禀报到省，当经臣檄饬署昭通镇总兵吴永安统带官兵，驰往镇雄州，

---

① 中国第一历史档案馆藏：军机录副，档案编号：03-5772-003。又，吴棠等：《游蜀疏稿》，第1199—1215页。其尾记曰："光绪元年十一月十五日，由驿具奏。本年十二月十八日，准军机大臣奉旨：另有旨。钦此。"

② 《德宗景皇帝实录（一）》，卷二十三，光绪元年十二月上，第346—347页。

督同剿办，于光绪元年九月二十日具奏在案。嗣于九月三十日，准军机大臣字寄：光绪元年九月十一日，奉上谕：吴棠奏，叙永边界匪徒滋事，调队堵御一折。四川叙永厅境界连云南镇雄州属，时有游匪啸聚。本年七月间，匪徒巨二卯等占据镇雄州属坟坝及落木河等处，并窜近叙永大庙地方，迭经川军分投剿击，该匪由清水河等处窜出云南长官司辖境肆掠，仍踞坟坝。着派兵会剿，务期捣穴擒渠，迅图歼灭，毋任贻患边疆等因。钦此。当即恭录转行，钦遵办理。查长官司系威信古名，前窜扰威信之贼，即系此股匪徒。现据署镇雄州知州宋德基、署镇雄营参将朱文德禀称：于八月二十四、五等日，先后派署守备杨万才、李长清、把总黄茂章等，挑带兵团，分扎矢勒、扎西、法贡各要隘，相机进剿。并将镇雄土匪王添贵一股先行收服，内顾无忧，然后直捣坟坝。时坟坝贼营已为川军攻克，匪首鞠占能即巨二卯，同易照临之子易绍显等，带匪党三四百人，由坛子口窜入距罗坎关二十里之大寨，焚掳附近居民，势复猖獗。宋德基、朱文德闻警，督饬杨万才、李长清及团首席占标等，共带兵团二千余人，驰往围攻。查看贼踞大寨，原系该处民堡，山高而险，三面悬岩，仅一路可通出入，而寨外复环筑炮台，遽难攻拔。该员等于九月初四、五等日，诱贼出战，阵斩数十名，余贼退入寨中，负嵎拒守。初八、九等日，将各炮台次第扫除，逼巢而垒，断其汲道，用云梯仰攻，贼炮石如雨，兵团多有损伤，未能得手。至初十日三鼓，杨万才募敢死之士，督领前进，由间道攀附而上，首先登郫。李长清、席占标等复率领兵团，蚁附前进，破入大寨，巷战至十一日黎明，毙匪一百余人，生擒匪首鞠占能、易绍显等六十八名。逸匪被伏兵截杀,及追岩跌毙,无一漏网。点验擒获活贼,内有易绍显等二十一名,带伤甚重,即在军前正法。其鞫占能等四十七名,均解至州城,听候审办。州属地方现已肃清各等情。并据署昭通镇总兵吴永安在途接据禀报,会同署昭通府知府吴怡,转禀前来。臣查此股贼匪,始则窥伺叙永,逼近厅城,继则袭入威信,焚烧衙署。迨川军既克坟坝,复敢夺踞大寨,豕突狼奔,实非寻常土匪可比。今署镇雄州知州宋德基、署镇雄营参将朱文德督饬署守备杨万才等,于总兵吴永安未到之先,即将贼匪扑灭,办理尚属奋勉。擒获匪首鞫占能即巨二卯等四十七名,本应饬解昭通,交该府审办,因镇雄距昭通七站,沿途恐有疏虞,臣已批饬该州就近讯取确供,分别惩办。如有著名匪党漏网逃匿,务须随时搜捕,净绝根株,并查明受害难民,妥为抚恤,以仰副朝廷绥靖边陲之至意。此次尤为出力之宋德基、朱文德、杨万才等,前于同治十二年随同克复腾越厅城,著有微劳,兹已汇案奏保,毋庸另行请奖。其余出力员弁团首,拟择尤记功奖叙,以昭激劝。至署威信州判卫道行、署威信汛弁花占魁,前经奏参革职,提省审办。俟提到,臣即督同臬司,讯明办理。此案窜扰威信之匪,未及一月,即行扑灭。其专兼统辖各职名,免邀查议。所有官军攻克镇雄州属大寨贼营,擒斩首要各匪,边境肃清缘由,理合恭折具奏,伏乞皇太后、皇上圣鉴训示。再,云南巡抚系臣本任,毋庸列衔。合并陈明。谨奏。①

---

① 《岑毓英奏稿》,第 420—422 页,广西人民出版社,1989。

一七一　添募练丁并将裕字前营调回省垣片

光绪元年十一月十五日(1875 年 12 月 12 日)

再,查雷波夷匪滋事,马边厅系属邻封,旧有练丁一百八十名,不敷分布。据该厅同知林之洛禀准,添募练丁三百二十名,查照川勇章程,支给口食。又,达字前营副将何荣贵,前在叙郡索饷时,裁存勇丁三百余名,屡经剿匪立功,究恐军心不固,已札行筹饷报销局找清欠饷,遣撤归农,并檄令统领达字营总兵张祖云,另募楚勇三百名,交副将刘顺望管带,以固边防。仍将裕字前营勇丁调回省垣,归副将范承先统带,俾专责成。理合附片陈明,伏乞圣鉴。谨奏。

光绪元年十二月初三日,军机大臣奉旨:知道了。钦此。①

一七二　奏报龚鼎焘等期满甄别片

光绪元年十一月十五日(1875 年 12 月 12 日)

再,查吏部奏定章程:丞、倅、州、县,无论何项劳绩保奏归入候补班者,以到省之日起,予限一年,令督抚详加察看,出具切实考语,奏明分别繁简补用等因。遵照在案。兹查同知直隶州用前先补用知县龚鼎焘、候补班前先补用知县刘雯、候补班遇缺前先即补盐大使王席珍,均到省一年期满,自应甄别,据署布政使英祥、署按

---

① 中国第一历史档案馆藏:军机录副,档案编号:03-6058-003。又,吴棠等:《游蜀疏稿》,第 1217—1219 页。其尾记曰:"光绪元年十一月十五日,附片具奏。本年十二月十八日,准兵部火票递回原片,内开军机大臣奉旨:知道了。钦此。"

察使傅庆贻造具该员等履历清册,详请甄别前来。

臣查该员龚鼎焘,年力正壮,刘雯留心吏事,均堪以简缺知县留川补用;王席珍年力正富,堪以盐大使留川补用。除履历清册咨部外,理合附片具陈,伏乞圣鉴。谨奏。

光绪元年十二月初三日,军机大臣奉旨:吏部知道。钦此。[①]

一七三 英祥吁请开缺调理据情代奏折

光绪元年十一月十五日(1875 年 12 月 12 日)

头品顶戴四川总督臣吴棠跪奏,为调任广西臬司病难速痊,吁恳圣恩准予开缺调理,据情恭折代奏,仰祈圣鉴事。

窃调任广西臬司英祥前因患病未痊,一时骤难赴任,恳恩赏假二十日调理,经臣附片具奏在案。兹据英祥禀称:自请假后,原冀医治就痊,即日就道。乃半月以来,屡投方剂,未见功效,不但耳鸣失寐日甚于前,且添肝逆之症。每一举动,辄觉头晕神昏,心悸无主,委顿难名。医者咸谓,求效太速,见功愈难,怔忡焦灼过甚,肝阳因之上逆,病势、脉象已成怔忡,非安心静养,断难痊复。伏念服官京外二十余年,沐朝廷知遇之隆,有加无已,天恩高厚,感激涕零。但使精力稍可支持,何敢遽耽安逸,自外生成。今自揣病愈无期,而假限届满。若复辗转羁滞,久旷职守,负疚愈深,况粤西乃边陲要区,臬司为刑名总汇,尤非病躯所能胜任。再四思维,惟有据实陈请,具奏开缺,俾得回旗安心调理,一俟病痊,即当泥首阙廷,

---

① 中国第一历史档案馆藏:军机录副,档案编号:03-5101-114。此片具奏日期著录错误,兹据军机处随手登记档(档案编号:03-0214-4-1201-323)校正。

求赏差使等情前来。

臣查英祥由湖北道员升任四川臬司，六载于兹，前后三权藩篆，均能竭力从公，肩任繁剧，心血过耗，致成怔忡之症，前经请假调治，迄未痊愈。据称假期届满，病躯万难就道，系属实在情形，相应恭恩天恩，俯准开缺调理，所遗广西按察使一缺，并请旨另行简放，以重职守。所有调任广西臬司病难速痊、陈请开缺缘由，理合恭折由驿具奏，伏乞皇太后、皇上圣鉴训示。谨奏。十一月十五日。

光绪元年十二月初三日，军机大臣奉旨：钦此。①

【案】此折旋于是年十二月初三日得允行。《清实录》：

广西按察使英祥因病乞休，以前山东按察使长赓为广西按察使。②

一七四　筹解淮军月饷起程日期折

光绪元年十一月十五日(1875 年 12 月 12 日)

头品顶戴四川总督臣吴棠跪奏，为筹备淮军月饷银三万两起程日期，恭折具奏，仰祈圣鉴事。

窃臣承准军机大臣字寄：同治十三年七月二十三日，奉上谕：李鸿章奏，办理海防，请饬催川饷一折等因。钦此。并准李鸿章咨送原奏内开：各路协饷无如海防之急且要者，自应移缓就急，共维

---

① 中国第一历史档案馆藏：军机录副，档案编号：03-5101-112。
② 《德宗景皇帝实录(一)》，卷二十三，光绪元年十二月上，第 347 页。

大局等语。臣查淮军月饷前已二十三次共筹拨过银八十万两,本年六月间,复奏解银三万两,非不竭力接济。无如川省年收津贴、厘金,日形减少,而邻省拨款倍觉纷繁。现在筹拨京饷、分解工程银两及各省营协饷,均系挪东补西,实有难于兼顾之势。惟海防关系紧要,待饷孔殷,不得不设法腾挪,以维大局。

兹臣督同署藩司英祥尽力筹措,于司库二两平项下凑集银三万两,饬委候补知州祥成、候补从九品张承栋承领,定于光绪元年十一月初五日自成都起程,解赴湖北粮台交收,以供李鸿章淮军海防要款。除分咨外,理合恭折具奏,伏乞皇太后、皇上圣鉴。谨奏。十一月十五日。

光绪元年十二月初三日,军机大臣奉旨:知道了。钦此。[①]

一七五 委任文棨等署理知府等缺片

光绪元年十一月十五日(1875 年 12 月 12 日)

再,查宁远府知府王福保,接准部咨,签升江南盐法道遗缺,应即委员接署,以便王福保交代起程。该府壤接滇南,汉夷杂处,治理匪易,查有绵州直隶州知州文棨,老成稳练,为守兼优,堪以调署宁远府知府篆务。又,署彭水县知县庄定械调省,遗缺毗连滇省,巡防紧要,查有因公在省之新繁县知县张文珍,朴诚练达,堪以调署。又,署新繁县知县陈锡鬯年满遗缺,查有彭水县知县岗玉,办事朴实,堪以调署。该员等正、署各任内无经征钱粮未完展参及承缉盗劫已起四参案件,据署藩、臬两司会详前来。除批饬遵照外,

---

① 中国第一历史档案馆藏:军机录副,档案编号:03-6058-002。

理合附片具陈，伏乞圣鉴。谨奏。

光绪元年十二月初三日，军机大臣奉旨：知道了。钦此。[1]

一七六 奏请开缺回籍调理折

光绪元年十一月二十七日(1875年12月24日)

头品顶戴四川总督臣吴棠跪奏，为微臣病久难痊，吁恳天恩俯准开缺回籍调理事。

窃臣于同治十三年十月间以久疾未痊，吁请开缺回籍调理，蒙恩赏假两个月。钦此。本年正月间，以病体稍痊，黾勉从公，奏请销假在案。臣渥蒙恩遇，久任川疆，但能勉力支持，何敢自耽安逸。无如自春至夏，疮疾甚于往年，元气既亏，饮食日减。八、九两月，接办文武两闱，益形困惫。入冬以来，癣疮剧发，夜不能眠。每见属僚，动步即行喘嗽；披阅案牍，常觉神思恍惚，心气怔忡，实由十数年疮疾缠绵、气血耗散所致。

窃思微臣所以报称朝廷者，恃此心与力耳。兹以精神疲散，衰病侵夺，欲竭力而不能，欲尽心而不得。五中抱愧，夙夜难安。川省事务殷繁，臣以病躯久任，既苦精力不逮，尤恐贻误事机，惟有吁恳天恩，俯准开缺回籍调理。

至四川总督印务，即请迅赐简放，以重职守，臣不胜悚惶待命之至。所有微臣病久难痊、吁请开缺回籍调理缘由，理合恭折具陈，伏乞皇上、皇太后圣鉴训示。谨奏。十一月二十七日。

---

① 中国第一历史档案馆藏：军机录副，档案编号：03-5101-113。

光绪元年十二月二十九日,军机大臣奉旨:钦此。①

【案】吴棠陈请乞休之折于光绪元年十二月二十九日得允行。《清实录》载曰:

四川总督吴棠因病乞休,调湖广总督李瀚章为四川总督。以湖北巡抚翁同爵兼署湖广总督。②

一七七 查明乡试未中老生请旨施恩折

光绪元年十一月二十七日(1875年12月24日)

头品顶戴四川总督臣吴棠跪奏,为查明乡试未中老生,恭折仰祈圣鉴事。窃照乡试未中年老诸生,例准查明年岁具奏。本年四川省举行乙亥恩科乡试,所有应试年老诸生,如年末八十及前蒙钦赐副榜现年末届九十之各生均扣除外,查有资阳县附生张宗熺等十四名,俱各三场完竣,未经中式。调阅原卷,文理均尚明顺。经学政核对入学册籍,年岁相符。据布政使文格开单,详请具奏前来。

臣查张宗熺等幸际熙时,欣逢盛典,青毡励志,俱深蛾术之功;皓首穷经,更夺鹏程之路。现耄年而勤学,犹锁院以观光,洵为圣世祥征,实本作人雅化。已符年例,宜沐恩荣。除造册咨送礼部外,理合缮具清单,恭呈御览,伏乞皇太后、皇上圣鉴,敕部核覆施行。谨奏。十一月二十七日。

---

① 中国第一历史档案馆藏:军机录副,档案编号:03-5772-036。

② 《德宗景皇帝实录(一)》,卷二十四,光绪元年十二月下,第359页。

光绪元年十二月十九日，军机大臣奉旨：礼部议奏，单并发。钦此。①

一七八　呈乙亥恩科乡试未中老生姓名、年岁清单

光绪元年十一月二十七日(1875年12月24日)

谨将四川省乙亥恩科乡试未中年老诸生姓名、年岁，缮具清单，恭呈御览。

资阳县附生张宗熹，现年九十六岁。

崇庆州副榜刘恩湘，现年九十三岁。

仁寿县附生郭如冈，现年九十二岁。

仁寿县副榜曾闻讯，现年九十一岁。

安县副榜汪朝宗，现年九十一岁。

乐至县副榜罗国会，现年九十岁。

威远县副榜潘众，现年九十岁。

崇庆州附生牟廷瑃，现年八十九岁。

遂宁县附生李灿然，现年八十五岁。

阆中县附生彭遵矩，现年八十三岁。

安岳县副贡刘廷献，现年八十二岁。

三台县附生左士芬，现年八十二岁。

名山县附生贾朝宾，现年八十二岁。

崇庆州岁贡赵联星，现年八十岁。

---

① 中国第一历史档案馆藏：军机录副，档案编号：03-7176-123。

军机大臣奉旨：览。钦此。①

一七九　请将惠庆原参摘顶之案敕部查销片

光绪元年十一月二十七日（1875 年 12 月 24 日）

再，同治十三年份税契银两，前于奏销时因卸任夹江县知县惠庆欠解税契银二百一十六两五钱九分七厘，经臣奏明请旨将该员摘去顶戴，限两个月完解在案。兹据布政使文格、按察使杜瑞联②会详：该员惠庆欠解前项银两，已于参后如数解缴司库收储，尚知愧奋，详请具奏前来。

合无仰恳天恩，俯准将卸任夹江县知县惠庆原参摘顶之案敕部查销，出自鸿慈。除咨部外，理合附片陈明，伏乞圣鉴训示。谨奏。

光绪元年十二月十九日，军机大臣奉旨：着照所请，该部知道。钦此。③

---

① 中国第一历史档案馆藏：清单，档案编号：03-7176-124。

② 杜瑞联（1832—？），字棣云、聚五，号鹤田，山西太谷人，附生。道光二十九年（1849），中式举人。咸丰二年（1852），中式进士，改庶吉士。同年，丁忧。六年（1856），补行散馆，授翰林院编修。历充实录馆、武英殿、国史馆纂修、协修官。八年（1858），充湖南乡试副考官。九年（1859），放陕西学政，因丁父忧，未到任。十一年（1861），服阕，赴京供职。同治元年（1862），补浙江道监察御史。三年（1864），转掌浙江道监察御史。四年（1865），署吏科掌印给事中，旋署户科给事中。五年（1866），选授湖南宝庆府知府。七年（1868），送部引见，调署长沙府知府。次年，奏补长沙府知府。十年（1871），加盐运使衔。是年，大计卓异，署辰永沅靖道。次年，实授斯缺。十二年（1873），赏戴花翎。光绪元年（1875），升四川按察使。二年（1876），迁云南布政使。三年（1877），擢云南巡抚。

③ 中国第一历史档案馆藏：军机录副，档案编号：03-5101-164。

一八〇　奏报川省光绪元年十月雨水、粮价折

光绪元年十一月二十七日(1875年12月24日)

头品顶戴四川总督臣吴棠跪奏，为恭报四川省光绪元年十月份各属具报米粮价值及得雨情形，恭折仰祈圣鉴事。

窃照光绪元年九月份通省粮价及得雨情形，前经臣恭折奏报在案。兹查本年十月份成都、重庆、夔州、龙安、保宁、顺庆、潼川、嘉定、叙州等九府，资州、绵州、忠州、眉州、邛州、泸州六直隶州，石砫、叙永两直隶厅，各属先后具报得雨自一二次至七八次不等。田水充盈，小春播种。其通省粮价俱与上月相同，据布政使文格查明列单汇报前来。

臣覆核无异。理合分缮清单，恭呈御览，伏乞皇太后、皇上圣鉴。谨奏。十一月二十七日。

光绪元年十二月十九日，军机大臣奉旨：知道了。钦此。[①]

一八一　呈川省光绪元年十月粮价清单

光绪元年十一月二十七日(1875年12月24日)

谨将四川省光绪元年十月份各属具报米粮价值，开具清单，恭呈御览。

成都府属，价贵。中米每仓石价银二两九钱一分至三两八钱七分，与上月同。大麦每仓石价银一两八钱三分至二两，与上月

---

①　中国第一历史档案馆藏：军机录副，档案编号：03-6751-026。

同。小麦每仓石价银二两一钱三分至二两三钱，与上月同。黄豆每仓石价银一两四分至二两四钱四分，与上月同。荞子每仓石价银一两一钱六分至一两七钱，与上月同。

重庆府属，价贵。中米每仓石价银二两七钱一分至三两六钱七分，与上月同。大麦每仓石价银一两六钱二分至一两九钱七分，与上月同。小麦每仓石价银二两六钱八分至二两七钱三分，与上月同。黄豆每仓石价银二两七钱至二两九钱七分，与上月同。

保宁府属，价贵。中米每仓石价银二两五钱三分至三两一钱七分，与上月同。大麦每仓石价银一两八钱九分至二两一钱，与上月同。小麦每仓石价银二两八钱三分至三两五钱七分，与上月同。黄豆每仓石价银一两八钱一分至二两一钱一分，与上月同。

顺庆府属，价贵。中米每仓石价银二两九钱七分至三两三钱四分，与上月同。大麦每仓石价银一两六钱一分至一两八钱，与上月同。小麦每仓石价银二两九分至二两一钱二分，与上月同。黄豆每仓石价银一两五钱五分至一两六钱五分，与上月同。

叙州府属，价贵。中米每仓石价银二两九钱八分至三两二钱一分，与上月同。大麦每仓石价银一两六钱六分至二两二分，与上月同。小麦每仓石价银二两一钱三分至二两六钱三分，与上月同。黄豆每仓石价银一两零九分至一两三钱，与上月同。

夔州府属，价贵。中米每仓石价银二两七钱八分至三两七分，与上月同。大麦每仓石价银一两七钱八分至二两四钱六分，与上月同。小麦每仓石价银二两九钱五分至三两三分，与上月同。黄豆每仓石价银二两一钱四分至二两二钱四分，与上月同。

龙安府属，价贵。中米每仓石价银二两四钱七分至三两一钱，与上月同。青稞每仓石价银一两五钱，与上月同。小麦每仓石价银一两七钱九分至二两一钱八分，与上月同。黄豆每仓石价银一两八钱五分至一两九钱三分，与上月同。

宁远府属，价贵。中米每仓石价银二两八钱一分至三两零七分，与上月同。大麦每仓石价银一两四钱八分至一两六钱，与上月同。小麦每仓石价银一两五钱九分至二两二钱，与上月同。荞子每仓石价银一两四钱五分，与上月同。黄豆每仓石价银一两五钱六分至一两六钱三分，与上月同。

雅州府属，价中。中米每仓石价银二两七钱三分至二两七钱二分，与上月同。小麦每仓石价银二两二钱九分至二两六钱五分，与上月同。黄豆每仓石价银一两六钱五分至二两四分，与上月同。

嘉定府属，价贵。中米每仓石价银二两七钱至三两二钱六分，与上月同。小麦每仓石价银二两三钱六分至二两七钱三分，与上月同。黄豆每仓石价银一两四钱七分至二两三分，与上月同。

潼川府属，价贵。中米每仓石价银二两八钱一分至三两二分，与上月同。大麦每仓石价银一两六钱五分至一两九钱三分，与上月同。小麦每仓石价银二两一钱四分至二两四钱九分，与上月同。黄豆每仓石价银一两七钱六分至二两一钱三分，与上月同。

绥定府属，价中。中米每仓石价银二两六钱八分至二两七钱八分，与上月同。大麦每仓石价银一两五钱八分，与上月同。小麦每仓石价银一两六钱二分至一两七钱三分，与上月同。黄豆每仓石价银一两四钱三分，与上月同。

眉州直隶州属，价中。中米每仓石价银二两六钱六分至二两九钱二分，与上月同。

邛州直隶州并属，价中。中米每仓石价银二两五钱六分至二两九钱四分，与上月同。大麦每仓石价银一两九钱，与上月同。小麦每仓石价银二两五钱七分，与上月同。黄豆每仓石价银二两八分至二两二钱二分，与上月同。

泸州直隶州并属，价中。中米每仓石价银二两九钱八分至二两九钱七分，与上月同。

资州直隶州并属，价中。中米每仓石价银二两四钱八分至二两八钱六分，与上月同。

绵州直隶州并属，价中。中米每仓石价银二两六钱五分至二两九钱一分，与上月同。小麦每仓石价银二两三钱二分至二两四钱六分，与上月同。

茂州直隶州并属，价中。中米每仓石价银二两五钱三分，与上月同。小麦每仓石价银二两六钱八分，与上月同。青稞每仓石价银二两二钱，与上月同。荞子每仓石价银一两二钱三分至一两七钱三分，与上月同。

忠州直隶州并属，价贵。中米每仓石价银二两五钱至三两一钱一分，与上月同。大麦每仓石价银一两四钱六分至一两六钱，与上月同。小麦每仓石价银二两三分至二两三钱九分，与上月同。黄豆每仓石价银一两二钱七分至一两五钱七分，与上月同。

酉阳直隶州并属，价中。中米每仓石价银二两五钱至二两九钱七分，与上月同。大麦每仓石价银二两二钱八分至二两六钱，与上月同。小麦每仓石价银二两六钱二分至二两七钱六分，与上月同。黄豆每仓石价银一两三钱九分至一两四钱四分，与上月同。

叙永直隶厅并属，价中。中米每仓石价银二两八钱八分，与上月同。小麦每仓石价银一两八钱一分，与上月同。荞子每仓石价银一两三钱二分，与上月同。黄豆每仓石价银一两六钱一分，与上月同。

松潘直隶厅，价中。青稞每仓石价银二两六钱二分，与上月同。荞子每仓石价银一两七钱四分,与上月同。

杂谷直隶厅,价中。青稞每仓石价银二两四钱,与上月同。荞子每仓石价银一两七钱九分,与上月同。

石砫直隶厅,价平。中米每仓石价银一两六钱,与上月同。大麦每仓石价银一两七钱三分,与上月同。小麦每仓石价银二两六分,与上月同。黄豆每仓石价银一两八钱九分,与上月同。

打箭炉厅,价贵。青稞每仓石价银四两八钱三分,与上月同。油麦每仓石价银一两八钱一分,与上月同。

军机大臣奉旨:览。钦此。①

一八二　呈川省光绪元年十月得雨清单

光绪元年十一月二十七日(1875年12月24日)

谨将四川省光绪元年十月份各属具报雨水情形,开具清单,恭呈御览。

成都府属:成都、华阳两县得雨二次,小春播种。简州得雨二次,二麦滋长。崇庆州得雨二次,小春滋长。汉州得雨四次,堰水充足。温江县得雨三次,小春播种。彭县得雨三次,小春种毕。什邡县得雨一次,葫豆滋长。

重庆府属:江北厅得雨二次,低田积水。巴县得雨二次,田塘积水。江津县得雨四次,田水充足。长寿县得雨六次,小春滋长。永川县得雨五次,小春发生。荣昌县得雨六次,田水充足。綦江县得雨二次,山田积水。合州得雨三次,冬粮萌芽。南川县得雨二

---

① 中国第一历史档案馆藏:清单,档案编号:03-6751-028。

次,田水充盈。涪州得雨二次,田水充足。璧山县得雨五次,小春种毕。大足县得雨二次,田水充盈。定远县得雨六次,田有积水。

夔州府属:云阳县得雨一次,堰水充足。万县得雨一次,小春滋长。

龙安府属:江油县得雨一次,塘堰积水。

保宁府属:阆中县得雨三次,地土滋润。广元县得雨一次,豆麦滋长。剑州得雨二次,豆麦播种。

顺庆府属:南充县得雨四次,田水充盈。蓬州得雨三次,堰水充足。营山县得雨二次,豆麦滋长。仪陇县得雨二次,田堰水足。广安州得雨三次,冬粮滋长。岳池县得雨六次,田水充足。邻水县得雨二次,田水稍足。

潼川府属:三台县得雨五次,田堰积水。射洪县得雨一次,豆麦播种。盐亭县得雨二次,豆麦滋长。蓬溪县得雨一次,田水充盈。乐至县得雨四次,田堰积水。

嘉定府属:乐山县得雨五次,堰水充盈。峨眉县得雨二次,田水充足。洪雅县得雨二次,田水充足。夹江县得雨二次,地土滋润。犍为县得雨二次,田水充盈。荣县得雨七次,田水充盈。峨边厅得雨二次,小春播种。

叙州府属:富顺县得雨八次,田水充足。隆昌县得雨一次,田水充盈。马边厅得雨三次,小春发生。

资州直隶州并属:资州得雨三次,小春滋长。资阳县得雨三次,田水充足。仁寿县得雨一次,小春滋生。井研县得雨二次,小春播种。内江县得雨四次,冬水充足。

绵州直隶州并属:绵州得雨一次,二麦滋长。安县得雨二次,小春滋长。梓潼县得雨二次,田水充足。罗江县得雨一次,豆麦滋长。

忠州直隶州并属：忠州得雨三次，冬粮种毕。酆都县得雨六次，播种小春。垫江县得雨三次，小春萌芽。梁山县得雨二次，田水尚足。

眉州直隶州并属：眉州得雨五次，堰水畅流。彭山县得雨三次，堰水充盈。丹棱县得雨六次，堰水充盈。

邛州直隶州属：大邑县得雨二次，堰水充盈。

泸州直隶州并属：泸州得雨七次，田畴积水。江安县得雨一次，田水不缺。合江县得雨五次，田亩积水。纳溪县得雨六次，田水尚足。

石砫直隶厅得雨二次，田有积水。

叙永直隶厅并属：叙永厅得雨三次，小春播种。永宁县得雨三次，小春播种。

军机大臣奉旨：览。钦此。[①]

一八三　审拟阆中县民苟思朋京控一案折

光绪元年十一月二十七日(1875年12月24日)

头品顶戴四川总督臣吴棠跪奏，为审明叩阍人犯，按例定拟，恭折仰祈圣鉴事。

窃查阆中县民苟思朋在道旁叩阍一案，前经刑部将苟思朋审拟军罪，奏奉谕旨，咨解回川，集证讯办等因。当经行司督饬成都府审办去后。兹据署臬司傅庆贻督同成都府知府许培身、

---

① 中国第一历史档案馆藏：清单，档案编号：03-6751-027。

候补知府赵思格、候补知县杜桁庆、孙尚锦等，提集人证卷宗，审拟解勘前来。臣亲提确讯，缘苟思朋籍隶阆中县，自幼父母俱故，经分居胞伯苟成泷与妻王氏抚养成立。六年，苟成泷凭媒说娶冯侯氏之女冯氏与苟思朋为妻。七月间，苟冯氏私逃。苟思朋往冯侯氏家查问，与妻兄冯汝容口角互控，经前署阆中县知县胡子材讯明，令苟思朋寻获苟冯氏，送案断结。苟成泷因构讼累费，苟思朋又不肯约束，即将苟思朋逐出。同治二年十二月间，苟成泷病故。三年二月，苟思朋往将苟王氏收储米粮等物，私取卖钱使用。苟王氏控经前任阆中县知县徐光吁讯明，将苟思朋责惩完案。

六年，苟王氏负债无偿，将田业一股凭中央佃户杨迎春就佃找买不允，控经该县，旋即准理，卸事移交，接署县彭凤藻集讯，饬原中苟保泷等，劝杨迎春认买，议价契交税。苟思朋查知，向杨迎春揸索未遂，见苟王氏与杨迎春同院居住，即捏砌谋产霸逐情词越诉前臬司，批府饬县讯明，苟思朋所控抱与苟成泷为子并无抚约，族证亦称并无其事。杨迎春接买苟王氏田业，系经县断凭中议断价，亦无谋霸及苟王氏霸逐各情，将苟思朋拟杖，并酌断苟王氏帮给其钱文，以资生理。详司批结。苟思朋因未分苟王氏业价，心怀不服，起意京控拖累，随就已经结案添砌作词，进京呈控，行至永定门外，适值圣驾经过，即在道旁叩阍，交部审拟军罪，奏奉谕旨，咨解回川。饬据臬司等提集人证，审明议拟。正在解勘间，讵苟保泷在保病故，委验取结，经臣亲提审勘，据供前情不讳，诘无唆讼之人，案无遁饰。

查例载：圣驾出郊，冲突仪仗、妄行奏诉者，杖一百，发近边充军等语。此案苟思朋所控各情，概系捏砌空言，业经本省断结，无从申理,亦无凭反坐。惟辄敢于圣驾经由处所,在道旁叩阍控诉,自应按例问拟。苟思朋仍照刑部原拟,合依圣驾出郊,冲突仪仗,妄行奏诉者杖一百,发近边充军例,拟杖一百,发近边充军。事犯虽在同治十三年十一月十五日钦奉恩诏以前,惟核其情节,系在不准减之列,毋庸查办。复恭逢光绪元年正月二十日恩诏,系不在不准援免之列,应予援免,复再有犯,加一等治罪。杨迎春等并无谋夺霸产各情,应毋庸议。除备录供招咨部外,所有审明定拟缘由,理合恭折具奏,伏乞皇太后、皇上圣鉴,敕部核覆施行。谨奏。十一月二十七日。

光绪元年十二月十九日,军机大臣奉旨:刑部议奏。钦此。[①]

一八四　奏报川省输饷请免造册并加广学额折

光绪元年十二月初九日(1876 年 1 月 5 日)

头品顶戴四川总督臣吴棠跪奏,为部查川省自同治五年十一月起至十年七月止绅民捐输军饷之案,请免造册,仍照章加广中额、学额,恭折覆奏,仰祈圣鉴事。

窃照川省自同治五年十一月起至十年七月底止各案捐输,未经请奖广额银四百五十二万四千六百四十八两零,前于同治十一年十月二十四日奏请加广一次文武学额各三百八十九名,文武乡试一次中额各六名,奉旨交部议奏。嗣准部咨:此次请加广额,按照新章,尚无不合。惟上次奏明饬查各节尚未声明,行令查照九年十一月十四日奏咨之案,详细查核各节,再行奏明办

---

① 中国第一历史档案馆藏:军机录副,档案编号:03-7404-043。

理等因。复查同治九年十二月间准户部咨：此项捐输数年之间，积至数百万之多，应行核奖者仅四十余万，其余概不请奖，既非按粮津贴，究系何项捐输，或应请奖，或不应请奖，凭何区别？清册仅开某属捐输若干，请广学额若干，并未开明某人捐银若干，已于某案内请奖；某人捐银若干，不愿请奖。所收捐项归入何案动用造报？行令逐一查明，造具清册，再行奏明办理等因。当经节次转饬查办在案。

兹据藩司文格、臬司杜瑞联会详：伏查川省自同治初年军饷不继，举办捐输，各属士民捐款足敷议叙者，照例请奖。其不敷议叙者，皆系量力捐助，零星分纳，不得不并计广额。其劝捐之案，按年奏办一次，历系奉旨后由各厅州县分收捐项，陆续解司，拨充本省援邻防边兵勇口粮、一切防剿经费，并分解滇、黔、陕、甘、新疆等省协饷。凡本省之款由省局司道分年造册，报部核销。外省协饷于起解时，分别奏报，并咨明户部。至历办捐输请奖之案，均造具捐生履历、银数清册，分案奏咨，声明不能再请广额，节次由部核覆有案，自毋庸再行造报，致涉重复。其不愿请奖之捐项，概系零星凑集。各捐户自知银数无多，不敷请奖，情愿并计加额。计一伙捐户，多则数万，少亦万余。除瘠苦州县免捐外，通省约有百余州县，积至数年，始行并计捐输，奏请广额一次。若按年按户查造花名分捐清册，不但案牍冗繁，非车驮所易载运，且与历年奏准广额成案转涉两歧。况各州县捐解银数，均由省局司道详细考核，局中有部文可查，各属有档案可对。且有专司清厘之员，层层稽察，断不能以此案之银混归彼案，亦不能以请奖之银再归加额，委无重复冒滥诸弊。惟此次奏请加额已在同治十三年十一月初七日部臣奏定新章之后，所有同治十一年十月二十四日川省原奏请以同治五年十一月起至十年七月底止捐输银四百五十二万四千六百四十八两零分加中额、学额之案，请仍以三百八十九万两加广各厅州县一次文武学额各三百八十九名，余银六十三万四千六百四十八两零，改照新章加广丙子科文武乡试中额各二名。其加广一次文武学额，自下届科试起分别取进等情请奏前来。

臣查川省历年办理捐输情形，均经逐年奏报，奉旨允准。其捐案请奖及未经广额银两，亦逐起划清数目，分别奏咨。至开支防剿经费及分拨各处协饷，俱分年造销并随时奏明有案，无虞混冒。该司等所详均系实情。合无仰恳天恩，敕部查照同治十一年十一月份川省汇请加额原奏银数加广一次文武学额各三百八十九名，暨文武乡试一次中额各二名，迅速核覆，以广皇仁而昭鼓舞，并免其重复造册，出自圣主鸿慈。除咨部外，理合恭折具陈，伏乞皇太后、皇上圣鉴训示。谨奏。十二月初九日。①

光绪元年十二月二十八日，军机大臣奉旨：该部议奏。钦此。②

一八五　奏报川省捐输请加广文武中额折

光绪元年十二月初九日(1876年1月5日)

头品顶戴四川总督臣吴棠跪奏，为川省绅民自同治九、十等年起至十三年冬季止办理津贴、捐输，协济饷需，现在并计已收银数，恳恩加广文武乡试一次中额，以昭激劝，恭折仰祈圣鉴事。

---

①　此具奏日期军机录副原署"十二月初七日"，误。兹据军机处随手登记档校正。

②　中国第一历史档案馆藏：军机录副，档案编号：03-6525-106。此折具奏日期钞录错误，兹据军机处随手登记档(档案编号：03-0214-4-1201-347)校正。

窃据四川在籍翰林院编修伍肇龄等呈称:川省自咸丰年间起办理按粮津贴,嗣后分年奏办捐输,解充京饷、军饷,欣逢殊恩迭沛,准加中额、学额,通省士民无不欢欣鼓舞。惟自同治五年至今,津贴、捐输两项未准加额,银数愈积愈巨,恳请按照新章,划分银数,加广丙子科乡试一次文武中额等情。当经督同两司查明川省津贴一项除同治八年收数照前经奏广学额、适值部中更易新章驳回另办外,今自同治九年起至十三年十二月底止共收银一百四十万六千六百六十三两零,未请广额。又捐输一项除同治五年十一月起至十年七月底止前于同治十一年十月间奏请广额、旋经部议行查现已另案奏覆外,自同治十年八月接收起至十三年十二月底止共收过成都等五十三厅州县劝捐银一百六十七万五千零五十八两有奇,均系零星凑集、不敷请奖之项,前次亦未请广额。计津贴、捐输两项共银三百零八万一千七百二十一两零,均已拨充京饷、军饷。按照部定新章,捐银三十万两,准广文武乡试一次中额各一名。核计应加广中额各十名,尚属有盈无绌。拟如该绅伍肇龄等所请,奏明加广,以慰通省士民之望等情,由该藩司文格、臬司杜瑞联会详前来。

臣查该司等所请,核与同治十三年部定章程相符。现在川省奉拨中外饷需,数甚繁巨,库款支绌万分,在在借资民力,亟应如议办理。合无仰恳天恩,敕部核议,准将前项津、捐两款未经请奖广额银三百八万余两,于来年丙子科加广一次文武中额各十名。如蒙俞允,不但士林早沐恩膏,聿彰盛世菁莪之化,将见蓬屋金殿报效,倍纡偏氓葵藿之忱。此外各州县收数不在此次请广中额之内者,容俟查明另办。除咨部外,理合会同学政臣张之洞,恭折具奏,伏乞皇太后、皇上圣鉴训示。谨奏。十二月初九日。

光绪元年十二月二十八日,军机大臣奉旨:该部议奏。钦此。[①]

一八六　委解西征各军年终满饷起程日期折

光绪元年十二月初九日(1876 年 1 月 5 日)

头品顶戴四川总督臣吴棠跪奏,为委员分解西征各军年终满饷起程日期,恭折具奏,仰祈圣鉴事。

窃臣钦奉上谕:谭钟麟请提西征各军年终一月满饷,四川提银七万两,限本年十一月内解清,毋得稍有短欠等因。钦此。伏查川省奉拨西征月饷及出关粮运的饷,续拨地丁五万两,本年已四次共解过银十万两,均经奏报在案。连月因分筹京饷、直隶练饷及工程、海防、云南铜本、本省防军口粮等项,为数过巨,已将津捐、厘金各款搜括一空。而商民频年输将,财力殚竭,征收日减,入少出多,实有应接不遑之势。惟西征各军出关,粮价、运费需用浩繁,所有请拨年终满饷,自应尽力筹措,以资接济。

除两次续拨凉、庄兵饷二万两,遵照上年谕旨在于甘饷内划扣外,兹据藩司文格设法腾挪,凑集捐输、二两平、六分平三款共银五万两,委员候补知县张宝田、曾邦莘分领,定于光绪元年十一月十八、二十四等日,先后自成都起程,解赴驻陕西征粮台,转解左宗棠军营,听候拨用。除分咨外,理合恭折具奏,伏乞皇太后、皇上圣鉴。谨奏。十二月初九日。

光绪元年十二月二十八日,军机大臣奉旨:知道了。钦此。[②]

---

① 中国第一历史档案馆藏:军机录副,档案编号:03-6525-105。
② 中国第一历史档案馆藏:军机录副,档案编号:03-6058-050。

【案】谭钟麟请提西征各军一月满饷：光绪元年九月二十五日，陕西巡抚谭钟麟具折曰：

头品顶戴陕西巡抚臣谭钟麟跪奏，为军饷匮乏，恳恩饬部指提各省积欠，凑发年终满饷，以固军心而作士气，恭折仰祈圣鉴事。窃臣前奏西征粮台接收清楚，请饬催各省关欠饷一折，钦奉谕旨：着督饬该司等悉心妥办，俾前敌得以源源接济，毋任稍有匮乏等因。钦此。仰见圣怀廑念边事、垂恤兵艰之至意！窃查各省关应协陕甘军饷，自本年五月初一日陕藩司等接管西征粮台起，截至八月底止，四月之中，只收银八十余万两，以督臣左宗棠现在营数计之，每月需实饷四十余万两。即以此悉发月饷，亦仅得其半。况督臣奉命出关，兼筹粮运，近于新疆南北两路创设采运四道，计程皆四五千里而遥，粮价、运费十倍内地，每月又非二十万不敷支放，而且举办屯垦有费，购买车驼有费，制备军火、器械有费，整顿营伍、裁撤勇丁有费，出款日增，入款愈少。数月以来，得以勉强支持者，恃借到洋款三百万，除还旧欠外尚有百七十余万，悉解大营，稍资挹注。然随到随散，现已告罄矣。本年各营月饷固未满给，并有盐菜尚未按给者。转瞬年关，需饷如命，若仍不发一月足饷，何以泯觖望之心而作效忠之气。查同治九年至十二年年节，历经袁保恒奏蒙恩施，饬部催提积欠六十万两，为各营年终一关满饷，分别拨解在案。现在出关诸军整理待发，月饷之外，益以粮运诸费，窘乏情形较往年为尤甚。前月业经臣饬委各员分赴广东、江苏、湖北、四川等省，守提出关粮运的饷百四十余万，仍无报解消息。合无仰恳天恩，饬部速议，分别指提各省关欠饷六十万两，为年终一月满饷，不准稍有蒂欠，并将各省奉拨出关粮运的饷一并如数筹解，务于十月内外赶解到陕，转运前敌，以资支发，西事幸甚，大局幸甚！谨将军饷匮乏情形据实缕陈，恭折具奏，伏乞皇太后、皇上圣鉴。谨奏。九月二十五日。光绪元年十月初三日，军机大臣奉旨：户部速议具奏，片并发。钦此。①

【附】同日，谭钟麟又附片催提欠饷曰：

再，金顺、豫师军饷向由西征粮台经催。景廉所部现归金顺接统，自应一并代催。查自五月以来，金顺月饷十三万，除陕西每月一万五千两尽先筹解外，各省仅报解二万五千两，欠解之数，为数甚巨。景廉月饷七万五千，仅报解一千八百两。豫师月饷三万五千，仅报解一万两。此外如明春军饷、张曜驼干，均未经报解到台。而金顺粮运、张曜屯费、明春粮价，悉由督臣设法挪垫，勉顾大局。各军待哺嗷嗷，又无别款可以划还，是以督臣军饷益形匮乏，理合仰恳天恩，一并饬部催提，以资接济而清款目。谨附片具陈，伏乞圣鉴。谨奏。光绪元年十月初三日，军机大臣奉旨：览。钦此。②

【附】光绪元年十月十一日，户部尚书载龄等为议覆谭钟麟催饷之奏具折曰：

经筵讲官户部尚书公臣载龄等谨奏，为遵旨速议具奏事。陕西巡抚谭钟麟奏请指提西征年终一月满饷等因一折，光绪元年十月初三日，军机大臣奉旨：户部速议具奏，片并发。钦此。又片奏请催提金顺、豫师等军粮饷等因。同日，军机大臣

---

①　中国第一历史档案馆藏：军机录副，档案编号：03-6057-059。
②　中国第一历史档案馆藏：军机录副，档案编号：03-6057-060。

奉旨：览。钦此。钦遵于十月初四日由内阁钞出到部。据原奏内称：各省关协饷，自本年五月初一日陕西藩司接管西征粮台起，截至八月底，收银八十余万两。以左宗棠现在营数计之，每月需饷四十余万，况奉命出关，兼筹粮运，每月又非二十余万不敷支放。本年各营月饷固未满给，并有盐菜尚未按给者。转瞬年关需饷，查同治九年至十二年年节，历经催提积欠六十万两在案。前月臣饬委员分赴广东、江苏、湖北、四川等省，守提出关粮运的饷一百四十余万，仍无报解消息，仰恳饬部速议，分别指提各省欠饷六十万两，为年终一月满饷，不准稍有蒂欠，并将各省奉拨出关粮运的饷，一并如数筹解，务于十月内外解到。又片奏称：金顺、豫师军饷向由西征粮台经催。景廉所部现归金顺接统，自应一并代催。自五月以来，金顺月饷十三万，除陕西每月一万五千两筹解外，各省仅报解三万。景廉月饷七万五千两，仅报解一千八百两。豫师月饷三万五千两，仅报解一万两。此外如明春军饷、张曜驼干，均未报解，恳一并饬部催提积欠，以资接济各等语。臣等伏查本年九月间，陕甘总督左宗棠奏，军饷支绌，请将部拨出关粮运专款内短解银一百四十余万两，限期解到等因。当经臣等议令各直省督抚、将军，即行查明欠解上年臣部提拨各款，勒限一个月内，即饬扫数清解。如再逾限不解及解不足数，该督抚、将军等即将该监督、藩司、运使分别指参等因。于九月十五日奏准，行知遵照在案。今据陕西巡抚谭钟麟奏请，将前拨出关的饷务于十月内外解到，应请饬下各直省督抚、将军等，遵照臣部九月间前奏办理。至该抚请催提欠饷六十万两，以为西征各军年终一月满饷。臣等查自同治九年起，每年由臣部奏请提拨各省积欠西征协饷六十万两，为西征各军年终一月满饷之用，历经奏准在案。应请查照成案，拟于浙江、四川、湖北、山西各提银七万两，福建、广东、河南各提银六万两，江苏提银五万两，安徽提银四万两，湖南提银三万两，山东提银二万两，共银六十万两，均在于各省积欠西征协饷内提解，以符历次奏请一月满饷之数。并请饬令两江、闽浙、湖广、两广、四川各总督，江苏、安徽、浙江、福建、湖北、湖南、河南、广东、山东、山西各巡抚，统限于本年十一月内照数拨解，毋得丝毫短欠。至金顺、豫师、景廉、张曜等军饷干，该抚奏请一并催提积欠等语。臣等查金顺一军月饷，山西月协二万两，河东道月协一万五千两，四川月协三万两，湖北月协二万两，陕西月协一万五千两，江海、粤海、江汉三关各月协二万两。各省关每月原共协银十六万两，嗣议令将湖北、四川两省协饷内按月划分明春银三万两。现计金顺每月协饷十三万两，明春每月协饷三万两。金顺接统景廉一军月饷，山东月拨二万两，河南月拨二万两，山西月拨一万两，四川月拨二万两，湖北月拨五千两，共银七万五千两。臣部奏明在于各省欠解新疆军饷内，按月拨解。豫师月饷，山东月协一万两，河南月协一万两，两淮月协五千两，共银二万五千两。张曜月需驼干五千两，奏明在于山西藩库按月解交各在案。今据该抚奏称，各省关应解各军月需饷干，自本年五月以来，除陕西月协金顺饷银筹解外，其余或全未报解，或欠解甚多，实属有意延玩。相应请旨饬下各直省督抚、将军，每月应行拨解金顺等饷干，转饬各监督、司道、运使等，嗣后务须按照协拨数目，月清月款，报解如再迟延短解，即由左宗棠、谭钟麟等分别指参。其以前欠解月饷，并令先行提解一半，限于一年内分解各军应用。其余一半欠解月饷，仍随同现解饷银，按月设法措解，以资接济而清款目。所有臣等遵议缘由，理合恭折具陈，伏乞皇太后、皇上圣鉴。谨奏。光绪元年十月十一日。经筵讲官户部尚书公臣宗室载龄（感冒），户部尚书臣董恂，头品顶戴户部左侍郎臣荣禄，头品顶戴户部左侍郎臣袁保恒，户部右侍郎臣庆陛，经筵讲官户部右侍郎臣温葆深（感冒）。①

【案】钦奏上谕……毋得稍有短欠等因：此上谕《清实录》载曰：

又谕：前据谭钟麟奏，请指提西征年终一月满饷，并催各省奉拨出关粮运的饷，暨催提金顺等军粮饷，当令户部速议具奏。兹据该部奏称，本年九月间，左宗棠奏请将部拨出关粮运专款内短解银一百四十余万两限期提解，经该部奏准，令各省查明欠解上年部拨各款，勒限一个月解清，即着该将军、督抚等查照户部奏案办理。至谭钟麟请提西征各军年终一月满饷六十万两，据户部奏称，拟于浙江、四川、湖北、山西各提银七万两，福建、广东、河南各提银六万两，江苏提银五万两，安徽提银四万两，湖南提银三万两，山东提银二万两，共银六十万两，均在各省积欠西征协饷内提解等语。即着各该省督抚如数筹拨，限本年十一月内解清，毋得稍有短欠。至金顺军饷，山西月协银二万两，河东道月协银一万五千两，四川月协银三万两，湖北月协银二万两，陕西月协银一万五千两，江海、粤海、江汉三关各月协银二万两，共银十六万两。嗣将湖北、四

---

① 中国第一历史档案馆藏：军机录副，档案编号：03-6057-071。

川两省协饷内按月划分明春银三万两,现在金顺每月协饷银十三万两,明春每月协饷银三万两。金顺接统景廉一军月饷,山东月拨银二万两,河南月拨银二万两,山西月拨银一万两,四川月拨银二万两,湖北月拨银五千两,共银七万五千两,经户部奏明在各省欠解新疆军饷内按月拨解。豫师月饷,山东月协银一万两,河南月协银一万两,两淮月协银五千两,共银二万五千两。张曜月需驼干五千两,亦经奏准在山西藩库按月拨解。自本年五月以来,除陕西月协金顺饷银业经筹解外,其余各省、关应解各军月需饷干,或全未解报,或欠解甚多,着各该督抚等将每月应拨金顺等军饷干,饬令各监督、司道等,按照协拨数目报解,月清月款。如再迟延短解,即由左宗棠、谭钟麟分别指名奏参。其以前欠解月饷并着先解一半,限一年内分解各军应用;其余一半仍随同现解饷银,按月设法措解,俾资接济。谭钟麟于前项各饷解到时,即迅速拨解各营,以应要需。将此由五百里谕左宗棠、福州将军、两江、湖广、闽浙、四川、两广、江苏、安徽、江西、浙江、福建、山东、山西、河南、湖北、湖南、广东、陕西各督抚,并传谕粤海关监督知之。①

一八七　奏报川省来春毋庸接济折

光绪元年十二月初九日(1876年1月5日)

头品顶戴四川总督臣吴棠跪奏,为川省本年被水各州县均未成灾,来春毋庸接济,恭折仰祈圣鉴事。

---

① 《德宗景皇帝实录(一)》,卷十九,光绪元年十月上,第306—307页。

窃臣钦奉寄谕,以各省被灾地方,来春如有应行接济之处,查明具奏,候旨施恩。钦此。仰见圣主轸念民瘼无远弗届至意,遵即分饬查办去后。兹据藩、臬两司会详:遵查川省本年入夏以后,川西北之绵州、什邡、彭县、绵竹、罗江、德阳等州县,初因雨泽愆期,春粮稍歉,旋乃连雨,苗禾栽插及时。迨五、六两月,霖雨较多,山水骤发,新繁、崇宁、什邡、新都、灌县、新津、彭山、金堂、彰明、江油、石泉、雅州、绵竹、綦江各属近河田地偶被淹浸,旋即消退,禾稻受伤无几,勘明均未成灾。间有被水贫民一时未能复业者,均经各该州县查明,设法抚恤,不致失所。现在饬将沙潮田地一律挑挖复旧,并将来年应办捐输切实核减,以示体恤。此外东、南各州县收成均稔,总计通省秋收实在六分有余,堪称中稔。

现在小春滋长,市有余粮,民情安贴,来春似可毋庸接济等情前来。臣覆加查访无异。理合恭折覆陈,伏乞皇太后、皇上圣鉴。谨奏。十二月初九日。

光绪元年十二月二十八日,军机大臣奉旨:知道了。钦此。①

一八八　奏请光绪二年续办按粮津贴折

光绪元年十二月初九日(1876年1月5日)

头品顶戴四川总督臣吴棠跪奏,为川省京协各饷需用甚巨,请援照成案,于光绪二年续办按粮津贴,以资接济,恭折仰祈圣鉴事。

窃照川省因需饷浩繁,乏款接济,自咸丰年间起办理按粮津贴,每条粮一两,派捐津贴银一两,随粮交纳,拨供京外要需,历经

---

① 中国第一历史档案馆藏:军机录副,档案编号:03-9464-028。

奏奉谕旨允准。上年复将此项津贴屡经部议，指拨京饷难以停止情形详细陈明各在案。兹据藩司文格详称：本年自开征起截至十月底止，共收津贴银三十九万六千九百八十九两四钱四分六厘，又续收历年未完津贴七万一千六百九十二两八钱九厘，共收银四十六万八千六百八十二两二钱五分五厘。除分解原拨京饷银十五万两，续拨京饷银十万两，又本省旗、绿兵饷银奉拨津贴银十二万两，又贵州省常年兵饷奉拨津贴八万两，共计银四十五万两，均系京外正供，其余拨供防剿经费，为数无几。至所收捐输、厘金各项，历系奏拨直隶、云贵、陕甘、新疆、淮军各饷，均属随到随解，毫无存剩。本年统计收支各数，仍属入不敷出，而来年奉拨京外各饷，势不能减少、停解，若不预为筹备，深虑贻误要需。

该司通盘筹画，拟请援照历届成案，于光绪二年份再行劝办按粮津贴，每条粮银一两，仍津贴平库色银一两，于来年开征时如数随粮上纳，以资接济。并由司刊刻告示，遍贴晓谕，除路当冲要之各厅州县向设夫马供应差事照章减成收支及各处坍塌城堤各工程仍应劝捐修理外，其余一切杂派经费概行禁革，不许私立名色添派丝毫。如有不遵，一经访闻，或被告发，即行撤参究办。所有地处边瘠、历议免派之汶川、梓潼、广元、昭化、剑州、芦山、青神、松潘、茂州、峨边、屏山、马边、雷波、越巂、盐源、石泉、綦江、理番、石砫、天全、筠连、兴文、高县、珙县、叙永、永宁、荥经、大宁、清溪等二十九厅州县，俱照旧章免征。其上年迭值偏灾暨本年收成较歉者，仍查明分别减免，用示体恤。至于征收事宜及局中所需薪水、鞘匣、运费，分别程途远近，均查照向章办理，不准额外加派累民。仍俟收解齐全，综计银数多寡，请加学额，用昭激劝等情请奏前来。

臣查川省年收津贴，历经户部指拨京饷、兵饷，事关正供要需，值此中外库款支绌,不得不援案照办,以免贻误。惟本年钦奉上谕:据广寿①等奏称,川省钱粮并无巧立名目、耗外加耗等弊,着四川总督随时访查,如有逾额浮收及借端加派等情,即行严参惩办。钦此。并准户部咨:应遵前奉谕旨,严饬各州县,除按粮津贴一项,毋许另有津贴名目等因。仰见朝廷矜恤民艰,有加无已。臣遵即严密访查,各厅州县征收钱粮、津贴,尚无逾额浮收及巧立名目、借端加派等事,与广寿等原奏相符;复严饬各属,不准另有津贴名目,第恐日久弊生。仍当督同藩司随时加意访察,倘有前项情弊,立即据实严参惩办,以仰副圣主轸念民依至意。所有光绪二年份援案请办津贴及查明现无浮收加派缘由,理合恭折具奏,伏乞皇太后、皇上圣鉴训示。谨奏。十二月初九日。

　　光绪元年十二月二十八日,军机大臣奉旨:着照所请,户部知道。钦此。②

---

　　① 广寿(?—1884),布尔哈齐氏。咸丰九年(1859),中式进士,选庶吉士,充翻书房咨留房兼行。次年,补翰林院检讨、右春坊右中允。十一年(1861),授文渊阁校理。同治元年(1862),补实录馆纂修。二年(1863),升实录馆黄绫本总校。五年(1866),任司经局洗马、翰林院侍讲学士,兼公中佐领。六年(1867),任日讲起居注官、懋勤殿行走。同年,授内阁学士,兼礼部侍郎衔,管文渊阁直阁事。七年(1868),兼署正黄旗汉军副都统,补正黄旗蒙古副都统、左翼监督。八年(1869),迁理藩院右侍郎。十年(1871),补镶红旗满洲副都统。同年,充翻译会试副考官。十一年(1872),任崇文门副监督。翌年,授刑部右侍郎,兼署仓场侍郎。十三年(1874),兼署镶蓝旗护军统领,充翻译会试正考官,擢都察院左都御史,兼署步军统领。同年,授兵部尚书。光绪元年(1875),兼经筵讲官。二年(1876),兼署吏部尚书、刑部尚书、镶黄旗汉军都统、步军统领。三年(1877),兼署镶黄旗蒙古都统、镶白旗满洲都统、户部尚书、镶蓝旗满洲都统、镶黄旗蒙古都统。四年(1878),兼署正白旗蒙古都统。同年,授实录馆正总裁、总管内务府大臣,兼正蓝旗汉军都统。五年(1879),兼署礼部尚书、正白旗蒙古都统。七年(1881),调吏部尚书,兼署礼部尚书。十年(1884),任国史馆正总裁,兼管理藩院事务,加太子少保。是年,卒于任。谥敏达。

　　② 中国第一历史档案馆藏:军机录副,档案编号:03-6593-113。

一八九　委解云南铜本银两起程日期片

光绪元年十二月初九日（1876 年 1 月 5 日）

再，川省应解滇省银两，有月饷、铜本两项。其铜本一项已三次筹解过银七万两在案。现值川省拨解大批京饷暨工程银两后，复分拨淮饷、甘饷及新疆各军月饷，库款搜索无遗，势难兼顾。惟铜本一项有关京师钱法，仍不得不尽力设措，以济要需。

兹督同藩司，在于津贴及减扣六分平官票核减各项下共凑集银三万两，作为滇省铜本，饬委候补知县张振声、补用县丞朱绍奎领解，定于光绪元年十一月二十六日自成都起程，解赴云南藩库交收应用。余俟续筹赶解。除分咨外，理合附片陈明，伏乞圣鉴。谨奏。

光绪元年十二月二十八日，军机大臣奉旨：知道了。钦此。①

一九○　委解金顺、明春两军月饷起程日期片

光绪元年十二月初九日（1876 年 1 月 5 日）

再，川省乌鲁木齐都统金顺一军月饷，自同治十二年闰六月起，七次解过银十五万两。又，金顺接统景廉一军月饷，自同治十二年八月起，先解交景廉银五万两，又代景廉拨还部库借款银六万两，又新拨哈密帮办大臣明春一军月饷，于本年四月内解过银二万两，均经奏明在案。近月川省份解京外各饷，为数过巨，库藏空匮，

---

① 中国第一历史档案馆藏：军机录副，档案编号：03-6593-114。此片具奏日期未确，兹据军机处随手登记档（档案编号：03-0214-4-1201-347）校正。

民力殚竭情形,屡于报拨甘饷、淮饷、滇饷各折片陈明。以一省财赋,分供六七省之用,实觉势难兼顾。惟迭准金顺等来咨,各营盼饷孔亟,委员纷纷催提,又不得不腾挪接济。随督饬藩司文格于捐输及扣存六分平项下共凑银二万两,作为金顺所统新旧两军月饷,饬委候补同知连山,会同该营催饷委员记名提督刘定邦等承领;又于捐输、厘金项下凑银一万两,作为明春一军月饷,并委连山带解,均定于本年十一月二十八日自成都起程,解赴西征粮台交收,转解金顺、明春两军,以应急需。除分咨外,理合附片陈明,伏乞圣鉴。谨奏。

光绪元年十二月二十八日,军机大臣奉旨:知道了。钦此。①

一九一　请以于宗绥补授宁远府知府折

光绪元年十二月二十二日(1876年1月18日)

头品顶戴四川总督臣吴棠跪奏,为拣员请补要缺知府,以资治理,恭折仰祈圣鉴事。

窃臣前准吏部咨开:现任四川宁远府知府王福保签掣江苏盐法道,于光绪元年九月十五日奉旨允准,扣至十月三十日开缺。系冲、繁、难要缺,例应在外拣员调补。查例载:查各省知县以上官员,如遇题调缺出,俱准升调并用。又,咨省道府系奉旨命往,或督抚题明留于该省候补,均毋庸议。应题、应调、应选之缺,令该督抚酌量才具,择其人地相宜者,悉准先尽补用。又,通行内开:道、府、

---

①　中国第一历史档案馆藏:军机录副,档案编号:03-6058-051。此片具奏日期未确,兹据军机处随手登记档(档案编号:03-0214-4-1201-347)校正。

直隶州知州、同知、通判，遇题调要缺，酌量以候补人员请补时，应先尽记名分发人员酌量请补各等语。查宁远府统属五州县，管辖大小土司五十余处，兼理铜、铅各厂，壤接滇南。值兹边防未撤，政务殷繁，非精明干练、老成持重之员，不足以资治理。

臣等于通省实缺知府内逐加遴选，非现居紧要，即人地未宜。其劳绩应升各员，亦均与是缺不甚相宜。惟查有候补知府于宗绶，年五十三岁，镶蓝旗汉军李显邦佐领下人，由附生中式乙卯科举人、丙辰科进士，奉旨以部属用，签分吏部。十一年，补授文选司主事。同治元年，补授文选司员外郎。九年，选授礼部精膳司郎中。十年二月，俸满截取。十一年五月十一日引见，奉旨着交部记名，以繁缺知府用，照章呈请，指发四川。十月十八日引见，奉旨：着发往四川，归候补班补用。钦此。十二年五月到省。该员系正途出身，久任部曹，记名分发以繁缺知府补用，以之请补宁远府知府，人地甚属相宜。向未在川流寓寄籍、置买田产与本身父子、胞兄弟、胞伯叔侄开设典铺及各项经商贸易暨在各衙门襄办刑名、钱谷，川省亦无同祖、同父兄弟伯叔同官一省例应回避及捐免回避情事。惟调职请补，与例稍有未合，第人地实在相需，例得专折奏请，由藩司文格、臬司杜瑞联会详前来。

臣查该员于宗绶，年健才长，通达政体，现署邛州直隶州知州，循声卓著，以之请补宁远府知府，实堪胜任，且与新章先尽记名分发人员请补之条相符。合无仰恳天恩，俯念员缺紧要，准以候补知府于宗绶补授宁远府知府，实于边疆要地有裨。如蒙俞允，该员系候补知府请补知府，衔缺相当，毋庸送部引见。是否有当，理合会同成都将军臣魁玉，合词恭折具陈，伏乞皇太后、皇上圣鉴训示。

再，该员系候补人员，毋庸开叙参罚。此案应扣至光绪二年正月十一日限满,合并陈明。谨奏。元年十二月二十二日。

光绪二年正月二十五日,军机大臣奉旨:吏部议奏。钦此。①

一九二　更补黄毓奎等轮缺知县改题为奏折

光绪元年十二月二十二日(1876 年 1 月 18 日)

头品顶戴四川总督臣吴棠跪奏,为更补各轮缺知县,查照部议,改题为奏,恭折仰祈圣鉴事。

窃照峨眉县知县史宇衡前于同治十三年五月十一日因病出缺,江安县知县贾鑫于十三年五月二十三日溺水身故出缺,系属同月照例签掣,峨眉县知县系第一缺,江安县知县系第二缺,均轮新班遇缺先人员请补。维时因新班遇缺先知县名次在前之黄毓奎有奏参摘顶处分,援案扣补,以名列黄毓奎之次新班遇缺先知县陈锡邕请补峨眉县知县,又以名列陈锡邕之次新班遇缺先知县李德坦请补江安县知县,照例分别具题。嗣准吏部咨覆:黄毓奎摘去顶戴系在峨眉县出缺之后,本系是缺合例之员,既经赏还顶戴,其峨眉县知县应仍以黄毓奎请补。签掣第二之江安县知县缺,应用名次列其次新班遇缺先知县陈锡邕更补,迅即专折具奏各等因。当经行司查照办理去后。

兹据藩司文格、臬司杜瑞联会详:遵查新班遇缺先知县黄毓奎,年四十一岁,系湖北钟祥县人,由己酉科拔贡考补正红旗官学汉教习,期满引见,以知县用,签掣四川,咸丰十一年十一月到省。因缴

---

① 　中国第一历史档案馆藏:军机录副,档案编号:03-5103-076。此折具奏日期钞录错误,兹据军机处随手登记档(档案编号:03-0217-1-1202-022)校正。

照迟延，部议降一级调用。捐复引见，奉旨：准其捐复知县原官，仍发原省照例用。钦此。同治五年五月到省，加捐分缺先补用。复捐现银，请遇缺先补用，接准部咨，于同治十二年九月二十日行文，扣至十年十月三十日作为到省日期，以之请补峨眉县知县，堪以胜任。

又，查名列其次之新班遇缺先知县陈锡鬯，年三十九岁，江西新城县监生，遵例捐输县丞，指发四川试用，同治二年七月到省，经陕西巡抚奏调，留营差遣。三年七月，随同剿办蔡、启两逆获胜案内汇保免补本班，以知县仍留四川补用，加五品衔。四年十月十九日，奉旨允准。丁艰回籍，服满起复，由原籍请咨赴部，九年九月十一日引见，奉上谕：县丞陈锡鬯着免补本班，以知县留于四川补用，并赏加五品衔。钦此。十年四月到省，续捐遇缺即补及新班遇缺先补用，接准部咨，于同治十二年十一月二十日行文，扣至十二月二十日作为新班遇缺先到省日期，以之改补江安县知县，亦堪胜任。

又，中江县知县白庚棣补调富顺县知县，由部覆准，扣至同治十三年五月二十八日作为开缺日期。前以新班遇缺知县陆汝衔题补，旋准部咨：查病休之江安县知县，应以新班遇缺先知县陈锡鬯更补。今升调遗之中江县知县一缺，系新班遇缺先到班，应以新班遇缺先知县李德坦更补等因。于光绪元年十一月初二日行文。该司等覆查新班遇缺先知县李德坦，年四十九岁，顺天宝坻县人，监生，遵例报捐双月知县，复捐足三班，分发四川试用。同治四年三月初十日引见，奉旨：着照例发往。钦此。是年六月到省。五年，甄别留省，加捐分缺先补用免试用，复捐归新班遇缺先补用。吏部于同治十三年正月二十日行文，扣至二月三十日作为到省日期，以之改补中江县知县，堪以胜任。

以上各员，均系到省在先，缺出在后，向未在川流寓寄籍、置买田产与本身父子、胞兄弟、胞伯叔侄开设典铺及各项经商贸易暨在各衙门里办刑名、钱谷,川省亦无同祖、同父兄弟伯叔同官一省及捐免回避情事。惟李德坦一员,系现在潼川府知府李德良同曾祖堂弟,中江县隶潼川府属,有统辖纠察之责,例得回避。已由李德坦先自呈明咨部,俟此缺准补后,另以别府相当之缺拣选调补等情,由司详请具奏前来。

臣覆查该员黄毓奎,年壮才敏,陈锡邕年壮才明,李德坦才具稳练,应照部议,以黄毓奎请补峨眉县知县,陈锡邕更补江安县知县,李德坦更补中江县知县。李德坦呈明回避潼川府知府李德良,应俟准补后,拣调别府相当之缺。该员等均系新班遇缺先知县请补知县,衔缺相当,毋庸另请实授。但系捐纳人员,仍令试俸三年,请销试字。

所有照章更补各轮缺知县缘由,理合恭折具奏,伏乞皇太后、皇上圣鉴,敕部核覆施行。再,此案应以光绪元年十二月初二日吏部行文之日起限,扣至十二月十二日作为接到部文日期,于光绪二年二月二十三日限满,合并陈明。谨奏。元年十二月二十二日。

光绪二年正月二十五日,军机大臣奉旨:吏部议奏。钦此。[①]

一九三　请将知县邵坤先行革职折

光绪元年十二月二十二日(1876 年 1 月 18 日)

头品顶戴四川总督臣吴棠跪奏,为知县审断妄谬,致使节妇情急捐躯,核实平反,并将原审之员先行请旨革职,恭折仰祈圣鉴事。

---

① 中国第一历史档案馆藏:军机录副,档案编号:03-5103-075。

　　窃臣访闻铜梁县监生徐春亭即徐成章，逼娶孀妇宋汤氏为妻，致令剪发兴讼。该县并不细心研鞫，任犯饰词污蔑，致宋汤氏含冤莫伸，捐躯明志；并听犯供一面之词，率图详结。正在查案委审间，即据尸父汤金玉、尸子宋远发以捏详匿冤等词，呈控到臣。当以此案现据该署铜梁县知县邵坤详称：徐春亭因宋汤氏居孀无度，欲行再醮，当向其说娶为妻。后因年庚不合翻悔，宋汤氏不依，将发剪落一仔，向徐春亭索钱未允，致相口角。宋汤氏先年佃住徐春亭房屋，因此催令搬迁，并称迟即控究，致宋汤氏情急，用刀抹喉身死，将徐春亭照因事威逼人致死律拟杖请示。查核所详，不特与臣访闻情形大相径庭，且该尸亲复来省呈控，其中显有冤抑。即经檄饬川东道亲提审办，并将该县邵坤先行撤任。

　　兹据该道姚觐元以讯得监生徐春亭即徐成章，先年承买孀妇宋汤氏田业，仍佃与该氏居耕。徐春亭因艳氏色，当托王木匠向其说娶为妻，宋汤氏以夫故守节、除荤戒酒，抚遗腹子宋远发已十四年之久，誓不改嫁，并将王木匠辱骂。迨后徐春亭复自向宋汤氏说娶，该氏当剪发一仔，以明其志，并欲与徐春亭拼命，经宋天保拦劝各散。宋汤氏随即告知其父汤金玉，赴县控诉。提讯徐春亭，捏称宋汤氏业已允嫁，因其命犯凶星，翻悔不娶，宋汤氏将发剪落等供，随口污蔑，希图抵赖。该县邵坤辄听该犯狡饰供词，不予深究。宋汤氏回至家所，即以守节十余年反受人损刺污蔑，似此冤抑，生不如死之语，向其子宋远发哭诉。宋远发再三劝慰，宋汤氏哭泣不止。

　　光绪元年二月二十九日下午，潜出该店后门投河，经店妇彭杨氏瞥见救阻，并嘱宋远发妥为看守。是日二更后，讵宋汤氏乘其子出外取茶，即用刀自抹咽喉殒命。该县邵坤并不以妇女名节为重，率照犯供污蔑之词拟杖详结等情，禀候核示。

　　臣查宋汤氏之身死，虽由徐春亭逼嫁所致，该县邵坤如果于集议时奖其贞节，并为剖明，亦何致喊冤莫诉，竟以身殉。该县始则任犯狡供，迨误节妇捐躯明志，犹复扶同隐饰，一味偏徇，拟杖请结，设非臣访闻委审，不特徐春亭罪名太属轻纵，抑且宋汤氏节烈淹没不彰。虽据该道讯明邵坤并无故纵情弊，第似此审断颟顸，实为妄谬，若不立予参劾，何以整肃官常？且查邵坤平日声名平常，难期振作，由该管道姚觐元据实禀揭，并据藩、臬两司详参前来。

　　相应请旨将前署铜梁县知县邵坤革职，永不叙用，以肃官方。宋汤氏守节抚孤十有四年，因劣监徐春亭逼娶作妾，捏诬污蔑，辄即慷慨捐躯，以明其志，洵属节烈可嘉，自应随案声请旌表，以慰贞魂而维风教。除将徐春亭监生斥革、追照咨销并饬将正案按拟招解具题外，理合恭折具奏，伏乞皇太后、皇上圣鉴训示。谨奏。元年十二月二十二日。

　　光绪二年正月二十五日，军机大臣奉旨：钦此。[①]

　　【案】此折于光绪二年正月二十五日得允行。《清实录》载曰：

　　丁巳，谕内阁：吴棠奏，知县审断谬妄，请旨革职一折。四川署铜梁县知县候补知县邵坤，于该县监生徐春亭被控逼娶孀妇一案，并不详细研究，辄凭该监生诬捏供词，率行拟杖详结，致节妇宋汤氏愤激自尽，实属审断谬妄。且该员声名平常，难期振作，邵坤着即行革职，永不叙用，以肃官方。节妇宋

①　中国第一历史档案馆藏：军机录副，档案编号：03-7232-003。

汤氏着照例旌表。①

一九四　请将知县李光廷查销处分片

光绪元年十二月二十二日(1876年1月18日)

再，查同治十三年份税契银两，前于奏销时，因前署温江县知县李光廷欠解税契银八百四十四两七钱九分，经臣奏明请旨将该员摘去顶戴，勒限两个月完解在案。兹据布政使文格、按察使杜瑞联会详：该员李光廷延欠前项银两已如数解缴司库收储，尚知愧奋。

合无仰恳天恩，俯准将前署温江县事试用知县李光廷原参摘顶之案，敕部查销，出自鸿慈。除咨部外，理合附片陈明。伏乞圣鉴训示。谨奏。

光绪二年正月二十五日，军机大臣奉旨：着照所请，该部知道。钦此。②

一九五　请准守备江思山等暂缓引见片

光绪元年十二月二十二日(1876年1月18日)

再，抚边营守备江思山、平番营守备周斌，均例应给咨引见。惟抚边、平番两守备缺，俱驻扎夷疆，治理匪易。前因防务紧要，已

---

① 《德宗景皇帝实录(一)》，卷二十五，光绪二年正月，第384页。

② 中国第一历史档案馆藏：军机录副，档案编号：03-6541-011。此片具奏日期未确，兹据军机处随手登记档(档案编号：03-0217-1-1202-022)校正。

分饬该员等先赴新任,尽力整顿,以免猓夷出巢滋事。数月以来,察看尚属得力,未便遽易生手,合无仰恳天恩,俯准江思山、周斌暂缓北上,敕部先给署札,一俟经手事毕,再饬照例请咨引见。理合附片陈明,伏乞圣鉴训示。谨奏。

光绪二年正月二十五日,军机大臣奉旨:江思山、周斌均着准其暂缓引见。所请先给署札之处,着该部照例办理。钦此。①

一九六　密陈司、道、府各员考语折

光绪元年十二月二十四日(1876 年 1 月 20 日)

头品顶戴四川总督臣吴棠跪奏,为察看司、道、各府,密陈考语,恭折仰祈圣鉴事。

窃照向例:藩、臬、道、府各员,每届年底应由督抚出考,开单密陈。伏思朝廷设官分职,首重得人,川省边夷甫靖,筹办一切事宜,尤须为守兼优之员,方足以资整饬。臣渥荷天恩,畀以边疆重寄,惟以整躬率属、勤求吏治为怀。所有在省司道并省外道府各员品行识略,或于因公接见时面加咨询,或于详禀事件中觇其才器,复博采舆论,密访官常,均已得其梗概。兹届年底,除建昌道黄云鹄业经开缺、宁远府知府王福保已签升江南盐法道外,其余到任已满三月各员,谨就臣见闻分别出具切实考语,另缮清单,密陈御览。

臣仍当随时认真察看,如有改行易辙之员,即据实分别参劾,

---

① 中国第一历史档案馆藏:军机录副,档案编号:03-5774-039。此片具奏日期未确,兹据军机处随手登记档(档案编号:03-0217-1-1202-022)校正。

不敢稍有徇隐，以仰副圣主整肃官方之至意。理合恭折具奏，伏乞皇太后、皇上圣鉴。谨奏。元年十二月二十四日。

光绪二年正月二十七日，奉朱批：知道了。单、片留中。钦此。[①]

一九七　密呈司、道、府各员考语清单

光绪元年十二月二十四日(1876年1月20日)

谨将川省司、道、府各员出具切实考语，缮列清单，密呈御览。

布政使文格，年五十四岁，满洲正黄旗进士，光绪元年十二月二十二日到任，未及三月。

按察使杜瑞联，年四十三岁，山西进士，光绪元年十一月初二日到任，未及三月。

盐茶道傅庆贻，年五十二岁，直隶进士，光绪元年十一月初二日，卸署臬篆回任。秉性笃诚，办事精细；清操励俗，久而不渝。

成绵龙茂道谢膺禧，年六十岁，顺天进士，光绪元年十一月初二日，卸署盐茶道篆回任。练达老成，足式浮靡。

川北道董润，年四十三岁，镶白旗汉军难荫生，光绪元年十二月初九日到任，未及三月。

川东道姚觐元，年四十九岁，浙江举人，同治十一年五月初九日到任，精明干练，治理裕如。

永宁道延祜，年五十九岁，满洲正红旗笔帖式，同治八年七月十五日到任。通达治体，寮属翕然。

成都府知府许培身，年五十四岁，浙江举人，同治十二年十二

---

① 中国第一历史档案馆藏：军机录副，档案编号：03-5103-191。

月初十日到任。才识优敏,艰巨克胜。

龙安府知府王祖源,年五十岁,山东拔贡,同治十二年三月初六日到任。率属有方,边氓帖服。

雅州府知府徐景轼,年四十七岁,安徽进士,同治九年九月十三日到任。筹边绥众,保障咸资。

嘉定府知府玉昆,年四十岁,汉军镶黄旗监生,同治八年二月十三日到任。谙练日深,无惭表率。

保宁府知府庆云,年三十五岁,正蓝旗满洲翻译生员,光绪元年七月二十六日到任。安静不扰,舆论允符。

顺庆府知府李书宝,年六十五岁,直隶拔贡,同治六年十月二十四日到任。抚辑勤恳,素洽舆情。

潼川府知府李德良,年五十六岁,顺天拔贡,同治九年八月二十五日到任。吏治精明,能膺繁剧。

重庆府知府瑞亨,年五十三岁,满洲正白旗官学生,同治八年三月初十日到任。勤慎办公,历久不懈。

夔州府知府蒯德模,年五十六岁,安徽附生,同治十一年六月十一日到任。心力坚定,振作有为。

绥定府知府易荫生,年五十六岁,湖北监生,同治十二年十一月初三日到任。吏事勤饬,缕析条分。

叙州府知府史崧秀,年四十五岁,江苏进士,光绪元年二月初九日到任。莅政安详,具征练达。[1]

---

[1] 中国第一历史档案馆藏:清单,档案编号:04-01-13-0331-057。

一九八　密陈实任提、镇考语片

光绪元年十二月二十四日(1876 年 1 月 20 日)

再，实任提、镇各员每届年底，例应出考密陈。伏思提、镇有专阃之责，川省邻氛甫靖，群番环列，各营武备仍应认真讲求。臣随时察看，查署提臣胡中和，申明纪律，表率有方。建昌镇刘宝国，历练边防，兵民协服。重庆镇联昌，老成稳练，慎重操防。松潘镇李得太，朴实耐劳，堪绥边圉。川北镇杨复东，年力强壮，营务讲求。均能慎重戎行，弹压要地。

臣于该员等仍当留心访察，如有始勤终怠之员，即行据实奏参，断不敢稍涉洵隐。理合附片密陈，伏乞圣鉴。谨奏。①

一九九　密陈学政张之洞考试情形折

光绪元年十二月二十四日(1876 年 1 月 20 日)

头品顶戴四川总督臣吴棠跪奏，为查明学政考试情形，恭折奏闻，仰祈圣鉴事。

窃照各省学政考试有无劣迹，应由督抚于年底陈奏，诚以学政一官培养人才，主持风教，务须严密关防，衡平去取，庶多士观感奋兴，潜修向上，以期仰副国家广罗俊彦之意。兹查四川学政张之洞，历试酉阳、忠州、夔州、绥定、顺庆、保宁、潼川、龙安、宁远、雅州等府

---

① 中国第一历史档案馆藏：军机录副，档案编号：04-01-17-0119-032。此片具奏日期未确，兹据军机处随手登记档(档案编号：03-0217-1-1202-024)校正。

厅州属生童。臣密加访察,并于各该属因公来省人员广咨博采,该学政考试各属均能严密关防,去取公允,士心悦服,舆论翕然。

现在举办邛州等属岁试,臣惟有破除情面,留心稽查,如有劣迹,即行据实陈奏,断不敢稍事徇隐。所有查明学政考试情形,理合恭折具奏,伏乞皇太后、皇上圣鉴。谨奏。光绪元年十二月二十四日。①

二〇〇 奏报川省光绪元年 应征新赋完欠数目折

光绪元年十二月二十四日(1876 年 1 月 20 日)

头品顶戴四川总督臣吴棠跪奏,为查明光绪元年份川省应解新赋完欠数目,恭折奏闻,仰祈圣鉴事。

窃照新赋完欠实数,例应按年奏报。兹据藩司文格详:光绪元年份川省额征地丁、条粮、屯租、折色等项共银六十六万八千八百五十两零,上忙征过银三十一万八千九百七十三两零,业经分别留支批解,造册呈报在案。今下忙完银二十九万四千六百六十五两零,内除留支各项外,实在解到司库银二十一万七千四十两零,尚未完银万五千二百一十一两零。又,应征火耗银一十万六十四两零,上忙征过银四万四千二百五十九两零,已经分别留支,批解册报。今下忙完银四万七千三百三十一两零,内除扣支各官养廉外,实在解到司库银九千五百七两零,尚未完银八千四百七十三两零等情,具详请奏前来。

---

① 中国第一历史档案馆藏:朱批奏折,档案编号:04-01-13-0331-034。

臣查光绪元年份川省应征额赋已完九分有余，比较同治十三年年底，收数不相上下。现在督饬该司文格将未完银两实力催提，务在奏销以前扫数全完，以期年清年款。除咨户部查照外，理合循例恭折具奏，伏乞皇太后、皇上圣鉴。谨奏。元年十二月二十四日。

光绪二年正月二十七日，军机大臣奉旨：户部知道。钦此。①

二〇一　奏报川省光绪元年征收地丁比较上三年完欠折

光绪元年十二月二十四日（1876年1月20日）

头品顶戴四川总督臣吴棠跪奏，为查明光绪元年四川省征收地丁钱粮，比较上三年完欠数目，恭折具奏，仰祈圣鉴事。

窃照前准部咨：嗣后各省征收钱粮，统于年底截数，次年二月造报春拨之时，即将新旧赋项下各额若干、蠲免若干、已完、未完若干，比较上三年或多或少，另行开单奏报等因。历经遵办在案。兹届造报春拨之时，据藩司文格查明开单，详细具报前来。

臣查四川省经收地丁钱粮，向系年清年款，所有光绪元年份新赋，上下两忙共完过银六十一万三千六百三十九两零，尚未完银五万五千二百一十一两零，计欠数不及一分，比较上三年征收尾欠数目不相上下。

除严饬藩司分催各属将未完银两务于奏销前催征全完另行题报外，谨缮三年比较清单，恭呈御览，伏乞皇太后、皇上圣鉴。谨奏。元年十二月二十四日。

---

① 中国第一历史档案馆藏：军机录副，档案编号：03-6194-004。

光绪二年正月二十七日,军机大臣奉旨:户部知道,单并发。钦此。①

二〇二　呈川省光绪元年征收地丁
比较上三年完欠数目清单

光绪元年十二月二十四日(1876年1月20日)

谨将光绪元年四川省征收地丁银两比较上三年完欠数目,缮具清单,恭呈御览。

一、同治十一年份额征旧管地丁钱粮、屯租、折色、秋粮、黄蜡折价、草籽折征,共银六十六万八千八百五十两五钱一分二厘。上忙征完银二十七万七千一百七十六两五钱三分一厘九毫,下忙征完银三十四万一千四百八十三两六厘八毫,奏销前征完银四万六千二百四两四钱七分七厘三毫。其名山、青神等县未完银三千九百八十六两四钱九分六厘,已据批解到司,入于同治十三年春拨册内报拨在案。统计全完。

一、同治十二年份额征旧管地丁钱粮、屯租、折色、秋粮、黄蜡折价、草籽折征,正闰共银六十九万二千一百四十一两七钱九分四厘六毫。上忙征完银三十二万一千六百七十九两四钱三厘四毫一丝三忽二微,下忙征完银三十一万四千九十七两三分三厘九毫八丝六忽八微,奏销前征完银五万五千五百六十一两二钱四分九厘九毫。其名山县未完银八百四两一钱七厘三毫,已据批解到司,入于光绪元年春拨册内报拨在案。统计全完。

---

① 中国第一历史档案馆藏:军机录副,档案编号:03-6194-005。

一、同治十三年份额征旧管地丁钱粮、屯租、折色、秋粮、黄蜡折价、草籽折征，共银六十六万八千八百五十两五钱一分二厘。上忙征完银三十一万八千五百九十四两一钱三分七厘四毫，下忙征完银三十万一千九百七十八两八钱一分六厘七毫。尚未完银四万八千二百七十七两五钱五分七厘九毫，已据批解到司，入于光绪元年秋拨册内报拨在案。统计全完。

一、光绪元年份额征旧管地丁钱粮、屯租、折色、秋粮、黄蜡折价、草籽折征，共银六十六万八千八百五十两五钱一分二厘。上忙征完银三十一万八千九百七十三两三钱五分三厘四毫，下忙征完银二十九万四千六百六十五两八钱六分一厘。尚未完银五万五千二百一十一两二钱九分七厘六毫，定于奏销前催征全完。

军机大臣奉旨：览。钦此。[①]

二〇三　奏报川、陕、楚三省会哨片

光绪元年十二月二十四日(1876年1月20日)

再，查川、陕、楚三省交界地方，向定章程于每年十月间，提、镇分年巡哨。本年秋间，经臣委重庆镇循例会哨去后。兹据重庆镇总兵联昌禀报：于十月初一日行抵川、陕交界之滚龙坡渔渡坝，因汉中镇总兵杨长春奉札调省，监射本年武闱乡试，当与派出之定远营游击陈金凯见面会哨。又于十月二十五日行至川、楚交界之火峰界岭，适湖北宜昌镇总兵崔福泰亦抵界所会哨。该镇等查看各处交界处所及往返经过地方，均臻静谧，民情安堵，并无外来匪徒

---

① 中国第一历史档案馆藏：军机录副，档案编号：03-6194-006。

滋扰等情前来。

臣查三省交界边境，山深箐密，最易藏奸，现值甘省裁撤勇丁，尤难保无散练游勇越境窥伺，防范未可稍懈，仍严饬各镇、协、营会同地方文员，随时实力巡缉，防患未然，务期有匪必获，以仰副圣主绥靖边圉之至意。所有三省会哨地方安静情形，理合附片具陈，伏乞圣鉴。谨奏。

光绪元年正月二十七日，军机大臣奉旨：知道了。钦此。①

二〇四　查明石映彤报捐年份请旨施恩片

光绪元年十二月二十四日(1876年1月20日)

再，本年川省举行乙亥恩科乡试，所有应试年老诸生三场完竣未经中式之张宗熺等十四名，前经开单具奏。维时据藩司文格详明，尚有青神县监生石映彤一名，年纪已老，三场完竣，惟未据呈明报捐年份，学册内又无三代姓氏，无凭稽核，请饬原籍青神县查明另办，当经据详咨部。兹据藩司转据青神县知县郭世芬具详：查得该监生石映彤到案，验明部、监二照，系咸丰二年七月二十三日由俊秀在川省藩库报捐监生，时年五十九岁，扣至光绪元年，计年八十三岁，注明三代姓氏、存殁，呈请核明补办等情前来。

臣查该监生石映彤，耄年勤学，有志观光，三场俱完，文理明顺，与张宗熺等事同一律，均为盛世吉征。除将送到清册补咨礼部外，理合附片陈明，伏乞圣鉴训示。谨奏。

---

① 中国第一历史档案馆藏：军机录副，档案编号：03-6008-004。此片具奏日期未确，兹据军机处随手登记档(档案编号：03-0217-1-1202-024)校正。

光绪二年正月二十七日，军机大臣奉旨：礼部议奏。钦此。[①]

二〇五　奏报川省光绪元年十一月雨水、粮价折

光绪元年十二月二十四日(1876 年 1 月 20 日)

头品顶戴四川总督臣吴棠跪奏，为恭报四川省光绪元年十一月[②]份各属具报米粮价值及得雪情形，恭折仰祈圣鉴事。

窃照光绪元年十月份各属具报米粮价值及得雪情形，前经臣恭折奏报在案。兹查本年十一月份龙安一府、忠州一直隶州、石砫一直隶厅，各属先后具报得雪一次，积厚二三寸不等。高原下隰，一律均沾，小春畅茂。其通省粮价俱与上月相同，据布政使文格查明，列单汇报前来。

臣覆核无异。理合分缮清单，恭呈御览，伏乞皇太后、皇上圣鉴。再，成都省城于十二月初八日得雪一次，应归入十二月份开单汇报，合并陈明。谨奏。元年十二月二十四日。

光绪二年正月二十七日，军机大臣奉旨：知道了。钦此。[③]

二〇六　呈川省光绪元年十一月粮价清单

光绪元年十二月二十四日(1876 年 1 月 20 日)

谨将四川省光绪元年十一月份各属具报米粮价值，开具清单，

---

① 中国第一历史档案馆藏：军机录副，档案编号：03-7177-001。此片具奏日期未确，兹据军机处随手登记档（档案编号：03-0217-1-1202-024）校正。

② "十一月"，军机录副缺署，兹据补。

③ 中国第一历史档案馆藏：军机录副，档案编号：03-6752-024。

恭呈御览。

　　成都府属，价贵。中米每仓石价银二两九钱一分至三两八钱七分，与上月同。大麦每仓石价银一两八钱三分至二两，与上月同。小麦每仓石价银二两一钱三分至二两三钱，与上月同。黄豆每仓石价银一两四分至二两四钱四分，与上月同。荞子每仓石价银一两一钱六分至一两七钱，与上月同。

　　重庆府属，价贵。中米每仓石价银二两七钱一分至三两六钱七分，与上月同。大麦每仓石价银一两六钱二分至一两九钱七分，与上月同。小麦每仓石价银二两六钱八分至二两七钱三分，与上月同。黄豆每仓石价银二两七钱至二两九钱七分，与上月同。

　　保宁府属，价贵。中米每仓石价银二两五钱三分至三两一钱七分，与上月同。大麦每仓石价银一两八钱九分至二两一钱，与上月同。小麦每仓石价银二两八钱三分至三两五钱七分，与上月同。黄豆每仓石价银一两八钱一分至二两一钱一分，与上月同。

　　顺庆府属，价贵。中米每仓石价银二两九钱七分至三两三钱四分，与上月同。大麦每仓石价银一两六钱一分至一两八钱，与上月同。小麦每仓石价银二两九分至二两一钱二分，与上月同。黄豆每仓石价银一两五钱五分至一两六钱五分，与上月同。

　　叙州府属，价贵。中米每仓石价银二两九钱八分至三两二钱一分，与上月同。大麦每仓石价银一两六钱六分至二两二分，与上月同。小麦每仓石价银二两一钱三分至二两六钱三分，与上月同。黄豆每仓石价银一两零九分至一两三钱，与上月同。

　　夔州府属，价贵。中米每仓石价银二两七钱八分至三两七分，与上月同。大麦每仓石价银一两七钱八分至二两四钱六分，与上月同。小麦每仓石价银二两九钱五分至三两三分，与上月同。黄豆每仓石价银二两一钱四分至二两二钱四分，与上月同。

龙安府属，价贵。中米每仓石价银二两四钱七分至三两一钱，与上月同。青稞每仓石价银一两五钱，与上月同。小麦每仓石价银一两七钱九分至二两一钱八分，与上月同。黄豆每仓石价银一两八钱五分至一两九钱三分，与上月同。

宁远府属，价贵。中米每仓石价银二两八钱一分至三两零七分，与上月同。大麦每仓石价银一两四钱八分至一两六钱，与上月同。小麦每仓石价银一两五钱九分至二两二钱，与上月同。荞子每仓石价银一两四钱五分，与上月同。黄豆每仓石价银一两五钱六分至一两六钱三分，与上月同。

雅州府属，价中。中米每仓石价银二两七钱三分至二两七钱二分，与上月同。小麦每仓石价银二两二钱九分至二两六钱五分，与上月同。黄豆每仓石价银一两六钱五分至二两四分，与上月同。

嘉定府属，价贵。中米每仓石价银二两七钱至三两二钱六分，与上月同。小麦每仓石价银二两三钱六分至二两七钱三分，与上月同。黄豆每仓石价银一两四钱七分至二两三分，与上月同。

潼川府属，价贵。中米每仓石价银二两八钱一分至三两二分，与上月同。大麦每仓石价银一两六钱五分至一两九钱三分，与上月同。小麦每仓石价银二两一钱四分至二两四钱九分，与上月同。黄豆每仓石价银一两七钱六分至二两一钱三分，与上月同。

绥定府属，价中。中米每仓石价银二两六钱八分至二两七钱八分，与上月同。大麦每仓石价银一两五钱八分，与上月同。小麦每仓石价银一两六钱二分至一两七钱三分，与上月同。黄豆每仓石价银一两四钱三分，与上月同。

眉州直隶州属，价中。中米每仓石价银二两六钱六分至二两九钱二分，与上月同。

邛州直隶州并属，价中。中米每仓石价银二两五钱六分至二两九钱四分，与上月同。大麦每仓石价银一两九钱，与上月同。小麦每仓石价银二两五钱七分，与上月同。黄豆每仓石价银二两八分至二两二钱二分，与上月同。

泸州直隶州并属，价中。中米每仓石价银二两九钱八分至二两九钱七分，与上月同。

资州直隶州并属，价中。中米每仓石价银二两四钱八分至二两八钱六分，与上月同。

绵州直隶州并属，价中。中米每仓石价银二两六钱五分至二两九钱一分，与上月同。小麦每仓石价银二两三钱二分至二两四钱六分，与上月同。

茂州直隶州并属，价中。中米每仓石价银二两五钱三分，与上月同。小麦每仓石价银二两六钱八分，与上月同。青稞每仓石价银二两二钱，与上月同。荞子每仓石价银一两二钱三分至一两七钱三分，与上月同。

忠州直隶州并属，价贵。中米每仓石价银二两五钱至三两一钱一分，与上月同。大麦每仓石价银一两四钱六分至一两六钱，与上月同。小麦每仓石价银二两三分至二两三钱九分，与上月同。黄豆每仓石价银一两二钱七分至一两五钱七分，与上月同。

酉阳直隶州并属，价中。中米每仓石价银二两五钱至二两九钱七分，与上月同。大麦每仓石价银二两二钱八分至二两六钱，与上月同。小麦每仓石价银二两六钱二分至二两七钱六分，与上月同。黄豆每仓石价银一两三钱九分至一两四钱四分，与上月同。

叙永直隶厅并属，价中。中米每仓石价银二两八钱八分，与上月同。小麦每仓石价银一两八钱一分，与上月同。荞子每仓石价银一两三钱二分，与上月同。黄豆每仓石价银一两六钱一分，与上月同。

松潘直隶厅，价中。青稞每仓石价银二两六钱二分，与上月同。荞子每仓石价银一两七钱四分，与上月同。

杂谷直隶厅，价中。青稞每仓石价银二两四钱，与上月同。荞子每仓石价银一两七钱九分，与上月同。

石砫直隶厅，价平。中米每仓石价银一两六钱，与上月同。大麦每仓石价银一两七钱三分，与上月同。小麦每仓石价银二两六分，与上月同。黄豆每仓石价银一两八钱九分，与上月同。

打箭炉厅，价贵。青稞每仓石价银四两八钱三分，与上月同。油麦每仓石价银一两八钱一分，与上月同。

军机大臣奉旨：览。钦此。①

---

① 中国第一历史档案馆藏：清单，档案编号：03-6752-025。

光绪二年(1876)

○○一　奏报剿办蛮匪歼除要逆并酌保出力员弁折

光绪二年正月十五日(1876 年 2 月 9 日)

四川成都将军臣魁玉、头品顶戴四川总督臣吴棠跪[①]奏，为剿办雷波厅蛮匪，迭克坚巢，歼除要逆，现已及时戡定，全境肃清，恭折驰陈，仰祈圣鉴事。

窃臣等前将雷波蛮匪出巢滋扰，调集官兵，乘机击退缘由，专折奏明在案。嗣于光绪元年七月十九日，钦奉寄谕：着督饬各军，剿抚兼施，相机妥办，毋任匪踪滋蔓，为害地方等因。钦此。臣等跪诵再三，莫名敬服。节经饬催各将领等，分道进兵，妥为筹办。

查武字副前营、经武中营、达字左营、湘果营各军，自齐集厅城后，会议定谋。雷波厅城为根本要区，黄螂汛系运粮后路。提督胡国珍所部武字副前营暂留驻守，以壮声援。而该蛮匪虽暂慑兵威，依然负固，苟非深入其阻，拊背扼吭，难望其俯首服从，久安无事。

---

① 此前衔据军机处随手登记档(档案编号：03-0217-1-1202-026)补。

总兵邵永龄率经武中营、知府张世康率达字左营，从夹夹石、大火地直抵三棱岗扼扎。署普安营参将提督王聚兰率湘果营，从乌角汛、野猪岔直抵马颈子扼扎。署雷波厅通判事同知吴之桐，会同前梁山县知县国璋，督率厅练乡团，分防隘口，往来策应，兼办军粮。于七月二十二、三等日，布置甫定。提督胡国珍亦即抽拨勇丁，带赴三棱岗前敌，会筹进剿事宜。该蛮匪突由田家湾一带，纠众来犯，并于马卧槽沟内埋伏千人。我军各出五成队伍，分头迎击，轰毙蛮匪十余人，步步为营，且战且进，相持半日之久。伏贼猝乘，适提督王聚兰派令守备王仕明等，从马颈子带勇赴援，两路夹攻，军威益壮，杀毙悍匪数名，轰毙三十余名，烧毁蛮棚十余处，夺获弓矢、器械多件。该匪力竭狂奔，退踞田家湾要隘。田家湾与三棱岗对峙，汉彝界址井然，素称天险。若划疆而守，终无以制伏凶顽，不得不合分防之师为进攻之计。于是，披荆开径，扫荡而前。

八月初四日辰刻，我军会队从马卧槽沟抵官窑子。该匪胆敢四出抗拒，锐不可当。战至日中，总兵唐珊峰陷阵，手刃悍匪数名，始行却退。我军乘胜疾趋，迭有斩擒，未刻收队。初五日寅刻，该蛮匪复纠大股，直扑我营。提督胡国珍等以正兵御之，并约会提督王聚兰，从马颈子督队迅驰合击，作为奇兵。各营弁勇踊跃争先，枪炮齐施，刀矛并举，轰毙蛮匪三十余名，格杀十余名。纵横荡决，贼势不支。时日已西沉，传令暂为休息。每营各挑选奋勇百余人，多带利刃、火器，并派定民团为向导。是夜初更后，由马卧槽衔枚急走，转入黄泥坳，附葛攀藤，螺旋而上，直至田家湾山顶，于箐密林深之处，扼隘伏兵。初六日，天色将明，提督胡国珍率武字副前营、知府张世康率达字左营，从中路直冲山坳，贾勇先登。经武中营总兵邵永龄阵于田家湾之右，雷波厅练丁副之。湘果营提督王聚兰阵于田家湾之左,普安右营制兵副之。面面合围,层层逼垒,摇其〔旗〕呐喊,声震林谷。该蛮匪瞥见我军,呼号失措,以滚木礌石抛掷纷纷。我军施放洋炮,百发百中,兼用喷筒、火箭,乘势猛攻,蛮匪棚悉被焚烧,四山皆赤。自卯至午,该匪所存无多,拼死潜逃,又为伏兵截剿殆尽,遂将田家湾攻克。计轰毙、格杀蛮匪不下千人,夺获器械三百余件,阵亡兵勇二十余名。

初七至十三等日,各督队伍,将附近田家湾之牛滚凼一带夷巢次第廓清,俾与马颈子扎营地段,声息相通。其原札三棱岗各营,亦即移进田家湾,挖濠筑寨,分立营盘。匝月之间,甫得星罗棋布,壁垒一新。该蛮匪经大加惩创之余,门户已失,犹复负嵎自若,抗不投诚。因即一面设法招徕,一面整军进取。至九月初九日,有阿六猓民头目曲租等来营乞降。该头领等优加犒赏,并细询该蛮匪等,何以绝无悔过之心。据称恩札恃强不服,且有丁姓一支相助为虐,把持煽惑,不准各支出降等语。查恩札即巴姑梁逆铁,住牧凉山,散居野处。自恃族蕃地险,兵力难施。而丁姓一支附近牛滚凼,地名负主寨,必先加挞伐,方足以寒贼胆,而快人心。随即分队移扎牛滚凼,将投诚各支蛮房悉行标记,免致玉石俱焚。知府张世康等移营丁家坪子,察看形势,应分两路进兵。

二十八日亥刻,提督胡国珍亲率所部,督同普安右营守备邓必超,管带制兵,由双河沟涉水过河,直捣负主寨之前。知府张世康会同总兵邵永龄,督率副将蒋毕隽等,于底阿脚搭造浮桥,潜袭负主寨之后。署参将王聚兰率守备王仕明等,攻其左。署雷波厅通判吴之桐,会同知县国璋,攻其右。四更后,大雾弥漫。各军鱼贯而上,甫及山半,天色黎明。匪众惊觉,木石弩矢齐下。前敌颇有伤亡,后队继进,以枪炮向上轰击。计毙守卡悍匪百余名,贼势少却。知府张世康率千总李鸿顺、田锦德等，麾军血战，一鼓克之。余匪退入第二坉老巢。正拟乘机扫荡，乃该蛮酋丁哈哒由凉山邀集生番二千余众，从后路掩至。该将领等能料敌情，豫为准备，乘匪众未集之时，迎头截剿，使其首尾不能相顾，以挫其锋。而丁哈哒身穿皮甲铁镶，先驱督战，凶悍异常。副将蒋毕隽率洋枪队环击之，中其要害，犹能以利刃戳伤士卒数人，始行扑地。我军割取首级，复阵斩悍匪十余名，轰毙三百余名，夺获档牌、盔甲、器械三百余件。蛮匪大败，互相携抱，并用毡衣裹头，翻山而遁，坠崖落涧者，不计其数。天色将晚，遂将第二坉老巢一律平毁，振旅而还。即有长河碥猓民半月租，肉袒牵羊，哀求免剿。而母狗坡蛮酋木慈哥鸡由、罗岗蛮酋朱刷子、葱子坪蛮酋杨黑挪等，皆罗跪马前，叩头请罪。当经该将领等晓以利害，谕以恩威。责令各派头目听差，借资钤束。由是吴奇、丁世贵、卢里苟等支，相率来归。至十一月中旬，计内九支、外十二支，均经次第投诚。惟恩札一支因道途夐远，一时未克传齐。迨十二月初四日，蛮酋恩札即鹊率同巴姑梁逆铁二百余人，亲诣营盘，输忱纳款。遂饬令与就抚阿六等支猓民，饮血歃盟，誓不再叛。雷波厅上下十八地，一律肃清。由该将领提督胡国珍会禀前来。

伏查雷波厅蛮匪，自构兵倡乱以来，瞬将一稔。经臣等先后檄调经武中营总兵邵永龄、武字副前营提督胡国珍、达字左营知府张世康、湘果营提督王聚兰，各率所部，分起赴援。每于批牍中三令五申，以黩武穷兵为戒，无如蛮匪性同枭獍，欲结以恩，必先怵以威。殆未有不剿而能抚者也。该将领等初不过暗加防范，明示羁縻，苟能受我范围，销其桀骜，亦何事缒幽凿险，深入不毛？乃寇势鸱张，直犯营垒。累战皆捷，斩馘已多，且夺据田家湾门户。而该蛮匪釜鱼阱兽,苟且偷生。我军境外孤悬,殊非胜算,不得已而有进攻负主寨之举。查负主寨峭壁悬崖,乃凉山咽喉重地。犬羊之众,咸麇集于斯,抗阻官兵。道光年间,以大枝劲旅围攻,日久未下。此时,兵力不及昔年十分之二,更有蛮酋丁哈哒,骁健绝伦,远近皆能号召,实为祸首,擒斩尤难。幸得仰叨圣主福威,士卒用命,剿抚兼施,迭克坚巢,歼除要逆,使内外二十一支蛮众动魄惊心,复先归附。即住牧凉山之生番恩札等,亦皆率众乞降,及时戡定,全境肃清。臣等惟有督饬将领厅营等,仿照越嶲、峨边办过成案,凡建碉筑堡,看路保哨,并责令黑骨上班勒缴,难民安业,以及遴派土目,添设土兵数大端,均应次第举行,为一劳永逸之计。

此次在事将领弁勇,屡濒危险,备历艰辛,出师于蛮烟瘴雨之天,奏凯于积雪坚冰之地。功深战苦,与用兵腹地不同。谨择其异常出力者,吁恳天恩,先行鼓励。花翎候补知府张世康,拟请赏给清字勇号,并请赏加盐运使衔。固勇巴图鲁简用提督胡国珍,拟请赏换清字勇号,并请赏给该员三代一品封典。简用总兵邵永龄,拟请以提督记名简放,并请赏给该员三代一品封典。署雷波厅通判事同知吴之桐,拟请赏换花翎。署普安营参将事毅勇巴图鲁简用提督王聚兰,拟请赏换清字勇号。降调知县国璋,拟请开复降调处分,仍以知县留川,归候补班补用,并免缴捐复银两。提督衔简用总兵唐珊峰,拟请赏给勇号,并请赏给该员三代一品封典。花翎尽先副将蒋毕隽,拟请以总兵记名简放,并请赏给勇号。降补守备王仕明,拟请开复游击,留川尽先补用。蓝翎千总李鸿顺、田锦德,均拟请免补守备,以都司尽先补用,并请赏换花翎。把总向华廷、六品军功彭祖年,均请以千总尽先拔补,并均请赏戴蓝翎。其余尤为出力员弁、兵团,可否容臣等查明,汇案请奖,出自逾格鸿慈。

再，查雷波厅通判徐浩，既未能弥衅于前，复不克防闲于后，实属咎无可辞。惟该员年力正强，且于未交卸之先，随同官军进剿，尚知愧奋。相应请旨，将雷波厅通判徐浩，开缺留省，酌量另补，以示薄惩。合并声明。所有剿办雷波厅蛮匪、迭克坚巢、歼除要逆，现已及时勘定、全境肃清缘由，谨合词恭折驰奏，伏乞皇太后、皇上圣鉴训示。谨奏。光绪二年正月十五日具奏。①

光绪二年正月二十九日，奉旨：另有旨。②

【案】此折于光绪二年正月二十九日得允行：

光绪二年正月二十九日，内阁奉上谕：魁玉、吴棠奏，剿办蛮匪肃清，请将出力员弁奖叙一折。四川雷波厅蛮匪恃众滋事，经吴棠派兵剿办，犹敢负嵎抗拒。上年秋间，提督胡国珍等带兵，分道进攻，叠克坚巢，歼除首逆，蛮众一律收抚，全境肃清，剿办尚为妥速。仍着督饬该将领等，即将善后事宜妥筹办理，以竟全功。此次出力之知府张世康，着赏给富隆阿巴图鲁名号，并赏加盐运使衔。提督胡国珍，着赏换喀尔莽阿巴图鲁勇号，并赏给该员三代一品封典。总兵邵永龄，着以提督记名简放，并赏给该员三代一品封典。同知吴之桐，着赏换花翎。提督王聚兰，着赏换图桑阿巴图鲁勇号。降调知县国璋，着开复降调处分，仍以知县留川，归候补班补用。总兵唐珊峰，着赏给勃勇巴图鲁名号，并赏给该员三代一品封典。副将蒋毕隽，着以总兵记名简放，并赏给锐勇巴图鲁名号。降补守

---

① 吴棠等：《游蜀疏稿》，第 1221—1249 页。

② 此奉旨日期与内容据军机处随手登记档（档案编号：03-0217-1-1202-026）校补。

备王仕明,着开复游击原官,留于四川,尽先补用。千总李鸿顺、田锦德,均着免补守备,以都司尽先补用,并赏换花翎。把总向华庭、军功彭祖年,均请以千总,尽先拔补,并赏戴蓝翎。其余尤为出力员弁、兵团,着准其择尤汇案保奖,毋许冒滥。雷波厅通判徐浩,于蛮匪滋事未能先事防范,例有应得之咎。惟随同官军进剿,尚知愧奋,着开缺留省另补,以示薄惩。该部知道。钦此。①

【案】钦奉寄谕……毋任匪踪滋蔓,为害地方等因;此廷寄上谕档载曰:

军机大臣字寄:成都将军魁、四川总督吴:光绪元年七月初五日,奉上谕:魁玉、吴棠奏,击退雷波蛮匪,仍饬各军妥筹镇抚一折。本年正月间,四川雷波厅境突有大股蛮匪吴奇一支,纠约巴姑梁逆铁之等支,从三棱岗窜至牛吃水地方滋扰,复分股窜扰白铁坝、中兴场等处,均经我军先后击退。其大股屯扎山梁,并有另股蛮匪于四月间窜扑黄螂营垒,及在唐家山等处滋扰。总兵邵永龄等督队攻剿,毙匪多名,余匪向核桃林逃窜。魁玉等现已派令各将领分路扼扎,直逼老巢,着督饬各军,剿抚兼施,相机妥办,毋任匪踪滋蔓,为患地方。雷波厅通判徐浩职司边地,未能抚驭咸宜,即着调省察看,据实具奏,毋稍徇庇。将此由五百里各谕令知之。钦此。遵旨寄信前来。②

---

① 中国第一历史档案馆编:《光绪宣统两朝上谕档》,第2册,第29—30页;《德宗景皇帝实录(一)》,卷二十五,光绪二年正月,第386页。

② 中国第一历史档案馆编:《光绪宣统两朝上谕档》,第1册,第181—182页。

○○二 奏报探悉贼踪派员迅驰会剿片

光绪二年正月十五日(1876 年 2 月 9 日)

再,臣吴棠查统领虎威宝军提督李有恒,会同滇军于大寨地方剿除坟坝窜匪后,探悉另股匪首杨大老五,即杨大杆子,招集流亡六七百人,与匪首李秉终分作两股。杨大老五踞毕节县属之黑松林,李秉终①踞毕节县属之毛家屯,急欲窜扰威宁州属之旗号山,再图起事。当经该统领一面饬谕在黔素识得力团总都司朱光明,一面札饬游击张绥之、方荣升,督带勇丁,驰赴黔境,会同毕节县知县邹元吉、毕赤营游击李德良,并密商威宁镇、贵西道各防军,暨贵州派出统领复字营提督何雄辉,各率队伍,围攻黑松林。鏖战多时,将杨大老五杀毙,割取首级,搜获伪示、伪札等件,又杀毙悍贼二十余人,余匪悉向毛家屯逃窜。团总朱光明复率得胜之师,跟踪追剿,冲入贼巢,将李秉终杀毙,生擒悍贼徐老七等多名,带伤坠岩死者甚夥。由提督李有恒禀报前来。

臣伏念川、滇、黔三省毗连,边界最易藏奸。全在地方文武畛域不分,随时搜捕,庶免养痈滋漫,为害地方。今提督李有恒探悉贼踪,即派令游击张绥之等,带队迅驰会剿。而知县邹元吉等复能共济和衷,顾全大局,率同团总朱光明等,将匪首杨大老五、李秉终等立时扑灭,筹办尚称妥速。除详细战状应由贵州抚臣黎培敬奏报外,理合附片陈明,伏乞圣鉴。谨奏。光绪二年正月十五日

---

① 即李秉忠。

具奏。①

光绪二年正月二十九日,奉旨:知道了。②

【案】此片于正月二十九日得允准。《清实录》:

辛酉……四川总督吴棠奏,毕节县匪徒捕灭情形。报闻。③

【案】详细战状应由贵州抚臣黎培敬奏报:贵州巡抚黎培敬于光绪元年十一月初七日具折曰:

奏为剿平窜扰川边著名逸匪,地方肃清,恭折由驿具奏,仰祈圣鉴事。窃臣于光绪元年十月三十日,承准军机大臣字寄:光绪元年十月十七日,奉上谕:四川叙永边界匪徒滋事,迭经谕令吴棠等督军会剿,现经提督李有恒等于木厂尖子山地方,会同土司、团众,将该匪巢穴攻克,并将石洞逆贼搜捕,生擒匪首易增元及匪党多名,剿办尚为迅速。惟余匪窜逃镇雄州属,盘踞民寨,亟宜歼除尽净。着吴棠、刘岳昭、岑毓英、黎培敬,分饬诸军,协力兜剿,务将逸匪巨二卯、洪钧白、咽匪王新大及窜出匪徒,悉数擒获,毋使一名漏网,致滋后患等因。钦此。遵查四川叙永边界匪徒滋事,经臣分饬贵西道、威宁镇总兵及地方文武各员,严密防御,并派平远协副将何雄辉带练,驰往会剿。所有川军擒斩首逆,并黔军拿获逸匪情形,于十月二十八日附片奏报在案。兹据何雄辉并毕节县知县邹元

---

① 吴棠:《游蜀疏稿》,第1251—1255页。
② 此奉旨日期与内容据军机处随手登记档(档案编号:03-0217-1-1202-026)校补。
③ 《德宗景皇帝实录(一)》,卷二十五,光绪二年正月,第386页。

吉禀称：前接川军提督李有恒来文，以逃窜镇雄逆匪一股，业经越境剿平。惟杨大老五即杨大杆子、李秉忠即李老猩等，带领败贼，窜往毕节境内，仍分两股，杨逆窜踞黑松林，李逆窜踞毛家屯，意在召集匪类，兼踞威宁属之旗号山，再图起事。经川军派令游击张绥之、方荣升，率领队伍，来黔会剿。何雄辉、邹元吉等当即密商威宁镇、贵西道各防军，并毕节营游击李德良，派选精锐，分投兜剿。密饬团首朱光明、杨益昌等，暗齐团丁，许以重赏，于十月十七日黎明，我军齐抵黑松林贼巢，出其不意，合力环攻。该匪负隅抗拒，炮石如雨。我军带伤多人，奋不顾身，施放火器，燃烧贼棚，乘势猛攻，毙贼甚众。杨大老五力不能支，突围冲出。参将王佳成等怒马追捕，武生朱明焕驰赶向前，将杨大老五立斩于阵。搜获伪印、札文二件，伪示三张，余匪一律歼除。随率得胜之师，会合川军，进攻毛家屯，正遇该匪来援，中途接战，势甚凶猛。旋见黑松林火起，反奔入巢抵御。我军力攻，冲入虎穴，杀毙贼目李秉忠，生擒悍贼杜老八等多名，当将毛家屯贼巢踏毁。查点我军，兵役受伤十余名，团丁带伤数名。所有生擒悍贼解县，讯明惩办。杨大老五首级解省，呈验枭示，会同禀报前来。臣查该匪杨大老五、李秉忠等，被川军击败后，复敢窜入黔境，分踞险隘，纠聚溃党，谋为不轨，殊属狡悍异常，罪大恶极。幸仗天威，一鼓荡平，俾三省边境著名匪首悉数歼除，洵足大快人心。除饬毕节县知县邹元吉将安抚事宜妥为筹办，并咨明四川督臣查照外，所有黔省在事出力文武同仇敌忾，奋迅成功，不无微劳。可否容臣择尤保奖之处，出自鸿慈，以昭激劝。谨将剿平窜扰川边著名逸匪，地方肃清缘由，恭折由驿具奏，伏乞皇太后、皇上圣鉴训示。谨奏。①

○○三　确查民人刘道生等京控一案折

光绪二年正月十五日(1876年2月9日)

头品顶戴四川总督臣吴棠跪奏,为遵旨确查,据实覆陈,恭折仰祈圣鉴事。

窃臣于光绪二年正月初二日,承准军机大臣字寄:光绪元年十二月十四日,奉上谕:都察院奏,四川民人刘道生等遭抱王永顺,以地方官纵匪贻害等词,赴该衙门呈诉。<u>着吴棠按照所诉各情,确查严究,据实奏闻,毋稍徇隐。原呈着钞给阅看。将此谕令知之</u>②等因。钦此。查该民人所控各情,兼有涉及臣者。渥荷朝廷洞瞩无遗,不加谴责,仍交臣查办。臣跪诵之余,莫名感悚。

伏查同治十三年六月间,灌县山匪滋事、立即歼除一案,当经臣专折奏明,钦奉朱批:准其汇案保奖。此股山匪本属无多,共计阵斩五十余人,先后擒获六十余人内,匪首余其滩等五名,提省讯明,斩首枭示。匪党孙抱鸡婆、杨夏、猴登等十三名,派员前往会审,委属甘心从贼,亦即就地正法。其余分别锁杆管束,实已一律扫除,并无余孽。惟了空和尚系清规院住持,袁文登系灌县粮户,并非贼匪,更不得指为匪首。该绅团等因了空和尚在袁文登家,设坛打醮,致招外匪,乘间而来。了空和尚、袁文登当兵练查拿之际,即已畏罪远扬,臣一面札行臬司饬属通缉,一面将袁文登家产估

---

① 黎成礼编:《黎文肃公(培敬)遗书》,(台北)文海出版社,1966。
② 划线部分,军机录副缺署,兹据《游蜀疏稿》校补。

变，赏给被害之家。并密拿伊子袁武义监禁，勒交袁文登讯究。

是臣办理此案，实未敢稍涉大意。事逾一载，灌县地方安静。此外，并未据该将领营县等禀报，有外来积匪程文榜等多名。其为任意诬栽，已可概见。所称道路传闻之语，鄙俚无凭，体制攸关，未能遽登奏牍，上渎宸聪。绅董彭洵、陈炳魁、刘辑光，均籍隶灌县，励志读书。臣于山匪滋事之初，给谕办团，奏报有案。迨事竣后，该县开折，禀由臣汇核请奖。团总刘用光、杨太平等，未据该县开送，在事与否，无案可稽。断非首先出力之人，是以未经列保。最可异者，以连年省局司道等详请奏明，劝办备捐，均系解交司库，用济饷需。臣虽至愚极陋，亦无从饱其囊橐。凡兹诪张为幻之情，早在圣明洞鉴，更无俟臣置辩者也。

除将所控署灌县知县胡圻各情，恭录谕旨，抄发原呈，交藩司文格、臬司杜瑞联，确查严究，另行覆奏外，所有遵旨确查缘由，理合恭折，据实覆陈，伏乞皇太后、皇上圣鉴。谨奏。正月十五日。

光绪二年正月二十九日，军机大臣奉旨：知道了。钦此。[1]

【案】光绪元年十二月十四日，左都御史景廉等具奏川民刘道生京控一案情形：

都察院左都御史臣景廉等跪奏，为奏闻请旨事。

据四川民人刘道生等遣抱王永顺，以贻害狗冒等词，赴臣

---

[1] 中国第一历史档案馆藏：军机录副，档案编号：03-7232-006。又，吴棠等：《游蜀疏稿》，第1259—1266页。其尾记曰："光绪二年正月二十日具奏。"关于此折具奏时间，原稿署"光绪二年正月二十日具奏"，而军机录副则署"正月十五日"，二者相距五日，因朱批奏折无存，无从确核。兹据军机处随手登记档（档案编号：03-0217-1-1202-026）署"报三百里，正月十五日，成都省城发"等字样可断，此折具奏时间当为"正月十五日"，即军机录副记载准确。

衙门呈诉。臣等公同讯问,据王永顺供,年三十六岁,四川灌县人。刘道生等写词遣递,求阅便悉。查原呈内称,缘身籍灌县之天师洞清规院有了空和尚,窝留外来积匪程文榜、余其灉等,随庙设坛,借传清规,计图叛逆,薰染甚夥。去年二月,余其灉大会各县痞棍头目,在庙结盟,经团总刘用光等赴县禀明,贼党隐匿太安寺,结连熊耳山匪徒何小帽顶负隅,四出行劫,并不查究。

六月初九日午后,余其灉聚众,执招贤大旗,从太安寺突出,将太平、中兴等场及民房数千家放火焚劫,杀民老小无数。初十日,身等协同土司,直抵贼巢,逐一搜捕,获匪军册,生擒余其灉等二十二名,均另黏呈,并缚送县。县宪黄毓奎堂讯,匪等均供认谋叛,并供出各县头目不讳,解省正法。查祸源由射洪、三台、中江等叛党,蔓延至灌,连遭前任县宪柳宗芳、黄毓奎养成羽翼。今胡县宪接任,身等缚送贼匪,不尽诛戮,又拣匪类颜色,纳充下陈,竟置元恶不究。身等上控,督批饬县将匪等家产变钱,赏恤被害之民。胡县宪委绅高鹏元等办理,殊伊等瞻徇回护,转展延宕。胡县宪反株连善类羊宗魁,差鄞顺百计搜罗,威逼至死。

楚军李有恒于十八日至县,贼等已隐。刻下兵屯夫马、薪米,概系绅粮支应。而胡县宪借军兴名,买仓谷七百余石,又勒合县民捐一万余两,竟入私囊。督宪向来厚敛,又借灌匪,派各州县军需银百万有奇,且奏牍朦胧,欺蔽已极。知县彭洵系督宪幕宾,尚未出省。教谕陈炳魁、文举刘辑光等,均系灌绅,并未出城御贼,何得奏称伊等督率民团,为官兵向导?今无功而冒弊,而团总刘用光等无一叙及,何足以昭激劝?况倡乱首逆尚多未获,现在贼盗蜂起,何得饰称地方安静？身等食毛践土,深恐根株未尽,乘间窃发,贻害地方。为此具词黏单,呈缴匪册,遣抱来京沥诉等语。

臣等查核民人刘道生等遣抱控称：伊籍灌县,天师洞清规院有了空和尚,窝留积匪程文榜等,随庙设坛传教,计图叛逆。

去年二月,匪党余其滩等在庙大会各县头目结盟,勾连熊耳山匪徒何小帽顶等,四出行劫。团总刘用光等禀县,并不查究。六月,余其滩率队,突至太平、中兴等场,放火焚杀。经刘用光等带团四面截杀,擒斩多名,夺获枪炮、大旗。民人协同土司,搜捕贼巢,获匪军册,一并送县。该县胡令不尽诛戮,纳匪二女,竟置元恶不究。上控督批,饬县变卖匪产,赏恤被害之民。该县委绅高鹏元办理,瞻徇延宕,反差酆顺,株连善类羊宗魁至死。迨楚军李有恒至灌,夫马薪米,绅民支应,该县借买仓谷,又勒民捐。该督复借灌匪,派各州县军需百万有奇,蒙奏彭洵等率团为官兵向导,冒民团功。首逆尚多未获,竟不严缉,饰称地方安静,深恐贻害等情。

控关地方官纵匪贻害,借端厚敛,徇情冒功,虚实亟应确查严究。谨钞录原呈,恭呈御览,伏乞圣鉴训示。再,据该抱告结称,刘道生等在何衙门控告,伊不知悉。合并声明。谨奏。光绪元年十二月十四日。都察院左都御史臣景廉、左都御史臣贺寿慈、二品衔左副都御史臣惠泉(感冒)、左副都御史臣唐任森、左副都御史臣童华(感冒)。①

【附】光绪元年十二月十四日,左都御史景廉等呈川民刘

① 中国第一历史档案馆藏：军机录副,档案编号：03-7339-059。

道生京控之禀状：

具禀状人：刘道生、王朝楷，四川成都府灌县人，为叛逆称尊，邪教焚掳，贻害狗冒，并请彻究事。

缘民太平、中兴等场生理，遭天师洞太安寺长生官清规院僧道了空和尚窝留外来积匪程文榜、任四、冒顶、李宗岱、李宗保、李闯王、余其濓、谌朝京、杨光辉、孔广良、程玉书、程汉书、庞士元等，指称祺祥王被奸谋废，潜逃出京。余其濓等作开国之源，串佛道随庙设坛，借传清规教，计图叛逆，薰染官绅、庶民甚夥。去二月，余其濓大会各县痞棍头目，在庙结盟。团总刘用光、杨太平呈禀，祺祥王隐入太安寺埋伏，结连熊耳山匪徒何小帽顶等负隅，四出行劫。去六月初九午后，余其濓等聚众，执招贤大旗，从太安寺突出，将太平、中兴等场及民房数千家，尽被火焚烧，杀民老小无数。

初十，团总刘用光、杨太平、万维弼、赵万福、戴永芳、薛寿元、郝秉忠、马定山、刘昆山、刘吉富、苟思寅等，各带团丁，四面截杀，戮死贼匪百余人，夺贼枪炮、招贤大旗缴案。十一，民等协同土司，直抵贼巢，逐一搜捕，获贼军册，生擒余其濓等二十二名，均另黏呈，并缚送县。黄毓奎堂讯匪等，均供保祺祥复国，并供出各县头目不讳，解省正法。查祸源由射洪、三台、中江等县叛逆，贻蔓至灌，惨遭前任知县柳宗芳讳遏于前，后任知县黄毓奎承弊于后，养成羽翼。胡县接任，民等搏〔缚〕送丑类，不尽诛戮，敢讳祺祥为李三少。又拣匪类艳色，纳充下陈，竟置元恶不究。民情上控，督批饬县将匪等家产变钱，赏恤受害。胡县委绅高鹏元、王登第、杨长庚等办理，殊伊瞻徇回护，辗转延宕。胡县不惟不行赏恤，反株连善类羊宗魁，差鄞顺百计搜罗，威逼宗魁至死，且擅改情节，壅闭上闻。

楚军李有恒十八日至县，贼等已隐。刻下兵屯，夫马薪米，民与绅粮支应。而胡县借军兴，买仓谷七百余石，分文不发。又勒民捐，合县银一万余两，竟入私囊。督宪尤借灌匪，派各州县军需银百万有奇，饱其囊橐，缴示可凭。今县宪不图所辖地方如磐石之安，乃以教匪蹂躏为生财之薮。蠹国病民，未免摧残过分。且赏罚国之大权，知县彭洵属督宪幕宾，尚未出省，教谕陈炳魁、文举刘辑光等均系灌绅，并未出城御贼，何言伊等督率为官兵向导？而胡县与督宪互相各徇，上下交征。现盗贼蜂起，乃蒙禀地方安静，竟令无功者坐享高官，有功者弃同舆皂，赏罚不明，异日设有不虞，孰为朝廷捍御？奏牍朦胧，欺昧已极。况祺祥王、袁文登等未获，不惟民间富绅窝留，即府道司厅文武州县尚且护蔽，岂能相安无事？倘程文榜、杨光辉等保祺祥复出，其势不特灌邑生灵受害，则天下亦受害也。

民等食毛践土，见如此贻害，恐一误再误，是以具词赴京，缴匪军册，不避斧钺之诛，愿击登闻之鼓，万恳赏提全案人证，来京质讯，彻底根究。恳祈转为申奏，以解倒悬。倘发交本省，民等有死无生，万民沾感。为此呈叩。①

【附】光绪二年四月十五日，掌京畿道监察御史文明以川省官贪吏酷，苛政重征，玩视民瘼，重案不办等情，奏请秉公严密查办，并将现查情形据实覆奏，曰：

再，奴才待罪谏垣，忝列首道。近日京控呈辞，川省居多，

---

① 中国第一历史档案馆藏：军机录副，档案编号：03-7339-060。

均来京赴诉。如刘道生黏单内所述四川土匪，以熊耳山为巢穴，聚众倡乱，逼近省垣，设立伪官，谋为不轨。有冒顶会、清规会之称，焚劫抢掠，殆无虚日，地方官坐视不问。经大吏刻有告示，各处张贴，劝谕改邪归正，竟敢视若弁髦，违抗不遵。并抄有匪徒程文榜所呈逆辞。如宋士杰阵亡于马边，杨光辉败走于射洪，谌朝京被擒于三台，曹三泰请兵取川，被余元始阻止等语。狂悖情形，实堪发指，应请一并饬交川省，秉公严密查办，防微杜渐，消患未萌，并将现查情形据实具奏，勿稍稽延。是否有当，谨附片奏闻。掌京畿道监察御史文明。①

【附】同日，文明此奏片即得允准，清廷令李瀚章等按所控各情，严查究办，《清实录》：

丙子……谕军机大臣等：御史文明奏，川省劝捐，流弊孔多，请饬查禁，并拿办土匪各折片。川省现办捐输，曾谕令吴棠随时稽查，严禁苛派，并将零户概予免捐。旋据民人刘道生京控地方官纵匪贻害及勒民捐输各情，亦已谕令吴棠查办。兹据该御史奏称，刘道生呈内罗列捐输，名色不一，且地丁每两加征至十二三两之多，恐滋流弊等语。着李瀚章、文格留心查察，倘不肖州县借端勒索，即行参办。如有巧立名目，并着查明革除，以杜弊窦。至匪徒扰害地方，亟应从严惩办，即着按照刘道生所控各节，确查严究。仍督饬各属认真缉捕，毋任匪类潜踪，致贻后患。原折片均着钞给阅看。将此各谕令知之。②

---

① 中国第一历史档案馆藏：军机录副，档案编号：03-7232-045。

② 《德宗景皇帝实录(一)》，卷二十九，光绪二年四月上，第435—436页。

【附】光绪二年十月二十八日，山东巡抚文格奏报刘道生等京控一案审拟折，曰：

暂护四川总督山东巡抚奴才文格跪奏，为遵旨确查京控案件，访获主唆之人，提省审明，按例分别定拟，恭折仰祈圣鉴事。

窃查前督臣吴棠任内，光绪二年正月初二日，承准军机大臣字寄：光绪元年十二月十四日，奉上谕：都察院奏，四川民人刘道生等遣抱王永顺，以地方官纵匪贻害等词，赴该衙门呈诉。据称灌县地方，有了空和尚窝留积匪程文榜等，设坛传教，结盟行劫。该前县柳宗芳等养成羽翼，经团练获匪送县。该县胡姓竟置首恶不究，并有纳匪二女情事。又绅士高鹏元办理瞻徇，株连善类，借买仓谷，勒民捐输等语。如果属实，殊属大干法纪，着吴棠按照所诉各情，确查严究，据实奏闻，毋稍徇隐。原呈着钞给阅看。将此谕令知之。钦此。钦遵寄信前来。当经前督臣吴棠将上年剿办山匪汇核请奖及历办备捐以济饷项等情，先行奏覆。其所控地方官绅各款，遵即行司檄委，复提集簿卷、人证解省。旋经署灌县知县胡圻访闻，此案系三台县逃军程述生即程儒观，起意主唆，代为京控，现已由京潜逃回川。会营选派兵役前往，协同金堂、广元、昭化等县兵役，在昭化县属达摩树地方，将该犯程述生拿获，并在身上搜获金堂县民戴元兴、灌县民刘道生等各京控词稿二纸解省。维时，抱告王永顺已解回川，由司会督成都府李德良等，核卷讯明，按例议拟，会详解勘前来。

奴才督同署藩司杜瑞联、署臬司傅庆贻，亲提该犯，复加研讯，缘程述生即程儒观，籍隶三台县，与灌县民刘道生等素相认识。同治七年，程述生在籍代王德珍捏写呈词，以灭伦毙命等情，京控审虚，照例拟发近边充军，解勘具奏。八年三月，奉准部覆，解发湖北宜都县安置，是年八月二十五日到配。程述生又捏诬同县之朱德文、程文静等，以修庙惑众等情作就呈词，由配所遣雇工胡应发，进京翻控，乘间脱逃回籍，被获审虚，拟发极边充军，刺字枷号。

十年九月，奉准部覆加等，调发江西九江府德化县安置，于十一年正月初九日，由三台县原籍派拨兵丁何大祥、魏占春、差役游顺、左顺押解。而程述生因行李乏人照料，令其徒唐庭章挑负。行至中途，程述生陡患寒病，不能前进。查知唐庭章年貌相似，商请顶替解配。唐庭章谊切师生，何大祥等亦与程述生素识交好，且恐在途耽延，亟欲早回销差，均各允从。何大祥等即将唐庭章解至前途，逐层递解，经过各州县，均因年貌箕斗相符，未经查出。程述生病痊后，将刺字用药起除，逃亡各处躲避。

十三年二月间，潜至金堂县，与素识县民戴元兴会遇，谈及十二年六月间，戴元兴贩买洋药，行至县属赵家渡厘局，偷漏厘金，被局绅饶天章等查获，仍令照章完厘，心怀不甘。程述生起意诈骗得财，唆令京控泄忿，戴元兴允从。程述生即捏称脚夫戴长兴，被追落河淹毙，任意捏砌人命，以指官诈撞等情，代作呈词，并将自己从前京控挟有讼嫌之程文榜之子程玉书等，一并列为被告，令戴元兴赴京呈控，索得谢银四十两。时有赵姓因事入都，戴元兴即受雇服役进京，自赴提督衙门呈递。讯供咨解，回川审办。

是年六月间，灌县山匪滋事，于初九日夜由县属熊耳山、

赵公山，窜至太平、中兴两场，放火行劫。经署灌县知县黄毓
奎集团防剿，匪众败窜入山。报经前督臣吴棠，调集营勇，并
派县绅彭洵等，率团向导，与官军协力剿捕。其时，事起仓促，
筹防筹剿，均不可缓。该县绅粮公同集议，由富户自行酌量捐
资，募勇剿办，并供应官军柴草。禀经接署灌县胡圻批准示
谕，共收捐银六千二百六十七两九钱八分，设局支应。不敷之
数，由局士借垫银六百八十七两，胡圻自行借垫银二千二百六
十八两零。又因各营兵勇云集，军米缺乏，局绅唐友仁等禀经
胡圻借碾谷七百五十石，以供军食。一面会合各军，将该匪等
分别斩擒、解散，地方一律肃清。阵擒各犯，禀委候补知县李
吉寿、孙尚锦，会县讯供，饬提首犯余其隆等解省，发委前升府
许培身等，讯认放火行劫不讳，解经前督臣吴棠提勘。复恭请
王命，将余其隆、贾帼溃、傅老十、竹三、姚狮子五名，正法枭
示。余匪孙抱鸡婆等十三名，饬县正法。胁从之众，分别释
办。被难各户，逐一抚恤。将办理情形奏报，并将疏防之署灌
县知县黄毓奎请旨摘顶示儆。出力员弁、绅团，择尤请奖。刘
道生等并未在事出力，均未列保，以杜冒滥。所获匪犯贾帼溃
之长女贾长长，先已许字县民刘庭贵。次女贾佳佳许字王兴
兆为妻。由县会同委员讯明，禀奉批饬保释。经胡圻饬令团
保王有庆等具保，分别交夫家领回婚配，并将动碾仓谷如数买
补还仓。所用银两因系自行捐办，免其报销。事定后，又查明
清规院了空和尚、李三少等，在袁文登家设坛打醮，以致外匪
乘间混迹，聚众滋事，通饬各属严拿各在案。

光绪元年八月间，程述生潜至太平场，会遇该场团总刘道
生、王朝楷、何恒益等，谈及山匪滋事缘由，伊等未得保举。程

述生起意唆讼，诓骗银钱，即称伊能代人作词京控，如能格外酬谢，包管在团众人，俱得奖叙。刘道生等听唆允从。程述生即捏砌邪教焚掳，该县纳匪二女，动用仓谷不发，勒捐入己，县绅彭洵等坐享高官，羊宗魁被逼毙命各事，装点情节，作就词稿。又忆及初次京控审虚，拟军解勘时，供词游移，曾被前督臣吴棠当堂责惩，心怀忿恨。稔知川省饷源不济，每年筹办备捐，以供各饷。即捏称吴棠将各州县军需百万有奇，私饱囊橐，并因历次京控所列被告程文榜等，均未受其诬害，一并列入词内，将词稿给刘道生等阅看，索谢银四百两。刘道生等允许，与团众人等公同凑给，言明俟京控回川，即行给楚。一面先由刘道生出银十四两，王朝楷、何恒益各出银十三两，共凑成银四十两，交程述生收受。程述生约令何恒益同路进京，何恒益畏累中止。程述生随雇王永顺服役，月给工钱五百文，由灌县起身。计程述生自三台县脱逃，潜赴各处躲避，嗣又潜至金堂、灌县，并由川赴京，深恐被人盘获，均系日行偏僻小路，夜宿古庙岩洞，不知经过系何地名。

到京后，以何恒益畏罪不行，即将其名删除，仅列刘道生、王朝楷为原告，写就呈词，令王永顺作抱控控。王永顺迫于主命，即赴都察院呈递。奏奉谕旨，饬查严究等因。钦此。当经前督臣吴棠先行据实覆奏，一面行司委员，前往密查匪女贾长长等，现均夫妇完聚。动用仓谷，早经买补。讯取各结，绅富捐银系供应防剿，尚有不敷，由官绅借垫，有簿卷可查。该县胡圻并无纳匪二女、收捐入己、碾米不发各情。至羊宗魁查无其人，亦无被逼殒命之事。余犯了空和尚等业经通饬严拿，实在远扬未获。附近富绅更无窝匪情事。据实禀覆。提集卷簿、人证，旋经访获程述生，搜出词稿二纸，一并解省审办。复行据三台县查提押解程述生之兵役何大祥等，或业已病故，或先经斥革辞退，远贸未归，无从传解。并查明另案京控原告戴元兴现已病故，据其子戴长生、被告程文榜等先后投案备质。由司会督成都府等，详核卷簿，审拟解勘。经奴才督同藩、臬两司提犯，讯悉前情，诘无起衅别故。程述生并无另犯不法及逃后知情容留之人，解役亦无得贿纵放情弊。当堂令程述生写字核对，笔迹均与起获词稿相符，研诘不移，案无遁饰。

此案程述生即程儒观，先因唆讼拟军，在配脱逃，翻控加等，调发倩人顶替潜逃，复敢迭次唆讼得赃，捏砌重情京控，并挟嫌罗织多人，希图泄忿，实属不法。查该犯教唆戴元兴，赴京诬控，照代人捏写本状告人命不实，罪止近边充军。至原犯极边充军，中途顶替逃脱，例应加等调发。均事犯在光绪元年正月二十日恩赦以前，核其情罪，俱不在不准援免之例，例准援免，并免缉拿。惟现在主唆刘道生等，代为捏词京控，词称程文榜等同谋为匪，虽未将首从切实叙明，其指称官绅收纳匪女，株连善类，买谷勒捐，逼毙人命，并将军需私饱囊橐各情，均系重事，今审属子虚。且词内所列被告全诬，已在十人以上。讯系该犯起意唆讼为首，自应照现犯之罪，按例问拟。

程述生即程儒观，除原犯充军脱逃，唆使戴元兴诬控，罪应拟军，均得援免，并唆讼所得赃轻不计外，合依诬告人之案，如原告之人并未起意诬告，系教唆之人起意主令者以主唆之人为首，蓦越赴京告重事不实并全诬十人以上者发边远充军例，拟发边远充军，仍尽免罪。复犯本法加一等，发极边充军，照例刺字，到配杖一百，折责安置。刘道生、王朝楷除各给程述生银十数两与受同科赃轻不计外,合依听从控告之人为从例,应于程述生所得军罪上减一等,各拟杖一百、徒三年,定地折责充徒。何恒益听唆出银,旋据畏累中止,究属不合,请照不应重杖八十律,拟杖八十,折责发落。王永顺作抱京控,讯系迫于主命,应与乡愚无知之团众人等,均免置议。押解程述生兵役何大祥等,听其中途倩人顶替脱逃,罪有应得,或业已病故,或先经革辞远出,与签差不慎之文武及失于查验之经过各州县并配所地方官,均事犯赦前,请免置议。程述生逃入金堂、灌县境内唆讼,业经随案访获究办。所有赃银照追入官。了空和尚等缉获另结。顶替充军之唐庭章,咨提回川,另行审办。案已讯明,未到人证,免提省累。

除取具各结备查,将戴元兴控案另拟咨结并供招咨部外,所有遵旨确查灌县民刘道生等京控案件,访获主唆之人,提省讯明、分别定拟缘由,理合恭折覆陈,伏乞皇太后、皇上圣鉴,敕部议覆施行。谨奏。光绪二年十月二十八日。

光绪二年十一月二十五日,军机大臣奉旨:刑部议奏。钦此。①

【案】军机大臣字寄……将此谕令知之:此廷寄《清实录》载曰:

又谕:都察院奏,四川民人刘道生等遣抱王永顺,以地方官纵匪贻害等词,赴该衙门呈诉。据称灌县地方,有了空和尚窝留积匪程文榜等,设坛传教,结盟行劫。该前县柳宗芳等养成羽翼,经团练获匪送县,该县胡姓竟置首恶不究,并有纳匪

① 中国第一历史档案馆藏:军机录副,档案编号:03-7234-019。

二女情事。又绅士高鹏元办理瞻徇，株连善类，借买仓谷，勒民捐输等语。如果属实，殊属大干法纪，着吴棠按照所诉各情，确查严究，据实奏闻，毋稍徇隐。原呈着钞给阅看。将此谕令知之。①

○○四　委解云南铜本银两起程日期折

光绪二年正月十五日(1876年2月9日)

头品顶戴四川总督臣吴棠跪奏，为委解滇省铜本银两起程日期，恭折仰祈圣鉴事。

窃查川省奉拨云南铜本银十九万两，前已四次分解过银十万两，先后奏报在案。兹准部臣严催。伏思川省仅就铜本一项而论，数目无多，无如年来奉拨京师、直隶、滇、黔、甘肃、新疆各省营要饷，暨奉拨工程、支发勇粮各款，不止十倍铜本，均须统计兼筹，不能顾此失彼。所赖以接济者，惟恃津捐、厘金。商民勉力输将已及二十余载，财力久耗，渐难为继，且绅民人等但知各处军务已平，饷项概可从省，冀免加征，而于滇、黔、甘肃、新疆、海防、各省营需饷之急，催索之紧，及添拨工程诸款未能家喻户晓，是以请免津捐之呈禀，几于无日不有，直至上渎宸聪。惟司道及经征各员力顾大局，不敢不黾勉催办，而目击物力维艰，亦不能不量予减缓。此近来饷源愈缩、筹画愈难之实在情形也。

至省库收款历系随到随拨，每日转输不绝，均经随时奏咨，尚非频催罔应。兹复据藩司文格凑集扣减六分平及捐输银三万两，

---

① 《德宗景皇帝实录(一)》，卷二十三，光绪元年十二月上，第354页。

作为滇省铜本,饬委候补知县罗振汉等承领,定于光绪二年正月二十日自成都起程,解赴云南藩库交收。余银六万两,俟续筹有项,即赶紧批解等情,具详前来。理合恭折具奏,伏乞皇太后、皇上圣鉴。谨奏。正月十五日。

光绪二年正月二十九日,军机大臣奉旨:知道了。钦此。①

○○五　请以谢思友借补会盐营游击折

光绪二年正月十五日(1876年2月9日)

头品顶戴四川总督臣吴棠跪奏,为拣员请补游击,恭折仰祈圣鉴事。

窃查建昌镇属会盐营游击一缺,前经臣以游击白明玉奏补,接准部咨:白明玉原保以游击尽先即选,并无留川字样,核与章程不符,应毋庸议。行令另拣合例人员请补等因。自应拣员另补。兹于通省尽先游击内逐加遴选,人地均不甚相宜。惟查有记名总兵留川尽先前补用副将谢思友,年四十二岁,湖南零陵县人,由行伍出师江西、四川,打仗受伤,屡著劳绩,迭保都司、游击、升用参将,奏准留川。嗣以防剿滇回并历次剿匪出力奏保,同治十二年十月初五日,奉上谕:谢思友着以副将仍留四川,尽先补用。钦此。复以剿办云南镇雄州边界匪徒,擒获逆首,出力奏保,光绪元年十月十七日,奉上谕:谢思友着以总兵记名补用。钦此。现在管带裕字营楚勇。该员心地朴诚,营务习练,拟请借补会盐营游击;查无违碍事故,籍隶别省,由记名总兵尽先前补用副将借补游击,核与新章相符。

---

① 中国第一历史档案馆藏:军机录副,档案编号:03-6594-011。

合无仰恳天恩,俯准以谢思友借补会盐营游击,如蒙俞允,俟接准部覆,再行给咨送部引见。理合会同成都将军臣魁玉、署提督臣胡中和,合词恭折具奏,伏乞皇太后、皇上圣鉴训示。谨奏。正月十五日。

光绪二年正月二十九日,军机大臣奉旨:兵部议奏。钦此。[①]

○○六　请奖叙知县黄锦生折

光绪二年正月十五日(1876年2月9日)

头品顶戴四川总督臣吴棠跪奏,为知县访获匪犯多名,劳绩显著,遵章具保,恭折仰祈圣鉴事。

窃臣前据高县知县黄锦生具禀:访获匪犯袁寅椿等二十八名、迭劫得赃一案。以该县获盗多名,讯明正法,应照通行保奖,饬令由司具详请奏。兹据该县将各案分别议拟,由府司核详到臣。除将各正案分起具题外,查黄锦生现年四十八岁,陕西长安县人,由监生遵筹饷例在京铜局报捐府经历,发川试用。旋蒙委办援甘捐输出力,奏奉赏加知府衔。复由川迭解陕饷出力,奏请补缺后,以知县仍留四川补用。复委管解京饷,再捐铜局报捐免补本班,并请引见,奉旨:准以知县仍留四川,归候补班补用。钦此。遵经领照到省。又办甘捐出力,奏保俟补缺后,以同知直隶州用,奉旨允准在案。同治十二年七月,奉文补授高县,十月十三日到任,未及三月,即经访获前县任内迭劫余世德等各家得赃案内斩决首伙盗犯袁寅椿、何添锡、彭大旺、辛呷、黄二溃、李老五、沈老三、张曹姑呷、

---

① 中国第一历史档案馆藏:军机录副,档案编号:03-5103-095。

李大田、辛憘十名。

又,访获前任迭次拦抢过客及行劫刘宗元家各得赃案内斩决首伙盗犯牛老么、林之火、牟之美、聂自发、魏洪萸、秦娃呿、李老六七名。又,访获前任持械拦抢过客暨行劫喻存江家各得赃案内斩决首伙盗犯张老四、江连憘、曹来生、袁老三、余大蛮、胡大绍、李么大七名。均经全数拿获。

又,访闻本任内行劫李朝阳家得赃案内斩决首夥盗犯孔三大,胡老四、李润憘、曹麻子四名,讯明正法。现经臣核明分案具题在案。该县访获前任及本任内盗犯至二十八名之多,均系乘乱冒充游勇、迭劫多赃、拒伤事主之犯,实系著名巨盗。其拿获劳绩与战功无异,洵属缉捕勤能,异常出力。该县任内亦无逃盗未获案件,核与拿获著名巨盗准捐升阶保奏相符,兹据藩、臬两司会详请保前来。

臣覆核无异。合无仰恳天恩,准将同知直隶州用高县知县黄锦生俟补同知直隶州后,以知府用,免其送部引见,以昭激劝,出自逾格鸿慈。理合循章专折具保,伏乞皇太后、皇上圣鉴训示遵行。谨奏。正月十五日。

光绪二年正月二十九日,军机大臣奉旨:吏部议奏。钦此。[①]

○○七　代奏道员魏邦庆恳恩赏假省亲片

光绪二年正月十五日(1876年2月9日)

再,据二品顶戴按察使衔分发候补班前先补用道魏邦庆禀称:

---

① 中国第一历史档案馆藏:军机录副,档案编号:03-5103-096。

自奉檄调，历蒙差委。现当边防静谧，经手事件完竣，恳请给假回籍省亲等情。臣查该员于同治七年经臣奏调赴川差遣委用，数年以来，奋勉勤能，不辞劳瘁。至其讲求吏事，洁慎自励，尤能经久不渝。现在防务较平，并无经手未完事件，恳请回籍省亲，实属出于至性，自应如其所请，俾遂乌私。除咨部外，谨附片具陈，伏乞圣鉴。谨奏。

光绪二年正月二十九日，军机大臣奉旨：知道了。钦此。①

○○八 请以穆德沛等调补守备片

光绪二年正月十五日(1876年2月9日)

再，臣接准部咨：留川尽先补用都司周天禄准其借补四川督标左营守备。该员籍隶成都县，请补是缺系属同府，例应回避，应拣员对调等因。兹查有建昌中营守备穆德沛，松潘厅人，于同治十三年由尽先游击借补斯缺，现无事故[缺]，堪以调补督标左营守备。所遗建昌中营守备缺，即以周天禄调补。均系隔府别营，与例相符，相应请旨俯准对调。

至该员等例应引见，现在各有经手要事，应俟事竣后，分别给咨北上。理合会同成都将军臣魁玉、署提督臣胡中和，合词附陈，伏乞圣鉴训示。谨奏。

光绪二年正月二十九日，军机大臣奉旨：兵部议奏。钦此。②

---

① 中国第一历史档案馆藏：军机录副，档案编号：03-5103-099。此片具奏日期未确，兹据军机处随手登记档(档案编号：03-0217-1-1202-026)校正。

② 中国第一历史档案馆藏：军机录副，档案编号：03-5774-046。此片具奏日期未确，兹据军机处随手登记档(档案编号：03-0217-1-1202-026)校正。

○○九　请准提督胡日祥更名注册片

光绪二年正月十五日(1876年2月9日)

再,臣准署提督臣胡中和咨:据前管带湘果左营记名提督劲勇巴图鲁胡日祥呈称:窃日祥系湖南湘乡县人,随营转战各省,以军功历保今职。同治五年正月初五日,奉旨:总兵胡日祥着交军机处记名,遇有提督缺出,请旨简放。钦此。今原籍修寄族谱,知现名与六世祖"日庆"同一"日"字,心窃不安,拟更名"翼翔",声明并无奉旨不准保升及曾经获咎不准捐复并永不叙用事故,造册呈由胡中和咨送前来。臣查《中枢政考》内载:绿营武职更名,令查明该员任内有无奉旨不准保升及曾经获咎不准捐复并奉旨永不叙用事故,如无前项事故,准其更名等语。

今记名提督胡日祥以原名应避祖讳,更名翼翔,查明并无各项事故,与例相符,相应请旨敕部,准其更名注册。除册咨部外,理合附片陈明,伏乞圣鉴。谨奏。

光绪二年正月二十九日,军机大臣奉旨:兵部知道。钦此。[①]

○一○　委解贵州协饷起程日期片

光绪二年正月十五日(1876年2月9日)

再,现准户部咨:四川应拨贵州月饷银二万八千两,仍按月照

---

① 中国第一历史档案馆藏:军机录副,档案编号:03-5774-045。此片具奏日期未确,兹据军机处随手登记档(档案编号:03-0217-1-1202-026)校正。

数筹拨,源源解往,毋得以黔省军务已平,稍事疏懈等因。查川省近来饷源愈缩、筹画愈艰情形,现于报解滇省铜本折内缕晰陈明。惟黔省办理善后,需饷孔殷,又不得不尽力分济。据藩司文格凑集京二两平及捐输银二万两,饬委该省催饷委员通判余骏年管解,定于光绪二年正月二十四日自成都起程,驰赴贵州藩库交收,以济要需。理合附片陈明,伏乞圣鉴。谨奏。

光绪二年正月二十九日,军机大臣奉旨:知道了。钦此。[①]

○一一　奏报川省光绪元年十二月雨水、粮价折

光绪二年正月二十五日(1876年2月19日)

头品顶戴四川总督臣吴棠跪奏,为恭报四川省光绪元年十二月份各属具报米粮价值及得雪情形,恭折仰祈圣鉴事。

窃照光绪元年十一月份各属具报米粮价值及得雪情形,前经臣恭折奏报在案。兹查本年十二月份成都、重庆、龙安、绥定、保宁、顺庆、潼川、嘉定、雅州等九府,绵州、资州、眉州、泸州四直隶州,叙永一直隶厅,各属先后具报得雪一、二、三、四次,积厚至五六寸不等。高原下隰,一律均沾,小春畅茂。其通省粮价俱与上月相同,据布政使文格查明列单汇报前来。

臣覆核无异。理合分缮清单,恭呈御览,伏乞皇太后、皇上圣鉴。谨奏。正月二十五日。

光绪二年三月初一日,军机大臣奉旨:知道了。钦此。[②]

---

① 中国第一历史档案馆藏:军机录副,档案编号:03-6059-043。此片具奏日期未确,兹据军机处随手登记档(档案编号:03-0217-1-1202-026)校正。

② 中国第一历史档案馆藏:军机录副,档案编号:03-6754-001。

○一二 呈川省光绪元年十二月粮价清单

光绪二年正月二十五日（1876 年 2 月 19 日）

谨将四川省光绪元年十二月份各属具报米粮价值，开具清单，恭呈御览。

成都府属，价贵。中米每仓石价银二两九钱一分至三两八钱七分，与上月同。大麦每仓石价银一两八钱三分至二两，与上月同。小麦每仓石价银二两一钱三分至二两三钱，与上月同。黄豆每仓石价银一两四分至二两四钱四分，与上月同。荞子每仓石价银一两一钱六分至一两七钱，与上月同。

重庆府属，价贵。中米每仓石价银二两七钱一分至三两六钱七分，与上月同。大麦每仓石价银一两六钱二分至一两九钱七分，与上月同。小麦每仓石价银二两六钱八分至二两七钱三分，与上月同。黄豆每仓石价银二两七钱至二两九钱七分，与上月同。

保宁府属，价贵。中米每仓石价银二两五钱三分至三两一钱七分，与上月同。大麦每仓石价银一两八钱九分至二两一钱，与上月同。小麦每仓石价银二两八钱三分至三两五钱七分，与上月同。黄豆每仓石价银一两八钱一分至二两一钱一分，与上月同。

顺庆府属，价贵。中米每仓石价银二两九钱七分至三两三钱四分，与上月同。大麦每仓石价银一两六钱一分至一两八钱，与上月同。小麦每仓石价银二两九分至二两一钱二分，与上月同。黄豆每仓石价银一两五钱五分至一两六钱五分，与上月同。

叙州府属，价贵。中米每仓石价银二两九钱八分至三两二钱一分，与上月同。大麦每仓石价银一两六钱六分至二两二分，与上月同。小麦每仓石价银二两一钱三分至二两六钱三分，与上月同。黄豆每仓石价银一两零九分至一两三钱，与上月同。

夔州府属，价贵。中米每仓石价银二两七钱八分至三两七分，与上月同。大麦每仓石价银一两七钱八分至二两四钱六分，与上月同。小麦每仓石价银二两九钱五分至三两三分，与上月同。黄豆每仓石价银二两一钱四分至二两二钱四分，与上月同。

龙安府属，价贵。中米每仓石价银二两四钱七分至三两一钱，与上月同。青稞每仓石价银一两五钱，与上月同。小麦每仓石价银一两七钱九分至二两一钱八分，与上月同。黄豆每仓石价银一两八钱五分至一两九钱三分，与上月同。

宁远府属，价贵。中米每仓石价银二两八钱一分至三两零七分，与上月同。大麦每仓石价银一两四钱八分至一两六钱，与上月同。小麦每仓石价银一两五钱九分至二两二钱，与上月同。荞子每仓石价银一两四钱五分，与上月同。黄豆每仓石价银一两五钱六分至一两六钱三分，与上月同。

雅州府属，价中。中米每仓石价银二两七钱三分至二两七钱二分，与上月同。小麦每仓石价银二两二钱九分至二两六钱五分，与上月同。黄豆每仓石价银一两六钱五分至二两四分，与上月同。

嘉定府属，价贵。中米每仓石价银二两七钱至三两二钱六分，与上月同。小麦每仓石价银二两三钱六分至二两七钱三分，与上月同。黄豆每仓石价银一两四钱七分至二两三分，与上月同。

潼川府属，价贵。中米每仓石价银二两八钱一分至三两二分，与上月同。大麦每仓石价银一两六钱五分至一两九钱三分，与上月同。小麦每仓石价银二两一钱四分至二两四钱九分，与上月同。黄豆每仓石价银一两七钱六分至二两一钱三分，与上月同。

绥定府属,价中。中米每仓石价银二两六钱八分至二两七钱八分,与上月同。大麦每仓石价银一两五钱八分,与上月同。小麦每仓石价银一两六钱二分至一两七钱三分,与上月同。黄豆每仓石价银一两四钱三分,与上月同。

眉州直隶州属,价中。中米每仓石价银二两六钱六分至二两九钱二分,与上月同。

邛州直隶州并属,价中。中米每仓石价银二两五钱六分至二两九钱四分,与上月同。大麦每仓石价银一两九钱,与上月同。小麦每仓石价银二两五钱七分,与上月同。黄豆每仓石价银二两八分至二两二钱二分,与上月同。

泸州直隶州并属,价中。中米每仓石价银二两九钱八分至二两九钱七分,与上月同。

资州直隶州并属,价中。中米每仓石价银二两四钱八分至二两八钱六分,与上月同。

绵州直隶州并属,价中。中米每仓石价银二两六钱五分至二两九钱一分,与上月同。小麦每仓石价银二两三钱二分至二两四钱六分,与上月同。

茂州直隶州并属,价中。中米每仓石价银二两五钱三分,与上月同。小麦每仓石价银二两六钱八分,与上月同。青稞每仓石价银二两二钱,与上月同。荞子每仓石价银一两二钱三分至一两七钱三分,与上月同。

忠州直隶州并属,价贵。中米每仓石价银二两五钱至三两一钱一分,与上月同。大麦每仓石价银一两四钱六分至一两六钱,与上月同。小麦每仓石价银二两三分至二两三钱九分,与上月同。黄豆每仓石价银一两二钱七分至一两五钱七分,与上月同。

西阳直隶州并属，价中。中米每仓石价银二两五钱至二两九钱七分，与上月同。大麦每仓石价银二两二钱八分至二两六钱，与上月同。小麦每仓石价银二两六钱二分至二两七钱六分，与上月同。黄豆每仓石价银一两三钱九分至一两四钱四分，与上月同。

叙永直隶厅并属，价中。中米每仓石价银二两八钱八分，与上月同。小麦每仓石价银一两八钱一分，与上月同。荞子每仓石价银一两三钱二分，与上月同。黄豆每仓石价银一两六钱一分，与上月同。

松潘直隶厅，价中。青稞每仓石价银二两六钱二分，与上月同。荞子每仓石价银一两七钱四分，与上月同。

杂谷直隶厅，价中。青稞每仓石价银二两四钱，与上月同。荞子每仓石价银一两七钱九分，与上月同。

石砫直隶厅，价平。中米每仓石价银一两六钱，与上月同。大麦每仓石价银一两七钱三分，与上月同。小麦每仓石价银二两六分，与上月同。黄豆每仓石价银一两八钱九分，与上月同。

打箭炉厅，价贵。青稞每仓石价银四两八钱三分，与上月同。油麦每仓石价银一两八钱一分，与上月同。

军机大臣奉旨：览。钦此。①

○一三　呈川省光绪元年十二月得雪清单

光绪二年正月二十五日(1876 年 2 月 19 日)

谨将四川省光绪元年十二月份各属具报得雪情形，开具清单，恭呈御览。

---

① 中国第一历史档案馆藏：清单，档案编号：03-6754-002。

成都府属:汉州得雪一次,积厚寸余。郫县得雪二次,积厚寸余。新都县得雪二次,积厚寸余。彭县得雪一次,积厚寸余。双流县得雪一次,积厚寸余。什邡县得雪一次,积厚一二寸不等。金堂县得雪一次,积厚寸余。

重庆府属:涪州得雪二次,积厚二三寸不等。

龙安府属:彰明县得雪三次,积厚二三寸不等。

绥定府属:达县得雪一次,积厚一二寸不等。

保宁府属:阆中县得雪一次,积厚寸余。广元县得雪二次,积厚寸余。昭化县得雪二次,积厚寸余。剑州得雪一次,积厚寸余。

顺庆府属:蓬州得雪一次,积厚寸余。仪陇县得雪二次,积厚寸余。邻水县得雪一次,积厚寸余。

潼川府属:三台县得雪一次,积厚三四寸不等。射洪县得雪二次,积厚寸余。盐亭县得雪二次,积厚二寸有余。中江县得雪二次,积厚寸余。乐至县得雪二次,积厚寸余。

嘉定府属:荣县得雪一次,积厚一二寸不等。

雅州府属:雅安县得雪二次,积厚二三寸不等。

绵州直隶州并属:绵州得雪二次,积厚寸余。安县得雪一次,积厚寸余。罗江县得雪二次,积厚寸余。

资州直隶州属:资阳县得雪二次,积厚寸余。

眉州直隶州属:彭山县得雪二次,积厚寸余。

泸州直隶州属:合江县得雪二次,积厚寸余。

叙永直隶厅得雪二次,积厚二三寸不等。

军机大臣奉旨:览。钦此。①

---

① 中国第一历史档案馆藏:清单,档案编号:03-6754-001。